華東政法大學

建校六十周年《法学》创刊五十六周年文丛

总主编／何勤华　杜志淳

法学的历史

第9卷

民商法·下卷

2005年-2011年

主　编／洪玉　谢青

副主编／陈康华　李红玲

法律出版社

LAW PRESS·CHINA

主编简介

洪　玉

英语和法学双学士学位、民商法硕士学位。曾任高校英语教师，自2004年起任华东政法大学《法学》月刊社民商法责任编辑。编辑生涯中始终坚持以文章质量为学术刊物第一生命的宗旨，倾心致力于编校质量的不断提高，在关注传统民法理论发展的同时更加注重现代商法和知识产权法领域的最新学术进展，在追踪学术前沿和热点问题的同时充分发掘理论研究对立法和司法实践的服务功能。所策划的系列专题论文，立足于法律实践难题的解决，从而获得显著的社会效应；所编辑的文章每年均有多篇被中国人民大学书报资料中心《复印报刊资料·民商法学》等权威刊物全文转载。曾两次获"上海市学报优秀编辑"等荣誉称号。

谢　青

华东政法大学《法学》月刊社编辑、出版专业技术人员。

主要研究领域为经济法、国际经济法。在法学类核心期刊发表论文若干篇。

长期从事期刊编辑出版工作。曾获上海市高校文科学报优秀编辑、第一届全国法学期刊优秀编辑等荣誉称号。

副 主 编 简 介

陈康华

华东政法大学法律学院副教授、硕士研究生导师。

主讲商法总论、商法概论、公司法、保险法、证券法等课程。出版《商法概论》、《商法》等专著，发表《论自然人破产制度》、《商法在我国法律体系中的地位》、《论股东大会召开障碍的排除》、《上市公司关联交易问题的研究》、《我国农村集体建设用地法律问题研究》、《我国医院产权制度研究》、《论商事主体资格的取得》等论文。

李红玲

华东政法大学法律学院副教授。

主要研究领域为婚姻家庭制度与继承制度，先后讲授婚姻家庭继承法、民法总论、物权法、债权法、人身权法等民法学课程。

曾就我国现行夫妻财产制度、亲子制度、离婚制度、继承制度等领域做专题研究，并在《法学》、《政治与法律》、《民商法新论》、《华政法律评论》等法学刊物及著作发表相关文章，参与《婚姻家庭继承法学》、《民法学》、《民法案例与图表》等教材的编写。

解放思想是法学进步的原动力
（代总序）

1981 年 11 月，由华东政法大学主办的《法学》复刊了。它的复刊，源自 1978 年年底的那场解放思想运动。

回顾新中国 60 多年的历史，我们可以清楚地看到，我们国家的发展，大体可以 30 年为时段分为前后两个阶段。前 30 年，我们党在治理国家的指导思想方面，出现了“左”的倾向。从“批武训传”、批俞平伯的红楼梦研究、批胡风“反革命集团”到 1957 年“反右”运动扩大化、1962 年提出“以阶级斗争为纲”，直至 1966 年爆发“文化大革命”，“左”的思想不断升级，最终导致国民经济濒于崩溃、各项建设事业停滞、学术（包括法学）陷入一片沙漠状态。

1978 年年底，中国共产党召开了十一届三中全会，实行改革开放之国策，社会各界解放思想，因而改变了整个中国的面貌，也迎来了法学研究的春天，导致了《法学》的复刊。自那时以来，我们也已经走过了整整 30 年。在这 30 年中，《法学》在上级部门的领导下，通过全体办刊人的持续努力，紧贴时代发展的脉搏，跟踪社会发展的前沿，及时回应法律界所遇到的热点和难点问题，发表了一大批高水平的作品，对我国的立法、执法和司法实践形成了重要的理论支持，在学术界乃至全社会产生了巨大影响力，推动了改革开放以后中国法律和法学的进步与繁荣。

在回顾总结《法学》30 年历程，探索法学理论与法律实践互动之规律时，我们感受最深的一点就是，解放思想是法学进步、繁荣的原动力，没有中国的改革开放和解放思想，就没有中国法律和法学的今天，更没有《法学》的今天。

一

关于解放思想，邓小平同志有一个定义，就是“解放思想是指在马克思主义指导下打破习惯势力和主观偏见的束缚，研究新情况，解决新问题”。[①] 这个定义，包含了三个要素：（1）马克思主义的指导，讲的是政治立场和认识论、方法

① 《邓小平文选》（第 2 卷），人民出版社 1994 年第 2 版，第 279 页。

论;(2)打破习惯势力和主观偏见的束缚,这既包括政治体制上的,也涉及其他各个领域里的;(3)研究新情况、解决新问题,就是要跟上社会发展的步伐,与时俱进。因此,在某种意义上可以说,解放思想的精神实质就在于:一是说真话;二是实事求是;三是不唯书、不唯上;四是打破不合理的偏见和传统;五是在理念、观点和制度上创新。

30 年来,《法学》就是贯彻了这一精神,解放思想,不断进步。其中,冲破政治上习惯势力和主观偏见的束缚,提高法学研究在我国政治体制改革中的贡献度,是《法学》首先关注的重点。众所周知,法律与政治紧密相关,法学研究也与社会的政治决策息息相关。要使法学研究对同时代的乃至以后的政治决策有所贡献,必须解放思想。换言之,法学研究在推动社会政治体制改革、回应社会重大政治问题时,如能解放思想、提出有真知灼见的建言建策,就会大大彰显法学研究的贡献。1982 年春天,当我国立法机关将宪法草案提交全国人民讨论时,《法学》月刊社就召集各方面专家,就其内容进行广泛讨论,参与者有徐盼秋、潘念之、肖蔚云、高恭佑、浦增元、孔令望、陈云生、胡土贵、周天平等众多法学界知名人士。各位专家学者解放思想,破除禁忌,充分讨论,各抒己见。《法学》在第 6 期、第 7 期连续刊登了他们的建言建策,对我国宪法内容的确定产生了很大的影响。

1982 年 9 月 1 ~ 11 日,中国共产党第十二次全国代表大会召开,大会通过的新党章明确规定:"党必须在宪法和法律的范围内活动。"但是,如何理解和执行党章的这一规定,许多党员甚至党的领导干部对此还存在许多疑问。当时,许多领导都曾提出了"到底是法大,还是党委大"的疑问;也有领导认为,规定党必须在宪法和法律范围内活动,就会束缚自己的手脚,妨碍开创新局面。针对党的十二大召开后社会上和党内存在的这些想法,《法学》1982 年第 11 期刊登了楚云飞的文章《在宪法和法律范围内活动是党的一项重要原则》,系统阐述了党章这一规定的法理基础,强调我们必须解放思想,充分认识这一规定对推进我们执政党的建设和推动我国社会主义法制发展,全面开创社会主义现代化建设新局面的极其重要意义。

随着 1992 年 10 月 12 ~ 18 日党的十四大提出建设社会主义市场经济的改革目标后,我国市场经济发展迅速,宪法的许多规定就显得落后于客观形势的发展了,但是,真的要提出修宪的主张,在当时还是存在一定风险的。《法学》就在这一点上,以极大的理论勇气,于 1992 年第 12 期,以纪念宪法诞生 10 周年为契机,发表了评论员文章《修宪:市场经济发展的必然要求》。该文指出,修宪问题,无论从宪法学抑或法理学角度来看,应属技术性问题。然而,由于特定的历史条件，重提修宪问题，就不能不在某种程度上引起人们的高度警觉和重视。但是，社会主义市场经济的发展，出现了众多宪法上没有规定的事项。例如，“随着改革开放的不断发展，出现了多种经济形式并存的局面，特别是许多合营、合资、私营企业的出现，能否对这些经济形式进行保护，关系到改革开放能否向纵深发展的问题，而宪法对此并未规定”。同时，改革开放需要合法地出租、转让土地，而这一点也是宪法禁止的。因此，在适应社会主义经济发展和改革开放的历史要求下，1988 年，我们就对宪法进行了修改，允许私营经济形态的存在，以及取消了对土地出租和转让的禁令。现在，改革开放的进程和社会的发展，又一次需要我们对宪法做更大范围的、更大规模的修改，我们应当与时俱进，完成这一历史使命。在发表评论员文章的同时，这一期还刊登了孙潮、戚渊的《论确立市场经济的宪法地位》、李伟的《宪法权威论》、李步云的《不断完善中国人权的保障体系》等文章，对修宪涉及的各个领域的一些重要问题作了阐述。《法学》的这些文章，虽然发表在邓小平同志 1992 年南方讲话之后，但此时在我国，修宪问题还是一个禁区，因此，发表上述言论还是冒了一定政治风险的。

在法理学领域，关于法的定义这一核心问题，在新中国成立的前 30 年，基本上是“阶级斗争论”、“阶级意志论”一统天下。要冲破这一禁区，必须鼓足勇气，在法学理论上来一个大胆的突破。而在这方面，《法学》也走在了全国研究的前列。1986 年，《法学》在第 1 期《新年寄语慰读者》中，率先提出：“科学是没有禁区的，有禁区就不会有发展和深入。法学研究也是如此。”“近年来，我国法制建设和法学研究的现状表明，法学理论的研究正面临着改革和挑战，无论在内容和方法上都亟须有新的突破。”“我们认为，无论是基础法学还是应用法学的研究，都应该把焦点对准现实中涌现出来的或者是历史上没有解决的问题，应该重视和倡导‘问题法学’的研究。”

同期刊登的《中国法制报》政治评论部主任张宗厚的《对法的三个基本概念的质疑》一文，对现行的法的定义中三个核心命题——“法律是阶级社会特有的现象”、“统治阶级意志论”和“阶级性是法的唯一属性”进行了质疑，提出了不同观点，并予以系统阐述。同期还刊登了陈浩然的《对“质疑”的质疑》一文，与张宗厚文中的观点进行了讨论和争辩。《法学》1986 年的《新年寄语慰读者》和张宗厚、陈浩然文章的发表，在我国法学界激起了巨大的冲击波，给我们的思想以极大的震撼。因为直到 20 世纪 80 年代中期，上述从苏联引进的关于法的定义的三个核心命题，是我们熟悉并认为是天经地义的，几乎从未有人提出质疑。而张宗厚的文章则颠覆了我们的传统法学观，其震动不能说不大。而陈浩然的文章，虽然是对张宗厚观点的反质疑，阐述的力度相对小一些，但陈文给学术界带来的推进学术研究“百花齐放、百家争鸣”的贡献,则有目共睹。

在法学研究发展中,一直让我们法律人纠结的就是政治与法律的关系问题。而在阐述法律与政治之关系时,思想最为解放的文章,就是陈鹏生在《法学》1987年第1期发表的《没有法律的政治是危险的政治——法学研究的反思》一文。文中指出:“本来,政治和法律都是上层建筑的组成部分,相互作用,共同为自己的基础服务,是马克思主义的常理。但是,由于高度集权思想的影响,政治被强调到可以冲击,甚至代替一切的荒谬地步。政治与法律相互作用的关系,变成政治决定法律的关系。而按照‘左’的一套理论的逻辑推导,政治就是阶级斗争,阶级斗争就是敌我矛盾。于是服务于并决定于政治的法律,就只能是以阶级性作为自己的唯一的质的规定性,以‘阶级斗争的工具’作为自己的唯一职能了。以法作为自己研究对象的法学,当然也只能是‘阶级斗争’的[学问了]。”

作者认为,这种理论的后果,一方面,使法律失去了自己的独立性,唯政治需要决定自己的兴废存亡:政治安定时,法律成为民主的点缀;政治严峻时,一言可以废法,实际上是以“人治”代替了“法治”。另一方面,也把法律与阶级斗争捆在了一起,使法律与政治一起成为学术讨论和争鸣的禁区,“一旦涉及,就‘以言治罪’,出现‘文笔贾祸’,法学研究也就不复存在”。作者进一步指出:“我们的民主,首先是制度,然后才是干部的思想作风。否则民主就会随领导的喜怒哀乐而变样。因此,要政治民主化,就应该依靠法律制度,保障民主不会因领导人的改变而改变,也不能因领导注意力的转移而改变。我们的法学家,应该通过对法制建设深刻的历史反思,从理论上令人信服地告诉人们千万不要忘记一条历史教训:政治离不开法律,没有法律的政治,是危险的政治、灾难的政治。”因此,为了防止这一点,我们必须研究如何通过法律来保障公民权利义务一致性原则的确立和实施,以及这种意识的形成。

应该说,作者关于“没有法律的政治就是危险的政治、灾难的政治”的观点,不仅是对中国“重政治,轻法律”,崇尚“人治”,轻视“法治”之传统的深刻揭示和批判,而且也阐明了理顺法律与政治的关系,对防止历史悲剧的再次发生、建设社会主义法治的重要意义。应该说,在当时的环境下,没有思想的解放,是不可能有如此大的理论勇气提出这么尖锐和鲜明观点的。[1]

① 就在此文发表两年前,谢次昌在“论政治与法律的关系”一文中,还强调“政治与法律相比,政治总是处于主导地位,法律的制定和实施必须服从政治的需要”,载《法学》1985年第5期。

二

解放思想也促进了法学研究在我国经济体制改革中推动作用的发挥。1982年中期，随着我国改革开放的深入，社会主义经济体制转型，经济领域犯罪日益增多且形态各异，尤其是许多正常的经济活动和犯罪行为容易混淆，这对我国的法学理论研究和定罪量刑等都提出了严峻挑战。《法学》解放思想，敢于打破常规，使法学研究及其对司法实践的指导走在了全国的研究前沿。《法学》1982 年第 7 期刊登的一组关于“职工受外单位聘用接受高额报酬是否构成犯罪”的讨论文章，就是突出的一例。

当时，随着打击经济领域犯罪的深入展开，不少单位和群众对一些在职的或退休的职工受外单位聘请、接受高额报酬的行为，向有关机关举发。当时政法机关内部对这类行为到底是否属于犯罪产生了很大分歧。而这种分歧，在 1982 年春上海某区人民法院受理检察机关诉上海某国营工厂的技术人员王某受贿[①]一案中获得了集中体现。从 1980 年起，王某私下接受外单位（自己的家乡奉贤县钱桥公社橡胶塑料厂）的委托，在业余时间，利用本单位的设备，从事产品试制并获成功。由此给钱桥公社橡胶塑料厂带来了巨大利润，王某也从该厂获取报酬 3800 余元。检察机关认为王某的行为已构成受贿罪，依照《刑法》第 185 条规定，予以公诉，要求惩处。在审判机关内部，有认为该定受贿罪的，有认为该定贪污罪的，有认为该定投机倒把罪的，有认为该定破坏经济秩序罪的，也有认为不该定罪的，等等，不一而足。《法学》抓住这一典型案例，组织专家进行深入讨论，最后一致认为，王某的行为虽有瑕疵，犯有错误，但还未构成犯罪，不该定刑。特别是，在改革开放的大背景下，为加快社会主义现代化建设事业，法律必须引导广大技术人员发挥自己的专长，多为国家做出贡献。而在此过程中，他们的劳动必须得到尊重，必须获得报酬，这不仅不是犯罪，而且是法律应该鼓励的行为。《法学》所发表的专家意见受到了司法机关的重视，不仅王某最终没有被定罪，而且对以后一些在职的或退休的职工受外单位聘请、接受高额报酬行为的评价也发生了良性变化。[②]

---

① 根据《法学》1983 年第 3 期发表的龚介民的“重视韩琨案件中的法律与政策问题”和张传桢、铁犁的“韩琨案功与罪之争”，载郭道晖、李步云、郝铁川主编：《中国当代法学争鸣实录》，湖南人民出版社 1998 年版，第 285 页。王某的真名是韩琨，上海橡胶制品研究所助理工程师。

② 之后，《法学》还接连讨论了刘亨年、戴振祥等有罪还是无罪的案件。参见《法学》1987 年第 7～11 期、1988 年第 10～12 期。

当然,《法学》在经济领域发表学术观点,并有力地冲击了传统法律观点、推动了我国社会主义市场经济体制确立的最有影响力的文章是曹建明、钱富兴、顾长浩、李朝兴所写的《外商租用土地与经营房产业的理论与实践》。[①] 该文指出:"土地是一种重要资源,也是利用外资、引进技术、进行生产和经营活动的基本条件。""因此,发挥土地经济杠杆在对外开放中的积极作用,实行出租土地给外商从事综合性经济活动,并允许外商在我国购买和经营房产的政策,将涉及我国对外开放中土地和房产两个方面的法律问题,而其中地产业的问题又是最为关键的。""外商租用土地和经营房产业,可在相当的程度上解决开放城市建设资金不足、外汇不平衡的困难。"

文章接着阐述:实行出租土地给外商以及允许外商在我国购买和经营房产的政策,在目前还是一个非常复杂和严重的问题,比如,允许外商租用开放城市的土地,"是否会重演帝国主义在半殖民地旧中国建立租界的悲剧"?作者认为,不会。因为"在对外开放中出租土地给外国投资者,与帝国主义在旧中国的租界是有本质区别的":不仅性质不同,前者是经济活动范围的概念,后者是政治主权的概念,而且产生的原因和条件也不同。作者接着进一步就外商租用我国土地问题的理论依据和法律依据进行分析。比如,出租土地的法律行为并不违背马克思主义的基本理论,也不违反我国的宪法和法律;各国关于外国人租用本国土地的法律制度及其在我国的实践;外商租用土地、经营房产与开放城市经济发展战略的协调;外商租用土地和经营房产业的法规及其协调;等等。

文章刊登后,在全国引起了很大反响。虽然也有一些不同的观点,认为文章提出的主张违反了我国1982年《宪法》第10条关于"任何组织或者个人不得侵占、买卖、出租或者以其他形式非法转让土地"的规定(因为此时宪法尚未修改),因而是违宪的。[②] 但大多数学者对文章的观点表示理解、支持和赞赏,认为文章回应了我国改革开放带来的引进外资、迅速发展我国市场经济的实践所提出的实际法律问题,具有重大理论指导意义。1988年宪法修改,吸收了文章提出的观点,取消了出租和转让土地的禁止条款。文章发表以来,我国经济发展的实践证明了该文的正确以及它的强大生命力,也证明了《法学》思想的解放以及非常的理论勇气和远见卓识。

---

① 参见《法学》1986年第7期。

② 实际上,文章本身已经回答了出租土地给外商是否违宪的问题,文章认为,《宪法》第10条并没有禁止"国家"出租土地的行为,只禁止了组织和个人;当时已颁布实施的《中外合资经营企业法》中已经规定了允许出租土地给外商。

三

解放思想也促进了法学学术的进步与繁荣。学术的进步与繁荣,最为重要的就是营造一个有利于学术讨论与学术争鸣的环境和氛围。而这种环境和氛围的形成,必须是在解放思想的前提下,能够说真话,实事求是,不唯书、不唯上,打破不合理的偏见和传统,在理念、观点和制度上创新。在这方面,复刊后的《法学》做得非常好。

比如,在1981年的复刊号上,就发表了华东政法学院院长徐盼秋的《关于社会主义法律与客观规律》一文。在文中,作者解放思想、实事求是,一层一层地分析批判了以往片面夸大意志的作用,要人治,不要法治,权大于法,以言代法等不顾社会发展客观规律的错误观点,明确指出,"利用客观规律来造福于国家和人民是社会主义法律的光荣任务",但我们"要利用客观规律,必须首先掌握客观规律"。作者认为:"社会主义法律必须反映客观规律,但是它并不等于客观规律。""客观世界是不可穷尽的,人们对于客观世界的认识也永远没有完结。所以,人们只能随着对客观规律认识的发展来不断完善社会主义法制。"作者最后指出,社会主义法律,作为社会主义社会上层建筑的一部分,它对客观规律的反映,与上层建筑的其他部分相比,具有自己的突出特点:社会主义法律对客观规律的反映不是以原理、定律等科学理论的形式,而是以法律条文的形式使其规范化;被社会主义法律所反映的客观规律,有国家强制力的保障,这使它本来就具有的客观必然性更加强化,能够加速这种客观必然性的实现;法律对客观规律的反映具有稳定性和严肃性,如果能够坚持以法治国,国家就会以更加符合客观规律的方式获得迅速发展。

与徐盼秋的文章相呼应,《法学》1982年第5期发表了余先予的《论法律自身发展的客观规律》一文,该文将社会主义法律与客观规律的学术探讨进一步引向深入。余文指出:"法律自身发展规律的问题,与法律表现客观规律的问题,是两个不同范畴的问题。前者是指法律这种客观的社会现象的自身发展受哪些客观规律的支配;后者是指法律这种客观事物与其他客观事物之间的关系。为了更好地完善我们的社会主义法制,我们不仅要研究法律与其表现的客观规律之间的关系,而且也要研究法律自身发展的客观规律,使我们的法律既符合客观形势所提出的要求,紧密地为解决党和国家所面临的各项任务服务,又符合法律自身发展的要求,建立完备的社会主义法律体系,真正担当起社会主义时代的历史所赋予法律的任务。"

那么，纵观数千年法律发展的历史，它有哪些规律呢？余先予教授认为，法律自身发展的规律，主要有五个方面：第一，法律制度本身是一种社会的客观存在，它源于物质生活关系，受社会经济条件制约，不是什么人想要就要、想不要就可以不要的东西，也不是可以随心所欲地“创造”的东西。第二，法律都具有鲜明的阶级性，它是取得胜利、掌握政权的阶级意志的体现，是建立和维护有利于统治阶级的社会制度和社会秩序强而有力的杠杆。第三，法律由国家机关制定或认可，以国家强制力为后盾，对全社会具有普遍约束力。第四，法律以肯定的明确的行为规范的形式，给予法律关系的当事人以权利和义务，规定他们可以做什么，不可以做什么。第五，法律制定出来就必须执行，在现实生活中兑现，务求做到有法必依，执法必严，违法必究。

又如，比较法研究，包括法系理论，在新中国成立的前30年，是一个遭受批判的领域，也几乎是一个被人们所遗忘的领域。直至改革开放之后的20世纪80年代初，比较法研究和法系理论依旧被认为是资产阶级的学术观点，是西方资本主义的研究领域。在此时，《法学》解放思想，冲破上述认识的樊笼，在全国率先提出比较法和法系的问题，在王召棠、陈鹏生的《社会主义中国法系初探》① 和王召棠、张传桢、陈鹏生的《对中国式社会主义法律体系的探讨》②等文章中，作者旗帜鲜明地提出：“法系不应是资产阶级法学的专用语，而应是整个法学领域中应该着重研究的一个课题。”建立中国社会主义法系，必须肃清重刑轻民的历史影响，必须正确地处理好政治与法律的关系，肃清以政治代替法律、冲击法律的思想影响。应该说，这些观点不仅在当时，即使在目前，也是一种解放思想的观点。

再如，虽然我国于1982年12月通过了新中国的第四部宪法，但宪法理论的研究并没有很好地展开，这当中，除了人们还没有从1966～1976年10年“文化大革命”的噩梦中清醒过来，我国在言论自由方面还没有确立很明确的法治原则（对此，骆伟雄的《言论自由的若干法律问题》一文③有很好的分析）之外，宪法学研究者不能解放思想、缺乏理论勇气也是一个重要原因。对此，我国著名的比较宪法学家龚祥瑞的《中国需要什么样的宪法理论》④一文，勇开先河。龚文认为，宪法意识是从“权力必须受到限制”这个思想出发的。各国宪法规定的限制权力的表现形式可能有所不同，但立宪政府的一个共同信念，就是政府权力不

① 载《法学》1982年第2期。
② 载《法学》1983年第5期。
③ 载《法学》1989年第2期。
④ 载《法学》1989年第4期。

能无限。而宪法就是授予和限制权力的根本法，它规定了立法、行政和司法机关的职责以及彼此的监督和制约，规定了对公民权利的保障，这就是现代宪法的由来。因此，"宪法是治国之法，治官之法，是从崇尚个性解放，保护私有财产，保护人身、言论出版等自由，遏制暴政、苛政，保障公民利益出发的"。"针对权力的先定性和腐化性、侵略性，人们就要用宪法与行政法来约束它、管制它，使之分别由不同主体行使，并置于人民监督之下，这才是我们重新开始要做的。"作者最后指出："宪法是保护人民利益的根本大法。我们要研究人性中残酷的一面、人间的疾苦的一面，忠诚地以人类追求正义的精神而不懈地积累、更新如何预防权力被人类弱点所滥用的根源、技术和方法，重新开始宪法理论问题的研究。"

重读20多年前文章中这些即使在现在看来思想也是非常解放的观点，我们不得不佩服作者的理论勇气，也不得不佩服《法学》思想的解放。我们认为，龚文的上述观点，对新中国宪法学的研究一定具有长时间的理论指导力和学术影响力。

又如，就我国改革开放之后几次大的法学学术理论探讨，关于开展法学基本理论研究、关于开展社会主义法律体系的讨论、关于社会主义法的本质、法哲学的内涵和价值、①法的阶级性与社会性、宪法司法化、复员军人进法院、"坦白从宽，抗拒从严"的质疑、"婚内强奸"的讨论、法制建设协调发展、②罪刑法定与罪刑相适应的原则、③关于"廉政建设的法律思考"、法学的现状与发展、著名学者论依法治国、"克隆人"与法律、社会主义法的精神、④创新和繁荣法学理论笔谈、⑤《物权法》草案是否"违宪"、检察监督权之探讨、"双规"的合宪性等，《法学》的研讨也都是走在全国前列的。如关于中国社会主义法的体系的讨论，曾

---

① 如傅季重："法律哲学研究的对象及其任务"，载《法学》1982年第3期；公丕祥："也谈重视法哲学的研究"，载《法学》1983年第4期。

② 详细参见《法学》1984年第5～10期、第12期所发文章。

③ 罗平："同名数罪，毋须并罚"，载《法学》1982年第10期；邹涛："关于同种数罪及并罚问题"，载《法学》1983年第4期；魏皓奔："也谈'罪刑适应'"，载《法学》1983年第7期。

④ 郭道晖在《法学》1994年第10期发表了"社会主义自由——当代社会主义法的精神"，从孟德斯鸠的著作《论法的精神》一书中的思想，谈了"法的精神"的科学含义以及社会主义法的精神的问题。张光博在《法学》1995年第5期上发表了"法的精神与法律精神论略——与郭道晖同志商榷"。郭道晖在《法学》1995年第6期上再发"再论社会主义法的时代精神——答张光博教授"一文，展开了激烈的思想交锋，引起了法学界的关注。

⑤ 参见《法学》1987年第1期至1988年第8期。其中，有些文章探讨的问题在当时都是非常前沿和大胆的，如夏之的"对'马克思主义法学'提法的商榷"，魏皓奔的"社会主义社会同样产生犯罪"（当时许多人都认为只有资本主义才是产生犯罪的"温床"），崔敏的"客观性也是法的本质属性"，周叶中的"宪法实施：宪法学研究的一个重要课题"，舒国滢的"对法概念之争的思考"，吴家如的"法学研究应从适应型向创造型转变"，杨海坤的"对建立我国行政诉讼制度的思考"，等等。

经是改革开放初期我国法学界热议的课题,《法学》于1983年4月21~29日联合中国社科院法学所,在上海率先举办了关于法律体系和法学体系的专题研讨会。当时的一些法理学大家,如吴大英、沈宗灵、刘瀚、齐乃宽、王传生、陈汉章、余先予积极参加,撰文发言,有力地推动了中国社会主义法律体系和法学体系的形成。

尤其是从1997年起,《法学》在当时的主编郝铁川教授的主持下,连续刊登了一组"建国以来法学界重大事件研究"的文章,其中有《对新中国摧毁旧法制的历史反思》、《"刀把子"风波记》、《无罪推定在新中国的命运》、《1957年错批杨兆龙的"法律继承论"纪实》、《关于80年代"法的社会性和阶级性问题"大论战》、《关于前苏联法对中国法制建设的影响》、《人权禁区是怎样突破的》、《人权研究中的一场风波》、《一场有缺陷的司法改革》、[1]《"再为司法独立鼓与呼"一文的风波》、《"法权"还是"权利"之争》、《从"法制"到"法治"二十年改一字》、《新中国第一次法理讨论会的回忆与思考》、《五十年代〈法学〉是为何被迫停刊的》、《1996年"晓南"风波纪实》、《1957年的王造时》、《关于更改反革命罪名的风波》、《死刑的限制与扩张之争》、《正当防卫立法的进展与缺憾》、《我们是怎样逐步实现"罪刑法定"的》等。这些文章,后来结集为《当代中国法学争鸣实录》一书,[2]在湖南人民出版社出版,在法学界引起了很大的反响。

最后,《法学》还非常重视对实务法律问题以及重大疑难案件展开学术研讨,直面社会现实对法学研究提出的要求,并给予法律实践以指导。这方面的例子非常多,如1997年对"碧纯"水侵权案件的研讨,1999年对"枫叶"诉"鳄鱼"不正当竞争案件的研讨,2000年对全国首例老虎袭人致死案件的研讨,对2001年綦江彩虹桥垮塌案件的讨论,2001年深圳中级法院审理之中国首例贞操损害赔偿案件的研讨,对2002年"陆来富案件"的研讨,2003年对"孙志刚案件"的研讨,对2005年"圆明园环评事件"的研讨,2008年年初关于"许霆案"、"孕妇死亡案"、"彭宇案"的讨论,2009年对"杨佳袭警案"、"齐玉苓案"的热议,等等。与此同时,《法学》也积极参与我国的立法活动,组织专家学者就各项法律草案进行学术研讨,对立法活动建言建策。其中最主要的有《立法法》、《行政处罚法》、

---

① 主要指1952年的司法改革运动。这场运动的结果:一是将6000多名旧法人员从我们的审判队伍中全部剔除了出去;二是将"法律面前人人平等"、"司法独立"、"法不溯及既往"、"尊重诉讼程序"等观点全部认定为"旧法观点"而予以彻底批判;三是用马克思主义和毛泽东思想的国家观和法学观武装我们的司法干部。详细参见何勤华:"论新中国法和法学的起步——以'废除国民党六法全书'与'司法改革运动'为线索",载《中国法学》2009年第4期。

② 郭道晖、李步云、郝铁川主编:《当代中国法学争鸣实录》,湖南人民出版社1998年版。

《行政复议法》、《行政许可法》、《公务员法》、《公司法》、《物权法》、《劳动合同法》、《刑法(修正案)》、《刑事诉讼法》、《国家反腐败法》、《能源法》、《水污染防治法》、《反垄断法》、《政府采购法》、《监督法》、《罢工法》等。从而为我国新时期的立法、加快形成社会主义法律体系做出了贡献。

四

《法学》复刊30年的历史证明,一本杂志的进步需要解放思想,一门学术的进步也需要思想解放。这一点不仅仅是《法学》复刊30年的经验和教训,也是它之前的历史透视出来的经验和教训。

《法学》创刊于1956年6月15日。当时,正是中华人民共和国第一部宪法1954年宪法颁布实施、全国法制建设形势一片大好之时,《法学》(1956年创刊号及后面两期刊名为《华东政法学报》)应运而生。从其诞生的第一天开始,它就宣称要解放思想,鼓励学术创新,展开"百家争鸣"。其发刊词称:"'百家争鸣'是推进学术思想的重要精神。不奖励自由思想,不展开自由讨论,没有批评和自我批评,学术上就不会有进步,不会有新生力量。《华东政法学报》将充分体现'百家争鸣'的精神,重视有独立劳动和首创精神的作品,重视'问难析疑、求同存异'的学术争论。"①

正是在上述解放思想的指导方针下,《法学》在其创刊至1958年9月16日被迫停刊,这不到3年的时间内,发表了一批解放思想、极富学术创造力的好文章,如梅泽濬的《哲学上的因果关系及其在刑法中的运用》、②李良的《"百家争鸣"和法律科学》、③刘焕文的《在"百家争鸣"中谈旧法思想》、④杨兆龙的《法律的阶级性和继承性》、⑤孙晓楼的《关于中国法学遗产问题的看法》、⑥黄道的《略论刑事诉讼中的无罪推定原则》、⑦张光博的《关于"公民在法律上一律平等"的

① 载《华东政法学报》1956年第1期。
② 同上。
③ 载《华东政法学报》1956年第2期。
④ 同上。
⑤ 载《华东政法学报》1956年第3期。
⑥ 同上。
⑦ 载《法学》1957年第2期。

意义》、[1]李光灿的《论共犯》、[2]丘日庆的《现阶段国际法的体系》、[3]刘家骥的《谈谈双重国籍问题》、[4]叔思的《对建立我国刑法分则体系的一些意见》、[5]董敬之等的《谈重婚与通奸》[6]等。但到1957年夏天"反右"运动开始、法学界的思想受到禁锢以后,《法学》上也就再没有刊登什么好文章了,甚至登出了黄道被迫写的批判自己无罪推定观点的检讨文章,而中国此时的法制建设和法学研究也基本上处于停顿状态。

法学的历史是这样,其他学科的历史也一样,甚至世界上所有国家的情况都一样。在古代罗马,随着公元426年《学说引证法》(Lex Citationum)的出台,盖尤斯(Gaius,约130~180年)、乌尔比安(D. Ulpianus,约170~228年)、帕比尼安(A. Papinianus,约140~212年)等五大法学家被授予法律解答权(jus responddendi),他们五人的学说观点被认可具有法律效力,而其他法学家则不具有这种权力。百家争鸣的学术环境不再存在时,罗马法学也就失去了学术创造力,日益走向衰弱。中世纪意大利的注释法学派、法国的人文主义法学派、近代欧洲的私法注释学派、第二次世界大战之前的日本民主主义宪法学说等,其走向衰落的重要原因之一,也都是促成这些学派和学说兴盛的解放思想运动日渐衰微。

因此,解放思想是法学进步的原动力:解放思想营造了法学研究领域讲事实、摆道理、说真话这么一种"百花齐放"、"百家争鸣"的环境和氛围,激发了法学研究创造力的勃发,带动了法学方法论的创新,也改变了法学研究的整个面貌。更进一步说,解放思想是法学进步和繁荣的灵魂。应该认识到,在现代社会,包括法学研究在内的科学研究,与现代化生产劳动有着巨大的差异。

一方面,现代化生产劳动(不管是工业生产还是农业劳动)具有重复性,尤其是商业化生产、流水线作业,重复(复制)是其基本特征;而科学研究就不同,它不具有上述特性,它需要每一个项目、每一个专题、每一个观点的创新。如果科学研究不能摆脱重复性,那就是复制,就是模仿,甚至是抄袭,这样的科学研究就没有了原创价值。

---

① 载《法学》1957年第2期。
② 载《法学》1957年第2~3期。
③ 载《法学》1957年第3期。
④ 同上。
⑤ 同上。
⑥ 载《法学》1957年第4期。

另一方面，现代化生产劳动，一般具有集团性、流水作业的性质，这样，才能节约成本，最大限度地利用有限的资源，才具有商业竞争力；而科学研究（尤其是文科研究）不具有这一属性，每一个人大脑里的构思、想法，其他人是无法精确揣摩，也是无法取代的，它完全是个人思考的产物，具有个性化（包括由此带来的多元化）的特征。有没有个性化，是检验学术和科技有没有生命力的首要指标。

因此，科学研究需要解放思想（这么说，并不是否定生产劳动也需要解放思想，而是强调科学研究对解放思想更加具有依赖性，美国苹果公司创始人乔布斯是一个最好的例子），解放思想是科学研究的灵魂，科学研究与解放思想之间的紧密关联，是科学研究发展的规律之一。作为科学研究之重要组成部分的法学研究，当然也无法摆脱，而只能遵循这一规律，《法学》创刊55年、复刊30年的历程已清楚地表明了这一规律。其结论很清楚：遵守这一规律，法学就进步，就繁荣；违背这一规律，法学就退步，就衰微。

《法学》复刊的历史还证明，一个国家、一个民族的进步，也需要解放思想。改革开放30多年我国社会主义各项建设事业的艰难而辉煌的历程表明，什么时候我们的思想解放了，实事求是了，注重理念、观点和制度上的创新了，敢于打破不合理的偏见和传统了，我们的事业就进步；反之，我们的事业就受挫。《法学》复刊30年的历史，只是我们国家改革开放30多年历史发展的一个缩影而已。

本文刊登于2011年第11期《法学》，当时是为纪念《法学》复刊30周年而撰写。此次作为"法学的历史"丛书的代总序，除个别字词之外，没有做大的修改补充。编辑本丛书，基本目的在于纪念华东政法大学成立60周年，以及《法学》创刊56周年，希望通过本丛书，将《法学》（1956年出版的3期称《华东政法学报》）刊登的有影响的文章保存下来，以真实地记录《法学》，更广范围地说也包括了中国法学所走过的曲折道路，了解新中国50多年法学发展的真实面貌，以为中国法学今天的发展繁荣提供历史借鉴。正是基于这一目的，我们在编辑时，对1981年复刊以来的各期，主要是选出比较重要的文章，而对1956～1958年所出的18期（1956年《华东政法学报》共3期，1957年《法学》全年共6期，1958年《法学》1～9月共9期）文章，全文收入，未作删节和修改，以尊重历史真实。

本丛书的出版，得到了法律出版社社长黄闽、财税出版分社社长沈小英以及各位责任编辑的全力支持和帮助。在此，谨表示我们诚挚的谢意。本丛书规模宏大,参与编辑勘校人员众多,错误和疏漏在所难免,对此我们将承担全部责任,也希望广大读者能予以谅解。

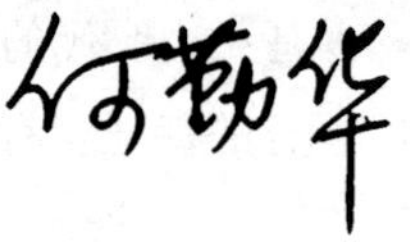
*

于华东政法大学

2012 年 8 月 1 日

* 华东政法大学校长,教授、博士生导师,法学博士。

目 录

2005 年

【栏目】中国信托业的发展与法律规制 3
信托制度在中国的应用前景／江 平 3
中国信托业的现状与展望／高传捷 7
中国信托制度发展的困境与出路／王连洲 10
中国民事信托发展的可能性／中野正俊 17
发展中国统一信托市场的两大问题／夏 斌 22
破产立法中的若干疑难问题探讨／王利明 27
彩票的法律分析／韩世远 46
论物权法规定取得时效的必要性／尹 田 60
物权法如何保护私有财产／孟勤国 66
论比较广告的法律规制／许明月 邓宏光 74
有限责任公司股份自由继承的理论基础／王勇华 85

2006 年

【栏目】金融衍生工具法律规制问题研究 99
金融衍生工具与法律规制的创新／顾功耘 99
构建金融衍生工具上市机制的若干思路／罗培新 102
金融衍生工具的法律解释／刘哲昕 刘 伟 106

金融衍生工具上市地点的选择
——以金融期货为视角／胡茂刚　110
金融衍生工具市场监管法制构建中的三个关键问题／卢文道　115
金融衍生工具市场的国际监管合作／陈　欣　120
商法通则统一立法的必要性和可行性／杨　继　123
除权判决的效力与票据善意取得之间的关系
——从中、日票据法比较的角度　／李伟群　143
人格·权利能力·民事主体辨思
——我国民法典的选择／付翠英　154

2007年

死亡给付保险之被保险人的同意权研究
——兼评我国2002年《保险法》第56条第1、3款之疏漏及其补充／樊启荣　169
论我国商业标识立法的体系化／王莲峰　187
平等保护原则和私人物权制度检讨／高富平　199

2008年

服务合同在我国民法典中的定位及其制度构建／周江洪　217
“买卖不破租赁”规则的立法技术分析／徐澜波　228
我国合同法上减价制度的不足与完善／杜景林　240
信息网络传播权合理使用的立法完善／梅术文　254
缔约过失责任之独立性质疑／李中原　268
不足额保险比例赔付的逻辑误区及其校正／韩长印　286

2009年

医疗损害责任的因果关系证明及举证责任／杨立新　301
破产法基本原则再认识／许德凤　315
货币所有权归属及其流转规则
——对“占有即所有”原则的质疑／其木提　330
我国票据制度未赋予交付转让的效力／傅鼎生　346

2010年

我国驰名商标反淡化制度应当缓行／邓宏光　363
商事留置权的法律构造／曾大鹏　376
《信息网络传播权保护条例》中“避风港”规则的
效力／王　迁　390
我国未成年人侵权责任承担制度之合理
构建／胡雪梅　408
我国股票善意取得制度的立法缺失与完善／崔香梅　428
消费者撤回权的正当性基础／王洪亮　442

2011年

房屋征收补偿范围与标准的思考／朱广新　461
单字字体和字库软件可能受著作权法保护／崔国斌　476
论人格权法定、一般人格权与侵权责任
构成／易　军　491
【栏目】票据法修改的法律思考　510
我国票据法签章规则的修改／董惠江　510
《票据法》上票据金额记载规定的立法

完善／赵新华　515
对我国《票据法》第10条之修改
建议／李伟群　523
完善票据利益返还请求权的思考／于永芹　529
关于票据付款人的几个问题／汪世虎　535
论空头支票的成因与防范／董翠香　541
解释论视野下的侵害患者知情同意权侵权
责任／王　竹　550

编后记　563

2005年

【栏目】 中国信托业的发展与法律规制

【编者按】 适逢中国《信托法》实施3周年之际,在我国信托业发展遭遇困境的背景下,由中南大学和上海远景非凡投资管理有限公司主办的"中国(长沙)信托国际论坛"于2004年10月16~17日在长沙隆重举行。国内外知名信托法专家、学者以及业内高层人士围绕《信托法》实施以来我国信托业的发展现状和实践问题,从理论和实务角度对信托法律制度的完善提出了建设性意见。这些意见对于加快贯彻实施《信托法》,改进我国信托业的发展环境,完善金融市场体系,提高社会资源配置效率具有极大的推动作用。本刊特策划编辑一组代表性文章以飨读者。

信托制度在中国的应用前景

江 平*

一、信托制度在中国的继受

一百多年前,英美式样的信托就出现在中国,但信托事业在中国的发展却历经曲折,信托的制度建设更是空白,信托的观念和运用长期处于误解和歧义之中。

2001年中国颁布了自己的《信托法》,这部历经8年努力起草的法律,最终将源自普通法系的信托引进了经济快速增长的中国。《信托法》的颁布和实施的两个背景非常重要:一是我国民法体系正处于建立和完善的过程中,尤其是物权法正在制定过程中;二是社会结构处于深刻的变革中,经济发展处在全球化的浪潮中。《信托法》的颁布和实施是建立和发展我国信托制度的基石,是我国信托事业发展中的里程碑。《信托法》的实施为运用信托提供了有力的制度保证,这将极大地促进信托的应用,使这一在普通法系国家深具社会功能的制度,在我

---

* 作者单位:中国政法大学。

国发挥应有的作用。

二、民事信托在中国的应用

《信托法》第3条规定,“委托人、受托人、受益人(以下统称信托当事人)在中华人民共和国境内进行民事、营业、公益信托活动,适用本法”。该条中提到了“民事信托”,目前多数人将其与营业信托放在一起做出解释。但我倾向于将其与公益信托一起做出对立的解释,即将我国《信托法》中的民事信托解释为普通法系的私益信托,而“营业信托”只不过是受托人为经营信托业务的机构的一类民事信托,这样的理解比较符合《信托法》的原意以及信托的理论。

所谓私益信托,即为确定的或能够确定的私人利益而创设的信托,其目的与公益信托的目的截然相反。《信托法》中的绝大部分条款都是围绕民事信托进行规范的,设立民事信托必须符合《信托法》的规定,才能创设有效的信托法律关系。

(一)家庭领域的运用

普通法系国家在决定是否及如何创设私益信托时,税法上的考虑通常很重要,许多信托的主要目的在于减少或避免收益、遗产、继承以及赠与税,英美法系上的遗产规划在财富传承及管理当中占有重要地位。私益信托常见的目的,即委托人运用信托这一设计,将其财产分配于其家庭及其朋友。信托条款通常规定收益归终生受益人或信托条款规定的受益人,保留信托本金,并最终将信托本金转让与其亲属、朋友或公益目的(委托人惯常运用本金和收益分离的信托达其私益目的),有时这种信托被称为“家庭信托”(Family Trust)。

但在我国,由于目前有关的受税法驱动的民事信托还并非主流,运用民事信托的领域主要体现在有效率的财产管理上。我国目前财富的管理分散化严重,这不仅效率低下,而且造成了巨额财富的损耗和浪费,因此信托法重要的立法目标在于建立一套完善的财产管理制度。而与此关联的必然是如何使国民通过信托的管道实现财富的聚集和分配。我国的婚姻家庭和继承制度使委托人可以支配的财产非常有限,并且遗产管理的手段落后、效率低下,家庭财富因为继承制度的原因分散化严重,巨额的民间财富的管理一直以来缺少有效的制度设计。发展民事信托,克服作为家庭财产管理和遗产管理的信托的“先天不足”,应是信托功能发挥的重要领域。

(二)商业领域的运用

以共同基金、退休基金和资产证券化为代表的商业信托法制在全球的迅猛发展，改变了传统上对信托应用领域的狭隘认识，商业信托中受托人的权力得到了极大的扩张。信托以其灵活的弹性设计，在大规模的财产管理方面提供了其他制度无法替代的功能，资金雄厚和信誉卓著的机构受托人凭借较低的信用风险和破产风险赢得了广大投资人的青睐。

《信托法》颁布后，监管部门先后修订和制定了《信托投资公司管理办法》、《信托投资公司资金信托管理暂行办法》等规章，初步搭建了营业信托发展的平台。目前营业信托业务广泛，但真正意义上的信托商品却不多。信托机构应当配合金融形势的发展，研发信托品种，逐步累积经营业绩与受托人声誉，才能赢得社会的信赖。未来的信托业发展空间非常巨大，仅就目前而言，信托业至少在以下几个方面大有可为：

1. 与职工福利或退休制度结合的信托业务：办理企业职工持股信托、企业职工储蓄信托或退休金信托业务，客户以大中型企业为主，未来发展空间很大。

2. 与金融机构中长期债权结合的信托业务：目前银行办理的长期住宅贷款，贷款期间长者可达30年，所涉及的信用、利率、流动性及提前还款风险，均由银行自行承担。若能通过贷款债权信托业务，将贷款债权信托或出售，将有助于银行降低经营风险。

3. 与其他金融商品结合的信托业务：信托业可就货币市场工具、金钱债权、外汇、不动产等投资标的，以发行受益证券或记账方式来募集共同信托基金。

4. 与不动产结合的信托业务：通过信托业办理不动产信托业务以进行融资，或募集共同信托基金投资不动产。

三、公益信托在中国的应用

公益信托，是以促进和举办公益事业为目的的信托。其目的在于为社会公众谋求利益，而不是为特定的个人谋私利。通过设立公益信托，能够有效实现各种公益目的，促进社会公益事业的发展。公益信托设立简便灵活，享受税收的优惠支持，运用非常广泛。目前，中国各方面的公益需求非常巨大，立法也非常明确鼓励公益事业的发展。现在大量从事慈善、科技、学术、宗教、环保等公益事业的，主要以基金会的形式出现，拥有庞大的公益基金。不过，随着《信托法》的实施和普及，公益信托的灵活和便捷的制度安排将有非常巨大的应用空间。

（一）公益信托的认定

一般而言，公益信托即是社会受益的信托，但并非使社会受益的每一个目的都符合公益信托的目的，早期如英国1601年《慈善用益法》序言中所列举关于公益目的类型,现代如1959年美国《信托法重述(2)》第368条所列举的公益目的。但即便如此,英美法院在解释、运用上述公益目的时仍并非十分确切,问题是谁为公益信托的真正受益人。公益信托系使社会为其真正受益人的信托,以区别于以单独的私人为受益人的私益信托,但这不意味着公益信托不可以有确定的受益人。

根据我国《信托法》第60条的规定,为了下列公共利益目的之一而设立的信托,属于公益信托:(1)救济贫困;(2)救助灾民;(3)扶助残疾人;(4)发展教育、科技、文化、艺术、体育事业;(5)发展医疗卫生事业;(6)发展环境保护事业,维护生态环境;(7)发展其他社会公益事业。《信托法》只规定了公益信托的目的(性质)认定,并没有规定具体的认定标准,这需要进一步的解释。

(二)发展公益信托的障碍

发展公益信托主要有以下障碍:其一,国家鼓励发展公益信托的措施,如税收措施还没有出台,影响了委托人设立公益信托的积极性。其二,《信托法》第62条规定,"公益信托的设立和确定其受托人,应当经有关公益事业的管理机构(以下简称公益事业管理机构)批准。未经公益事业管理机构的批准,不得以公益信托的名义进行活动"。但由于公益事业管理机构没有明确到位,致使公益信托的受托人资格和公益信托的有效性大打折扣。其三,按照《信托法》的规定,公益信托管理中很多事项需要管理机构的批准,但因公益事业管理机构没有明确到位,致使公益信托的有效管理很难实现。

(三)与基金会的区别

2004年6月1日实施的《基金会管理条例》第2条对基金会作出了明确的定义:"本条例所称基金会,是指利用自然人、法人或者其他组织捐赠的财产,以从事公益事业为目的,按照本条例的规定成立的非营利性法人。"《基金会管理条例》对基金会的设立、变更和注销,组织机构,财产的管理和使用,监督管理和法律责任都作出了详细的规定,基金会依照章程从事公益活动,应当遵循公开、透明的原则。基金会章程必须明确基金会的公益性质,不得规定使特定自然人、法人或者其他组织受益的内容。此点对于《信托法》中公益信托的具体认定标准具有借鉴意义。

按照目前的规定,基金会的设立成本和管理成本较高,程序比较烦琐,与公益信托相比并没有明显的成本优势,不过,其具有更现实的可操作性。

(2005年第1期)

中国信托业的现状与展望

高传捷*

一、中国信托业发展的现状

信托机构是依照信托制度活动的主体。现阶段,营业性信托机构的主体就是信托公司。经过近几年来的整顿,中国信托业已成功地化解了累积20年的系统性金融风险,充实了资本,改进了管理,重新集合起一支专业队伍,为社会提供信托服务。同时,为了加强监管,保障委托人、受益人的合法利益,监管部门根据信托业务发展的需要,陆续制定、出台了一些法规规章,指导和监督信托公司依法开展真正的信托业务。

(一)信托法配套制度的建设情况

我国《信托法》第4条规定,"受托人采取信托机构形式从事信托活动,其组织和管理由国务院制定具体办法"。这一规定要求监管部门对我国特许经营信托业务的信托公司,制定具体的管理办法。2001年以来,《信托投资公司管理办法》和《信托投资公司资金信托管理暂行办法》先后出台。这两个规章与《信托法》一起,合称为"一法两规"。两个规章对信托业的发展起到了基础性作用。

近年来,根据业务发展和监管的需要,一批监管规章和文件陆续出台。它们对信托公司的股东资格审查,资金信托业务,清算、转制事宜,人民币银行结算账户的开立与使用,信托专用证券账户和信托专用资金账户等有关问题作出了规定。这些文件构成了信托公司经营与监管的基本制度框架。

(二)信托公司的现状

目前,重新登记后的信托公司共有59家,分布在全国大多数省(区、市)。到2004年6月底,信托公司从业人员约为4600人。在国务院确定的信托整顿方针的指导下,信托公司获得了一定程度的发展,接受管理的信托财产总额已近2000亿元人民币,营业性信托业务取得了长足进步,我国信托业迈出了可喜的一步。

近3年来,信托业务增长迅速,信托财产呈现出良好的增长态势。信托业务最主要的表现形式是资金信托,约占信托财产总额的84%。其中,集合信托计

* 作者单位:中国银监会。

划为1053个,并大部分获得了成功。同时,信托公司以资金以外的其他财产形式开展的信托业务,开始呈现良好的发展态势,为金融创新提供了很好的制度条件。

(三)存在的主要问题

上文分析了信托公司的经营状况,在肯定成绩的同时,存在的问题也不容忽视。从目前来看,主要存在以下问题:

一是部分公司法人治理结构存在缺陷,内部控制不完善,与所开办业务相关的风险防范措施水平不高,专业人员执业水平不高。

二是少数公司资产质量不高,经营活动中存在违规行为。有的公司没有认真履行诚信义务,甚至擅自改变信托财产用途,挪用、混用信托财产,将信托收益归入固有财产等。个别公司由于违法违规经营,面临巨大经营风险,已被停止营业。它们管理的信托财产遭受重大损失,损害了广大中小委托人的利益,造成了社会风险。

三是监管规制不完善、不具体,信托业务在创新中出现许多亟待规范的经营方式。由于缺乏信托登记、信托会计和信托税收等方面的规定,相当部分业务在法律、法规上存在缺陷。

对刚经过整顿的个别信托公司出现的重大风险,中国银监会给予高度重视,已要求全系统的信托监管人员努力做好监管工作,严肃查处违规行为,追究有关责任人的责任,以切实防范风险,保护委托人、受益人的合法利益。同时,中国银监会将从实际出发,按照分类监管的方针,大力支持经营良好的公司发展,通过扶持一批优秀的信托公司,促进我国信托业的规范、健康发展。

二、中国信托业发展的展望

(一)以防范风险为核心,做好信托公司监管,促进规范发展

信托公司是中国信托业的主体,虽经重新登记,它的市场形象还处于重建期。信托业务在我国又是完全创新性的业务,面对多样化、个性化、灵活的理财需求,监管者、经营者都没有足够的经验。因此,要不断摸索,不断总结经验,不断自我提高。同时,也要随着信托业务的发展,加快完善监管规则,在努力防范风险的基础上,促进信托业的稳健发展。

随着信托公司管理水平的提高和分类监管政策的实施,信托公司的经营管理制度也要不断完善。要通过建立稳定的、可持续的经营模式,使信托公司的经营活动进入良性发展的道路,使中国的信托制度能够更好地发挥出它的功能,为

经济建设服务。

(二)不断完善信托法制,加快配套制度建设

中国银监会自成立以来,在制定规章制度上做了大量的工作。目前,关于规范集合资金信托业务的办法,信托公司的信息披露和集合资金信托业务信息披露的规定,房地产信托业务管理办法,信托公司内部控制、公司治理方面的指引和评价办法以及分类监管的办法等已经完成制度论证工作,将在完成必要的程序后发布,这将对信托公司的经营与监管起到积极的作用。

此外,中国银监会还积极配合有关部门研究信托登记、信托会计与信托税收等方面的制度建设工作。关于信托登记,需要由不动产、房屋、车辆、股权等相关登记管理部门来制定法规。两年来,中国银监会与国土资源部、建设部、国家工商行政管理总局等部门进行协商,并召开专家学者座谈会,就信托登记制度建设进行了研究和讨论。关于信托会计,据了解,目前已完成了《信托业务会计核算办法(草案)》,有望不久后出台。关于信托税收,有关部门一直在努力工作,相信这些工作能够较快地取得实质性进展。

我认为,经过各方面的努力,与《信托法》相关的重要配套制度将会陆续制定完成、付诸实施,信托制度将会形成完整的制度体系。

(三)加强协调规划,建立科学有序的信托市场,统一监管,规范发展

1995年,中国的银行和保险公司与其所办的信托公司分业;1999年开始的信托整顿,再次实行信托公司与银行业务、证券业务分业经营。因此,中国实行信托与其他金融行业分业经营的体制。近年来,随着信托业务的兴起,依据信托原理或依照信托公司的经营模式开展经营活动的现象逐步增加。信托制度以其特有的制度活力影响着中国的资产管理活动与资产管理市场。如何加强管理、统一监管政策将日益成为影响统一规范的信托市场发育的重要问题,值得有关方面加强研究。在处理好机构监管与业务监管的相互关系、实施统一的监管政策后,我国的信托业将会在新的基础上取得新的发展。

(四)加强诚信建设,促使信托公司诚信经营

诚信对信托制度而言,尤为重要。因为信托关系成立的前提和基础是委托人对受托人的信任。失去了委托人的信任,就谈不上委托人将财产拿出来让他人管理,信托也将无从产生。

对信托公司来说,其诚信要求则更为严格。因为信托公司经营信托业务,面向众多的自然人和法人。只有取得投资者的信任和认同,信托业务的开展才有市场和空间。诚信一旦缺失,信托将成为无源之水、无本之木,信托业务的经营也将无从谈起。

(五)成立行业协会,加强行业自律

经国务院批准,中国信托业协会已开始它的筹备工作,目前,已经取得了实质性进展。协会成立后,将加强行业自律,协调行业内、外部关系,发挥信托机构与业务主管部门之间的桥梁纽带作用,维护和促进信托业的健康规范发展。

自2001年4月《信托法》颁布实施以来,除了信托公司按照信托原理开展营业信托活动外,信托制度已开始在其他众多领域得到日益广泛的运用,主要体现在:一是公益信托开始列入有关部门与信托机构的议事日程;二是民间已开始出现了如小额财产管理、遗产管理和贵重物品保管等形式的民事信托活动;三是证券投资基金、企业年金基金、资产证券化等有关业务和制度,都开始注意遵循信托原理。我相信,随着时间的推移,古老的信托制度在我国将会为越来越多的人所理解与认识,其运用前景将会更为广阔,表现出它在东方文化传统基础上的旺盛生命力。

(2005年第1期)

中国信托制度发展的困境与出路

王连洲*

一、中国信托制度发展的简要回顾

信托制度源自英国,20世纪初由美国传入中国。1919年,聚兴诚银行分行设立信托部,标志着现代信托制度在中国发展的开端。20世纪前半叶,不少国内著名的信托公司,诸如国安信托公司、中国信托公司、新华信托储蓄银行、通汇信托公司、东方信托公司等,特别是以承办政府机关委托事务为主要任务的"中央信托局",曾先后活跃在中国的土地上。

中华人民共和国成立后不久,伴之工商业的社会主义改造,信托公司被裁撤,信托业务被停止。1979年是新中国改革开放的第一年,为了适应改革开放

* 作者单位:全国人大财经委员会。

后多种经济成分发展和多元投资主体对资金融通的需求,创立一个对外筹资的窗口和平台被纳入领导层视野,我国第一家信托投资机构——中国国际信托投资公司宣告成立,从而翻开了现代信托业在中国重新崛起的一页。随后,中央银行、各专业银行、各行业主管部门以及地方政府等办起的各式各样的信托投资公司,如雨后春笋,最多时曾达到近1000家。而这些名曰"信托"投资公司所从事的业务,并非信托意义上的受托理财业务,而是以银行业务为主的混合经营业务。这些信托投资公司为了生存和发展,多因在经营中转移银行信贷资金、冲击固定资产投资规模、经营管理混乱以及少数人员违法犯罪等,而成为整顿金融秩序首当其冲的对象和目标,招致一次又一次的清理整顿。到目前为止,全国只剩下不足60家信托投资公司获准重新登记营业。而获准重新登记的,又有青泰和金新两家信托投资公司因违规操作被停业。

应当说整顿后的信托投资公司,近一年来的经营业绩相比其他金融同业并不逊色,但给社会留下的"坏孩子"形象,至今没有大的改变。业内人士反映,信托业务开展受到种种束缚,困难重重,步履维艰。在此种情况下,加深对信托制度的认识,改进信托执业环境,提高信托执业信心,不仅对于推动中国信托制度的发展及运用有很大的必要性,而且对于完善金融市场体系具有重要意义。

二、中国信托制度的继受

中国信托制度源自英美法系国家。信托制度是一个极具灵活性和弹性的财产转移和财产管理制度,在一些发达国家得到了普遍的发展和运用。尽管信托制度移植到中国经历了一个漫长的过程,而且还将经历一个逐步成熟的过程,但信托制度的本质要义,在中国制定的《信托法》中,均有所继受和体现。中国《信托法》基本上保留了信托制度整体的价值功能与法律构造。其表现在以下几个方面:

1. 信托财产的权利主体与利益主体相分离,以此将信托与委托代理、行纪等类似财产管理制度区别开来。委托人将其财产权设立信托,这笔财产权就具有了双重所有权。信托财产在法律上已不属于委托人所有,也不属于受益人,而是被转移于受托人名下,由受托人按照委托人的意愿或特殊目的,管理、运用和处分信托财产,而由此产生的利益归受益人享有。受托人不得利用信托财产为自己牟利。受托人根据法律和信托文件的规定,享有信托财产上应有的包括管理、运用、处分等财产权利。受益人根据法律和信托文件的规定,享有信托财产上应有的受益权。这种财产管理属性与利益属性的分离、信托财产的权利主体与利益主体的分离，使受益人在无须承担财产管理责任的情况下享受到财产的利益，这正是信托制度的本质和先进性所在。

2. 信托财产的独立性。信托一经设立，信托财产即与委托人和受托人的自有财产相区别，不受委托人或受托人状况的变化，甚至破产影响。委托人、受托人或者受益的债权人一般也无权对信托财产主张权利。受托人因信托财产的管理、运用或者其他情形而取得的财产，都归入信托财产。受托人除为受益人之一，不得以任何名义享有除佣金以外的信托利益。除法律规定的情形外，任何人不得对信托财产强制执行。信托财产的权利主体与利益主体相分离以及信托财产的独立性，有助于使信托财产免受信托当事人与信托关系之外的第三人之间存在的复杂的债权债务关系的影响，从而使信托具有了其他财产制度所不具有的风险隔离和权益重置功能，增加了信托财产的安全性。

3. 受托人承担信托财产管理上的有限责任。一旦信托有效设立，受托人因处理信托事务所发生的债务，以信托财产承担；应当向受益人支付的信托利益，也仅以信托财产为限。受托人只在违背管理职责或者处理信托事务不当致使信托财产损失并造成第三人负债时，才以自有财产承担个人责任。委托人和受益人同样仅以信托财产为限对因处理信托事务所发生的债务承担有限责任。信托的有限责任性，有助于受托人根据信托目的的需要，充分发挥管理信托财产的能动性和创造性，以顺利实现委托人的愿望。

4. 信托财产管理的承继性。信托是一种具有长期性和稳定性的财产管理制度。信托财产的运作一般不受信托当事人经营状况和债权债务关系的影响。信托一旦有效设立，不得因受托人死亡、解散、破产、丧失行为能力、辞职、解职或其他不得已事由而终止。某些类型的信托例如养老金信托和公益信托等更没有期限的限制。这些制度设计为受托人长期管理和运用信托财产，为委托人实现财产转移和管理的产权安排，提供了制度上的保障。

5. 信托财产需要公示。信托一旦有效设立，信托财产就处于委托人、受托人、受益人三方债权人的追及范围之外，一般不能对其请求强制执行。因此，凡成为信托财产的都应当登记公示。所谓信托公示，就是指通过一定的方式将有关财产已设立信托的事实向社会公众公布，以保证第三方的交易安全和交易效率，确保第三方免受无谓的损失，从而平衡委托人、受益人和第三方的利益关系。法律规定，应当按规定进行信托登记而没有进行信托登记的，信托无效。无效信托的财产自然不得对抗第三人。信托财产及信托关系以一定方式公开披露，这是基于信托关系的特殊性和信托财产的独特性而确立的信托原则。

6. 信托的合法性。信托的基础就是诚信，凡违背公共利益、以进行诉讼或讨债为目的设立的信托,法律规定其为无效信托。同时还规定设立信托的财产,必须是合法的财产和具有确定性的财产,否则信托也视为无效。这种制度规定有助于防范和规制某些人利用信托达到和实现自己的不良企图。

7. 强调受益人利益的保护。委托人设立信托和受托人受托管理或处分信托财产,其宗旨和目的就是受益人的利益保护。中国信托制度赋予了委托人和受益人调整信托财产管理方法和监督受托人信托活动的广泛权利,并且规定了信息披露制度;规定受托人管理信托财产应当分别管理、分别记账;受托人应当担负补偿责任或赔偿责任。信托制度的这些法定要求,对以受益人身份参与信托投资的所有投资者合法权益的保护,应当说提供了法律依据。

三、中国信托制度的适应性摸索与不足

“一物两权”的传统信托制度,在不少英美法系国家都有较为广泛的应用,但这种“双重所有权”与大陆法系国家“一物一权”的传统所有权概念和法律体系相去甚远,这给大陆法系国家继受信托制度带来了一定的困扰。为了使信托制度和中国的法律传统与法律框架较好地融合,并获得中国社会的普遍认可和接受,中国《信托法》在致力于实现信托制度的本土化方面做了一些仍有分歧意见的探索。

表现之一是《信托法》对“信托”概念的界定。该法规定,信托是指委托人基于对受托人的信任,将其财产权“委托”给受托人,由受托人按委托人的意愿以自己的名义,为受益人的利益或特定目的进行管理或者处分的行为。这个财产权的“委托”显然与传统信托的财产权“转移”有很大区别。立法者可能认为,将自有财产的所有权“转移”给他人去管理,失去所有权,这与中国现有的法律传统和体系有冲突和矛盾,同时在国人的传统财产理念上似乎还有一定的接受难度。

改用含义比较模糊的“委托”一词,辅之以信托本质的内容规定,基本上可以与一般的委托代理和行纪区分开来。但很多学者认为,“委托”一词本身不能揭示信托的本质属性,容易混淆信托与行纪、代理等法律关系的界限,因而是欠科学的。他们同时认为,我国大众对信托的概念和性质的认识本就非常模糊,再加上模糊的界定,更使人不知其所以然,因而主张在立法上更应该讲究用词的准确和明晰。

表现之二是对委托人的地位和权利的界定。日本、韩国的信托法以及我国台湾地区的“信托法”,都没有涉及并做出相应的规定,因为按传统的信托制度,

信托一经设立,委托人就基本退出信托关系,而由受托人承担起为受益人利益处理信托事务的权利和义务。而中国信托立法却将委托人作为信托当事人的重要一方而专列一节进行规定:一是规定委托人具有完全的民事行为能力,有权了解其信托财产的管理运用、处分及收支情况,并有权要求受托人作出说明;二是当发现信托财产的管理方法难以实现信托目的或者不符合受益人利益时,委托人有权要求受托人调整信托财产的管理方法;三是受托人违反信托目的处分信托财产或者因违背管理职责、处理信托事务不当致使信托财产遭受损失的,委托人有权申请人民法院撤销该处分行为,并有权要求受托人恢复信托财产原状或予以补偿;四是受托人违反信托目的,而在管理和处分信托财产事务中有重大过失,委托人有权根据信托文件的规定解任受托人,或者申请法院解任受托人。立法者的考虑是,委托人作为信托财产的本来所有者,是设立信托的发起主体,对能否保证信托财产安全、顺利实现信托目的,最为关心的莫过于信托财产的委托人以及受益人。在信托关系中受托人处于中心地位的情况下,重视委托人的存在,赋予其一定的监督权利,有助于平衡信托当事人之间的权利关系和保障信托目的的实现。

四、中国信托业发展的困境

综上所述,信托是一种以资产为核心,以信用为基础,以权利主体与利益主体相分离为特点的现代财产管理制度,是一种财产转移及管理的巧妙设计,具有风险隔离、权益重置的功能以及高度灵活性的运作空间,适应性很强,并由此可以派生出多样化的社会功能,可以创造出多种多样的管理方式和信托产品。诸如在民事方面的运用,有财产托管、遗嘱执行、遗嘱照顾等;在商务活动方面的运用,有代办证券投资、中长期融资服务、财务咨询等;在社会公益活动方面的运用,有慈善、科技、学术、宗教、环保等。尤其是在目前的法律框架下,信托制度成为诸多财产制度中唯一可以连接和沟通资本市场、货币市场和产业市场的制度。正是由于信托制度在财产管理、资金融通、投资理财和社会公益等诸多方面所反映出的独特的便利功能和作用空间,其已被当今不少发达国家在不少方面所采用,并在市场经济条件下,得到快速的发展。信托业已成为现代金融业的重要支柱之一。

按理来说,借助中国信托法律制度的优势,中国的信托业应当有坚实的发展基础、广阔的发展余地和丰厚的利润空间。但是,信托业没有充分运用信托制度的优势,发挥信托的功能和作用,抓住时机发展和壮大自己,支撑起资本市场的一片晴天，而是在相当长的时间里，处在社会多方的打压之下，致使整个行业屡遭创伤，元气大伤，甚至招致社会对信托业未免有些苛刻的思维对待。近期以来，因两个信托投资公司被停业，整个信托业似乎一时间便成了又一次需要清理整顿的对象和目标，甚至有人从根本上怀疑整个信托行业的价值，畏惧信托机构理财。而人们对于其他金融行业，很少产生这种倾向。若少数证券公司倒闭，不会有人怀疑中国证券业存在的价值。若少数银行和保险公司出问题，更不会有人怀疑整个银行业和保险业存在的价值。造成信托业现状的原因很多，可以说，既有外部的，也有内部的；既有决策管理层面的问题，也有业务经营层面的问题；既有历史的，也有现在的。

从外部和决策层面来说，造成信托业现状的原因主要为：一是行业的战略目标不明确，缺乏白皮书式的行业战略指导。二是法律法规建设不配套，缺乏完整的体系考虑。虽然有了信托的“一法两规”和旨在规范信托业经营的其他管理办法，但行业内控制度的构建、法人治理结构的完善等，还缺少行业适用的指引；信托监管方面的制度尚未列入日程，信托的登记过户制度、信托的税收制度等亟待政府其他有关部门配合制定的制度更加滞后。三是政策和监管对信托经营的限制有余，支持和服务不足。

从行业内部和经营层面来说，造成信托业现状的原因主要为：一是信托机构法人治理结构不完善，风险内控机制不健全，违法违规经营、挪用信托财产、损害投资者利益，造成不良影响；二是金融分业经营，属于信托业的基金业被强行剥离出去，专业人才流失，市场竞争力下降；三是信托机构内部管理混乱，违法犯罪常有发生，在领导层中留有较深的坏印象。

从历史的和现在的原因来说，多少年来，信托机构屡屡招致清理整顿，其社会信誉直下，背上了沉重的历史阴影。现在的信托机构还没有摆脱业务发展的被动局面。信托作为一种财产管理制度和工具，证券公司、证券投资基金管理公司、资产管理公司以及保险公司等其他机构似乎都在运用。也许正因如此，与其他金融机构相比，信托机构均处于劣势地位。银行有货币的存贷专属业务，证券公司有证券承销、经纪和自营业务，保险公司有特许的各类保险业务，唯独信托投资公司，行业无核心、公司无主业，缺少自己核心赢利的专属业务。在这种情况下，信托业务难以体现特有的制度优势和综合优势，也难以形成自己的产业优势和产业规模。

与此同时，信托产品的难以流通，也极大地制约了信托业的扩展。根据现行的有关规定，“信托公司不得发行债券，不得以发行委托投资凭证、代理投资凭证、受益凭证、有价证券代保管单和其他方式筹集资金”；“不得通过报刊、电视、广播和其他公共媒体进行营销宣传”。应当说上述规定对于防范信托公司的经营风险是绝对必要的，但其实施的结果，不仅可能意味着现有的信托受益权只能以无法分割的信托合同方式成立，加入资金信托计划的投资者要转让手中的信托合同，不得不自己去寻找受让对象和转让平台，而且会使信托产品的认知程度变得十分低下、受众面变得十分狭窄。其结果必然是使信托产品转让交易成本提高，影响信托业的发展。对信托产品流动问题，重要的是想办法采取措施疏导，而不是一味地颁布规定予以阻滞和禁止。

五、中国信托业的出路

首先，需要增强对信托制度价值的认识，相信中国信托业发展的春天会到来。

一是信托制度的优势决定了它在民事、公益以及商务活动中广阔的用武之地，特别是在现代金融活动中不可替代的地位和作用。信托的风险隔离、权益重置的功能以及极具灵活性的管理空间，有助于广泛整合和利用各类资产资源特别是金融资源，提高资源利用效率，并由此决定了现代信托业在金融体系中的独特地位。同时，信托业“受人之托，代人理财”，其受托的要求和财产的形式可以多种多样，具备了广阔的适用、创新和发展空间。有人曾说：“信托业的应用范围可与人类的想象力媲美。”信托业在各类活动中，特别是在现代金融活动中，以其丰富的内涵和外延，将日益普及化和社会化，成为各类活动不可替代的组成部分。

二是我国资本市场的发展需要信托业的支持。改革开放以来，一方面，随着社会财富和分配制度的改革，部分个人或单位的资产急剧增加，迫切需要予以安全、保值、增值的管理和运用。另一方面，各种大型实业开发项目、市政建设、基础设施建设等，又因财政传统投资方式的逐步淡出和银行信贷的种种限制而存在巨大的资金缺口。这在客观上需要发挥信托业既可以涉足资本市场、货币市场，又可以涉足产业投资的制度优势，以在货币市场与资本市场之间、金融资本与产业资本之间、投资者与融资者之间健全链接，缓解投资与融资之间的矛盾，促进资源的优化配置。

此外，信托在对动产、不动产、无形资产进行管理、运用和处分方面以及在融通资金、咨询服务、资产重组、发展社会公益等多方面，都具有广泛的适用性和高度的弹性，可以发挥独特的功能。

对于中国信托机构过往和现在的功过是非，直到现在，人们还存有截然不同的评价。但笔者始终认为，中国移植信托制度、建立信托机构、发展信托业务，对于推动金融市场化改革、弥补传统银行信用的不足、促进证券市场的形成和发展、完善金融功能、引进外资和技术、促进国际经济技术合作、推动企业技术进步、支持重点项目建设、充当推动中国由计划经济体制向市场经济体制过渡的试验田，还是做出了积极的贡献，发挥了应有的历史作用，功不可没。

正是由于信托业在现代金融体系中的独特地位和作用，不管中国信托业曾经有过多么严重的挫折和创伤，也不管信托业的发展和壮大还要经历多么漫长的过程，其广阔的发展前景仍令人充满信心。信托业终将走出阴影和寒冬，迎来行业发展的春天。

其次，要迎接信托业春天的到来，还需要在以下几个问题上做出努力：

一是要勇于创新，开拓进取。创新是信托不断推陈出新的源泉。信托之所以一次又一次被清理整顿而后生，主要归因于其在财产的转移和管理功能方面具有巨大的弹性空间与高度的灵活性。信托业要摆脱目前的局面，必须在经营理念、业务品种方面大胆创新，努力走一条属于自己的路。

二是需要继续完善信托法律法规，有关方面要对《信托法》的实施作出适用解释。《信托法》的配套法规制度需要继续完善和建立。需要解决信托行业、信托机构、营业信托、集合信托确切的法律界定；要逐步制定和颁布信托特别法，根据不同的信托种类制定相应的法律，如公益信托法、抵押公司债券法等，使每一种信托业务都有相应的法律依据；应尽快建立信托登记制度、信托税收制度和财务会计制度。

三是对信托业应当依法监管、实施制度监管，倾听基层业务机构的呼声，及时解决信托业发展中遇到的问题。

四是优化信托机构产权结构，健全风险内控机制。

五是培育信托人才，充分利用信托功能。

（2005年第1期）

中国民事信托发展的可能性

中野正俊*

在学术上，人们一般将信托按照受托人接受信托之行为是否具有营业性或

* 作者单位：日本亚细亚大学。

者说是否以营业为目的，而将信托划分为商事信托（营业信托）和民事信托（非营业信托）。[①] 所谓商事信托，是指受托人以营业为目的而接受的信托，相反，民事信托的受托人接受信托并非以营业为目的。如是，以受托人接受信托之行为是否具有营业性这一特征将信托进行分类后，即使没有特别规定，商事信托的受托人就自己的受托行为当然可以取得报酬，而民事信托的受托人除非信托行为中存在特别规定，否则不可以收取报酬。[②] 故此，商事信托和民事信托之间所适用的法律条文也将随之而异。如商事信托除适用中国《信托法》之外，也适用近似信托业法的《信托投资公司管理办法》以及《信托投资公司资金信托管理暂行办法》。而民事信托除适用中国《信托法》之外，还适用民法（包括《民法通则》、《合同法》以及《继承法》）。

商事信托和民事信托之间的区别如图 1：

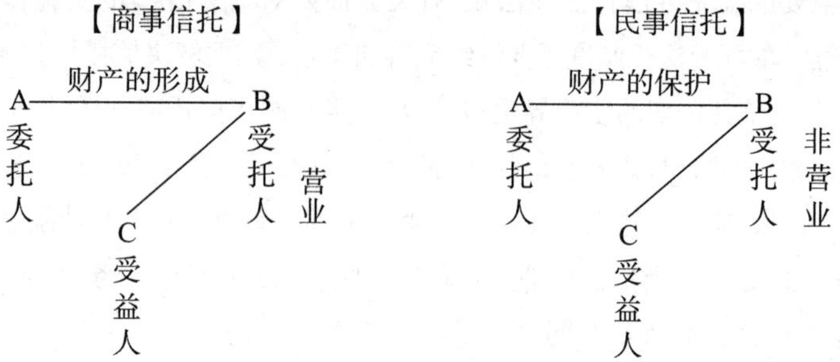

图 1

如图 1，两者的区别除受托人接受信托之行为是否具有营业性之外，也表现在委托人利用信托制度的目的的不同之上（财产的形成和财产的保护）。因此，在利用信托制度的时候，该选用商事信托还是民事信托，完全由委托人的自由意志来决定。

对于刚刚实施《信托法》的中国来讲，可以说民事信托的发展还是一个全新的领域。所以，在研究这一问题的时候，借鉴和学习信托制度先进国家的经验就显得尤为重要。以下就英美以及日本的民事信托的现状作一简要介绍。

在信托制度的起源国英国，民事信托（非商事信托）是为了保护个人财产，逃避国王以种种理由没收个人财产而诞生并发展起来的。在中世纪的英国，盛行长子继承制度，不仅女性没有继承权，就连长子以外的男子也没有继承权。所

① ［日］中野正俊、张军建著：《信托法》，中国方正出版社 2004 年版，第 36 页。

② 《中华人民共和国信托法》第 35 条。

以,没有儿子的家族的遗产将全部由国王没收。因此,英国国民为逃避国王的没收,在去世前便将自己的财产转移给可以信赖的他人(变更财产所有人的名义),委托其将该财产的收益转交给自己的女儿。同时,为了避免自己所信赖的人死后其财产被国王没收,便将其财产委托给多个受托人,即信托财产由多个受托人共同共有(或者说是合有或者公同共有),使其财产变成了一种完全不被没收的财产。

随着英国移民团涌入美国,信托制度也随之被引进到美国。但是,在美国,不存在类似英国的利用民事信托制度的社会背景,受托人纯粹是为了营业牟利而接受信托,所以使本来是作为民事信托而诞生并发展起来的信托制度,便以商事信托(营业信托)的形式确立起来,并取得了迅猛的发展。但是,即使在美国,也不是不存在民事信托。除商事信托之外,一种被称作宣言信托(Declaration of Trust)的信托形态,在法律上即被认为是民事信托。①

【宣言信托】

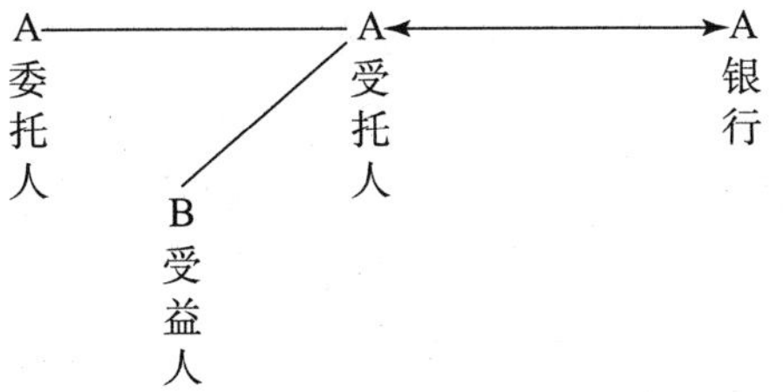

图2

图2所示的宣言信托即指:A(委托人)以受托人的身份,宣告为了B(受益人)的利益,在C(银行)开设存款账户,A在有生之年可以自由使用该存款,但其死后该存款将成为B的财产。这种信托也被称作假设信托(Tentative Trust)。②

与此相对,由于日本没有信托的历史传统,并且直接引进了在美国发展起来的商事信托制度,所以,大多数法学家(包括日本的法学家)都认为日本的信托全部属于商事信托,民事信托制度几乎没有得到运用。在日本,虽然存在一些民间团体作为公益信托的受托人而设立的信托,但从表面上看,这些信托确实不存在类似英国民事信托的特征,并且,英美法所承认的所谓的宣言信

① 参见《美国信托法重述》(第2版)(Restatement of the Law of Trusts,2nd.)第58条。

② 中国台湾地区“信托法”第71条第1款规定,在公益信托的情形下,法律承认宣言信托。

托,在日本也得不到法律的承认。但是,从裁判所的判例来看,可以称得上民事信托的判例却随处可见(本文将在以下的篇幅里列举几个具有代表性的案例予以说明)。从这个意义上讲,可以说在日本还是存在许多民事信托的。只不过由于民事信托因其性质上的原因,与商事信托相比,在判例中没有明显地表现出来而已。[①]

首先,母亲为了管理属于其子的财产,将该财产转移到自己的名下并存入银行,而后,在没有得到儿子同意的情况下,将该存款债权提供给自己的朋友作为质押物进行了质押。关于这一事件,相当于最高裁判所的旧宪法下的大审院判定(1935 年 10 月 4 日《民集》14 卷 22 号 1954 页):其母在性质上相当于信托中的受托人,并判定其违反了作为受托人的信托义务,准许其子行使撤销权。[②] 裁判所对于这一事件的判决表明:母亲在将其子的财产转移到自己的名义之下时,以其子的财产为信托财产,其子为委托人和受益人,其母为受托人的民事信托事实上已经成立。其次,为保管有诈骗嫌疑的特定金钱,在将其返还给多数受害人之前,以其中的大额受害人的名义存入银行进行保管,而后,该大额受害人的债权人基于债务转移命令向银行提出支付请求。在此案例中,最高裁判所(1954 年 11 月 16 日《判例时报》第 41 号第 11 页)判定该存款债权属于信托财产,并非存款名义人的个人财产。[③] 通过这一判决,可以明确看出:裁判所实质上是承认了以该事件中的多数受害人为委托人和受益人,而大额受害人为受托人的民事信托的成立,并基于信托法理作出了判决。

同样,在建筑物发包时,发包人一般会预先支付一笔建筑费用给承包人。在承包人破产,承包人的破产财产管理人将发包人的预付金冻结的案例中,东京高等法院(2000 年 10 月 25 日民事 11 部判决,《判例时报》第 1735 号第 387 页)判决:承认以该预付金为信托财产,发包人为委托人和受益人,承包人为受托人的信托成立,并根据信托法理命令破产财产管理人撤销了其冻结行为。

关于在中国发展民事信托的可能性,姑且不论其与信托制度起源国英国的民事信托是否相同,但可以肯定的是:随着信托思想的普及,除受托人以营业为目的接受信托的商事信托以外,不以营业为目的而接受信托的民事信托也同样

---

① [日]中野正俊:"从判例看民事信托",载《信托法研究》第 29 号。

② [日]中野正俊著:《信托法判例研究(补订版)》(26 事件),酒井书店 1998 年版,第 185 页以下。

③ [日]中野正俊著:《信托法判例研究(补订版)》(9 事件),酒井书店 1998 年版,第 66 页以下。

会得到发展。

关于这一点，中国政法大学的江平博士就民事信托制度的发展可能性，提出了非常富有见地的见解，由于篇幅所限，在此简单介绍其中几例以供参考。首先，根据中国《继承法》的规定，公民可以通过立遗嘱指定遗产执行人，在其死后，该遗产执行人即可代替自己进行讨债、偿债、交付遗赠物、分割或者处分遗产等法律行为。[①] 以上所述遗产执行人的行为在性质上既不是委任也不是代理，而是一种信托。也就是说，在此种情形下，以被继承人为委托人，遗嘱执行人为受托人，委托人生前的债权人、受赠人以及继承人为受益人的信托已经成立。其次，在由代理人管理属于下落不明者的财产时，[②]由于各种原因，该代理人不能充分发挥自己的代理责任，不能有效地管理财产，从而致使财产受到损失的情况时有发生。故此，活用信托制度来强化这种财产管理的责任的做法也许会非常有效。另外，部分学者也提出了代替委托代理制度，活用信托制度的主张。[③] 此外，在中国广西发生的一个案例中，某单位为募集同事的医疗费而进行公开募捐，在所得捐款结束了捐赠目的，即该同事死亡之后，围绕残余捐款的归属问题，受捐人之父与该单位产生纠纷而引起了诉讼。[④] 此类案例在社会中可以说是层出不穷，但由于现行法律制度，特别是捐赠法的不完善，法院无有力的法律依据作出裁决。笔者认为，如果能活用民事信托的法理（本人认为本案例中特别适合援用公益信托的规定），进行裁决的方法也许将会更为简便、有效。特别强调的是，利用残余财产的可及性近似解释原则（cy - pres doctrine），可将该残余财产用于其他公益目的，[⑤]从而促进社会公益事业的发展。

如上所述，在中国同样存在民事信托制度发展的社会环境和法律制度，所以，民事信托制度发展的可能性也是很大的。

众所周知，无论是民事信托还是商事信托，无论是私益信托还是公益信托，信托制度对促进社会经济以及公益事业发展的效用都非常大。所以，笔者恳切期盼信托制度能尽早扎根于中国社会，为国民的富裕发挥巨大作用。

（2005年第1期）

---

① 中国《继承法》第16条第1款。

② 《民法通则》第21条第1款。

③ 江平、周小明："关于中国信托法制定的若干构想（上）"，载《法律广播》第47卷第7号。

④ 载 www. northeast. com. cn/shnews。

⑤ ［日］中野正俊、张军建著：《信托法》，中国方正出版社2004年版，第226页。

发展中国统一信托市场的两大问题

夏　斌*

一、银监会和证监会还需进一步统一监管政策

2001年年初，针对当时中国受托理财市场上监管制度安排的欠缺、不统一，以及正在暴露的严重问题和隐患，笔者曾呼吁，要尽快构建中国统一的财产管理制度或者说代客理财制度。① 时隔两年，此问题不仅没有解决，反而愈演愈烈，市场纠纷不断出现，投资风险不断暴露，监管部门"叫停"声一片，先是银监会2003年3月"叫停"民生银行委托贷款业务，后是同年5月22日证监会"叫停"银证理财计划等。为此，笔者又进一步呼吁，必须结束委托理财政出多门的混乱局面，通过向有关部门领导反映，在报纸上呼吁（见《财经时报》2003年5月24日），对有关监管部门监管制度的不协调、不严肃以及已经发生的严重风险，提出了批评意见。

时隔一年之后，银行、证券、信托等机构分别从事的受托理财业务或者被命名为"客户资产管理业务"、"集合资产管理业务"的制度安排到底如何？

商业银行的委托贷款业务自被"叫停"后未见下文。对原有的制度安排，银监会未宣布取消作废，也没有做进一步修改的说明。从原有的制度规定内容来看，起码仍与银监会监管的信托公司的资金信托管理规定有明显的冲突。需要引起关注的是，在全国一些地方，有些银行仍在偷偷摸摸地从事委托贷款业务，不知是监管者未发现还是在默认与支持。

证监会在2003年年底宣布取消了2001年、2003年中分别制定的有关受托投资管理的文件，在此基础上发布了新的《客户资产管理业务试行办法》。新办法在许多方面出现了与信托公司的资金信托管理办法内容相似、接近的地方，譬如，"一对多"的资产受托管理，不能承诺最低收益保证、委托资金的最低限要求、独立开户核算等。从总体上看，新办法确实吸取了过去的教训，有利于规范证券公司的资产管理业务，进一步防范金融风险。

* 作者单位：国务院发展研究中心。

① 参见《财经》2001年5月号。

但是,仍需要我们进行认真思考,或者说仍需要有关监管部门协调后作出回答的是,为什么同一客户分别在证券公司、信托公司从事相同的资金委托理财业务,不同的监管部门会有不同的监管制度与政策。例如,银监会规定,单一客户的资金委托最低限为5万元;证监会规定,限定性集合资产管理计划单一客户资金委托最低限为5万元,非限定性集合资产管理计划单一客户资金委托最低限为10万元。银监会规定,每一信托计划客户人数不得超过200人,即200份合同;证监会规定,集合资产管理计划只需向监管部门备案;证监会规定,限定性集合资产管理计划需要合规性审核,非限定性集合资产管理计划需进行全面审核(有关法规规定,行政部门许可制度标准的提法有三种:审枇、核准与备案)。银监会规定,客户的各种委托资金未明确需交第三方托管;证监会规定,客户的委托资金要求由第三方商业银行等资产托管机构托管。证监会允许证券公司以自有资金参与本公司设立的集合资产管理计划;银监会则明确规定不允许。证监会要求集合资产管理业务投资计划在交易所开户;信托投资公司同样的受托理财计划要求在交易所开户则迟迟不能得到解决。证监会对证券公司的集合资产管理业务没有地域经营上的限制;银监会对信托公司的分支机构与异地业务则予以明确的限制。对一个客户而言,把资金分别委托给信托公司和证券公司从事相同的股票等证券交易却遇到如此不同的政策制度约束,道理何在?银监会和证监会作为政府的监管部门在对待同一个金融消费者的同一消费行为时,其依法行政的依据是什么,部门间政策是否需要统一、协调,应给予金融消费者以知情权。而恰恰是长期的监管政策不统一,引发了一些不应发生的金融风险。

二、要改变以监管银行的方式监管信托公司

全国人大2001年通过的《中华人民共和国信托法》充分借鉴了国外已定型化了的信托原理,遵循了规范意义上的信托概念,按照信托的本质构建了中国的信托制度。譬如,信托的设立条件,信托活动必须采取书面形式及须载明的基本事项,信托财产的权利与利益相分离原则,信托财产的独立性原则,信托财产的分别管理原则等。我国《证券投资基金法》与《信托法》是一脉相承的。银监会和证监会有关资金委托理财的规章,就其本质内容而言,也是遵循了《信托法》的基本法理。

银行是以经营存贷业务为主、以赚取利差收入为主要特征的金融机构。信托公司是以基于信托合同基础上进行委托理财业务为主、以赚取手续费为主要特征的金融机构。因此,对银行的监管主要围绕资本充足率等一系列审慎性管

理指标与措施的落实，以防范金融风险。对信托公司以及具有信托行为的委托理财业务的监管，主要围绕信托合同的设立、执行，以防范金融风险。

具体来说，对后者的监管重点主要体现在两个方面：

一是监管金融机构的信托活动要忠实遵循信托文件的结构要素，遵循由上述信托原理引出的基本原则。为此，监管机构要根据这些原理与原则，对区别于财产信托等其他信托行为的资金委托理财行为，进一步明确信托设立的具体条件、信托书面合同内容的特殊内容、如何贯彻信托独立性原则的措施等。

二是监督受托人忠实尽责履行与委托人约定的信托合同。《信托法》只是原则性地指出"受托人应当遵守信托文件的规定，为受益人的最大利益处理信托事务。受托人管理信托财产，必须恪守职责，履行诚实、信用、审慎、有效管理的义务。"具体如何做到诚实、信用、审慎、有效，需要进一步制定行业经营准则，需要在信托活动的业务流程、岗位职责、内部控制、信息披露、财务制度以及不尽责履行合同的惩罚等方面制定具体的规定。

根据以上监管思路，针对我国信托市场的现状，我认为有以下几个问题值得进一步讨论：

（一）要不要依据资本充足率等一系列监管银行的指标监管信托公司

由于信托机构主要不是负债经营的机构，资本充足率等监管银行的一系列指标肯定不适合监管信托公司。由此，规定信托公司以自有资本金投资某一项目金额，不得超过资本金金额的10%，同样带有监管银行思路的痕迹，即同一企业贷款不得超过银行资本金的10%。信托资产资本比，作为监管信托机构的一般考察指标不是不可用，但仅仅是个参考性的指标，绝对不能作为以履行合同为主要特征的信托机构的主要监管指标。独立董事制度是公司治理结构中防止内部人控制，保护中小股东利益的一项重要制度。对于信托公司而言，"尽责"意味着正确签订合同，忠实履行合同内容。如果当包括中小股东在内的股东利益与合同中的委托人利益发生不一致时，作为董事会成员的独立董事如何尽责？所以还不如把工作重点放在研究开发确保合同结构要素，忠实履行合同的检验监管制度或者检查监督人制度上。信托机构不同于银行，因此不能简单照搬监管银行的制度。

（二）采取公募方式还是私募方式

从事证券交易的公募委托理财之典型方式是证券投资基金。对此，一是证券公司、信托公司已可以投资设立基金管理公司；二是若另起炉灶、直接从事，法律不允许；三是如果不设专门的基金管理公司而直接从事，规范行事对监管提出的要求，那就远不是目前银监会的监管方式所能满足的，而是要重建一套类同证券投资基金的监管方式与方法；四是对非证券交易的资金委托理财搞公募，众所周知，在国际金融市场上，除股权融资外，企业日常资金需求的主流方式是银行贷款和发债券，对此还需有一系列较成熟的信用评级等制度相配套。在我国，投资者风险意识较差，逆向选择行为屡屡发生，基于一对一的合同式谈判能力弱，加上简单的信息披露，项目融资中的中小投资者利益能否得到保证？我国的企业债券市场又太不发达，何不集中精力去发展债券市场？

所以，概括而言，在中国的目前阶段，除严格依法允许以公募方式从事证券投资基金业务外，其他的资金委托业务还是应以私募方式为主。

（三）5万元起点和200份合同问题

正是基于私募方式中弱小投资者在一对一合同谈判中所广泛呈现出的谈判成本高、风险大的情况，以及中国当时普通居民的收入水平，监管机构规定了不同的委托理财资金的最低金额点。也是基于2001年当时的原因，银监会又规定了委托理财合同不准超过200份。目前，有关部门应抓紧协调，对信托公司和证券公司的相同信托活动应采取同一的标准要求。为了进一步支持信托事业的发展和弥补我国现有融资结构的不合理状况，可以取消200份合同的限制。只要其他监管措施到位，200份、300份的合同数量并不直接构成是防范风险还是引发风险的边界点。

（四）第三方托管问题

在前一阶段，个别信托公司如金新信托出现严重的风险问题，其核心是原有的制度规定没有从严要求客户的委托资金必须在第三方托管，而是简单地规定资金的保管根据合同约定。现在看来，信托公司包括其他金融机构的安全运行，不能完全指望金融机构的自律。金新事件的出现是极个别的严重违规行为，我们不能把此问题扩大化、普遍化，视为整个信托业的问题，从而进一步要求全行业的整顿和采取停滞信托业发展的措施。有效的办法是尽快修正自身的监管规定，银监会的规定应向证监会的规定看齐。既然是信托行为，要坚持信托财产独立性的原则，应该将全部委托理财资金交由商业银行或监管部门指定的第三方托管，由托管方按照合同要求转移、支付资金。做到这一点，才能从根本上控制信托公司业务中恶性事件的发生，也可防止病急乱投医，避免简单用监管银行的方法去监管信托公司。应当看到，在上百个证券投资基金中几乎不可能发生类似金新事件的理由，就是严格的托管制度。

（五）分支机构与异地业务问题

存款类机构能否在异地开设分支机构和经营业务，是根据存款类机构的大小、性质和特点的不同制定了相关的规定。我国第五次信托整顿是基于当时全行业机构定位不清、问题不少，迫于尽快理清信托行业发展的思路，加快整顿信托步伐，做出的迫不得已的决定，即暂不设立分支机构，不允许开展异地业务。目前信托整顿成绩明显，信托行业定位清晰，基于一对一的合同谈判开展业务，只要通过有效监管，确保合同结构要素完整，督促委托人尽责诚信，资金第三方托管，再加上限制广泛意义上的谈判能力弱的小额投资者参加，有无分支机构和是否能开展异地业务，从目前与今后的发展趋势来看，不应该成为监管的重点内容。是否设立分支机构，涉及机构决策中的成本与效益问题。要看到，沿海地区和中西部地区投资者实力和投资风险意识的不同，与基本按行政区域设置信托机构的做法之间，必然会出现委托理财资金和委托理财机构设置的矛盾。因此，从信托市场发展的要求出发，应实事求是，逐步取消对信托机构分支机构设置和开展异地业务的多方面限制。恰恰证券公司在此方面是没有限制的，最近个别证券公司在委托理财方面出现风险，其根源也不是分支机构和异地业务问题。

（六）信托是否可以等同银行方式收取监管费

目前银监会开始征收监管费，其中机构监管费按机构实收资本的0.08%计收，业务监管费按资产规模分段计收。信托不同于银行，银行以存贷款利差收入为主要收入，信托以委托理财的手续费为主要收入。目前，一是整顿后保留的信托公司还存在相当部分需限期清理的非信托资产，这部分资产不仅不产生收益，有关公司还准备以资本金弥补资产本金损失。二是信托业务品种繁多，风险不同，收费标准不一，主要由理财项目性质和市场状况决定。一般的资金信托项目收费水平为0.5%～1%，有的更低，仅为万分之几，远低于银行的利差收入水平。三是经整顿后的信托业务开发难度大，主营业务与其他金融行业交叉，又缺乏其他金融行业独有的主营业务领域，所以总体盈利能力弱。2003年经整顿后保留的57家公司，受托资产为1643亿元，手续费收入为5.37亿元，信托业务收益率仅为0.32%，平均每家公司手续费收入为940万元。如果完全按照银行监管费收费方式计收，以目前的情况，势必影响整个信托业的稳定发展。因此，在此问题上，同样要区分银行与信托两类不同机构的现状和特征，要严格监管信托公司的业务行为，同样又要拿出热情的姿态，支持和保护信托行业的稳定发展。

（2005年第1期）

破产立法中的若干疑难问题探讨

王利明*

现行破产立法尚不能很好地适应我国改革开放和市场经济发展的需要,有必要制定一部可普遍适用于各类市场主体、科学的、符合国际惯例的新破产法。目前,新破产法正处于紧锣密鼓的制定之中,且近期立法机关又加快了制定的步伐。有鉴于此,本文拟就新破产法制定中的若干疑难问题进行探讨,以期能对立法提供参考。

一、关于破产法的适用范围

破产法作为调整市场经济的基本法律和确立优胜劣汰规则的法律机制,应当是一部统一的、普遍适用于各类市场经济主体的破产法。任何个人和企业只要进入市场,其权益就应当受到平等保护,在其符合破产条件时,就应按照破产法的规定平等对待。正在制定的破产法在适用范围上首先应包括各类法人企业以及合伙企业、个人独资企业等非法人企业,从而成为一部名副其实的"企业破产法"。

虽然现在正在制定的破产法在名称上称为"企业破产法",但并非完全不能调整自然人的破产问题。从破产制度发展的历史来看,最初的破产主要是自然人的破产,法人制度出现之后,才开始出现法人的破产制度。当前,各国立法一般都规定,原则上对所有的民事主体都适用破产制度,因此,发达市场经济国家的破产法均将自然人纳入破产法调整范围之内。① 一般来说,自然人破产可分为两类:一是自然人因从事经营活动不能清偿到期债务而被宣告破产。二是自然人在各类消费关系中因消费借贷而发生支付不能,从而被宣告破产。对这两类自然人的破产问题,目前是否均应当在我国破产法中予以规定,仍然存在争议。从实践来看,这两类问题都比较突出,但我们认为,消费者破产问题目前在破产法中作出规定时机还不成熟。尽管一些学者认为,建立消费者破产制度有

---

* 作者单位:中国人民大学。

① 齐树洁著:《破产法研究》,厦门大学出版社2004年版,第35页。

利于培养良好的信用环境，有助于对自然人的举债起到警示作用，有利于促使其理性消费，帮助消除欺诈、不讲信用等行为，但由于消费者破产涉及许多复杂的问题，如是否确实资不抵债、对消费者生活必需财产范围的确定与保留、如何免责、失权及复权的评价等问题，难以确定。消费者人数众多，其破产涉及的人力太大，而我国迄今为止仍然不存在自然人破产制度，在这方面缺乏必要的经验，如果一下子将破产法扩大适用到广大的消费者破产，我国法院的司法资源还难以承受。如果成千上万的自然人涌到法院申请破产，也会带来新的社会问题。

我认为，正在制定的破产法有必要对自然人的经营破产问题做出规定，因为新破产法既然在名称上称为企业破产法就应当适用于个人独资企业和合伙企业。这两类企业破产以后，自然人应以自己的全部财产清偿企业债务，如果其财产不足以清偿债务，就同样面临破产的问题。从这个意义上说，如果没有自然人破产制度，对上述非法人企业也就不能真正实行破产清算。如果新的破产法可以适用于非法人企业，则不可避免地要对自然人的经营破产问题作出规定。除上述原因之外，破产法中规定自然人的经营破产的理由还在于以下几个方面：

第一，规定经营破产是对所有从事商事活动的经营主体平等对待的需要。我国未实行民商分立的立法体制，所以不存在所谓的“商自然人”概念，自然人从事经营活动并不需要经过特别的审批程序。个体工商户、农村承包经营户以及一些非法人企业，同企业法人一样也是重要的市场主体，并广泛地参与市场竞争。尤其是随着改革开放的深化，许多过去禁止自然人进入经营的行业也允许自然人进入了。这一切都表明自然人和企业一样都是市场经济的竞争者和参与者，他们理应受到法律的平等保护，因而破产法也应当对其适用，实行平等对待。如果只承认企业可以破产，而自然人从事经营活动却不能破产，势必造成各个市场主体的竞争地位不平等。[①] 如果不规定自然人的经营破产，就使大量的经营主体仍然不能形成一套完整的、市场经济的运作模式，也不能形成市场主体的正常退出机制。

第二，建立自然人经营破产制度有利于更好地保护债权人利益。在我国目前的司法实践中，由于未实行自然人破产制度，针对自然人的欠债问题，只能适用《民事诉讼法》中的强制执行的规定。众所周知，现在法院的执行存在诸多困难，被执行人可能以各种方式逃避执行，使债权人的权利不能实现。而如果实行自然人破产制度，就可以全面冻结债务人的财产，根据公平合理的原则予以分配，从而保证债权人的利益。实践中，由于久执不决，债权人的债权长期不能了

① 汪世虎：“自然人破产能力研究”，载《现代法学》1999 年第 6 期。

结,也与自然人破产制度的缺失有关。尤其是因欠缺自然人破产制度,不能充分保障在执行中对全体债权人的公平受偿,加重了强制执行中的混乱,也容易导致地方保护主义现象,执行难问题难以得到解决。① 如果不实行个人破产,这些问题是很难解决的。此外,实行自然人破产制度后,管理人可以通过行使破产法上的撤销权,纠正债务人的破产欺诈,追回财产,可以使债权人得到较之执行程序更多的清偿。

第三,实行自然人破产也有利于保护债务人利益。如果没有破产制度,自然人应当对自己的债务永远承担无限责任,债权人的债权将永远存在,不管债务人何时获得财产,其都要用这些财产来清偿债务。这样就意味着,债务人因一时的失误而欠下的巨额债务将成为其永远的负担,对其将来的重新发展构成巨大的阻碍。在我国某些地区,民间仍然存在"父债子还"的习惯。而这种习惯是极不利于促使市场主体免除债务负担后东山再起的,②这与破产法的目标是相违背的。破产的功能是双重的,即公平清算和免责,其作用在于使全体债权人公平受偿和赋予债务人在经济上重新再起的机会。③ 如果实行自然人破产制度,在满足一定条件后,自然人可以对其未予偿还的债务免责,不再承担清偿责任。这样就使债务人重新获得了再次发展的机会,也体现了社会的公正和宽容。④

第四,允许个人破产是我国实行对外开放政策的必然结果。在国外,破产案件大多为个人破产案件,⑤随着我国加入 WTO,跨国破产以及涉外破产的问题变得日益突出,如果我国依然排斥个人成为破产主体,则势必造成破产司法上的诸多冲突和难题。例如,许多国外或境外自然人到中国来从事各种投资活动,组成合作企业或外商独资企业,其中一部分企业按照我国法律规定可以是不具备法人资格的。这类企业破产之后,如果投资的境外自然人没有足够的财产清偿债务,就必然会产生自然人经营破产问题。如果我们对上述自然人经营破产问题不予规定,则境外投资者的正当权益就无法保护。此外,我国公民在国外被宣告

---

① 汪世虎:"自然人破产能力研究",载《现代法学》1999年第6期。

② 汤维建著:《破产程序与破产立法研究》,人民法院出版社2001年版,第547页。

③ 陈宗荣著:《破产法》,台湾三民书局股份有限公司1982年版,第2页。

④ 邹海林著:《破产程序和破产法实体制度比较研究》,法律出版社1995年版,第24页。

⑤ 美国法院行政管理局2002年2月19日公布的统计显示,2001年美国个人和企业申请破产的案件比去年增加了19%,达到了149.2万多宗,并打破了1998年创造的144.3万宗的历史最高纪录。美国破产研究所常务理事塞缪尔·格达诺认为,导致破产案大幅增加的主要原因是2001年3月以来美国经济陷入衰退,加上美国消费负债达到创纪录的水平,使更多的家庭面临财务困难而破产。参见《京华时报》2002年2月21日。

破产后，在中国将产生何种法律后果或者法律影响，也难以处理。①

一些学者认为不能实行自然人经营破产的原因在于，我国没有实行个人资产登记制度，很难确定个人资产的范围，防范破产欺诈逃债行为。应当看到，财产登记制度的完善有助于确定个人资产的范围，从而有利于保障破产程序的顺利进行，但登记制度本身并不是经营者个人破产的先决条件。一方面，有关破产人的资产应该是破产管理人负责查明的问题，对于查明破产人财产状况，管理人较之于债权人具有更为有利的法律地位与手段，如果管理人能够举证证明哪些财产是债务人的财产，则这些财产就应当用来清偿债务。另一方面，在我国，重要财产的登记制度已经建立。例如，我国实行了不动产登记制度、车辆登记制度、股权登记制度等，随着物权法的制定和颁布，登记制度将更规范和有效。至于自然人破产中流动财产的控制和查报等问题，将随着我国诸如"存款实名制"等制度的推行而逐步得到解决。

如果破产法适用于个人独资企业和合伙企业，则由于个人独资企业和合伙企业的出资人或合伙人要对企业的债务负无限连带责任，因此这些非法人企业破产，是否应当以出资人或合伙人的破产为前提，对此存在不同看法。从法律上看，尽管出资人或合伙人要负无限连带责任，但他们毕竟和企业是两个不同的主体，企业的破产和个人的破产是两个不同的问题。在这些非法人型企业破产的时候，对企业债务负无限责任的出资人，各国在法律上都对其财产实行破产法上的保全措施。所以，尽管合伙企业的破产和合伙人的破产是两个不同的问题，但这两者之间是有着非常大的关系的。国外的立法大多规定，债务人丧失清偿能力并不以其他连带责任人同时丧失清偿能力为前提。② 虽然出资人或合伙人对个人独资企业或合伙企业要承担无限责任，但这种责任主要是一种补充责任，即只有在企业财产不足以清偿全部债务时，个人才承担清偿责任，我国《合伙企业法》第39条、第40条对此也作出了相类似的规定。因此，债权人只能先请求非法人企业以其财产承担债务，而不能直接向出资人或合伙人请求承担清偿责任，所以不能以个人的破产作为企业破产的前提。当然，对于个人独资企业和合伙企业而言，因为自然人的财产与企业的财产具有密切的联系，所以这些企业的破产往往导致出资人的连锁破产。不过在确定自然人破产的资产时，应当严格区分个人财产和共有财产，在个人财产被界定以后，还应当进一步区分可供分配的

---

① 汤维建著：《破产程序与破产立法研究》，人民法院出版社2001年版，第546页。

② 王欣新："新破产立法中的破产原因"，载《人民法院报》2004年8月20日。

破产财产和不得用于分配的个人财产，以保留个人赖以生存的必要的物品。①

二、关于破产原因

关于破产原因，现行《企业破产法(试行)》第3条规定："企业因经营管理不善造成严重亏损，不能清偿到期债务的，依照本法规定宣告破产。"而《民事诉讼法》不再要求将"经营管理不善"作为破产原因，但仍将"严重亏损"作为破产原因。实践证明，以"经营管理不善"或"严重亏损"作为破产的原因是不妥当的。首先，企业不能清偿到期债务的原因可能是多方面的：它可能是经营不善，可能是不可抗力或意外事故，也可能是为他人担保而承担连带责任等。从破产法的原理上讲，只要债务人不能清偿到期债务，债权人就可以申请破产。至于不能清偿债务具体是由何种原因引起的，是债务人自己的事情，与债权人无关，不能以此作为限制债权人申请破产的条件。其次，所谓"经营不善"，在实践中也是很难认定和判断的，究竟哪些亏损是由于经营不善造成的，也许连债务人自己都不清楚，更不用说债权人和局外人了。如果债务人不属于经营管理不善造成严重亏损不能清偿到期债务的，最终不能宣告破产，债权人申请破产就失去了意义。② 事实上，在我国司法实践中，也基本上没有将"经营管理不善造成严重亏损"作为破产原因对待。对破产原因做出"经营管理不善"或"严重亏损"的限制，在实务操作中非常困难。

各国破产立法通常将"债务人不能清偿到期债务"作为破产的一般原因，普遍适用于所有的破产主体。③ 我国2004年《公司法》第189条规定，"公司因不能清偿到期债务，被依法宣告破产的，由人民法院依照有关法律的规定，组织股东、有关机关及有关专业人员成立清算组，对公司进行破产清算"。这就借鉴了国外的经验，将不能清偿到期债务作为破产原因。最高人民法院《关于审理破产企业若干问题的规定》(以下简称《破产解释》)第31条，也将企业不能清偿到期债务作为破产原因加以规定，做出此种规定的主要理由是：一方面，破产法的功能体现在，债务人不能清偿到期债务时，如何将破产财产在各债权人之间合理分配，以保证所有债权人公平受偿。只要债务人确实无力清偿到期债务，就可以宣告其破产，而不应将"经营不善"、"严重亏损"作为前提条件。这能够极大地

① 张玉鹏等："个人破产制度若干问题研究"，载《南阳师范学院学报》2004年第7期。

② 李国光主编：《破产法司法解释的理解和适用》，人民法院出版社2002年版，第61页。

③ 李曙光："破产立法若干重大问题的国际比较"，载《政法论坛》2004年第5期。

减轻债权人在提出破产申请时的举证负担,从而有助于及时发现企业的破产状态,减少债权人损失的扩大。另一方面,以“不能清偿到期债务”作为破产原因,不附加任何前置条件,是完善市场法律调整机制的客观需要,市场经济发达国家的立法经验已充分证明了这一点。还要看到,现代破产法理论普遍认为,破产的重要目的之一就是拯救那些陷入困境的企业,从而保护就业,减少社会混乱。[①] 如果企业在不能清偿到期债务的情况下仍不能申请破产,还背负沉重债务到处举债,不仅会加重金融风险,影响交易安全,也会损害整个社会经济的效率。

将“债务人不能清偿到期债务”作为破产的一般原因,不会严重放宽破产的标准,导致企业的大面积破产。因为“不能清偿到期债务”在法律上是有严格限制的。例如,债务人的停止清偿并不是短期的不能清偿,而是出于一种持续的状态,所以法院在实务中对不能清偿到期债务是严格掌握的。[②] 将“债务人不能清偿到期债务”作为破产的一般原因,并不意味着凡是发生该情况的企业都必须实行破产清算。在企业出现“不能清偿到期债务”时,有破产清算、和解、重整三种程序供债务人和债权人选择。如果债权人认为通过和解得到的利益优于破产清算,债权人出于自身利益的考虑,也会同意和解。对那些虽陷于破产困境,但确实有挽救希望,尤其是那些具有较强市场竞争力但仅仅只是暂时陷于财务困难的企业或其经营符合产业政策或公共利益的企业,债权人或债务人也可以通过申请重整等手段,使其摆脱困境,免于破产。

除破产的一般原因之外,在破产法中还应当确定两种特殊的破产原因:

一是资不抵债。所谓资不抵债,就是债务人的资产总和小于其债务总和,资不抵债通常要根据资产负债表来初步确定。资不抵债不能作为一般的破产原因,主要因为在许多情况下企业尽管资不抵债,但仍然可以清偿债务,如企业具有良好的信用和出色的资金运作能力,即使其资产负债表上出现资不抵债,但仍可以通过快速的资金周转和融资能力而应付各种债务的清偿,所以不能仅以企业资不抵债作为破产原因。但资不抵债可以作为一种特殊的破产原因加以规定。一方面,对于承担有限责任的法人,在清算中发现其资不抵债的,应当允许其申请破产。[③] 因为在清算中,可能会发现一些债务,有的到期,有的没有到期,公司资产可能不足以清偿债务,那么,走普通清算程序就不能实现公平清偿。此时,应当允许公司申请破产。这对债权人保护也有利。另一方面,在符合破产条

---

① Donald R. Korobkin, Rehabilitating Values: A Jurisprudence of Bankruptcy, 91 *Colum. L. Rev.* 717, pp. 766 – 768.

② 李国光主编:《破产法司法解释的理解和适用》,人民法院出版社 2002 年版,第 62 页。

③ 王欣新主编:《破产法》,中国人民大学出版社 2002 年版,第 40 页。

件的情况下，当事人可以同时申请重整、和解，所以，如果一些企业确实经营状况不好而资不抵债，应当允许企业的董事、经理申请重整，通过重整，使企业获得新生。对债权人提出破产申请的举证责任也应作出更为具体的规定，如在债务到期后，债权人应向债务人发出还债催告，催告满一定期限，债务人仍不能还债的，债权人即可提出破产申请。[①] 但是，发生资不抵债，只能推定债务人不能清偿到期债务，债权人因此享有申请破产的权利，对于这种推定，债务人可以举反证加以推翻。例如，在我国，许多企业，包括国有商业银行等企业，都不同程度地存在自有资本不足、资产负债率较高等现实情况。造成这种情况的原因是多方面的，有体制的、机制的原因，也有政策的原因，当然也存在经营管理不善的问题。但如果债务人能够证明其支付信用良好，债权人的利益没有受到实际损害，就能够推翻对其不能清偿到期债务的推定。

二是停止支付。所谓停止支付，就是指债务人在债务到期后，经债权人催告并在相当的时期内停止向债权人清偿。《破产解释》第31条规定，债务人停止清偿到期债务并呈连续状态，如无相反证据，可推定为“不能清偿到期债务”。这一解释实际上是将停止支付作为债务人不能清偿债务的一种判断标准对待的，此种规定有一定的道理。在停止支付的情况下，由于债权人的利益已经受到了实际损害，可以推定债务人不能清偿到期债务，据此法律上应当允许债权人提出破产申请。可见停止支付实际上是一个判断支付不能的标准。[②] 这一标准的采用，极大地减轻了债权人的举证责任，但债务人可以提供相反证据予以辩驳，推翻对其“不能清偿到期债务”的推定。[③] 例如，债务人能够证明其具有足够的资产清偿债务，或者其不履行债务是有法定或约定的正当理由等，均可以推翻此种推定。

总之，我们认为，应当以“债务人不能清偿到期债务”作为申请破产的原因，但在债务人出现“资不抵债”或“停止支付”时，可以推定“债务人不能清偿到期债务”，据此，债权人也可以提出破产申请。但“资不抵债”或“停止支付”作为推定的原因，债务人可以举反证加以推翻。

① 王欣新著：《破产法学》，中国人民大学出版社2004年版，第58页。
② 李国光主编：《破产法司法解释的理解和适用》，人民法院出版社2002年版，第62页。
③ 徐康平、吕来明主编：《企业的并购与破产》，中国物资出版社2002年版，第178页。

三、关于破产管理人制度

管理人是在进入破产程序以后,根据法院的指定而负责债务人财产的管理、处分、业务经营,以及破产方案的拟订和执行的专门机构。大陆法通常称为破产管理人,英美法通常称为破产受托人,它们都是指在破产程序中被依法指定或选任的,负责管理破产财产、处理破产事务的人。① 我国现行《企业破产法》没有设置管理人制度,只规定了与之相类似的"清算组"制度。按照现行法的规定,主要由政府各有关部门派员共同组成清算组,对破产财产进行清算分配。实践证明,这种做法是不妥当的。因为政府参与清算,债权人会议对清算组根本无法行使监督权,从而使整个清算过程缺乏有效的制约机制。即使清算组行为不当,造成破产财产损失、破产成本过高或侵犯了有关权利人的权利,甚至出现了对破产欺诈行为的地方保护主义,债权人或投资者都很难追究清算组的责任。② 这也是实践中债权人害怕破产的一个重要原因。借鉴各国的经验,在破产法中创设破产管理人制度已经达成共识。

问题的关键在于,我们需要建立一个既符合各国破产法的通行惯例,又符合我国的实际情况,并能够保障破产程序的高效、公正进行的管理人制度。首先就是对破产管理模式的选择。从各国情况来看,有关破产管理人制度的模式主要有两种,一是以债权人会议为主导的模式,主要表现为管理人由债权人会议选任和撤换,在某些国家规定管理人的报酬也由债权人会议决定;二是以法院为主导的模式,主要特点是管理人由法院任命并撤换。根据德国破产法,在当事人提出破产申请后,法院应预先指定一个临时破产管理人。当然,《德国破产法》第57条也规定,在有正当理由时,债权人会议可以通过决议,任命其他人担任破产管理人。

我认为,这两种模式各有其特点,但简单地采用任何一种模式都可能导致偏颇。完全由债权人会议主导,一是会影响效率,因为债权人会议人数众多,往往难以达成一致意见,甚至出现对管理人的任命久拖不决,造成破产财产长期无人管理的现象;二是如果管理人被主要的债权人控制,可能会损害中小债权人的利益,导致不公平。而完全由法院主导,也存在一定的问题。一方面,法院指定的管理人更多的是对法院负责,难以充分保护债权人的利益,由于管理人的报酬完

① 叶军:"破产管理人制度研究",中国人民大学法学院2003届博士学位论文。

② 张颖:"破产管理人法律责任理论问题研究",载《南京大学法律评论》2004年春季号。

全由法院决定，有可能出现法院慷债权人之慨的情况，甚至导致寻租腐败现象的出现。最好的办法是采用折中的方式，即由法院和债权人会议共同主导，两者各有侧重、分工负责、各司其职的做法。①具体来说，这种模式表现在如下几个方面：一是关于破产管理人的指定，在债权人会议成立之前，应当由法院指定破产管理人。在债权人会议成立之后，可以由债权人会议决定是否留任，也可以提出新的人选。但债权人会议提出新的人选应当有充足的理由。在选任破产管理人的问题上，各国破产立法的发展趋势是寻求一种在破产债权人和法院之间相互协调的选任机制。②我国的立法也要符合这一趋势。二是如果发现管理人有不称职、不公正的行为甚至有违法行为，债权人会议有权提出撤换的请求，法院如果认为理由成立，应当另行选任，也可以由债权人会议直接选任，由法院批准。③三是破产管理人的报酬，原则上应当由法院确定，但法律或有关司法解释应当确定统一的报酬标准。例如，德国有专门的《破产报酬法》，对破产管理人的报酬支付方式和数额等事项作了详细规定。有一种观点认为，管理人的报酬应当由债权人会议来确定，毕竟破产管理人的报酬出自破产财产，最终实质上还是要由全体债权人支付。我们认为这个观点值得商榷。如果由债权人决定破产管理人的报酬，因为债权人肯定会试图尽量降低破产程序的成本，从而可能会损害破产管理人的利益。另外，由债权人决定报酬也会在客观上使债权人与管理人之间形成一种雇主与雇员的关系，也不符合破产管理人中立性的要求。

管理人的报酬应当与其工作的业绩和成效相一致，如果其最大限度地增加或维护破产财产，其收益也应相应增加，只有这样才能形成对管理人的激励机制。④

除了上述模式之外，我国破产法所要建立的破产管理人制度，还应当具备如下几个方面的特点：

第一，独立性。在破产程序进行中，任何一方利害关系人都不宜出任管理人。为了公平地保护各方当事人的利益，管理人必须是一个独立的机构，并不受政府的干预。破产管理人具有自己的独立地位，不是任何一方利益的代表，当然也不完全是债权人的利益的代表，⑤为了保证管理人的独立性，国外立法均规

---

① 叶军："破产管理人制度研究"，中国人民大学法学院2003届博士学位论文。

② 汤维建著：《破产程序与破产立法研究》，人民法院出版社2001年版，第292页。

③ 李永军著：《破产法律制度》，中国法制出版社2000年版，第153页。

④ 张颖："破产管理人法律责任理论问题研究"，载《南京大学法律评论》2004年春季号。

⑤ 沈贵明："论我国破产管理人选任的立法失误及其纠正"，载《郑州大学学报》（哲社版）2000年第6期。

定，管理人与债务人、债权人之间不应当具有利害关系。如果管理人与破产企业具有利害关系或者存在利益上的冲突，应当自行要求回避。

第二，专业性。为了使破产程序有效率地进行，各国立法都要求管理人应当具备相应的专业资格，我国的管理人制度在设计上也应符合这一国际惯例，对管理人应当实行资格准入制度。应当由具有专业资格且具备一定职业道德的律师、会计师等担任管理人，从事破产企业的管理，从而提高效率，降低破产费用。如果企业只是申请重整，而不是申请破产，对企业的管理人的资格如何认证，有不同的看法。英国区分了清算程序中的财产管理人和重整管理人，对二者的任职资格有不同的要求，[①]此种经验值得借鉴。我们认为，有必要对重整程序中的管理人作出特别规定，允许在企业管理方面有特殊才能的人，如企业家，作为企业重整程序中的管理人。正是因为破产管理人具有很强的专业性，所以其违反义务所应当承担的侵权责任，应当适用专家责任。[②]

第三，全程参与性。根据各国立法规定，破产程序启动之后，债务人的财产就应处于法院的监督管理之下，在破产宣告后，必须由管理人管理债务人的全部财产。而根据我国现行的破产立法，在法院受理破产案件以后债务人被宣告破产之前，没有专门的管理机构对债务人的破产财产进行管理，企业财产事实上仍然处于债务人的管理之下，这就极容易使债务人移转财产，或者造成破产财产的损失、浪费。因此，强调管理人的全程参与性是十分必要的。所以，在当事人提出破产申请以后，如果法院决定受理，就应当由法院指定临时破产管理人，在破产程序正式开始，债权人会议设立后，确定正式破产管理人，并在整个破产程序中负责破产财产的管理。

第四，职责的明确性。建立管理人制度，由专门的管理人管理债务人的财产，有助于明确其权利义务与法律责任。管理人负责管理债务人的全部财产，以及对财产进行清算、估价、变价等工作，管理人对法院负责并报告工作，但应当接受债权人会议的监督。如果管理人是由债权人选任的，则应当接受法院的监督。管理人在管理活动中，除应当履行法定的有关管理人的职责外，还应当履行善良管理人的注意义务。[③] 管理人因故意或重大过失给债权人造成损失的，应当承担民事赔偿责任，构成犯罪的，还应当追究其刑事责任。

由于管理人职责重大，为了防止管理人滥用权利，有必要对管理人实行监

---

① 李曙光、贺丹："破产法立法若干重大问题的国际比较"，载《政法论坛》2004 年第 5 期。

② 张颖："破产管理人法律责任理论问题研究"，载《南京大学法律评论》2004 年春季号。

③ 《德国破产法》第 60 条。

督。监督的机制应当包括三个方面:(1)法院的监督,既然对管理人的选任、撤换,法院有一定的决定权,法院当然负有一定的监督职责。例如,对管理人资格的审查、对管理人某些重大活动的审查,法院都应当履行这些监督的职责。(2)债权人会议的监督,从监督机构来看,可以分两部分,一方面是债权人会议的监督,例如,在管理人的选任、撤换方面、管理人提交的破产财产处理与分配方案等,都应经债权人会议通过;另一方面是债权人委员会所从事的日常监督。债权人委员会是债权人会议的常设监督机构,管理人在财产管理、处分等方面的重要活动,也必须报告债权人委员会。(3)管理人的自律机构的监督。自律机构的监督主要是案外监督,主要包括接受债权人的投诉、对于管理人的资格认定、职业标准、职业道德等制度的制定和实施等,通过各项监督措施的实施,有助于保障管理人制度得到公正、有效的运行。

四、关于重整制度

我国目前正在制定的破产法不仅是对破产人债权债务关系进行清算的法律,也是帮助一些濒于破产、仍有挽救希望的企业摆脱困境,获得新生的法律。重整就是在企业无力偿债但有复苏希望的情况下,经债权人同意,允许企业继续经营,实现债务调整和企业重组,使企业摆脱困境、走向复兴的一项制度。在重整保护期内,债务人可以继续经营,以经营所得逐步偿还债务,最终使债权人获得最大利益,从而避免在实行破产清算的情况下的财产损失及其他消极后果。目前,由于我国现行的法律制度中没有规定重整制度,某些企业面临资金等方面暂时困难,无力清偿债务,但其仍有复苏希望,也可能被迫宣告破产,从而使一些能够被拯救的企业不能获救,这也会在一定程度上影响我国市场经济的发展。从各国立法情况来看,重视重整制度是国际上破产法发展的重要趋势,各国破产法都十分详细地规定了重整制度。因此,我国正在制定的破产法应当将重整制度作为重点加以规定,使破产法成为全面调整企业破产清算和重整再生的法律。

我国正在制定的破产法中,关于重整制度有如下几个问题值得探讨:

1. 关于重整的原因,对此有两种不同的观点。一种观点认为,重整原因应当与破产原因相同。有学者认为,重整必须符合企业宣告破产的条件,如果重整的原因过于宽松,可能会导致一些企业为避免对其财产的强制执行,而滥用重整程序。另一种观点认为,重整原因较破产原因应更为宽松,对那些尚未产生破产原因但有重整必要的企业,也可以重整。有学者认为,重整不必符合宣告破产的条件,只要存在破产的可能性,就可以申请重整。这样,当企业有可能发生破产的时候,可以及早地申请重整,从而避免企业破产。① 我们认为,鉴于重整的目的主要在于避免破产,所以,完全将重整原因等同于破产原因是不必要的,重整的目的就在于尽量使债务人避免破产的发生,挽救其事业。因此在其濒临破产时就允许其适用重整制度,更有利于对债务人企业的挽救。绝大多数国家规定重整的原因并不限于已经符合破产条件的情况,对于确有可能导致破产的企业,也允许其适用重整程序。但由于重整对于债权人的利益影响巨大,各国在重整期间内对债权人特别是担保物权人的利益的保护都作出了特别的规定。我们认为,重整的原因包括企业不能清偿到期债务,或者有明显的证据证明其有可能丧失清偿能力,只有符合二者之一就允许其重整。是否有明显的证据的问题,需要由法院确定。

2. 关于重整与破产清算、和解的关系问题,对此存在各种不同的观点。我们认为,当事人无论是申请破产还是申请重整或和解,都必须首先具备破产原因,达到破产界限,破产清算、和解和重整所具备的条件是统一的,法院经过审查确定债务人已具备破产原因,应当将该案作为破产案件受理,开始启动破产程序。法院接到破产申请之后,应当依法进行审查,认为符合法定条件的,作出受理破产案件的裁定。同时,要采取必要的保全措施,发出通知或公告,要求债权人在法定期限内申报债权。在法院的监督指导之下,成立债权人会议,对债权进行审查确认,并讨论决定其他有关破产案件的事项。但是在启动破产程序以后,并不意味着债务人就应被宣告破产。从破产程序启动到正式宣告破产之前,应当确定一段法定的期限,在该期限内,当事人可以申请重整也可以申请和解。和解不成,再进行破产清算。和解成功,破产程序结束。不仅如此,如果双方当事人在和解程序中申请重整,和解程序则也可转化为重整程序。在破产程序启动以后,当事人如果直接选择和解程序或重整程序,则分别开始相应的程序。在和解或重整过程中,如果发现有向其他破产程序转化的条件,则可在当事人的申请下转变为其他破产程序。②

3. 关于重整方案。重整方案要经过债权人分组表决,债权人的表决应该经过严格的程序,破产法应当对表决的程序作出明确的规定。重整方案制定之后,应当提交法院审查,如无正当理由,法院应当通过重整方案。但如果重整方案存在问题的话,法院也有权予以拒绝。重整方案一旦生效,则对全体的利害关系人

---

① 王欣新著:《破产法学》,中国人民大学出版社 2004 年版,第 151 页。
② 汤维建著:《破产程序与破产立法研究》,人民法院出版社 2001 年版,第 549 页。

都具有约束力，法院应当裁定终结破产程序。① 在重整方式上，可以采取比较灵活的方法。在重整期限内，重整企业可以采取改善经营、财产出让、企业兼并、资本变更等措施，在债务重组的同时，实现企业再建。

4. 关于重整中的股东参与问题。陷于困境的企业的重整，并不是单纯涉及债权人的利益，也涉及股东的利益，为充分调动各方利害关系人的积极性，必须让股东也参与到重整程序之中。在对重整方案进行表决时，应当允许出资人参与，设置出资人组，对重整方案中的相关事宜进行表决。当重整计划不能为所有的利害关系人组别（债权人组、出资人组等）一致通过时，法院还可以在符合法律规定条件的情况下，强制批准重整计划的实施。

5. 关于重整中担保物权的行使。在重整期间内，担保物权的行使受到限制，因为重整开始后，如果允许担保物权人仍然可以行使担保物权，要求清偿其债权的话，则债务人就会被迫进入破产程序，重整就无法进行。但是关于担保物权的限制应采用何种程序，各国立法规定并不相同。英美法实行自动中止主义，而大陆法系国家则一般采取法院裁定主义，即介入重整程序后，必须要由法院作出裁定，中止对债务人财产的强制执行以及担保物权的行使。② 我们认为，担保物权本来就具有优先于一般债权人而受偿的效力，债权人通过的重整协议不能当然对担保物权人产生效力，要阻却担保物权的效力，还必须通过一个专门的程序，即由法院作出裁定来限制担保物权的行使。一旦裁定生效，重整程序启动，享有担保物权的债权人也不能优先受偿，而必须按照重整计划实现债权，但是担保物权冻结后，由此造成的损失，债权人应给予补偿：一是因延期清偿所造成的利息损失，应给予清偿；二是担保物权的标的物有损坏或者价值明显减少的可能，足以危害担保权人的利益时，担保权人有权请求恢复担保物权。重整计划一旦通过，对所有股东、债权人等都产生拘束力。如果未通过重整计划，则债权人可以申请法院宣告终止重整程序，进入破产清算程序。如果重整企业不执行重整计划，债权人也可以申请法院终止重整计划的实行，宣告债务人破产。

五、关于国企破产问题

我国自1994年以来，对部分国企破产实行特别政策，即政策性破产，形成了

① 李曙光、贺丹："破产法立法若干重大问题的国际比较"，载《政法论坛》2004年第5期。

② 张世君："重整制度中担保物权行使的限制和保护"，载《当代法学研究》2004年第2期。

一套与破产法不同的计划破产制度。[①] 此种制度主要适用于国有的工业性质的企业,非工业企业纳入政策性破产必须经过特殊批准。政策性破产的主要特点在于,其并不适用破产法的有关规定,而适用的是政策。在清算程序方面,政策性破产企业处置依法取得的土地使用权所得必须作为安置费用优先安置职工,如有剩余才可与其他破产财产一起统一列入破产财产分配方案参与清偿分配。政策性破产程序体现了很强的行政色彩,它要在当地政府成立的企业兼并破产和职工再就业工作领导小组的监督领导下进行。清算组要由政府各相关职能部门派人参加,直到程序终结。[②]

目前对国企的政策性破产仍在进行,国务院的上述规定依然有效。如果新破产法通过,其与国企的政策性破产的关系如何处理,对此存在各种不同观点:一是替代说,此种观点认为应当以新破产法完全替代政策性破产,在新破产法通过后,不再适用政策性破产,国企的破产完全受破产法调整。[③] 二是双轨制说,即在新破产法通过后,仍然适用政策性破产,一般破产与政策破产并存。三是折中说,此种观点认为,破产法对政策破产既不是全面的替代,也不是使政策性破产继续不加限制地采用,而应当对现有的政策性破产实行必要的限制,使政策性破产仅在一定期间和范围内适用。

我不赞成对国企破产实行双轨制说,理由是:第一,在破产法通过之后,如果政策性破产仍然不加限制地与其并列适用,就意味着破产法对部分国企是不适用的,这显然会影响到法律的权威性和统一性。对国企的破产实行特殊政策,也不利于增强国企的竞争力,尤其对国企实行政策性保护,不利于保护债权人,也不利于增进国企的竞争力。最终将会损害国企的利益。第二,目前我国正在世贸组织中争取完全市场经济的法律地位,而实现这一目标的一个重要条件,就是要有适应市场经济的破产法。破产法又是衡量是否为市场经济国家的重要标志,我们应当按照市场经济体制确立主体的退出机制。市场经济本质上要求市场主体的平等性,如果国企不受破产法调整,则其本质上就不是真正的市场主体。破产法也不是一部真正的市场经济破产法。第三,这是规范国企破产的需要。如果国企不适用破产法,而仅仅适用政策调整,不利于解决目前政策性破产

① 1994 年 10 月,国务院根据《企业破产法(试行)》和其他法律、行政法规的规定,发布了《国务院关于在若干城市试行国有企业破产有关问题的通知》(国发〔1994〕59 号),针对长期困扰国有企业的职工的安置和银行债权处置问题作了明确规定。以后,国务院、最高人民法院陆续发布了一系列通知和司法解释,进一步完善了政策性破产制度。

② 孙应征主编:《破产法法律原理与实证解析》,人民法院出版社 2004 年版,第 21 页。

③ 王欣新:“新破产立法与国企政策性破产的关系”,载《人民法院报》2004 年 7 月 9 日。

中出现的一些问题。尤其是因为政策性调整并没有对国企破产的法定程序作出完善规定,这就会造成利用破产逃避债务以及假破产等现象。如果在破产法颁布之后对政策性破产仍然不加以限制,甚至扩大政策性破产的适用范围,很容易引发道德风险,加剧目前存在的逃废债务等道德失范的现象。第四,双轨制的存在也会损害银行的债权,在政策性破产中,银行债权在国企破产中债款回收率过低,担保债权不能得到有效保障,担保权益最终完全落空。从稳定的需要考虑,将政策性破产作为一种权宜之计是必要的,但将其作为一项制度长期保持下去,将会损害市场经济健康有序的发展。

应当承认,在目前社会保障机制尚不健全的情况下,政策性破产仍有必要存在。这主要是因为国企的破产问题,特别是职工安置问题,是一个历史遗留问题,由于当前社会保障机制尚不配套,这些问题确实需要妥善解决,如果地方政府财政无力解决,完全通过破产程序解决,会使一部分职工得不到合理安排,导致社会矛盾加剧,所以,替代说也不现实。我们建议采用折中说,即在破产法通过之后,政策性破产可以继续采用,但必须在一定期限和范围内适用。换言之,应当在期限和范围上有所限制。所谓期限的限制,就是说应当对政策性破产的适用规定一定的期限,不能无限期地适用下去,毕竟国企的政策性破产是一个临时性措施,只是一个权宜之计。若干年后,如果社会保障制度逐渐健全,国企的法人治理结构得到完善,国企就应当和其他法人一样,在破产方面同等对待,适用统一的破产法。所谓适用范围上的限制,就是说国企破产不是完全都不适用破产法,只是在某些方面不适用。就政策性破产的适用范围的限制问题,存在不同看法。有人主张政策性破产在程序方面由破产法替代,而在实体方面仍然适用政策性破产的规定。也有人主张,仅仅只是在职工安置费用方面适用政策性破产的规定,在其他方面仍然适用破产法的规定。我们认为,破产法仅在程序方面适用国企破产的意见也不妥当,实际上国企破产的特殊性不仅仅涉及实体问题,也涉及程序问题。更何况实体和程序问题很难区分,如果国企破产只适用破产法的程序部分,将会使国企在破产实质问题上完全游离于破产法之外,这显然是不妥当的。我们认为,实际上国企破产的特殊性主要在于其职工的安置问题。就该问题可以特别适用政策性破产。这也是政策性破产的关键所在。在这个方面,可以考虑继续适用国务院有关政策性破产的特殊规定。另外,在破产启动程序上有所不同,政策性破产必须得到政府有关部门的批准才能进行,这就使其破产申请程序、案件的管辖确定等方面都需要特殊规定调整。除此之外,原则上都要适用破产法。

六、关于劳动债权的问题

所谓劳动债权，是指因为企业拖欠职工工资、劳动保险费或因企业破产解除劳动合同而应支付给职工的补偿金等所发生的职工享有的对企业的请求支付的权利。劳动债权在性质上仍然属于普通债权，但从保护劳动者和维护人权的需要考虑，有必要使劳动债权有优先于一般债权而受偿的地位，对此无论在理论上还是实务中都是没有争议的。但是在破产立法中，一个极具争议的问题在于劳动债权是否具有优先于担保物权受偿的地位。对此存在两种不同的观点：一种观点认为，劳动债权只具有优先于普通债权的地位，而不应当具有优先于担保物权的地位。另一种观点认为，应当将劳动债权置于担保物权之前，即给予其所谓的“超级优先的法律地位”。有学者主张，只有使其优先于抵押权，“这样才能从根本上解决破产企业职工劳动工资优先于抵押权受偿的问题，从而使优先权承载起保护弱者的特殊使命”。①

我不赞成所有的劳动债权都要优先于担保物权受偿。应当承认，此种观点旨在强化对劳动者利益的保护，其出发点是很好的。在国外，也有许多学者认为，“在可能的情况下，应当把雇佣问题(employment)作为最优先的问题。这在转型国家尤其重要，因为社会和经济的变动往往同时也伴随着政治风险”。② 这就是说，在社会转型期，在社会保障制度尚不健全的情况下，有必要考虑到对职工利益的保护问题。我国是社会主义的市场经济国家，更应当重视保护劳动者的合法权益。然而，这个问题是应当主要通过社会保障法等法律来解决的问题。将这个问题通过破产法中的优先于担保权的方式来解决，无论是在理论上，还是在实际操作中，都存在很大的问题。从维护市场经济秩序的需要出发，必须对抵押权人等物权优先权人予以充分保护，这也是国际通行的做法。抵押权等担保物权具有优先于一般债权而受偿的效力，此种效力在破产法中表现为别除权。别除权主要是大陆法系国家采用的概念，它是指在破产程序宣告之前，就债务人的特定财产上设定了担保物权或者存在有其他特别优先权的，于债权人宣告破产之后，权利人享有就该特定财产不依照破产清算程序优先获得清偿和满足的

---

① 申卫星：“论优先权同其他担保物权之区别与竞合”，载《法制与社会发展》2001 年第 3 期。

② Council of Europe, *Bankruptcy and Judicial Liquidation*, Strasbourg, Council of Europe Publishing, 1994, p. 1.

权利。[1] 尽管两大法系关于别除权的规定并不一致,[2]但从世界立法例来看,各国破产法中无一例外地都规定了抵押权应当先于劳动债权实现。如果我们的破产法采用劳动债权优先于担保债权实现的方式,不仅与国际上通行的做法不符,而且也将会产生如下一些不良后果:

第一,此种做法将会危害交易安全。一方面,在市场经济社会,只有抵押权等担保物权才是保障债权的最佳方法,如果抵押权都不能保障债权,就没有什么方式能有效地保障债权,就很难说有交易安全可言。如果将劳动债权置于担保物权之上,市场主体对于其债务人的劳动债务难以有合理的预期,无论其采取包括担保物权在内的何种保障手段,都不可能保障其债权。当事人若欠缺对交易的安全感,他们便不敢大胆地从事交易,这对市场经济的发展是十分有害的。另一方面,在市场经济中,由于抵押权需要经过公示而设定,因公示而具有公信力,所以保障抵押权的实现,对于维护交易安全是十分必要的。劳动债权虽具有优先权,但它不具有公示性,第三人不可能了解劳动债权的数额和内容。如果要将其优先于抵押权等担保物权的受偿,虽一定意义上保护了劳动者,但却损害了整个市场秩序,是得不偿失的。

第二,此种做法将与整个物权法的基本原则发生冲突和矛盾。因为劳动债权只是享有优先权的债权,它并非是针对特定财产而行使的权利,而只是对整个破产财产所享有的优先分配的权利。从其固有性质上看,其仍然属于债权的范畴,而债权是不能优先于物权的。由于别除权的理论基础就在于物权优先于债权的基本规则,[3]这就产生了别除权在实现之后才能使优先权受偿的规则,如果将劳动债权优先于抵押权受偿,这将与物权优先于债权这一物权法基本原则发生冲突和矛盾,从而在破产法和物权法这两个基本民事法律之间发生了冲突和矛盾,市场经济的基本法律规则便出现了不和谐的现象。

第三,此种做法将损害银行利益和金融秩序。一方面,如果劳动债权优先于抵押权受偿,将会使担保物权作为一种最基本的信用不能得到保障,这就必然会严重损害信贷担保的有效性,从而对经济生活中的信用流转产生消极影响。[4]在我国现有的银行体系中,担保是保障银行债权实现的最基本的手段,也是保障金融安全的基本措施。如果连担保物权都不能得以完全实现,势必将导致银行

---

① 韩长印:“我国别除权制度改革初论”,载《南京大学法律评论》2004年春季号。

② 在英美法系中,别除权称为“有财产担保的债权”。参见汤维建著:《破产程序与破产立法研究》,人民法院出版社2001年版,第8页。

③ 韩长印:“我国别除权制度改革初论”,载《南京大学法律评论》2004年春季号。

④ 同上。

呆坏账越来越多。另一方面，在银行的改制尚未最终完成之前，银行的呆坏账依然严重，如果担保物权都不能发挥应有的效力，可以想象金融体系将承受多大的风险。尤其是在担保物权不能发挥保障金融安全的作用之后，银行几乎难以采取其他更有效的措施来避免其面临的风险。

第四，此种做法最终也会损害企业自身的利益。劳动债权优先于抵押权受偿，虽然有可能强化对劳动者的保护，但极大地加大了银行的风险。这样，银行势必只能在放贷之前调查企业是否有拖欠职工工资的情况，否则它将不会轻易放贷，或者银行为了减少其风险，不得已采取提高贷款利率的办法。这将会加剧企业融资的困难，对面临资金困难的企业甚至会发生雪上加霜的后果。尤其是将来外资银行会大量进入中国，劳动债权优先于抵押权受偿的规则，将会使许多外资银行不敢给企业贷款，融资的困难也会损害企业的持续发展，不利于我国经济的发展。①

劳动债权优先于抵押权受偿，未必能真正强化对劳动者的保护，相反，这将使企业更加不会主动地解决拖欠的职工工资问题，使职工的工资久拖不清，越积越多，最终留在破产时解决，这就会进一步加剧拖欠工资的现象。另外，这种做法在具体操作上也会面临许多问题，由于劳动债权的数额和内容是第三人所无从得知的，一旦劳动债权可以优先于担保物权，这就会助长企业对劳动债权的虚报、假报行为，对此是很难找到一个行之有效的方法来加以解决的。

事实上，拖欠工资本身是一种违法行为，产生的原因也比较复杂，许多拖欠现象甚至是因为政府的行为造成的，对这个问题应当从源头上解决，而不应当简单地通过在破产清偿顺序中提高劳动债权在破产程序中的清偿法律地位来解决。② 换言之，要完善社会保障措施，加快社会保障立法，切实保障职工权益，劳动监察部门需要加强执法力度，司法部门需要进一步完善劳动债权纠纷解决机制，降低劳动纠纷诉讼成本。尤其是应当由政府主导设立劳动保障基金，以使那些确实没有财产支付劳动债权的企业的职工的合法权益也能得到充分保障。例如，香港是通过欠薪保障基金来予以保障的。对于新建企业，可以通过建立健全完善的劳动保障制度，使每个企业都提供一定比例的资金，用于对将来破产时难以清偿职工工资的保障。对于部分老国有企业，可以考虑由政府提供必要的经费，解决拖欠职工工资问题。但在破产法中，劳动债权原则上只能作为一般优先

---

① 王欣新："破产立法中永远的痛——谈债权人保护与对破产企业职工保护的关系"，载《证券时报》2004 年 11 月 8 日。

② 同上。

权而优先于一般债权实现,而不能优先于担保物权实现。当然,如果确实考虑到我国正处于社会转型时期,从维护社会稳定考虑,需要各方面共同分担社会过渡时期内的改革成本,那么也要对优先于担保物权的劳动债权的种类、期限加以严格限制,我们认为,对优先于担保物权的劳动债权只能限于一定时期内一般工人的平均工资债权。

（2005年第3期）

彩票的法律分析

韩世远*

“西安宝马彩票”案的爆出震惊国人，人们意识到需要通过立法来规范彩票的发行销售的全过程，有关部门也在起草彩票法或者彩票条例，这一切让我们在危机之后看到了新的希望，同时也呼唤人们从法学上分析彩票的相关问题，为将来的相关立法及司法提供参考。

一、彩票的法律性质

什么是彩票？依据财政部2002年《彩票发行与销售管理暂行规定》第2条的规定，“彩票是国家为支持社会公益事业而特许专门机构垄断发行，供人们自愿选择和购买，并按照事前公布的规则取得中奖权利的有价凭证”。另依据《中国福利彩票发行与销售管理暂行办法》（民办发〔1998〕12号）第2条的规定，“本办法所称福利彩票是指：为筹集社会福利事业发展资金发行的，印有号码、图形或文字，供人们自愿购买并按照特定规则取得中奖权利的凭证”。本文以此为切入点，分析和探讨彩票的法律性质。

（一）彩票是一种证券

日常生活中广泛使用的各种具有法律效力的文书、书据和票证，根据它们效力的差异，可以分为两大类：证书和证券。前者如出生证明、死亡证明、结婚证书、借据、合同书等，只能作为证明手段（证据方法），至于这类证书的有无和存在与否，并不能直接决定实体的法律关系之存在与否。证券不仅记载一定的权利，证券本身就代表一定的权利。这种权利存在于证券之上，在通常情况下，权利与证券结合在一起，权利不能离开证券而存在。[①] 彩票作为一种特殊的凭证，在中奖场合，中奖人行使请求支付奖金或交付奖品的权利，必须持有效的中奖彩票，权利与彩票密不可分，因而，彩票属于一种证券，而不单是一种证书。

（二）彩票是一种无记名证券

无记名证券，指持有人可以请求其依所记载的内容为给付的证券（参见我

---

* 作者单位：清华大学法学院。

① 谢怀栻著：《票据法概论》，法律出版社1990年版，第2页。

国台湾地区“民法”第719条、《德国民法典》第793条第1项、《瑞士债务法》第978条第1项)。彩票由国家特许的机构发行,直接上市销售,面向不特定的社会大众,供人们自愿购买,《彩票发行与销售管理暂行规定》第6条和《中国福利彩票发行与销售管理暂行办法》第4条均明定,福利彩票不记名。史尚宽先生也曾明确指出,彩票通常为无记名证券。①

(三)彩票是一种有价证券

证券,依其与所表示的权利之间的联系是否密切,又可进一步分为三类:金券(金额券)、资格证券(免责证券)和有价证券。金券,是标明一定的金额,只能为一定目的而使用,证券与权利密切结合而不可分的一种证券,如邮票。持有金券的人丧失了金券无任何补救办法。例如丧失了邮票,既不能请求补发,也不能不用它而去寄信。资格证券,是表明持有这种证券的人具有行使一定权利的资格的证券。持有证券的人可以凭证券向义务人行使一定的权利,义务人(依照证券负有义务的人)向持有证券的人履行义务后即可免责,故又名免责证券。例如,一般的车船票、火车行李票、存物证、存车牌、银行存折等。其特点是:在一般情况下,证券与权利是结合在一起的,行使权利必须持有证券,持有证券就可以行使权利;在特殊情况下,只需真正权利人能证明自己的权利(不问用什么方法),证券与权利也可以不结合在一起而互相分离。有价证券是表示一定的权利,权利人行使权利必须持有证券,原则上不得离开证券而行使权利的一种证券,如汇票、本票、支票、各种债券等。其与资格证券的不同在于,不持有证券的人即使能用其他方法证明他的权利,也不能行使权利;只能依法律规定通过一种特别的方法才能行使权利。②

彩票上的权利与彩票密不可分,因而彩票不属于资格证券或者免责证券。彩票是属于金券还是属于有价证券呢?这一问题颇为困扰,特别是1994年民政部发布的《中国福利彩票管理办法》第2条将福利彩票界定为“有价凭证”,但1998年民政部发布《中国福利彩票发行与销售管理暂行办法》第2条对福利彩票的定义便删去了“有价”二字,仅界定为“凭证”,这种变动不应该是无意之举,从中可以反映出起草者对于彩票性质的认定颇犯踌躇。《彩票发行与销售管理暂行规定》第2条又将彩票界定为“有价凭证”。有的学者强调有价证券应该具有流通性,如果这样把握“有价证券”,彩票在我国“不能流通使用”(参照《中国福利彩票发行与销售管理暂行办法》第4条),显然不属于有价证券。不过,依

---

① 史尚宽著:《债法各论》,作者台北自版1960年版,第778页。

② 谢怀栻著:《票据法概论》,法律出版社1990年版,第3~4页。

史尚宽先生的见解,无记名证券为有价证券,①他又认为彩票属于无记名证券,依逻辑推理,彩票自然属于有价证券。在我国,主张彩票属于有价证券者,亦大有人在。② 笔者在此仍将彩票理解为一种有价证券。

二、彩票所表彰的权利

(一)彩票可否作为一种"物"

彩票的物质载体通常是一张印有图形文字的纸,③这张具有物理属性的纸当然可以作为一种有体物,可以构成所有权的对象。购得彩票之人,当然取得彩票的所有权。不过,由于彩票本身并不返本,不付息,不具有流通性,除为收藏等特别目的外,彩票作为一种特别的物,本身的法律意义并不大,在这一点上,彩票较之其他的有价证券,可谓有过之而无不及。彩票的意义,主要不是体现在作为一种所有权的对象,而是这张特殊的纸另外表彰有其他的权利。正如曾世雄先生分析有价证券为物或权利时所归结的,为权利性质之一面,系其主要属性,为物之性质之一面,系其辅助属性。据此,有价证券原则上仍应以权利视之。④ 笔者认为,有纸型彩票一方面表彰一定的权利,另一方面也具有"物"的属性,再者,彩票也还可以作为一种合同凭证。

(二)彩票表彰什么样的权利

彩票购买者"按照事前公布的规则取得中奖权利"(参照《彩票发行与销售管理暂行规定》第2条),彩票上所承载的权利,就是彩票购买者的这种"中奖权利",这是彩票购买者所追求的主要目的或者主要目的之一,离开了这种"中奖权利",彩票也就不成其为彩票。

这种"中奖权利"即彩票购买者如果中奖可享有的对于奖金的支付请求权,性质上属于债权。但这种权利具有特殊性,在购买彩票后、开奖前,彩票购买者是否真正享有这种债权,尚不确定,彩票购买者所取得的是一种"机会"(chance),而且这种"机会"在美国法理上被视为是博戏(gambling,包括彩票在

---

① 史尚宽著:《债法各论》,作者台北自版1960年版,第778页。

② 金祥荣、朱希伟:"中国彩票业:反思与构想",载《福建论坛》(人文社会科学版)2001年第5期;宋一欣:"彩票法律制度初探",载《政法与法律》1999年第3期。

③ 彩票信息存储在纸介质上的为有纸型彩票,其他的为无纸型彩票。参见财政部2003年《即开型彩票发行与销售管理暂行规定》第2条。所谓无纸型彩票,如以手机投注的彩票,或者在线即开型彩票。

④ 曾世雄、曾陈明汝、曾宛如著:《票据法论》,中国人民大学出版社2002年版,第6页。

内)的一个构成要素。[①] 如果我们认为彩票是一种证券,那么它所彰显的权利,在开奖之前,其实是附有条件的,条件就是按照特定规则符合中奖要求。在开奖之前,这种权利也就具有期待权的色彩,属于债权的期待权。在开奖之后,如果确属中奖的彩票,则债权的期待权便转化为一种实实在在的债权。

(三)彩票上权利何时发生

有价证券可区分为设权证券与证权证券,彩票作为一种有价证券,可归入设权证券之列,即证券的作成为其权利发生所必要,此与票据相似,而与其他多数有价证券,如提单、仓单或者股票,尚有不同。

对于设权证券,究竟由何种行为发生证券上的权利,学说见解不一。[②] 总体上可区分为"单独行为说"与"契约说",前者又可进一步区分为"创设说"与"发行说"。其中,"创设说"认为,证券上的权利因证券的作成而发生,因而行为人即使丧失行为能力,或者死亡,而证券上的权利不因此受影响;证券既经作成,纵使遗失或者被盗,行为人对于善意之取得人,仍须负责。"发行说"认为,证券上的权利仅于作成人以自由之意思发行其证券(将证券置于流通状态)之时,始能发生,因而证券若于作成后、发行前被盗,则证券上的权利无从发生(类似于占有脱离物)。唯作成证券之人将证券托由第三人保管场合,而该第三人将此项证券出让者,依"发行说"仍可发生证券上的权利(类似于占有委托物)。依"契约说",仅于作成人与受取人间订立有效的交付契约时,证券上的权利始发生。所谓交付契约,系要物契约之一种,因证券的交付始生效力。交付契约的内容则依证券上权利所由发生的原因为准则,但交付契约与证券所由交付的基本的要因契约有别。

目前我国台湾地区的通说是采"单独行为说"中的"发行说",认此单独行为仍须由证券的作成与证券的交付二者合并而成。德国有价证券理论现今的通说,是以"契约说"为主轴,辅以权利外观理论,说明何以行为有瑕疵,在一定要件下,证券所表彰的权利亦能发生。[③]

依笔者见解,彩票所表彰权利的发生应兼具彩票的作成与交付两项要素,换言之,彩票上的权利自发行时开始发生。在我国,彩票发行分别由隶属于民政部

---

① Generally, it may be said that the elements of gambling are payment of a price for a chance to gain a prize. Westerhans Co. v. Cincinnati, 165 Ohio St 327, 59 Ohio Ops 428, 135 NE 2d 318.

② 梅仲协著:《民法要义》,中国政法大学出版社 1998 年版,第 483 ~ 484 页;史尚宽:"有价证券之研究",载郑玉波著:《民法债编论文选辑》(下),台湾五南图书出版股份有限公司 1984 年版,第 1372 ~ 1374 页;陈自强著:《无因债权契约论》,中国政法大学出版社 2002 年版,第 183 ~ 185 页。

③ 陈自强著:《无因债权契约论》,中国政法大学出版社 2002 年版,第 184 页。

的中国福利彩票发行中心和隶属于国家体育总局的体育彩票管理中心(以下简称彩票发行机构)承担,按省级行政区域组织实施(参见《彩票发行与销售管理暂行规定》第3条第2款)。在有纸型彩票场合,彩票发行机构"作成"彩票,就体现为彩票发行机构统一印制彩票;"交付"彩票,就是彩票发行机构将彩票调运给彩票销售机构,这时的交付,从发行的角度讲,可以看成是发行这一单独的法律行为的组成部分;从彩票承销角度讲,则构成发行机构对于其在彩票承销合同中自己债务的履行。

彩票上的权利发生之后,为实现彩票的最终目的,还必须进入市场,[①]发生彩票上权利的变动,这便是彩票合同所要重点讨论的问题。

三、彩票承销合同

(一)总说

尽管从理论上讲,彩票发行机构可以直接发行销售彩票,但由于彩票发行机构人力有限,没有属于自己支配的全国范围内的销售网络,因而,事实上我国两家彩票发行机构,即中国福利彩票发行管理中心和体育彩票管理中心,都是在间接发行彩票,即通过省级或者省级以下各级的民政、体育部门的专门机构(彩票销售机构)承销一定额度的彩票来发行彩票。

另外,我国对年度彩票发行规模实行额度管理。每年11月15日前,彩票发行机构应向财政部提交下年度彩票发行额度申请,经财政部审核并报国务院批准后,由财政部下达给彩票发行机构执行。彩票发行机构可将财政部下达的额度分配给省级彩票销售机构,并将分配方案抄送财政部和有关地方省级财政部门。省级彩票销售机构对下分配额度,比照彩票发行机构的办法执行(参见《彩票发行与销售管理暂行规定》第9条第1款)。其中,中国福利彩票发行中心是全国性福利彩票的总发行机构。福利彩票每年的发行额度要报经国务院批准。在发行额度内,中国福利彩票发行中心根据各地的市场需求情况,向全国各二级发行机构发行彩票。电脑彩票由二级发行机构直接组织销售;即开型彩票通过二级发行机构分发给各基层销售单位,由各基层销售单位具体组织销售。这样,彩票的承销往往都是由省一级的彩票销售机构承销一定数额的彩票,属于"定额承销"。"全额承销"的情形相对少些,如2002年中国福利彩票(即开型)曾发

① 所谓彩票"不流通",应该理解为彩票不能用来充当交易的一般等价物,像货币那样流通,非谓不能作为交易的对象。

行四川专销50组“欢乐彩”和宁夏专销10组“宁夏壁画”，就应该是分别由这两省区的二级发行机构全额承销。彩票既为一种有价证券，从理论上讲，对其承销也应该如同其他有价证券的承销，可有包销和代销两种基本的方式。另外，也会存在共同承销和分销问题。

（二）彩票可否包销

证券的包销，是指承销人以销售为目的，承购发行人所发行的全部或部分证券，然后再向公众销售；在包销期届满后，对未售出的剩余证券，应自行认购。证券包销包括全额包销、定额包销和余额包销三种情况。其特点是：其一，证券的所有权发生移转，证券销售不出去的风险由承销人承担；其二，包销的费用高于代销，承销人的利润来源于发行价格与承购价格之间的差额；其三，发行人可以较快地、可靠地获得资金。①

就彩票的承销而言，在我国发行彩票的初期阶段，实务中确实存在过彩票包销的做法，特别是1993年以后，有些公司（以河北和江西两省居多）参与到彩票销售活动中来，多采承包方式。② 后来逐渐暴露一些问题，一些部门规章开始规范这一问题，如2003年财政部《即开型彩票发行与销售管理暂行规定》第17条便明确规定，彩票机构不得采用承包、转包、买断等形式对外委托彩票发行和销售业务。其明确否定了彩票的包销。我国有关规章规定也一再强调，不允许转包销售彩票。③ 关于这一规则背后的精神，一方面，我们不妨理解为是为了加强对彩票销售的监管，如果彩票的销售被人承包或者买断，将意味着承包人或买断人有自主权，由其说了算，如果进行溢价销售或者其他不当行为，彩票发行人势必无权干涉，这对于彩票业的信誉将会造成巨大的负面影响；另一方面，不许包销，也与彩票的游戏特点相关，彩票与股票不同，表现在彩票要按比例返奖，返奖、彩票公益金和发行费用之间有固定的比例，对于承销者而言，此种投入产出模型决定了如允许包销，包销商为了分散风险，很容易会打返奖或彩票公益金的主意，在压缩发行费用所占比例的情况下，这一问题会变得更为突出，“西安宝马彩票”案正说明这一点。

---

① 陈甦：“论证券承销”，载中国法学会民法学经济法学研究会编：《企业·证券·合同》，人民法院出版社1992年版，第221～222页。

② 此段信息是笔者2004年10月19日参加在北京召开的“中国彩票法治座谈会”时获悉自彩票实务界人士的介绍。

③ 比如1995年10月30日民政部《关于转发中募委关于再次重申严禁超面值销售和转包销售福利彩票的紧急通知的通知》，中国福利彩票发行中心《关于再次重申严禁超面值销售和转包销售福利彩票的紧急通知》以及此前《关于加强福利彩票代销活动管理的通知》（中募发字〔1995〕27号）等。

（三）彩票的代销

证券的代销，是指承销人代理发行人发行证券，在代销期届满后，对未能售出的剩余证券，应退还给发行人。其特点是：其一，证券代销时并不移转证券的所有权，承销期届满后，承销人应将未代销出去的证券退还给发行人，由发行人自己承担风险；其二，因证券代销的承销人不承担风险，所以代销的费用低于包销，发行人根据承销人销售出去的证券总额的一定比例，向承销人支付手续费；其三，发行人通过证券代销方式获得的资金数额是不确定的，且筹措时间较长。① 现在我国彩票的承销，往往是采用这种方式，以下具体分析说明。

首先，彩票发行资金的构成包括三部分：返奖、发行费用、彩票公益金。从2002年1月1日起，三者的构成比例调整为：返奖比例不得低于50%，发行费用比例不得高于15%，彩票公益金比例不得低于35%（参见2001年10月30日《国务院关于进一步规范彩票管理的通知》）。发行费用中又包含若干具体的科目，如国家体委《1994～1995年度体育彩票发行管理办法》第14条曾就发行费用有较详细的解释，略谓：发行成本费是指用于体育彩票印制、发行、代销及相关的设施和设备购置、租赁、维护等项目的支出。发行成本费占体育彩票资金的比例不得高于25%，其中：(1)体育彩票的印制费为4%；(2)国家体委体育彩票管理中心的体育彩票发行费为1%；(3)地方机构发行和零售商代销费。以体育彩票为例，国家体育总局曾发文要求各省、自治区、直辖市体育彩票管理中心每年2月底前与总局彩票中心办理上年度公益金、印制发行费的结算工作（参见1999年3月23日《国家体育总局办公厅关于进一步加强体育彩票资金结算、划缴管理的通知》，体彩字〔1999〕063号）。根据《国务院关于进一步规范彩票管理的通知》（国发〔2001〕35号），民政部、国家体育总局要"确保及时足额向财政专户解缴彩票公益金"。由此可以看出，公益金和印制发行费是后缴的，也就意味着承销机构是在代销彩票，而非包销彩票。

其次，即使是彩票公益金，也不是按彩票资金的35%全部上缴中央，而是中央地方各有留成，比如根据民政部《社会福利基金使用管理暂行办法》的规定，中央级社会福利基金留成比例为彩票销售总额的5%，中国福利彩票发行中心"负责同各省、自治区、直辖市彩票发行机构具体办理中央级留成社会福利基金的收缴。收缴社会福利基金时，应向缴款单位出具财政部门统一印制或监制的票据"（参见1999年民政部《关于社会福利基金筹集、管理与使用规定》）。另

① 陈甦："论证券承销"，载中国法学会民法学经济法学研究会编：《企业·证券·合同》，人民法院出版社1992年版，第221页、第223页。

外，依据《体育彩票财务管理暂行规定》第10条规定，体育彩票销售实现后，中心应按规定比例及时计提、结算公益金。公益金实行按比例分级留存使用的原则。为落实全民健身和奥运争光计划，国家体育总局按各地体育彩票实际销售数额收取一定比例的公益金，其余公益金由地方分级留存，专项用于发展体育事业。

最后，在彩票发行和销售过程中，因游戏方法设计要求、销售周期以及其他的技术原因，往往会产生一些未售出而又不能继续销售的彩票（称“废票”和“尾票”），使计划发行数额与实际销售数额之间，出现一定的差额。为了实实在在地用好、用完国务院批准的发行额度，彩票发行机构会对“废票”和“尾票”产生的差额实施统一管理，采取统一办法予以调整，使各地区实际销售数额，达到核准的彩票销售数额。[①] 这也可反映出，彩票发行机构与彩票销售机构之间的关系，应该理解为代销关系；否则，像“尾票”问题自然应该由承销机构自理，不再有核销问题。

（四）彩票的共同承销

由数个彩票销售机构联合承销某种彩票，便是彩票的共同承销。它与数个承销人分别作部分承销不同，共同承销人之间应该承担连带责任。比如“黄河风采”电脑福利彩票便是经中国福利彩票发行中心授权，由甘肃省福利彩票发行中心主办，联合青海省福利彩票发行中心和宁夏回族自治区福利彩票发行中心共同组建区域销售系统，在所辖区域内承销。

（五）彩票的分销

在我国，电脑彩票通常由二级发行机构直接组织销售；即开型彩票通过二级发行机构分发给各基层销售单位（彩票零售商），由各基层销售单位具体组织销售。省级销售中心与销售单位的分销合同，在性质上属于代理销售合同，有关主管部门也多次要求各省、自治区、直辖市彩票管理中心，在选择销售单位时，要严格进行资格审查，在签订代理销售合同前须将销售单位的有关材料报彩票发行机构审核批准。[②] 彩票销售机构（二级发行机构）与彩票零售商之间的分销合同

① 国家体委1994年12月23日《国家体委办公厅关于1994—1995年度体育彩票销售额度核销问题的通知》（体彩字〔1994〕47号）。

② 比如国家体委1996年5月22日《国家体委办公厅关于加强体育彩票销售管理的紧急通知》（体彩字〔1996〕087号）。

在性质上属于代销，不允许包销。[1] 2003年财政部《即开型彩票发行与销售管理暂行规定》第17条明确规定：彩票机构不得采用承包、转包、买断等形式对外委托彩票发行和销售业务。

关于代理销售商的选择和确定，我国原来没有统一的规定，有些规定散见于一些部门规章或者更低层次的规定中，如1998年中国体育彩票管理中心《关于1998年春节期间体育彩票管理和销售工作的通知》（体彩字〔1998〕007号）曾规定：（1）销售商系指在体育彩票销售过程中，以委托销售、提供人员、场地或资金等各种形式参与体育彩票销售的企业或公司等经济实体；（2）销售商仅限于在本省、区、市注册3年以上的国有独资企业或股份制企业或公司，注册资金须在500万元以上；（3）申请代理销售体育彩票的销售商须将法人证明、本年（季）度财务报表、损益说明书、资信证明等有关情况报省、区、市体育彩票管理中心后上报本中心，经审批方可代理销售体育彩票；（4）省、区、市体育彩票管理中心在与销售商签订销售合同中，应明确双方权利、义务，有关合同报本中心备案；（5）销售商在代理销售体育彩票之前，按代理彩票销售额度的35%预交抵押金，存入省级体育彩票管理中心指定的账户。销售商的代理费及合作报酬从发行费中列支，总额不得高于6%。不过，2003年11月13日财政部发布并施行的《即开型彩票发行与销售管理暂行规定》第15条对被委托的单位有了明确的规定，被委托单位需具备以下条件：（1）具有民事行为能力的法人；（2）没有违反国家法律法规的不良记录；（3）具有一定经济实力、知名度和良好的社会信誉。

四、彩 票 合 同

（一）彩票合同的当事人

1. 出售彩票的当事人

首先需要分析的是，谁是彩票合同中出售彩票的当事人。如果以即开型彩票为分析模型，这里涉及彩票的发行人（彩票发行机构）、彩票销售机构（二级发行机构）和彩票零售商。直接与彩票购买者打交道的是彩票零售商，但彩票零售商未必就是该彩票合同的当事人。成为彩票合同的当事人者，须是以其名义进行彩票的买卖行为、发生权利义务并承担相应的责任的主体。

---

① 1995年12月20日中国人民银行《关于加强彩票市场管理的紧急通知》（银发〔1995〕330号）曾强调，零售商不得采取承包或转承包方式销售彩票，零售商资格不得私自转让。另外可参见《中国福利彩票发行与销售管理暂行办法》第18条。

结合前文分析,我们知道,彩票承销合同为代销合同,彩票分销合同亦为代销合同,二者均不允许采取包销的形式,故没有必要讨论包销的相关情形。彩票承销合同为代销合同,也就意味着彩票发行机构授权彩票销售机构以发行机构(被代理人或者本人)的名义对外行为,销售彩票。彩票销售机构的身份是代理人,它与彩票发行机构之间的关系也就是代理人与本人的关系,适用委托及代理的相关法律规范。

作为代理人的彩票销售机构,再委托他人从事彩票零售,也就是代理人将部分代理事项转委托他人,性质上属于转委托。依《民法通则》第68条,委托代理人为被代理人的利益需要转托他人代理的,应当事先取得被代理人的同意。事先没有取得被代理人同意的,应当在事后及时告诉被代理人,如果被代理人不同意,由代理人对自己所转托的行为负民事责任,但在紧急情况下,为了保护被代理人的利益而转托他人代理的除外。实践中,这种转委托的做法一直是被默认了的,彩票发行机构往往是要求彩票销售机构将零售者报来审核批准或者备案。2003年《即开型彩票发行与销售管理暂行规定》第14条则明确规定,彩票机构组织即开型彩票发行和销售时,可按《国务院关于进一步规范彩票管理的通知》和《财政部关于印发〈彩票发行与销售管理暂行规定〉的通知》相关规定对外委托广告、宣传、组织销售队伍等业务。其中对外委托组织销售队伍,即意味着将上述习惯做法明文化和规范化。

这样,即使是彩票零售商,也是在以彩票发行机构的名义对外销售彩票,因而,彩票发行机构是彩票合同的当事人。

需要附带提及的是,中国福利彩票发行中心1997年8月1日在国家工商行政管理局注册登记了中国福利彩票标识,作为一种形象识别系统,已在与福利彩票有关的各个方面广泛使用,其强制执行的范围包括:所有中国福利彩票的票面上必须印有标志,福利彩票集中销售现场必须悬挂或张贴标志及中文标准字,福利彩票网点式销售现场、电视开奖现场,必须制作永久性标志及中、英文标准字,等。[①] 福利彩票网点式销售现场制作永久性标志及中、英文标准字,也是展示被代理人的一种方式,也可以印证彩票合同的当事人应该是彩票发行人,而非彩票承销机构或者零售商。

2. 购买彩票的当事人

首先,就自然人而言,原则上都可以购买彩票,但存在例外。例外之一是未

① 1997年11月12日中国福利彩票发行中心《关于中国福利彩票标识使用规定的通知》(中募发字〔1997〕28号)。

成年人。《彩票发行与销售管理暂行规定》第 18 条规定,禁止向未满 18 周岁者出售彩票和支付中奖奖金。至于其理由,我们可以从 1999 年 4 月 28 日中国福利彩票发行中心《关于禁止向未成年人出售福利彩票的通知》(中彩发字〔1999〕39 号)中看到,该通知称:“最近,社会舆论对未成年人参与购买彩票的批评很多,此事也已引起中央领导同志的重视。未成年人不具备完全民事行为能力,为了保护青少年身心健康成长,今后福利彩票禁止向未成年人出售,以更好地体现福利彩票利国利民、造福社会的宗旨。”例外之二,根据《中国福利彩票发行与销售管理暂行办法》第 19 条的规定,从事福利彩票发行、销售以及参与彩票规则设计和生产的人员,必须保守相关秘密,且不得直接或间接购买福利彩票。这一规则可称为“关系人不得购买”规则,不仅对于福利彩票,对于体育彩票而言,也应该是同样的。其次,就法人及其他组织可否购买彩票,我国现行法律法规并没有禁止法人及其他组织购买彩票,不为禁止即为自由,因而应该认为法人及其他组织是可以购买彩票的。现实中也有商家通过赠送彩票来促销的行为,这算是一种附赠式有奖销售,如一些餐馆为了招徕顾客就餐,在餐馆门口招牌上写着,就餐超过 20 元,赠送一张体育彩票。① 这样的行为通常是有效的。另外,自然人也有组成合伙购买彩票的,约定一旦中奖,将按出资比例分得奖金。②

3. 可否将彩票合同的当事人理解为三方

有人认为彩票购买合同的主体包括三方,一为发行方,二为代销方,三为购买方,并认为前两者既具有民法上的代理关系,同时它们之间也具有一种类似行政上的管理监督关系,因此,如果购买主体在购买以后或过程中间与代销者发生民事冲突,这两者均可成为诉讼主体。③

上述构想虽然便于保护彩票购买者,但在法理构成上存在问题。其一,任何合同的成立都离不开意思表示,而在彩票购买者的意思中,通常并不会想到是在与两个不同的民事主体签订合同,因而上述理论构成与当事人通常的意思不合。其二,代销方在与彩票购买者签订合同时,要么是以被代理人的名义,要么是以自己的名义,上述构想实质是代销方既以被代理人的名义同时又以自己的名义签订合同,这在法理上很难说得通。其三,正因为在法理构成上的障碍,司法实践中彩票购买者以民事纠纷起诉时,要么是以彩票发行人为被告,要么是以代销方为被告,却鲜见有以二者为共同被告的,这一点与产品责任诉讼不同。其四,

---

① 刘成华:“赠彩票中巨奖商家挨罚吗?”,载《北京工商管理》2002 年第 4 期。

② 翟保:“拉萨彩民签合同合伙购买体育彩票”,载《西藏体育》2003 年第 1 期。

③ 周详:“关于彩票合同的民法思考”,载 http://www.chinalawedu.com/news/2004 - 7/9/1025044956.htm。

上述构想还会带来一系列的困惑,如发行方与代销方是否承担连带责任;如果负连带责任,其基础又是什么;二者在某一问题上意见不一时如何处理;权利义务如何分配等。

综上,笔者不赞成将彩票合同主体设计为三方的构想,彩票合同的主体只应当是两方,即彩票发行人与彩票购买人。在发生彩票购买人诉彩票发行人的场合,作为一种合同纠纷诉讼,购买人既可以选择在被告住所地起诉,也可以选择在合同履行地起诉(参见《中华人民共和国民事诉讼法》第 24 条)。作为被告的彩票发行人可以授权彩票销售机构应诉。

(二)彩票合同的性质

1. 是民事合同还是行政合同

有学者主张彩票买卖关系应归属于行政合同,①其理由在于:首先,虽然购买者直接面对的是彩票代销机构,但这一买卖关系真正的卖方是中国彩票发行中心,该中心是民政部的职能机构,经授权成为统管彩票发行销售的行政主体,所以彩票买卖关系中的卖方是行政主体。其次,彩票发行中心发行彩票的目的是筹集社会福利资金,发售彩票对该中心而言是执行公务。该中心是买卖合同的卖方,同时也是销售的"管理机构",彩票销售合同有行政管理的性质。最后,从双方权利义务来看,彩票销售合同存在不对等性。②

笔者并不同意上述看法。首先,中国福利彩票发行管理中心及体育彩票管理中心分别是民政部及国家体育总局下属的事业单位,实行企业化管理,自收自支,自负盈亏,与其说是管理职能部门,不如说是彩票经营实体,将来体制改革的方向更是如此,让一个部门既做裁判员,又当运动员,这样的游戏总是非常糟糕的。其次,即使原来这些发行机构担当了部门管理职能,甚至退一步讲它们就是行政管理主体,它们对外所签订的合同因此就是行政合同,这种结论也是武断的,国家、政府充当民事主体的情形多有发生,毫不稀奇。最后,以所谓权利义务是否对等区别民事合同与行政合同,本身也是不恰当的,民事合同中有大量的定型化合同(格式合同),其条款往往由一方事先拟定,往往是有利于条款拟定人

① "行政合同"制度及理论在法国最为发达,我国有的学者自觉或不自觉地予以接受,并试图以之为标准区分中国法上的行政合同与民商合同,以之为模式构建中国法上的行政合同制度及理论,对于此种泛"行政合同"论,已有一些民法学者做出过辩驳,参见梁慧星著:《民法学说判例与立法研究(二)》,国家行政学院出版社 1999 年版,第 190 ~ 191 页;崔建远:"行政合同之我见",载《河南省政法管理干部学院学报》2004 年第 1 期。

② 周勇:"与彩票有关的法律问题初探",载《行政与法》1999 年第 4 期。另外,主张彩票买卖合同为行政合同者,还可参见王家宏、杨卫东、刘志民、陆阿明:"体育彩票热销的法律审视",载《体育与科学》2000 年第 1 期。

一方,但不能因此就认为这些合同是行政合同,彩票合同即属此列。笔者认为,彩票合同不是行政合同,而是民事合同。

2. 是赠与合同还是买卖合同

有学者认为购买彩票的行为不是买卖行为而是赠与行为,是属于附义务的赠与。其中,赠与人是彩民,受赠人是彩票发行中心(但不是最终受益者)。所谓赠与附有义务,即彩民一旦中奖,由彩票中心给付其奖金,从而中奖的彩民成为真正享有权利的人,期待中的权利变成可以实际行使的权利;反之彩民将一无所获。①

笔者对上述见解持反对意见。1987 年 7 月 27 日我国发行第一套福利彩票时,的确叫做中国社会福利有奖募捐奖券,发行人是"中国社会福利有奖募捐委员会"。既属"募捐",当然也就是一种捐赠,也就是一种赠与。后来由"福利奖券"改称"福利彩票",由"中国社会福利奖券发行中心"改称"中国福利彩票发行中心",在一定意义,也正体现了人们对于彩票合同性质认识的深入。

彩票合同不是赠与合同,而是买卖合同。彩票买卖的标的外形是彩票本身,实质是物化于彩票中的中奖机会。这种机会在中奖结果出来之前,在法律上表现为一种期待权。这种期待权在中奖场合转化为奖金或奖品给付请求权,在未中奖场合则归于消灭。

笔者之所以认为彩票合同不是赠与合同,而是买卖合同,是基于以下几方面考虑:其一,彩票购买者的意思,是支付对价获得一种中奖机会,并取得彩票的所有权,具有买卖合同的属性。如果彩票购买者的意思是捐赠,完全可以只付钱,不取任何凭证,但这样做的彩民百里难挑其一。将彩票购买行为解释为赠与,恐不符合彩票购买者的本意。其二,从现行法规规章用语来看,如彩票的"发行与销售"、"彩票购买者"等,字面反映的就是买卖关系,而非赠与关系。

3. 是要物合同还是诺成合同

彩票合同属于诺成合同,一旦出卖人与购买人就彩票的买卖达成合意,合同即告成立。出卖人交付彩票,属于履行彩票合同中的给付义务,而不是履行缔结合同过程中的先合同义务。

4. 是单务合同还是双务合同

彩票合同既为买卖合同,自然也就是双务合同,出卖人的义务是交付彩票并移转彩票的所有权于彩票购买人,彩票购买人的义务是按照彩票票面金额支付价款。彩票购买人所获得的,不仅有彩票的所有权,更重要的是彩票中所包含着

---

① 刘波亚:"关于彩票的几点法律思考",载《安顺师范高等专科学校学报》2003 年第 3 期。

的中奖机会。

5. 彩票合同是定型化合同

彩票合同的内容已由彩票发行机构和彩票销售机构事先拟定，并在彩票销售时通过适当的方式提示给彩票购买人，让其了解。彩票销售机构及其代销商并不与彩票购买者个别商议、讨价还价，彩票购买者对于既定的彩票销售、兑奖等规则“要么接受、要么走开”，不可能加以改变，因而彩票合同属于典型的定型化合同或者格式合同。

6. 彩票合同是射幸合同

射幸合同，是指合同的法律效果在缔约时不能确定的合同。[①] 彩票购买人在购买彩票时，无法断定自己能否中奖，中奖与否取决于非由合同当事人控制的不确定因素，如摇奖或抽奖，相应地，彩票购买者除了一纸彩票外要么一无所获，要么获得巨额回报，具有“以小搏大”的属性，因而彩票合同是一种典型的射幸合同。

7. 彩票合同是最大诚信合同

彩票合同是一种特殊的买卖合同，虽有偿但不等价，具有射幸色彩，利益的得失会形成巨大的反差，极易诱导欺诈。正因如此，为了保障彩票事业的健康发展，必须要求彩票合同的当事人最大限度地做到诚实信用。《彩票发行与销售管理暂行规定》第5条规定，发行销售彩票应当遵循诚信和自愿购买原则，严禁以欺诈方式发行销售彩票，严禁采取任何摊派或变相摊派等强迫性手段发行销售彩票。这一规定也强调了诚信和禁止欺诈。另外，基于诚信原则的要求，对于彩票合同的当事人，在法律上宜认定其有若干先合同义务、附随义务和后合同义务。

（2005年第4期）

---

① 崔建远主编：《合同法》（第3版），法律出版社2003年版，第31页。

论物权法规定取得时效的必要性

尹　田[*]

一、问题的提出

在我国民事立法历史上,取得时效制度命运多舛。继1909年的《大清民律草案》将取得时效规定于第一编总则之后,1929年至1931年,分编草拟、分期公布的《中华民国民法》在物权编对之作了规定。但在1949年以后,这一制度即不见踪影,曾经"三起三落"的中国民法典起草中,取得时效未被考虑写入,而1986年颁布的《民法通则》在制定过程中,民法学术界曾对之展开过讨论,但鉴于苏联民法的影响,否定意见仍占绝对优势地位,故此一法律仅规定了诉讼时效。此后,讨论仍在继续,但风向渐转,至20世纪90年代中期,伴随物权理论渐成时尚,取得时效成为几无争议的物权法制度为学者所赞同,在两部物权法学者建议稿中,均有相关的详细规定。总的来说,20世纪50年代至今,在我国民法理论中,取得时效从绝对的否定到绝对的肯定,其变化主要源于人们对这一制度"违背我国拾金不昧、物归原主传统美德"之观点的遗弃。

但是,在全国人大法工委2004年8月形成的物权法室内稿中,取得时效制度被取消。其时,笔者在由法工委召开的专家讨论会上首先就此提出质疑,所得解释是因有同志认为"取得时效应当与诉讼时效接轨,故物权法上无须规定"。笔者和其他学者当即表达不同意见,但在同年10月正式提交全国人大常委会的审议稿中,意见并未被采纳。其后,于2005年6月再次提交全国人大常委会的《物权法(草案)》审议稿中,取得时效制度仍未予规定。

很显然,取得时效此番被否定,不是基于观念上的原因,而纯粹是基于立法技术上的原因。取得时效能够与诉讼时效"接轨"或者被其"吸收"吗?表面观之,取得时效似乎是消灭时效(诉讼时效)的反面表达:就占有人方面观察,物权人的财产被他人非法占有时,如果占有人对财产自主、公然、和平、持续占有至一定期间,即依法取得所有权或其他物权;而就权利人方面观之,则权利人不行使

---

* 作者单位:北京大学法学院。

其权利(原物返还请求权)达到一定期间,即丧失其权利或者权利保护。既如此,何不取消取得时效而将原物返还请求权的保护一并纳入诉讼时效予以解决?但笔者认为,此种观察及其结论是草率、肤浅和片面的。

二、取得时效与消灭时效两相分立的技术原因

罗马法上,取得时效的出现先于消灭时效,①后来,此两项制度在《法国民法典》中被并列规定于"时效"一章,此一方式被日本、墨西哥等国民法典承袭。而《德国民法典》则采分别规定方式,将取得时效作为物权取得方法之一规定于物权法,将消灭时效规定于民法典总则编,此一做法被瑞士、韩国以及旧中国民法典所借鉴。但无论采取何种编排方式,各国民法均承认两种时效的区别并在适用条件上予以不同规定。此种决策的基本原因显然并不在于两种时效的立法目的或者价值取向(无论取得时效或者消灭时效,其立法依据均在于为稳定财产秩序而不惜牺牲长期不行使权利的权利人的利益),而在于达此目的在规则设计上所需确定的不同条件和具体方式。

(一)两种时效所依据之"事实状态"的不同确定方式

时效为一定事实状态持续一定期间而发生一定法律效果的制度。所谓"一定事实状态",专指权利受侵害后权利人有权利不行使所导致的某种事实状态。民事权利如遭受不法侵害,法律之救济主要表现为赋予权利人两种请求权:一为恢复权利圆满状态之请求权(排除妨害及返还原物之请求权,称为"物权请求权",其中,排除妨害请求权因其特性而不适用时效);②二为实现利益或者填补利益之请求权(损害赔偿及其他履行给付的请求权,称为"债权请求权")。基于时效制度的目的,用以确定前述两种请求权不行使所导致的事实状态的方法是并不相同的。

关于时效制度的立法理由,存有众多阐述,但其首要者在于法律对财产秩序

---

① 关于罗马法上的取得时效和消灭时效,参见陈朝壁著:《罗马法原理》(下),商务印书馆1979年版,第323页以下。

② 请求排除的妨害必为现实存在的妨害或者妨害之虞,且呈持续发生状态,无从测量时效之起算点,故有妨害即有请求排除之权利,此种请求权不适用时效。

的侧重保护。[①] 然而,前述两种请求权之长期不行使所导致的事实状态(即秩序)之具体表现,却有所区别:

在返还原物请求权长期不行使的情形,其导致的事实状态为非法占有人因自主、公开、和平占有财产而产生的稳定的权利外观(使他人信其为权利人)并由此而与他人发生的各种法律关系。为不使此种已经巩固的事实状态被权利人突然行使权利而破坏以致造成他人损害,法律不得不舍弃对权利人的保护。在此,鉴于法律所保护的"秩序"的特定要求,权利人不行使权利之行为本身,不是导致其权利丧失保护的原因:即使权利人不要求返还财产,只要非法占有人对财产实行他主占有或者秘密占有等,即不会发生其享有权利的虚像,也不会导致第三人信赖及相应"秩序"的产生,故此种情形,无论非法占有人之占有事实持续多长时间,法律也绝对不会放弃对权利人的保护。既然如此,这种时效成立的基础,便不可能建立于权利人有权利不行使的事实,而只能建立于非法占有人占有财产的实际状态(自主占有而非他主占有、公开占有而非秘密占有、和平占有而非暴力占有,等等)。

而在履行给付的请求权长期不行使的情形,其所导致的事实状态(秩序)应为何物?对此理论上疏有阐述,依笔者的观点,债权人长期不行使债权所导致的事实状态,本应为债务人财产应当减少而未予减少所产生的债务人的虚假财产状态及由此而为第三人所产生的信赖,如果允许债权人突然行使其权利,将会破坏既已稳定的秩序及损害第三人利益,据此,法律不得不放弃对债权人的保护。但是,债务人的财产应当减少而未予减少的事实直接由债权人有权利不行使所造成,而债务人的恶意(明知或者应知有债务而不履行)或者善意(不知有债务而未履行)完全不影响其由此形成的虚假财产状况外观。由此,这种时效成立的基础,无论建立于债务人不履行债务的事实,或者建立于债权人有权利不行使的事实,其效果完全相同,而相较两者,将债权人有权利不行使之事实确定为此种时效的成立基础,更方便于诉讼中考量相关依据的技术安排(诉讼中,涉及债权诉讼时效是否成立及届满,为便利起见,司法考量的对象不在于债务人是否不

---

① 笔者完全不赞成关于时效的目的在于"促使权利人及时行使权利、有利法官裁判案件以及有利物尽其用"等论述。笔者认为,权利人不行使权利为其最重要的权利之一,如果有权利不行使并不损害他人利益或公共利益,断无惩治之道理,而法官断案,举证责任在当事人,倘权利人因长期不行使权利而导致其权利无法证明,其自应承担不利后果,不仅不添法官的麻烦,反而简便了诉讼。至于"物尽其用"的主张,不过是劫富济贫的表达,断不可取。据此,时效制度的依据仅在于维护秩序。参见尹田:"论不公正胜于无秩序",载梁慧星主编:《民商法论丛》(第19卷),金桥文化出版(香港)公司2001年版。

履行债务,而在于债权人是否有权利不行使)。

如上所述,取得时效立足于非法占有人的占有状态,消灭时效(诉讼时效)立足于债权人有权利不行使的事实,其立足点与关注点不同,当为两种时效分立而不能并合的重要原因。

(二)确定两种时效期间所据以考量的因素不同

各国立法上,取得时效与消灭时效完成所需法定期间是完全不同的。其中,两种时效各自的完成期间,又因财产占有的不同情形以及债权本身的不同性质而有所区别。造成此种情况的原因在于,时效完成的依据应为相关事实状态已经持续到足以形成不容破坏的法律秩序,但此种秩序的形成所需期间,因权利性质或者特征的不同而有所不同。

就取得时效而言,应当考虑的是财产占有状态持续到何种期间即可形成得受保护的秩序。在动产,因占有为其物权公示方法,较易形成稳定的权利外观,时效完成所需期间应规定得较短;而在不动产,因其物权公示方法为登记,对未经登记的不动产之单纯占有较难形成稳定的权利外观,其时效完成所需期间应相应拉长。但就消灭时效而言,应当考虑的是债权人不行使权利持续到何种期间即可形成得受保护的秩序,而债务人因财产未予减少而形成的虚假财产状况之稳定程度实际上难以确定,所以,消灭时效完成所需期间往往被规定得较长。

由此,法律确定两种时效之完成所需期间不可能采用统一标准,此亦为两种时效分立而不能并合的重要原因。

(三)两种时效的法律效果不同

鉴于返还原物请求权虽基于物权的存在而存在,但物权的存在却并不因该项请求权的消灭而在逻辑上当然消灭。因此,在设计限制此种请求权法律保护期间的规则时,与其令时效完成仅仅导致返还原物请求权的消灭,而使占有物之权利归属不知所终(物权人丧失返还请求权但物权不消灭,占有人得拒绝返还却并不能成为权利人),毋宁直接规定占有人取得占有物之物权而权利人当然丧失其物权以及返还请求权,一了百了,不留后患。为此,各国以权利取得为取得时效完成的效果,实为当然选择。

而债权人不行使给付请求权仅仅意味着债务人应减少的利益未获减少,并不意味着债务人由此而取得了何种权利,故令时效完成仅仅导致债权人之债权归于消灭,或于债务人发生抗辩权,或债权丧失强制力,并不发生任何遗留问题。为此,各国选择或以债权消灭,或以债务人抗辩权发生,或以债权人丧失胜诉权为消灭时效(诉讼时效)完成的效果,当属自然。

两种时效完成所生效果非属同一,此为其两相分立的另一重要原因。

（四）两种时效的适用范围、举证责任分配及时效期间起算点确定和中断事由之不同

首先，时效不能完全适用于一切返还原物请求权。因不动产以及某些动产（汽车、轮船、飞机等）的物权采用登记的公示方法，经物权登记的不动产以及动产纵然被他人非法占有，断无可能形成占有人之权利外观，无论其如何长期占有，均不得发生第三人的信赖及形成某种稳定的财产秩序，故其不适用时效。而一切债权的保护，原则上均得适用时效。

其次，在涉及时效的争讼中，取得时效完成的举证责任只能分配给主张时效利益的占有人，即双方关系中，占有人以积极的作为形成占有事实，而权利人不行使权利之消极状态本身并不成立时效，故占有人必须证明其持续占有事实及其占有形态，否则其时效主张不能成立。而消灭时效完成的举证责任只能采用"倒置"方法，即双方关系中，债务人与债权人均为消极不作为状态（债务人有义务不履行，债权人有权利不行使），因主张时效利益的债务人无法亦无须证明其如何不履行债务，故举证责任只能交由债权人承担，即债权人应通过证明其行使权利的事实（使时效发生中断）或者无法行使债权的事实（使时效发生中止）等，用于证明时效的不完成，如果债权人不能证明时效的不完成，则推定其时效完成。

最后，由于两种时效的成立基础不同，取得时效不可能以权利人不行使权利为起算点，而只能以占有人以符合法定条件的占有事实之发生为起算点。因此，只要占有人取得占有，则无论权利人是否知道或者应当知道其权利受侵害，取得时效均应开始计算，同时，时效的中断，亦得因占有的存废或者占有状态的改变而发生。但消灭时效则并不单纯以债务人不履行债务为起算点（虽有债权但不为债权人所明知或者应知，则纵然债务人到期未予履行，亦不构成债权人有权利不行使之事实状态），而只能以权利人知道或者应当知道权利被侵害之时为起算点。同时，其时效的中断事由，与取得时效也有所不同。

上述三方面的差异，也是导致两种时效分立而不能接轨的重要原因。

三、结　　论

前述两种时效之完全不同的法技术处理，决定了两者在制度设计上的分立。此种分立不仅利于立法清晰和法律适用方便（债权请求权适用诉讼时效，返还请求权适用取得时效），而且精确地设置了两种时效之不同的起算准则、中止与中断事由以及法律效果。据此，不同技术安排的两种时效根本无法进行"接轨”。如将两者强行并合即规定返还原物请求权适用诉讼时效，必然弊端丛生：

（一）时效成立基础错位的后果

诉讼时效以权利人有权利不行使的事实状态为全部考察目标，毫不关注义务人不履行义务的状态，如其适用于返还原物请求权，则占有人的占有事实状态对于时效的成立和完成将不能发生任何实质性影响。如此一来，暴力占有与秘密占有亦将取得所有权，此为社会道德所不容。而在他主占有的情形，占有人尚无“据为己有”的意思，法律却主动奉送其所有权，实在荒谬。与此同时，完全忽略对占有状态的考察和分辨，也将使取得时效有关善意占有与恶意占有、动产占有与不动产占有、持续占有与间断占有等不同效果的区分以及时效因占有状态的改变而发生的中断效果无从表现。

（二）时效效果错位的后果

依我国的立法模式，如果将诉讼时效适用于返还原物请求权，则时效完成后，仅发生权利人之胜诉权消灭的效果，其返还请求权本身并不消灭。如此一来，权利人仍然享有的物权将性质模糊、无法理解：此种物权是否为所谓“自然权利”？如为自然权利，因理论上仅存在“自然债权”而无“自然物权”，故学理上无从解释；如非为自然权利，因丧失返还请求权保护的物权根本无法实现，故学理上对其性质仍然无从解释。与此同时，权利人仍然享有物权（即便是所谓“自然物权”）的事实绝对排斥了非法占有人因时效完成而取得占有物之物权的任何可能性（否则将违背一物一权原则）。其结果，便当然形成物权人有权利而无法行使、占有人得拒绝返还占有物却对之不享有任何合法权利的矛盾局面，延展开来，时效完成后，占有人处分占有物究竟为有权处分抑或无权处分？如为有权处分，权利来自何处？如为无权处分，则恶意受让人能否取得以及依何种根据取得所有权？如此一来，理论上纷繁复杂、诡谲迷离，实践中疑窦丛生、难以操作，何苦来着？

（三）取得时效不规定于物权法的后果

取得时效效果的着眼点不在返还请求权之胜诉权的消灭而在占有人物权的取得，涉及与物权法相关规则的协调和统一，如取消这一制度或不将这一制度规定于物权法，均难以彰显经登记的不动产或者动产物权不适用时效取得的基本法理，也无法对未经登记以及错误登记的不动产物权之时效取得做出合适的安排，且难以凸显动产时效取得与善意取得规则之间的相互关系。

综上所述，笔者以为，对于前述《物权法（草案）》审议稿以“接轨”为由取消取得时效制度的做法，应给予否定评价。

（2005年第8期）

物权法如何保护私有财产

孟勤国*

在《宪法》明确规定国家保护公民私有财产之后,物权法要不要保护私有财产已不是个问题,问题只在于物权法如何将私有财产的保护落在实处。刚刚提交全国人大常委会第三次审议的《物权法(草案)》对私有财产的保护做了不少的规定,体现了起草机关对私有财产的高度重视。但是,由于理论准备的不足,《物权法(草案)》对私有财产的保护还不能说是周全、合理和有效的。本文提出一些看法,以供立法机关参考。

一、私有财产需要针对性保护

在物权法立法讨论中,不少学者反对物权法区分国家、集体、私人所有权,他们担心所有权一旦类型化,会导致私人所有权地位不如国家、集体所有权。他们对计划经济时代重公有财产轻个人财产有着很深的记忆,他们希望通过忘掉所有权的类型而达到国家、集体、私人所有权的平等。

因此,他们不愿看到物权法中有保护某一类财产的特别规定。然而,他们可能没有想到,这种想法恰恰不利于私有财产的保护。

众所周知,市场经济条件下,不同民事主体的法律地位平等,相应地,不同民事主体的财产也应受平等的保护。但是,平等保护不只是一个形式、一个原则,更重要的是内容和结果的公正以及行之有效的措施。在现代社会,仅有形式的公平是不够的,还必须有实质的公平,因此,现代社会的法律不仅要给妇女、未成年人和残疾人以一般的保护,而且还要给予特殊的保护。这种特殊保护不能理解为不平等,不然,会得出男子、成年人和非残疾人地位低下的荒谬结论。妇女、未成年人和残疾人有着影响他们参与公平竞争的自身弱点,根据他们各自的弱点设计相应的保护以使他们能够公平竞争,是特殊保护的真正含义和目的。由于特殊保护的提法容易引起望文生义的误解,①可以换之为针对性保护——针

* 作者单位:武汉大学法学院。

① 一说特殊保护,总有人把特殊保护等同于前苏联民法的国家财产的特殊保护。

对保护对象的弱点而设计的保护措施。与此同理，平等保护国家、集体、私人财产并不意味着保护内容和措施上整齐划一、没有区别，但也不能认为保护上有区别就一定是不平等保护。关键只在于，保护是不是真正保障着国家、集体、私人财产的安全。《民法通则》也是承认和保护私有财产的，为什么私有财产在生活中没有得到应有的保护？这与《民法通则》缺乏针对性保护规定有很大的关系。私有财产的处境与社会生活的变迁直接相关，不考虑私有财产的特点，一般保护容易流于形式。拒绝考虑财产个性的平等保护看起来公平，实际上是不公平的，因为这样的平等保护常常落不到实处。①

《物权法(草案)》表明立法机关意识到了针对性保护的价值。《物权法(草案)》不仅将国家、集体、私人所有权列为第五章的标题，而且对不同的所有权作了一些个性化的规定和相应的保护。这较之于2004年二次审议的《物权法(草案)》有了进步。但是，具体到私有财产上，进步还不够明显。确认和宣布保护私人所有权只是重申了宪法的规定，物权法应当做得更多、更具体一些。这需要更为深刻的认识。我们必须知道，对于私有财产而言，最大的威胁不是来自于其他民事主体或公有财产，②而是公权力。中国历史上几乎没有真正独立于公权力的私有财产，改朝换代总是导致全社会没收和重新分配土地、房屋，一纸诏书能使任何一个大贾巨富顷刻间倾家荡产。在普天之下莫非王土的观念下，由公权力主宰私有财产的命运，是理所当然的。迄今为止，我们还能随时感受到这种历史影响。现在的中国，再不会有人说公权力可以凌驾和欺负私有财产，但在行动上以公权力凌驾和欺负私有财产的，大有人在，而且他们通常会有一些似是而非的借口。物权法并不能真正约束公权力，公权力滥用的防治，从根本上说，取决于民主政治的发展。③ 但是，物权法可以剥去公权力凌驾和欺负私有财产的“合法”外衣，使滥用的公权力暴露在光天化日之下，从而起到在个案中保护私

---

① 如国有资产易受国有财产管理者、经营者内外勾结的侵犯，若不针对这一弱点采取保护措施，国有财产保护就是一句空话。孟勤国起草的《中国物权法草案建议稿》第84～87条规定了国有财产转让必须有公平的对价，原则上不得以国有财产为自然人和非国有的法人提供担保、捐助或赠与，评估机构与人员应对国有财产的评估结果承担责任，国有财产受到不法侵害的诉讼时效为5年等。这些规定都是针对长期以来国有资产非法流失的实际情况设计的。参见孟勤国著：《物权二元结构论——中国物权制度的理论重构》，人民法院出版社2004年版，第269～270页。

② 经常有人说公有财产侵犯私有财产，这是不正确的。财产是客体，不可能相互侵犯，能侵犯财产的一定是主体。

③ 有人总想以“私权至上”来解决公权力滥用的问题，这是缘木求鱼。公权力的状态是一国民主政治状态的一个具体表现，不是私权强弱所决定的。就公权和私权的关系而言，私权永远不可能至上，因为私权最终是靠公权得到保障的。公权力撒起野来，什么私权都顶不住，远的如20世纪60年代的私有房屋改造，近的有江苏某市的城管一脚踢死摆摊的妇女。

有财产的作用。要做到这一点，就要研究现实生活中公权力欺负私有财产的情形，对一些普遍存在的问题提出针对性很强的解决措施和办法，尽可能堵死公权力欺负私有财产的借口和空隙。

《物权法（草案）》对征地拆迁的规定就是一个针对性的保护。在已有第49条有关征收、征用的一般规定的情况下，又在第67条特别规定私人不动产的拆迁、征收，这正是因为在征地拆迁上公权力极其霸道。平常的邻里打架也有公安管，而与打家劫舍无异的暴力拆迁却能堂而皇之地进行，说到底是公权力在撑腰。低成本的征地拆迁给政府官员带来了白花花的银子和金灿灿的政绩，他们不能不默许开发商的非法行为，哪怕是出人命。《物权法（草案）》不仅规定征地拆迁必须依法进行，而且规定应给予合理补偿和妥善安置，从两个方面制约了公权力：一是以公共利益圈定公权力介入的范围，防止公权力的滥用；二是抬高征地拆迁的成本，抑制政府官员和开发商的寻租冲动。

令人遗憾的是，《物权法（草案）》在公共利益和合理补偿的含义上没有更明确的规定，立法的实践效果难免出现折扣。①

公权力凌驾和欺负私有财产的情形不只发生在征地拆迁上，有些情形同样值得物权法关注：（1）法律保护私人合法财产，但何谓合法，在生活中可以有不同说法。当公权力要求私人证明自己的财产是合法的，不然就当成非法财产或他人财产拿走或扣押时，私人以什么作为抗辩的依据——占有保护只能解决民事主体之间的关系，并不能用来对抗公权力。如果物权法明确规定私人的财产推定为合法，那么，公权力就得先证明私人对某一财产不具有合法支配依据，才能有所动作，这无疑有助于私有财产抵御公权力的不法侵害。物权法还应该进一步明确：除非法律特别规定，私人应当有权拒绝申报财产、说明财产来源、证明财产的合法性；非依法律规定，不得冻结、查封和查询私人的财产。这些内容也可出现在诉讼法等法律中，但物权法是从保护私有财产不受公权力不法侵害的角度上规定的，有着不可替代的作用，例如，可以让滥用公权力的部门和个人承担民事侵权责任而不是区区的国家赔偿责任。（2）最高人民法院司法解释规定，对被执行人生活必需的住房只能查封不能变卖，这引起银行方面的极度不满，以至于央行行长也出面抨击。这一条司法解释不过是《民事诉讼法》有关规定的重申，何以引起如此喧哗？是因为许多人不懂得基于生存最低需要的私有

---

① 孟勤国起草的《中国物权法草案建议稿》第27条规定：征收不得具有商业目的或其他非公共事务的动机，并须按时价补偿。参见孟勤国著：《物权二元结构论——中国物权制度的理论重构》，人民法院出版社2004年版，第262页。

财产是不能以任何理由剥夺的。仅仅出于银行的商业利益就能使一个事关人权的财产问题是非不清,物权法确有必要规定:维持私人的生存所必需的财产不被强制执行。与之相关,个人学习或工作用品也是事关私人生存与发展的基本物质,也不能被强制执行。保护私有财产不仅仅是保护富人,这是不言而喻的,而保护穷人的私有财产,更多的也是更实在的是不让债主拿走穷人赖以为生的最后的财产。如果物权法在这样的问题上没有态度,真难说清保护私有财产是为了谁。(3)执行公务中也有一个保护私有财产的问题。警察追捕逃犯时损坏与之无关的私有的动产或不动产,有关部门常以公民有协助打击犯罪义务为由不理会私有财产的损失,如果损坏的是与逃犯有点亲朋关系的公民的私有财产,有关部门更是气壮如牛。执行公务的成本只能由国家承担,不能落到特定的私人身上,执行公务导致私有财产损失理应给予补偿或赔偿。执行公务是安民,如果不得已扰了民,消除扰民的后果是国家的责任,但执行公务的部门不一定自觉承担责任,这就需要物权法给私人主张财产损害赔偿的依据。因此,物权法应当规定:国家机关执行公务使与公务无关的私有财产受到损害,应予等额补偿;国家机关执行公务不当使私有财产受到损害,应承担赔偿责任。

二、私有财产的范围需要清晰的物权法界定

在物权法立法讨论中,对私有财产的范围,形成了两种思路。一是主张物权法对私有财产的种类作具体的规定;二是主张不作规定,物权法草案采纳了前一主张。列举私有财产的种类,是我国民事立法的一贯做法,物权法草案持稳重的态度,可以理解。但是,列举的弊端在于难以周延外延,容易遗漏应有的内容。较之于《民法通则》,《物权法(草案)》对私有财产的理解有了实质性的进步,但还没有达到应有的深度。

《物权法(草案)》第65条规定私人对生活资料和生产资料的所有权,第66条规定国家保护私人储蓄、投资及其收益,保护私人的财产继承权及其他合法权益。这两条值得推敲:(1)在非公有制经济的宪政地位得到充分肯定的今天,还有必要区分生活资料和生产资料吗?20年前,私有财产集中在消费领域,才有了《民法通则》的这种提法,现在的生产领域,绝大部分活跃着私人资本,已不存在限制私人拥有生产资料的问题。而且,生活资料和生产资料在功能上并不是泾渭分明的,许多人买房不是自住而是用来出租,算哪一种资料?(2)既然已提到了储蓄、投资、继承,是不是也应提债和智力成果?《物权法(草案)》回避了储蓄、投资的权利性质,是因为许多学者一口咬定私人对储蓄、投资没有所有权,只

有债权。那么,其他的债权和知识产权就不在私有财产的范围内了吗?《物权法(草案)》当然没有这样的意思,但提了这个、不提那个在逻辑上不顺,碰上个爱胡搅的法官就难免出现歧义。(3)私有财产的种类被安排在所有权一章,是否意味着私人自己有所有权的财产才算私有财产?土地承包经营权应该也是农户的一份私有财产,但土地所有权不是农户的。财产归属与财产利用的分离是现代社会的一个普遍现象,在利用他人所有的财产中,存在财产利用人的独立权利和财产利益,[①]这种独立的财产权益应该被认为是一种私有财产。城市拆迁补偿为什么总不能让老百姓感到公平,很大程度上是因为房屋下的土地使用权从来不算是私有财产。如此之类的情况很多,如私人承包、承租他人财产的经营权,私人竞拍而得的资源使用权,算不算是私有财产在保护上大不一样。[②]

但是,要想修改《物权法(草案)》第65条、第66条,又是困难的。去掉生活资料和生产资料的提法将使第65条成为缺乏章法、毫无意义的财物清单。而后面两个问题,根子在物权法理论。目前,主流的物权理论几乎照搬了70多年前的中华民国的民法典及其史尚宽先生的物权法论,后者又是从更早几十年的德国、日本民法典那儿照搬过来的。农耕时代的物权法崇拜实物财产——田地、农舍、磨坊的归属,没有为现代社会的价值物财产——资产、存款、资源的财产归属与财产利用的普遍分离准备法律规则。立法需要理论依据,而理论本身已经陈旧,这是很为难立法的。《物权法(草案)》在许多方面突破了主流物权法理论,已难能可贵,[③]不让立法在一些事上回避矛盾,未免苛刻。存款无疑是最重要的私有财产,但主流物权理论却不承认私人对存款的所有权,只承认私人对存款有债权,而主流物权理论中,债权不如物权优先。立法只好换个说法——储蓄,还是将其放回私人所有权中。财产利用人的独立财产权益牵涉整个物权体系的框架,物权法草案既然沿用了所有权、用益物权、担保物权、占有的框架,自然难以将其表达为私有财产。

---

① 这是物权二元理论的基本理由之一。参见孟勤国著:《物权二元结构论——中国物权制度的理论重构》,人民法院出版社2004年版,第61~70页。

② 以采矿权为例,如果只是一种行政许可权,政府部门就可以随便找个理由收回;如果是一项私有财产,政府部门就不能随便收回,要收回必须有明确的法律依据和给予公平的补偿。对于权利人而言,两者的法律救济方式和结果完全不同。

③ 《物权法(草案)》第2条规定,"本法调整平等主体之间因物的归属和利用而产生的财产关系",就是一个根本性的突破。传统物权法理论历来认为"物权法是规范财产归属关系的法律",财产利用的地位根本不能与财产归属相提并论。《物权法(草案)》将归属和利用并列,体现了立法机关对现代社会财产关系的深刻理解。立法机关能在物权法的根本问题上不受主流物权理论的束缚,表现了立法机关的智慧和勇气。尽管《物权法(草案)》在物权法体例和一些问题上持保守态度,但有了第2条,就为中国的物权法开拓了现代化的空间。

然而,私有财产的保护是不能迁就的。既然以列举的方式确定私有财产的范围有着不易改变的缺陷,不妨重新考虑不具体规定私有财产种类的思路。不规定,似乎私有财产没有了范围,实际上,范围要比列举明确而且周全。一切私有财产,不管是生产资料还是生活资料,不管是实物还是价值物,不管是所有权权益还是其他财产权益,都能最终纳入物权法的保护。有一点必须明确,物权法是财产的基本法,不是一部分财产的法律,凡是涉及财产的归属和利用,都不能脱离物权法的价值取向和规则。将私有财产的一部分交给公司法或其他法律去保护,物权法不管,是不利于私有财产的保护的。郑百文的中小股东在重组中被迫将一半股票无偿奉献给大股东而且得不到任何法律救济,就是私有财产得不到物权法保护所产生的恶果。物权法可以从两个方面清晰界定私有财产的范围:一是在所有权一般规定中列明哪些物只能成为哪些民事主体的财产,不能成为私有财产的物当然不在私有财产的范围之内;二是明确法律没有明文排除的均可成为私有财产,可成为私有财产的物当然在私有财产的范围之内。如此,《物权法(草案)》第65条、第66条不妨删掉。

三、私有财产的保护需要自力救济

在物权法立法讨论中,没有涉及自力救济问题。自力救济是物权人以自己的力量维护或恢复物权的自我保护,这不同于物权人通过民事诉讼或其他法律程序寻求国家强制力保护的公力救济。学者普遍不谈自力救济,无法知道学者是如何看待自力救济的。但《物权法(草案)》没有承认自力救济,对国家财产、集体财产也许无所谓,对私有财产而言是一个不小的安全隐患。

公力救济无疑是私有财产保护的根本途径和方法,但是,公力救济并不能随时随地保护私有财产,而且成本较高。私有财产大大小小,无处不在,不可能一一通过公力救济进行保护。侵犯私有财产有很多是些鸡零狗碎的事儿,争执的利益经常远不如打官司的费用。张家将猪圈砌在了李家门口,可以诉讼,但未必解决问题,法院强制执行拆掉了猪圈,过一段时间,张家又围个牛栏。在这种情况下,最切实可行的恐怕是你砌我拆,自力救济。物权是支配权,对任何旨在破坏私人对私有财产的支配状态的行为予以制止和防范,本质上是正义的。从人性的角度出发,自力救济是一种极其自然的本能反应,除非情况特殊,没有人会眼睁睁地看着小偷拿走家中的财物。承认自力救济,不违背正义,又符合人性。从功能上看,自力救济对私有财产保护的价值体现在三个方面:一是预防作用,赋予私人以自力救济权本身就是一种威慑,想侵权的人考虑到对方实施自力救济的力度和后果,可能就放弃侵权的念头;二是控制危害,自力救济的实施使许多侵权行为得到及时的制止,从而减少和避免损失;三是降低成本,自力救济动用社会资源不多,耗费个人资财较少,与公力救济的成本不可同日而语。应该承认,我国社会公力救济的效率还不够高,在广大农村,尤其是偏僻的地区,依靠公力救济并不容易,许多民事纠纷是在民间解决的。因此,自力救济在我国是有较大需求的。

或有人说,自力救济有私斗的性质,不符合现代社会的法律精神。这是对自力救济的误解。私斗是法律之外的暴力,当然不融于现代社会,而自力救济一旦得到立法的承认,就是法律之内的强制力,其实施按法律规定的条件进行,正如刑法中的正当防卫一样。从某种意义上说,承认自力救济正是为了禁止私斗。不管立法承不承认,自力救济总是会发生的——在自己的财产受到侵害时大多会有反抗而不只是报警。不承认自力救济,就得阻止和追究自力救济,但这样的阻止和追究不仅存在法难责众的困难,而且似乎是在放纵侵犯私有财产。既不承认也不阻止和追究自力救济,自力救济还真会成为游离于法律的暴力,问题更严重。而承认自力救济,就可以规范自力救济,使大多数的自力救济行为具有积极的社会意义,与公力救济形成合力,达到充分有效保护私有财产的目的。

由于自力救济是依靠私人的力量保护私有财产,因而,必须对自力救济作出严格的限制,防止私人的力量成为不受法律控制的反社会的暴力。物权法可以从以下几个方面规定自力救济:(1)自力救济范围限于公力救济不能时时到达或一时不能到达的场合。自力救济是为弥补公力救济的不足或不便,而不是代替或与公力救济并行。公力救济有一套程序,在时间上、空间上不能时时或及时控制侵权行为,因而需要自力救济。如果能及时而且有条件依靠公力救济,不得进行自力救济。(2)自力救济只能适用于侵害较轻的侵权行为。自力救济的力量有限,对侵害较轻的侵权行为能起作用,对侵害手段和后果严重的侵权行为常常无用。因此,在侵权行为剧烈已非自力救济所能制止时,不得进行自力救济,以免事态扩大,使自力救济超出财产保护的范围和意义。(3)自力救济的手段须相对平和。自力救济应采用与制止侵害较轻的侵权行为相适应的方法,以保护财产为限度。如果自力救济招致财产侵权行为升级或人身侵害,就不得再进行自力救济,应寻求其他的法律救济。(4)自力救济应针对侵害行为和工具。自力救济在制止侵害行为时应尽可能避免与侵害人发生肢体冲突,发生肢体冲突应控制在正当防卫的必要限度内或及时停止自力救济,但对准备逃逸的陌生的侵害人,可以予以扣留并立即报告公安机关。自力救济可以扣押侵害人携带的证件物品和侵害工具并及时向有关部门申请保全措施。(5)自力救济的主体是物权人及与物权人有利害关系的其他人。自力救济人不能限于受侵害的物权人,许多时候,物权人自力救济能力低下,不足以制止侵权行为,但自力救济的主体也不能太宽泛,不相干的人都来帮物权人自力救济,易扩大事态。以与物权人有利害关系作为自力救济主体的依据,较为合理可行,物权人的家人、合伙人或者保安都可以被认为是利害关系人。(6)不法的自力救济应承担相应的民事责任。

(2005 年第 8 期)

论比较广告的法律规制

许明月[*]　邓宏光[**]

比较广告(comparative advertisement)作为广告主推销产品的重要手段,在现代社会中发展非常迅速。有关比较广告的最早案例可以追溯到1910年,①在美国,比较广告从20世纪70年代开始广泛使用,到20世纪90年代已占据美国广告的半壁江山。② 欧盟在1997年10月6日通过了《比较广告指令》,③欧盟国家先后修订国内立法或者通过司法实践承认了比较广告的合法性。从目前来看,大多数发达国家都承认比较广告的合法性。我国对比较广告的态度不甚明朗,总体上倾向于否定比较广告。笔者主张,我国应当借鉴国外的立法和实践,承认比较广告并对其进行严格限制。

一、比较广告的合法性探讨

按照欧盟1997年《比较广告指令》第2条的定义,比较广告是指任何明示或者默示地表明某个竞争者的身份或者该竞争者的商品或服务的广告。比较广告的本质是比较不同的产品或者服务,从而突出其个性。比较广告包括了直接比较广告和间接比较广告两种。直接将两种产品进行对比的广告是直接比较广告,如"A电脑和B电脑一样好,但价格只有B电脑的一半",强调性能和质量相当的同时突出了价格上的差异。间接比较广告并不直接指明竞争对手的身份,如"嘉士伯啤酒是世界上最好的啤酒",它虽然没有明示地表明其他竞争者,但暗示了其他竞争者的啤酒都比它差。不管直接比较广告还是间接比较广告,都

---

* 作者单位:重庆大学法学院。

** 作者单位:西南政法大学民商法学院。

① Saxlehner v. Wagner, 216 US 375, 30 S Ct 298, 54 L Ed 525(1910).

② Comparative Advertising in the United States – Organization for Economic Cooperation and Development, Directorate for Financial, Fiscal and Enterprise Affairs, Committee on Consumer Policy – 10.02.92.

③ Directive 97/55/EC of European Parliament and of the Council of October 6, 1997, Amending Directive 84/450/EEC Concerning Misleading Advertising so as to Include Comparative Advertising. 中文全称为:欧洲议会与欧盟理事会指令1997年10月6日第97/55/EC号,修订条例第84/450/EEC号,关于误导广告和比较广告的指令,为论述方便,文中皆简称《比较广告指令》。

是通过比较突出自己的优势。

比较广告在突出自己优势的时候，经常会侵害他人利益或者违背市场竞争秩序。比较广告作为广告的一种，当然具有夸大自己优势误导公众的倾向；“A比B好”之类的贬比广告具有贬低竞争对手的倾向，“少抽两盒万宝路，一年不用刷厕所”（意为用两盒万宝路香烟的钱来购买某品牌洁厕剂，就可使厕所一年干干净净）之类的比较广告具有丑化他人商标的倾向；“宁城老窖，塞外茅台”之类的比较广告具有搭便车利用他人良好声誉的倾向。比较广告中误导公众、贬低竞争者产品或服务以及不正当利用竞争者商誉的倾向，都是与市场正当竞争秩序相违背的。

正因为比较广告具有这些不良倾向，许多国家早期都限制或者禁止比较广告。有些国家反对比较广告的原因是比较广告对竞争者产生不利影响，而且使比较广告发布者能够在竞争者损失的基础上获得利益；有些反对比较广告的国家认为比较广告不仅仅鼓励虚假陈述，而且它将兴起一种不是以产品的质量而是揭露其他产品缺陷获得市场份额的营销方式。[①] 比利时、荷兰、卢森堡统一商标法将比较广告视为对他人商标排他权的侵害而禁止之。[②]

虽然比较广告具有以上不正当竞争的倾向，但其积极作用不容忽视。比较广告通过对不同品牌产品的联系和对比，精练地向消费者提供相关信息，最大限度地保障了消费者的知情权。消费者知情权（the right to information）作为消费者根本性权利之一，表现为“应当保障商品或服务的购买者可以获得足够的信息，以使他能够评定所提供商品和服务的基本特征，如类型、质量、数量和价格；在竞争商品和服务中作出理性选择……”[③]消费者在作出理性选择之前，需要充分掌握相关信息，需要“货比三家”寻找最适合自己的品牌。但随着媒体的发展，尤其是电视、报纸和网络的发达，任何产品的广告都铺天盖地，太多的信息使消费者眼花缭乱、无从选择。而国际贸易的发展以及产品技术含量的提高又进一步加剧了消费者掌握相关信息的难度。比较广告将两种或多种相同或可替代的产品进行比对，明显地突出某产品的优势，可以帮助消费者了解产品，保障消费者知情权的实现。

---

① Samia M. Kirmani, Cross - border Comparative Advertising in the European Union, 19 *B. C. Int'l & Comp. L. Rev.* 201, 205 - 206.

② Benelux Uniform Trademark Act, Art. 31(a)(1)(2).

③ A Resolution on the Preliminary Programme of the European Economic Community for a Consumer Protection and Information Policy Point 3 of the Annex to the Council Resolution of 14, Apr., 1975.

另外,比较广告还有助于提高市场的自由竞争。所谓自由竞争,就是两个或更多的竞争者,就同一种产品或服务在价格、质量和品种等方面进行竞争,最后让消费者获得价廉物美的商品或服务。一般来说,同一种商品或服务的竞争者越多,消费者所获得的实惠也越多。自由竞争作为市场经济的最基本原则之一,受到各国的鼓励和保护。自由竞争体现在生产者自由进入市场和进入市场的生产者自由地竞争两方面。新品牌很难进入市场,因为大多数消费者都喜欢选购自己熟悉或者大家选购的商品。如果新品牌能够与消费者所熟知的品牌进行比较,突出自己的优势,消费者很容易接受新品牌。比较广告具有降低新品牌进入市场的难度的作用,这一点已经在市场调查中得到证实。① 通过产品的比较突出优势,可以鼓励创新,促进产品和服务完善,加速产品的更新换代。

比较广告能够为消费者提供更多信息,有利于消费者理性选购,并且能鼓励发明创新和促进市场竞争。这是美国联邦贸易委员会(FTC)和欧盟倡导和鼓励比较广告的主要理由。② 但鉴于比较广告本身具有缺陷,美国和欧盟在允许比较广告的同时,又对比较广告进行了限制。

二、美国、欧盟对比较广告的法律规制

(一)美国对比较广告的立法和实践

美国作为最早倡导和鼓励比较广告的国家,规制比较广告的成文法主要体现在《兰哈姆法》第 43 条第 a 款上,该款规定:“任何在商业上使用任何文字、词组、姓名、符号或图形及其组合,或使用任何虚假的来源标记、虚假或误导的事实描述、虚假或误导的事实陈述于商品、服务或商品容器上的人,只要:(A)可能造成他/她与他人之间存在附属关系或商业联系,或者其商品、服务或商业行为来源于他人或获得他人批准或赞助的混淆可能性、误解或者欺骗;或者(B)虚伪陈述他自己或者他人商品、服务或商业行为的性质、特征、质量或地理来源的商业广告或促销。那么,在由任何认为已经或可能因该行为受到损害的人所提起的民事诉讼中承担责任。”

---

① Cornelia Pechmann and S. Ratneshwar, The Use of Comparative Advertising for Brand Positioning: Association Versus Differentiation, 18 *Journal of Consumer Research* 145, September, 1991.

② Belinda Mills, Comparative Advertising: Should It Be Allowed in the United Kingdom? 86 Trademark Rep. 174, 179. 另外,欧盟制定《比较广告指令》的另一个重要理由是,成员国对比较广告的法律和行政法规差距很大,将对货物和服务的自由贸易构成障碍并损害竞争,为了统一成员国对比较广告的立法需要通过该指令(参见 OJ 1997 L290/18)。

该条款在司法实践中被简洁地抽象为以下原则①:(1)被告对他自己或他人的产品作出了虚假或误导陈述;(2)对主要的目标听众造成实际上的欺诈或至少存在欺诈的倾向;(3)欺诈对购买决定可能起着决定性作用;(4)广告商品进行了跨州贸易;(5)对原告有造成销售减少、商誉降低等损害的可能性。

需要提出的是,《兰哈姆法》第43条第a款也是虚假广告(false advertising)诉讼的成文法基础,因此,比较广告与虚假广告像孪生兄妹一样紧密相连,②欺诈既是比较广告的诉因,也是虚假广告的诉因。

总的来说,在没有不实陈述或混淆的情形下,不管商标所有人对他人使用自己商标进行比较广告如何不满意,他都不可能禁止比较广告。这一点早在Societe Comptoir De L' Industrie Cotonniere Etablissements Boussac v. Alexander's Department Stores lnc. 案中就已经确立。在该案中,法院允许被告在自己修改戴尔(Dior)设计的衣服样式上使用"克里斯琴·戴尔最初设计——亚历山大专卖店——巴黎——改装"标记,因为这些陈述是真实的。法院认为因为不存在混淆或欺骗,不存在诉因。③ 原告在该案中提出被告在任何情形下都不得使用原告的注册商标,第二巡回法院上诉审中驳回了该主张,法官说道:"注册授予商标权人有限的权利,以保护其商誉不会因为其他人的使用从而在公众中产生使用了侵权商标的商品是由商标所有人生产或赞助的这种观念而可能受到损害……《兰哈姆法》并不禁止商业竞争对手真实地表明其商品是已经处于公共领域样式设计的复制品,虽然他为了达到这种目的使用了设计者的姓名。实际上,很难找到可以告知公众该样式最初设计者的其他方式。"

如果对广告中的商标来源造成了混淆的可能性,法院将禁止在比较广告中使用竞争者的商标。但是,如果广告者清楚地区分了自己的商标和竞争者的商标,而且所发表的评论是真实且诚实的,那么允许使用注册商标以表明两者的联系或者区别。

(二)欧盟对比较广告的立法和实践

根据欧盟《比较广告指令》第3条的规定,比较广告必须具备以下条件:

1. 不是误导广告

根据欧盟《比较广告指令》第2条的规定,所谓误导广告(misleading

---

① American Home Care Products Corp. v. Johnson & Johnson 577 F2d 160,165 -66,198 USPQ 132(CA 2 1978).

② Richard J. Leighton, Materiality and Puffing in Lanham Act False Advertising Cases: The Proofs, Presumptions, and Pretexts, *The Trademark Reporter May - June*, 2004.

③ 299 F2d 33,132 USPQ 475(CA 2 1962).

advertising)是指以任何方式发布的任何形式的广告,包括其表述,这种广告误导或者可能误导任何该广告所针对的或收到广告的自然人或法人,而且这种误导将对他们的经济行为产生不利影响,并基于同样的原因损害或可能损害竞争对手。《比较广告指令》对如何判断广告是否具有误导性质,做出了比较原则性的规定,认为需要考虑广告的一切特征。欧盟法院在确定是否存在欺诈时,以假定合理谨慎之消费者作为判断标准,以消费者问卷调查或专家意见为辅。但需要多少消费者被误导后,广告才被视为误导广告,欧盟各国的观点不太相同。在德国,10%到15%之间的消费者被误导,广告就足以被视为误导广告。英国法院本身的意见也不统一,有些判例认为法院应当保护被误导的消费者,即使这种消费者本身不谨慎,而且只是占少数;[①]有些判例主张不应当对不谨慎的消费者给予保护。欧盟法院认为应当有相当多(significant)的消费者被误导才可以被认定为误导广告。它允许法院灵活考虑所有相关因素,如可能被误导的消费者之数量、争议中的商品或服务之性质、被误导的消费者之可能结果、广告者避免误导相关公众的难易程度等。[②]

2. 具有可比性

《比较广告指令》要求比较的对象是满足相同需求或者具有相同目的的产品或服务。不符合该标准的广告对消费者理性选择并无帮助。因为这种比较广告一方面可能被视为具有误导的潜在倾向,另一方面这种比较广告并不能为消费者提供有利于做出理性选购决定的信息。当然,《比较广告指令》并没有要求商品或服务是完全相同的,只要满足相同的需要或具有相同的目的就可以。这里所谓的相同,是从消费者的角度来看的,而不是指商品从物理学角度或从化学角度来看的相同。例如一个礼品店对特定酒的价格与一束鲜花的价格进行比较,因为酒和鲜花都可以作为礼品,这种比较给消费者提供了有用的信息,因此这种比较广告被认为是允许的。

虽然理论上对"满足相同需求或者具有相同目的"做了比较宽泛的解释,但《比较广告指令》对特殊比较对象做了例外限制。根据《比较广告指令》的规定,如果比较的对象带有原产地名称,两者必须具有相同的原产地名称才可以比较。理论界认为,该规定本身不具有合理性。满足相同需求或者具有相同目的的产品进行比较,不管是否带有原产地名称,都可能对消费者理性选购提供有利的信

① Lord Selborne LC and Taittinger v. Allbev Ltd. (1994)4 All ER 75.

② Ansgar Ohly and Michael Spence, *The Law of Comparative Advertising: Directive 97/55/EC in the United Kingdom and Germany*, Hart Publishing Ltd., Oxford, England, 2000, pp. 64 – 65.

息，而且《比较广告指令》该条第(g)项将足以保护竞争者不会利用其名声。因此，这种带有法国模式的例外规定只能解释为是政治协调的结果，它与其他条款并不协调。[①]

3. 客观地比较重要的、相关的、可验证和具有代表性的特征

《比较广告指令》对比较广告的第三项要求是“该广告客观地比较该产品或服务的一种或多种重要的、相关的、可验证的并且具有代表性的性能，也可以包括价格。”实际上很难区分商品或服务的“重要的”特征与“相关的”特征，因此德国学者认为它们是同义词。如果比较广告针对的对象不是普通公众，而是特定的消费者，德国学者认为这里的特征不一定必须为重要的、相关的和具有代表性的，而应当从消费者的角度来权衡比较的内容是否妥当，并在解释《比较广告指令》的时候引进了“对比询问”(Auskunftsverdeich)豁免，即为回答消费者提出的对比咨询所作的相关陈述，即使阐述的产品特征在一般情形下被认为不重要既不具有代表性，也不视为构成误导或不正当竞争。[②]

“可验证”之标准有时候在实践中很难把握，例如某种产品在广告中声称它比另一种产品更流行，确实很难断定这种主张是否可验证。一方面可以认为这种主张是不可验证的观点陈述，另一方面又可以解释为对可以验证的事实之陈述，如相应年龄和类别的消费者以及相关市场认为竞争者的商品没有这么流行，或者竞争对手已经承认其产品更经典而不是更流行。一般认为，有关产品形象的比较广告不具有可验证性。比较广告主张的可验证性，由广告者承担举证责任。

对于比较广告可验证之证明标准问题，《比较广告指令》并没有涉及，需要法院根据个案进行决定。

4. 不产生混淆

相互比较的商品或服务之间如果产生混淆，对消费者的理性选购并没有作用，同时损害了竞争对手的利益，因此产生混淆的比较广告被禁止。

5. 不得贬低竞争对手

根据《比较广告指令》的规定，比较广告不得贬低竞争者或其商标、商号、其他区别性标志，不得贬低其商品或服务，降低其信誉。在一般情况下，贬低竞争对手的比较广告很可能不符合“客观地比较重要的、相关的、可验证和具有代表

---

① Ansgar Ohly and Michael Spence, *The Law of Comparative Advertising: Directive 97/55/EC in the United Kingdom and Germany*, Hart Publishing Ltd., Oxford, England, 2000, p. 69.

② Ibid, p. 70.

性的特征”以及不得作为误导广告等要件。但在三种情形下，即使比较广告的内容符合前几项要件，仍可能贬低竞争对手：第一，广告内容并不属于夸张，但带有特定的色彩。如“A饮料比B饮料！甜！两倍”，广告中有关糖分的内容即使可验证，但感叹符号的使用可能被认为诋毁了竞争对手的产品。第二，比较广告的内容本可以接受，但使用了可能诋毁竞争对手产品形象的方式。如声称某品牌的儿童车比另一种更安全的广告中，使用了假人坐在两车上相互碰撞，一车完好无损的图片，即使这属于客观真实地比较了重要而具有代表性的特征，但该图片仍然被视为诋毁了竞争对手产品。第三，对特定品牌进行滑稽模仿（parody）。例如，汽车轮胎某品牌生产商声称其产品比另一品牌更能减震，并开玩笑说对方的产品不是橡胶轮胎而是石器时代的产品，虽然消费者并不会被误导，而且减震效果也能得到验证，但这种滑稽模仿因贬低了竞争对手而被禁止。

6. 不得不正当利用对方商誉

《比较广告指令》第3条第1款第g项规定，比较广告不得从竞争者的某个商标、商号、其他区别性标志或者竞争产品的原产地名称的声誉中获得不正当的利益；该项内容在第h项规定中得到进一步的加强，该项规定，广告产品或服务不属于受保护的商标或商号下的商品或服务的仿制品或复制品。支持第h项规定的理由是，消费者在购买某些产品时依据的是产品的形象而不是客观的、可验证的和重要的指标，广告中对这些客观、可验证而重要的指标进行比较并不会对消费者理性购物提供有益的帮助。因此某品牌香水在广告中声称其化学成分与某驰名品牌香水相同，实质上是将该香水与驰名品牌香水相联系，不正当地利用了驰名品牌的声誉。

但（h）项作为比较广告基本准则之一的合理性需要进一步斟酌。该规定成为知识产权权利人防止假冒的第二道防线，但它可能成为商品生产者告知消费者重要信息的绊脚石。试想如果比较的产品不是香水而是药品，药品成分直接决定药物的性能，而药物的性能是消费者选购货物最重要的部分，对药品成分的比较不会不正当利用竞争者的商誉，它为消费者理性选购药品提供了重要的信息，并鼓励价格的公平竞争。另外，从专利法角度来说，专利制度鼓励社会广泛使用已经到期的专利，如果药品中含有已经到期的专利，对这种药物的仿制是合法的，对仿制药物的生产和广告将促使药品价格降低，有利于社会福利的提高。第（h）项禁止对产品的复制品或仿制品进行比较广告，将限制对药品等产品进行比较广告，与激励提供有利于消费者理性选购的信息、鼓励发明创新和促进市场竞争的《比较广告指令》宗旨相违背。

(三)欧美比较广告规制之比较

美国和欧盟都认识到比较广告能够为消费者提供更多信息,有利于消费者理性选购,并且能鼓励发明创新和促进市场竞争,因此承认比较广告的合法性。但基于比较广告的固有缺陷,美国和欧盟都规定了比较广告的适用条件。美国禁止造成混淆或者存在欺诈的比较广告,在欺诈广告诉讼中,原告需要证明:这种欺诈是重要的,以至于可能影响到消费者的购买决定。[①] 欧盟《比较广告指令》中要求不是误导广告并应客观地比较重要的、相关的、可验证和具有代表性的特征,这与美国欺诈广告诉讼中的精神是一致的。从两者的立法模式来看,美国对比较广告的规定更具有抽象性,它仅规定了大方向,需要法官在个案中考虑各种因素作出决定;欧盟的规定更具体,这与欧盟协调成员国立法及实践的初衷以及传承大陆法系系统性和确定性的传统不无关系。

但从总体上来说,美国对比较广告的态度比欧盟宽松得多。具体来说主要表现在以下方面:

首先,欧盟禁止包括滑稽模仿在内的贬低竞争对手之比较广告,而在美国,滑稽模仿作为侵权的抗辩因素之一,受到《美国宪法》第一修正案的保护。滑稽模仿是否构成商标侵权的核心问题是:被告的使用是否导致大量消费者的混淆,如果一眼就可以看出是一个玩笑,消费者就不可能混淆;玩笑的主要部分是否具有社会性,商标所有人是否根本不应当在意它。法院对滑稽模仿下达禁令时,都要强调它对商标的一种或几种损害:混淆的可能性、对商标的淡化、滑稽模仿与商标所有人之间虚假联系的可能性。到目前为止,美国法院还没有形成统一的规则,需要法院根据个案权衡各种利益。[②] 而欧盟对滑稽模仿的比较广告持否定态度,认为这种广告是贬低竞争对手的行为。

其次,欧盟禁止比较广告不正当利用竞争对手商誉,而美国的立法和实践并不将此作为限制比较广告的独立理由。美国的学者认为,与该领域的领头羊进行比较的时候,或多或少都会利用竞争对手的商誉,都会给对手造成损失。但只要比较的内容不存在混淆和欺诈,这种比较能够给消费者选购商品提供有利的信息,竞争对手就应当承受这种损失,竞争对手的权利应当为消费者知情权让

---

① Richard J. Leighton, Materiality and Puffing in Lanham Act False Advertising Cases: The Proofs, Presumptions, and Pretexts, *The Trademark Reporter May – June*, 2004.

② Bruce P. Keller and Rebecca Tushnet, Even More Parodic Than Real Thing: Parody Lawsuits Revisited, *The Trademark Reporter September – October*, 2004; Thorsten Klenin, The Uncertain Balance Between Parody and Trademark Right, *Journal of Contemporary Legal Issues*, 2001.

路。这种差异在美国的 Smith v. Chanel 案①和英国的 Chanel v. Triton 案②中体现得很明显。两个案件都涉及"闻起来像"香奈儿五号(Chanel No. 5)香水的新品牌,都使用了香奈尔五号来描述它们的特征。美国法院认为商标所有人不能将其垄断权利延伸到产品本身,认为如果被告不能使用原告的商标,被告就无法有效地将它所生产的与香奈尔五号品质相当而价格只有它的三分之一这种事实告诉公众;而英国的结论却是新品牌试图借用原告的声誉。美国法院在得出这种结论之前,详细讨论了有利于提高社会公共福利的竞争与保护商标相关商誉这两种相互冲突的利益。他们承认保护商标之必要,但特别指出对商标保护过度将窒息竞争,对社会公共利益并无裨益。原告主张限制被告使用其商标的观点,将会导致消费者的非理性忠诚,导致商标所有人隔离于正当的价格和质量竞争压力,并阻碍该领域新成员的加入,这与自由竞争背道而驰。英国法院对直接比较广告比较苛刻,特别是当一种默默无闻的商品与驰名品牌相联系的时候,他们认为前者试图搭驰名商标的便车,法院很可能将它视为不正当竞争行为而制止。从这两个案例可以看出,美国更偏重于维护市场自由竞争,而欧盟更侧重于对商标权人利益的维护。笔者认为,美国的观点比欧盟的立法更合理。将自己的产品与领头羊的产品相比较,这是最常见也是最有价值的比较广告,它必然会利用领头羊的声誉,如果不允许利用他人声誉,那么比较广告适用的空间必将大为减少。即使在比较广告中一方利用了对方的声誉,只要该比较广告满足了《欧盟广告指令》第 3 条第 1 款(a)到(f)这六项要求,就应当认定其合法性。

三、构建我国比较广告法律规章制度

我国现行法律对比较广告的态度不甚明朗,总体上倾向于否定态度。

1993 年颁布的《广告审查标准》第 32 条规定:"广告中的比较性内容,不得涉及具体的商品或服务或其他直接的比较方式。对一般性同类产品或服务进行间接比较的广告,必须有科学的依据和证据。"按照该规定,我国比较广告只能是间接比较广告而不得涉及具体的产品或服务。那么怎么进行间接比较? 制定《广告审查标准》的国家工商行政管理局在其编写的《广告审查问答》中做出了相反的解释:"比较广告必须具有具体的比较对象,明确的比较点、可比性和科

① 402F. 2d 562(9th Cir. 1968).

② Chanel v. Triton Packaging Ltd. ,(1993) RPC 32.

学的依据和证明,不得泛泛比较。”[①]《广告审查问答》中认为,比较广告必须具有具体的比较对象,而有具体的比较对象就是直接比较了,而不是间接比较。《广告审查标准》对比较广告之规定与其解释自相矛盾。

1994年颁布的《广告法》第7条规定,广告不得使用国家级、最高级、最佳等用语;第12条规定,广告不得贬低其他生产经营者的商品或者服务;第14条规定药品、医疗器械广告不得与其他药品、医疗器械的功效和安全性比较。从这些规定来看,《广告法》禁止药品、医疗器械的比较广告,禁止贬比性质的广告,禁止使用最高级形容词的间接比较广告。对其他比较广告没有明确规定。

根据2001年修订的《商标法》之规定,直接比较广告可能涉及商标侵权。直接比较广告需要指明竞争对手的产品或服务,往往需要在广告中使用竞争对手的注册商标。根据《商标法实施条例》第3条之规定,在广告中使用竞争对手注册商标的行为属于商标法所称的商标使用,根据《商标法》第52条规定,“未经商标注册人的许可,在同一种商品或者类似商品上使用与其注册商标相同或者近似的商标的”属于典型的商标侵权行为。因此,可以肯定地说,使用竞争对手注册商标的直接比较广告属于商标侵权行为。

笔者认为,我国应当允许比较广告。正如美国和欧盟所认识到的,比较广告能够为消费者提供选购货物最有价值的信息,能够促进市场的竞争,降低商品价格,提高社会福利。另外,我国企业在与国外企业竞争中处于下风,为挤入被国外企业把持的市场,比较广告是非常重要的武器,尤其考虑到在我国产品价格相对比较低廉时,比较广告对我国企业的作用更为明显。作为服务于我国经济建设的法律,更没有理由拒绝比较广告。

当然,我国在承认比较广告合法性的同时,应当借鉴欧美的规定,对比较广告进行限制。在承认比较广告合法性方面,除了在《广告法》相关法律上明确规定外,在商标法的立法和实践中,应当承认比较广告中使用他人商标作为商标侵权行为的例外。在对比较广告的限制方面,我国作为大陆法系国家,一贯秉承大陆法系传统,在借鉴过程中应以欧盟立法例为主,并剔除欧盟指令中不科学之处,同时吸收美国立法和实践中的成功经验。因此,可以要求比较广告具备以下要件:

第一,不得造成商标之间的混淆,不得构成误导广告。商标混淆以及误导广告不但对消费者理性选购商品没有帮助,而且还会损害竞争对手的利益,应当予

① 国家工商行政管理局广告监督管理司编著:《广告审查问答》,工商出版社1996年版,第23页。

以禁止。在商标混淆方面,可直接借用商标法中判断商标混淆之理论。在误导广告的界定方面,应以假定合理谨慎并掌握中等信息的普通消费者是否受到误导为标准,必要时可进行问卷调查。

第二,比较对象应具有可比性。广告比较的商品或服务,从消费者的角度来看应当满足相同需求或者具有相同目的。在比较的时候,不管比较对象是否具有原产地名称,都应当可以进行比较。

第三,客观地比较重要的、相关的、可验证和具有代表性的特征。如果比较广告中遗漏了这些特征将构成误导广告。在界定比较的特征是否重要和具有代表性时,可借鉴美国在判断虚假广告时的标准,以特定情况下是否会对合理谨慎的消费者做出决定产生重要影响作为标准。另外,可吸收德国的“对比询问”豁免制度,即回答消费者提出的对比咨询所作的相关陈述,即使阐述的产品特征在一般情形下被认为不重要也不具有代表性,也不视为构成误导或不正当竞争。

第四,广告不得贬低其他生产经营者的商品或者服务。我国是否应当借鉴美国将滑稽模仿作为商标侵权之例外,还需要深入探讨。

对于比较广告中一方利用对方声誉,以及仿制品或复制品的比较问题,正如前文中所分析的,不应当作为比较广告的限制条件。另外,应当删除我国《广告法》第7条有关广告不得使用国家级、最高级、最佳等用语之规定,只要广告中的内容真实合法,能够拿出足够的证据证明属于最高级或者最佳的产品,法律没有必要限制其使用。对于药品和医疗器械等直接影响人身健康和安全的商品,更应当允许比较广告以加强产品的竞争,以期逐渐提高产品性能并降低其价格,因此我国《广告法》应当删除药品和医疗器械不得进行比较之规定。

对于构建我国比较广告规章制度来说,除了规定比较广告的条件外,还需要完善广告自律机制,加强对违法行为的处罚力度。笔者建议规定比较广告诉讼中由败诉方承担对方因诉讼所付出的必要费用,包括调查费用和合理的律师费用,以减少权利人维权成本;同时规定故意发布虚假广告者承担惩罚性赔偿责任,以鼓励对虚假广告提起诉讼。

(2005年第10期)

有限责任公司股份自由继承的理论基础

王勇华*

我国《公司法》和《继承法》对有限责任公司自然人股东所持公司出资①能否继承和如何继承问题均未设明确规定。当现实生活提出这个问题时,②曾引起学界的高度关注。相关文献就此曾展开热烈讨论。③ 2004年年底,由国务院提请全国人大常委会审议的《中华人民共和国公司法(修订草案)》(以下简称《修订草案》)第38条明确规定:"股东死亡后,其合法继承人可以继承股东资格。但是,公司章程另有规定的除外。"这一立法建议确立了有限责任公司股份自由继承制度,反映了社会的现实需求。本文拟从立法论的角度阐述有限责任公司股份自由继承制度的法学原理,并以此为基础就《修订草案》相关规定存在的缺陷提出改进建议。

一、股份能否继承:股份作为继承的客体的适格性问题

(一)继承客体的基本法律特征

继承的客体是指继承所指向的对象,其实质是指被继承人在财产法上的法律地位或法律关系。我国大多数法学著作对继承的客体采遗产说,即认为继承

* 作者单位:清华大学法学院。

① 我国《公司法》条文在形式上区分投资人向有限责任公司和股份有限公司出资所形成的权益,前者仍称为"出资",后者称为"股份"。由于立法理由书的缺位和立法资料的散乱,难以查证作这种区分的理由。依公司法理析之,"出资"实为了区别股份有限公司中的股份,因为股份有限公司的股份常划分为等额,而有限责任公司的出资并无等额之划分,多采比例确定。但是,"出资"在性质上类似于股份。我国台湾地区"公司法"对投资人向有限责任公司出资所形成的权益也采"出资"说。韩国公司法上有类似概念为"持份"。笔者认为,"出资"和股份在法律性质上没有差别,所以下文和标题将统一使用股份一词表示有限责任公司股东在公司中的出资。

② 房毅、刘建强:"一个企业的继承:海鑫卅日",载《中国企业家杂志》2003年4月25日。详细资料参见 http://finance. sina. com. cn/roll/20030425/1122334986. shtml。

③ 马强:"已故股东的股份归属问题研究",载《法学杂志》2001年第2期;金疆:"股份继承法律研究",载 http://www. jrc. com. cn/page. asp? jrc = tabb&id = 19;朱凌琳:"股东权可以继承吗?",载《人民法院报》2003年4月9日。

的客体是被继承人的遗产，即自然人死亡时遗留的个人合法财产。[①] 作为继承客体的财产实际上是财产权的集合。[②] 继承客体之外延包括：[③](1)属于财产上之权利义务。财产法上的形成权、抗辩权都可以作为继承客体。财产权作为继承客体，不受其种类、是否具备交易价格、是否为具体权利义务、其效力是否确定的限制。(2)没有经济意义的人格权、身份权不属于财产权，不得成为继承标的。质言之，专属于被继承人人身之权利不得作为继承客体。

(二)股份的法律性质和基本特征

股份一方面为公司资本之成分，另一方面也具有表彰股东权的意义。[④] 股东的一切权利根源于股份，因此将股份视为权利理所当然。[⑤] 就股份所表彰的股权的性质，学界曾有所谓"物权说"、"债权说"、"社员权说"、"权利束说"和"独立权利说"等多种观点。"物权说"或者"债权说"的观点与股权实质相去甚远，此处不作讨论。下文仅就股权"社员权说"和"权利束说"略加评论，并说明不能机械地套用社员权理论解释公司股份变动问题；无论对股权的性质持何种观点，均没有理由否认股权所具有的财产权性质。

公司法学界普遍认为股权的性质为社员权。[⑥] 但是，社员权说在解释股份继承问题上却存在种种瑕疵：(1)民法学界通说认为，社员权具有专属性，不可转让和继承。[⑦] 民法中的社员权往往存在于非营利法人组织中。但是，股权与非营利法人中的社员权在目的和内容上均具有较大差异。就目的而言，股权之目的主要在于"逐利"，而非营利法人中的社员权的主要目的在于"逐义"。[⑧] 就内容而言，股权的具体类型也与社员权具有很大差异。此外，就社会现实而言，公司作为营利法人，必须保证股份的高度流通性，才能满足公司治理和出资人的要求。因此，在公司制度中，不可机械地套用社员权不可转让和继承的一般原理；试图以传统民法中的社员权理论来解释股权的流通性(包括继承)是不恰当的。(2)有人认为，社员权中的自益权能够继承，共益权因具有人合性而不能继

---

① 我国《继承法》第3条、《最高人民法院关于贯彻执行〈中华人民共和国继承法〉若干问题的意见》(1985年9月11日)第3条、第4条规定。

② 史尚宽著：《继承法论》，中国政法大学出版社2000年版，第2页。

③ 同上，第153～163页。

④ 柯芳枝著：《公司法论》，中国政法大学出版社2004年版，第161页。

⑤ [韩]李哲松著：《韩国公司法》，吴日焕译，中国政法大学出版社2000年版，第204页。

⑥ 刘俊海著：《股份有限公司股东权的保护》(修订版)，法律出版社2004年版，第47页；[韩]李哲松著：《韩国公司法》，吴日焕译，中国政法大学出版社2000年版，第204页。

⑦ 谢怀栻："论民事权利体系"，载《法学研究》1996年第2期。

⑧ 刘俊海著：《股份有限公司股东权的保护》(修订版)，法律出版社2004年版，第48页。

承。这种观点既不符合逻辑,也不符合现实。试想,继承事由发生后,股份中的共益权因不能继承将丧失权利主体,缺乏归属的共益权还有什么意义?继承人虽然取得了自益权,但是,在公司制度中,没有共益权维护的自益权有什么意义?总之,这种观点将导致股权内容的分裂,违背基本法理。此外,从体系解释的角度来看,这种观点也是不适当的。因为依据现行《公司法》的规定,股份转让能够实现股权的所有权能的完全让渡(《公司法》第35条),那么,如果认为股份只能以自益权和共益权的分割来实现继承,这将导致转让和继承这两种类似的股权变动方式的法律效果完全不同,违背公司法律体系的逻辑严密性和体系协调性。

权利束说认为股权至少包括财产性权利和非财产性权利,并以此质疑股权的财产权性质。[①] 但是,持此观点的学者自己也承认,股权中的非财产性权利是为了"确保此种财产性权利","(股权中的财产权利和非财产权利)两者均为股东权中的权能,后者往往是实现前者的手段,前者往往是后者存在的目的,因此,这两种权利相辅相成,融为一体。"持此观点的学者还进一步指出:"英国传统公司法与大陆法系不同,视表决权为财产权,如杰赛尔(Jesell)大法官在Pender诉Lushington案中即持此见解。"由此可见,共益权是实现自益权的手段,自益权是股权的核心构成部分,对股权的定性起着关键作用。因此,集合着自益权与共益权的股权作为一个有机整体是股东基于出资而丧失其对出资物的所有权的一种替代补偿,即替代取得参与公司管理并取得相应收益的权利,其本质是一种财产权。[②]

(三)股份作为继承客体的适格性

就正面观之,股份的财产权性质决定其可以作为继承客体。就反面观之,股权不是传统民法意义上的人身权,能够满足其作为继承客体的限制性要求。具体理由如下:(1)股权不是人格权。所谓人格权,是指存在于权利人自身人格上的权利,即以权利人自身的人格利益为标的之权利。人格权因出生而取得,因死亡而消灭,不得让与或抛弃。其外延包括生命权、身体权、健康权等。[③] 然而,股权并非以权利人自身的人格利益为标的,也并非不得让与或抛弃,因此,股权在性质上不是人格权。(2)股权不是身份权。所谓身份权是指民事主体基于特定的身份关系产生并由其专属享有,以体现的身份利益为客体,为维护该种关系所

① 刘俊海著:《股份有限公司股东权的保护》(修订版),法律出版社2004年版,第48~49页。
② 钱明星:"论公司财产与财产所有权、股东股权",载《中国人民大学学报》1998年第2期。
③ 梁慧星著:《民法总论》,法律出版社2001年版,第216页。

必需的权利。其外延包括配偶权、亲权、亲属权、监护权、荣誉权、著作人身权六种具体身份权。[①] 股权不是因股东身份而产生的权利,是因出资拥有公司的股份后所产生的权利。拥有股份、取得股东身份(资格)和享有股权是同时发生的,而不是先有了股东身份而后才产生股权。[②] 就像所有权一样,所有人这样一种身份或资格同时也意味着所有权的存在。如果以拥有股东身份的人才拥有股权为理由,认为股权是身份权,那么所有权同样也可以归入身份权之列。[③] 因此,认为股权是人身权[④]而不能继承也是荒谬的。(3)股权的社员权性质,也难以推导出股权是人身权。因为近代私法上的团体主要依社员意思组成,因此,社员权的发生归根结底取决于个人意思,社员权仍然属于私权。但是,社员权只与社员的资格有联系而与社员个人的人身无关,因此,不能认为社员权为人身权。[⑤]

探讨股权可成为继承客体,具有如下意义:(1)股份可以继承。继承法不应否定股份作为继承客体的适格性,否则违背有关继承客体的法理。同理,公司法也不应该禁止股份继承。(2)破除区分股权中的人身权和财产权的“两分法”的错误观点。[⑥]

---

① 杨立新著:《人身权法论》,中国检察出版社1996年版,第49~56页。关于人格权和身份权两者的外延问题,民法学界观点并不一致。

② 有人认为,只有具备股东身份才能享有并行使股权。这种观点可能是看到了设立中的公司“股东”认股和出资之间存在时差,而“股东”认股后就通常以股东称之。但实际上,设立中的公司按照通说应该属于无权利能力之社团,并无社团法人之人格。只有设立中的公司经过登记注册获得法人资格,才有股东的实际存在。

③ 程合红等著:《国有股权研究》,中国政法大学出版社2000年版,第19页。

④ 朱凌琳:“股东权可以继承吗?”,载《人民法院报》2003年4月9日。

⑤ 谢怀栻:“论民事权利体系”,载《法学研究》1996年第2期。

⑥ 有人认为:“继承权继承的是财产权,而非人身权。股权作为一种特殊的权利,除了具有财产权内容,同时还具有基于股东身份而产生的人身权。继承法之所以规定股份等有价证券可以继承是基于其财产权属性,所要继承的也是股权中的财产权,而非人身权。人身权是特定人身固有的权利,是随着人身的消灭而消灭的,是不能被继承的。当股权发生继承事由时,继承人可以当然地继承被继承人股权中的财产权,而不能继承股权中的人身权。如果公司的其他股东同意继承人代替被继承人成为公司股东,不是基于其继承权的行使,而是股东之间达成的一个新的合意。如果公司的其他股东不同意继承人代替被继承人成为公司股东,则继承人只能就被继承人享有的股权作价予以继承,而被继承人持有的股份应由其他股东认购。即通过股权财产权和人身权的分离来实现对继承人继承权的保护和对有限责任公司人合性特征的维护。”此观点前半部分立论错误。如上文所说,股权不是人身权,所以这种区分股权权利属性的分析方法有悖于传统民法理论,不具有说服力。相应地,股权两分法观点所主张的对继承方法的设计也是没有根基的。

二、股份如何继承:股份继承的逻辑和方法问题

(一)死亡股东股份处置方式

从立法论上看,依据公司法基本原理,就有限责任公司股东死亡后的股份处理,可以设计以下各种制度:(1)剥夺财产权:剥夺死亡股东之股份,直接无对价地分配给其他股东或者为其他处分后将对价收归公司所有,排除股份继承的适用。(2)解散公司:因为股东死亡,导致有限责任公司内部人合(信任)因素受到破坏,相应地,由于人合性因素的缺损,构成解散公司的法定事由或者约定事由,适用公司解散的相关规定;如果股东死亡构成公司解散的法定事由,则排除股份继承的适用,死亡股东的继承人可就公司清算后的剩余财产进行继承。(3)公司购回股份:依据章程或者法定,在股东死亡时,由公司购回死亡股东遗留之股份予以注销或者再由其他股东认购;公司进行股份回购所支付的对价作为继承财产由死亡股东的继承人继承。(4)强制转让:依据法定或者章程约定,将死亡股东遗留之股份转让给其他股东或者公司股东之外的第三人;股份转让之对价作为继承财产由死亡股东的继承人继承。(5)自由继承:立足于"公司自由和效率"之观念,由公司法直接规定或者在章程中规定,如果公司章程或者设立文件对公司股份继承问题未设其他规定[如上(2)、(3)和(4)的相关规定],应该允许公司股份自由继承(和转让),即视为当然由死亡股东的继承人继承。(6)有限制的继承:根据有限责任公司人合性特征,参照我国现行《公司法》第35条的立法精神,由法律规定或者章程约定有限责任公司股份继承存在限制。即死亡股东的继承人继承相关股份应该得到公司股东全体之多数同意;不同意继承的股东应当购买死亡股东的股份(死亡股东之继承人就购买对价进行继承);如果不购买,则视为同意继承。

(二)死亡股东股份处置方式利弊分析

第(1)种方案无疑是对私人财产权和继承权赤裸裸的剥夺,不符合现代社会的财产权观念。除非章程另立规定,即股东事先以真实意思表明同意以死亡为条件将股份无偿赠与其他股东或公司,否则,该方案并无适用之余地。

第(2)种方案以消灭公司为代价,常常导致公司和其他股东的目的落空,有

悖于公司永续性特征(perpetual existence),[①]因此,除非章程设有规定或者法律强行规定,否则,不宜采用。如果公司法就这种股份处理的方式作强行规定,有悖于公司制度的目的和法理,不利于保持公司的稳定性和持续性,可能损害社会整体利益,所以,从立法目的考虑,法律不宜强行规定这种方式。如果公司章程中设这种制度,属于股东意思自治之范畴,法律应该尊重股东的自由、真实意思。

第(3)种方案要求公司购回死亡股东之股份。此方案存在以下问题:首先,本方案是否具有实际意义,受制于公司法有关股份回购制度的规定,即公司法是否承认这种情形下有适用股份回购的可能并设计若干具体实施方法。其次,这种制度的实施将导致公司不得不拿出自己的利润或者通过承担其他负担(例如举债)来实行,将导致公司不得不承担财务上的压力和负担。最后,这种方案实施的结果可能导致回购公司股份的对价成为死亡股东的继承财产,相当于该股东抽回出资(公司回购股份后注销该部分股份),一方面导致公司出现实质减资的效果,另一方面则导致死亡股东(及其继承人)获得利益是通过让公司和公司其他股东承担不利益为条件的,有违公司股东平等原则。因此,从效率和公平的角度考虑,这种方案也不宜由法律作出强行性规定;如果章程约定这种方式,只要不违背股份回购的相关规定和公司法的其他规定,法律应该尊重股东的这种自由意思。

第(4)种方案有两种操作方法,均存在较大缺陷:一种方法是将死亡股东之股份转让给第三人。考虑到有限责任公司的人合性特点,这种方案的实施需要公司付出寻找适格第三人的成本;而且,能否寻找到适格第三人、如何确定转让价格等问题也是不确定的,也就是说,转让的成功性是不确定的,这将影响公司的稳定性。另一种方法是转让给其他股东。这就涉及转让价格的确定方法、转让或者受让份额如何在其他股东之间进行分配等问题;此外,这种方法将产生其他股东向公司追加投资的实际效果,有可能增加其他股东的财务负担。因此,除非章程中有明确约定,否则,也不宜在公司法中设强行性规定。

第(5)种方案固然简单明了,但涉及对有限责任公司人合性的冲击,其实质是对有限责任公司股东意思自治的剥夺,即第三人成为股东而没有获得其他股

---

① 近期,有学者在通过历史考察,比较分析公司与合伙制度的差异,分析现代公司产生的原因时指出,现代公司的一个显著特征在于其资产锁定(1ock - in)功能,即公司制度之设计可以使公司不至于因为出资人死亡或者其他原因退出公司时导致公司解散或者其对公司的出资也相应被取走,从而有利于实现公司持续经营的目的和保护其他股东的利益(See Margaret M. Blair, Reforming Corporate Governance: What History Can Teach Us, http://www. ssrn. com)。关于公司永续性特征之定义, See Robert W. Hamilton, *The Law of Corporations*, West Natshell Series, West Group, 1999, p. 2。

东的同意。如立法以强行法的方法剥夺股东意思自治的权利,表面上看,符合商事法律的便捷精神,但却有悖于自由原则,其对公司运营的实际效果既有可能是正面的,又有可能是负面的(如继承人与其他股东缺乏信任关系,将导致公司运营不畅)。那么,有限责任公司人合性特征是否具有足够的弹性来容忍这种方式的存在就成为立法上的一个重要的利益或目的衡量的课题。当然,如果在章程中做这种约定,法律应该尊重股东的意思自治。

第(6)种方案的效果与第(5)种方案恰好相反,虽然充分体现了对股东自由意思的尊重,有利于维持有限责任公司的人合性,但与第(5)种方案相比,如果立法设定此种方式,的确会导致产生较高成本。那么,有限责任公司对效率问题的追求是否可以超越人合性的基本特征,即有限责任公司的人合性要素是否在此情形下应该让位于效率目标是值得立法者深深思考的一个问题,这个问题同样是利益衡量的问题。

(三)公司章程能够限制继承权的理由

要论证上述方案的合理性,还需要解决两个问题:一是章程能否限制股份继承;二是除了继承法等法的强行性规定之外,公司法能否授权被继承人之外的第三人决定股份继承问题,如上述第(6)种方案即法律直接对股份继承做出限制,授权被继承人之外的股东决定股份能否继承。

继承法上关于继承人丧失继承权之事由,断无容纳以被继承人之外第三人(公司或者其他股东)剥夺被继承人之继承权的情形。① 那么,股份继承问题是否应受章程或者法律规定的限制则涉及继承法的精神和公司法规范之间的冲突的解释和调和问题。

德国公司法学界很多人认为:"不能根据《有限责任公司法》的规定排除遗产法有关继承顺序的规则或对其进行变动,公司章程同样不能进行上述排除或者变动。因此,如果章程规定股份不得继承或规定继承须得到公司的同意,这种规定是无效的。同样,如果章程规定在出现遗产继承时公司自动收回股份或通过特别继承程序将股份交由其中的一个继承人继承或第三者继承,这种条款也是不允许和无效的。但是,章程可以规定当一个股东过世后,必须解散公司。所以,除非继承人或者共同继承人行使其保留权,拒绝接受遗产,否则股东死亡后,继承人或者共同继承人都将成为公司新股东。公司有权利阻止不受欢迎的人成为股东,但只能通过事后修改公司章程条款来考虑公司的这一利益,即章程可以规定遗产继承者有义务将其股份转让给他人或公司可以根据《有限责任公司

① 史尚宽著:《继承法论》,中国政法大学出版社2000年版,第二章第四节继承权。

法》第 34 条的规定收回继承的股份。"①

上述观点具有很多合理因素,但认为不能根据公司章程排除继承权的观点是值得商榷的。公司章程的订立是出资人合意的结果,章程中约定排除股份继承完全可以被解释为股东对自己持有股份的附条件的处分行为且不违反法理和公序良俗。相反,如果法律直接规定股份继承需要得到其他股东的同意[上述第(6)种方案]则是法律规定直接对继承权进行限制,可能导致第三人对股东继承人继承权的剥夺,其立法的妥当性值得怀疑。如果将此规定理解为继承法的特殊规定,其理由显得不是特别充分。所以,德国公司法学界通说还是认为应该依据《有限责任公司法》第 15 条、第 17 条等规定来处理有限责任公司的股份继承问题,即股份应该自由继承。②

三、股份自由继承:理论基础与立法例

通过上述分析,基本可以排除以立法方式确定上述第(1)种方案。第(2)种、(3)种、(4)种方案都有依据章程进行约定的空间;以立法方式确定第(2)种、(3)种、(4)种方案,理论上存在较多障碍,法律规范之设计比较复杂,且相关规定不一定现实可行。第(5)种、(6)种方案都有以立法确定的空间,但前者侧重便捷效率之价值,因而害及股东意思自治;后者侧重尊重股东意思自由,但损害效率;此外,后者在立法理由上不是特别充分。本着充分尊重有限责任公司人合性特点的原则、尊重股东意思自治的原则,笔者认为,应该将能够由有限责任公司以章程约定的事项留给章程进行规定,法律尽量减少介入;即便介入,也应以设任意性规范以填补意思自治之外的空间为原则。因此,公司法关于有限责任公司的股份继承的方案设计应该选择第(5)种方案即自由继承。其理由主要表现在两个方面:一是有限责任公司的人合性特征没有理由限制股份自由继承;二是世界各国立法例多支持股份自由继承。

(一)有限责任公司的人合性特征及其意义

大陆法系公司法理论依据公司信用基础的不同,通常将其划分为人合公司和资合公司。前者指由人合信赖关系的成员所组成的企业形态;后者指各社员单纯以其出资为媒介而结合的资本集合企业的法律形态。人合公司以股东个人

---

① [德]托马斯·莱尔等著:《德国资合公司法》,高旭军译,法律出版社 2005 年版,第 506 ~ 507 页。

② 同上,第 507 页。

的信用、声誉、地位等作为对外活动的基础。这种公司的经济活动以股东个人的信用为依托,而不完全在于资本的多寡,即所谓"信用在人"。[①] 无限公司是典型的人合公司,而股份公司是典型的资合公司。两合公司和有限责任公司同时具有两个特性,但前者是在人合公司基础上加上资合公司因素,后者是在资合公司中加上人合因素。[②] "人合性"对有限责任公司的信用具有特殊的意义:公司内部人员之间的信任因素是有限责任公司人合性的内部表现形式,是有限责任公司信用的内部表现形式;有限责任公司内部股东之间的信任关系所形成的有限责任公司的经营灵活高效等合力构成其信用的外部表现形式之一。

有限责任公司是德国法学家智慧凝结的产物。设立这种公司形式的目的是将股份公司的资金聚集功能和人合公司的人员凝聚功能结合起来,创设一种既具有强大筹资功能,又能最大限度地发挥投资人参与公司经营积极性的公司制度。有限责任公司具有人资两合性。资金的联合和股东间的信任是有限责任公司两个不可或缺的信用基础。[③] 有限责任公司的人合性具体体现在以下方面:(1)股东相对稳定,出资不能像股份公司那样自由转让,因此,有限责任公司规模较小,具有较强的封闭性;(2)股东之间关系更多靠内部契约进行约束,组织机构的设置往往根据公司章程来选择是否设立及如何设立,在管理上与合伙比较类似;[④](3)股东们往往积极参加公司经营管理,即资本所有与企业的经营往往是合二为一的,[⑤]当公司面临危机时,股东们更不会袖手旁观;(4)股东数量和股东的变动往往受到限制。[⑥]

但是,正如上文所言,如果法律直接规定股份继承需要得到其他股东的同意,可能导致第三人对股东继承人继承权的剥夺,其立法的妥当性值得怀疑。如果将此规定理解为继承法的特殊规定,是由有限责任公司的人合性特征所决定的,其理由显得不是特别充分。因为人合性特征的重要意义还不至于大到能够

---

① 施天涛著:《商法学》,法律出版社2003年版,第165~166页。

② [韩]李哲松著:《韩国公司法》,吴日焕译,中国政法大学出版社2000年版,第63页。

③ 德国法学家在综合、选择各公司的特殊性质,尤其是在吸收股份公司制度的优点的基础上创设了有限责任公司这种公司制度形式。1892年4月20日通过了《有限公司法》,从而将这种公司形式制度化并普及很多国家(奥地利、瑞士、法国、比利时等)。其他公司形式基本上是自然发生直至法制化的过程,而有限责任公司的形成是立法的结果。参见梁宇贤著:《公司法论》,台湾三民书局股份有限公司2000年版,第200页;江平等主编:《新编公司法教程》(第2版),法律出版社2003年版,第164页;顾功耘主编:《公司法》,北京大学出版社2004年版,第164页;[韩]李哲松著:《韩国公司法》,吴日焕译,中国政法大学出版社2000年版,第63页。

④ 施天涛著:《商法学》,法律出版社2003年版,第166页。

⑤ 同上。

⑥ [日]龙田节编:《商法略说》,谢次昌译,甘肃人民出版社1985年版,第135页。

剥夺股东继承人继承权的地步。此外，为了维持人合性特征，有限责任公司完全可以通过在章程中做其他约定或者修改章程的方式来实现，如在章程中规定遗产继承者在一定条件下有义务将其股份转让给他人或公司。此时，这种约定并不违反继承法理和公司法理。

（二）自由继承的立法例得到世界各国公司立法的支持

自由继承的立法例得到世界各国公司立法的支持。其中以《法国商事公司法》第 44 条规定最为典型。该法规定："公司股份通过继承方式或在夫妻之间清算共同财产时自由转移，并在夫妻之间以及直系尊亲属或直系卑亲属间自由转让。但是，章程可规定，配偶、继承人、直系尊亲属、直系卑亲属，只有在章程规定的条件获得同意后，才可成为股东。赋予公司对是否同意作出决定的期限不得超过第 45 条规定的期限；要求达到的多数不得高于该条规定的多数，否则，此种条款无效。在不予认可的情况下，应适用第 45 条（公司股份转让给予公司无关的第三人的相关规定）第 3 款和第 4 款的规定。在规定的期限内，未采取任何上述两款规定的解决办法的，视为已经获得认可。"此外，《德国有限责任公司法》第 15 条（出资额的转让）、《意大利民法典》第 2479 条（股份的转移）、《日本商法典》第 161 条（有限责任股东的死亡、禁治产）、《韩国商法典》第 283 条（有限责任社员的死亡）、《俄罗斯民法典》第 93 条、《瑞士债法典》第 792 条均适其例。

就上述国外立法例观之，大陆法系各国立法例多采用的是自由继承模式，只不过在关于自由继承之方法上规定的详略程度不同。各国关于有限责任股份继承问题均采"公司自由"理念，强调如果公司设立文件或者章程中未对公司股份继承问题设条件限制时，应当允许有限责任公司股份自由继承，即授权有限责任公司股东通过章程来设定维持公司人合性特征的措施。

四、结论：兼论《修订草案》的理论和内容缺陷

观诸《修订草案》之规定，不难发现，《修订草案》第 38 条采纳了股份自由继承的基本理念，符合大陆法系国家关于有限责任公司股份继承的立法趋势，符合有限责任公司法和继承法的基本原理。但是，《修订草案》仍然存在以下问题：

1. 继承客体性质认识上的偏差：从《修订草案》规定的文义来看，将继承客体规定为"股东资格"值得商榷。"股东资格"一词更多体现的是一种身份法上的地位，不足以表达股份（出资）所表彰的财产权性质。这一缺憾所反映的是立法者对股份作为继承客体的认识上的偏差。今后修正应用"出资"替代"股东资

格”这一说法，以求立法语言的严谨。

2. 立法技术上的粗糙：《修订草案》虽然解决了有限责任公司的股份能否继承和如何继承的问题，但在若干细节上还存在缺陷。具体表现在：(1)《修订草案》允许公司章程对股份继承另设其他规定，如果公司章程规定得不详细，同样会导致大量法律漏洞的存在。例如，如果章程规定股份继承应经股东大会决议，那么，股东大会决议应在合理时间内形成，否则可能导致股份的归属处于不确定状态，影响各方利益；股东大会决议有效的人数不能要求过高，否则将事实上剥夺继承权。(2)《修订草案》未就股东出资因遗赠或在夫妻之间因清算共同财产而移转时，应该适用股份继承的相关规定还是适用股份转让的相关规定做出规定，容易引起争议。(3)《修订草案》未就共同继承人继承股份后能否分割股份，或者因股份分割导致突破有限责任公司股东人数上限规定的法律后果做出规定。由此可见，《修订草案》依然采取了粗放型的立法模式，忽视了股份继承问题中的相关细节内容。这些方面须待今后修正时予以考虑。

(2005 年第 10 期)

2006年

【栏目】　金融衍生工具法律规制问题研究

【编者按】 2006年1月1日实施的《证券法》第2条规定,证券衍生品种发行、交易的管理办法,由国务院依照本法的原则规定。由此打开了创设和交易金融衍生工具的法律空间。而在目前正如火如荼的股权分置改革进程中,权证作为一种衍生证券,已经为股改的顺利推进发挥了重要的作用,但同时也暴露出了一些问题。2006年,国务院同意中国证监会筹建上海金融衍生品期货交易所。这些情形均表明,对于金融衍生工具这一具有高风险性、强杠杆性和虚拟性的特殊金融产品,亟须展开深入的研究。基于此,本刊特辑国家社科基金项目"金融衍生工具法律规制问题研究"课题组的一组文章(作为中期研究成果之一),分别从金融衍生工具法律规制的创新、金融衍生工具的法律属性、金融衍生工具上市机制的构建、金融衍生工具上市地点的选择和考量、金融衍生工具的法律监管与合作等方面进行了研究。

金融衍生工具与法律规制的创新

顾功耘*

随着现代计算机技术、网络技术以及金融工程技术的革新与广泛应用,最近十多年来,金融衍生工具(derivative instruments,亦被称为金融衍生品)不断翻新,在国际金融市场上得到了空前发展。金融衍生工具以其具有的价值发现、套期保值和风险投资功能,以及特有的杠杆特性,受到了各国投资机构的青睐。我国资本市场发展过程中如何利用好这一金融创新工具来完善市场体系,建立市场运行规则,参与国际竞争,是我们迫切需要研究解决的问题。改革开放以后,我国的资本市场从无到有,发展迅速,但是在国际竞争的舞台上,我们并没有多少优势。我们正面临着多重的竞争压力,一方面我们没有开办金融衍生工具市场与交易的现实经验;另一方面我们的金融人才严重匮乏,在运用现代金融科技

* 作者单位:华东政法学院(现华东政法大学)。

手段上还缺乏核心的技术和足够的能力；再一方面我们的现货市场规模和质量与金融衍生品市场的建立与发展还不相适应，制度供给包括法律规则的供给显然不足。从宏观上看，我国资本市场的进一步发展仍然需要各方面的支持与配合。有人说，金融衍生品是资本市场的最现代化工具，威力和影响相当于核武器，其开发和利用都存在相当大的风险和难度。我们研究金融衍生工具以及有关法律规制，无异于研究自然科学的高精尖产品，无异于攻克现代科学的难关。

我国发展金融衍生品市场，面临着双重创新的任务：一是金融衍生品的创新；二是金融衍生品法律规制的创新。通常情况下，金融衍生品的创新是金融专家的事，但也不尽然，因为金融衍生品绝大多数是一种合约，合约内容的设计就是法律的问题。因此金融衍生品的开发设计也需要法律专家的参与。没有法律专家的参与，金融衍生品的产出是不可思议的。在金融衍生品已经设计好的情况下，它如何进入市场，进入怎样的市场并进行交易，谁可以参与交易，交易时应当遵循的规则是什么，参与主体如何自律，市场如何防范交易的风险，政府如何实施对金融衍生品交易市场的监管等都是法律规制的问题，都是我们法律专家需要参与和积极研究的。由于我国的金融衍生品市场还没有真正建立起来，零散的交易及其规则还存在众多的缺陷，所以上述法律规制问题的解决，除了法律专家也需要其他各学科专家的合作才能完成。前面已经提到，研究金融衍生品及其法律规制是一项非常尖端而困难的研究任务，仅有法律专家参与是不够的，它需要综合运用众多学科的研究成果，这是一个系统工程，因而没有各学科专家的参与，金融衍生品的法律规制也是不可思议的。

我国金融衍生工具法律规制的创新点主要包括以下几个方面：

第一是立法形式的问题。金融衍生工具的交易涉及众多的法律问题，如证券法、合同法、会计法、税法、期货法和商业银行法等。因此在金融衍生品交易的法律依据与适用方面如何协调则是一个问题。证券法虽然可以规制证券衍生品，但不能规制非证券衍生品；期货法主要调整商品期货，它不能完全调整金融衍生品这种特殊商品；合同法可以作为设计金融衍生品的主要依据，但它又不能提供金融衍生品交易的程序和规则。因此，是否对金融衍生品及其交易专门进行立法，就很自然地被提上议事日程。我们认为，应当制定“金融衍生品交易法”，在条件不成熟时可以先由国务院制定并颁布“金融衍生品交易条例”，实施一段时间后再行立法。

第二是建立市场的问题。从国际经验来看，金融衍生品有场内和场外交易。场外交易的法律规制重点解决金融衍生品合约的设计问题；场内交易首先要解决在什么市场交易。目前我国已建有证券交易所、期货交易所以及外汇交易中心，金融衍生品是进入证券交易所交易还是进入期货交易所交易，抑或进入外汇交易中心交易，目前业界意见分歧很大，笔者认为，考虑这个问题的原则不应单纯是利益平衡，更重要的是考虑便于交易以及交易的结算，有利于充分利用资源及节约成本，有利于交易风险的监管。从目前可能的条件来看，适宜建立统一的金融衍生品交易所。这样做大体符合上述原则，也便于统一集中管理，适用统一的法律规则。在理论上分析，金融衍生品可以集中于一个交易所交易，也可以分散于不同的交易所交易，西方国家的实践也是如此。但各个国家的选择都是由一定的历史条件和背景所决定的，很难说哪一种选择是最理想的。即使是集中于一个交易所交易，也不排除个别金融衍生品或类别金融衍生品在金融衍生品交易所以外的交易场所进行交易。

第三是市场进入问题。我国证券交易所、期货交易所参与的主体众多，有机构投资者，也有大量的个人投资者，既有国内的投资者，也有国外的投资者，他们进入市场的资格都受到某种限制。对在金融衍生品交易所参与交易的主体要不要做出资格限定，以及做出怎样的限定是需要认真研究的。笔者认为，进入市场的基本要求是具有交易的能力和自律的能力。所谓交易的能力，是指参与主体具有相当的资本实力；所谓自律的能力，是指在交易过程中交易主体自我控制风险的能力。就这两点来讲，笔者认为，进入金融衍生品交易所交易的主体限定应比进入证券交易所及期货交易所交易的主体更为严格。这是由衍生品交易的巨大风险所决定的。目前开放金融衍生品交易市场主要应当针对机构投资者，同时对机构投资者的资本金要有相当规模的要求，对机构投资者的经营管理人员也要有严格的资格限定。在条件成熟时逐渐放开对交易主体的限定，直至对个人开放。

第四是交易规则及对交易风险的控制问题。我们有证券交易和期货交易的现成规则，这些规则与金融衍生品交易的规则在许多方面是相同的。但我们要重点研究金融衍生品交易的特殊规则，即与现成证券交易和期货交易规则所不同的规则。在法律方面，重点是考虑健全禁止操纵市场、内幕交易和虚假信息披露的规则。为了控制交易风险，应对交易主体实行严格的报告制度，交易所监管与政府监管的重点是检查交易主体交易的能力和报告内容的真实性。同时对交易结算的风险要严格控制，防止交易主体的结算风险。另外，应当建立风险准备金制度，在市场发生意外损失时，能够通过风险补偿机制及时得以解决。

第五是监管体制与法律责任问题。金融工具的交易管理涉及多个主管部门，金融衍生产品的交易是否也应由多个主管部门实行监管呢？这是一个问题。考虑到多个市场互相关联以及联动运作，笔者设想，金融衍生品交易所的监管应以中国证监会监管为主，其他相关部门如商务部、银监会等监管为辅。在交易所自律监管方面,立法应当赋予交易所更大的自律监管权力。对于金融衍生品交易过程中所产生的法律责任也应当由法律明确加以规定。交易主体丧失支付的能力,在不能通过风险补偿机制补偿的情况下,应当依法破产。经营管理人员破坏交易规则,扰乱市场交易秩序,应当受到法律的严惩。

我们面临着如此多的法律规制创新,也面临着众多的市场新问题的挑战。关于金融衍生品法律规制的研究,我们期望有更多的学者来积极参与。

(2006 年第 3 期)

构建金融衍生工具上市机制的若干思路

罗培新*

金融衍生工具上市机制,着眼于相关产品的准生证制度设计。2006 年 1 月 1 日实施的《证券法》第 2 条规定,证券衍生品种发行、交易的管理办法,由国务院依照本法的原则规定。依此规定,此次《证券法》对证券类衍生品种的发行与交易,采取了搁置的处理方式。但包括证券类衍生品种在内的金融衍生品种的上市机制,必须备有妥当的制度安排,舍此其他任何事项均成无源之水。

一、我国金融衍生品种创新模式亟待改革

以期货品种的上市机制为例,从全球范围来看,目前期货交易品种上市存在审批制、注册制和核准制三种模式。发达国家多采取注册制。在金融衍生产品发达的美国,2000 年 12 月 1 日生效的《商品期货现代化法案》(CFMA),取消了《商品交易法》和 CFTC 的许多限制性规定,提倡更灵活的原则,大大扩充了受监管的交易所进行创新的自由空间,使受 CFTC 监管的期货交易所可以在自我认证程序基础上,不经 CFTC 事先批准就上市新的产品和制定新的规则。这样,交易所可以更及时地推出新产品和修正规则,增加了交易所全球竞争的能力。日本在期货新品种的上市上,过去一直实行“有益论”,即必须证明上市交易的新

* 作者单位:华东政法学院(现华东政法大学)。

品种对社会有益,然后报各期货主管大臣批准。1990年之后,“有益论”改为“无害论”,即交易所根据发展需要可以先试验上市新品种,经过两年试运行后证明对社会没有危害,再报期货主管大臣批准,然后正式上市交易。这样就大大简化了交易程序,提高了市场效率。欧洲期货交易所由于本身就是政府机构,完全可以自己开发产品,无须经过政府审批,新品种上市机制完全按照市场机制运作,由交易所自己决定。

我国1999年9月1日起施行的《期货交易管理暂行条例》第17条规定,期货交易所上市、中止、取消或者恢复期货交易品种,应当经中国证监会批准。由此可见,法律赋予中国证监会审批上市期货品种的资格和权力,我国的期货品种上市都要经证监会审批,而且交易所不得随意修改或调整已经批准的期货合约。另外,尽管《期货交易管理暂行条例》将审批上市期货品种的权力授予证监会,但在实际操作中,还需要经国务院批示后由证监会征求相关部委和地方政府的意见,最后报国务院批准。由此看来,我国实行的是严格的审批制。

这种严苛的、由国务院主导的金融衍生品种创新模式,是在特定历史阶段形成的,具有历史的必然性。在市场自身及法制建设的环境、水平发生了很大变化的情况下,国务院行政主导下的金融衍生品种创新模式已经不能适应市场未来的发展需要,亟待改革。

二、我国金融衍生品种创新的若干原则

根据国务院2004年发布的《关于推进资本市场改革开放和稳定发展的若干意见》提出的“建立以市场为主导的品种创新机制”,在构建金融衍生品种的上市机制时,必须遵循市场路径、渐进路径和政府免责路径。

(一)遵循市场路径

国务院2004年发布的《关于推进资本市场改革开放和稳定发展的若干意见》指出,我国要建立以市场为主导的品种创新机制,研究开发与股票和债券相关的新品种及其衍生产品。要稳步发展期货市场,在严格控制风险的前提下,逐步推出为大宗商品生产者和消费者提供发现价格和套期保值功能的商品期货品种。“建立以市场为主导的品种创新机制”,可以作为构建我国金融衍生工具上市品种机制的方向。

当然,金融衍生工具的上市机制受制于一国的历史演进进程和法律传统。阿尔弗雷德·施泰因赫尔在论述一国金融体系模式选择时论述:“金融体系主要由政治因素所决定,如国家和市场的角色,这又转变为监管框架以及经济因

素——比如由经济发展的水平——所决定。这表明不存在对所有国家都适用的'最优的'金融市场监管框架。具体选择会受到不同的历史演变、市场在社会中的地位和隐含的政府与公共部门的经济角色的限制;受到合同法与争议解决的法律传统的限制;以及经济发展水平和国内市场规模的限制。"①这一点对于金融衍生工具上市机制的构建也同样适用,特别是契约型的衍生工具,更是对以信用为基础的合同法制环境提出了极高的要求。

(二)遵循渐进路径

在推出金融衍生产品的路径选择上,新兴市场经济国家一般都经历了相似的过程:以股权类衍生品作为发展的突破口,在发展股权类衍生品时又选择了循序渐进的道路,首先推出有良好基础市场支持的股指期货,经过试点为投资者积累管理经验,再推出股指期权和个股期权,使股权类衍生品市场逐步深化;而利率衍生品则主要以国债期货作为突破口。在结合新兴市场和成熟市场成功经验,并在吸取国内商品期货市场和金融衍生品交易市场失败教训的基础上,着眼于我国现货市场的发育程度、经济市场化的水平和所处阶段等多方面的因素,我国金融衍生品市场发展路径应该是:商品类期货交易→股权类期货交易→国债期货、外汇远期交易、商品期权、股权类期权→债券期权、外汇期货及期权、互换。在推进金融衍生品市场建设过程中,可采取先试点、后推行,先机构投资者、后散户投资者的发展战略。

(三)遵循政府免责路径

金融衍生工具具有的潜在的巨大风险,足以令任何审批决策者视为险途而畏首畏尾。而在目前金融衍生工具的推出基本上仍由政府把持话语权的时刻,审批决策者面临巨大的不确定性时固有的担忧和保守,以及担心责任上身的心理,都使每一衍生品种的推出面临重重困难。

由此可以类比的是"非典"时期的特殊决策。由于"非典"带给了政府部门太多的不确定性,因而诸如是否应如期进行高考等在平日显得并不是特别重大的决策,都必须由最高决策层作出,因为即便引发事故,最高决策层也无责任之忧。其他任何层级的决策部门都不敢作出类似的决策。同样的免责机制也可用于解读《反分裂国家法》。该法寥寥数条,似乎在政治宣示之外,并无其他用意,但它深层的意义在于,设定了战争触发机制的政治免责条款,即如果台湾当局触及了《反分裂国家法》设定的战争警示线,我们即可开动战争机器,最高决策层

---

① [英]阿尔弗雷德·施泰因赫尔著:《金融衍生品的发展与监管》,陈晗、张晓刚译,上海远东出版社2003年版,第29页。

则可避免因可能的种种变故而背负政治责任,因为这是“依法而战”。

虽然我国资本市场主管部门基本上无须承担决策欠妥的法律责任,但其中的政治责任却毫无争议地隐含其中,有鉴于此,必须构建一套政府可依此免于承担各种责任的金融衍生工具创新机制,把对具体产品的评价和判断更多地交给市场。如在金融衍生工具的评价标准上,可以采用“无害论”的做法,即期货交易所等市场组织只要能够证明拟上市的品种对社会不会造成不良的影响,就可以在期货交易所上市交易,将上市新品种的未来前景交给市场。

三、我国金融衍生品种上市机制的具体构建

在具体构建方面,因为金融衍生工具按其是否具有发行环节,可分为发行类衍生工具和契约类衍生工具,因而其上市机制的具体构建,也应当区分发行类金融衍生工具和契约类金融衍生工具来进行。

发行类金融衍生工具上市机制的构建,必须区分其发行和上市制度。接下来以证券衍生工具为例。新《证券法》第10条规定,“公开发行证券,必须符合法律、行政法规规定的条件,并依法报经国务院证券监督管理机构或者国务院授权的部门核准;未经依法核准,任何单位和个人不得公开发行证券”。依此规定,证券发行条件实行法定化,直接由法律、行政法规给予具体规定。如果以后国务院依此“原则”来制定证券衍生品种发行、交易的管理办法,则可以料想的是,以后发行类金融衍生品种的发行条件也势必法定化,这显然会违背证券衍生品种发行审核的一般规律。在境外证券市场,认股权证、可转换公司债券等发行类金融衍生品种,原则上需要公开发行,但其发行条件大多由证券监督管理机构规定,或者由交易所规定报证券监督管理机构审批。有鉴于此,为适应发行类金融衍生品种的创新需求,建议国务院在履行修订后的《证券法》的职能、制定证券衍生品种发行和交易管理办法时,采用转授权方式,规定“国务院认定的其他证券衍生品种,需要公开发行的,由国务院证券监督管理机构依照行政规章规定发行条件,并予以核准;未经依法核准或者审批,任何单位或者个人不得向社会公开发行证券”。

在证券衍生品种的上市方面,我国新《证券法》规定股票、公司债券由交易所审核,但仍未改变上市条件法定化之做法,属于不彻底的制度变革,究其原因,主要是股票、公司债券是最主要的资本证券,上市条件法定化既成事实已有多年,其上市制度变革受到思想认识和特殊市场环境制约,涉及公司法与证券法的立法协调,难以一步到位。而对于证券衍生品种,则不存在这一问题,上市条件

应当由交易所规定。主要原因在于，证券衍生品种类型各异，法律无法对上市条件事先逐一给予具体规定。在境外市场，无一例外地由证券衍生品种交易场所规定上市条件。而且，我国现行法律还没有也难以在短期内规定证券衍生品种的上市条件，由交易所规定上市条件，无须改变现有制度。另外，证券衍生品种的交易场所，应当定位于证券交易所，规定所有证券衍生产品同其基础证券在同一家交易所交易，有利于形成证券现货市场和衍生品市场互相促进和共同发展的良好局面，符合证券衍生品市场发展的内在要求，有利于交易所对证券衍生产品和基础证券实施有效监管，有利于降低市场参与者成本和市场的运作成本。

契约类金融衍生工具不存在发行问题，因而其不存在发行核准或审批的问题，而一般是通过由交易所设计标准合约的方式进行。其开发与论证一般是在交易所的主持和协调下，由各金融机构（包括交易所自身）根据需要，组织专业人员自行做出后交由专家进行论证。这是金融衍生工具市场准入的前期准备工作，其内容主要包括：开发金融衍生产品的可行性分析，经济学家、法学家以及相关实践参与者组成的专家组的论证，即在规定的时间内对金融机构提交的开办衍生产品交易业务的可行性报告、业务计划书或交易展业计划进行论证并最终形成开发可行性报告。该报告将成为监管机构判断新开发的金融衍生产品是否能够上市交易的重要依据，最终由监管当局对拟上市交易的金融衍生工具予以严格审查以决定是否批准。

金融衍生工具的法律解释

刘哲昕* 刘 伟**

一、健全法律促进金融衍生工具发展是因应现实之需

17世纪上半叶，荷兰郁金香球茎期权首开人类衍生交易之先河，但真正的金融衍生工具却产生于20世纪70年代，发展于80年代，盛行于90年代。1997年度诺贝尔经济学奖颁给罗伯特·默顿和迈伦·斯科尔斯，表彰他们发明了期

* 作者单位：中国浦东干部学院。

** 作者单位：华东政法学院（现华东政法大学）。

权定价的新方法。美国《金融时报》将20世纪90年代称为金融衍生工具的年代。金融衍生工具的基本经济功能是转移风险和价格发现,运用得当则有助于促进金融市场的稳定和发展、加速经济信息的传递、促进资源的合理配置和资金的有效流动、增强国家金融宏观调控的能力。但是由于衍生工具的高风险性、强杠杆性和虚拟性的特点,极为容易放大风险,具有很强的市场投机性,而且衍生工具的出现使货币供求机制变得十分复杂,在一定程度上削弱了央行对货币的控制能力。

20世纪90年代以来,全球几乎每一场金融风暴都与金融衍生工具联系在一起。诺贝尔经济学奖获得者阿莱甚至将金融衍生工具的急剧膨胀称为"发疯"。而对于金融衍生工具的复杂性,1994年3月7日《财富》杂志用这样的话进行形容:"有如沼泽中的鳄鱼,衍生工具潜伏在全球财经界。甚多美国的大公司与衍生工具拉上了关系,但是包括这些大公司总裁在内的人士对这些衍生工具却是一知半解。""对一贯精通财经的专业人员来说,有几句话可以略作安慰:如果你不能摸透衍生工具的来龙去脉,不必沮丧,因为你大部分的同僚,包括最高层的人士,也同样对衍生工具感到迷惘。"

对于中国而言,由于东南亚金融危机和"327"国债事件的巨大破坏力,使我们对金融衍生工具的负面影响有着深刻的印象。然而通过分析近年来在金融衍生品市场出现的一系列重大亏损事件,人们得出的结论是,所谓的风险主要是来自人为因素,即监管制度和交易规则的缺陷或决策失误,而不在衍生工具本身。衍生工具仍是规避风险的有效方法,问题在于必须强化管理,健全有关法规。而加入WTO后,中国金融市场得到快速发展,开放势头已经不可逆转,这使国际投资者纷纷看好中国金融市场,然而缺乏衍生工具使外资无法对现货市场的金融资产实施有效的风险管理,这在很大程度上影响了中国金融市场的进一步发展。

近年来,由于在境外资本市场上市的中国企业逐渐增多以及境外投资者对中国资产的需求增加,出于风险管理的市场需要和其他方面的考虑,境外机构开始推出以有关中国公司为基础的指数期货和期权品种。这些境外交易所推出的有关中国概念的金融衍生品,不仅会增加国内金融衍生品市场发展的难度,而且可能对我国金融竞争力带来一定的影响。比如,美国芝加哥期权交易所(CBOE)于2004年10月推出中国指数期货(CX·CBOE)。该期货的标的指数由在纽约股票交易所、NASDAQ和美国证券交易所等市场上市的16家中国公司构成。香港交易所及清算所公司(HKEx)也于2003年12月8日推出H股指数期货,并于2004年6月14日推出H股指数期权,其交易标的物为恒生指数公司编制的市值加权的恒生中国国企指数。甚至连文莱国际交易所(IBX)也拟推出“中国统一指数”股指期货,新加坡拟设立以中国A股指数为标的的股指期货。这些境外机构开办有关的金融衍生品不仅是我国金融资源的流失和资本的外流,对我国的金融竞争力造成影响,而且可能导致我国金融资产定价权的丧失,从而对金融安全带来影响。

发展金融衍生工具已经成为中国金融市场发展的现实要求,对于当前中国金融市场而言,其关键在于认真研究,健全法规,合理选择品种,有序发展,同时加强监管,避免过度投机,达到趋利而避害的目的。2005年修订后的《证券法》规定,证券衍生品种发行、交易的管理办法,由国务院依照本法的原则规定。这为国家发展金融衍生工具提供了一定的制度通道,但是《证券法》却没有直接规定金融衍生工具的具体管理办法,从某种意义上讲,也是我国金融界与法学界对中国发展金融衍生工具缺乏制度性研究的表现。由此可见,从法律规范意义上加强对金融衍生工具法律规制问题的研究,立足现实情况设计我国金融衍生工具市场发展的可行性路径和制度框架,对于我国将来建立完善的金融衍生工具风险控制机制,促进金融市场的进一步发展,具有十分重大的现实意义。

二、金融衍生工具法律意义上的分类

中国银监会在《金融机构衍生产品交易业务管理暂行办法》中借鉴了巴塞尔委员会的做法,对金融衍生产品采用最原则的定义,即衍生产品是一种金融合约,合约的基本种类包括远期、期货、掉期(互换)和期权,衍生产品还包括具有远期、期货、掉期(互换)和期权中一种或多种特征的结构化金融工具。由此可见,金融衍生工具的范围十分广泛,为了更加有效和深入地开展研究,研究者有必要对金融衍生工具的研究范围进行一定的框定。根据当前衍生工具交易实践的划分方法,金融衍生工具交易可分为场内交易和场外交易。两者的区别主要体现在契约的标准化与否。一般而言,非标准化的金融衍生工具主要是在集中交易场所之外进行交易,如互换和掉期;而标准化的金融衍生工具则主要在集中交易场所内进行交易。而对于标准化的金融衍生工具,按是否证券化,又可以分为证券类衍生工具和契约类衍生工具。证券类衍生工具实际上已经将标准化的契约转化为一种标准证券,如我国证券市场目前已经推出的权证、可转债等。而契约类衍生工具则表现为一种标准合约,形式上与场内商品期货合约相似,如我国目前正在大力研究并紧锣密鼓地拟推出的股指期货等。

由此可见,从法律意义上可以将金融衍生工具进行两级分类。首先根据是否标准化,分为标准化衍生工具和非标准化衍生工具,当前我国应当重点研究标准化衍生工具,即在交易所集中交易的场内衍生工具;其次对于标准化衍生工具,又根据是否证券化,分为证券类衍生工具和契约类衍生工具,两者应当分别进行认真研究。从目前实践上看,证券类衍生工具一般都需在证券交易所进行发行上市,而契约类衍生工具因是标准合约,故无须经过发行环节,因此我们又可将证券类衍生工具称为发行类衍生工具,将契约类衍生工具称为非发行类衍生工具。这种分类法有别于传统经济学意义上对金融衍生工具的分类,是从法律规制意义上对金融衍生工具进行的新分类,有助于我们进一步细分金融衍生工具的研究范围,提高对金融衍生工具法律问题的研究水平。

三、金融衍生工具的法律属性

一般认为,金融衍生工具是一种契约,但该契约与一般民商事契约显然存在诸多不同。笔者认为,金融衍生工具是一种多元性的特殊契约,其多元性体现为表现形式(发行的证券或标准化和非标准化的契约)、标的物(包括权证、股指期货、国债期货)等方面的多样性,而其特殊性则包含以下几层含义:

(一)目的的特殊性:以规避风险为目的

金融衍生工具的特殊性首先表现为其目的特殊。普通契约的主要目的一般在于交换,设定彼此的权利义务。而设计金融衍生工具的最初目的则是通过与现货交易进行反向操作,为金融现货交易锁定风险。至于衍生工具的其他目的,如价格发现、投机获利等都可以称为这一目的的派生目的。

(二)标的的特殊性:以虚拟物品为标的

金融衍生工具作为一种契约,其合同标的并非实体物,而是一种虚拟的物品,如权证的标的是一种认股权利,股指期货的标的则是指数的涨跌。而这也正是金融衍生工具之所以被视为虚拟经济的重要原因所在。

(三)形式的特殊性:以标准合约为主导

金融衍生工具与普通契约在形式上的区别在于,金融衍生工具主要是一种标准合约,也就是一种标准化合同,而且这种标准化合同本身也是用于交易的。当然对于场外交易来说,金融衍生工具也常常表现为非标准化合同,不过从目前世界金融衍生工具场外交易实践来看,场外交易也有向标准化方向发展的趋势。

(四)履约的特殊性:以非实物交付为主体

普通契约一般约定交易双方彼此的权利义务,并在约定的时点进行标的交付,完成履约。但是金融衍生工具交易后,最大量的交易都通过对冲予以抵消,以避免进行实际交付。这是由金融衍生工具的特殊目的——规避风险所决定的。

(五)法律安排的特殊性:以市场内生规则为导向

在我国建立金融衍生工具制度存在一个基本的困难,那就是传统民商法框架在兼容衍生品方面的制度局限性。首先,衍生品立法与传统民商法的立法目的和调整对象不同。大陆民法是在罗马法基础上发展起来的,带有简单商品经济特点,现在传统民法的一些理念和原则已经不适应现代快速产品经济的发展,不能适应虚拟经济的发展。而衍生工具的运行规则是虚拟经济的规则。和简单商品经济追求商品的交换价值和使用价值、产品经济追求盈利的理念规则不同,其要追求的是避险、投机和套利。而大陆法系则很容易将衍生交易契约当做射幸合同或赌博合同来看待,因而和诚实信用、等价有偿的民商法原则是格格不入的。其次,衍生产品起源于英美,大陆法系没有适合的制度与其对应。英美等国在设计衍生品游戏规则时,带有明显的实用性特点。而衍生品游戏规则向大陆法系的转化,不仅在中国没有完成,在其他大陆法系国家也没有完成。大陆法系的学者们仍然对于衍生品交易合同的性质争论不休,这就类似于我国当初在研究信托法时总有些牵强附会一样。最后,大陆法系认为合同本来是充当交易的媒介,而标准化的衍生产品契约本身却成了交易的标的,衍生交易契约和衍生工具是否应该受知识产权法律保护等都是大陆法系国家所面临的问题。

(2006年第3期)

金融衍生工具上市地点的选择

——以金融期货为视角

胡茂刚*

20世纪70年代,随着布雷顿森林体系的解体、石油危机的影响,西方各国经济发展十分不稳定,汇率、利率波动剧烈,股票市场价格大幅波动。在这种背

* 作者单位:华东政法学院(现华东政法大学)。

景下，为防止金融市场汇率波动造成更大损失，金融期货应运而生。美国芝加哥商业交易所(CME)首开外汇期货交易之先河，由此成为金融衍生品市场创新和发展的巨大动力。1982年9月30日，欧洲最早建立、最为活跃的金融期货交易所——伦敦国际金融期货期权交易所(LWFE)正式开业，两年后推出伦敦金融时报100种股票价格指数期货交易。

近年来，金融衍生品在交易所市场的增幅明显高于场外市场，衍生品交易出现向交易所集中的趋势。以金融期货为例，交易所市场的交易量占据期货市场85%以上的份额，远远超过现货市场的规模。在全球排名前20位的期货合约中，有18个是金融期货合约。金融期货、期权的产生不啻为期货市场的第三次革命，与认股权、远期交易、货币和利率掉期等投资工具共同促进了现代风险管理业的发展。据统计，在金融衍生品市场，远期交易的持仓量最大，占整体持仓量的42%，掉期、期货和期权分别占27%、18%和13%。①

一、金融期货市场上市地点与期货市场监管模式

目前，金融期货上市地点主要有三种模式：第一，在商品期货市场上市金融期货，譬如美国芝加哥商品交易所、芝加哥商业交易所、韩国交易所、香港交易所等；第二，在证券市场和期货市场同时交易金融期货，形成竞争发展的良好态势，譬如日本东京证券交易所、大阪证券交易所和东京国际金融期货交易所等；第三，撇开商品交易所，单独组建金融期货交易所，譬如新加坡国际金融交易所、伦敦国际金融期货期权交易所。笔者认为，一国金融期货交易地点的选择不是偶然的，而是与一国金融市场发育程度、金融监管制度、传统交易习惯紧密相关。

1. 美国授权期货交易所上市模式。1974年美国国会在原《商品交易所法》的基础上，通过了系统严密的《商品交易委员会法》，成立了全国商品期货交易委员会(Commodity Futures Trading Commission，CFTC)，形成CFTC监管期货交易所和期货品种、证券交易委员会(SEC)监管证券交易所和证券产品，既有分工又有合作的监管格局。1982年，由于证监会与期监会发生金融期货期权管辖权之争，美国国会为平息利益冲突，明确CFTC负责股指期货和期权交易的监管；SEC则负责股票现货选择权、股票指数现货选择权和单一股票期权的监管。可见，美国证券期货市场分类管理体系和明确管辖权限的做法，决定了金融期货的上市

① 转引自伍旭川："金融衍生品发展与中国的对策"，载《河南金融管理干部学院学报》2005年第6期。

权和监管权归属期货交易所和商品期货交易委员会。另外，早期在证券交易所交易股指期货的韩国，在期货市场建立之后不久就通过立法，强制证券交易所移交股指期货至期货市场交易。这种积极市场介入和恰当制度安排的结果是：韩国KOSPI200股指期货和期权的成交量高居全球榜首，成为最具活力的期货市场。香港期货市场也有点类似，在香港证监会的统一部署下，2000年3月香港联交所、期交所与香港中央结算有限公司合并成立香港交易与结算所股份公司并实现上市，但保留了证券与期货交易分开运作的机制，金融期货期权等衍生品交易仍然在期货交易所进行。[①]

2. 日本证券、期货交易所同时上市模式。日本与美国不同，没有专设集中统一的期货监管机构，采用“三省归口管理”体制对期货市场实行分散监管：农产品期货市场由农林水产省管理，交易品种仅限于谷物，譬如东京谷物交易所；工业品期货市场由经济产业省管理，只能上市工业品，譬如大阪工业品交易所；而金融厅（原为大藏省）不论监管对象，只根据交易标的具有的金融属性行使监管权，负责监管大阪证券交易所、东京证券交易所的证券、金融期货以及东京国际金融交易所的金融期货交易，[②]形成了独具日本国情的衍生品上市特色：金融期货既可以在证券交易所上市，又可以在专门的国际金融交易所上市，譬如日本东京证券交易所很早就推出股指期货交易，大阪证券交易所上市日经225指数期货，而东京国际金融期货交易所一开始就推出国债期货，并成为日本最大、全球第三的金融衍生品市场。[③] 日本证券交易所、期货交易所同时上市金融期货的模式，在很大程度上取决于日本分部门监管期货市场的体制，分散管理与统一、多层次的期货法律法规体系形成强烈的反差，各部门管辖下的期货市场缺乏协调，各自为政，缺乏专业性与长远规划，成为日本衍生品市场衰败的重要原因。

3. 新加坡专门设立国际金融交易所模式。新加坡金融期货市场作为新兴市场的重要组成部分，在国际金融市场具有举足轻重的地位。为了打造一个亚、欧、北美分时区的金融定价中心，金融衍生品成为政府经济发展的政策优选。新加坡金管局在证券交易所之外，对黄金交易所进行重组，于1984年创办国际金融交易所（SIMEX）。由于金融衍生品没有专属权，新加坡于1986年抢在日本之前推出日经225指数期货，随后又开设了众多直接以国外指数和利率为标的的利率、股票衍生品。新加坡政府直接推动立法、另起炉灶组建国际金融交易所的

① 陈晗等著：《股票指数期货——理论、经验与市场运作构想》，上海远东出版社2001年版，第415页。

② 彭真明：“美日期货市场立法比较与借鉴”，载《国际贸易》1995年第3期。

③ 施兵超著：《金融期货与期权》，上海三联书店2004年版，第33页。

做法取得了巨大的成功,SIMEX 成为全球最大的欧洲美元期货市场,数度获全球最佳国际交易所殊荣。1999 年 12 月,新加坡国际金融交易所与新加坡股票交易所合并成立了新加坡交易所有限公司(SGX)并上市,但金融衍生品的交易继续保留在 SGX 下设的新加坡衍生品交易有限公司进行。

从以上三种模式不难看出,金融期货上市地点的选择与其说是证券与期货市场利益集团的博弈,不如说是证券期货监管体制分合的必然结果。

二、我国金融期货衍生产品上市地点选择与发展趋势

长期以来,股指期货、国债期货究竟在证券交易所上市还是在期货交易所上市的争论不绝于耳。进入 2006 年,国务院同意中国证监会筹建上海金融衍生品期货交易所,确认了期货交易所为开展金融期货的首选交易场所。我国之所以采取类似新加坡、英国单独组建金融交易所的模式,其根本原因在于:

1. 证券期货市场的集中统一监管为解决金融衍生品归属权奠定了监管基础。《证券法》第 7 条和《期货交易管理暂行条例》(以下简称《条例》)第 5 条分别规定了证券监督管理机构依法对证券市场和期货市场进行集中统一监管,此次由中国证监会主导金融衍生品的集中交易,客观上降低了部门之间的协调、沟通成本,减少了部门利益争夺控制权的摩擦。尽管新《证券法》保留债券由国务院授权的部门核准的规定,但现货市场的发行上市制度与期货市场的发行和上市没有直接因果关系。金融交易所的成立,等于宣布一个交易所不可能仅为一个品种而存在,这为金融交易所今后交易国债期货和外汇期货夯实了市场基础。

2. 金融期货的非证券属性是由期货市场特有的交易机制决定的。(1)从保证金制度来看,金融期货交易保证金一般为 5% ~12%,至少发挥了 8 倍的杠杆效应,这种"以小搏大"的特征与证券市场全额交易相比,放大了风险。[①] (2)期货交易合约最长不过一两年,证券只要没有退市,无固定期限限制,这就决定了期货交易的策略明显有别于证券市场。(3)金融期货理论上没有持仓总量限制,衍生品规模可以远远高于现货市场规模,持仓风险的预知和控制难度较大。(4)现有商品期货市场的交易、结算机制和技术系统适合金融期货的交易,而证券交易、结算制度则需重新梳理,费时费力。(5)金融期货资金的安全性明显低

① 即使在美国,期货账户的平均寿命不超过 6 个月,亏损面高达 70% 以上,高于股票 50% 的亏损面。参见波涛:"对我国发展股指、期指产品市场的几点建议",载上海期货交易所编著:《股票指数期货演讲论文集》2003 年版,第 116 页。

于证券市场，一旦风险控制不力，投资者的风险容易转化为期货经营机构的风险，进而成为交易所的风险。这些风险控制的技巧和能力需要在实践中不断摸索。

3. 新修订的《证券法》并未明确证券衍生品种附属于证券行业。《证券法》第2条赋予了国务院依据证券法制定证券衍生品种发行、交易管理办法的权力，但证券法总则确认的原则是：(1)公开、公平和公正原则；(2)平等、自愿、有偿、诚实信用原则；(3)遵守法律、行政法规，禁止市场欺诈原则；(4)原则上分业经营、管理；(5)证券监管机构依法集中统一监管原则；(6)重视行业自律原则；(7)审计机关加强审计监管原则。实际上，这些原则不仅仅是《证券法》的专利，《条例》也规定了类似原则，所以金融期货归属证券行业的舆论没有得到立法支持。

4. 历史经验教训为金融期货隔离证券风险提供佐证。期货作为衍生产品，其保证金对风险的放大作用、双向交易机制、衍生产品风险易于传导原生产品的特点决定了其复杂性和管理难度远远高于证券市场，对期货交易所和期货经营机构的风险管理水平提出更高的挑战和要求。由于证券交易所已经上市交易股票和债券，如果仍在证券市场交易股指和国债期货，在当前证券交易所管理现货市场尚力不从心的情况下，对期货市场管理一旦由于经验、技术不足而失控，期市风险容易迅速传导至现货市场，助涨助跌加速极端行情的效应将非常明显。1995年，当时证券交易所、期货交易所同时交易国债期货，但风险屡屡在证券交易所上演而未发生在期货交易所就是有力的证明。

5. 上市金融期货成为国外期货交易所通行的选择。由于期货与现货具有不同的交易形式，交易原理和风险特征有明显差别，不能受同一监管思路、同一管理系统的约束。国外金融期货的交易主要在期货(商品)交易所进行，譬如全球145个股指期货有128个在期交所交易，占全部交易量的85%以上，而且有些新兴国家还没有建立期货市场。即便是交易所联盟、合并浪潮迭起的今天，泛欧交易所(Euronext)仍然强调指出，期货和现货交易技术系统的无法融合是导致期货现货两块业务相互独立运作的关键性原因，坚持把衍生品业务放入子公司伦敦国际金融期货期权交易所进行。可见，期货现货两个市场分开运作是欧洲资本市场变革的一个显著特征，代表了当今证券期货市场发展的潮流。①

金融期货在期货交易所的推出，必然以依法拓宽证券、银行资金入市渠道，冲破证券与期货市场篱笆，实行现金交割制度，引导国有企业有序参与市场，实现市场化上市机制，试点交易所公司化体制为前提和保证。可以预见，在混业经营浪潮

---

① 姜洋等："欧洲金融衍生品市场的崛起与启示"，载《中国金融》2003年第3期。

的冲击下，在新《证券法》的制度创新模糊证券期货界限的背景下，我国商品期货交易所上市金融衍生品、证券交易所重推金融期货仍是不可阻挡的潮流。

（2006年第3期）

金融衍生工具市场监管法制构建中的三个关键问题

卢文道*

金融衍生工具功能的发挥，有赖于一个完善有效的市场环境。但毋庸置疑的是，金融衍生品工具市场存在大量的市场失灵和固有缺陷，这成为对金融市场施以外部力量予以规制的主要理论依据和实践动因。国际范围内，金融衍生工具市场发展的过程同时也是对市场监管的重要性不断认识，监管理念不断更新，监管制度不断调适的过程。在我国新兴的金融市场中发展金融衍生工具，构建合理、有效的市场监管制度，必须以风险防范、控制和管理为基本路径。其关键点在于，把握正确的风险控制价值取向，优化配置行政与自律监管职责，合理设计金融衍生工具交易与结算这两个重点环节的风控制度。

一、金融衍生工具市场监管中风险控制的价值取向

金融衍生工具监管的目标和重点在于风险防范、控制和管理，这是金融衍生品市场发展的普遍经验。国际范围内金融衍生工具频频发生的风险危机，是金融衍生工具市场监管须以风险控制为基点的最有力的佐证。但是，应当清醒地看到，市场监管是一把"双刃剑"，过于严格的市场监管会损害市场活力，降低市场效率。因此，在设计和执行金融衍生工具市场监管制度，控制市场风险时，必须平衡好市场安全和效率之间的价值取向，把握好风险防控的边界和力度。

首先，风险控制应该以保证金融衍生市场的现实存在和有效、协调发展为前提。金融衍生工具市场是相对于基础性金融市场，如股票、债券市场而言的，其

* 作者单位：华东政法学院（现华东政法大学）。

存在的一个重要目的是克服基础市场的局限性，使其与衍生市场能共容、协调发展。金融衍生工具风险控制之结果，应当是能够促进衍生市场之发展，发挥其有限性，而非限制其功能，甚至否定其存在。由于政治、经济、社会、文化等诸多因素的影响，在不同时期、不同区域，特定衍生品种的必要性、衍生市场的功能及有效发展的判断标准并不是绝对的，而是个动态的、曲折发展的、充满争议的过程。例如，在美国历史上，期货、期权等金融衍生工具交易长期以来都一直处于间或性的"放开"和"禁止"之中。20 世纪 70 年代商品期货交易委员会诞生之前，美国联邦证券和州证券监管当局都因为期权交易涉及大量的违规行为而对其严加管制。美国的一些州也曾一度把期货交易看成赌博活动而对其禁止或严加限制。20 世纪 90 年代，一系列金融衍生交易的损失事件，在美国又一次引起对是否要制止衍生工具交易的大讨论，结果以对《1994 年衍生产品交易限制法案》的否决而告终。

我国 20 世纪 90 年代开展的金融衍生工具交易一开始便与风险事件相伴而行，并最终在其冲击下被迫中断金融衍生品市场的发展进程。值得深思的是，金融衍生工具市场本身是一个高风险市场，国外市场上资金的拼杀也往往是波澜壮阔，其中不乏损失惨重（远远高出我国）的案例，但监管过程中风险控制的结果却完全不同。国外风波事件往往导致市场参与主体的破产倒闭，而我国则是市场本身的否定和丧失，这一点反映出我国在金融衍生工具风险控制理念上的缺陷。

其次，风险控制应严格限定在市场失灵的领域。金融衍生工具市场的基本经济功能是风险转移和价格发现，这一功能的正常发挥依赖高效、透明、竞争性的市场机制。风险控制不能损害甚至取代市场机制的正常发挥，应严格限定在市场失灵的领域，主要针对市场参与主体重收益轻风险的非理性本能、市场信息不对称、市场操纵、欺诈客户等市场缺陷，以强化市场参与者的风险意识，提高市场信息透明度，遏制市场违规行为，保护投资者利益。凡市场主体能够自主决定、市场运行机制能够有效解决、市场自律组织能够自主管理的风险，政府干预都应谨慎介入。

最后，风险控制应以防止系统性风险为目标。设计金融衍生工具的最初目的是应对不同的金融风险，但其自身在交易过程中也会面临市场风险、信用风险、流动性风险、操作风险和法律风险等新的自有风险。这些风险起初是分散的、单一地存在着。但是，实践告诉我们，当交易一方特别是主要交易者不能履行一个交易项下的义务时，往往会直接或间接地影响到其他交易，最终会由于"多米诺骨牌"效应而引发整个市场的财务危机，使系统的崩溃成为可能。从监管角度看，风险控制的目的不是消除单个的风险，而是要防止单方面、单一性风险蔓延，转化为多层面、多群体、多品种的系统性风险。

二、我国金融衍生工具监管模式的选择与构建

管理和控制好金融衍生品的市场风险，建立有效、合理的监管模式是一个基础性要件。一国金融衍生工具监管模式，固然是其政治构造、经济传统、市场水准、社会文化诸多因素的综合反映和共同作用的结果，带有特殊性。但更为重要的是，在世界经济一体化、国际化背景下，作为金融市场高级形态的衍生品市场之监管模式，带有更多的趋同性，即在倚重行政监管的同时，日益注重发挥交易所、行业协会等市场组织的自律监管职能，使二者并重。究其原因，主要在于自律监管具有高效率、低成本、更灵活、更周延等不可替代的优势。[①]

我国金融衍生品市场刚刚起步，金融期货交易所正在筹建之中。其监管体制与成熟市场相比，主要差异是行政监管与自律监管边界不清，行政监管处于绝对强势地位，自律监管形同虚设，金融衍生工具监管职责配置严重失衡。因此，构建我国金融衍生工具监管体制的要义在于尊重市场规律、培育自律组织、发挥自律优势，使自律监管成为整个金融衍生品监管体制中不可分割的一部分。为此，首先应当建立符合金融衍生品市场自律监管的法制基础。

在我国金融衍生品市场上，交易所、证券期货业协会自律监管运行究竟需要什么样的法制基础，这是一个相当庞大而复杂的问题。自律监管法制基础的重构，涉及法制理论、观念、文化、制度、立法、司法诸多因素，而其中比较关键的是立法和法律实施两个环节。

在立法环节，有关证券、期货衍生工具的法律，应明确交易所、证券期货业协会自律监管属性和具体监管职能。从法理上看，交易所、行业协会作为独立的社团法人和自律组织，对其成员实行监督、管理和约束，是其作为自律性组织的基本权利，也是其是否具备独立法律人格和法律地位的衡量标准。国家对这一基本权利，如同对于其他私法主体之权利，首先负有保护并不得侵犯和干涉的义务，同时还应当借助法律予以确认和认可，[②]体现为具体的法律制度。2006年1

---

① 详细论述参见徐明、李明良著：《证券及期货市场诸问题研究》，百家出版社2004年版，第71~75页；刘俊海："证券交易所自律监管地位比较研究"，中国法学会商法学研究会2005年年会论文。

② 徐明、卢文道："从市场竞争到法制基础——证券交易所自律监管研究"，载《华东政法学院学报》2005年第5期。

月 1 日生效的新《证券法》,已有所关注政府监管和市场自治的边界,证券交易所的自律管理职能受到了重视,其第 102 条规定证券交易所“实行自律管理”,揭示了其法律地位和本质特征,同时,其他条款中证券交易所的具体职能也有相应调整,国家权力开始部分退出证券交易所自治领域。在“期货交易法”制定或者修改《期货交易管理条例》时候,也应秉承这一立法理念,构建期货交易所自律监管法律基础。

在法律实施环节,核心问题是在尊重自律监管组织独立法律地位的基础上,构建证监会对自律组织的良性监管机制。其目的主要在于克服自律监管自身的局限性,如可能放松对市场参与者的监管,可能忽略社会公共利益。在法律层面,我国现行《证券法》及《期货交易管理暂行条例》也将证监会和自律组织之间的关系定位为监管和被监管关系,但问题在于,在实践中,证监会事实上将证券、期货交易所和行业协会作为其一个内设部门进行管理,交易所和行业协会不再具有独立的法律人格,由此导致法律意义上的监管与被监管关系渐次异化为领导与被领导关系。这一现状的出现,是特殊市场环境、特定历史时期的产物,如何将之转化为监管与被监管关系,是一个复杂的问题。笔者认为,首先要进行观念变革,证监会对自律组织进行行政监管的基本前提,是二者人格独立和法律地位平等,证监会应尊重自律组织的自治地位和独立人格。其次要将证监会对自律组织的行政监管机制用法律文件的形式固定下来,消除交易所作为政府附属物的弱势地位。可借鉴香港的做法,由二者签署《谅解备忘录》,在划定行政监管和自律监管边界的基础上,明确证监会对自律组织进行行政监管的机制和程序。

三、金融衍生工具交易与结算环节的风险监管

金融衍生工具作为交易品种,其风险之形成,交易环节为必经程序,无交易自无风险。交易风险的直接后果是投资人丧失履约能力,而这又涉及结算环节。因此,从交易和结算两个环节来监管金融衍生工具的风险,是国际通行的做法。我国金融衍生品市场的健康发展,交易和结算环节的风险能否有效控制是一个关键要素。

金融衍生工具交易风险控制的第一道门槛是交易主体的自我约束。金融衍生品参与者建立以风险管理为核心的内控机制,是整个金融衍生交易监管的核心与基础。我国金融衍生品市场发展尚处初期,对市场交易主体的风险监管过于依赖事先的资格审批和市场准入,对其内部风险规范不够、引导不力。行政和

自律监管有必要改变过去的重审批的刚性监管思路，建立以内控制度和风险管理为核心的灵活性监管架构，指导并监督金融衍生品交易主体建立、执行有效的内部风险管理制度。

对金融衍生工具交易风险，应持续、动态、严格监管，核心是切实执行保证金、持仓比例、涨跌幅限制、每日盯市制度、平仓等持续性风险控制措施。但是，交易所在执行这些监管措施时，可能存在利益冲突，即维护市场秩序的公共性和追求营利目标的自益性之间的冲突。交易所要立足长远，树立自律监管的品牌意识，而坚强、有效及公平的监督管理是交易所建立品牌的关键。行政监管机构应动态掌握、定期检查交易所自律监管衍生品交易的执行情况，促使其履行市场监管职责，及时矫正目标和行为偏差。

从结算环节来看，清算制度设计的合理与否直接关系着衍生品交易风险控制的有效性。在我国交易所市场衍生品交易结算制度构建中，核心和关键的问题应是实行国际范围内通行的、由登记结算机构担任共同对手方之制度。但需要解决的问题是，登记机构承担共同对手方之后，其关键是完善共同对手方制度的配套制度和法律环境，防止单一性、分散性交易风险集中于结算机构，进而导致其瘫痪、破产之状况。

从成熟市场的做法来看，共同对手方正常运作的法律制度主要包括如下基本要素：一是共同对手方通过责任更替的方式介入交易应当有法律支撑；二是作为共同对手方的结算机构在参与者违约或进入破产程序后，对其用于清算交收的财产有优先处置权，不受破产法有关破产财产处理规则的约束；三是共同对手方对结算参与人提交的交收担保品，以及交付的清算资金、证券享有优先性、排他性处理权，甚至不得被司法执行；四是共同对手方对结算参与人有权制定具体的业务规则，规则效力应得到法律支持。与成熟市场相比，我国证券市场现在实行的共同对手方制度还存在很多不足，需要继续完善。新《证券法》相关条款已经明确了证券结算中用于履行交收责任的证券、资金及担保品优先用于履行交收义务的法律属性，并规定证券登记结算机构对该部分财产的优先处置权。但该等规定侧重于证券现货交易的结算，对股指期货等金融衍生品种是否适用，尚存疑问，在未来期货交易法或者国务院制定的证券衍生品种行政法规中，有必要对此作明确规定。同时，共同结算参与人制度也涉及担保、破产、民事诉讼制度，担保法、民事诉讼法之修改及破产法之制定，相互之间应保持衔接，避免相互冲突。

（2006年第3期）

金融衍生工具市场的国际监管合作

陈　欣*

近些年来,金融衍生品交易等金融创新行为促进了国际金融关系的多样性和复杂性,这在客观上要求国内金融监管体制对国际金融市场的一体化趋势做出回应,积极参与国际合作,为国内衍生品市场的稳定创造良好的国际环境。它不仅要求国内法引入各国通行的监管标准,为市场参与者创造公平的竞争平台;同时,它还要求国内监管机构加强与他国监管机构间的信息交流,共同处理具有跨国性质的事件并参与到国际组织全球化监管标准制定的过程中。

一、规则性监管协调

传统上,政府间金融衍生品交易监管合作是规则导向的,主要通过双边或多边的条约、谅解备忘录进行。也就是说,监管合作是在信息共享的基础上,通过积极的政策协调和技术援助,采取一致的宏观经济政策立场并充分考虑各国国内的政策架构和监管措施,从而寻求监管目标统一的政策融合过程。① 这种协调方式可以在较长时间内保持制度的一致性、连贯性,因此它不但有利于监管机构进行定期磋商,预防危害市场秩序行为的发生,还有利于交易者对其行为的后果做出合理预期。

在国际上,通过规则来协调国家间衍生品交易监管的机构主要有国际互换与衍生工具协会(ISDA)、②国际清算银行(BIS)及其下的巴塞尔委员会(Basle Committee)和国际证监会组织(IOSCO)等。目前,我国是BIS、IOSCO的成员,而四大国有商业银行则是ISDA的会员。③ 由于国际组织颁布的规则通常采取软法的方式,我国对这些国际通行的监管标准审慎、合理的采纳,可促进我国重新审视国内衍生市场的内在属性和风险管理状况,在一定程度上弥补了衍生交易

---

* 作者单位:华东政法学院(现华东政法大学)。

① 朱孟楠著:《金融监管的国际协调与合作》,中国金融出版社2003年版,第60页。

② 应该说,作为行业协会,ISDA并未被赋予组织国家间监管合作的权力,但其主协议的广泛应用还是对衍生交易国际监管协调产生了重大影响,它的主要作用在于减少监管冲突,避免合约由于不符合国内法而不能强制执行等情况的发生。

③ 周小舟:"商业银行试水衍生品交易",载http://homehis.cfi.net.cn/(fdxcj5alxxz04m455gocrrio)/newspage.aspx? id=20040927000594。

监管体制的不足并为国际监管协调奠定基础。

就双边监管合作而言，截至2005年6月27日中越《证券期货监管合作谅解备忘录》的签署，中国证券监督管理委员会（以下简称证监会）已与26个国家（或地区）的监管机构签署了29个期货监管合作备忘录。[①] 同时，由于在国际上参与金融衍生品交易的主体包括金融机构、企业以及私人投资者，而我国将跨境交易的主体局限于银行业金融机构和少数国有企业的规定正逐渐被取消，因此，我国参与的金融衍生品交易监管协调并不限于上述的期货监管合作备忘录，它还包括银行业监督管理委员会（以下简称银监会）、证监会等监管机构签订的其他涉及信息共享、监管合作的政府间以及国际组织的决议。这些备忘录和相关协议的通过为中国和其他国家在衍生交易领域的经验交流、信息分享以及跨境执法协助提供了必要的支持。

二、应对危机的监管协作

在实践中，单纯的、基于平时的规则性监管并不足以预防衍生品市场危机的发生。多数情况下，设计缜密的监管网络仍然存在漏洞，而国际衍生品市场上经验丰富的投机家们十分擅于利用这些机会盈利并有意或无意地扰乱金融市场的稳定。因此，政府间的监管合作还体现在危机发生时，由国际组织主导或由各国自发形成的应对危机的监管协作。它有利于监管机构针对具体情况，就相关问题进行协商，迅速对突发事件做出反应，并在其后形成监管规则以完善现存体制的不足和纰漏。例如，在亚洲金融危机中，对冲基金通过在金融现货和衍生市场高度复杂的操作，引导热钱大量注入和逃出亚洲，从而在金融市场率先发难并造成其他投资者盲从，并最终成为吞噬东亚奇迹的“大鳄”。在金融危机过后，为了保护亚洲区域内货币免遭投机性攻击，中国、日本、韩国和东盟十国于2000年5月在泰国清迈达成《清迈倡议》，目标是建立以本地区各成员之间货币互换和回购条约为基础的地区金融合作网。[②]

---

① 证监会：“中国证监会与境外监管机构签署的备忘录一览表”，载 http://www. csn. gov. cru/cn/jsp/detail. jsp。

② ASEAN, The Joint Ministeral Statement of the ASEAN + 3Finance Ministers Meeting, http://www. pecc. org/finance/forum2002/1seanfinance. pdf.

三、我国金融衍生品交易监管合作的立法及其完善

在立法上,我国对于参与衍生交易监管的国际合作仅有总括性的条款。例如,《证券法》第 179 条第 2 款规定:“国务院证券监督管理机构可以和其他国家或者地区的证券监督管理机构建立监督管理合作机制,实施跨境监督管理。”而银监会、证监会、保险监督管理委员会(以下简称保监会)于 2004 年 6 月 28 日颁布的《银监会、证监会、保监会在金融监管方面分工合作的备忘录》授权监管机构负责对外联系,并与当地监管机构建立工作关系①;要求银监会、证监会、保监会密切合作,就重大监管事项和跨行业、跨境监管中复杂问题进行磋商,并建立定期信息交流制度。② 但由于这些规定过于原则,缺乏明确的操作细则,实践中仍需要各监管机构视具体情况进行国际监管合作。因此,在未来的立法中,我国有必要通过实施细则、司法解释等形式,将成熟且有效的做法法律化,赋予监管机构参与定期及突发事件下国际监管合作的权力。首先,对于跨国衍生交易,应建立合理的风险报告制度,既保证信息披露的可靠性和完整性,以利于监管机构及时发现风险,制止风险的扩大,又保证被监管对象充分的自主权,通过内部管理程序进行风险控制。其次,在规则性监管协调上,应明确国内不同金融监管机构之间、国内和国外监管机构之间的职责范围,建立信息交流和共享机制,协助监管机构取得有效监管所需的资料并通过对信息使用的限制避免信息被滥用。最后,就应对危机的监管协作而言,必须对突发事件及相关风险的性质、范围做出限制并在各监管机构间建立稳妥、合理的处理危机的机制,通过明确、合法的程序支持,维护衍生市场乃至整个金融市场的稳定和发展。

(2006 年第 3 期)

---

① 《银监会、证监会、保监会在金融监管方面分工合作的备忘录》第 8 条第 2 款。

② 《银监会、证监会、保监会在金融监管方面分工合作的备忘录》第 12 条。

商法通则统一立法的必要性和可行性

杨　继*

一、引　言

所谓商法通则，即商法中不属于公司、合伙企业、证券、票据、保险、海商、信托、破产等各单行法律，而对一般性问题加以规定的部分。在形式意义民商分立的大陆法系国家，商法通则的内容一般规定于《商法典》之中，主要内容有商事主体（商人）身份、商事登记、商号、商事簿记、商事代理及经理权、商事辅助人（如代理商、经销商、行纪商等）、商行为的一般规定和特别商行为等。

需要指出的是，商法通则和“商法总则”是不同的概念，有成文《商法典》的大陆法系国家，其法典的总则部分内容各不相同，不过一般涉及上述八项内容中的前六项，[①]而不包括商行为的内容。而本文论及的商法通则概念，大致相当于这些《商法典》的总则部分和商行为部分的总称，比“商法总则”概念涉及的范围更为广泛。原则上，可以认为商法通则的内容基本相当于国内商法学研究中“商法总论”的内容。而且，目前国内高校法学专业开设的“商法总论”课程以及相关教科书，其内容也大致与上述对商法通则的界定近似。[②] 同样内容在日本学者著述中多称作“商法总则及商行为法”。[③] 而在德国，类似内容的著作和教

---

* 作者单位：清华大学法学院。

① 日本、韩国等国和我国澳门地区的商法典均如此。《德国商法典》制定之初亦同，其中有关商事簿记的内容为第一编（总则）的第四章，但1986年对法典进行修订后，该部分从总则中独立出来，构成了法典的第三章。参见［德］卡纳里斯著：《商法学》，贝克出版社2000年版，第21页。由于《法国商法典》立法较早，条理性不强，结构独特，商行为亦规定于总则中，但缺乏商行为的明确定义。

② 赵中孚主编：《商法总论》，中国人民大学出版社2003年版，该著作除此之外还概述了各商事特别法的一般内容；柳经纬、刘永光编著：《商法总论》，厦门大学出版社2004年版，该著作在商事主体的论述中详述了公司、合伙企业和个人独资企业制度，在商行为的论述中详述了期货、招标投标等交易。

③ 如［日］上柳克郎、北泽正启、鸿常夫、竹内昭夫编：《商法总则·商行为法》，有斐阁1982年版；［日］中田修三、中村真澄著：《商法总则·商行为法》，青林书院1984年版等。

学课程一般径直称作“商法学”。①

自20世纪90年代以来，中国商事立法取得了很大的成就，先后制定了《海商法》、《公司法》、《合伙企业法》、《个人独资企业法》、《票据法》、《保险法》、《证券法》等一系列商事单行法律，对促进社会主义市场经济的发展、保障商事主体的利益和商事交易的安全，都发挥了巨大的作用。与此同时，商法的教学和研究也呈现出蓬勃发展的良好势头，各商事单行法作为学术研究的客体，已被大量的著述、论文详尽分析、反复钻研。然而，在这一系列单行商事法规之上，我们始终缺乏一部在商法领域起到基本法作用的通则性规范，立法机关也迟迟未有此类计划。反映在学术领域，无论在教学还是法学研究中，对于各商事单行法之外的商法总论部分都存在很大程度的忽视。我国商法学者一般将主要精力投入各单行法律的教学与研究之中，对商法总论或商法通则的关注，相对较为薄弱。② 上述现象在我国商事立法和各项商事制度的初创期，有其合理性和必然性。但随着商事组织的数量增多、形式多样、规模扩大以及商事交易数量和规模的迅速发展，我国缺少商法通则性规范的弊端已经逐渐显露出来。

二、大陆法系各国民商事立法三种模式的发展现状与中国的选择

众所周知，当代大陆法系国家在民商法关系上，有三种不同的立法模式：③第一种模式是从实质到形式的完全民商分立，分别制定《民法典》和《商法典》，

① 如[德]卡纳里斯(Canaris)著：《商法学》(Handelsrecht)，贝克出版社2000年版；[德]卡斯腾·施密特著(Karsten Sehmidt)：《商法》(Handelsrecht)，卡尔·海曼出版社1999年版；许布纳(Hübner)著：《商法》(Handelsrecht)，C. F. 米勒出版社1999年版等。注意“商法”这一概念如无特别说明，在德国仅指本文所述的商法通则或商法总论部分，而不包括公司、证券、票据、保险、信托、海商等特别法，尽管它们中间的有些内容出现于《德国商法典》中。

② 如我国有关“商法总论”的著作多不超过40万字，其中往往还包括了大量的商事组织法(主要是公司法)和特别商行为的内容。而德国“商法学”著作大多在60万字之上，如上述卡纳里斯的著作翻译成汉语还有近60万字，卡斯腾·施密特的《商法》更是洋洋洒洒百万字以上。对于一项法律条文、一项商法制度的法律教义学分析，德国学者也极尽学理功底，如卡斯腾·施密特对商事主体是否可以界定为“企业”(Unternehmen)发表过大量论文，前后有数十万字之多，参见[德]卡斯腾·施密特著：《商法典和当前商事法》(Das HGB und die Gegenwartsaufgaben des Handelsrechts)，瓦尔特·德·格鲁伊特出版社1983年版及《商法典修订的说明和建议》(Bemerkungen und Vorschläge zur überarbeitung des Handelsgesetzbuchs)，载《企业杂志》(DB)，1994年。相比之下，我国学者对商法通则或商法总论部分的兴趣和论述深度都要逊色得多。

③ 以下各模式的分类参考了王保树：“商事通则：超越民商合——与民商分立”，载《法学研究》2005年第1期；石少侠：“我国应实行实质商法主义的民商分立——兼论我国的商事立法模式”，载《法制与社会发展》2003年第5期。

我国民商法学者进行比较法研究时的几个“榜样国家”，如法国、德国、日本，全部属之。需要指出的是，我国学者常认为完全民商分立的模式已不符合民商法发展趋势，采完全民商分立模式的国家已逐渐减少，现存各国的《商法典》大多徒具形式，“在《民法典》之外成功地编纂《商法典》实属天方夜谭”等，[①]应属误解。实际上，近年来随着东欧前社会主义国家重新确立传统意义上的民商事制度，制定或恢复《商法典》的国家队伍有了大幅扩展，包括斯洛伐克、波兰、爱沙尼亚、拉脱维亚、保加利亚、乌克兰等。其中有些国家实行民商分立体制固然在很大程度上与其恢复百年前的传统有关，但这一现象也证明了《商法典》仍然可以在21世纪的今天被制定和采纳，《商法典》的队伍在继续扩大。其实，拥有《商法典》的国家一直占大陆法系国家的多数。[②]

第二种模式是从实质到形式的完全民商合一，即在《民法典》中规定大量商法性规范，甚至将很多特别商事法律的内容也订入其中。该模式首先产生于20世纪初期的瑞士，其《债法典》包括了大量商法规范。后来，意大利、荷兰等国也走上了这一立法道路。不过，近年来，除了荷兰仍在不断完善自身卷帙浩繁的《民法典》之外，采用这种“大民法”模式的国家并不见增多。

第三种模式可以称作不完全的民商合一，即形式上只存在《民法典》，不制定《商法典》，而将商事规范以单行法的形式制定。也有学者将此模式称作实质上的民商分立。[③] 实际上，不制定《商法典》的大陆法系国家，如北欧各国、捷克、立陶宛等，大多属这一模式。在传统分类中，该模式常与第二种模式混淆，实际上这两种体系在商法的实质独立性方面有重大不同，应予区别，并且这种区别在本文的论述上有重要的意义。这一模式长期以来在很多国家和地区稳定存在，虽在数量上略逊一筹，但与上述第一种模式仍可谓平分秋色。

由此可见，在大陆法系的原生地——欧洲，各国选择哪一种民商法立法模式，并没有太多的理论体系差异和优劣之分，而主要系不同的历史与文化背景使然。很大程度上，中世纪商人法独立的惯性造成了很多国家19世纪法典化运动中的民商完全分立。像我国这样既无《民法典》更无《商法典》的国家，今后选择哪一种模式，就完全应该从本国的立法传统和当前民商事法律关系的

① 此观点所持者众多。参见赵中孚主编：《商法总论》，中国人民大学出版社2003年版，第43页、第47页；郭锋：“民商分立与民商合一的理论评析”，载《中国法学》1996年第5期；史际春、陈岳琴：“论商法”，载《中国法学》2001年第4期。

② 赵中孚主编：《商法总论》，中国人民大学出版社2003年版，第45页。

③ 石少侠：“我国应实行实质商法主义的民商分立——兼论我国的商事立法模式”，载《法制与社会发展》2003年第5期。

发展实际出发，并考虑立法技术的可行性与法典制定的形式理性要求，做出明智的判断。

上述第二种模式无论在《民法典》内部的条理性和系统性，还是在立法技术和实际可操作性上，都会造成尴尬的问题。如《瑞士债法典》在民法内容方面（第1～551条），条理清晰、结构科学，并不逊于《德国民法典》，甚至由于其用语的通俗和简明，而受到学者的众口称赞。① 但其第552条之后的商法部分，则完全失去了这一优势，不但在条理性上大不如前，而且这些内容本身是否适合规定于《债法典》之中，大有疑问。如果说汇票、本票和支票属于特殊的债权凭证，规定于其中尚可理解的话，那么主要体现法人主体制度和内部组织制度的公司法和其他商事组织法，主要体现管理法特征的商事登记、商号和商事簿记制度，被纳入《债法典》中，就没有任何的理论依据和体系意义。另外，《瑞士民法典》和《瑞士债法典》中都有部分条文对普通民事主体和商事主体规定了不同标准（如《瑞士民法典》第895条、《瑞士债法典》第313条），而该国缺乏商事主体认定的统一规定，这必然造成理解和适用上的困难。况且，当代经济生活日新月异，不断有大量新的法律关系类型和交易形式出现，《民法典》尚且无法囊括各种新型的民事法律关系类型，②更何况具有更大的变动性和可操作性的商事法律规范！因此，虽然也有学者建议我国将来的《民法典》实行这种“大民法”模式，③但基本上不被通说认同。④ 事实上，我国众多民法学者参与起草的《民法典》（草案）也与瑞士和意大利的法典完全不同，在其中的总则部分对经理权、商号、商事登记、商事簿记等商法内容未作任何规定，在物权、债权（合同）编中也基本没有顾及商法问题（仅在合同分则中承继《合同法》，规定了运输、行纪、仓储等商事合同类型），实际上已经放弃了完全民商合一的立法模式。⑤

至于民商完全分立的第一种模式，如上所述，仍有其生命力所在。但我国自民国以来一直放弃制定《商法典》的模式，已经深入人心。而且在《民法典》的出

---

① 《瑞士债法典》，吴兆祥等译，法律出版社2002年版，译者的话。

② 如德国就制定了《上门业务及类似业务撤销法》、《分期付款法》、《产品责任法》、《房屋所有权法》、《同居伴侣法》等大量单行民事法律。

③ 冯乐坤：“民法设计思路之检讨——从法人角度观察”，载《法学评论》2004年第2期；王明锁：“论中国民商立法及其模式选择”，载《法律科学》1999年第5期。

④ 赵中孚主编：《商法总论》，中国人民大学出版社2003年版，第49页；江平：“关于制定民法典的几点意见”，载《法律科学》1998年第3期；任尔昕：“我国商事立法模式之选择”，载《现代法学》2004年第1期。

⑤ 2002年12月17日提交全国人大常委会审议的《中华人民共和国民法（草案）》；江平：“制定一部开放型的民法典”，载《政法论坛》2003年第1期。

台仍须假以时日的情况下，制定体系完备、条文众多的《商法典》在立法技术上也欠缺可行性。更何况，很多传统上拥有《商法典》的国家，其《商法典》中公司、票据、保险、破产等内容都有剥离的趋势，而其精髓保留在商法总则和商行为的规定上。① 因此，至少在相当长的时期内，我们都没有必要罔顾国内立法的实际情况和历史经验，片面追求系统性和逻辑结构的严密，去制定大部头的《商法典》。② 实际上，主张民商完全分立模式，即制定独立《商法典》的意见，在我国也不居通说地位。③

这样，就只剩下第三种模式——分别制定《民法典》和各单行商事法律，既符合我国的传统，又与当前的实然法状态一致，上述《民法典》(草案)也遵循着这一路线。对此，本来争议不大。④ 但是，本文开始时提出的问题仍然存在：除了现有的和即将制定的一系列单行的特别商事法律，还存在很多商法中的一般性规范，即上文所定义的商法通则内容，它们应置于何处呢？上文已经否定了将其一并归入《民法典》中的设想，因此仅余下两种不同的解决方案：或者认为制定一般的《民法典》和单行的特别商事法律，已然足够，没有必要再制定这些商法通则性规范，将其仅作为学术研究的对象即可，不必在立法上体现；或者承认它们在立法上的必要性和可行性，从而制定名为《商法通则》(或“商事通则”)的一般性规范。

① [德]卡纳里斯(Canaris)：《商法学》(Handelsrecht)，贝克出版社2000年版，第21页；《法国商法典》，金邦贵译，中国法制出版社2000年版，译者的话。

② 王保树：“商事通则：超越民商合一与民商分立”，载《法学研究》2005年第1期。

③ 米健：“现今中国民法典编纂借鉴德国民法典的几点思考”，载《政法论坛》2000年第5期。该文主张我国立法“民商分立”，但没有明确提出制定《商法典》。徐学鹿先生多次提出制定《商法典》的建议，主要参见：“析‘民法商法化’与‘商法民法化’——再论‘进一步完善民商法律’”，载《法制与社会发展》1996年第6期；“我在学习商法中碰到的几个问题”，载《什么是现代商法》，中国法制出版社2003年版，第10页。但徐先生的论述一向混淆大陆法和美国法不同意义上的“商法典”。笔者以为，对美国商法具体制度的借鉴恐为我国今后商事立法的潮流，但在体系上制定类似美国《统一商法典》的法律，与我国传统法律体系完全冲突，几乎不具有合理性和可能性，也没有任何大陆法系国家敢于进行这样的试验，此不赘述。

④ 江平：“关于制定民法典的几点意见”，载《法律科学》1998年第3期；梁慧星：“制定民法典的设想”，载《现代法学》2001年第4期；赵万一：“论民商法价值取向的异同及其对我国民商立法的影响”，载《法学论坛》2003年第5期。

三、商法通则统一立法的必要性

（一）《民法典》和商事特别法之间有大量立法空白存在

持上述第一种观点的学者提出的一个重大理由是：虽然公司、保险、票据、海商等商事特别法是客观存在的，但“制定诸如商人、商行为、商事代理之类的总则性规范没有必要。所有的特别法都可以统一适用民法典总则，主体适用主体的规定，行为可以适用民事法律行为的规定，诉讼时效适用统一的民事诉讼时效的规定，商事代理可以适用一般代理的规定”。[①] 这一理解有偏颇之嫌，对于商事主体和商事交易的需要显然注意不够。

我们知道，民法和商法都属于私法范畴。民法系一般私法，商法系特别私法。[②] 所以，很多私法制度，如主体制度、法律行为制度、代理制度、物权制度、一般债法制度等，都是民商法共有的。其中对一般民事主体和一般民事法律行为都适用的制度，当然地适用于商事主体和商行为。这也是在民商分立国家，凡《商法典》中没有特别规定，就适用《民法典》等民事法律的原因所在。这种现象并不能说明所有商事交易中的法律关系都可以被《民法典》所包含。实际上，由于商事法律关系的营利性特征，使它除了具有与一般民事法律关系的共性之外，还有很多特性存在，而这些特性体现在实然法的规则上，即为各商事法律的内容。当前，很多商事特别法中的特有制度已人所共知，而一些民商法共有的私法制度在商法通则中的位置以及它们在民商事法律中的差异，却往往被民法学者忽视，在商法研究与教学中也经常一带而过。[③] 这一忽略的后果是我国民商法学界对很多具体私法制度的认识是不全面的。在此不妨举几个重要制度为例：

1. 例证一：“隐名代理”和被代理人死亡问题

---

① 赵中孚主编：《商法总论》，中国人民大学出版社 2003 年版，第 50 页；梁慧星：“制定民法典的设想”，载《现代法学》2001 年第 4 期；王利明：“中国民法典的体系”，载《现代法学》2001 年第 4 期。

② 王保树主编：《中国商事法》，人民法院出版社 1996 年版，第 10 页；赵中孚主编：《商法总论》，中国人民大学出版社 2003 年版，第 25～26 页；范健主编：《商法》，高等教育出版社 2000 年版，第 7 页、8 页；［德］卡纳里斯（Canaris）著：《商法学》，贝克出版社 2000 年版，第 1 页；［德］布洛克斯（Brox）著：《商法和有价证券法》，贝克出版社 2004 年版，第 1 页、第 3 页。按德语中“民法”为 btirgerliches Recht 或 Zivilrecht，在这个意义上使用“民法”概念，其中一般不包括商法。而“私法”对应 Privatrecht，德国学者认为商法是特别私法，但一般不将商法界定为特别的民法。笔者认为，这种在基本概念上区分“民法”和“私法”的严谨方式，值得我国学者借鉴。

③ 如我国许多商法教科书对商事代理、商法中的物权、商法中的债法特别规则都叙述得非常简略，似乎这些问题仅属于一般民法问题，但民法学者对它们又经常忽略。例见下文详述。

我国民法学者认为,大陆法系的代理,系采狭义概念,即代理人仅得以本人名义为法律行为。间接代理即代理人以自己名义为法律行为,也称"隐名代理",仅存在于英美法系。① 我国《民法通则》第63条也将代理限制在此狭义概念内。殊不知大陆法系各国民法对代理确实有此限制(如《德国民法典》第164条、《日本民法典》第99条、第100条),但在商法中往往对其加以突破,即商事代理的代理人可以不表明为被代理人所为,其行为也对被代理人发生效力(参见《日本商法典》第504条、《韩国商法典》第48条)。我国现行法律无民事代理和商事代理的区别,对商事代理没有一般性的规定,所以虽然在《合同法》第402条和第403条中于一定程度上承认了间接代理,但给学者和法律实务界带来突兀之感,认为此系不当借用英美法的结果,有损我国民法的原有体系。② 这实际上是忽视大陆法系原有的商法规定造成的结果。

同样,民法学者多认为,代理关系中的被代理人死亡或终止,代理关系一般应终止,③我国《民法通则》第69条、70条和有关司法解释也是如此规定。大陆法系各国民法一般有类似制度(如《德国民法典》第168条、《日本民法典》第111条),但很多国家在商法中对此限制加以放宽,规定商事代理中,被代理人(本人)死亡不影响代理关系的存续(如《日本商法典》第506条、《韩国商法典》第50条)。我国无此规定,对于商事交易中的代理,将造成大批无效和效力未定的情况,不利于商事交易简便和快捷地进行。

2. 例证二:流质禁止

禁止流质契约是动产质权制度中的著名规定,我国学者认为流质契约在多数国家均为非法。④ 从民法上看,确实如此,主要国家的《民法典》没有允许流质契约的(如《法国民法典》第2088条、《日本民法典》第349条、《德国民法典》第1229条、《瑞士民法典》第894条),我国《担保法》第66条也沿用了这一规定。

然而,使人意想不到的是,一些国家在商法中放宽了这一限制,规定《民法典》中的流质禁止条款不适用于"为担保商行为债权而设定的质权"(主要参见《日本商法典》第515条、《韩国商法典》第59条)。可见,流质契约在这些国家

① 梁慧星著:《民法总论》,法律出版社2001年版,第210页;马俊驹、余延满著:《民法原论》,法律出版社1998年版,第283页。

② 崔建远主编:《新合同法原理与案例评释》,吉林大学出版社1999年版,第1370页。

③ 梁慧星著:《民法总论》,法律出版社2001年版,第228页;马俊驹、余延满著:《民法原论》,法律出版社1998年版,第294页。

④ 梁慧星、陈华彬编著:《物权法》,法律出版社2003年版,第345页;马俊驹、余延满著:《民法原论》,法律出版社1998年版,第485页;杨立新等著:《物权法》,中国人民大学出版社2004年版,第285页将"流押契约"与"流质契约"一并论述。

并非绝对被禁止，而是根据普通民事主体和商事主体、普通民事法律关系和商事法律关系的不同特征，做出了不同规定。其目的显然在于赋予商人更大的私法自治，便于商事交易的多样化和便捷。我国是否在商法通则的立法中引进这一规定，可以再讨论。但当前，各民法著作中普遍忽视这一现象的存在，则是显然不妥的。

3. 例证三：留置权

我国学者传统上认为德国不承认留置权为担保物权，而仅为债的履行中的一种抗辩手段，而到了瑞士、日本的民法之中，留置权制度才作为担保物权得到承认。① 的确，《德国民法典》的物权编里没有规定留置权，仅在第273条和第274条规定了作为履行抗辩权的留置权。但是，《德国商法典》第369～371条对商人留置权（kattfinannisches Zurückhaltungsrecht）作了规定，其中的突出之处在于第371条第1款规定："债权人依留置权，有权由留置的标的物为其债权受清偿。"同条第2款还规定："清偿依《民法典》关于质权的规定进行。"我国学者认为，判断是债权性的留置权还是物权性的留置权，区别在于"是仅有标的物的拒绝交付权，还是同时包括以占有标的物为内容并支配其交换价值的独立物权。"②从上面条款可以判断，显然《德国商法典》中的留置权属于物权，或至少具有强烈的物权属性。德国学者也持相同观点，并多数在《商法学》著作中设"商人留置权"的内容，将其置于"商事物权"部分中。③ 我国学者之所以对德国的留置权制度存在误解，还是由于忽略了商法特别规定的缘故。

而且，规定了商事留置权（或商人留置权）的国家，它和民事留置权也有重大差别，主要体现在留置物的标的之上。民事留置权人可以留置的动产一般须与其债权的发生有牵连关系，而不允许债权人任意留置所占有的债务人的其他动产（参见《德国民法典》第273条、《瑞士民法典》第895条第1款、《日本民法典》第295条），我国学者常将这一原则作为留置权的一般原则加以确定。④ 但在很多国家，商事留置权人可以留置其占有的债务人的所有动产，即可留置因

① 梁慧星、陈华彬编著：《物权法》，法律出版社2003年版，第351页；杨立新等著：《物权法》，中国人民大学出版社2004年版，第343页；马俊驹、余延满著：《民法原论》，法律出版社1998年版，第488页。

② 梁慧星、陈华彬编著：《物权法》，法律出版社2003年版，第352页。

③ ［德］卡纳里斯（Canaris）著：《商法学》（Handelsrecht），贝克出版社2000年版，第518～522页；［德］卡斯腾·施密特著：《商法》，卡尔·海曼出版社1999年版，第22节，第Ⅳ 1d段。

④ 梁慧星、陈华彬编著：《物权法》，法律出版社2003年版，第355页；杨立新等著：《物权法》，中国人民大学出版社2004版，第347页、第349页；马俊驹、余延满著：《民法原论》，法律出版社1998年版，第492页。

"无关债权"(inkonnexe Fordemng)占有的物(参见《德国商法典》第369条、《日本商法典》第521条、《韩国商法典》第58条、《瑞士民法典》第895条第2款对商事留置权作了特别规定,但该国没有商法通则的单行法,此款中"商人"如何判断,甚为可疑)。我国《物权法》草案(第二稿)第271条第2款用但书规定了企业之间的留置,可以不考虑牵连关系。① 这是一个可喜的变化,但在商法通则性立法付诸阙如之时,何谓"企业",恐怕难免争议。

4. 例证四:对要约的承诺

沉默是否可作承诺方式,在我国有一定争议,学者对此多持否定态度,②《合同法》第22条对此语焉不详。一般民商分立国家的立法,于《民法典》中常对此缺乏明文规定。这至少意味着在缺少当事人事先合意的情况下,沉默不能被视作承诺。但在很多国家的《商法典》中,对于商人的沉默却作出了强制性的规定,即某些情况下,商人对要约的沉默视作承诺(参见《德国商法典》第362条、《日本商法典》第509条、《韩国商法典》第53条)。当然,这一规定是有限制的,或者如《德国商法典》将其限制在事务处理合同这一类型中,或者如日本和韩国的规定将其限制在有经常交易关系的、属于其营业范围内的商人之间的意思表示。被称做"民商合一的典范"的我国《合同法》没有对此做出规定,这是否对商事主体之间的交易不利呢?笔者认为很值得探讨。

5. 例证五:保证形式、借贷利息和佣金

这三个问题都涉及在缺乏当事人之间约定的情况下,对他们的意图如何推定,因此一并论述。

保证分为一般保证和连带保证,其区别是保证人是否享有先诉抗辩权。我国有学者认为,多数国家的保证以一般保证为原则,只有当事人约定,才是连带保证。因此,我国《担保法》第19条的规定被认为比较特殊。③ 从民法的规定来考察,这一观点是正确的。可以认为大多数国家和地区以一般保证为原则,连带保证为特例(参见《日本民法典》第446条以下、《德国民法典》第765条以下、《瑞士民法典》第496条)。但在商事制度中则与此不同,如果债务由主债务人的商行为产生时,或保证系商行为时,即使主债务人与保证人以不同的行为负担债务,其债务也由主债务人及保证人连带负担,即保证人不享有先诉抗辩权(参

---

① 《中华人民共和国物权法(草案)》,2004年10月15日委员长会议审议稿。

② 王利明等著:《合同法》,中国人民大学出版社2002年版,第61页;崔建远著:《合同法》,法律出版社1998年版,第47页。

③ 张广兴著:《债法总论》,法律出版社1997年版,第219页;但马俊驹、余延满在《民法原论》(法律出版社1998年版)第594页的论述与此相反。

见《日本商法典》第511条第2款、《德国商法典》第349条、《韩国商法典》第57条第2款、《澳门商法典》第567条)。现实商事交易中,此类保证人常常是金融机构或有充足资金的商人,他们做出保证时往往要求主债务人同时提供反担保,取消先诉抗辩权对其并无明显不利。而我国《担保法》将连带担保为原则、一般担保为例外这一规定扩展适用至一切民事法律关系主体,显然有过于严厉之嫌。若今后有商法通则的立法承接这一原则,而将《民法典》中的规定还原至与大多数国家一致,似更为合理。

存在商法通则性法律的国家,对民事借贷和商事借贷中的利息问题,有不同规定。在民事借贷中,如果未约定利息,视为不要求支付利息(如《德国民法典》第609条第3款、《日本民法典》第590条、《瑞士债法典》第313条第1款)。但贷款为商行为的,即使未约定,也可以请求利息(如《德国商法典》第354条第2款、《日本商法典》第513条、《韩国商法典》第55条、《瑞士债法典》第313条第2款对"商事借贷"作了特别规定,但如同上文对留置权问题的论述,没有商事主体制度的国家如何判断借贷是否属于"商事"是个问题)。我国《合同法》第211条规定自然人之间借款,未约定支付利息或约定不明确的,视为不支付利息。这一规定也有将民商事活动分开的意义,但将普通民事主体限于自然人,并不合适。法人如果不具有商事主体身份(如非营利组织、民办学校、公益机构等),也应受到这一利息规定的保护。如有明确的立法规定商事主体资格,使该利息规定适用于所有不具商事主体资格者,这一遗憾就不会存在。

学者多认为,一般民事合同,如未约定合同义务人有偿,即可认为其无权要求报酬或佣金,如民事保管合同、民事委托合同等。[①] 但在制定了商法通则性法律的国家和地区,合同义务人如系商事主体从事营业,即使双方未约定佣金,义务人也有权要求对方支付(如《德国商法典》第354条第1款、《日本商法典》第512条、《韩国商法典》第61条、《澳门商法典》第570条)。这是商事主体从事营业的营利性的当然需要。对此问题,我国学者迄今为止还鲜有注意者。

6. 例证六:违约责任应为严格责任抑或过错责任

我国学者一般认为,大陆法系国家在违约责任方面一直坚持过错责任原则,

---

① 马俊驹、余延满著:《民法原论》,法律出版社1998年版,第544页;王利明等著:《合同法》,中国人民大学出版社2002年版,第8页,该书将民事保管合同和商事保管合同之间的区别用"公民之间的保管合同"和"法人之间的保管合同"代替,恐不妥。非法人的商事主体若从事保管(仓储)营业,也应有权获得报酬(即使未作事先约定)。

严格责任原则是英美法系发展起来的。[①] 还有学者指出英美法系上的严格责任是当前的发展方向。[②] 在《合同法》制定过程中,学者们为此多有争论。本文对严格责任与过错责任的优劣不作评述,而仅仅试图提醒读者:从民商法分别规定的角度着手,这个问题很好解决。

大陆法系国家债法上的违约责任完全是过错责任吗?其实不是。针对营业者的违约责任,如旅店主、货物承运人、运输代理人、行纪人等,各国的民商法规定(主要是商法规定),确立了很多实行严格责任,或称为准严格责任的情况。比如,《德国商法典》第426条规定:(承运人对货物丧失或毁损的)责任仅在损害系基于"承运人即使尽最大注意仍无法避免的并且他无法制止其后果发生"时,才得以免责。这与《德国民法典》第276条对一般违约责任规定的过错原则完全不同。在过错原则下,违约人如尽通常注意无法避免损害后果的,即可免责。我们可以说在货物运输这一商事营业中,承运人是负严格责任的。[③] 这就是商法对《德国民法典》中基本原则的修正。这既符合承运人一般系具有丰富交易经验的商人,对自身的权利、义务和责任有清醒认识的特点,还可以通过承运人的责任保险制度分担损失而不致使其承受不利益,又与国际惯例一致。[④] 此外,该法第461条对运输代理营业也做出了同样规定。《日本商法典》第594条、《韩国商法典》第152条、《澳门商法典》第770条、第810~813条、第844条也有严格责任的规定。这些都普遍地被国内学者忽视。

正因为对民商事合同有不同的归责原则制度,所以,这些国家和地区对于普通民事合同中的违约责任,是不会轻易地将归责原则由过错责任改为严格责任的。《国际商事合同通则》、《联合国货物销售合同公约》的适用人群是国际货物买卖人,从商法学角度判断,一般都是商事主体,他们从事的皆系商行为。由它们的条文规定不能得出民事法律规范也逐渐趋向适用严格责任的结论。

我国《合同法》之所以采纳了以严格责任为主的模式,其原因就是坚持严格

---

① 参见王利明等著:《合同法》,中国人民大学出版社2002年版,第26页;马俊驹、余延满著:《民法原论》,法律出版社1998年版,第654页;崔建远著:《合同法》,法律出版社1998年版,第193页以下。

② 主要观点参见梁慧星:"从过错责任到严格责任",载《民商法论丛》(第8卷),法律出版社1997年版,第1~7页。

③ 此处系根据我国民法学家对严格责任的界定所作判断。德语中"严格责任"(Gefährdungshaftung,也称危险责任)一词,专指"合同外责任",本文不进行概念上的详细讨论。

④ [德]卡纳里斯(Canaris)著:《商法学》(Handelsrecht),贝克出版社2000年版,第569页;对归责原则的划分可以参考[德]拉伦茨著:《债法教科书》(Lelubuch des Schuldrechts),C. H. 贝克出版社1987年版,第1卷(总论),第84节,第I 3b段。

意义上的“民商合一”。学者对这一归责模式多有批评。[①] 实际上，如果存在商法通则性的立法，这个问题可以通过民商事立法部分的分立来解决。对纯粹民事合同的违约责任，应该修正为过错责任为主；对商事合同（或部分商事合同），可以适用严格责任。

以上例证属于民商法对同一私法制度的差异性规定中的很小一部分，但我们仍然可以从这些例证中看出：对这些私法制度在民商法中不同规定的忽视会造成多么严重的立法和实践问题！如上所述，仅靠在民事立法中加入一些对“企业”、“法人”等的区别性规定，往往不能有效地化解这些问题。而只要在商法通则性的立法中体现出商法对这些制度的特殊规定，上述问题就至少会得到很大程度上的缓解。更由于商事主体资格、商事登记、商号、商事簿记等纯粹属于商法特有的一般性制度的存在，我们可以认为，《民法典》和特别商事法律之间仍然存在巨大的立法空白，这一空白需要通过商法通则性的立法来填补。

（二）商法通则中的大量制度不适合制定分散的单行法律

明确了商法通则性的立法可以填补当前的重大法律真空之后，就需要对上述内容的立法形式做出选择。上述内容的立法是否能通过继续制定分散的商事单行法律，如《商事登记法》、《商号法》、《商事簿记法》、《商事代理法》等，得以实现呢？这一做法在理论上似乎可行，并与我国现行模式一致，不致引起体系的重大变化。但细加考量，就能发现它是不切实际的。

首先，上文已述及，进行商法通则性立法的一大目的，就是解决我国当前虽然拥有大量特别商事法律，但缺乏总纲性的商法规范对其加以协调，会出现商事法律之间杂乱无章、体系混乱的问题。学者们指出，未来对商法通则的统一立法虽然还是制定一部单行法性质的法律文件，但这部单行法将起到商事法律方面一般法的作用。[②] 如果这一部分的立法仍然以分散的多个单行法律的方式实现，它们之间以及它们和现行特别商事法律之间互不隶属、各自为政，它们在立法地位上就不可能发挥商事一般法的功能，也就难以实现上述的立法目标。

其次，与现行的公司、保险、票据、海商等特别商事法律不同，商法通则中各制度之间有着密切的联系，无法截然分开。比如，商事登记制度和商号制度本来就紧密相关，并且它们与商事主体资格认定、企业转让（营业转让）和商事代理（经理人）制度也有相当多的共同规制领域。我国现行的商事登记制度非常杂

① 王利明等著：《合同法》，中国人民大学出版社 2002 年版，第 266 ~ 267 页；崔建远主编：《新合同法原理与案例评释》，吉林大学出版社 1999 年版，第 497 ~ 510 页。

② 王保树：“商事通则：超越民商合一与民商分立”，载《法学研究》2005 年第 1 期。

乱，不仅立法层级较低，而且不同的企业类型适用的法规亦不同。[1] 而现阶段的商号立法仅有《企业名称登记管理规定》及其实施办法，对很多商号法中的重要问题缺乏规制。不过，这些法规的制定者尚能认识到商号制度和商事登记制度的密切联系，此点在这些规定的名称和具体文字上，都有明确的体现。如果我们将来反而将商事登记和商号制度分别单独立法，将不利于对它们涉及的共同问题进行统一规制，甚至可能造成商事登记法律和商号法律规定的冲突，使当前本已混乱的商事登记制度雪上加霜。[2] 同理，如果将商事主体资格认定、企业转让、商事代理的立法与商事登记和商号立法分开，也会造成众多本可避免的冲突与混乱。

再次，从我国立法制度的现实考虑，当前单行法律的立法经常由各部门、各系统提出建议，并组织人员拟定草案。如果将商法通则中的内容分成很多单行法律分散制定，很有可能由不同人士负责起草，这将会导致指导思想、立法语言、详略安排以及概念界定上的差异。若由立法部门人员再行统一，势必大大增加立法成本，降低立法效率。况且，各部门、各行业参与立法的人员习惯于较多地从本部门、本行业的角度，而非从一般性法理的角度考虑问题，从而造成法律文本的短视性和片面性。这种教训在我国现行法律中可以找到例证，比如，《公司法》中单一法定代表人制度的规定虽有利于工商行政管理部门进行登记和管理，却违背公司法法理和绝大多数国家的立法通例；[3]《票据法》的制定因为过多地考虑了我国银行业的实务而与日内瓦公约和国际惯例相去甚远，[4]等等。可见，在市场经济已经得到充分发展和商事主体法律意识有显著提高的今天，完全没有必要再由不同部门各自为政地拟定法律草案，而应由全国立法机关主持，接纳有关部门的人员和法学家、实务工作者进行统一立法活动。而商法通则的统一立法，客观上就会提出这样较高的立法程序要求，从而为提高立法质量作出制度保障和程序保障。

最后，商法通则中的很多制度具有从属性和非独立性。它们是商法通则（即学术研究中的商法总论）体系的一员，系构建完整的商事主体制度和商行为制度不可或缺的组成部分，若将它们单独立法，则会显得内容单薄、突兀，因此从

---

① 参见《企业法人登记管理条例》、《公司登记管理条例》、《合伙企业登记管理办法》、《私营企业登记程序》等。

② 此方面论述可参见任尔昕："我国商事立法模式之选择"，载《现代法学》2004 年第 1 期。

③ 杨继："中国股份公司法定代表人制度的存废"，载《现代法学》2004 年第 6 期。

④ 王小能编著：《票据法教程》，北京大学出版社 2001 年版，第 6 页、第 7 页。票据法的制定系由中国人民银行主持。

立法技术上考量,它们不具有单独成法的可能。上已述及的很多私法制度在商法通则中的特别体现,如商事代理制度,商法中的特别物权制度,商事合同成立、履行和违约责任的特别规则,都不具有制定单行法律的可行性。但若在法律中对其不加规定,对相应的商事主体和商行为仅适用一般民法制度,则会给商事交易的快捷、安全和稳定带来重大伤害。因此,唯一可行的方法就是将它们规制于统一的商法通则性立法中。

四、商法通则统一立法的可行性

对商法通则统一立法的可行性提出质疑的学者,往往认为学理上所称的商法总论部分缺乏内部系统性,难以归纳出统一的适用规则,没有构成统一严密的有机整体。从实然法角度考察,他们也认为各国商法典内容多不一致,差异很大,因此哪些内容应归于其中,并无统一规律。① 这些看法都有一定的偏颇之处。

(一)商法通则各制度之间有高度的系统性,构成统一严密的有机整体

作为特别私法的商法,完全系现代私法制度对商事主体和商事交易领域之行为的特别反映。现代私法的基本制度可以列举为主体制度、法律行为制度、代理制度、时效制度、物权制度、一般债法制度、特别债法制度、人身权制度、婚姻和家庭制度、继承制度等。在后两种制度中,商事主体不可能获得特殊待遇,商事交易领域也基本上与它们无关,②所以它们一般不为商法通则规范涉及。在其他几种重要制度中,商事主体都会获得不同于一般民事主体的特殊待遇;或者更为优待,扩大其私法自治的范围,或者更为严苛,使其承担更多的义务与责任。

商法通则中的各项制度,也正是遵循一般私法制度的这一主线而展开。商事主体资格制度和商事登记制度系一般私法中主体制度(自然人和法人)的特殊表现,商号制度系特殊的人身权制度(姓名和名称权),商事代理制度(包括经理权)和商事辅助人制度(代理商、居间商、经销商、特许经营商)系私法中代理制度在商法中的变迁,商行为中的许多规定都是对法律行为制度、物权制度、一般债法制度和特别债法制度的变更,商事时效制度当然是一般私法时效制度作

---

① 王明锁:“论中国民商立法及其模式选择”,载《法律科学》1999年第5期;李永军:“论商法的传统与理性基础——历史传统与形式理性对民商分立的影响”,载《法制与社会发展》2002年第6期;即使主张制定《商事通则》的学者,对各国商法典的内容差异、体系混乱也有很遗憾的过度解读,如任尔昕:“我国商事立法模式之选择”,载《现代法学》2004年第1期。

② 此系一般言之。其实商事主体继承营业(企业)和其商号也是商法的研究范畴。

用于商事主体的特别表现。只有商事簿记制度由于其公法特征，不能被归于这个体系之中。①

可见，商法通则中的各项制度，有着高度的系统性和科学性，并与私法中的一般制度交相辉映，构成了完整的私法体系。当然，商法通则中的制度不可能对商事主体在商事交易中的各项活动做出面面俱到的规定，这是商法的特别私法性质使然的。凡是不需要对商事主体和商行为施以特别法律规定的，就不必在商法通则中出现，商事主体从事这些活动即适用作为一般私法的民法的统一规定。因此，商法通则的内容不如民法中的相应内容丰富，在逻辑上不是环环相扣的结构，但其主体制度、法律行为制度、各权利体系和法律保护机制体系完全构成了一个严密的有机整体，完全可以将这些内容组成一部结构清晰严谨、内容系统自洽的统一法律。

（二）绝大多数大陆法系国家《商法典》中的商法通则内容具有统一性和稳定性

上述学者对大陆法系国家《商法典》内容与发展趋势的负面评价，反映了我国民商法学界的普遍误解。这一误解其实主要是基于《法国商法典》的内容和发展历程而产生的。其实，《法国商法典》由于制定时间较早和其本国立法的习惯，内部结构逻辑性不强，而其名存实亡、支离破碎的命运也有本国的特殊性。②以它为例得出上述结论并不妥当。

实际上，大陆法系绝大多数制定了《商法典》的国家和地区，不论是传统上属于《法国商法典》体系的西班牙、葡萄牙（可以从《澳门商法典》中窥之其内容和发展变化），还是属于《德国商法典》体系的日本、韩国，抑或新近制定或恢复《商法典》的东欧国家，其《商法典》中对公司、票据、保险、海商等特别商事法律，或不规定，或内容各异，但其“总则”和“商行为”两编的内容③惊人的相似，尽管具体规定必然体现了各国家和地区的不同特点。只要认真研读，这种相似性很

---

① 国外学者也认为商事簿记制度不属于私法，而系公法中的行政管理法，它之所以出现于《商法典》中，完全是立法上的方便和历史传统使然。参见［德］卡纳里斯（Canaris）著：《商法学》（Handelsrecht），贝克出版社2000年版，第16页。而各国的商法通则或商法总论的研究和教学一般仅仅出于和法律体系一致的考虑，对商事簿记制度作简单论述，不涉及会计学的具体问题。参见［德］卡纳里斯著：《商法学》（Handelsrecht），贝克出版社2000年版，第12节、第13节；［日］上柳克郎、北泽正启、鸿常夫、竹内昭夫著：《商法总则·商行为法》，有斐阁1982年版，第2编第4章；［日］中田修三、中村真澄著：《商法总则·商行为法》，青林书院1984年版，第14节。

② 法国本拟于第二次世界大战后全面修订商法典，但未能完成，遂致力于颁行单行商事法律，使商法典濒于支离破碎。但绝大多数国家的商法典并未遭此命运。

③ 《澳门商法典》较新修订，因此采纳了“企业”这一概念，在很大程度上代替了“商人”和“商行为”。相应编（卷）的标题也改为“经营商业企业的一般规则”和“企业外部活动”。

容易被读者发现，其相似程度绝不逊于各国《民法典》的体系安排和制度设计的相似。这些相似的内容，也是我国制定商法通则性法律的基本依据和借鉴对象。

另外，除法国之外，绝大多数制定了《商法典》的国家仍然不断地对其进行修订和补充，罕有要求废除《商法典》的声音出现。至于各国不断颁行新的商事单行法规，并不奇怪，商事交易中层出不穷的新鲜制度本来就没有可能，也没有必要全部规定于《商法典》之中。即使作为一般私法的《民法典》，也无法囊括现代社会的迅猛变化，所以《民法典》完备者如德国，近年来也颁布了很多民事单行法规。民商事单行法规的数量增多并不能说明《民法典》和《商法典》的地位受到撼动。绝大多数国家和地区的《商法典》是稳定而有活力的，其发展前途也并没有什么危机。

当然，一些国家的《商法典》内容也在悄然地发生变化，其突出的表现就是特别商法内容逐渐地从中剥离。如《德国商法典》本就不包括保险、票据、有限公司的内容，其股份公司部分早在1937年就从《商法典》中剥离。日本也将跳出《商法典》框架寻求公司法的完善与现代化。① 一些东欧国家新制定的《商法典》从一开始就不包括保险、票据、海商等特别商法内容。但是，这些国家和地区《商法典》中"总则"和"商行为"部分，即本文所述的商法通则部分（学术研究中的商法总论部分）的内容，变动不大，并且从来没有被剥离出法典、单独立法的现象。这一事实恰恰证明了本文提出结论的正确性，即我国没有必要去追求大而全的传统《商法典》模式，而将商法通则的内容加以统一立法，却是完全可行的。

五、中国《商法通则》（或《商事通则》）的结构与内容建议

考虑到将拟议中的商法通则立法单纯称为"商法"会使人误认为其系商法典式的大型立法，而"商法总则"这一名称会与国外《商法典》中的既定概念混淆，并考虑到与我国现行《民法通则》相一致，该法律直接称做《商法通则》（或《商事通则》）为好。这一建议也已经被国内一些民商法学者所提倡。② 在此，笔

① 《日本公司法制现代化纲要试案》（2003年10月22日），转引自王保树："商事通则：超越民商合一与民商分立"，载《法学研究》2005年第1期。

② 主要有江平："关于制定民法典的几点意见"，载《法律科学》1998年第3期；王保树："商事通则：超越民商合一与民商分立"，载《法学研究》2005年第1期；石少侠："我国应实行实质商法主义的民商分立——兼论我国的商事立法模式"，载《法制与社会发展》2003年第5期；任尔昕："我国商事立法模式之选择"，载《现代法学》2004年第1期。

者对这一拟议中的《商法通则》，提出一些结构和内容方面的建议：

第一章　商事主体的资格和身份

当前有《商法典》的国家，以其依据"商人"抑或"商行为"确定《商法典》的适用对象，分为主观主义、客观主义和折中主义三种体系。[①] 其实，纯粹采用主观主义和客观主义标准的国家，现已少见，多数国家同时界定"商人"和"商行为"概念，只是有所偏重。笔者以为，参考现行德国法的以主观主义为主，兼带考虑客观主义的方式确定商事主体资格，较为合适。即法律明确界定商事主体的定义和范围，而对于某些特定的"绝对商行为"（如票据行为、证券交易、期货交易等），再规定即使非商事主体的人从事，也受《商法通则》规制。

由于"商人"这一古老概念有多种歧义，并易于引起误解，我国《商法通则》立法可以径直规定"商事主体"概念，而放弃"商人"概念。传统商事主体概念与"营业的经营"有很大关联，[②]这一定义方式如今仍有其生命力所在，并为我国商法学者所理解和称许。[③] 最近这些年，欧洲和日本的众多学者又倾向于将商事主体界定为"企业"，并有将传统商法定义为"企业的对外私法"的论点，[④]我国澳门地区《商法典》已经以"企业"为界定商事主体的基本依据。笔者认为，"营业"和"企业"作为商事主体界定的根本标准，各有优势，值得深入研究。

无论将来在《商法通则》中确定哪一种标准，都要对它进行精确的定义，以明确区别商事主体和普通民事主体，并利用商事登记制度规定"任意商事主体"的概念，赋予一部分民事主体是否成为商事主体的自治权，还应规定具有法人资格的公司（有限公司和股份公司），不论从事什么活动，均为商事主体。为保护商事交易参加人对权利外观的信任，尚须规定表见商事主体制度。

---

① 王保树主编：《中国商事法》，人民法院出版社 1996 年版，第 38 页、第 39 页；赵中孚主编：《商法总论》，中国人民大学出版社 2003 年版，第 122 页；国外著作参见［德］卡纳里斯（Canaris）著：《商法学》（Handelsrecht），贝克出版社 2000 年版，第 1 页、第 2 页；［德］卡斯腾·施密特著：《商法典和当前商事法》，瓦尔特·德·格鲁伊特出版社 1983 年版，第 13 页以下；［日］上柳克郎、北泽正启、鸿常夫、竹内昭夫著：《商法总则·商行为法》，有斐阁 1982 年版，第 9 页。

② 参见《德国商法典》第 1 条。详细分析参见［德］卡纳里斯（Canaris）著：《商法学》（Handelsrecht），贝克出版社 2000 年版，第 23～30 页。

③ 主要参见王保树主编：《中国商事法》，人民法院出版社 1996 年版，第 54～63 页；赵中孚主编：《商法总论》，中国人民大学出版社 2003 年版，第 132 页、第 133 页；柳经纬、刘永光：《商法总论》，厦门大学出版社 2004 年版，第 43 页。

④ 推崇将商法定位为企业法的代表人物为卡斯腾·施密特。需要指出他的观点在德国非通说，卡纳里斯就对此极力反对，可参见［德］卡纳里斯（Canaris）著：《商法学》（Handelsrecht），贝克出版社 2000 年版，第 9～11 页。日本著作参见［日］中田修三、中村真澄著：《商法总则·商行为法》，青林书院 1984 年版，第 26 页以下。

第二章　商事登记

针对当前不同主体适用不同商事登记规范的混乱现象,《商法通则》中应规定统一的商事登记制度。条文中对商事登记的程序须有详细的规定,这方面内容虽然不属于私法,但从立法的便利角度出发,在《商法通则》中加以统一规定较好。

商事登记制度的一个重要作用就是确定对外公示的权利外观。因此,应有规制错误内容登记和正确内容未登记等情况下的权利外观责任条款(即"积极的权利外观责任"和"消极的权利外观责任")。此外,针对登记义务人及登记机关人员违反法律规定的行为,也应规定责任条款。

第三章　商业名称(商号)

我国多数学者认为"商业名称"与"商号"两词同义,①但也有学者认为二者为从属关系。② 考虑到我国当前立法使用"商业名称"的概念,可以在《商法通则》中延续。

该章主要涉及商业名称的构成规则和强制性规定、商业名称的登记、商业名称冲突的处理、商业名称转让和继承的规则(主要是其中的债务承担问题)、侵犯商业名称使用权的责任等。其中,并非所有内容都需要《商法通则》作详细规定。比如,商业名称中的姓名和名称权的部分问题,可以适用《民法典》的相应规定。

第四章　营业(或企业)的移转

营业移转与一般物的移转不同,它不仅涉及作为财产的物,还涉及债权、债务的移转,以及商业名称、商誉、知识产权、竞业禁止、破产制度、执行程序等问题。因此,在现代商法中,多作出专章规定(如《韩国商法典》第 41 ~ 45 条、《澳门商法典》第 102 ~ 131 条)。我国《商法通则》也应具备此方面内容。

此处的移转是泛指,不仅涉及变更所有权的买卖、赠与和继承,也涉及营业的租赁、用益租赁、设定用益物权、设定质权,等等。因为这些行为都会使营业发生移转,都会涉及上述的大量问题。

第五章　商事簿记(营业或企业账簿)

商事簿记制度虽然绝大多数并不属于私法,但将其规制于商法通则性规范之内,既符合各国商法的传统,也符合立法简明、便利的要求,我国《商法通则》也不应例外。唯这些规定繁简程度应该如何,是仿效《德国商法典》规定细致的

---

① 柳经纬、刘永光:《商法总论》,厦门大学出版社 2004 年版,第 62 页及其脚注 1。

② 赵中孚主编:《商法总论》,中国人民大学出版社 2003 年版,第 213 页、第 214 页。

提交账簿义务以及账簿本身内容,还是以日本、韩国的《商法典》为模本,仅规定一般原则,而将对各种不同规模、不同种类的商事主体的账簿的具体内容、格式要求另行立法,这还值得进一步研究。

第六章　商事辅助人

商事辅助人包括内部辅助人和外部辅助人。前者也称商业使用人,主要是指经理人,也包括店员、学徒等。后者主要包括代理商、经纪人、经销商、特许经营商、居间商等。

对经理人的规定涉及经理权(Prokura)的授予和撤销、经理权的范围和限制、经理人的注意义务和忠实义务、经理人的责任、表见经理权等。对于店员、学徒等使用人,也可以略作规定。

代理商制度是商法的一个重要组成部分。《商法通则》应对此作出详细的规定。主要内容有代理商合同的强制性规定、代理商的各项权利(如佣金请求权、补偿请求权)和义务(主要有利益维护义务、勤勉义务、竞业禁止义务和特殊情况下的保付责任)、企业主的各项权利和义务(与代理商的义务和权利对应,还包括支持义务、结算支付义务等从义务)、对各类型代理商的一些补充性规定等。

经纪人、经销商、特许经营商、居间商已经成为当前商事交易中的重要参与者,他们的出现给企业主带来巨大的收益和便利,使行业分工更加细化,远距离交易更加方便、快捷。基于此,作为21世纪立法的《商法通则》应该对这些新兴的商事辅助人类型及时地进行规制,以保护他们和企业主的利益,促进交易的顺利进行。在这方面,我国澳门特区的《商法典》提供了很好的范例。

第七章　商行为

既然在第一章中已经确定了商事主体的一般概念和不同类型的商事主体,对商行为的界定就可以从商事主体的概念出发,规定凡商事主体的营业行为均为商行为。而且,如无反证,推定商事主体的行为为营业行为。并且在一般情况下,只要交易中一方属于商行为,即可适用商法条款(双方商行为的特殊规定须在个别条款中注明)。当然,为使某些特定的商行为不至于出现法律真空,还需要在立法上列举绝对商行为的类型,即不管何种主体从事这些类型的行为,即使不从事营业,也属于商行为,主要有票据行为、证券和期货买卖等。至于货物运输和旅客运输、行纪、仓储、保险、信托、广告、旅店业和餐饮业、娱乐业、采矿、大型生产资料制造等,在我国根本不能由非营业者经营,因此不必如日本和韩国商法那样,将其列入绝对商行为中。

在商行为一章中,还要规定私法中的法律行为制度、物权制度和债法制度在商法中的某些特殊变化。比如,沉默对商行为的意义、商行为对内容自由和形式自由的一些扩展(属于法律行为制度);特别善意取得制度、流质许可制度、特别留置权制度(属于物权制度);对佣金、保证形式、利息、债权让与等的特殊规定(属于一般债法制度);等等。

由于我国《合同法》已经对商事买卖、商事租赁、用益租赁、运输、行纪、仓储等商事合同进行了规定,《商法通则》中不需要再涉及这些特别商行为制度了。同理,诸如保险、信托、票据、证券交易等特别商行为,我国已有单行法规定,也没有必要将其归入《商法通则》。但某些特别商行为制度,如往来账(Kontokorrent,又称交互计算)、隐名合伙合同、旅店和餐饮业等,本身内容不多,现行法又没有规定,可以在《商法通则》中的商行为一章拥有一席之地。

(2006年第4期)

除权判决的效力与票据善意取得之间的关系
——从中、日票据法比较的角度

李伟群*

一、引　　言

票据是一种有价证券。票据权利根据记载于票据上的实质内容所定,所以票据权利的行使与票据的持有具有不可分割的关系。如果持票人一旦丧失所持的票据,那么失票人虽说仍是该票据的真实权利人,却处于既不能行使票据权利,也不能转让票据的尴尬境地。可是,将权利与证券相结合的有价证券制度,其本来的宗旨就是为了让权利人更加容易地行使权利和快捷地转让票据。所以,如上所示,票据的丧失会给失票人招致如此不利的结果,这显然有违于有价证券的根本宗旨。①

为了给失票者提供必要的补救措施,我国《票据法》第15条规定了挂失止付(中国传统习惯)、公示催告(大陆法系)以及请求支付诉讼(英美法系)三种方法。《票据法》第15条第3款规定:"失票人应当在通知挂失止付后的3日内,也可以在票据丧失后,依法向人民法院申请公示催告,或者向人民法院提起诉讼。"根据这一规定,失票人要么向人民法院申请公示催告,要么向人民法院提起请求支付诉讼,二者之间必选其一。当然,选择申请公示催告也罢,选择提起请求支付诉讼也罢,二者均为失票人恢复行使自己票据权利的有效途径。

公示催告和请求支付诉讼两项制度均从国外移植至我国,那么如何发挥这些制度的功能、实现本土化,自然值得探索和作进一步的研究。请求支付诉讼,笔者将其作为一个单独的研究课题另行研究,在此不作探讨。以下笔者将以公示催告制度为中心进行研究。首先对该制度的特点进行简单的介绍,并就该制度本身的长处和短处进行评述,在此基础上,尤以公示催告期间中票据善意取得

---

* 作者单位:华东政法学院(现华东政法大学)。

① [日]雨宫真也著:《关于有价证券的公示催告与除权判决的构造》,NBL第267号,1982年版,第19页。

的效力问题,选择同属大陆法系的中、日两国的票据理论和判例,展开深入的探讨,最后提出笔者的私见。

二、除权判决的前提条件——公示催告程序

(一)公示催告的意义所在

所谓公示催告程序,是指法院依当事人的申请,用公示方法催告不明利害关系人在一定的时间内申报权利,如没有人申报,则申请人获得该权利而不明利害关系人就丧失该权利的程序。①

公示催告程序是做出除权判决的必要前提。由于票据丧失以后存在被第三人善意取得的可能性,因此不得无视这些利害关系人的利益而任意宣告票据无效。为了保护利害关系人的利益,就必须进行公示催告。在公示催告程序中,票据的善意取得者通过申报自己的权利,可以要求失票人撤回公示催告程序。换言之,公示催告为善意取得者提供了阻止除权判决的一次重要机会。②

(二)除权判决产生的两种效力

如果失票人能够获得法院做出的除权判决这一结果,那么他就可以依据除权判决行使他所固有的票据权利。如前所述,票据权利的行使与票据的持有具有不可割舍的关系。持票人丧失票据后变为失票人,失票人虽仍为该票据的真实权利人却无法行使票据权利,而除权判决的结果恰能使失票人凭持有的除权判决书向债务人行使请求付款的权利,这就是除权判决产生的法律效果,也是失票人通过除权判决所追求的结果。以下就除权判决产生的两种效力——消极效力与积极效力进行研讨。

1. 消极效力

经除权判决后,票据失去效力。票据的持有人已不再是票据的权利者,即使持有票据也不能依票据行使权利。因此,通常以持有票据就能证明其为该票据的权利者的这种推定效果在此失去其功效。而且,除权判决后,由于票据债务人不知道有除权判决存在而付款的,不能免去付款责任。同时,任何人受让该失效票据的时候,即便是出于善意,且支付了对价的,善意取得也不能成立。

除权判决的后果,使原来结合于票据中的权利从票据中分离出来。但是这种除权判决的消极效力只限于除权判决以后票据丧失其效力。除权判决做出之

---

① 邵明著:《民事诉讼法理研究》,中国人民大学出版社2004年版,第366页。

② [日]前田庸著:《票据法支票法》,有斐阁1999年版,第520页。

前的善意取得者的权利不会因为除权判决而失权。

2. 积极效力

除权判决生效后，公示催告申请人有权依据判决向付款人请求付款。也就是说，除权判决后，申请人如同持有票据一样，被推定为当然的权利者，无须用其他的方法（例如票据的持有、票据的提示等）来证明自己是票据权利者的情况之下就可行使票据权利。票据债务人根据除权判决向申请人付款的，即使该申请人不是真正的权利者，只要对申请人为非权利者的事实不存在恶意或者重大过失的，就可免除其付款责任。

三、除权判决的效力与善意取得之间关系的考察

（一）我国的相关法律规定及学界观点

由于除权判决只是赋予失票人一种票据权利者的形式资格，而不是恢复其实质权利，所以，如果第三者是在票据丧失以后、公示催告的公告开始之前这一时段里以善意取得票据的，即便以后失票者取得了除权判决，票据权利仍归属于善意取得的第三者。在这一点上，我国的学界已经形成共识，故不存在任何争议。

但是，在公示催告以后除权判决尚未下达之前的时段里，第三者以背书转让的方式取得票据是否有效，取得的权利是否受到保护，有没有成立善意取得的可能，等等，这些设问一时间成为我国理论研究上的一个“瓶颈”，这是因为我国1991年《民事诉讼法》第195条第2款明确规定：“公示催告期间，转让票据权利的行为无效。”根据这一规定，公示催告期间内以背书转让取得票据者不受法律保护。由于这样的规定是大陆法系国家所没有的、独具我国特色的规定，所以该规定是否合理，智者见智、仁者见仁，学者反应各不相同，归纳起来大致可分为以下两种对立观点：

1. 反对1991年《民事诉讼法》第195条第2款规定的见解（废止说）

该见解主张废止1991年《民事诉讼法》第195条第2款规定的四大理由如下：

其一，1991年《民事诉讼法》第195条第2款“公示催告期间票据的转让行为无效”之规定，客观上阻碍着票据的流通使用。[①] 公示催告期间票据的转让行

① 王连洲、何宝玉、刘金华著：《票据法知识问答》，经济出版社1995年版，第45页。

为无效,这种规定显然是置善意取得者的利益不顾,有悖于票据流通之特质。①

其二,票据是一种完全的有价证券。票据的可自由转让是票据的最本质特征。转让票据时,让与人只要按法定的要求将票据让渡受让人,受让人就合法取得票据权利。1991 年《民事诉讼法》第 195 条第 2 款的规定在理论上有违票据法的通行原则。②

其三,1991 年《民事诉讼法》第 195 条第 2 款规定,不仅违背了善意取得制度,不利于交易秩序的维护,没有充分考虑第三人的利益,同时也违背了票据行为的独立性和无因性,因此建议删除这一不合理规定。③

其四,大陆法系国家大多采用公示催告的办法作为票据丧失的补救措施。在公示催告期间,票据尚未被宣告无效,此时的受让人若以善意、无重大过失并且支付了相当代价后取得票据的,当属善意取得票据。可是,我国 1991 年《民事诉讼法》第 195 条第 2 款,与大陆法系诸国的票据立法的潮流相悖,排除了在公示催告期间善意取得票据的可能性,从而不能保护受让人的利益,也不利于维护票据交易的秩序,这种规定应予修改。④ 还有部分学者建议在进行相关法律修改或立法的过程中,删除这一有悖于法理和实践需要的条款。如果目前实现此举尚有困难,则建议最高人民法院在对《票据法》作司法解释时,应暗示各级法院淡化此条规定的意义。⑤

2. 支持 1991 年《民事诉讼法》第 195 条第 2 款规定的见解(妥当说)

该见解认为《民事诉讼法》第 195 条第 2 款所规定的内容是合理的,也是符合我国国情的。

其支持的理由列举如下:

其一,票据为流通证券,它可以背书转让或者单纯支付而自由转让和流通。但是可以背书转让的票据丧失后,如果允许其继续流通转让,其结果不仅违背了票据持有人的意旨,而且还会给不法分子造成可乘之机,危及原票据持有人及其后手的利益。因此人民法院受理公示催告申请后,有必要对这种票据的流通转让事前作出积极的、命令性的限制和禁止。⑥

---

① 丁磊、卢文道:“浅议票据丧失之补救”,载《经济法制》1994 年第 11 期。

② 谢红:“试论票据丧失的补救途径”,载《经济法制》1995 年第 7 期。

③ 于莹著:《票据法》,高等教育出版社 2004 年版,第 262 页。

④ 朱丹、刘铮:“论票据权利的善意取得”,载《经济与法》1994 年第 3 期。

⑤ 王小能、肖爱华:“中国内地与台湾地区、香港特区票据丧失补救制度比较研究”,载《法制与社会发展》2000 年第 6 期。

⑥ 回沪明、杨荣新著:《民事诉讼法及配套规定新释新解》,人民法院出版社 1996 年版,第 697 页。

其二,票据的特点就在于能够转让,票据的转让也意味着票据权利的转让。所以,为了保护申请人(失票人)的利益不受侵害,绝不能允许在公示催告期间内将票据承兑、贴现、转让。①

其三,公示催告期间转让票据无效。这样规定是为了防止票据非法持有人转嫁责任,避免形成连锁债务反应,危及原持票人及其后手的利益,以保障失票人的权利实现。②

其四,公示催告的效力所产生的后果之一,就是防止发生第三人善意取得。1991年《民事诉讼法》第195条第2款规定能有效防止善意取得的发生,充分保护失票人的合法利益。③

(二)日本的学说以及判例的最新动向

为了更加正确地理解和把握公示催告、除权判决的法律意义,在此有必要对同属于大陆法系的日本票据丧失补救制度作一研究。

丧失票据(包括股票等其他有价证券)者,在除权判决以后,其票据权利者的形式资格得到恢复,其结果就是可以享有与持有票据同等的权利。不过,即便是在公示催告程序期间,第三者取得该丧失票据时只要是出于善意且不存在重大过失的,理所当然受到法律的保护。在这一点上,日本的学界不存在任何异议。问题在于,票据的善意取得者没有在规定的公示催告期间向裁判所提出申报权利,从而导致公示催告程序终结,做出除权判决。在这种情况之下,第三取得者能否继续获得保护?对于这个问题,学界则存在两种截然相反的意见。一种意见认为,善意取得者的票据权利不应给予保护(以下称否定说),与此相反的对立意见认为,善意取得者的票据权利必须得到保护(以下称肯定说)。

1. 否定说认为,票据的善意取得者,在除权判决前没有申报权利,在对丧失票据作出除权判决后,自然就失去了享有的票据权利。④ 在否定说中最具代表性的一种观点认为:本来,善意取得者是不需要将票据返还失票人的,这是因为法律上保护善意取得者在票据上的权利(《日本票据法》第16条第2款)。反之,如果票据从善意取得者的手中返还给原票据的持有人(失票人),这就意味

---

① 蔡玉明著:《票据法与律师票据业务》,人民法院出版社1997年版,第246页。

② 国务院法制局财政金融法规司编:《中华人民共和国票据法》,法律出版社2000年版,第46页。

③ 刘心稳著:《票据法》,中国政法大学出版社2002年版,第134页。

④ [日]铃木竹雄、前田庸著:《票据法支票法》,有斐阁1992年新版,第346页;[日]大森忠夫:"关于股票的除权判决效果",载《民商法杂志》第31卷第1号;[日]大隅健一郎著:"股票的除权判决效果",载《法学论丛》第60卷第4号。

着善意取得者在票据上的权利已被剥夺。在此认识的基础上，再来看除权判决的结果，就不难推出以下结论，即除权判决让失票人恢复到与持有票据的同一地位，这一结果恰与票据取得者将票据返还给失票人的结果是一样的，所以善意取得者丧失了其票据上的权利。①

此外，否定说还列举以下两个理由来进一步解释自己的立场和观点。第一，法律上规定公示催告期间为6个月以上。显然，催告利害关系人向裁判所申报权利的这种时间程序的设计，是兼顾善意取得者与失票人两者之间利益的一个重要平衡点，公示催告期间票据的善意取得者出于自己的原因而疏于提出申报权利的，其票据权利当然会随着除权判决的下达而由此丧失。② 第二，票据既然因除权判决而失效，那么在这种场合下，作为善意取得者的要件，即依持有票据证明其权利已经不复存在。③

2. 与此对立的肯定说则坚持认为：在除权判决之前，票据善意取得者虽然未能提出权利申报，也不应该因为除权判决而被剥夺其票据上的正当权利。④肯定说的主要理论依据可以归纳为以下四点。

其一，除权判决制度并不是用来确认失票者的实质权利，而仅以恢复失票者的形式资格为目的。⑤ 其二，在公示催告程序开始到除权判决结束的这一段时间里，如果票据的受让人在取得票据时先要通过官报（官方公报）确认该票据是否被公示催告的话，那么这不仅使受让票据的手续变得烦琐，而且也违反了票据迅速流通的根本原则。⑥ 其三，公示催告制度的最大缺点就在于其公知性不强，缺乏明显的公示力，所以仅仅因为不知公示催告的存在而未作权利申报的，就要丧失权利，这对票据的善意取得者来说未免过于苛刻。⑦ 其四，一方面在公示催告期间，虽然在现实中未能看见公示催告，善意取得照样可以成立；而另一方面仅仅只是因为没有提出申报权利，转掌之间善意取得者已经取得的票据权利又

---

① ［日］铃木竹雄："除权判决"，载民事诉讼法学会编：《民事诉讼法讲座》（第5卷），有斐阁1956年版，第1496页。

② ［日］大隅健一郎："股票的除权判决效果"，载《法学论丛》第60卷第4号。

③ ［日］小桥一郎："股票的公示催告除权判决与善意取得"，载［日］北泽正启、滨田道代编：《商法的争点1》，有斐阁1993年版，第71页。

④ ［日］河本一郎："股票的除权判决"，载［日］田中耕太郎编：《股份公司讲座》（第2卷），有斐阁1956年版，第804页；［日］田边光政著：《最新票据法支票法》，中央出版社2001年版，第218页。

⑤ ［日］田边光政著：《最新票据法支票法》，中央出版社2001年版，第218页。

⑥ ［日］弥永真生著：《票据法支票法》，有斐阁2001年版，第238页。

⑦ ［日］后藤纪一著：《要论票据法支票法》，信山社1998年版，第292页。

被剥夺,这种处事方式岂不是自相矛盾。①

对于除权判决的效力与善意取得者的地位之间的关系究竟采用哪种学说,以前,日本最高裁判所的立场并不明确。因而,日本下级裁判所在处理此类案例中也常常表现出摇摆不定的姿态,因此所作出的判决结果往往各不相同,既有采用否定说立场的,②也有接纳肯定说立场的。③ 不过,最近日本最高裁判所在2001年1月25日的判决④中明确表示:“丧失票据一旦被第三者善意取得的,该票据的原持有人(失票人)在这一时刻即失去了票据上的权利,此后即使获得除权判决,也只是回复到与持有票据的同一地位而已,并不是恢复票据上的实质权利,因此,票据上的权利应归属于善意取得者。”这一判决的意义在于,最高裁判所首次明确表明支持肯定说的立场。从强化票据流通性、保护票据交易安全的角度出发,这个判例具有十分深远的意义。

(三)探讨与私见

1. 失票者的利益与善意取得者的利益,何者优先保护

围绕我国1991年《民事诉讼法》第195条第2款所产生的学说上的争议,实质上是牵涉到如何合理地解决一个利益平衡的问题,即当申请人(失票者)和申报人(善意取得者)的利益都需要获得保护的时候,法律的天平应该向哪一方倾斜的问题。换言之,当申请人和申报人的利益发生冲突的时候,到底应该优先保护哪一方的利益?笔者认为,应该优先考虑保护善意取得者的利益,其理由如下:

(1)公示催告是以催告未知的不特定多数利害关系人申报自己权利为目的而设定的一种制度,并非为防止票据流通而设。票据的受让人只要符合《票据法》第12条的规定,在取得票据的时候是出于善意并且不存在重大过失的就应该得到保护。因此,票据取得者应否获得保护,与票据取得的行为是发生在公示催告期间内还是期间外没有任何关系。

如果对于丧失票据的善意取得作过分狭隘的理解,即将善意取得产生仅限制在公示催告之前,或者只限定在公示催告程序终结之后至除权判决下达之前

① [日]大冢市助:“股票的除权判决”,载[日]铃木竹雄、大隅健一郎:《商法演习1》,有斐阁1960年版,第86页。

② 日本名古屋地方裁判所1975年3月27日判决,载《判例时报》第792号第70页。

③ 日本高等裁判所1979年4月17日判决,载《高等裁判所民事判例集》第32卷第1号第70页。

④ 日本最高裁判所2001年1月25日判决,载《最高裁判所民事判例集》第55卷第1号第1页。

的时段里，那么这与催告未知的不特定多数利害关系人的公示催告制度之本质是完全相悖的。由此可见，我国1991年《民事诉讼法》第195条第2款规定所存在的缺陷已不言自明。

(2)除权判决为形成判决，除权判决以后票据丧失其效力。因此，除权判决下达以后，其判决效力不可能追溯到公示催告程序开始之初，让票据成为无效，而除权判决之前所失票据既然为有效票据，就没有任何理由阻止善意取得的发生。对于这一点，作为一般理论早在大陆法系的各国成为共识，而我国1991年《民事诉讼法》第195条第2款规定在公示催告期间不可转让票据，这一禁止规定显然有悖于各国立法潮流。

(3)1991年《民事诉讼法》第195条第2款这样的规定，是只考虑了票据交易中静的安全的保护需要所制定。① 我国学者从当时我国的经济、社会、法制环境等各种背景考虑，对1991年《民事诉讼法》中设定第195条第2款的原因和理由做了精当的分析。他们认为，因为《民事诉讼法》早于《票据法》公布，《民事诉讼法》第195条第2款中设定这样的规定，可以归结为以下两个原因：第一，当时一般大众对于票据的性质以及票据所具有的经济功能的认识还不甚深刻。② 第二，那个时候我国票据实践主要依据《银行结算办法》这一行政法规。而在该办法中，对于票据流通设有种种限制，使票据作为信用证券在不特定的多数人之间流通几乎变得不可能。所以说该办法规定的票据多为非流通的证券。在1991年公布的《民事诉讼法》中，以保护静的安全为重点的第195条第2款规定，应该说是反映了当时票据制度的客观现状。所以说它的存在自然具有一定的合理意义。③ 笔者对此见解完全赞同。

不过，1995年公布的《票据法》采用了善意取得(第12条)以及人的抗辩限制(第13条)两大制度。因此，票据法强调的是票据交易中的动的安全，票据的流通性是票据的最基本的使命。票据的流通性已经成为票据法理论最重要的前提。但是，时至今日，1991年《民事诉讼法》第195条第2款“公示催告期间，票据不可流通”的规定依然存在。从《票据法》十分强调的票据具有鲜明的流通性这一立场出发，过分强调静的安全的《民事诉讼法》第195条第2款的规定显然很不合适，因此到了不得不修改的时候了。

2. 公示催告期间可否善意取得的探讨

---

① 姜建初、章烈华著：《票据法》，人民法院出版社1998年版，第130页。

② 王小能著：《中国票据法律制度研究》，北京大学出版社1999年版，第161页。

③ [日]潘阿宪：“中国的票据立法与新票据法(上)”，载《国际商事法务》第24卷第1号。

《民事诉讼法》第195条第2款的规定，直接影响了票据的正常流通，也不利于票据的普及。在这一点上，笔者与我国的大多数学者的见解是一致的。不过，我国的部分学者认为：1991年《民事诉讼法》第195条第2款规定与善意取得的原理相冲突，这条规定的存在排除了善意取得票据权利的可能性。[①] 显然，这是将1991年《民事诉讼法》第195条第2款与《票据法》第12条善意取得规定置于相互对立的前提上形成的一种理解。这种理解正确与否，应作进一步的论证。以下笔者试图通过对票据善意取得理论中一些学说的论述，证明这么一个结果——即使《民事诉讼法》第195条第2款存在，也不会影响公示催告期间善意取得的成立。

在我国，关于善意取得的适用范围存在两种不同的见解：[②]第一，善意取得制度的范围较窄，仅限定为从无权利人处取得票据。在我国，坚持这一立场的人为绝大多数，[③]在此可称为多数说。第二，善意取得的范围不限于让与人为无权利人，转让票据行为本身的瑕疵也应该包括在内。具体地说，票据转让是由无行为能力者或者无权代理人进行的，或者票据转让是因为发生了诸如受骗或者被胁迫的情况，行为人做出了与自己意思表示相反的票据转让行为。上述这些票据转让行为明显存在瑕疵，而这些有瑕疵的转让行为也应该通过善意取得的行为得到"治愈"。持这一观点者虽为少数[④]（称为少数说），但笔者支持这一立场。

以下，笔者从多数说和少数说两个不同的立场出发，通过具体事例的分析，探究《民事诉讼法》第195条第2款规定对《票据法》第12条规定究竟将产生何种影响。

A签发一张汇票交给B，C从B处窃得该汇票并伪造B的背书，在公示催告期间将之背书转让给D。在这种情形下，善意并且无重大过失的D的善意取得是否成立？在这种场合下，D在公示催告期间再将汇票转让给X，那么，从前者D的手中背书转让取得汇票的X的法律地位又将如何？

（1）多数说认为，以取得者的善意可以治愈的瑕疵，只限于让与人的无权利

---

① 姜建初、章烈华著：《票据法》，人民法院出版社1998年版，第130页。

② 李伟群："关于我国票据法的善意取得"，载梁慧星主编：《民商法论丛》（第23卷），金桥文化出版公司2002年版，第121页以下。

③ 王小能著：《中国票据法律制度研究》，北京大学出版社1999年版，第73页；姜建初、章烈华著：《票据法》，人民法院出版社1998年版，第99页；赵新华著：《票据法论》，吉林大学出版社1998年版，第89页。

④ 郭泽华："论票据权利的善意取得"，载梁慧星主编：《民商法论丛》（第11卷），法律出版社1999年版，第729页。

人这一点。反之,让与人为票据的权利人(如无行为能力人),只是转让行为本身无效的场合,善意取得不能成立。按照此说,当 D 在公示催告期间,以背书转让方式从 C 的手中取得票据时,按照《民事诉讼法》第 195 条第 2 款的规定,C、D之间的票据转让行为无效。可是,前者 C 为无权利人,以背书方式受让票据的 D,只要在自己取得票据的过程中没有恶意(即不知道 C 为无权利人),也无重大过失(对不知道 C 是无权利人这件事也没有重大过失),就能取得该汇票权利,这恰恰就是最典型的善意取得之类型。此外,当汇票从 D 转让到 X 时,因为这个转让行为也发生在公示催告期间中,按照《民事诉讼法》第 195 条第 2 款规定,D、X 之间的票据行为无效,而因为让与人 D 为权利人(善意取得者),按照多数说的观点,即使在取得票据过程中 X 没有恶意也无重大过失,善意取得也不能成立。

(2)少数说认为善意的适用范围应该扩大,即取得者的善意可以治愈瑕疵的范围不仅仅限于无权利人的转让行为,还应该包括无权代理人以及无行为能力人、限制行为能力人等进行的转让行为。按照此说,首先,票据在 D 的手中,根据《民事诉讼法》第 195 条第 2 款规定,CD 间的票据转让行为因为发生在公示催告期间而归于无效。C 为无权利人,D 的权利因善意取得而受到保护。在这一点上,少数说和多数说是一致的。进而,从权利者 D 转让给 X 的场合,即使这一票据转让行为按《民事诉讼法》第 195 条第 2 款规定属于无效,而 X 的善意恰能收到治愈 D 的转让行为瑕疵的效果,所以,在 X 善意无重大过失情况下,照样可以成立善意取得。在这一点上,少数说明显不同于多数说。

由此可见,按照少数说的观点,《民事诉讼法》第 195 条第 2 款的存在,并未对《票据法》第 12 条的善意取得的成立造成任何障碍。换言之,如果依据少数说的理论观点,通过演绎推理得以证明《民事诉讼法》第 195 条第 2 款规定与《票据法》第 12 条的规定并无矛盾,从而可以合理地导出公示催告期间中善意取得可以成立这一结论。从这一点来说,笔者认为少数说具有较大的优越性。

我国《民事诉讼法》第 195 条第 2 款与票据的流通性这一本质特征是明显对立的。而善意取得正是为助长和强化票据的流通性所设定的极具技术性格的一种特殊制度。所以,通常在这种情形之下,我们也往往容易作出这样一种定式推理:不利于票据流通的法律规定,定会与促进票据流通的票据制度发生碰撞。然而,借助少数说的观点和主张,通过理论上的论证,我们却得出了与之相反的结论:我们虽然可以说《民事诉讼法》第 195 条第 2 款的存在是不利于票据流通的,但是我们却不能绝对地说,它的存在就必然会与《票据法》第 12 条发生冲突。

笔者认为,目前,在《民事诉讼法》第 195 条第 2 款尚未作修改的前提下,如何调整它与《票据法》第12条之间的关系并进行合理的解释，仍是票据理论上的一个不可绕过的课题。在我国，主张通过票据取得者的善意可以治愈更多的票据转让行为中的瑕疵的少数说，虽然在人数上无法与多数说相比，而且在理论的层面上还尚显稚嫩，有待进一步发展和深化，但是，正是由于少数说的存在，可以通过它来合理解释公示催告期间票据取得的效力与善意取得之间的关系，并为妥善处理《民事诉讼法》第195条第2款与《票据法》第12条之间的关系提供了一种良好的解决方法。

四、结　束　语

以上就《民事诉讼法》第195条第2款的规定与《票据法》第12条的善意取得规定之间的关系做了一些探讨。以下就公示催告期间票据取得的效力之问题，对日本法与我国法的相异点进行归纳。

对于公示催告期间票据取得的效力，日本法与我国法之间有本质的区别。我国《民事诉讼法》第195条第2款规定在公示催告期间不可转让票据，凸显了对票据交易安全实行静的保护的立场。而日本法则认为，即使失票人通过公示催告方式申请了公告，也不会由于公示催告的存在而影响甚至限制票据的转让行为。这是因为对票据的流通加以限制，甚至禁止善意者取得票据，都是违反票据法中对善意取得者保护这一根本原则的，所以在公示催告期间中，受让人照样可以取得票据。

（2006年第6期）

人格·权利能力·民事主体辨思

——我国民法典的选择

付翠英*

我国理论界对人格、权利能力、民事主体①三个概念的歧义颇多。既有人认为三个概念为同义语,也有人认为人格和权利能力是民事主体地位取得的条件;既有人认为人格和权利能力等值,也有人进行了严格区分;既有人承认合伙等非法人组织的主体地位和权利能力,也有人认为合伙等非法人组织没有权利能力,没有人格,不能作为民事主体;既有人主张对民事主体实行二元化体系建构,也有人承认第三主体的存在。问题之多,令笔者始料不及。②

对此,笔者以思辨形式探求三个概念的本质属性,从而分清三者之间的关系,并依此构建我国的民事主体体系。

一、人格:自然人的身份

有学者认为,人格作为抽象的法律概念,在三种意义上使用:第一种含义是指具有独立法律地位的权利主体,该人格与主体可相互替代;第二种含义是指作为权利主体法律资格的民事权利能力;第三种含义是指受法律保护的利益。③正是基于人格内涵的丰富性,形成对人格属性的普遍认识,即人格和权利能力等值,人格是民事主体的同义语(第一层含义);人格或权利能力是主体地位取得的前提和条件,有人格就可以成为主体(第二层含义),④没有人格或权利能力就不能确认为主体,"主体是法律人格的持有者",法律人格是民事主体制度的灵

---

* 作者单位:北京航空航天大学法学院。

① 在本文中,民事主体与民事法律关系的参加者、权利主体或主体在同一意义上使用。标题之所以选择民事主体,是因为其所具有的广泛的概括性。民事主体包括权利主体、义务主体、责任主体以及行为控制者(如代理人)。

② 笔者在授课过程中发现法人权利能力存在许多问题,即以此为题查阅资料,发现不仅仅是权利能力,还有相关的人格概念等在理解和使用上都很混乱,故改换分析这三个概念。

③ 梁慧星著:《民法总论》,法律出版社 2001 年版,第 126 页。

④ 在很多民法著作及教科书中都有相同的表述。

魂;[①]这也就意味着,只要有人格,其权利主体就享有民法规定的各种权利,包括人格权(第三层含义)。我国《民法通则》承认法人的人格权即依此逻辑推演。何以形成三个概念之间如此"亲密"的关系,是概念"内在基因"使然,还是法律或理论上的强制?就民事主体的范围而言,《民法通则》规定的"平等主体"只有自然人和法人,而1999年颁布的《合同法》规定的"平等主体"属下增加了"其他组织"。[②] 其他组织究竟包括哪些,理论认识也不一,何以形成立法内部冲突?笔者考察后认为,都是"人格和权利能力惹的祸"。在现代民法看来,是否有必要赋予人格如此多的含义,其在法律上的本质属性究竟是什么,确实值得反思。

事实上,人格的本质属性是随着历史的发展而不断变化的。罗马法上的人格和近代法上的人格的含义是否有必要在现代民法中继续延续,欲知结论,必然寻找其历史渊源。

当笔者把视角回归到罗马时代,发现罗马法对人格(把人格作为主体资格或主体的替代而言)的规定具有既定性和相对性。法律人格只是法律上的一个标签,而不是烙印。

众所周知,人格的词源"persona"原意是指演员演出时扮演的各种角色。[③] 角色在汉语中是指戏剧中虚拟的人物。罗马法虚拟人物时,是基于立法者巩固统治的需要,沿袭社会传统和习惯,将人物分为自然人和法律人、自由人和奴隶、家父和家子、市民和异邦人等。这些不同角色的人要在法律上获得主体地位,必须同时具备自由人、家父和市民三个身份,才能适用罗马市民法,成为权利义务的法律享有者和承担者。[④] 奴隶、家子、异邦人都不能作为独立民事主体。只是奴隶是因为作为物对待,家子虽然是自由人和市民,但欠缺家父身份而不能成为主体,异邦人在贸易领域可以作为主体,却是受限的主体。

罗马法把奴隶作为没有人格的"会说话的工具"对待,让我们感觉到奴隶的

---

① 眭鸿明著:《权利确认与民法机理》,法律出版社2003年版,第274页。

② 《民法通则》第2条规定:"中华人民共和国民法调整平等主体的公民之间、法人之间、公民和法人之间的财产关系和人身关系。"《合同法》第2条规定:"本法所称合同是平等主体的自然人、法人、其他组织之间设立、变更、终止民事权利义务关系的协议。"

③ 周枏著:《罗马法原论》(上册),商务印书馆1994年版,第106页。

④ 根据我国著名罗马法学者周枏教授的考证:在罗马法上有关人的三个用语中,"homo"是指生物意义上的人;"caupt"指权利义务主体;"pemna"是指权利义务主体的各种身份。在罗马,要作为完全的权利义务主体,必须具备自由权、市民权和家族权。参见周枏著:《罗马法原论》(上册),商务印书馆1994年版,第107页。

悲惨命运。① 这只是从法律规定的形式而言。罗马社会生活中的奴隶既可以享有法律规定的特定权利,也可以参与很多民事法律关系。如罗马法规定,奴隶可因特定法律事实而获得解放。如其主人通过遗赠财产而使奴隶成为自由人,奴隶也可以因自己积攒的足够的财产赎回自由。奴隶可以当医生,也可以做委托代理人,甚至行纪人,还可以同自己的主人做生意。奴隶可以成为潜在的主体。②

罗马法关于人格的规定与生活事实的脱节体现的是统治者制造人格的既定性。该既定性就是实现统治者的统治。尽管当时的法学家提出了私法和自然人(乌尔比安)的概念,但并没有为统治者所认可。立法还是采取形式性规定,将人格作为人的一个标记,"标记出法律舞台上的存在、标记出各种不同的角色与功能,并依据身份将此种角色和功能分配给现实中的人,同时,通过此种角色与功能将现实中的人与活着的物相区分"。③ 为此,设置了人格减等制度以增加奴隶的数量,维持奴隶社会阶级的对等。尽管如此,这种对人进行人格上的划分还是难以抵挡社会的进步,奴隶解放运动可以证明。罗马法没有真实地反映社会现实,在私法领域不顾自然人的生存和人性需求,人为地设置人格制度,尽管是形式上的,随着人的认识的提高终将被逐出法律的舞台。对此,有学者一语中的,罗马法中的人格制度的基本价值"在于区分自然人不同的社会地位","是一种一些人压迫另一些人的法律技术工具"。④

罗马法这一技术工具没有直接延续下去。"当欧洲进入中世纪以后,另具特色的封建身份等级制度得以建立,罗马法的人格理论和制度寿终正寝。"⑤正如日本学者星野英一分析说:"pemona"一词具有哲学和神学上的意义,其来源于斯多噶学派,是为显示具备理性的独立实体即人而被使用的。在基督教神学上它是作为显示三位一体的圣父、圣子、圣灵中的每一位的共同词语使用的。"pemona"一词被用于天使也被用于人。⑥ 由此,可以认识到,罗马法尚把人格作

---

① 梅因在《古代法》中曾论述道:"奴隶在某种条件下可以成为奴隶主的继承人,家族的管理和代理在某种情况下是可以遗传给奴仆的。"[英]梅因著:《古代法》,沈景一译,商务印书馆 1959 年版,第 93 页;"罗马法已经受自然法的影响,奴隶的状况从来不是悲惨得难堪的。"[英]梅因著:《古代法》,沈景一译,商务印书馆 1959 年版,第 95 页。

② [英]巴里·尼古拉斯著:《罗马法概论》,黄风译,法律出版社 2000 年版,第 70 ~ 71 页。

③ [德]罗尔夫·克尼佩尔著:《法律与历史——论德国民法典的形成与变迁》,朱岩译,法律出版社 2003 年版,第 59 页。

④ 尹田:"论法人人格权",载《法学研究》2004 年第 4 期。

⑤ 同上。

⑥ [日]星野英一:"私法中的人——以民法财产法为中心",王闯译,载梁慧星主编:《民商法论丛》(第 8 卷),法律出版社 1997 年版,第 162 ~ 163 页。

为主体的资格，而中世纪已经将人格和人等同。有关人格与民事主体同义的认识在此找到了历史根源。

如果说罗马法人格的本质属性是主体资格的话，到了中世纪，人格的本质属性就是人，就是主体，人格与主体合一。人格从人的资格到“人”(主体)的转变，实际上反映的是由身份到契约的转变。梅因命题的“从身份到契约的运动”中的身份，即指“人格状态”，“在人法中所提到的一切形式的身份都起源于古代属于家族所有的权力和特权”。而“契约”的概念反映的正是人和人的关系。因为“进步社会的运动有一点上是一致的。在运动发展的过程中，其特点是家族依附的逐步消灭以及代之而起的个人义务的增长。个人不断地代替家族，成为民事法律所考虑的单位”。“个人和个人之间的关系不再是通过家族连接，而是通过契约形式完成。”①

由此可以得出，中世纪的人格和主体合一理论使资产阶级革命找到了理论基础。当人不再是只有“人格”的人才称其为人的时候，“人格”的身份含义在历史上已经消失。人格被人取代，人格平等的实质就是人人平等，在法律上不需要“人格”的门槛，便可以踏进法律之门受法律的保护。人人自由、生而平等已经成为人类社会的基础和信条，“人就是人”深深地印在法律的文本上，其是烙印而不是标签。“根本不需要制作任何表示某种身份或者地位的面具配发给每一个生而自由的人。”在《法国民法典》以及早期各国民法理论中，不存在“人格”的概念。这也正是迄今为止，没有一个近代或者现代国家的宪法或者民法曾将所谓“人格”明文赋予其国民的根本原因。②

人格的本源在罗马法，其本质是统治者利用法律的外衣制造的一种身份特权。中世纪所确定的人格就是人，其含义并未为世俗法所认可。因此，人格不是现代民事主体的代名词。

当人们正在摆脱罗马法的人格身份时，人们又不得不运用人格理论为那些不能当然地成为法律上的人的团体寻找理论基础，所谓的“团体人格”出现了。“从古罗马的故纸堆里发掘其人格理论，并将之作为法律技术手段有条件地重新利用的工作，是由德国人来完成的。德国人让古老的人格理论死灰复燃的目的，不是为了给相互平等的自然人重新戴上身份区分的面具，而是为了将一经改造的面具戴到某些‘适于成为交易主体’的团体的脸上。”③但聪明的德国人没有

① [英]梅因著:《古代法》，沈景一译，商务印书馆1959年版，第96页、第97页。
② 尹田:“论法人人格权”，载《法学研究》2004年第4期。
③ 同上。

使用“人格”术语,而独创了“权利能力”概念代之。

二、权利能力:团体的身份

权利能力概念的提出,普遍认为首推德国民法。① 依德国学者的解释,权利能力是指一个人作为法律关系主体的能力,也即作为权利享有者和义务承担者的能力(或称资格)。② 从该定义分析,权利能力与罗马法的人格同义,都是确认民事主体的条件。而我国学者对此认识则不同。有学者认为,应该严格区分人格和权利能力。人格是民事主体的资格,权利能力是指民事主体可以享有的权利范围和内涵。现代民法的自然人可以不存在人格概念,而对于法人,这两个概念是万万不能混淆的。法人人格是指法人应当具备的条件,法人权利能力是指依照法律或法人组织章程规定的法人从事活动或经营的范围。一个团体,先进行法人资格的确认,然后再进行权利义务范围的确认。③ 另有学者认为,权利能力不过是为了承认团体人格而必须在私法上构造一个仅仅在私法上享有如同自然人那样能够取得财产权利并承担财产性义务的主体性资格。正是基于这样的目的,人们创造了“权利能力”这一概念。该概念从技术上解决了自然人与法人在同一民事主体制度(即所谓“人法”)框架下的共存。权利能力的本质不过是“权利义务的归属资格”。④ 还有人认为权利能力是民事主体最基本的属性,⑤

① 权利能力概念是何人提出,学者认识不一。梁慧星教授认为,其在学者 Franzvon Zeiller(1753～1828 年)所起草的《奥地利民法典》中第一次使用。可以断言,它产生于 18 世纪后半期至 19 世纪的欧洲(参见梁慧星著:《民法总论》,法律出版社 2001 年版,第 71 页)。李永军教授对此有所怀疑。他认为,《奥地利民法典》第 16 条规定:“任何人生来就因理性而获有明确的天赋的权利,故得作为自发的人格而被看待。”第 18 条规定:“任何人都具有在法定条件下取得权利的能力。”由此两条规定可以看出:人格仍然在能力之前,取得权利之能力是人格的体现。但这里所谓的“取得权利之能力”是否就是我们后来所谓的“权利能力”殊有疑问。现在民法上的“权利能力”一词的真正含义与使用起源于德国民法典(参见李永军:“论民事权利能力的本质”,载《比较法研究》2005 年第 2 期)。龙卫球也认为德国民法典也专门创造和使用了权利能力一词(参见龙卫球著:《民法总论》,中国法制出版社 2001 年版,第 187 页)。笔者认为德国民法的权利能力影响最大,殊值赞同。

② [德]卡尔·拉伦茨著:《德国民法通论》,王晓晔等译,法律出版社 2003 年版,第 119～120 页;[德]迪特尔·梅迪库斯著:《德国民法总论》,邵建东译,法律出版社 2000 年版,第 781 页;王泽鉴著:《民法概要》,中国政法大学出版社 2003 年版,第 47～48 页。

③ 江平、魏振瀛主编:《民法》,北京大学出版社、高等教育出版社 2000 年版,第 80～81 页;史尚宽著:《民法总论》,中国政法大学出版社 2000 年版,第 152 页。

④ 李永军:“民事权利能力的本质”,载《比较法研究》2005 年第 2 期。

⑤ 龙卫球著:《民法总论》,中国法制出版社 2001 年版,第 188 页。

“人格或权利能力是民事主体的本质”。[①] 为何德国创制的权利能力概念在我国有着不同一炉的表达？其本质究竟是什么？权利能力与人格究竟是何关系？我们还得从权利能力之本源谈起。

德国学者克尼佩尔在论述《德国民法典》的历史和形成时提到,《德国民法典第一草案说明书》认为:不论现实中的人的个体性及其意志,承认其权利能力是理性和伦理的一个戒律。[②] 承认权利能力的理性戒律就是消除等级差别,消除那些“经济上寄生的贵族所享有的政治上的特权”。[③]

克尼佩尔对伦理戒律的阐述比较模糊,但从拉伦茨的主张中[④]可以分析,承认权利能力的伦理戒律使每个自然人都具有平等的人格。《德国民法草案说明书》承认权利能力的理由就是在于消灭等级差别,实现人人平等。权利能力的立法理由就是为了对抗罗马法确认的“人格”。

在笔者看来,以上权利能力概念的立法说明绝对不能说是充分的。有三点理由:一是《德国民法典》仅就权利能力文字本身并未直接标示出“平等”,只是通过“自然人的权利能力始于出生”[⑤]来暗含其平等性,反而没有像我国《民法通则》直接宣示其平等。二是即便是反对人格的不平等,也无须另行制造概念,直接参照《法国民法典》就可以解决。《法国民法典》没有使用人格,也没有创制其他替代概念,直接在《人权宣言》上宣示:人权的主体是人(homme)和市民(citoyen)。晚于《法国民法典》将近一个世纪的《德国民法典》,不步法国之后尘,另辟蹊径,另外构建民法体系,由此可以看出,德国创制权利能力也是意在排斥法国法。三是权利能力产生的伦理基础难以解释团体的权利能力。自然人权利能力的伦理基础是消灭差别、实现平等,而罗马法并未承认团体人格,《德国民法典》何以通过权利能力界定团体的人格?

有学者分析道:如果罗马法与《法国民法典》这种仅仅承认自然人为主体的状况持续下去而无团体人格出现的话,大概也就不会有发明“权利能力”这一概念的必要性。恰恰是因为法人等团体的出现,并想在私法上为团体谋求取得权

---

① 钱玉林:“关于民事主体资格的一点思考”,载 http://www.civillaw.com.cn/weizhang/default.asp?id=19667。

② [德]罗尔夫·克尼佩尔著:《法律与历史——论德国民法典的形成与变迁》,朱岩译,法律出版社 2003 年版,第 58 页。

③ 同上,第 59 页。

④ 拉伦茨认为:每个人都有权利能力,因为他在本质上是一个伦理意义上的人。参见[德]卡尔·拉伦茨著:《德国民法总论》,王晓晔等译,法律出版社 2003 年版,第 120 页。

⑤ 或许德文原词有平等之意,而汉语“权利能力”则很难看出其内含的平等性。否则,我国《民法通则》第 10 条何以宣示,公民的民事权利能力一律平等。

利并承担义务的地位，就不能依赖基本法，而必须有一个不同于基本法上所规定的人却又有在私法上拥有权利义务归属资格的概念出现。① 因此，《德国民法典》在创设团体人格时，又不得不“小心翼翼地避开了‘人格’这一古老而又常新的概念中所包含的伦理属性，以‘权利能力’这一仅仅具有私法主体资格含义的概念替换了人格的表达，使权利能力明确地‘从伦理的人格中解放出来’，可以同时适用于自然人与法人”。②

由以上分析可以看出，德国法的权利能力和罗马法的人格并无二致。人格是对自然人的身份的确定；而权利能力可以说是对团体身份的确定。自然人的伦理性决定其权利能力不能限制、放弃、转让和剥夺，是法律必须规定的。而法人的权利能力是可以放弃、转让和剥夺的，恰恰符合罗马法关于人格的减等制度。有权利能力的团体承担有限的责任，无权利能力的团体由行为人亲自负责任。③

对自然人来讲，有无权利能力已经不够重要，仅具观念意义。对团体而言，有无权利能力则意义重大，它直接关系到自然人与团体的关系，自然人在团体中以怎样的方式存在，承担责任的大小。权利能力是团体取得法律主体地位的条件，否则，即便是有自己的名义，从事民事活动，也不具有法律人格或主体地位。自然人是无权利能力的团体进行民事活动时的主体，无权利能力的团体成为其背后的自然人的代理人或代表。因此，从本质上说，权利能力是德国法为团体在法律上的地位制作的面具，体现的是一个团体在民法上的身份。

权利能力这种新型的“人格”，只是外在结构看起来具有新颖性，换了新的说法，其内在流淌的还是“人格血液”。罗马法的“人格血液”在自然人身体（个体）中流动，而德国法的“权利能力血液”在团体（多个自然人）中流动。其本质并未改变。所以，人格和权利能力等值、同义、互换。

人格概念的产生毕竟还是以“人”为基础，即“人之格”；而权利能力的产生，则丝毫不留“团体之格”的痕迹，独立地构造出与人和团体都分离的权利能力概念，以此来表达自然人和团体在法律上的统一地位。对于自然人而言，该立法技术并未见得有高明之处。真正体现德国人立法技术之高，是把权利能力概念应用于团体，尤其是财团法人。一个人捐助的财产，在法律上却被赋予“团体人格”，具有权利能力，难道真的能够在财产上直接找到伦理价值吗？除非进行过

---

① 李永军：“民事权利能力的本质”，载《比较法研究》2005 年第 2 期。

② 尹田：“论法人人格权”，载《法学研究》2004 年第 4 期。

③ 《德国民法典》第 54 条规定：“无权利能力社团适用于合伙的规定。基于此种社团的名义对第三人实施的法律行为，行为人亲自负责任；二人以上实施行为的，行为人作为连带债务人负责任。”

于牵强的解释。

《德国民法典》对团体权利能力概念的使用，将法人纳入人法体系，以权利能力替换人格。尽管有些学者认为，“具有身份含义的人格是日本学者在移植德国法的过程中，翻译上的局限和误差，而使权利能力和人格成为同义语，是错误的”，①但笔者以为，非是什么错误，而是译者对权利能力有着本质的理解所致。虽说人格与权利能力不能成为同义语，但从权利能力概念的缘起看，权利能力仅仅是一种新型的人格形式而已。

从以上分析得知，权利能力不是主体享有民事权利、承担民事义务的范围，而是团体具有法律上独立的主体地位的资格条件，“团体人格”的称谓恰如其分地概括了权利能力的全部内涵。以此推论，合理的逻辑表述是：只有具有人格或权利能力，才能成为民事主体。而不是因为成为民事主体，才具有人格或权利能力。权利能力都是独立存在的，没有不独立的权利能力。既然权利能力的本质是为团体设计的一种新型“面具”，就免不了带有身份的意义。在此种意义上说，自然人通过权利能力摆脱了不平等的人格桎梏，团体则通过权利能力戴上不平等的枷锁。

三、现代民事主体：不需要附加身份

罗马法的人格界定自然人的身份，德国法的权利能力界定团体的身份。现代民法上的主体，不需要附加身份，如果说身份的话，主体本身就是主体的身份。主体，是“主”和“体”的结合。

“主”体现的是控制和归属，“体”体现为实体或载体。只要是法律关系的参加者、权利义务的归属者、责任的承担者都是该法律关系的主体。

第一，平等观念已经成为现代法律的基础。

人格和权利能力的概念都摆脱不了身份的束缚，有身份就有不平等。罗马法的人格对自然人身份的界定直接表现为“看得见的不平等”；德国法的权利能力对团体而言也隐含了不平等，即“看不见的不平等”。正是这种看不见的、隐含的不平等性，才导致了在我国理论界成为通说的认为法人的权利能力是受限

① 尹田：“论法人人格权”，载《法学研究》2004年第4期。

制的[1]、是特殊的[2]的观点;也是将权利能力理解为享有权利和承担义务的范围的原因所在。这种理解直接违反了主体平等原则。

罗马法的人格理论因其在立法上体现的“看得见的不平等”,在人人平等的社会中,应当毫无使用价值。[3]

德国法的权利能力理论所体现的“看不见的不平等”,则需要加以鉴别。“当社团无权利能力时,其权利和义务归属于相互结成一个整体的全体成员,取得权利能力后,则归于作为法律主体的社团本身。权利义务归属的方式虽然发生了变化,但这个真实的社会组织体却未变,即权利和义务都归于该社会组织体。”[4]这也就是说,权利能力对于团体而言,获得权利能力标签的就是独立的民事主体,而未获得权利能力标签的团体就不作为民事主体,而是依附于成员的权利能力而存在。有权利能力和无权利能力的团体,其间的不平等性不言而喻。也正是因为如此,德国有学者提出部分权利能力的观点[5]以减少因权利能力的单一标准而可能在团体之间造成的不平等性。当然也有学者为权利能力的平等性进行辩护,认为:“权利能力平等是一种抽象的平等而非具体平等,是一种资格或者说是一种取得权利的可能性的平等。”[6]这种抽象的平等观仅仅是对所有有权利能力的团体而言。对无权利能力的团体而言,虽然也有自己的名称,也有一定的组织机构,最终因为没有取得权利能力的名分而把团体所为的行为后果都强加于自然人。这和罗马法中奴隶所为的一切行为均由奴隶主承担有何区别?为此,德国立法也在寻求改革,承认以前的无权利能力的合伙为有权利能力的合伙。如《德国民法典》第14条第2款规定:“有权利能力的合伙是指具有取得权利和应承债务能力的合伙。”

权利能力理论的产生是在特定的历史背景下,即德国学者及立法者为了体现民族精神不想追随法国,又必须回应罗马法就人格理论而进行的法律概念的创造,该创造除了具有历史意义和逻辑自足意义之外,很难说在理论建构中以及在社会调整方面有多大的价值。但是,对于团体权利能力技术的运用的确给我

---

① 其受性质、法律、目的上的限制,参见张俊浩著:《民法学原理》,中国政法大学出版社2000年版,第178页。

② 王利明等著:《民法新论》,中国政法大学出版社1988年版,第239页。

③ 尹田:“论法人人格权”,载《法学研究》2004年第4期。但这并不妨碍近代或者现代的哲学家或者法学家继续沿用传统的“人格”概念来表达自然人所具有的一般社会地位或者法律地位,也不妨碍20世纪以后个别国家的民法典在对自然人人格的概括保护之规定中使用“人格”一词。

④ [德]卡尔·拉伦茨著:《德国民法通论》,王晓晔等译,法律出版社2003年版,第208页。

⑤ 同上,第238页注释。

⑥ 李永军:“民事权利能力的本质”,载《比较法研究》2005年第2期。

们很大启发。从各国的立法实践来看，法国放弃了罗马法的人格理论，以主体取代人格，没有承认权利能力理论，《日本民法》也没有权利能力的概念，该法第1条第3款规定："私权之享有，始自出生。"法国、日本的民事立法都没有因为未规定权利能力而不能有效适用。相反，没有所谓的权利能力，统一使用民事主体概念，更增加了民事主体地位的清晰性，不至于走入关于法人团体人格也享有人格权的理论误区。

行为、权利、义务、责任是民事法律关系的基本元素，一个自然人、一个团体能否作为民事主体，由这些基本元素而定。如婴儿不能自己行为，却可以成为主体；未成年人致人损害，其本人和监护人是主体；代理人的行为后果由被代理人承担，代理人基于行为控制成为主体，被代理人基于权利义务归属成为主体；法人的分支机构因直接获得权利和义务成为主体，当其财产不足以清偿债务时，最终责任落实到法人，法人当然也是主体。在不同的法律关系中，自然人的主体性已经不可否认；团体的主体性也没有必要再由权利能力加以制约。所有的人、所有的团体都加入民事生活吧，不需要资格审查，只要是社会的真实存在已足。至于最终由自然人承担责任还是由团体独立的财产承担责任，完全是立法政策的安排。

第二，民事主体的法律技术化。

民事主体不是哲学上的主体。各门社会科学都有主体概念，是指有某种主导的、主动的地位。[①] 不同学科的主体都有自己独特的质，法律也不例外。哲学上的主体是指人，与客体相对，其本质是人类意识与客观存在的关系，是哲学的基本出发点。而民事主体不仅指人，与法律关系相联系，包括法律预设的法律关系和主体行为所形成的法律关系。民事主体是人的抽象。

民事主体是异化的人。当罗马法将人用人格加以区分，当德国法将团体具有的权利能力和人统一使用的时候，当通过"法律制度"能生产出人（法人）的时候，人在法律上已经被技术化。经过技术化处理的法律上的人，已经不再是有感情的生命体，而只是作为权利、义务、责任的承受者或者能够进行行为控制的人。"天然欠缺意思能力的自然人可以作为主体，如痴傻人；有完全意思能力的自然人法律规定不能作为主体，如女王不是义务主体；通过拟制动物也可能成为主体，拟制动物为主体与没有意志的生物人为主体并没有什么区别……一个人、一

---

① 张文显著：《法哲学范畴研究》，中国政法大学出版社2001年版，第101页。

条狗、一只船,都有可能成为法律主体。"①

我们面对人的异化,面对动物成为主体的可能,无须谈异化而色变。这种异化乃是人类与对象交往时的普遍现象,只要有人类的创造,就会有异化现象的存在。我们既然不担心团体可以成为主体,也无须担心动物成为主体。关键的问题是在异化过程中,我们所采取的法律技术是否科学。

科学的法律技术的应用必须尊重客观事实。我们可以把团体技术化处理,使其能够像"人"一样具有主体地位,但我们可否把团体处理成像"自然人"一样的主体,成为具有生命、意志和情感的生物体?不顾客观存在,完全根据主观意志描绘团体的生命人模样,其结果必然是陷入矛盾与僵局。在法律上,人、动物、胎儿、死者、团体都是有个性的社会实在,法律在确定其地位时,只有在尊重其个性特点的基础上作技术化处理才是合理的。社会实在都可以技术化为法律上的主体,但这些主体成为主体的条件以及享有的权利和义务都有质的差异。就现代法的规定而言,作为主体的自然人和法人两者之间,既不能对自然人按照法人标准确定其资格,如权利能力;也不能对法人按照自然人标准去设定权利,如法人人格权。

罗马法在运用人格技术时,尚且顾及真实的人;而德国法运用权利能力技术时,只看到罗马法人格理论所折射的法律原理即人和人格的分离,②并未看到罗马法中的人与人格不分离的一面。罗马法中的人格归根结底还是对自然人的真实规定,其载体明确而特定。作为团体,或由人或由财产组成,其又何以谈"人之格"呢?③ 当人们把权利能力法律技术运用到极致,便是法人的产生。遗憾的是,法人这一高超的法律技术的产物并未按照其客观实在对其进行权利构造,而是真的将它打造成法律上的"人"去研究,这是错误地运用法律技术。

① [美]约翰·齐普曼·格雷著:"论法律主体",龙卫球译,载《清华法学》第2期。本文译自约翰·格雷(John Chipman Gray)的名著《法律的性质与渊源》(The Nature and Sources of the Law)第一部分第二章,原标题为Legal Person。该书由美国哥伦比亚大学出版社1909年初版,麦克米兰公司再版于1921年。本文译自第2版1931年印本。"legal Person"的中译较难统一,我国学者有译为"法律上的人",还有译为"法律人"、"人格体"、"法人"等,本文依据作者在第一段的定义,决定译为"法律主体"——译者注。

② 罗马法的人和人格的分离被学者作为现代法人团体人格的理论基础。

③ 尹田在《论法人人格权》中的论述着实精辟,告诫我们的研究一定要注重社会真实的存在,不要过于追求逻辑的统一,因为一切法律上概念的界定不过是立法技术而已。但该立法技术必须尊重客观真实。参见尹田:"论法人人格权",载《法学研究》2004年第4期。

四、民法典：多元化、开放式民事主体构造

现代民法的任务不是简单地对于纠纷给予对或错的答案，而是积极发挥其预调功能，即制定足以满足人们需要的、符合社会发展规律的规范。在规范制定过程中，毫无疑问，民事主体构造是民法的核心。

法律是为人服务的。民事主体是对人的社会生活方式和经济生活方式的确认。人最初是以团体形式生活的，故法律首先将家庭共同体作为主体，家父是家庭的代表。当人脱离家庭完全实现个人自由时，个体生活方式占据主导。法律开始确认人的个体地位。以单一的个体或共同体方式生活，都有其难以克服的局限，个体为了追求自己的生活方式需要结社，法律给予个体的结社自由。结社形成的团体取代个人也是人类必要的生活方式。自然人是以个体形式参与还是以团体形式参与活动，取决于自然人的自由。现代法律应当尊重人的自由；无须设定一个资格，先满足资格然后才能作为主体参加活动，人为的资格限定是身份的回归。

只要参与法律关系，行为、权利、义务、责任四个元素只要有所依附，被依附的对象就是主体。法律分别按照"体"的性质确定"主"。因此，法律确定主体时，是吸引还是阻止主体参与法律关系，取决于立法者政策。比如，我国现在不承认有限合伙，而有限合伙恰恰是高新技术企业风险投资的一种最佳组织形式，立法排斥有限合伙，就会阻碍投资者的投资，因为按照普通合伙承担无限连带责任风险太大；如果规定诸如有限合伙等多种责任形式和结构的主体形式，将迎合投资者的需要，鼓励人们投资和交易。

民事主体结构的设计应当以激励和约束为理念。激励和约束理念的实现有赖于立法赋予民事主体的权利、义务以及责任。民法典中民事主体构造就是将自然人、胎儿、死者、设立中的法人、清算中的法人、合伙、独资企业、集团、家庭、动物等在法律上的地位摆正，方能更好地实现民法典的功能。因此，在确定民事主体地位时，必须明确：人格不能代替主体，与主体不同义。动物肯定不具有人格，但未必不能成为主体。人格和人格权不同。不是有人格就一定有人格权。人格权之人格是一种受法律保护的利益，包括人的生命、身体、健康、尊严、自由、名誉等。法人可以作为主体，但不享有人格权。

权利能力不能代替主体，与主体不同义。以有无权利能力这一单一标准界定人的丰富多彩的生活方式的法律属性，既不是人之所需，也非社会经济发展之规律所系。在当时的历史条件下，权利能力确实具有开拓性意义，但发展到今

天，很难看到权利能力制度所发挥的作用，只不过树立一个观念而已。有权利能力和无权利能力的本质区别归根到底落实到责任的有限和无限层面。有限责任的最早确立恰恰是在非权利能力制的立法国家完成的。

说到底，人格、权利能力、民事主体是由政治的、历史的和发展的既定性决定的。随着历史条件的改变、认识的提高，民事主体的自身特点越发显示其优越性。其自身所具有的自主性、自觉性、自为性、自律性含义可以弥补人格和权利能力概念的先天不足。其客观性和开放性既能科学地构造具体主体制度，又能及时反映人们的需要。

“个人以个体状态存在和团体状态生活，依今天的社会经验，是两种必要的生活形式，但是怎么样设置它们的关系，没有绝对的结论。生活知识是最好的基础，生活感受为最好的革新动力。我们共同生活的方案，包括法人制度在内，应当用思想交流的办法达成。”①

（2006年第8期）

① 龙卫球：“法人主体性探讨”，载《民商法论丛——江平教授70华诞祝贺文集》，中国法制出版社2000年版。

2007 年

死亡给付保险之被保险人的同意权研究

——兼评我国2002年《保险法》第56条第1、3款之疏漏及其补充

樊启荣*

在第三人订立的“以被保险人死亡为给付保险金条件”的人身保险合同中，因其危险事故的对象为被保险人，且事故之性质及其结果为被保险人之死亡，为避免“谋财(保险金)”而“害命”之道德危险的发生，各国保险立法无不严谨规范，以昭慎重。我国2002年《保险法》第56条第1款有关“以死亡为给付保险金条件的合同，未经被保险人书面同意并认可保险金额的，合同无效”之规定，即为上述意旨而设。不过，上述所谓“以死亡为给付保险金条件的合同”之内涵与外延为何，学者理解上存有歧见；“被保险人之同意权”所蕴涵之法理为何，在解释论上仍有探讨之空间；被保险人是否有撤销同意之权利，因法无明文，也有待研究。此外，在我国保险实务中，将“书面同意”仅限于被保险人的“事后承认”，并将限制民事行为能力之被保险人的同意权委诸其法定代理人代而为之，上述做法是否妥当，不无疑义。笔者以下拟就上述问题，结合保险法与民法的法理，为我国2002年《保险法》第56条规定的疏漏之处寻求较为妥适、合理的解释，以为保险实务运作以及《保险法》修订之参考。

一、被保险人同意权的适用范围：“以死亡为给付保险金条件的合同”一语之诠释

从上述我国《保险法》第56条第1款规定本身，不难理解立法者之本意是将被保险人书面同意权的适用范围限于“以死亡为给付保险金条件的合同”。但是，立法者所使用的“以死亡为给付保险金条件的合同”一语，属于“描述性”概念，致使学界在理解上存在分歧，尤其是其与“死亡保险合同”之关系为何，学者各执一词。同时，考诸国外及我国台湾地区保险立法，其用语亦不尽一致，例如，《德国保险契约法》第159条第2项称为“以第三人之死亡为保险事故的保险契

* 作者单位：中南财经政法大学法学院。

约”,《日本商法》第674条第1项称为“以他人之死亡而给付保险金之保险契约”,我国台湾地区“保险法”第105条称为“由第三人订立之死亡保险契约”。因此,所谓“以死亡为给付保险金条件的合同”之内涵与外延,实有进一步厘清之必要。笔者以为,在解释论上,应着重考量以下三处:

1. 从投保人与被保险人的关系而言,“以死亡为给付保险金条件的合同”所规范者,为投保人与被保险人非为同一人之情形,而并非二者为同一人之情形。因为,在投保人即为被保险人的情形下,所谓须经“被保险人书面同意”并无任何实质规范意义,其理由诚如国外学者所言:“没有任何事可以阻止任何人为他自己的生命投保100次——只要他是真的为了自己的生命投保。”①因此,我国《保险法》所谓“以死亡为给付保险金条件的合同”,当属于投保人以他人为被保险人所订立的、以被保险人死亡为保险事故及给付保险金条件的人身保险合同;该用语与《德国保险契约法》第159条第2项称为“以第三人之死亡为保险事故之保险契约”、《日本商法》第674条第1项称为“以他人之死亡而给付保险金之保险契约”之用语,在内涵上是一致的。

2. 从人身保险之险别而言,人身保险包括人寿保险、意外伤害保险及健康保险三大类别,而每一险别中均含有“因被保险人死亡之保险事故发生后,保险人给付保险金”之情形;只不过,人寿保险中之“死亡给付”,俗称“死亡保险合同”。因此,我国2002年《保险法》第56条第1款采“以死亡为给付保险金条件”一语,在外延上当涵盖人寿保险、意外伤害保险及健康保险三大险别,而并非仅指人寿保险合同中“死亡保险合同”而言。换言之,所谓“以死亡为给付保险金条件的合同”,在外延上除包括人寿保险合同之死亡给付外,还包括健康保险合同与意外伤害保险合同中的死亡给付情形。可见,我国2002年《保险法》第56条第1款所称之“以死亡为给付保险金条件的合同”,在外延上与我国台湾地区“保险法”第105条所采之“由第三人订立之死亡保险契约”并不一致,不可不察。

3. 从比较法的角度来考察,多数国家保险立法例大多规定被保险人的同意权适用于死亡保险合同和意外伤害保险合同(例如,《德国保险契约法》第159条与第179条之规定,《韩国商法典》第731条和第739条之规定),但“未有言及健康保险合同,实为其疏漏。”②只有少数立法例如《日本商法》第674条仅限

① [英]M. A. 克拉克著:《保险合同法》,吴志攀、何美欢等译,北京大学出版社2002年版,第84页。

② 施文森著:《保险法论文》(第1集),台湾三民书局股份有限公司1985年版,第46页。

于“生活保险契约”,我国台湾地区“保险法”仅限于“死亡保险契约”,“显系立法上一大漏洞,理应立即加以修正”。① 我国2002年《保险法》在总结各国或地区保险立法经验的基础上,对被保险人同意的适用范围,不是以险种加以区分,而是根据合同中约定的“给付保险金的条件”来确定,凡是合同中约定有“以死亡为给付保险金条件的”,都必须经过被保险人的书面同意并认可保险金额。比较而言,我国2002年《保险法》第56条第1款的规定更为全面和充分,对被保险人的保护可谓是无微不至。②

综上所述,我国2002年《保险法》第56条第1款所称之“以死亡为给付保险金条件的合同”,其实质有三:其一,投保人以他人为被保险人,或者说以他人之生命或身体为保险标的;其二,保险事故之性质为被保险人之死亡,或者说以被保险人死亡为给付保险金之条件;其三,范围上涵盖人身保险中三大险别的死亡给付情形,并非仅指死亡保险。因此,本文标题将之称为“死亡给付保险合同”,以示与人寿保险中“死亡保险合同”之区别。

二、被保险人同意权之立法意旨:结合保险法与民法之法理的综合考量

比较而言,于财产保险,投保人以他人之财产为标的投保财产损失保险,法律并不要求征得被保险人同意;反之,于人身保险,若投保人以他人之身体或生命投保,尤其是投保以被保险人死亡为给付保险金条件的保险,法律则要求征得被保险人的“书面同意”。法律为何在以被保险人死亡为给付保险金条件的人身保险之场合,特别赋予被保险人之同意权?对此关乎我国2002年《保险法》第56条第1款立法意旨的问题,我国保险法学界多数观点认为因为保险事故是被保险人死亡,所以须经被保险人同意以防止道德危险。③ 笔者以为,防止道德危险固为其立法意旨之一,但不是全部,因为财产保险亦有道德危险因素之存在,为何在投保人以他人之财产投保损失保险(例如火灾保险)的情形下,法律并不要求须经被保险人书面同意呢?因此,有关被保险人同意权的立法意旨问题,解释论上仍有讨论的空间。笔者以为,从保险法理与民法法理之综合考量,其立法意旨主要有以下三点:

① 林勋发著:《保险契约效力论》,作者自发行1996年版,第147页。
② 肖梅花著:《保险法新论》,中国金融出版社2000年版,第148页。
③ 王萍著:《保险利益研究》,机械工业出版社2004年版,第224页。

1. 道德危险之防止。保险合同是一种射幸合同,因此对以他人之生命、身体订立的以死亡为给付保险金条件的保险合同,若毫无限制而可随意为之,则无异于以他人之生命为赌注,其道德危险之高,实不容忽视。从风险管理的角度观察,因危险之本质本为“不确性”,因此,任何道德危险均无法完全消灭,只能事前尽量预防,而以降低危险为目标。在投保人与被保险人非为同一人、以被保险人死亡为给付保险金条件的情形下,如何在缔约阶段对道德危险予以有效的事前防止呢?措施主要有二:其一,保险人在缔约阶段应尽谨慎核保审查的注意义务,以防止道德危险的滋生;其二,被保险人通过行使同意权以求“自保”,而被保险人“自保”得以实现的关键之点,是在缔约阶段让被保险人本人知悉有人以其生命、身体为保险之标的,投保以死亡为给付保险金条件的保险之事实的基础上,自我权衡利害关系,自主决定是否同意。但是,比较而言,保险人的核保审查对道德危险的防范仅是“外部的程序意义上”的防范,而被保险人同意权的行使则是“内部的实体意义上”的防范。因此,被保险人同意权及其行使,实为事前有效防止道德危险的“第一道防线”。

2. 人格权之保护。由第三人订立的以死亡为保险事故的保险合同,是以被保险人的生命、身体为标的,因此牵涉被保险人的人格权。一般而言,人格权主要在于维护个人人格之完整性与不可侵犯性,进而保障个人身体与精神活动等权益。就以被保险人死亡为给付保险金条件的人身保险而言,基于保障被保险人人格权不受侵害,应让被保险人知悉有人以其生命、身体为危险发生之对象,而由被保险人决定是否愿意以自己的生命、身体为保险标的。因此,法律赋予被保险人同意权,具有私法自治理念之贯彻、意思自由之维护、被保险人人格之尊重等私法法益。

3. 自主决定之协力。保险立法通过赋予被保险人同意权,将防止因保险而产生“图财害命”之道德危险的可能性,委诸于被保险人自我判断和自主决定。但是,由于“被保险人之同意权毕竟操诸于被保险人之主观决定”,①因此,被保险人自由决定妥当与否,除依赖于被保险人个人的知识、智力、经验、偏好等主观因素外,还取决于判断过程中所依据的资料或事实是否完整与真实。保险立法通过“经被保险人书面同意方能生效”之规定及其精神的贯彻,客观上使被保险人知悉投保人为谁、保险事故性质为生存还是死亡、受益人为谁、保险金额之多寡等事实,为被保险人在检视及确认投保人的投保动机时提供参考,从而使被保险人在最终形成同意与否之决定时有判断准据。

---

① 林勋发著:《保险契约效力论》,作者自发行1996年版,第133页。

综上所述，在投保人与被保险人并非同一人的情形之下，若投保人欲以被保险人之身体或生命作为保险标的而订立以死亡为给付保险金条件的合同时，出于对被保险人之生命的安全性与身体的完整性考虑，基于对个人“自主决定权”的尊重，须征得被保险人的同意，以避免“谋财害命”之道德危险的发生，充分体现被保险人的人性尊严，保障被保险人之人格权。

三、“书面同意”与“保险利益”：单一标准抑或双重标准

依上述我国2002年《保险法》第56条第1款之规定，从规范功能而言，“被保险人之书面同意”在以被保险人死亡为给付保险金条件的人身保险合同中扮演着重要角色，决定着该类合同效力之有无，因而是该种类型的保险合同之“特别生效要件”。[①] 那么，该特别生效要件具备后，是否仍须考量投保人对被保险人的保险利益之有无？换言之，就死亡给付保险合同的特别生效要件而言，“书面同意”与“保险利益”是单一标准还是双重标准？对此问题，两大法系在立法论上有所差别，我国保险法学界在解释论上也有歧见。

从比较法视角观察，在英美法系国家中，美国各州保险成文法及惯例中关于以死亡为给付保险金条件的人身保险合同的特别生效要件，采“保险利益主义”与“同意主义”之双重标准，例如，《纽约州保险法》第146条第3项即规定须“保险利益与被保险人同意同时具备始生效力”，其理由在于：“关于人寿保险，其目的不是除去每个特定合同的投机性，而是限制公众以他人的生命为对象从事买卖保险单的投机生意，该目的可通过两项限制投保人范围的保护措施达到：①他们与标的生命的人必须有紧密的家庭关系或经济联系。②投保必须征得标的生命的人的同意。”[②]在英国，传统上以《1744年人寿保险法案》、《1845年禁止赌博法案》为代表的保险成文法及惯例，仅采“金钱利益主义”之单一标准，即“对于可准许的家庭成员可能带有金钱限制”的“保险利益主义”；但晚近以来，英国有关人寿保险法律的改革主张为：“法律能够允许任何人保险，但要以人寿被保险人的同意为条件，这是现代法律补充遗漏的唯一要求。显然现在是在我国解决此问题的时候了。”[③]可见，现代英国保险法及惯例与美国逐步趋同，采“利益主

---

① 林勋发著：《保险契约效力论》，作者自发行1996年版，第145页。

② ［英］M. A. 克拉克著：《保险合同法》，吴志攀、何美欢等译，北京大学出版社2002年版，第80页。

③ ［英］约翰·伯茨著：《现代保险法》，陈丽洁译，河南人民出版社1987年版，第29页。

义与同意主义的双重效力标准”。

在大陆法系国家的保险成文法典中，如《德国保险契约法》第159条规定：“以第三人之死亡为保险事故的保险契约，须经该第三人之书面同意，方能生效。”《日本商法》第674条、《意大利民法典》第1919条等均有类似规定。可见，“同意主义”是两大法系所共同采用的制度；但与英美保险法及惯例不同之处在于：由于大陆法系保险法理上采“人身保险之保险利益否定说”（详见下文），因此，由第三人订立之死亡保险契约的特别生效要件不包括“保险利益”，仅采“同意主义”之单一标准。

我国《保险法》对以被保险人死亡为给付保险金条件的人身保险合同之特别生效要件，在立法规制上究系采“保险利益”与“书面同意”须同时具备的双重标准，抑或仅采“书面同意”之单一标准？我国保险法学界对此存有争议。部分学者主张“单一标准”说，认为我国2002年《保险法》第56条第1款是对以被保险人死亡为给付保险金条件的人身保险合同之生效问题的特别规定，被保险人既然已经书面同意并认可保险金额，再考察投保人对被保险人是否具有保险利益，并以此决定合同是否生效，纯属多余之举。因此，应当排除我国2002年《保险法》第12条有关“保险利益”之规定、第53条有关“人身保险的保险利益”之规定的适用。[①] 笔者认为，上述“单一标准说”在解释论上存有谬误，实不足采，理由如下：

1. 以法律体系解释的方法论来考量，我国2002年《保险法》第12条有关“投保人对保险标的应当具有保险利益；投保人对保险标的不具有保险利益的，保险合同无效”之规定，位于第二章“保险合同”的第一节“一般规定”中，表明保险利益原则作为保险合同之特别生效要件，应当无一例外地适用于财产保险合同与人身保险合同；而我国2002年《保险法》第53条位于第二节“人身保险合同”，该条所规定之内容为“人身保险之保险利益”，[②]是我国立法者对人身保险仍需适用“保险利益原则”之重申，当然也应当适用于以被保险人死亡为给付保险金条件的人身保险合同；只不过立法者考虑到“被保险人死亡”这一保险事故在性质上的特殊性，所以我国2002年《保险法》第56条还特别要求“经被保险人书面同意”。因此，以法律体系解释方法论观察，我国2002年《保险法》第12条、第53条及第56条所为之规定，实际上是效仿英美保险法例，采“保险利益主

① 肖梅花著：《保险法新论》，中国金融出版社2000年版，第140页。

② 我国2002年《保险法》第53条规定：“投保人对下列人员具有保险利益：（一）本人；（二）配偶、子女、父母；（三）前项以外与投保人有抚养、赡养或者扶养关系的家庭其他成员、近亲属。除前款规定外，被保险人同意投保人为其订立合同的，视为投保人对被保险人具有保险利益。”

义”与“同意主义”之双重标准；所谓“单一标准说”只不过是对我国《保险法》上述相关规定之逻辑体系的一种“误读”。

2. 考诸于所谓“人身保险之保险利益否定说”之理由与思维逻辑，大部分欧陆学者之所以否定保险利益概念在人身保险之适用，其理由如下：(1)保险利益之功能在于决定保险价值之多寡，人身保险虽亦有“关系连接对象”——生命或身体，但其价值无法以金钱客观估定，故保险利益决定保险价值之功能在人身保险无法发挥；(2)保险利益概念之功能在于填补被保险人具体性之损害并防止复保险、超额保险，以避免不当得利，而于人身保险，由于人身无客观价值标准，被保险人即使获有双重赔偿，亦不构成不当得利；(3)保险利益概念还可决定何人有不须经他人同意即可投保的权利，若将此原则贯彻于人身保险将极为不道德，在人身保险只要经被保险人同意以其生命为保险标的，则投保人对被保险人应具有保险利益之规定，并无实质意义可言。[①] 对于上述理由，诚如有的学者所评析的那样：“大陆法系所以发展出保险利益之概念仅适用于财产保险，而否定其对于人身保险之适用，实系因自限于保险利益功能之窠臼所致。按大陆法系学者强调保险利益之主要功能在决定保险价值，并进而防止不当得利之发生，并基于此种观念而认为纵使承认人身保险应具备保险利益，亦无从达到上述功能，从而否定保险利益概念在人身保险之存在价值。此种见解显然忽略保险利益之另一重要功能，即防止道德危险之发生。”[②]因此，所谓人身保险之保险利益否定说，遗漏了保险利益在人身保险中道德危险的防止功能，在思维逻辑上并不缜密；更何况保险业实际结果显示，在人身保险中道德危险之概率往往高于财产保险，而且其后果更为悲惨，因为财产保险中道德危险的极端后果为“图财而毁财”，而人身保险中道德危险则表现为“图财而害命”。因此，在人身保险合同中，要求投保人对于被保险人有保险利益，对于保险制度之整体运作或保险功能之发挥，并无任何不良影响，似无加以否定之必要。

3. 从“同意主义”之规制效应来看，诚如美国法院相关判例所评价的那样，在以被保险人死亡为给付保险金条件的人身保险合同中，被保险人的同意“被视为法律防止滥用(投保)行为的安全措施，但仅以被保险人同意为唯一防止措施，则是不安全的”，因为“将被保险人的同意法定化只有很小的威慑力，这种同意可以被作为赠与或以极小的代价轻易地得到”。[③] 我国台湾地区著名保险法

① 江朝国著：《保险法基础理论》，中国政法大学出版社 2002 年版，第 71 ~ 73 页。

② 林勋发著：《保险契约效力论》，作者自发行 1996 年版，第 132 页。

③ Raoul Colinvaux, *The Law of Insurance*, Sweet & Maxwell, 1986, pp. 338 – 339.

学者桂裕先生也曾指出:“若以第三人之死亡为保险而不问保险利益之有无者,则可能有不肖之徒以重价收买同意书(无异于收买生命)而为保险,如是则危害生命之事必层出无穷。”①观诸保险实务上道德危险之发生,寿险往往高于产险,如能认清被保险人之同意权毕竟操之于被保险人的主观决定,在不得已之情形下,难免签下同意书,当体会得到保险利益原则所具有的第二层防护功能。②

综上分析,以法律体系解释之方法论来审视我国2002年《保险法》第12条、第53条及第56条之逻辑关系,我国保险立法实为仿效英美法系保险立法或惯例而为规定,在被保险人“书面同意”之外另加上“保险利益”之双重防护,以期能有效防止道德危险的滋生。

此外,值得指出的是,中国保监会1999年在《关于〈保险法〉有关条款含义请示的批复》(保监复〔1999〕154号)(以下简称《批复》)的文件中,对我国《保险法》第56条第1款作了扩大解释,认为:“根据该规定的立法精神,单纯以死亡为给付保险金条件的人身保险合同,如果未经被保险人书面同意并认可保险金额,该合同无效;含有死亡、疾病、伤残以及医疗费用等保险责任的综合性人身保险合同,如果未经被保险人书面同意并认可死亡责任保险金额,该合同死亡给付部分无效。”③此解释最大的缺陷在于,将订约时确定保险合同效力的规则变成了保险事故发生时确定保险合同效力的规则,使保险人游离于规则之外:如果保险人和投保人订立上述综合性人身保险合同,虽未经被保险人同意,保险人却收取了含“死亡给付”因素的保险费,如果不发生死亡保险事故,保险人则可将多出的保费据为已有;如果发生死亡保险事故,保险人又可以未经被保险人同意、保险合同无效为据,不负保险金给付之责。④ 因此,上述《批复》所作的扩大解释,实不妥当,应当废止。笔者以为,无论是“单纯”以死亡为给付保险金条件的保险合同,还是含死亡给付在内的“综合性”人身保险合同,只要含有“死亡”这一保险事故,均须经被保险人书面同意。

四、“书面同意”之性质:事前允许,还是事后承认,抑或统括二者

我国2002年《保险法》第56条第1款除所采“书面同意”一词,除直接言明

---

① 桂裕著:《保险法论》,台湾三民书局股份有限公司1981年版,第61页。

② 林勋发著:《保险契约效力论》,作者自发行1996年版,第133页。

③ 中国保险监督管理委员会编:《保险规章制度汇编(1999)》,中国政法大学出版社2000年版,第395页。

④ 王萍著:《保险利益研究》,机械工业出版社2004年版,第225页。

被保险人同意权在行使方式上须为“书面”的要式主义外，对所谓“同意”之含义及性质未具明文；而我国保险实务上通行的做法，仅将被保险人之书面同意权局限于“事后承认”。那么，该种做法是否妥当，实有深入研究的必要。

考诸我国民事立法，如《民法通则》、《合同法》等，对于“同意”一词并未特别加以定义或予以分类；不过，诸如“允许”、“承认”等与“同意”相近的同义词却散见于法条之中。因此，在民法学理解释上，一般将“同意”区分为“事前之同意”与“事后之同意”，而称“事前同意”为“允许”、“事后同意”为“承认”（日本民法称“追认”，德国民法有“承认”与“追认”之别）。[①] 无论事前同意之允许还是事后同意之承认，其法律特征均为“单方行为”与“积极行为”，即由当事人一方之意思表示而成立之单方行为与须有一种积极之意思表示存在始可的积极行为。但二者在性质上却有所不同，事后同意之承认权属形成权，而事前同意之允许权则不属形成权。详言之，所谓形成权是指由当事人一方之意思表示而使法律关系发生变化的权利。承认权因对业已成立之法律行为所为之事后同意，而使其法律关系确立，故为形成权之一种，而有别于存在于法律关系成立前的允许权，因允许并不能促使法律关系立即发生变化，故其非为形成权。[②]

那么，保险法上所谓被保险人之“同意”，在解释论上究竟是事前同意之允许，或者事后同意之承认，抑或应统括事前允许与事后承认呢？从比较法角度来看，依英美保险法惯例，主张赋予被保险人完全的同意权，因此惯例上并不限于事后承认，还涵盖事前同意。[③] 在德国和日本保险立法上，并未直接表示同意之性质与范围，但因德、日民法及其学理上主张区分事前允许与事后承认，[④]因此，德、日保险实务之做法与前述英美惯例相同，同意权行使之范围，并不限制为事前允许或事后承认。[⑤] 综观上述国外保险立法例，各国保险法对被保险人同意权之范围，一般不加限制，而统括事前允许与事后承认。

在我国保险实务中，对于同意权行使的范围，则与英美惯例有所差距，仅限于事后承认。此种做法是否妥当，殊值考量。笔者以为，在由第三人订立之以被保险人死亡为给付保险金条件的人身保险合同中，之所以以被保险人之同意为

---

① 史尚宽著：《民法总论》，中国政法大学出版社2000年版，第604页；郑玉波著：《民法总则》，中国政法大学出版社2003年版，第460～461页。

② 王泽鉴著：《民法总则》，中国政法大学出版社2001年版，第60页。

③ Jeffrey W. Stempel, *Interpretation of Insurance Contracts*, Little, Brown and Company, 1994, p. 238.

④ ［德］迪特尔·梅迪库斯著：《德国民法总论》，邵建东译，法律出版社2000年版，第762～763页。

⑤ ［日］国崎裕著：《人寿保险》，张述译，中国金融出版社1986年版，第143页。

合同的生效要件，前已述及，其立法意旨无非为防止道德危险之发生及保护被保险人之人格权，而事前之同意（允许），对于此目的之达成应有百益而无一害，故不妨让被保险人拥有更广泛的同意权，而涵盖事前之同意（允许）。换言之，由第三人订立的以被保险人死亡为给付保险金条件的人身保险合同，若未经被保险人事前之允许与事后之承认，其合同无效，应更能符合我国2002年《保险法》第56条第1款之立法意旨，且对被保险人的保障更为周全。

综上所述，基于防止道德危险之发生及保护被保险人人格权之理念，我国2002年《保险法》第56条第1款所谓“被保险人书面同意”一词，在解释论上应统括事前同意之允许与事后同意之承认。我国现行保险实务中将被保险人之同意仅局限于事后同意之做法，不仅对被保险人之权益保障有所不备，且对被保险人之意思表示自由实有侵害，有违立法之意旨，故应赋予被保险人完整的同意权，以包含事前允许与事后承认为妥。至于被保险人行使同意权之方式，是否限于以“书面”为之，虽然国外惯例或立法规定有所不同，[①]但是笔者以为，保险契约因以不确定的危险为承保范围，且通常具有较长的保险期间，有别于一般契约而具有特殊性，因而被保险人不论为事前同意之允许或者事后同意之承认，均应以书面为之，一来可昭慎重，二来可免举证之累。因此，我国2002年《保险法》第56条第1款规定所采之“书面同意”之要式主义立法例，殊值肯定与赞许。

五、限制行为能力被保险人的书面同意权之行使：对2002年《保险法》第56条第3款之妥当性质疑

在以被保险人死亡为给付保险金条件的人身保险的场合，就被保险人行为能力的类型来考察，当被保险人为完全行为能力人时，其同意权的行使，固无疑义。就被保险人为无民事行为能力人而言，我国《保险法》第55条第1款规定：“投保人不得为无民事行为能力人投保以死亡为给付保险金条件的人身保险，保险人也不得承保。”若保险人违反该禁止性规定，为无民事行为能力人承保以死亡为给付保险金条件的保险的，依我国2002年《保险法》第148条之规定，当受到行政处罚，由保险监督管理机构责令改正，处以5万元以上30万元以下的罚款；而且，若因保险人的上述违法行为而给被保险人造成损害的，依我国2002

① 被保险人同意之方式，英美惯例并不限于须书面为之；德国《保险契约法》第159条第2项则明文规定以“书面”为之，与英美惯例不同；《日本商法》第674条之规定与英美惯例相同，亦不限于书面，异于德国保险法与我国保险法之相关规定。

年《保险法》第151条之规定,应当依法承担民事责任。考诸其立法理由,因为"以年幼无知、智虑尚未成熟之人为被保险人,容易发生受益人为图得保险金而谋杀被保险人之道德危险;或者以心神丧失或精神耗弱之人为被保险人,容易因图谋财产,诱发杀机"。[①] 因此,当被保险人为无民事行为能力人时,一般而言,不会产生所谓被保险人书面同意权及其行使之问题。

有争议的是,在被保险人为限制民事行为能力人的情形下,其书面同意权如何行使?行使主体是被保险人本人呢,还是其法定代理人?由于我国2002年《保险法》第56条第3款明确规定:"父母为未成年子女投保的人身保险,不受第1款规定限制。"因此在保险实务及司法实践上,均依据我国《民法通则》第12条第1款之规定来操作或判决,该条款规定:"十周岁以上的未成年人是限制民事行为能力人,可以进行与他的年龄、智力相适应的民事活动;其他民事活动由他的法定代理人代理,或者征得他的法定代理人的同意。"依此规定,法定代理人径为限制民事行为能力的被保险人行使书面同意权。这样一来,在被保险人为限制民事行为能力人的情形下,不仅使得我国2002年《保险法》第56条第1款有关"经被保险人书面同意并认可保险金额"之规定形同具文,而且导致了我国寿险业中"代签名"现象[②]的大量存在,其妥当性如何,也备受质疑。

笔者以为,当被保险人为限制民事行为能力人时,在保险法的适用问题上,应对我国2002年《保险法》第56条所规定的享有书面同意权之"被保险人"作严格解释:同意权专属于被保险人本人,由本人亲自为之而不得代理,[③]以排除上述我国《民法通则》第12条规定之适用。具体理由如下:

1. 从保险契约与一般债权契约之比较来看,保险契约在本质上因具有射幸之特质,而异于一般债权契约,且由于人身保险合同关系到被保险人之人格权问题,故有予以特别保护的必要性。就我国2002年《保险法》第56条之立法意旨而言,为保障人格权、防止道德危险发生,以被保险人之书面同意为第三人订立死亡给付保险合同的生效要件,具有特别意义,而异于一般契约中"本人书面同意"的意义。因此,应基于"特别法优于普通法"之法理,将我国2002年《保险法》第56条第1款之规定视为一特别的例外规定,而排除上述《民法通则》第12条第1款的适用,对为书面同意之"被保险人"作严格解释。

2. 考之于民法上牵涉人格权之婚姻、收养等制度,为尊重人格权、防止亲权

① 刘宗荣著:《保险法》,台湾三民书局股份有限公司1995年版,第57~58页。
② 王正峰:"寿险合同代签名的法律效力",载《保险研究》2001年第8期。
③ 林勋发著:《保险契约效力论》,作者自发行1996年版,第154页。

之滥用，均否定了限制民事行为能力人之法定代理人主动代为意思表示的权利。民法上对于涉及人格权之婚姻、收养等制度尚且如此，更何况人身保险不仅牵涉人格权，而且含有道德危险因素的存在，更应审慎处理，故将书面同意限于被保险人亲自为之，实有必要。

3. 察人寿保险业之实情，为限制民事行为能力人投保者，一般而言，投保人与被保险人的内部关系大多为父母与子女，抑或养父母与养子女关系，也就是说，投保人就是被保险人之法定代理人。在此情形之下，若一方面认许投保人任意为限制民事行为能力人投保以死亡为给付保险金条件的人身保险，并可自由约定保险金额乃至指定谁为受益人，而另一方面又允许投保人以法定代理人名义直接代被保险人行使"书面同意"、"认可保险金额"乃至"指定受益人"等权利，则投保人既为"运动员"，又为"裁判员"，无异于"左手同意右手"。若保险金额不高，投保人"谋财害命"之道德危险或许还可能受到亲情之拘束；一旦约定保险金额过高，投保人则可能突破亲情约束之底线，为图谋高额保险金铤而走险、谋财而害命。我国近年来此种案例已屡见不鲜。如此，我国 2002 年《保险法》第 56 条第 1 款所谓"被保险人书面同意并认可保险金额"之规定，则形同具文。从国外有的保险立法例来看，例如，《德国保险契约法》第 159 条第 2 项后半段规定："第三人为无行为能力人或限制行为能力人，若要保人为其代理人，亦不得代为同意。"该规定表明，《德国保险契约法》明确排除法定代理人为要保人时代为书面同意的权利，以杜绝投保人"既当运动员又当裁判员"之后果，颇值效仿。不过，对于法定代理人非为要保人时，是否可以代为书面同意，《德国保险契约法》未作规定，乃为立法之疏漏或缺失。

综上所述，我国 2002 年《保险法》第 56 条第 3 款限制或排除该条第 1 款有关"未经被保险人书面同意并许可保险金额的，合同无效"规定的适用，对限制民事行为能力的未成年人权益保护并不周全，应当予以删除。进而言之，在保护被保险人人格权的最高原则之下，以限制民事行为能力人为被保险人时，应当从严规范，其书面同意权应专属于被保险人本人，不得假手其法定代理人。不过，前已述及，由于限制行为能力人之被保险人的书面同意行为在性质上属于单独行为，为避免因上述《民法通则》第 12 条有关"未征得其法定代理人的同意无效"之规定所带来的举证困难，在限制民事行为能力之被保险人本人为书面同意后，其法定代理人应再次签名以示同意。在保险实务操作上，可借鉴《德国保险契约法》相关立法例，区分为两种情形：其一，当法定代理人不是投保人时，被保险人本人亲自为书面同意后，由法定代理人再次签名以示同意。其二，当法定代理人即为投保人时，因保险合同上已同时显示投保人与被保险人之签名，故无须由法定代理人再次签名以示同意;且法定代理人之“内心真意”就是同意投保,故由其再次签名以示同意,纯属多余,无任何实质规范意义。

六、被保险人对其书面同意之撤销权:《保险法(修改草案送审稿)》[①]第56条第2款之评析

由第三人订立以死亡为给付保险金条件的合同,经被保险人同意而生效后,若该保险合同的继续存在和效力维持,与被保险人的意愿相违背甚至对其极为不利时,诸如投保人与被保险人关系发生变化,或者被保险人发现有被杀害之虞或其他生命危险,或者有其他情事变更情形,被保险人可否撤销其先前所为之同意?撤销的效力究竟如何?对此问题,我国现行《保险法》未具明文,理论研究上也鲜少涉及。中国保监会2005年研拟的《中华人民共和国保险法(修改草案送审稿)》,则对我国2002年《保险法》第56条提出增订第2款之意见,建议如下:“被保险人可以随时以书面方式通知保险人及投保人,撤销其按照前款规定所作的同意。被保险人撤销的,视为投保人解除合同。”那么,该修改建议是否妥当?如何评价?

考诸外国相关保险立法,如《德国保险契约法》第159条、《日本商法》第674条以及《美国纽约州保险法》第3205条等均未规定;在解释论上也有持“否定论”者,如日本学者主张“被保险人表示同意后,在契约成立前得撤回同意;一旦契约成立,即不得任意撤回而导致契约失效”。[②] 其理由主要是从“人身保险的保险利益之存在时点”之理论推演而来,详言之:“人身保险之保险利益存在仅于契约订立之时即可,例如夫妻之间有保险利益之存在,但离婚之后保险利益亦随之消灭,此时若使其保险契约无效,则对已缴交多年保险费之要保人明显不公平,故为了弥补之,所以尽量地让契约有效。”[③]笔者以为,对于被保险人是否有权撤销其先前所为之同意,就上述立法论而言,在法无明文规定的情形下,并非意指立法者明示被保险人不应当具备此项权利,或许可能是立法者于订法之初未有虑及而产生法律上的缺失或漏洞;而就上述解释论而言,由“人身保险之保险利益存在时点”之理论而来的“否定性”结论,实属“头痛医头、脚痛医脚”而导

---

① 中国保险监督委员会文件《关于提请审议〈中华人民共和国保险法〉(修改草案送审稿)的请示》,保监发〔2005〕12号。

② [日]大森忠夫著:《保险法》,有斐阁1970年版,第272页。

③ [日]金泽理著:《保险法》(第3分册),成文堂1998年版,第56页。

致“荒谬的结果”，因为“保险契约之继续存在，与被保险人内心意愿相违且对其极为不利之情形下，例如恩断义绝的夫妻，若使其保险契约继续有效存在，其无其它可兹救济之途径，其道德危险之高，不下于常人”。① 可见，上述“否定说”不仅因与事理不符从而极其荒谬，而且凸显了其对被保险人人格权和生命权的漠视，实不足采。

笔者认为，从保险契约之本质、被保险人同意权之立法意旨、人身保险契约之特征等综合因素考量，应当赋予被保险人对其先前同意的撤销权，以资补救，详述如下：

1. 从保险合同之保障对象来看。保险合同的保障对象为谁？这是保险法上争议最大的问题，既涉及对保险合同本质的解释，也涉及保险立法体制问题。有主张为投保人，有主张为被保险人，还有主张在产险为被保险人、在寿险为投保人或受益人。如此众多之见解与争论，乃根源于立法体制——“保险契约法上之三分法”及“二分法”之分。详言之，所谓“保险契约法上之三分法”，即有保险人、投保人与被保险人三个概念。三分法体制下的基本概念有利他契约的性质，被保险人对于保险标的须具有保险利益，亦即被保险人为保险事故发生时受有损害而具有保险给付请求权之人；而投保人的地位系订立保险合同之人，且因其是保险合同之当事人，故亦负有交付保险费的义务。换言之，三分法体制之下，被保险人为保险合同的保障对象；就人身保险而言，是以被保险人之生命或身体为危险事故发生的对象，为保障被保险人之身体的完整性与生命的安全性，投保人为被保险人投保以死亡为给付保险金条件的人身保险时，为表示对其人格权的尊重，须经被保险人书面同意；至于投保人为何要替被保险人投保并交付保险费，属于投保人与被保险人之间的内部关系问题，不是立法所须考量的重点。而所谓“保险契约法上之二分法”，即只有保险人与投保人两个概念。二分法体制下的投保人对保险标的须具有保险利益，亦即为享有保险给付请求权之人，为保险合同保障的对象；且因其为保险合同之当事人，负有交付保险费的义务。与前述三分法相比较，在二分法的立法体制之下，被保险人的概念被全部剔除，尤其在人身保险中，被保险人的定义只不过是危险事故发生的对象，类似于产险中保险标的“物”的地位，而不是保险合同所保障的对象。②

从我国2002年《保险法》有关“投保人”、“被保险人”之定义的规定来看，其第10条第2款规定：“投保人是指与保险人订立保险合同，并按照保险合同负有

---

① 江朝国编：《保险法论文集》（第3卷），台湾瑞兴图书股份有限公司2002年版，第236页。

② ［日］仓沢康一郎著：《保险契约法的现代课题》，成文堂1995年版，第206页。

支付保险费义务的人。”第22条第2款又规定:“被保险人是指其财产或者人身受保险合同保障,享有保险金请求权的人。”上述定义与三分法体制下的基本观念不谋而合。从三分法之基本观念出发,人身保险合同所保障的对象为被保险人而非投保人,在以被保险人死亡为给付保险金条件的人身保险场合,若该保险合同的存在对被保险人而言极为不利时,这就与“保险所保障之对象为被保险人”之本质相悖。因此,立法应当赋予被保险人撤销原先之书面同意的权利,使其对自身的权益有机会重新予以利害权衡,并进而得以“自保”。

2. 从尊重和保护被保险人人格权之本旨而言。人身保险的保险利益为被保险人自己之生命及身体本身的完整性,因此,当投保人与被保险人并不相同,投保人要以被保险人的身体及生命作为保险标的时,基于对个人“自主决定权”最基本的尊重,当然要得到被保险人的同意。从此立法目的而言,既然是为保护和尊重被保险人的人格权,除了在合同缔结阶段应赋予被保险人同意权以决定合同是否生效,更应赋予被保险人随时撤销同意的权利,使其于合同存续期间能自行判断,以避免先前行使同意权的判断或信赖基础丧失时,对被保险人所产生的不利情形,如此方可完整地达成尊重和保护被保险人人格权之立法本旨。①

3. 从人身保险之长期性的特点来看。在投保人订立以被保险人死亡为给付保险金条件的合同时,被保险人是否同意其投保以及保险金额之多寡,取决于被保险人在综合考量诸多因素的基础上,经过利害衡量所做出的“自主决定”。一般而言,被保险人所为同意之时间均在缔约前后,但人身保险合同,尤其是人寿保险合同大多为长期性的合同,保险期间动辄一二十年乃至几十年;在此几十年的期间内,因时间久远可能会发生不可预期的事实,使得先前行使同意权时的判断或信赖之依据与基础已经丧失,典型者如夫妻之间投保后,因关系交恶、恩断义绝,若仍然维持保险契约的效力,会产生对被保险人极为不利的情形,显与被保险人内心意愿相违。因此,立法应当赋予被保险人有撤销先前同意之权,以便被保险人对利害关系重新评估与衡量。

当然,有人可能担心赋予被保险人随时撤销先前同意之权,是否会侵害受益人或者投保人之权益,此问题颇值探讨。首先,就受益人而言。我国2002年《保险法》第22条第3款规定:“受益人是指人身保险合同中由被保险人或者投保人指定的享有保险金请求权的人。”同时,第63条又规定:“被保险人或者投保人可以变更受益人并书面通知保险人。保险人收到变更受益人的书面通知后,应

① 江朝国编:《保险法规汇编——立法理由、学说争议、判解函释、保险常识》,元照出版有限公司2001年版,第147页。

当在保险单上批注。”从上述规定可知，在保险事故发生之前，因为受益人仍处于不稳定地位，故严格来说其并不受法律的保护，因此受益人所享有的权益在性质上仅为期待，而非期待权。[①] 被保险人撤销同意无疑将导致受益人之期待地位的丧失，但是，权衡被保险人同意之撤销与受益人期待地位之权益，诚如学者所言：“在这里考虑被保险人可否撤销先前之同意，应是被保险人基于情事之变更，先前同意权行使之信任基础已丧失，并使道德危险升高及对于自主决定权之尊重等因素，与受益人之地位将会丧失之利害权衡。不过，这两者之利害权衡简直可以‘判若云泥’来形容。避免道德危险之升高及对于自主决定权之尊重，当然重于区区一个仅是立于期待地位之受益人的利益。”[②]其次，就投保人而言，前已述及，在三分法的立法体制之下，人身保险之投保人在法律上的地位为合同当事人，负有交付保险费的义务，虽无保险给付请求权，但依我国 2002 年《保险法》第 69 条之规定，[③]在合同解除等提前终止的情形下，仍然享有请求保险人退还保险单现金价值的权利。当被保险人撤销同意时，其效果应与投保人解除合同相同（详见下文），投保人仍可请求保险人返还保险单的现金价值而保有其权利，因此对投保人之利益并无损害。一言以蔽之，被保险人行使撤销同意权，既然对投保人和受益人之权益并无任何影响，则基于保护被保险人之考量，应赋予其撤销同意的权利。

此外，被保险人对其同意行使撤销权的法律效果如何，实属一个值得考量的问题。有学者认为，被保险人的同意权可决定保险合同是否生效，若被保险人撤销其同意，即等同于被保险人未为同意，从我国 2002 年《保险法》第 56 条第 1 款之规定来看，若无被保险人同意，其合同无效。[④] 笔者以为，上述观点仅是简单的循环解释，表面似显合理，但实质上却忽略了人身保险尤其是人寿契约因其长期性而具有储蓄性。简言之，寿险契约自成立生效后经过一定期间（一般为 2 年）后，保险单则产生现金价值（保单价值准备金）。若依上述方式来解释，被保

① 依通说之见解，期待权与期待之区别在于：前者受法律保护；后者则非法律上的权利，并不受法律上的保障。期待权除了与期待一样，均具备了取得权利部分要件而生的地位外，还必须具备法律保护的地位。而所谓必须具备法律保护之地位，即必须从此种地位是否已受法律之保护及此种地位是否赋予权利保护之必要这两点加以观察。参见王泽鉴：《民法学说与判例研究》（第 1 册），中国政法大学出版社 1998 年版，第 147 页。

② 江朝国编：《保险法论文集》（第 3 卷），台湾瑞兴图书股份有限公司 2002 年版，第 244 页。

③ 我国 2002 年《保险法》第 69 条规定：“投保人解除合同，已交足二年以上保险费的，保险人应当自接受解除合同通知之日起三十日内，退还保险单的现金价值，未交足二年保险费的，保险人按照合同约定在扣除手续费后，退还保险费。”

④ 肖梅花著：《保险法新论》，中国金融出版社 2000 年版，第 151 页。

险人撤销同意，不但契约溯及既往地失去效力，且亦须恢复原状，如此，则投保人将丧失保险单现金价值的请求权，对投保人权益影响太大，实不足采。笔者以为，基于人身保险（人寿保险）合同的长期性及储蓄性特质之考量，被保险人行使对先前同意之撤销权时，其效果应依照投保人解除权之行使，在法律适用上，应类推适用上述我国2002年《保险法》第69条有关“投保人解除合同及其效果”之规定，使合同效力于撤销时向将来失其效力，且投保人也应依法请求返还保险单的现金价值，如此对当事人双方权益之保障方为公平。

综上所述，从保险合同之本质、被保险人同意权之立法意旨以及寿险契约因其长期性可能出现的情事变更等因素综合考量，立法应赋予被保险人可以随时撤销先前同意的权利，且该权利的行使对保险合同当事人及关系人之权益乃至契约的安定性并无任何影响。因此，《中华人民共和国保险法（修改草案送审稿）》关于2002年《保险法》第56条提出的增订有关“被保险人撤销同意之权及其效果”之建议条款，体现了修改者对被保险人人格权和生命权的尊重和人性关怀，值得肯定与赞许；若将来能顺利修法通过，对被保险人而言，不可不谓一值得庆幸之事。

七、代结语：展望与建议

在投保人以他人之生命或身体投保以死亡为给付保险金条件的人身保险之场合，保险立法赋予被保险人之同意权，不仅是防止道德危险的“第一道防线”，而且蕴涵着私法自治之贯彻、意思自由之尊重、人格权之保护等私法理念与法益。我国2002年《保险法》第56条第1款虽遵循上述理念，赋予被保险人之书面同意权，但由于1995年保险立法之初，我国人身保险业刚刚开始恢复，立法者对有关被保险人同意权的诸多重要问题未有虑及，以致现行规定存在诸多疏漏之处。2002年我国虽对《保险法》做了第一次修订，但对上述第56条所存在之缺失仍无暇顾及；2004年我国《保险法》第二次修订启动后，修订者提出增订“被保险人对同意之撤销权及其效果”的建议条款，已凸显了修订者对被保险人的人格之尊重与生命之关切，实属一大进步，不过，仍对限制行为能力的被保险人之同意权行使等问题顾及不周。笔者以为，我国2002年《保险法》第56条之修改与完善，应从以下四个层面展开：首先，该条第1款规定与法理相符，予以保留；其次，该条第2款有关“依照以死亡为给付保险金条件的合同所签发的保险单，未经被保险人书面同意，不得转让或质押”之规定，属“权利处分之生效要件”，[①]该条第1款及第3款之规定属“契约之生效要件”，二者在性质上并不一致，因此建议将第2款之规定单列为一个条文，作为第57条；再次，该条第3款对限制行为能力的被保险人之权益保护不周，应当予以删除；最后，补充有关“同意”之概念、被保险人撤销权及其行使方式与效果、限制民事行为能力的被保险人同意权的行使等规定。基于上述研究所得，笔者试拟“修订建议意见”如下，以为本文之结论，并资保险实务运作和立法修订之参考：

“第56条　以死亡为给付保险金条件的合同，未经被保险人书面同意并认可保险金额的，合同无效。

前款所称书面同意，包括事前允许和事后承认。

前款中被保险人为限制民事行为能力人时，其法定代理人不得代为书面同意。

被保险人依第1款所为的书面同意，有权随时撤销。其撤销以书面方式通知保险人及投保人。被保险人撤销的，视为投保人解除合同。

第57条　依照以死亡为给付保险金条件的合同所签发的保险单，未经被保险人书面同意，不得转让或者质押。”

（2007年第2期）

① 林勋发著：《保险契约效力论》，作者自发行1996年版，第145页。

论我国商业标识立法的体系化

王莲峰*

一、现状分析:商业标识立法亟待体系化

商业标识是指经营者在商业活动中使用的、具有识别功能的各种标记。我国现行立法保护的商业标识主要有:商品商标、服务商标;驰名商标、集体商标、证明商标;知名商品特有的名称、包装、装潢;企业名称;认证标志、名优标志等质量标志;地理标识(原产地名称)等。① 和国际公约以及相关国家对商业标识保护的立法相比,我国商业标识的范围和种类有待进一步拓宽和延伸。

随着市场经济和国际贸易的发展,商业标识类知识产权越来越得到人们的重视,其无形财产的价值属性日益得到凸显,由此而引发的国际贸易争端和商业标识权利冲突频频发生。例如,2004年8月,根据美国著名文具企业Sanford公司的申请,美国联邦贸易委员会启动了《美国关税法》的337条款调查程序。② 该案被告为全球12家企业,其中包括中国宁波贝发集团等四家中国企业。该案诉讼理由是:被告出口美国的标记笔侵犯了原告的商业外观知识产权和商标权。③ 类似的纠纷还有美国通用汽车公司于2004年状告安徽奇瑞汽车集团侵犯其商业外观知识产权案件;意大利的全球四大巧克力制造商之一的费列罗于2003年向天津市中级人民法院起诉,状告天津张家港食品公司生产的"金沙"牌巧克力侵犯其知名商品特有包装案等。④ 与此同时,国内商业标识所有人的维权意识也在提高。据统计,自2000年以来,上海市第二中级人民法院受理的涉

* 作者单位:华东政法大学国际法律与比较法研究中心。

① 参见《反不正当竞争法》第5条。

② 美国"337调查"源自"337条款",因美国的《1930年关税法》的第337节而得名,后经三次重大修订。现"337条款"明确授权美国国际贸易委员会(ITC)在美国企业起诉的前提下,对进口中的不公平贸易做法进行调查和裁处。若判定违反了"337条款",ITC将签发排除令(Exclusion Order),指示美国海关禁止该批产品的进口。其结果是特定企业的相关产品乃至全行业的相关产品都无法进入美国市场。

③ "贝发,这样与跨国巨头过招",载http://www.zju.zj.cn/Details/Special Detail.aspx? id=13。

④ "从巧克力战争看知识产权的保护:费列罗的维权之路",参见中国知识产权研究网,载http://www.iprcn.com/。

及知识产权权利冲突的案件大约40件,这些案件中90%以上是与商业标识有关的权利冲突,其中最为突出的是商标权和企业名称权的冲突。另外,与计算机网络有关的权利冲突案件也逐渐增多;和地理标识等有关的新型权利冲突不断出现。来自司法审判实践的统计材料显示,与商业标识相关的案件已从单一的权利冲突转向多项权利冲突。①

与司法实践情况的变化极不协调的是我国商业标识立法的明显滞后,其突出表现是立法规范庞杂,缺乏科学的体系化。目前我国尚无统一的调整商业标识的法律规范,相关规范散见在一些单行的法律法规和最高人民法院的相关司法解释中。据笔者粗略统计,和商业标识相关的法律文件有二十余个,主要有:《民法通则》、《公司法》、《反不正当竞争法》、《消费者权益保护法》、《商标法》、《商标法实施条例》、《驰名商标认定和保护规定》、《集体商标、证明商标注册和管理办法》、《最高人民法院关于审理商标民事纠纷案件适用法律若干问题的解释》、《著作权法》、《专利法》、《企业名称登记管理规定》、《企业名称登记管理实施办法》、《国家工商行政管理局关于擅自使用知名商品特有包装行为定性处理问题的答复》、《强制性产品认证标志管理办法》、《中国名牌产品管理办法》、《特殊标志管理条例》、《奥林匹克标志保护条例》、《世博会标志保护条例》、《原产地域产品保护规定》、《中国互联网络域名管理办法》、《域名注册实施细则》、《域名争议解决办法》、《关于质量体系认证证书和认证标志的使用规定》、《环境管理体系认证证书和认证标志的使用规定》,等等。

我国商业标识立法的这一现状至少造成如下弊端:

第一,保护商业标识的立法分散,法律、法规、规章等各种规范性文件并存,由此造成法律资源的浪费和立法成本的提高;各种商业标识法律效力层次不同,人为地造成各种商业标识之间的不平等,违背私权原理,形成厚此薄彼局面;单行知识产权立法覆盖范围不全面,保护不充分。例如,商业外观、商品化权等商业标识的法律保护呈现出空白状态。

第二,商业标识行政管理部门也不尽统一,相关管理机关的职能交叉、重叠(详见下表),对同一社会关系的多重管理造成管理资源浪费。同时,由于部门利益的驱动,部门之间缺少协调机制。较典型的是对地理标识的管理和规定,并存两套管理体制,分属不同部门,造成商业标识所有人确权和维权成本的提高。

---

① 吕国强:“知识产权权利冲突及解决机制”,载《中国知识产权报》2006年1月1日。

调整各种商业标识的法律文件及管理部门表

商业标识	调整的法律文件	管理的部门
1. 商标（驰名商标）	《商标法》、《商标法实施条例》、《驰名商标认定和保护规定》、《反不正当竞争法》、《最高人民法院关于审理商标民事纠纷案件适用法律若干问题的解释》等	国家工商局商标局和地方各级工商管理部门、公平交易局、海关等
2. 集体商标 3. 证明商标	《商标法》、《商标法实施条例》、《集体商标、证明商标注册和管理办法》等	国家工商局商标局
4. 地理标识（原产地名称）	《商标法》、《商标法实施条例》（《原产地域产品保护规定》）	国家工商局商标局（国家质量检验检疫总局）
5. 商号	《民法通则》、《公司法》、《反不正当竞争法》和《企业名称登记管理规定》、《企业名称登记管理实施办法》等	各级工商管理部门
6. 知名商品的特有名称、包装和装潢	《反不正当竞争法》、《专利法》、《著作权法》、《国家工商行政管理局关于擅自使用知名商品特有包装行为定性处理问题的答复》等	版权局、知识产权局、工商局、公平交易局等
7. 奥林匹克、世博会等特殊标记	《特殊标志管理条例》、《奥林匹克标志保护条例》、《世博会标志保护条例》等	各级工商管理部门
8. 域名	《中国互联网络域名管理办法》、《域名注册实施细则》、《域名争议解决办法》等	中国信息产业部
9. 质量认证标志、环境认证标志等	《关于质量体系认证证书和认证标志的使用规定》、《环境管理体系认证证书和认证标志的使用规定》等	环保部
10. 商品形象化	无法律规定	空缺
11. 商业外观	无法律规定	空缺

第三,具体的商业标识之间的法律保护失衡。在商业标识立法缺乏科学体系化的背景下,对商标的保护凸显,相形见绌的是其他商业标识的保护明显不足。对商标的保护不仅有全国人大公布的《商标法》、国务院颁布的《商标法实施条例》以及国家工商局发布的商标行政法规,还有最高人民法院颁布的审理商标民事案件的相关司法解释等。与此形成明显反差的是,在现代商战和网络电子商务中更具有识别作用的商业外观、商品化形象和域名等新型商业标识的立法却极为欠缺,影响到我国企业出口贸易中的知识产权保护。

第四,商业标识立法的分散和管理制度上的缺陷等,为商业标识权利冲突的发生提供了温床。近几年人民法院受理的商业标识权利冲突案件呈上升趋势,最典型的是商标权和其他商业标识权的冲突。而现行有关调整商业标识的立法对此均未做出明确的规定。

第五,由于我国现行商业标识立法的缺陷和不足,导致各地法院和行政执法部门对同一性质的商业标识冲突案件的裁判结果也不尽相同,这不仅损害了法律的尊严和权威,而且对涉案的当事人也会产生不公平的结果,不利于维护商业标识权利人的权益。

我国现行商业标识立法的混乱局面和由此造成的种种弊端表明,商业标识立法的体系化已显得极为迫切和必要。"在现代国家中,法不仅必须适应于总的经济状况,不仅必须是它的表现,而且还必须是不因内在矛盾而自相抵触的自己的一种和谐一致的表现。"①在我国经济的全球化发展中,商业标识类知识产权越来越凸显出其作为无形资产的经济价值和市场功能;为适应知识经济的这一新的发展趋势,我国商业标识知识产权法律制度必须抓紧整合,提升其法律规范的特有功能和价值。"商业标识知识产权权利冲突的法律协调已属势在必行,势在快行;知识产权法律制度建设的结合、统合和整合也已如箭在弦,不得不发了。"②

二、理论分析:商业标识立法体系化之可行性

所谓体系,是"若干事物或某些意识互相联系而构成的一个整体"。③ 而体

① 马克思、恩格斯著:《马克思恩格斯选集》(第4卷),人民出版社1995年版,第702页。

② 陶鑫良:"面对第二次修改后的商标法的思索",载 http://www.iplawyers.com.cn/article/article.php/68。

③ 中国社会科学院语言研究所词典编辑室编:《现代汉语词典》(修订本),商务印书馆1996年版,第1241页。

系化，是指把若干事物组织成相互联系的整体。那么，商业标识立法体系化，应当是使有关商业标识法律规范形成一个内容完整、结构合理的相互联系的整体。一门学科的正常发展规律应当是先体系构建，后细节研究。反思我国商业标识立法，体系贫血、细节发达，这是一种非常规的状态。通过商业标识立法体系的建立，可消除或减少相关法律规范的不统一、重叠、遗缺等混乱状况，从而避免立法资源的浪费和法律规范效力的弱化。如果说商业标识立法现状所呈现的令人心焦的现况表明了商业标识立法体系化的必要性，那么各种类商业标识本身所固有的相同特性和功能则奠定了商业标识立法体系化的可行性基础。

（一）商业标识所共有的本质属性是商业标识立法体系化的法理依据

随着市场经济的繁荣和科学技术的发展，人们交易的方式和内容日趋多样化和复杂化，使得商业标识的内容越来越丰富多彩，外延范围也越来越宽泛。同一属性类别中的商业标识，它们具有相同的属性和一样的功能，由此构成了商业标识立法体系化的重要根基。揭示各种具体商业标识所具有的共同属性和功能，有助于从根本上理解商业标识立法体系化的可行性，从而有效推进商业标识立法体系化进程，完善我国的商业标识法律制度。

综观各种具体的商业标识，可以发现它们首先是一种特定的标记。特定的标记性是商业标识的本源属性。作为一种权利客体，商业标识不同于自然生成的客体物，如植物、动物；不同于由人们通过一定方式生产出来的客体物；也有别于一般的由人的智力劳动产生的技术等知识产权；它是一种由人们设计的特定的标记。这种标记，不仅包括人们通常熟知的主要由文字和图形组成的商标，还包括由一定的形状构成的立体标记，如商品包装、装潢和由一定音乐形成的音响商标等。无论是商品商标、服务商标，还是地理标识、企业名称、认证标志、名优标志、质量标志等商业标识，说到底都是一种标记。商业标识所具有的特定标记性，表明商业标识不同于其他各类法律客体，由此使得法律有对其专门规范之必要；同时也表明了各种具体商业标识的共同属性，由此使得法律规范的体系化具有可行性。

其次，商业标识是一种运用于经营活动的特定标记。或许作为人们日常生活中的一般标记它并不引人注意，但是，当这种标记运用于经营活动，其意义则随着经营活动的内容和效益发生巨大的变化。就一般意义而言，标记通常主要表明标记物的某些特性，如标明生产者、原产地等，但在经营活动中，标记的识别意义则更为重要，因为只有将不同的商品或商业服务加以区别，才能反映出不同商品或商业服务内容的价值，从而凸显商业标识的价值。或许正是由于这一原因，在经营活动中人们更乐意将一般生活中的特定标记称为“标识”，并冠以“商业标识”之美誉。的确，离开了经营活动，某种标记再被特定化，又有多大的价值和意义呢？静心而思，不正是由于市场经济中经营活动的千变万化才导致了商业标识的丰富多彩吗？而法律也不正是要根据市场经营活动的一般规律来对各种商业标识进行系统规范吗？

最后，商业标识是一种特殊的无形财产。商业标识的价值，不同于其他有形财产依附于特定的物体得以体现，而是主要基于商誉逐渐形成。由此，人们通常将商业标识归为无形财产；更是因为商业标识凝聚了人们一定的智力成果，又将商业标识归为知识产权财产类型。然而，仔细思量，商业标识既不同于一般的无形财产，也有别于一般的知识产权：其一，商业标识的商业价值与标识制作的智力成果没有决定性关系，这一点不同于专利技术等所承载的智力成果的价值。毫无疑问，在技术性等知识产权中，发明者的智力投入及其成果所承载的价值含量往往就决定了这一知识产权的商业价值。与此不同的是，商业标识中，或许随便设计形成的标识本身并不具有多少智力成果的价值含量，但这并不影响通过有效的经营策划和使用创造出惊人的商誉效果，使其承载巨大的商业价值。由此可见，在技术性知识产权中，人们的“智力”价值凝聚在知识产权的形成之中，可谓“先天形成”；而在商业标识中，人们的智力价值主要沉淀于标识的运用中，可谓“后天形成”。其二，技术性知识产权的价值主体体现在技术的新颖性和先进性之中，随着时间的推移，其价值含量也随之减损；而商业标识的价值则体现在人们经营智力的不断投入，随着时间的推移，商业标识愈加酿造出“陈年老酒”的芳香。其三，技术性知识产权的价值主要是由技术的发明创造者的智力投入产生的，客观上具有一定的局限，同时受法律的制约，在法定期限届满后即进入公有领域；而商业标识的智力投入往往是多种类型的、长期的、持续的投入，具有无限的扩张性和长久性，它是一个动态的过程，其内涵难以准确界定。正是商业标识不同于一般技术知识产权的、特有的价值属性，为商业标识在经营活动中提供了巨大的活动空间和光明的发展前景。商业标识的这一属性更使得法律有对其进行全面系统规范的可行性，从而促使法律科学地协调各种具体的商业标识在千变万化的经营活动中的作用，保障商业标识的特有价值在市场经济中得以充分体现。

法律调整对象的特殊性是其本质属性的表现。正是法律调整对象的共有的本质属性，构成了法律对某类对象一体规范调整的基础。法律规范的法典化或体系化，是立法技术层次提升的重要途径和基本表现，更是法律充分发挥其调整社会关系、规范主体行为的作用的基本方式。可见，各种商业标识共有的基本属性为商业标识立法的体系化提供了坚实的法理依据。

(二)保障商业标识功能的发挥是商业标识立法体系化的基本价值取向

在一定意义上,法律的功能就是要保障其规范对象功能的发挥,法律的价值就在于保障其规范对象的利益实现,从而维护有序的竞争以及促成正义的实现。[①] 笔者认为,商业标识立法体系化的基本价值取向就在于使得各种商业标识的功能充分和有效地发挥。

在现代社会里,商业标识是生产者和消费者相互沟通的重要媒介,已成为生产者创立信誉和开拓市场的重要工具。虽然各种具体的商业标识有其独特的个性,但它们也有彼此相同的功能:第一,识别功能。商业标识的基本作用是识别不同的商品生产者和服务者,标明商品的出处。在现代社会里,商业标识的这一功能尤为重要。因为市场上会有许多相同的商品和服务,这些商品或服务来自不同的厂商和经营者,各厂家的生产条件、制作工艺、产品和服务质量及管理方法和水平参差不齐,价格也会有所不同。企业要想在激烈的市场竞争中吸引住消费者的目光,使他们能够选择自己的商品,就必须在其商品上标示一个醒目的商业标识,让消费者容易识别。否则,消费者很难从众多的相同的商品或相同的服务上区别出不同的生产厂家。而通过不同的商业标识,消费者可以判断出商品或服务出自不同的企业,从而识别商品或服务的来源,做出自己满意的选择。第二,品质功能。相同的商品和服务因不同的商业标识而彰显不同的品质和信誉,如当人们提到"耐克"、"阿迪达斯",就会自然联想到体育用品;提到咖啡,就会想到"雀巢"。因这些商品的商标、商号、包装等商业标识已为消费者提供了一条直接的路径,消费者通过这些独特的具有识别性的商业标识来选择品质相同的商品,其购买不再具有任意性,而是路径依赖下的一种习惯性行为。商业标识和商品品质紧密相连,从而缩短和减低了消费者选择商品的时间和成本。第三,广告功能。在市场竞争中,利用各种商业标识进行广告宣传,可迅速为企业打开商品的销路。如青岛海尔电器集团通过对其商标、商号和商务标语等商业标识的广告宣传,使其商品家喻户晓。由于生活节奏的加快,人们的消费活动逐步以广告和各种商业标识为依据,人们通过商标、商号、地理标识、域名、产品包装等标识来了解商品或服务的来源与质量,这使消费者熟悉该产品并了解市场信息。可见商业标识本身具有广告作用,但它们还必须依赖广告去推动宣传,扩大其知名度。第四,经济功能。商业标识,特别是有一定知名度的商业标识是企业的财富。如驰名商标、驰名的商号、知名商品的包装、店铺的颜色、装潢以及特有名称等,它们已成为企业重要的无形资产,是企业实力的象征,蕴涵着巨大的

---

① 张文显主编:《法律学》(第2版),高等教育出版社2003年版,第347页。

商业价值,给企业带来滚滚利润。争创驰名的商业标识是企业的奋斗目标。商业标识的经济功能在现代社会里得到充分的张扬。

上述各种具体的商业标识共有的四大功能,不仅展示了商业标识在市场经济中的特有价值,同时也表明了商业标识立法体系的基本价值取向。其实,这也正是笔者主张商业标识立法体系化的根本目的之所在。我国相关立法的混乱现状的不良后果最终都将归结为商业标识的功能得不到充分发挥,而立法的体系化就是要从法律的层面彻底解决这一问题。

三、路径分析:商业标识立法体系化之模式选择

商业标识立法体系化的模式选择,是商业标识立法体系化的起始点。法律制度的发展史告诉我们,立法体系化的基本模式有两种类型:一种模式是制定统一的法典,将相关法律规范系统收入其中,这一模式的经典之作是1804年的《法国民法典》,关于该法典对世界各国私法规范的体系之积极影响任何赞誉之词都不为过。另一种模式是以某一部法律为主,统领相关法律规范,形成相互协调的法律规范体系。例如,我国法律对刑事责任的规范,就是以《刑法》为主导,以其他相关法律(《公司法》中有对公司犯罪刑事责任的规范、《商标法》中有对商标犯罪刑事责任的规范等)协调形成的一个刑事法律规范体系。

我国商业标识立法体系化应选择何种模式呢?是制定统一的“商业标识法典”,还是“以一部法律为主,统领其他法律法规”?笔者主张采用后一种模式。其理由主要是:第一,我国目前众多商业标识法律法规与相关法律交织在一起,如商号与相关民法规范、公司法规范相关联,包装、装潢与商标法规范、专利法规范、反不正当竞争法等规范相关联,在这种情况下,制定统一的“商业标识法典”有可能影响到相关法律本身的完整性和系统性。第二,制定统一的“商业标识法典”的理论研究尚不成熟。毋庸讳言,我国商业标识法的理论研究与商业标识立法一样落后于现实经济生活的变化发展。在商业标识立法体系化尚未成熟之前,不可能诞生真正意义上的商业标识法典。没有成熟的理论支持立法是不可想象的。第三,国外有相关的立法经验可资借鉴。当前,俄罗斯、德国和美国等均采用了这种模式,呈现了商业标识立法体系化的发展趋势。

那么,怎样确定商业标识立法体系化的主导性法律呢?这又有两种模式选择:其一,制定一部新的法律,类似于我国的《民法通则》。在没有制定《民法通则》时,我国有关民事法律规范几乎是一片空白,这时不可能制定一部内容全面、体系完整的法律,只能先制定相应的法律,以后再以其他相关立法填充完善。

其二,选择现行的一部法律进行扩充和修改,使之成为商业标识规范体系的主导法律,由此为基础形成内容完整、协调统一的法律规范体系。本文主张采用后一种模式。因为我国现行的有关商业标识立法已成规模,如再制定新的相关法律,将引发与原有法律协调的问题,并会造成立法资源新的浪费。从我国现行法律中选择一部作为调整商业标识法律规范的主导法律,当为我国商业标识立法体系化的必由路径。而成为立法体系化的主导法律,必须是具有较为突出的作用和影响的法律。在我国现行众多的商业标识立法中,影响力较大的法律主要是《商标法》和《反不正当竞争法》。其中哪一部法律更适宜担当起商业标识立法体系化的主导法律的重任呢?

我国《反不正当竞争法》对商业标识的保护,的确有其独特的作用,它扩展了对商业标识的保护范围,将其他单行知识产权法律无法涵盖的商业标识纳入其中;同时建立了与其保护范围相适应的保护标准。但和其他知识产权法对商业标识的保护相比,《反不正当竞争法》对商业标识的保护是一种兜底性或者补充性的保护。笔者认为,《反不正当竞争法》不宜成为商业标识立法体系化的主导性法律。其理由主要有:第一,《反不正当竞争法》的基本功能是制止不正当竞争行为,防止商业标识的混淆和淡化,防范他人"搭便车"诱发的不诚实行为和不公平竞争。可见,禁止不正当竞争权是一种消极的权利,通过对一定市场行为的限制,扫清积极权利(商标权、商号权、地理标识权等)运营机理上的障碍。显然这种保护是很弱的。而商业标识的积极权利一般均有对应的权利产生和利用制度,保护力度是很强的。反不正当竞争法是从外围划定一个圈子,禁止他人入内,未能从商业标识权利本身来规定和考虑。第二,反不正当竞争权利的行使非常有限。在《反不正当竞争法》中是通过设定他人的"禁用"范围来防范外界对权利的侵蚀。如我国《反不正当竞争法》第5条规定:经营者不得采用不正当手段从事市场交易,损害竞争对手。另外,从我国《反不正当竞争法》第5条第1款第2项的规定来看,这种"禁用"也是有条件的。对特有商品的名称、包装和装潢的保护是以"知名度"为前提的。换言之,如果该商品达不到一定的知名度和影响力,其商品外在包装、装潢和名称是得不到《反不正当竞争法》保护的。第三,现行《反不正当竞争法》对商业标识保护的范围太窄。该法对商业标识的保护对象有:注册商标,知名商品特有的名称、包装、装潢,企业名称,认证标志、名优标志等质量标志,原产地名称。随着经济的发展和计算机技术的应用,商业标识的范围在逐步扩大,如被誉为电子商标的域名、可商品化的知名人物或知名虚构人物的形象等商业标识的出现。可见,我国《反不正当竞争法》中商业标识保护的范围有待拓展,它已不能适应司法实践的需要。

综上,我国《反不正当竞争法》由于其自身的特点和限制,不可能对其他主要的商业标识提供有力的保护规则,并避免权利冲突的发生。这样,实现商业标识立法体系化的主导使命便历史性地落在了现行的《商标法》身上。当然,我国现行《商标法》的内容和构架是难以担当此"历史重任"的。虽然我国《商标法》历经数次修改,对商标的保护范围和种类在逐步扩大,但它仍仅局限于对商标的保护,并不能涵盖所有的商业标识内容。但笔者认为,从总体上看,我国《商标法》较为集中地体现了商业标识的本质属性和基本功能,加之其立法相对成熟,将其修改扩充完善,使之成为商业标识立法体系化的主导法律,能减少立法成本,且具有可操作性。

目前,国际社会的潮流和趋势是通过商标法模式提供对商业标识的知识产权保护。例如,《美国商标法》在修改之后,把一些新出现的商业标识纳入其中。该法的保护对象不仅包括商品商标、服务商标,还有颜色商标、立体商标、气味商标、音响商标、地理名称等;而且对商品形象(tradedress,行业形象)也予以保护。如必胜客(Pizza Hut)属下所有餐厅都采用红色屋顶、店面装饰统一色彩、服务员统一着装;麦当劳统一采用著名的金色圆拱等商业外观形象等。此外,1992 年由俄罗斯联邦总统批准的《俄罗斯商标法》对其保护对象也做了拓展,该法的全称为《俄罗斯联邦商品商标、服务商标和商品原产地名称法》,该法保护的对象包括商品商标、服务商标、集体商标和商品原产地名称。

在国外的商业标识立法中,尤以德国商标立法对商业标识的保护较为特别。德国于 1994 年 10 月 25 日公布了彻底修改的新《商标法》,取代了已有百年历史的旧《商标法》。[①] 德国新《商标法》的全称为《商标和其他标志保护法》(以下简称《德国商标法》),将商标、商业标识和地理标志作了统一规范,特别是对企业名称和商标提供了统一保护。该法将原《反不正当竞争法》第 16 条规定的对商标以外的其他商业标记的保护内容纳入了新《商标法》第 5 条及第 15 条中。原《反不正当竞争法》第 16 条规定因而丧失了其存在的必要性。[②]《德国商标法》第一章"适用范围"第 1 条规定:受保护的商标和其他标志有:(1)商标;(2)商业标志;(3)地理来源标志。[③] 虽然该法对商业标识的保护并不排除其他法律规范的适用,但在实践中,该法作为特别法而优先适用。《德国商标法》不仅在名称上而且在内容上均体现和扩大了对商标及其他商业标识的规定和保护,除了商

① 邵建东著:《德国反不正当竞争法研究》,中国人民大学出版社 2001 年版,第 243 页。

② 同上。

③ 卞耀武主编:《当代外国商标法》,人民法院出版社 2003 年版,第 118 页。

标、地理来源标志之外,又增加了商业标志,这是该法独具特色之处。关于商业标志的范围,该法第5条作了规定:(1)企业标志和作品标题应被作为商业标志保护。(2)企业标志是指在商业流通中作为名称、商号或者工商业企业的特殊标志而使用的标志。意图区别一企业和另一企业,并在相关商业圈内被认为是一个商业企业的显著标志的商业标志和其他标志,应等同于一个商业企业的特殊标志。(3)作品标题是指印刷出版物、电影作品、音乐作品、戏剧作品或其他类似作品的名称或特殊标志。该法还规定了上述商业标志与商标处于同等的法律地位。《德国商标法》是迄今为止世界范围内对商业标识进行保护的最全面的法律,因而,其被我国台湾地区学者称为"是一部统一的标识保护法"。①

国外商业标识立法的发展趋势表明,对商业标识的保护内容和范围在逐渐拓宽和延伸,其立法的基本模式主要是在现行《商标法》的基础上进行扩容,并以此形成相关法律规范的体系。考虑到立法成本问题和我国的具体国情,笔者认为,我国商业标识立法模式可借鉴德国和美国的做法,在我国现有《商标法》的基础上进行拓展:首先,从名称上应有所改变,应能够涵盖其他主要的商业标识。如德国将修改后的《商标法》称为《商标和其他标志保护法》。我国台湾地区的一些学者建议将台湾地区修正后的"商标法"名称改为"标章法"。② 其次,该法保护的对象应扩大到商号、作品的名称、商业外观等商业标识,修改我国现行《反不正当竞争法》第5条第2项的规定,将商品特有的名称、包装和装潢等商业标识纳入《商标法》中进行保护,并降低保护门槛,不论该商品是否为知名商品均可得到保护,同时,赋予这些标识和商标同等的法律地位。再次,为防止权利冲突,应规定各种商业标识的优先地位和时间顺序,如果发生权利冲突,可依照权利产生的时间顺序或在先使用来确定其优先权。最后,在立法中应制定商业标识保护的基本原则,这些原则应贯穿该法始终,其内容应包括:保护在先权原则、诚实信用原则、利益平衡原则和尊重约定原则等。

综上所述,我国商业标识立法的体系化不仅十分必要而且可行;在立法体系化模式的选择上,以我国现行《商标法》为基础进行扩充和完善的思路,不但可

---

① 刘孔中著:《著名标章及相关表徵保护之研究》,台湾联经出版事业有限公司2002年版,第193页。

② 台湾咨讯智财权网络协会在《商标发展趋势及因应之道期末报告》中提到:所谓标章,并不以商品标章(商标)为限,由于修正草案中已经决定增加立体形状、声音、颜色等特殊类型的标的,因此主管机关可考虑将"商标法"之名称改为"标章法",以充分涵盖包括营业标识及地理名称标示各种不同类型的注册标的。本研究计划主持人:冯震宇;协同计划主持人:蔡明诚;研究人员:黄铭杰、赖文平、吴翊如。载http://www.tipo.gov.tw/copyright/copyright-book/copyright-book.asp。

减少我国对此问题探索和研究的时间，降低立法成本，而且符合国际潮流。特别需要指出的是，时值我国《反不正当竞争法》和《商标法》分别进入第二次和第三次修订中，本文呼吁，相关立法机关应当以此为契机，对现有商业标识保护制度进行体系整合和改造，不仅使得商业标识立法体系化，而且有利于进一步完善我国的知识产权法律制度。

（2007 年第 3 期）

平等保护原则和私人物权制度检讨

高富平*

历经多次磨难，漫长的物权立法终成正果。第十届全国人民代表大会第五次会议在2007年3月16日最终通过了《中华人民共和国物权法》(以下简称《物权法》)。物权法的出台可谓众望所归，反映了社会的需求和人民的呼声，标志着社会主义市场经济法律体系的基础工程的完成。物权法立法不仅时间长(历时13年)、审议次数多(前后共7次)，而且进行了广泛的调研、论证和民主参与。这样的立法过程本身即已充分证明了物权法的重要性、复杂性、艰难性，也说明立法者以认真、负责、科学、慎重的态度对待物权立法。这预示着最终颁布的《物权法》是一部反映社会需求和法学研究成果的立法。但其是否实现了这样的期望，还需要仔细的考察。

"制定物权法必须始终坚持正确的政治方向，坚持物权法的中国特色，坚持一切从实际出发。"①笔者将物权法立法原则概括为两项：一是坚持社会主义基本制度；二是物权法基本原理与中国实际结合(包括中国国情和现行法律体系)。在这些原则下物权立法应当完成物权法的使命，即"明确物的归属，发挥物的效用，保护权利人的物权"。② 本文不对《物权法》作全面的评价，而仅从平等保护原则和私人物权的取得、保护和利用的角度，来评判《物权法》是否实现这样的立法目的。本文在肯定《物权法》取得成就的同时，也诚恳地指出了其存在的缺憾。

一、平等保护原则

我国是社会主义国家，"坚持公有制为主体、多种所有制经济共同发展的基本经济制度"(《物权法》第3条)；同时我国又实行社会主义市场经济，这些都是《宪法》确立的基本制度。如何在坚持社会主义基本制度的前提下，建立适应市

---

* 作者单位：华东政法大学。

① 2007年3月8日王兆国在第十届全国人民代表大会第五次会议上所作报告：《关于〈中华人民共和国物权法(草案)〉的说明》。

② 《物权法》第1条规定："为了维护国家基本经济制度，维护社会主义市场经济秩序，明确物的归属，发挥物的效用，保护权利人的物权，根据宪法，制定本法。"

场经济需要的物权制度，成为物权法制定过程中最具争议的问题，这集中反映在物权法要不要采平等保护原则。平等保护原则的最终确立，不仅仅使《宪法》精神在《物权法》中得到贯彻，而且也为建立平等的市场经济规则提供制度保障。

（一）平等保护原则的确立

《物权法》最终确立了平等保护原则，这无疑是物权立法最伟大的胜利。本来，《宪法》规定的“法律面前人人平等”本身也就意味着每个人享有的权利应当是平等的，不应有任何差别，都应当受到平等的保护。这一原则在民法中表现为民事主体平等，而主体平等本质上就是权利平等；权利平等要求不分身份、性质对任何主体的所有权一视同仁地加以保护。

之所以对平等保护原则存在争议，主要是因为理论界存在误解，即将经济上结果平等与权利平等混为一谈，将平等保护与不同所有制经济在国民经济中的地位和作用混为一谈。事实上，平等保护是一个法律概念，强调的是主体不分大小强弱、不分身份或性质，其所享有的权利内容相同、交易和保护规则相同；而“不同所有制经济在国民经济中的地位和作用”则是经济概念，它是不同成分的经济实力或力量占国民经济的比重。在市场经济体制下，法律只能确保市场中每个主体起跑线的平等，而不能确保结果的平等。而起跑线的平等，就是赋予每个人、每个市场主体同样的获取财富的机会，给每个主体同样的权利和保护。因此，二者没有必然联系，“平等保护不是说不同所有制经济在国民经济中的地位和作用是相同的”，①不同所有制经济在国民经济中的地位和作用不一致是一个国家政治经济制度及其整个法律制度作用的结果，不是物权法的主要任务。但是，由于物权法与经济制度相连，物权法在初始的资源分配上可以为不同经济成分确立不同的“起跑线”。

《物权法》在资源初始分配上明显是采取差别待遇。为了确保国有经济在国民经济的主导地位，《物权法》在所有权编中规定了专属于国家的不动产和动产，从而排除了普通民事主体可以取得的资源，②在这一点上保证了公有制经济

① 2007年3月8日王兆国在第十届全国人民代表大会第五次会议上所作报告：《关于〈中华人民共和国物权法（草案）〉的说明》。

② 依据《物权法》，下列财产为专属于国家的财产：（1）矿藏、水流、海域（第46条）。（2）城市的土地，法律规定属于国家所有的农村和城市郊区的土地（第47条）。（3）野生动物资源（第49条）。（4）无线电频谱资源（第50条）。（5）法律规定属于国家所有的文物（第51条）。（6）国防资产（第52条）。（7）森林、山岭、草原、荒地、滩涂等自然资源可以为国家所有，也可以为集体所有，那些依照法律规定为国家所有的自然资源专属于国家（第47条）。这些专属于国家的动产和不动产的根本特征是，个人不能取得所有权（第41条）。由于国家不可能直接利用所有这些资源，除了国家直接经营和利用外，大量土地等资源还是要出让给民事主体使用，自然资源许可民事主体开发利用。因此，专属于国家的财产仅限于个人不能取得所有权，而不是个人不能取得使用权或经营权。

在国民经济中的主体地位。这种初始分配的“不平等”是因为国家特殊的地位、身份导致的。但是因特殊地位取得的财产所有权在物权法上与其他主体的所有权应当是一样的。也就是说,初始分配或资源分配多寡和取得权利的法律地位没有直接联系,所有权的法律地位和法律保护力度则是平等的。

物权法的主要任务是“保障各种市场主体的平等法律地位和发展权利”,保护人们“辛勤劳动积累的合法财产”、“激发人们创造财富的活力”。[①] 这种创造财富的活力来源于赋予财产所有权人获取财产的权利,来源于法律保护这种获取财产的权利。财产所有权人利用自己财产的结果导致市场主体之间的竞争,导致财富的再分配。由于财富初始分配不可能一样,即使相差不大也可能因竞争因素而导致结果不一样。也就是说,自主经营、自负盈亏、自由竞争的结果导致贫富差距,导致结果的不平等。只要人们获得财富的手段是合法的,那么物权法便一律加以保护。在这个意义上,可以说物权法也保护不平等的结果。因此,在某种意义上,物权法的确与这种意义上的不平等或贫富差距相联系。但是,消除这种结果不平等不是物权法的任务,而是经济法(如税法)、行政法、社会保障法等法律的任务,不应当把多部法律的任务施加于物权法。

在理论误解消除后,《物权法》是否违宪的问题也就迎刃而解。人们终于认识到:坚持我国的基本经济制度和对国家财产、集体财产和私有财产给予平等保护是一个统一的有机体。没有前者,就会改变社会主义性质;没有后者,就违背了市场经济原则,反过来又会损害基本经济制度。因此,平等保护成为《物权法》的基本原则。

但是,对于什么是平等保护,如何实现平等保护,《物权法》并没有提供一个清晰的答案。

(二)平等保护的前提

在确立平等保护原则的过程中,一个重要的理论问题被忽略,即法律上的公共财产(公有物)和私人财产(私有物)的划分问题。任何一个社会,必须有一些物或财产是用于满足公众利益——公共利益之目的。为确保公共利益的实现,法律上给予这些物以特殊待遇,即不可交易、不能查封和不能时效取得三个特性。这便是法律上的公有物或公共财产的概念。公共财产通常也是由国家所有的,国家并不能处分这类财产(否则就违背公共利益),因而其享有的所有权并不是民法上的所有权,或者说是受到特殊待遇的所有权,称为公共所有权。公共

① 2007年3月8日王兆国在第十届全国人民代表大会第五次会议上所作报告:《关于〈中华人民共和国物权法(草案)〉的说明》。

所有权仅具有所有权的壳,而没有所有权的实质内容(不具有处分性)。正是在这个意义上,我们说"公共财产"是神圣的,也就是说,谁都不能侵占并且不能获得——即使通过买卖关系。

公有物之外的物为私有物,即指为了满足特定个体(个人、家庭、法人、组织)利益的财产,财产的所有者可以自由处分财产,所有者对客体物享有完全自主的支配权。此类物对应的所有权也是私权性质的。其实这里的"私"仅仅意味着所有权主体可以自主处分它的所有权(或物)。这便是法律上的私或私有的含义。所有权的客体的性质决定所有权的性质,而不是所有权主体的性质决定所有权的性质。主体性质决定权利性质是身份不平等的体现,与主体平等观念相背离。因此,法律上的私或私有与政治经济学或经济制度的私有不是一个概念。经济制度的私有是按照主体划分的,因此就有了不同主体(所有制)在国民经济中不平等地位的说法。在某种意义上,物权立法的违宪之争是因为人们根本没有区分这种公有和私有,没有区分公共所有权和国家所有权所致。

在法律上公有和私有概念下,国家所有的物应当分为两类:一类是用于公共利益的不可交易的财产;另一类是用于国家经济利益的可以交易的财产。前一种财产属于公共财产和公共所有权;后一种财产是国家的"私有"财产,是国家享有的私所有权。所谓"公共财产神圣不可侵犯"仅仅应当指前面那一类财产,而不包括后者;而所谓的平等保护则仅仅是指对于后一类的财产,不管是国家享有所有权,还是集体、法人、个人享有所有权,受同样的保护。也就是说,平等保护是在分类规范前提下对同一类型的财产的所有权的同等保护。但是,《物权法》并没有这样的二选一,导致《物权法》无法解释在平等原则下,为什么要给予国家专属财产,而国家专属财产的性质在法律上又没有明确界定等问题。

(三)平等保护的实现

物权保护即保护物权权利人对抗一切侵害物权的行为。为了消除人们对现行法中一些规定的误解,①《物权法》第56条、第63条和第66条分别规定了对三种所有权的保护,只是在措辞上存在细微差别:私人财产保护是禁止"侵占、哄抢、破坏",集体财产增加了"私分",国有财产又增加了禁止"截留"。② 这些规定仅仅说明侵害三种物权的形态不同,因而禁止的行为也不一样,而不表明任何保护力度、强度的不一样,更不表明地位的不平等或不平等保护。

① 《宪法》第12条的"公共财产神圣不可侵犯"、《民法通则》第73条的"国家财产神圣不可侵犯"往往被理解为财产不平等保护的依据。

② 《物权法》第56条和第57条是专门针对国有财产保护的规定,这些规定无非是针对现实中存在的无视国家所有权、侵占或变相侵占国有财产的行为。

平等保护含义简单,但适用和贯彻到法律条文中并不那么简单。平等保护原则在普通民事主体之间的实施基本上不存在问题;国有财产、集体财产和个人财产的平等保护在法律原则上也应当不存在问题。关键在于如何把法律原则变为具体的法律规则,真正实现三者之间平等保护。笔者认为,平等保护对于国有财产和私有财产的意义不尽相同(为方便论述,这里暂且忽略集体财产)。

平等保护对国有财产意味着国有财产保护纳入《物权法》,适用《物权法》第三章的规定。但是,《物权法》第57条对国有财产"特殊保护"条款,并没有特别明确适用第三章,即承担民事责任,而是模糊地规定为"依法承担法律责任"。笔者认为,民法保护的最基本规则便是侵占者返还原物,不能返还则赔偿损失。如果国有财产的经营管理者因为其党员身份、官职而仅仅承担党纪、政纪处分和行政处分,①并不能使国家损失得到弥补。因此,明确侵害国有财产应当承担民事责任是物权法将平等保护原则贯彻到国有财产中应尽的"义务"。

对于私有财产②而言,平等保护的含义不仅仅是保护财产所有权人对抗第三人的侵害(侵占、哄抢、破坏),更重要的是对抗国家行政机关的侵害。长期以来,我国并不承认国家可能侵害民事主体的财产权利,似乎国家的一切行为都可以在公共利益旗帜下寻找到合法的依据。但是,国家的任何行政行为都是通过行政官员做出的,因此,行政决定和执法均有可能侵害相对人的物权。规制各种具体行政行为,避免可能存在的行政主体侵犯财产的行为就成为国家不仅保护国有财产而且保护私有财产的"应有之义"。实现这一目的的法律主要是行政法而不是物权法。物权法所能够做的是确定"征收"和"征用"是政府可以"侵害"私人财产的"合法"途径,除此之外,其他妨害、侵占、占用等都是非法侵害,应当承担民事责任。物权法的一个重要功能在于界定政府行为合法性的底线——尊重和保护私人所有权。政府行为的这一律令不是明示地写在物权法中,而是通过征收和征用制度的规范隐性地体现出来的。因此,完善征收和征用制度就是对私人财产所有权的最大保护。在这方面,相对于现行法,《物权法》已经有长足的进步,但仍然存在一些问题。

---

① 《物权法》第38条第2款规定:"侵害物权,除承担民事责任外,违反行政管理规定的,依法承担行政责任;构成犯罪的,依法追究刑事责任。"

② 在公民财产范围的规定方面,《物权法》第63条虽然取消了生产资料和消费资料,但是还是采取列举方式,列举了公民享有的财产的范围,规定私人对其合法的收入、房屋、生活用品、生产工具、原材料等不动产和动产享有所有权。另外受保护的个人财产还包括私人合法储蓄、投资及其收益、私人的财产继承权及其他合法权益(第63条)。《物权法》第63~65条对个人财产的规定,都加以修饰语"合法的"。实质上,财产的合法性的范围主要是由公法来界定的。这首先表现在公法限制了个人可以取得的财产范围或方式,刑法是界定财产合法性的主要法律。

《物权法》第42条、第44条分别规定了征收和征用制度，特别强调征用和征收都是依照法律规定的权限和程序进行。相对于现行法，第42条虽然没有对公共利益做出界定，但是第44条明确了征用是基于抢险、救灾等紧急需要，而征用的对象可以是任何单位和个人的动产和不动产；同时还规定，征用结束后应当返还给原权利人，如果损毁的，应当给予补偿。关于征收和征用的适用前提（公共利益、紧急状态界定）和程序，这并不是物权法的任务，期待特别法完成对征收和征用行为的规范使命。

《物权法》在个人财产保护方面的进步表现在：第121条确立了用益物权因征收、征用而消灭适用征收和征用补偿规则；第132条规定，承包地被征收适用征收集体土地补偿。但明显不足的是，在对房屋的征收补偿中规定，“应当给予拆迁补偿”。这似乎将拆迁与征收画等号并可能会导致现实中进一步混淆征收和拆迁，使许多商业行为打着公共利益旗号，以征收之名行拆迁之实。

二、私人物权归属：物权取得

物权法不分配财富，但为人们取得财富提供规则。物权法最重要的是要为人们取得财富提供指引，以满足人们追求财富的欲望；同时确立物权移转、变动规则，在保护交易安全的前提下，保护真正所有权人的利益。下面考察《物权法》在这方面的贡献和缺憾。

（一）取得合法性的财产

《物权法》只保护合法的财产，而不保护非法财产。《物权法》第64～66条对个人财产的规定，都加以修饰语“合法的”。何为“合法的”财产？《物权法》在界定合法和非法性方面有什么作用呢？这个问题似乎也不是一个复杂问题，就社会常识而言，侵占、不法获取他人之物（他人享有所有权之物）即属于非法。但是，法律仍然要为何为他人之物、何为不法行为等提供范式。在法律上，大致从两个角度界定合法性：其一，从客体是否合法的角度；其二，从行为是否合法的角度。从客体角度来看，法律要告诉人们哪些物是不能为个人取得的，这纯粹是物权法的任务。从行为的角度来界定财产取得合法性既是物权法（私法）的任务，也是刑法、行政法等公法的任务。物权法对合法财产的界定的特殊内容表现在从客体的角度界定哪些物可以为个人取得。

《物权法》在这方面取得显著成就。《物权法》界定了专属于国家的财产，这不仅仅意味着对国家财产的特殊保护，而且从另外一方面确立了个人取得财产合法性的边界，即凡是取得专属于国家的财产即属于非法。《物权法》第41条明确规定:“法律规定专属于国家所有的不动产和动产,任何单位和个人不能取得所有权。”这里指的是不能取得所有权,而不是不能取得使用权或用益物权。比如,个人可以取得国有土地建设用地使用权。但是,在个人可以取得哪些财产为合法方面,《物权法》并没有指明方向。因为专属于国有的财产并不一定为国家直接利用,许多财产还是分散到民事主体手中利用。而法律最重要的是界定专属于国有的财产中,哪些是可以设定私权利的,哪些是不能设定私权利的。这样,一方面,保护公共利益不受侵犯;另一方面,为民事主体(同时也为政府)提供标准,用以判断在什么样的财产上设定私权利(比如建设用地使用权、采矿权等)是合法的。鉴于国有财产的复杂性,笔者认为,这样的界定只能留待国有资产管理法之类的特别法来规范了。

(二)《物权法》确立的取得物权方式

物权法的一个重要任务是明确人们可以取得财产所有权的方式。在理论上物权取得分为原始取得和继受取得。继受取得是从前手中取得财产所有权,它不增加社会财富总量,但仅变更财产所有权人,改变社会财富配置和利益效率(益)。原始取得针对的是社会中的无主物、劳动创造物或制造物,并不是基于前人之意愿而取得的。原始取得有两个重要意义:第一,它可以使社会中无主物、主体不明确的物尽快消灭权利不确定状态,归于特定主体,因而有利于“发挥物的效用”;第二,它确立人们基于财产所有权、劳动等事实手段取得财产所有权的权利和方式,因而增加社会的财产总量。因此,继受取得鼓励财产的流转,改变财富的社会效益;而原始取得鼓励财富取得,消灭权利真空,鼓励财富创造,增加社会财富总量。物权原始取得在激励财富创造和利用方面,具有重要的意义。《物权法》规定了所有权人对孳息的取得(第116条),而没有规定其他原始取得方式。因而,《物权法》在物权原始取得规范方面显得非常苍白。

《物权法》没有规定先占取得。先占是自人类社会产生以来就存在的财产取得方式。比如,采集野生植物药材、捕捞野生动物、捡拾可回收垃圾等取得财产所有权的法律基础就是先占。尽管目前没有法律认为这些行为不合法,但是,作为规范财产取得的基本法律,物权法应当规范先占,以为此类行为提供法律保障。

《物权法》用了5个条文(第109~113条)来规定拾得物制度,但没有把拾得作为一种原始取得方式,仍然采现行法的国家取得主义。在世界各国,拾得人并不能当然地取得遗失物的所有权,但是在拾得人尽了寻找义务(比如按地址联系、发布招领公告等)且过了一定期限不能找到失主(权利人)时,拾得人可以取得遗失物的所有权。国家取得主义是计划经济时代的产物,而现在实行市场经济,民众成为生存发展的主体,国家不再拥有一切,包揽一切,而是通过藏富于民,实现民富国强。国家取得主义没有任何法理支撑。另外,在没有规定报酬请求权的情形下,采国家取得主义也不利于财产所有权保护。因为法律没有给人们积极寻找失主的激励,可能导致拾得人私占遗失物或者漠视遗失物。

遗失物的规则同样适用于漂流物、埋藏物、隐藏物的发现,导致我国也不承认发现人取得埋藏物所有权。既然《物权法》采国家取得主义了,如果埋藏物属于文物,也就无须适用文物保护法了。根据《文物保护法》,如果埋藏物不属于文物范畴,那么发现人可以取得所有权。①《文物保护法》的规定显然合理科学,因为文物具有公共利益,如果发现的埋藏物属于文物,那么归国家所有是有法理基础的。在这方面,《物权法》改变了文物保护法的规则,不仅引起法律冲突,而且是一种倒退。

《物权法》没有规定添附。添附包括附合、混合和加工三种情形,旨在解决甲的物和乙的物结合之后,或者甲对乙的物实施加工之后形成的新物的归属,是民法上关于财产归属和取得的重要规则。这些规则的基本指导思想是保持物的整体效益,减少破坏和浪费,通过价值补偿和赔偿(在恶意的情形下)来解决受损人的损失。这些规则有助于解决市民社会日常发生的纠纷,竟然无端地在立法后期被删除。

《物权法》没有规定取得时效。尽管取得时效在西方社会被认为是过时的制度,但在我国可能还会有用武之地。这是因为我国现实中存在某种程度上的产权不清晰的事实,而取得时效制度有利于物尽其用。同时规定时效取得制度可以对抗返还原物请求权,返还原物请求权在取得时效成就时消灭;缺失取得时效,就使得返还原物请求权没有时间限制。事实上,已有部门规章肯定时效取得制度。② 但是,这些产权不清晰的状况,大多与公有制下的两种财产权属形式相联系。因此,确立时效取得制度有可能构成对国家所有或集体所有财产的"侵害"。于是,我国《物权法》选择了宁肯荒芜资源,也不愿意让人合法"侵害"。这也是与物尽其用的原则相违背的。综上,我国《物权法》除了肯定所有权人基于

---

① 《文物保护法》第5条规定:"中华人民共和国境内地下、内水和领海中遗存的一切文物,属于国家所有。"该法第2条界定了文物的范畴,这样,适用文物保护法的结果便是,凡是发现属于此类的文物归国家所有,而相反的结论便是,如果不属于文物范畴,那么发现人可以取得所有权。

② 国家土地管理局(现为国土资源部)1995年发布的《确定土地所有权和使用权的若干规定》第21条规定:"农民集体连续使用其他农民集体所有的土地已满二十年的,应视为现使用者所有;连续使用不满二十年,或者虽满二十年但在二十年期满之前所有者曾向现使用者或有关部门提出归还的,由县级以上人民政府根据具体情况确定土地所有权。"

所有权可以取得孳息外，基本上没有规定其他的原始取得方式，为财产归属和利用留下了许多空白地带和模糊地带。

（三）《物权法》确立的物权变动规则

在物权变动方面，《物权法》区分动产和不动产建立了清晰的物权变动规则。按照现行物权变动规则，[①]动产和不动产一律采交付移转所有权，但当事人另有约定或法律另有规定的除外。由于现行法律规定了房地产（不动产）移转必须或应当登记，[②]因此，在司法实践中一般将登记作为“法律另有规定”，不动产自登记时起移转。现行法存在三个模糊的地方：第一，没有明确交付和登记的基础，即是否存在独立于债权合同的物权合同；第二，登记的效力；第三，关于交易安全或第三人的保护规则。这些问题在《物权法》中基本上得到澄清。

1. 关于物权变动的原因

在物权变动的原因方面，《物权法》没有明确接受物权行为，仍然承认物权变动是依据债权合同而发生的，只是物权变动公示本身不是债权合同的生效要件，而仅仅是物权变动的生效要件。[③] 这是在某种程度上暗含地接受了物权行为理论中的区分原则。《物权法》确立的物权变动规则为：基于法律行为而发生的物权变动因当事人合意（双方行为）或原物权人的意思（单方行为）而发生，物权变动须经公示才能生效，非经公示不生物权变动效力，但不影响债权有效成立。具体规则如下：

其一，仅有债权行为（合同）不能实现物权的变动，物权变动的公示行为的完成标志着物权移转或物权变动生效；动产物权的变动公示为“交付—占有”的移转，不动产变动的公示手段为登记，但是法律另有规定除外。

其二，交付或登记不影响合同的效力，只是物权变动的生效要件。

其三，债权行为（合同）的无效当然导致物权变动无效，可依据债权合同无效恢复原状，但是第三人善意取得的例外。

《物权法》在动产移转规则方面做出了较大的调整，取消了现行法中的“约定例外”规则，而改采一律交付生效，但法律另有规定的除外（第23条）。[④] 这意

---

① 《民法通则》第72条第2款规定：“按照合同或者其他合法方式取得财产的，财产所有权从财产交付时起转移，法律另有规定或者当事人另有约定的除外。”《合同法》第133条基本上采《民法通则》的上述规则。

② 这些法律法规主要是《城市私有房屋管理条例》、《城市房地产管理法》等。

③ 《物权法》第15条规定：“当事人之间订立有关设立、变更、转让和消灭不动产物权的合同，除法律另有规定或者合同另有约定外，自合同成立时生效；未办理物权登记的，不影响合同效力。”

④ 《物权法》第23条规定：“动产物权的设立和转让，自交付时发生效力，但法律另有规定的除外。”

味着当事人不能排除交付规则的适用。这一变动是《物权法》明确采纳物权法定原则的结果。① 但是,当事人仍然可以援用《合同法》做出例外约定。例如,依据《合同法》第134条当事人可以做所有权保留约定。另外,《物权法》规定了替代现实交付的几种特殊情形,即简易交付(第25条)、指示交付(第26条)和占有改定(第27条)。这些特殊情形在学理上称为替代交付,也可以视为交付移转的法定例外情形。

2. 不动产登记与物权变动规则:登记法律效力

《物权法》对不动产物权登记的效力做了清晰的规定。从登记与物权变动的关系来讲,登记效力有三种。

第一,登记生效规则。《物权法》第14条规定:"不动产物权的设立、变更、转让和消灭,依法应当登记的,自记载于不动产登记簿时发生效力。"这一规定明确了不动产物权经登记发生变动效力的规则。较之前法律,《物权法》的主要变化在于,明确了登记生效规则也适用于抵押权设定(第187条)、建设用地使用权的设定(第139条)。由此统一了不动产登记生效规则,使登记生效规则适用于土地使用权、房屋所有权转让和设定抵押权等一切变动行为。

第二,登记对抗规则。登记对抗意味着不登记可以取得物权。一旦第三人因登记取得物权或享有优先于受让人的权利,那么就意味着已经取得的"物权"让位于登记权利人或享有更优先权利的人。登记对抗规则并不是意味着不登记取得的物权没有对抗效力,而仅仅意味着其因缺失登记公示而使其效力受到限制。因为《物权法》仅规定"未经登记,不得对抗善意的第三人",这意味着未经登记的物权还可以对抗恶意的第三人。登记对抗规则除了适用于特殊动产(交通工具,第24条)外,②还适用于土地承包经营权人将土地承包经营权互换、转让(第129条)和地役权设定(第158条)。在后两种情形下,登记是应当事人要求进行的。按照字面解释,当事人不要求的,可以不登记。但这也绝不能解释成:不要求登记,不登记也具有对抗力。因此,"应当事人要求"是多余的。

第三,登记处分规则。依据民法理论,因事实行为引起的物权变动自事实行为成就时,取得物权或发生物权变动效力,涉及不动产的,不登记不能处分。这便是登记处分规则或宣示登记规则。《物权法》第31条确立了这一原则。不过,从文字表述上,我国的规定与不登记不得处分存在区别。第31条内容为:

---

① 参见《物权法》第5条、第6条。

② 在实行登记对抗规则下,物权应是自合同生效或履行期届至(对此物权法并没有规定)移转,未交付也可发生物权变动效力,但物权没有对抗第三人的效力。不过,对于买受人来讲,不取得占有,不能用益;不登记不能对抗第三人。因此,移转占有和登记对于特殊动产意义重大。

"处分该不动产物权时,依照法律规定需要办理登记的,未经登记,不发生物权效力。"按照不登记不得处分规则,在处分之前必须进行登记,先取得可以对该物权进行处分的权利,之后再进行处分。而我国的规定可以理解或解释为:不登记也可以处分,只是该处分不生物权变动的效力(显然,这是物权变动登记生效规则的体现)。登记处分规则适用于:(1)因人民法院、仲裁委员会的法律文书,人民政府的征收决定等(第28条);(2)因继承或者受遗赠取得物权(第29条);(3)因合法建造、拆除房屋等事实行为(第30条)。

3. 通过善意取得保护第三人

关于物权变动与债权合同关系,《物权法》存在两个基本规则:其一,物权变动基于债权合同,但变动公示不影响合同效力;其二,债权合同无效,物权变动也无效,但是如果涉及善意第三人时,适用善意取得保护第三人。

根据物权行为理论,物权变动基础原因脱离债权合同,物权变动公示后即绝对有效,如果债权合同撤销或无效,导致受让人取得所有权无法律原因,因而原所有权人可以基于不当得利而要求受让人返还。这样的保护是不分青红皂白对受让人一律加以保护。而善意取得的基础是物权的静态的公示公信力,它是从身处于交易相对人的第三人角度加以判断的,看第三人是否善意地信赖了处分人的占有或登记。这样,如果甲与乙买卖房屋,乙已经取得登记;之后甲与乙因某种原因撤销或解除了合同,但在乙的登记被涂销之前,乙将房屋处分于丙,丙又不知甲与乙之间的合同纠纷的,那么丙即受到保护。这种机制很好地平衡了甲与丙之间的利益,因为只有在丙善意的情形下,才保护丙;如果丙恶意,那么法律还是允许甲请求法院撤销丙的登记。

物权法有两个基本价值基础,即对物权权利人的保护和对第三人(或交易安全)的保护。《物权法》基于物权公示原则建立了统一适用于动产和不动产的善意取得规则,很好地平衡了动态安全(对善意第三人的保护)和静态安全(对所有权人的保护),这是值得肯定的。

三、物的利用:用益物权

(一)用益物权的价值及《物权法》关于用益物权的规定

物权法即一个社会财产归属和利用的制度规范。这一制度规范的前提是界定财产的归属,即使不特定财产归属于特定的主体,使特定的主体拥有特定的财产,划清财产利用的边界。这种界定某个人或某团体所拥有财产边界的制度工具便是所有权。给予所有权,也意味着给予占有、使用和收益的权利,也就意味着给予利用权。那么所有权制度就可以解决物的利用的全部问题。这种财产利用体制即"谁所有、谁利用"。在这种体制下物的利用是单极利用,即一个物上只有一个利用人(即所有权人),这种利用方式在经济上表现为自给自足的小生产方式。而在人类社会发展过程中,一直朝着建立财产利用的多极(多主体)安排而努力。所谓财产的多极利用,就是一个物上存在多个利用主体,共同分享同一物的利益。而物权法的一个重要任务或目的则是为这种多极的物之利用关系进行制度安排,建立多极物之利用秩序。

物权法解决多极利用问题的制度工具是他物权制度。他物权分为享用物权(亦称用益物权)和担保物权(亦称变价求偿权或优先受偿权),前者是对物之使用价值之利用,后者是对物之交换价值之利用。如果一个房产所有权人甲将房屋的使用权让与乙行使(即设定了享用物权),为了融资又将该房屋设定抵押权给借贷人丙,那么,就形成甲、乙、丙三人共同分享该房屋权益的一种多极利用状态。因此,笔者认为,他物权制度实质上是规范一物多极利用并赋予利用人以不同的物权的制度。[①] 因此,用益物权制度关系到多极利用目标的实现。

用益物权旨在建构在所有权人不放弃所有权(在我国还包括土地使用权)的前提下的物的利用制度。因此,一部物权法的用益物权制度的发达程度是衡量该物权法是否重视物之利用的重要砝码。在这方面,物权法肩负着两个任务,实现两个功能:第一,通过设立土地使用权制度,使国有土地资源和集体土地资源得到分散利用,使国家所有权和集体所有权得到实现;第二,通过设立用益物权制度,使私人(包括个人和法人)不动产物权得到有效的利用。

《物权法》是在用益物权概念[②]下解决上述两个问题的。《物权法》第三编为用益物权,共五章。在第十章,除了规定用益物权的一般原则外,还规定许多针对土地资源设定的用益物权,如海域使用权、探矿权、采矿权、取水权、养殖权、捕捞权;之后的四章分别规定了土地承包经营权、建设用地使用权、宅基地使用权、地役权。

笔者认为,《物权法》规定的用益物权,大致可以分为三类:第一类是土地使

---

① 财产的多极利用的物权法方式多是集中在不动产,动产领域的多极利用则逐渐地由其他法律制度实现了。从最简单的有偿借用、租赁、合伙,到复杂的投资设立公司、票据、信托等,无一不是许多主体共同分享同一财产利益的一种制度安排。而支撑这些财产多极利用法律关系的,被认为是债权关系,如合伙关系、雇佣关系、委托关系等。如果说个人独资企业、合伙企业,仍然可以用财产所有权解释的话,那么公司制度便演变为一种制度化安排(法人制度)。这种演进实质上体现了法律制度寻求财产多极化利用和社会化利用的努力。

② 《物权法》第117条将用益物权定义为:"用益物权人对他人所有的不动产或者动产,依照法律规定享有占有、使用和收益的权利。"

用权，包括建设用地使用权、土地承包经营权、宅基地使用权、海域使用权，他们均属于同一性质的权利，即我国所特有的在土地所有权基础上设定的“用益物权”；第二类是探矿权、采矿权、取水权、养殖权、捕捞权，这些权利在大陆法被称为特殊物权范畴，笔者也将其称为资源利用权；第三类是地役权，即不动产权利人为利用自己的土地或提高自己的土地的效益而役使他人的土地的权利。

在这三类用益物权中，地役权属于大陆法系用益物权体系的一员，特殊物权亦可以找到其存在的影子，而土地使用权则是中国所特有的、在其他国家所没有的“用益物权”。

（二）土地使用权：中国特色的“用益物权”

我国的两种土地所有权不纯粹是法律（民法）意义上的所有权，具有不可交易性，因而决定了只能采取设定土地使用权的方式实现土地分散利用和流转。两种土地所有权的民法意义仅在于创设土地使用权，使土地达到分散利用的目的，并使之成为可流转的财产。这样，土地使用权则不是在个人所有权上设立的权利，是土地所有权实现的必然方式。例如，我国的建设用地使用权一开始便是独立登记，而不是记载于他人之物所有权底簿上的，表现出强烈的独立性；而且土地使用权的权能和它发挥的作用已经远远超出了其他国家用益物权的功能。正因此，我国的土地使用权不能视为其他大陆法国家的用益物权。也就是说，我们就不能用大陆法国家的任何一种用益物权制度框定我国的土地使用权。与我国土地使用权类似的制度应是英美的地产权制度；再近一点说，更类似于新加坡的土地利用制度、①我国香港的土地批租制度。② 这样，土地使用权制度就成为支撑我国不动产物权的基础，我国的不动产物权是以土地使用权为基础的，而不是以土地所有权为基础的。由此，可以看出土地使用权属于自物权范畴，而不属于他物权范畴。依据这样的理解，《物权法》实际上规定了两类土地使用权：一类是建设用地使用权；另一类是土地承包经营权。

建设用地使用权是指用于建造建筑物、构筑物及其附属设施的土地使用权。依权属其分为国有土地上的建设用地使用权和集体土地上的建设用地使用权。

---

① 新加坡的土地制度承继英国传统，除少数历史遗留的私人永业权以外，没有私人永久土地私产权。新加坡的地产产权形式分为 Freehold（永久地契）、999—Leasehold（999 年的租用地契）及 99—Leasehold（99 年的租用地契）三种；现在政府向发展商出售的土地有两种期限，即 99 年和 999 年；在规定年期内，土地可以转让、买卖。

② 香港政府除极个别的地段外，垄断着香港土地的所有权，其不能出卖，只是土地有限制使用权的转让（批租）。使用年限最初是 75 年，在 1849～1898 年曾改为 999 年；1898 年以后又有所改变，港岛及南九龙土地批期改为 75 年，至于新界（含北九龙及离岛）的土地，批期最长只有 99 年。

国有建设用地使用权分为划拨土地使用权和出让土地使用权。《物权法》第12章规定的建设用地使用权仅针对国有土地上设定的建设用地使用权，而第13章仅规定了农村土地上设定的专门用于农户居住的建设用地使用权，而没有规定其余的农村建设用地使用权。

土地承包经营权是通过承包方式取得的、用于农业用途的土地使用权。《物权法》继续使用经营权作为农用地使用权的称谓是历史的延续，经营权在《物权法》上即表现为对土地的占有、使用和收益权，经营权实际上也是土地使用权。

土地承包经营权与建设用地使用权的区别仅在于用途不同，建设用地使用权用于建筑物、构筑物建设目的；而土地承包经营权是用于农业目的，这里的农业目的包括耕作、种植、养殖、园林等，其适用土地包括耕地、林地、山岭、草原、荒地、滩涂、水面等。建设用地使用权和土地承包经营权涵盖了两类土地，构筑了我国的土地产权的基本分类。

海域使用权是针对特定海域的排他利用的权利。从用途上，海域使用权大致亦可以分为两类：一类是用于建筑、工商业等目的，形成水上固定或漂浮设施的海域使用权；另一类是用于养殖目的的海域使用权。除了基础不一样（一个是陆地，一个是海洋）外，前者类似于建设用地使用权，后者类似于土地承包经营权，可按照这两类土地使用权加以规范和管理。从与陆地不同的角度，海域使用权可独立为一类土地使用权，但从用途上，亦可以归并入建设用地使用权和土地承包经营权。

物权法本应创制中国特有的土地使用权概念，并将建设用地使用权、土地承包经营权和海域使用权纳入其下规范，建立适合中国国情的不动产权利体系，而不是盲目地套用传统大陆法国家用益物权理论去设计和规范本不属于用益物权范畴的土地使用权。如果非要称为用益物权，那么我们也必须承认它是中国特色的、中国所独有的“用益物权”。

（三）私人不动产上的用益物权体系问题

在我国，私人可以拥有的不动产物权限于土地使用权（包括建设用地使用权和土地承包经营权）、房屋所有权和土地上的附着物所有权（如林木所有权）和资源性利用权（如采矿权等）。根据《物权法》和相关法律、法规这些权利均可以转让（涉及农村土地存在明显限制，为便于讨论这里忽略），即所有权人、土地使用权人等可以将自己的权利全部转让给他人。但是，《物权法》几乎没有规定这些权利人可以保留权利设定用益物权，即在不放弃权利的前提下，通过让渡物的占有、使用和收益的权利，实现物的利用。因为，《物权法》仅仅规定了地役权，而没有规定任何其他大陆法国家意义上的用益物权。而地役权本身只是为了"提高自己不动产的效益"[①]而利用他人的不动产的权利，且属于非占有性用益物权，还不属于排他性的对他人土地的占有、使用和收益的权利。在物权立法过程中，有几个用益物权曾写入物权法但在之后的立法中又被删除，如居住权、典权；还有的在现实中已经存在的土地使用权租赁，本可以改造成为中国特色的地上权，但物权法根本就没有考虑。[②]

因此，《物权法》实质上并未为私人不动产物权的实现提供利用通道，堵塞了私人之不动产之效用发挥的途径。如果土地使用权仅仅是国有土地和集体土地实现利用的手段的话，那么《物权法》并没有为不动产私主体多极利用自己的物提供法律途径和保障。因此，我国并没有为私权主体提供实现不动产多极利用的方式，这与物权立法目的（发挥物的效用）相背离。

（2007 年第 5 期）

① 《物权法》第 156 条规定："地役权人有权按照合同约定，利用他人的不动产，以提高自己的不动产的效益。前款所称他人的不动产为供役地，自己的不动产为需役地。"

② 在现行法中，《国有城镇土地使用权出让和转让暂行条例》专设一章"土地使用权出租"，确立了土地使用权出租的基本规范。根据《土地登记规则》第 30 条的规定，土地使用权的出租也要进行登记，将承租人的土地使用权登记在出租土地的土地登记卡上，并向承租人颁发土地他项权证书。现行法已经将承租人的租赁土地使用权作为他项权（中国特色的用益物权）来对待了。但是，物权法在制定过程中，从来没有提及过如何对待这类他项权问题。

2008 年

服务合同在我国民法典中的定位及其制度构建

周江洪*

一、问题的提出:服务合同的法律地位亟待重视

所谓服务合同,一般是指全部或者部分以劳务为债务内容的合同,又称提供劳务的合同。服务合同并不以有偿为要件。① 但是,产业划分上的服务概念与民法学上的服务概念,并不能完全等同,比如作为第二产业形态的建筑业,在很多时候也是作为一种服务合同来看待的。根据服务提供过程中服务与物之间的关系,服务又可以细分为与物的交易相伴随的服务,服务提供过程中物作为手段、设施或材料被使用的服务以及纯粹的服务。②

随着社会的发展,服务合同的重要性也日渐突出。但与此不相适应的是,无论是传统债法总则,还是我国合同法总则,其大部分都只是以物及其权利的交易为中心构筑起来的规则,甚至可以说只是买卖合同的总则化而已。这一规则体系是否仍然能够适应以服务为主导的新的社会变化,便成为现代合同法的重要研究课题之一。

就现代合同法的发展来看,随着合同多样化的发展,将市民社会的合同规则全部集中于民法典或者合同法已经几乎不可能。即使将各种现实中存在的交易行为全部规定为典型合同,也会由于合同类型过于繁杂而增加合同定性的困难。因此,在合同法总则(或债法总则)和各典型合同的有关规则之外的、介于两者

---

* 作者单位:浙江大学光华法学院。

① 有观点认为:"服务合同是服务人提供技术、文化、生活服务,服务受领人接受服务并给付服务费的合同",明确其有偿性(参见全国人大常委会法制工作委员会民法室编著:《中华人民共和国合同法及其重要草稿介绍》,法律出版社2000年版,第150页以下)。但从社会现实来看,无偿服务的大量存在也是一个不争的事实,如志愿者活动。另外,也存在依经济学上的产业区分来界定"服务"的观点,其依产业划分,将第三产业中的各种服务行业的合同形态总称为"服务合同"(参见王家福、谢怀栻等编著:《合同法》,中国社会科学出版社1986年版,第285页以下)。

② [日]河上正二著:《商品的服务化与服务的缺陷、瑕疵》(上),NBL第593号,1996年版,第7页以下。

之间的“各种合同的法”①的重要性也日益凸显。

具体来说,传统合同法一般都是先规定适用于各类合同的总则,然后依据合同的种类、性质分别规定各典型合同,形成了以总则为树干的垂直式树形结构。而依“各种合同的法”理论重构的合同法结构,则在此基础上又从特定的视角(如债务的内容、功能、性质等)出发,将能够适用于“同类型合同”的具有共通性质的一般性规则进行横向重组,并形成一种介于现行“总则—分则”之间的、不一定适用于所有的合同但对某一类合同得以适用的“各种合同的法”。也就是说,通过“各种合同的法”沟通了各典型合同之间的联系,从而形成一个网状结构。这一体系结构,可以在一定程度上消解合同性质认定上的僵化和不足;对于那些新形成的、超越现有典型合同框架的新型合同,具有更强的包容性,从而使得法典保持开放性和稳定性。这一体系结构至少可以包括下列几类合同:(1)以物或财产权的转移为内容的合同,不管其为买卖、承揽、还是物与服务之间的交换,赋予其同样的法律效果,比如所有权转移的时间、物的瑕疵担保责任及权利瑕疵担保责任等;(2)以物的返还为前提的移转占有的合同,不管其为保管、租赁、委托、承揽还是试用买卖,赋予其同样的法律效果,比如危险负担;(3)以提供服务为内容的合同,不管其为承揽、委托还是中介,确立同样的制度,如债务履行的代替性问题、报酬费用的变更等。从这里也可以看出,作为“类合同”之一的服务合同,其相关规则的构建是这一网状结构的关键所在。

因此,对于我国合同法中横跨了数个典型合同的服务合同作一综合性的研究,不仅具有民法典建设或合同法修改层次上的立法论意义,也具有现行合同法适用上的解释论意义。

二、服务合同的典型性:区别于物型合同的法律特征

我国民法学界就服务合同的重要性曾经做出积极回应。例如,民法理论学界有学者明确将提供服务的合同与转让财产的合同、使用财产的合同等并列,将其作为单独的一类合同加以对待。② 这一分类影响至今。③ 虽然各学说所包摄的范围不同,我国民法学界至少在学理上已视服务合同为一类独立的合同。

---

① [日]北村一郎编:《法国民法典的200年》,有斐阁2006年版,第317页以下。

② 《法学研究》编辑部编著:《新中国民法学研究综述》,中国社会科学出版社1990年版,第415页、第520页以下。《中国民法学·民法债权》基本上沿袭了这一分类体系,参见王家福、梁慧星编:《中国民法学·民法债权》,法律出版社1991年版,第712页以下。

③ 王利明主编:《中国民法典草案建议稿及说明》,中国法制出版社2004年版,第495页。

民法学界也进行了将服务合同典型合同化的制度性尝试,在《合同法征求意见稿》中曾专设"服务合同"一章。① 但是,在1998年《合同法(草案)》中,以服务合同缺乏典型性为由,最终删除了该章。② 然而,从现实生活中服务的重要性及其提供的频繁性来看,仅以上述理由则难以充分说明否认服务合同之典型性的合理性所在。而且,从服务及其合同区别于物及其合同的重要特征来看,否认服务合同的典型性更是无从谈起。以下就此点作一详细分析:

服务合同,无论其所包含的服务是否与物结合,作为一种劳务提供,其某些特征可能会引起与以物的交易为中心构筑起来的交易规则之间的不协调问题。也正是这些特征,决定了在物型合同以外构建有名化服务合同的规则的必要性。具体来说,与物及其相关合同相比,服务及其合同具有以下法律特征:③

服务具有库存之不可能性特征。一般来说,服务的提供和消费同时进行,难以像物一样储藏库存。因此,服务的提供会受到时间和场所的限制。而且,由于提供和消费同时进行,在证明是否已为履行上可能会面临一定的困难。

服务具有无形性或识别困难性,以及由此而引起的确定债务内容的困难、客观判断服务品质的困难等。

复原、返还已经提供的服务是非常困难的,甚至是不可能的。一般来说,与物的交易的大多数情形不同的是,服务在提供的过程中为服务对象所"消费"、"吸收",或"附着"于服务对象,服务本身无法还原或返还。因此,因合同的解除等引起的恢复原状,在服务合同领域就会面临难以消解的困难。

服务的提供受到服务人特质的制约。服务的实际提供人本身的技能,在很大程度上决定了服务的内容、质量。而且,与物不同的是,对于那些只能依赖于特定服务人而提供的服务,服务合同的"代替给付"就会面临一些障碍。

服务人与服务受领人之间的关系,即服务人的从属性或独立性会影响其法

---

① 全国人大常委会法制工作委员会民法室编著:《中华人民共和国合同法及其重要草稿介绍》,法律出版社2000年版,第150页以下。

② 同上,第166页。

③ [日]后藤卷则著:《消费合同法的法理论》,弘文堂2002年版,第300页以下;[日]浦川道太郎:"服务合同中的消费者被害救济——不完全的服务提供与服务提供人的责任",载《现代法(13)消费生活与法》,岩波书店1997年版,第220页以下;[日]川端敏男:"服务合同的多样化与消费者保护",载《早稻田法学》1999年第74卷第3号;[日]中田裕康著:《现代服务提供合同的特征(中)》,NBL第579号,1995年版,第34页以下;[日]长坂纯:"服务提供者责任的基本构造",载《法律论丛(明治大学法律研究所)》2005年第78卷第1号,第39页以下;[日]松本恒雄:"服务合同",载《债权法改正的课题与方向》(NBL特刊),社团法人商事法务研究会1998年版,第202页以下;[日]潮见佳男:《债权总论Ⅰ债权关系、合同规范、履行障碍》,信山社2003年版,第81页以下。

律责任。一般来说,居于从属地位的服务人,由于其只能在服务受领人的指挥管理下提供特定的服务,是否能够介入服务受领人的特定领域得受制于服务受领人的意志,服务人的责任也就相对减轻;相应地,因服务人固有的风险支配领域以外的风险而导致服务人违约的,其一般不应承担债务不履行责任。与此相对,对于居于独立地位的服务人而言,服务受领人不仅不能控制其行为,而且因信赖其依独立的地位处理事务而将相关权利、利益托付于服务人。因此,该类服务人的责任不只是停留在注意义务违反的层面上,而且在特定情形下也可构成"发生或不发生一定的利益状态的"服务保证,不问其注意义务违反的有无,对其发生或不发生的结果承担责任,如承揽合同。

服务受领人的协作以及服务受领人自身的特性与服务的效果之间密切关联。虽然物的交易也涉及协作义务的问题,但在服务领域,这一点尤为明显。服务的效果,往往会因服务受领人协作程度的不同、服务受领人本身属性(如适应性、能力、努力程度、情绪、健康状况等)的不同而有所不同。

与服务相关的信息在当事人之间具有不对称性。特别是由专家提供特定服务时,一般来说,服务人较服务受领人更了解合同对象的相关信息。因此,服务合同缔结阶段的信息开示义务、说明义务及建议义务,相较于物的交易来说则更为重要。

服务人对服务受领人的权益领域的介入与服务人的来自服务受领人的权益管理托付相辅相成。一方面,在确定服务合同的债务内容和程度时,对服务受领人将什么权益托付给了服务人这一法益层面的判断非常关键;另一方面,将自己的权益予以"托付"这一行为本身,也具有信托的一面。近年来在论及医疗服务及其他一些专家服务时,"忠实义务"作为与"注意义务"相提并论的概念不断被提起,本身也反映了这一权益委托的"信任关系"。当服务合同的履行陷入障碍时,特别是当事人之间的"信任关系"出现问题时,合同的继续履行或服务的重新提供就会面临一些困难,从而涉及是否发动合同解除权的问题。

服务具有持续性。在现代社会中持续性的服务越来越多,并反映到了相关立法中。例如,《日本特定商交易法》第四章就明确规定了持续性服务这一新型的商事交易行为。虽然不否认在物的交易中也存在持续性的问题,但与物的交易相比,在服务合同成立后,情势的改变、当事人状态的变化等与服务的提供和受领密切联系的因素更容易发生变化,有必要从服务合同的角度出发重新探讨是否应导入情势变更原则的问题。而且,持续性服务合同的具体债务内容一般会随着时间的推移而发生变化,如教育、旅游等服务合同。

服务合同具有损害赔偿责任上的自身特征。当服务存在瑕疵时,并不像大多数产品一样只是附着于特定的目的物(如产品本身的瑕疵),而是被服务受领人所消费,或者是以难以分离的形式被服务受领人的身心或既存的财产所吸收。例如,在外语教学服务中学到的各元音的不准确发音有时候甚至伴随一生。因此,物的瑕疵虽然也存在扩大损害的问题,但服务的瑕疵除了其本身的瑕疵损失以外,在接受服务过程中发生的服务受领人的身体、财产、时间、劳力等方面的损失也非常明显。因此,对于这些损失应当如何评价也是服务合同所面临的一大难点。与此相关,由于服务的瑕疵更容易导致合同标的本身以外的损失,相较于物的交易,在损害赔偿责任上更容易面临合同责任和侵权责任的竞合问题。

正是由于服务及其合同具有上述独特性,现行《合同法》中以物或权利的转移为基点所构筑的总则是否能够有效地适用于服务合同,殊值怀疑。而且,虽然我国《合同法》第174条规定了买卖合同规范准用于其他有偿合同,但从上述特征也可以看出,以物的交易为中心的买卖合同规则是难以有效应对服务合同的。①

《合同法》所规定的服务类合同,与现实中存在的大量服务类型相比,可以说只不过是冰山之一角而已。对于现实生活中存在的大量的服务,《合同法》并没有将其作为典型合同加以规定。因没有服务合同总则的规定,使得这些服务在适用法律、特别是在合同性质的认定上产生难以避免的困难。对此,我国民法学界也做出了积极回应。但从结果上来看,我国目前有关服务合同的研究,多集中于一个个单独的服务类型,更多的只是根据当时的社会经济现象指出和介绍了各类型服务的存在,并试图使得各种服务形态都成为一种独立的典型合同。②但是,将各种服务全部规定为典型合同,势必会造成由于合同类型过于繁杂而增加合同性质认定上的困难。

因此,有必要在《合同法》总则以及现行《合同法》规定的若干类服务合同之外寻求更为有效的解决方案。在这一过程中,笔者认为,结合现有的典型合同规范,将服务合同作为"类合同"加以典型合同化或者有名合同化是有效的路径之一。

---

① 关于这一点,与《日本民法典》第559条规定不同的是,我国《合同法》并没有对"参照"作出具体的限制。但越来越多的研究和实践表明,除了定金等极少数的条款以外,服务合同基本上难以准用买卖合同的规范。

② 梁慧星编:《中国民法典草案建议稿》,法律出版社2003年版;徐国栋主编:《绿色民法典》,社会科学文献出版社2004年版;等等。

三、服务合同规则的框架设计：合同法的完善以及未来民法典的设计

(一)服务合同的立法模式

关于服务在民法典和合同法中的定位问题，从现有的法律体系来看，虽然在理论上《合同法》总则中的规定也同样适用于服务合同，但从现实来看，《合同法》总则的内容更多的是以物的交易，甚至可以说是以买卖合同为范本概括出来的抽象规则。因此，有必要重新梳理《合同法》总则中的规定，将其放到服务合同的范围内去检验其合理性。在这一检验、重新梳理的过程中，必须时刻注意物与服务的不同之处。在此基础上，可以考虑实现服务合同的有名化。从理论上来说，若在民法典中对服务合同作出规范，至少有以下几种模式可以考虑。

第一，采用“超大服务主义”的立法模式，将所有的合同都看做服务合同，彻底改变以物为中心构筑规则的传统立法方式。因债务是债务人为或不为特定的行为，从理论上来说，将所有的债务都看做服务也是有可能的，然而，这一立法思路将几千年来形成的债法规范及理论完全打破，难度极大，从实践上来说几乎是不可能的。

第二，采取“大服务主义”的立法模式，在合同总则中规定服务合同的共同规则，或者是如同我国《合同法》中规范买卖合同的第 174 条规定一样，选取某一类合同作为服务合同的基本原型，规定该合同规范准用于其他服务合同。考虑到合同法的逻辑结构，单独将服务合同作为总则规定，而并没有将物型合同在合同总则中单独分列，其结构并不完美。而要将服务合同和物型合同单独分列规定合同总则，又有可能导致合同外延不周全的结果，在两类合同之外，还可能存在着其他合同。若以某一类现行典型合同为原型建立服务合同规范，从立法成本上来看，应该说相对较低，我国也有学者建议以承揽为中心重新构筑服务合同规范。① 但该见解值得商榷。我国《合同法》中至少存在委托、承揽和保管三大服务类型。其中，在瑕疵判断及法律效果方面，承揽和委托之间区别甚大，仅仅依据承揽的规范难以统合所有的服务合同类型。另外，从比较法角度来看，虽然也存在试图以承揽为中心构筑服务合同体系的尝试，但德国之所以存在这样的尝试，乃是因为德国的委托合同是无偿合同，若不以承揽为中心，则无法解决

① 王利明主编：《中国民法典草案建议稿及说明》，中国法制出版社 2004 年版，第 495 页。

大量的有偿服务合同的定位问题。而我国并不拥有类似的体系构造。另外,若采用我国《合同法》第 174 条那样的泛泛规定,极有可能导致适用上的困难,形同虚设。

第三,采取"中服务主义"的立法模式,运用现代合同法所提倡的"类合同"理论,将服务合同作为新的典型合同纳入民法典中,从而改变现行的合同分类体系。其作为所有服务类合同的上位概念,涵摄现行的服务类典型合同,同时也包括那些在合同性质认定上非常困难的新的服务类型。与此同时,在保留现有承揽、保管和委托三大服务合同类型的同时,就社会生活中经常发生而且重要的服务类型做出特别规定,增加服务合同的种类。作为服务合同的总则,在各服务合同分则中没有规定的,都适用服务合同总则的规定。应该说,《合同法(草案)》的努力在一定程度上就是采用了该立法技术,具有其合理性,也是符合现代合同法学说潮流的立法模式。我国未来的民法典可以采纳这一立法模式,从而在合同法总则与各典型合同分则之间建立起作为"类合同"的服务合同的整体框架。但该模式面临的最大挑战是如何寻找到所有服务合同类型的共同规范。

第四,采取"小服务主义"的立法模式,以那些难以纳入现有服务合同类型或者其纳入非常勉强的服务类型为对象做出具体的规范。日本也有学者主张采纳该模式。[①] 也就是说,将服务合同作为与承揽、委托、保管相并列的合同类型,而不是作为其上位概念来处理。其以狭义的服务为对象,最大好处就是无须对现行合同类型体系做出重大调整,保持了现有合同类型的稳定性。但是,该模式也面临着与"中服务主义"同样的挑战,也不得不考虑这些合同类型的共同规范问题。这一立法模式最大的问题在于有名化的服务合同与传统的承揽、保管和委托之间的合同性质认定上的问题,有可能会进一步加剧合同性质认定上的困难。

第五,采取"个别服务合同主义"的立法模式,对现实生活中的服务类型根据一定的标准实现有名合同化,力图涵盖所有重要的服务类型。这也是我国学者目前最为认同的模式,由学者所起草的民法典草案几乎都采用了这一模式。但如前所述,该模式有可能导致因合同类型过于繁杂而引起的合同性质认定上的困难,而且,即使采纳这一模式,也应对服务作一总则性的规范,以涵盖那些没有被有名合同化的服务类型。

综上所述,笔者认为,我国未来服务合同的立法模式采用"中服务主义"更

① [日]松本恒雄文:"服务合同",载《债权法改正的课题与方向》(NBL 特刊),社团法人商事法务研究会 1998 年版,第 236 页。

为适宜，在将各重要服务类型有名合同化的同时，也试图构建各类服务的总则性规定，从而有效地平衡了采取“个别服务合同主义”所可能导致的外延不周全以及合同性质认定困难的问题。

（二）服务合同的规则设计

从我国现有的法律体系以及研究状况来看，结合前述服务合同的特征，笔者认为，至少可以从以下几个方面出发，对我国未来民法典或合同法修改中的服务合同的一些重要规则作一框架性设计。

第一，在履行方式上，考虑到服务的提供受到服务人特质的制约这一特征，应以“亲自履行”为原则，严格限定“第三人代为履行”的适用。这也是我国《合同法》第253条、第371条、第400条所规定的规则之一，作为各服务合同共同的规范，可以考虑将其作为服务合同的总则规定。

第二，在服务合同的解除上，除了适用我国《合同法》第93条、第94条的解除规则以外，考虑到服务人对服务受领人权益领域的介入与服务人的来自服务受领人的权益托付相辅相成这一“信任关系”，可以考虑建立“随时解除”的制度。因为两者之间的“信任关系”出现问题，非常有可能影响服务提供的质量，建立这一制度有利于当事人从合同法枷锁中解放出来。但与此同时，应建立损害赔偿规则，除不可归责于当事人的事由以外，应当予以赔偿。我国《合同法》第268条、第376条以及第410条都有类似的规定，可以考虑以此为基础建立统一的服务合同随时解约规则。但这里需要考虑的是，是否有必要将“随时解约权”限定在服务受领人一方。从现行《合同法》来看，委托的随时解约并没有主体的限制，而关于保管，《合同法》将服务人的随时解约权限定在没有规定期限的保管合同上，而对于承揽并没有作出规定。因此，对此问题尚需深入探讨，但从现行规范体系来看，笔者认为，即使承认服务人的随时解约权，也应在解除事由上加以必要的条件限制。

第三，在服务合同的解除效果上，原则上应采取“非溯及”原则。我国《合同法》第97条规定：“合同解除后，尚未履行的，终止履行；已经履行的，根据履行情况和合同性质，当事人可以要求恢复原状、采取其他补救措施，并有权要求赔偿损失。”对此，学者一般认为，我国《合同法》与大多数大陆法系国家一样，可以依照“合同性质”的要求，对某些合同的解除不赋予其溯及既往的效力，合同解除是否具有溯及力应视具体情况而定。① 其中，一般认为，劳务或服务的提供，其合同的解除只能就将来发生效力。原因在于已提供的服务的返还或复原非常

---

① 王利明著：《合同法研究》（第2卷），中国人民大学出版社2003年版，第303页。

困难或者不可能，因此因合同解除而引起的恢复原状之民事责任方式的适用，在服务合同领域应加以限制。而且，大多数服务合同都属于持续性合同，在考虑合同解除效力时更应否定其溯及力。对于由此引起的服务人与服务受领人之间的利益不平衡问题，可以通过损害赔偿规则以及不当得利规则来协调和救济；关于不当得利，可以根据合同的具体情况，在必要费用的返还和所受利益限度内予以返还上进行制度性选择。

第四，在设定服务人的义务时，在善管注意义务的前提下，尽可能地细化服务人的行为义务。毕竟善管注意义务属于非常抽象的概念，而服务行为是否妥当，需要通过服务人是否违反具体的行为义务加以判断。对于具有无形性或识别困难性的服务合同，以是否违反具体行为义务为标准来判断其服务是否具有瑕疵，是其应有之义。因此，在具体规则的设计上，应当尽可能地细化这些义务。其中，说明义务的设计至关重要。从服务的无形性出发，对于很多服务来说，与物的交易不同的是，服务受领人是否缔结合同，在很大程度上乃是出于对服务人事前说明的服务质量的信赖。因此，关于服务的说明不仅应该成为服务人的义务，而且也是判断服务是否具有瑕疵的重要参照。在这一点上，我国《合同法》第153条规定具有参考作用。不仅如此，在服务合同中，特别是在专家提供服务的情形下，信息不对称的情况比较严重，服务发生问题后的服务人的问题说明、通知义务以及采取妥当的补救措施的义务，对于服务受领人来说也具有重要的意义。从这层意义上来说，我国《合同法》第401条所规定的受托人的报告义务，似乎有重新探讨的必要。也就是说，受托人的报告义务，不应该仅限于"委托人要求时"或"委托事务终了时"，至少在委托事务面临障碍时，不管委托事务是否终了、委托人是否要求，依诚信都应该向受托人报告。因此，笔者认为，在参考《合同法》第118条的同时，应将服务人的说明报告义务扩大，而不应只限于不可抗力的情形，这也是合同法的国际潮流之一。[①] 在设计服务合同义务时，服务受领人的义务也是一个重要的问题。如前所述，服务受领人的协作以及服务受领人自身的特性与服务的效果密切关联，因此，在服务合同总则中，也可以考虑规定服务受领人的协作义务，甚至对于某些类型的合同可以规定更为积极的"努力义务"，如教育服务合同。

第五，我国《合同法》对于服务合同的风险负担规则没有做出明确的规定，只是在物的买卖合同中对此有所涉及。风险负担规则本身就是一个值得讨论的重大争论问题，笔者无意介入这场争论，仅就服务合同作一提示，其详细结论尚

① 《联合国国际货物销售合同公约》第79条。

需另文加以深入探讨。一般来说,服务合同的风险更多地体现在服务合同得以履行的前提条件的丧失而引起的风险,而不像买卖合同那样,是由于所给付的标的物本身的毁损或灭失所引起的风险。例如,培训班的学生因为生病不能如期参加培训,或者是歌唱家因为嗓子发炎而无法歌唱,或者是因为演出场所失火而导致无法进行演出等,培训机构或歌唱家是否仍然有权收取报酬的问题。根据我国《合同法》第142条以下的规定,物的风险转移以交付为原则,但何种情形构成"服务的交付",颇难理解。因此,关于买卖合同的风险负担规则要准用于服务合同,会面临相当大的困难,因此有必要建立服务合同自己的风险负担规则。在这一过程中,可以考虑的初步结论是,如同标的物的交付那样,服务合同中也可以以某一时点为界建立双方的风险负担规则。一般来说,服务人为了其债务的履行而作出特定的行为可以构成"履行的提供"(如同物的给付时的种类物的特定化),对待给付的风险可以依此点为原则上的界限,在服务人和服务受领人之间建立风险负担规则。而且,与物的风险不同的是,因为服务提供往往并没有导致服务本身的"毁损、灭失",服务人在免除了对服务受领人提供服务的义务的同时,可能会因此有所受益(比如向第三人为提供)或节省了成本(如画家因为难以为服务受领人作画而节省的画笔、颜料等费用)。因此,在确立服务合同风险负担规则时,同时应考虑采纳损益相抵的原则,也就是说,如果有因免除自己的债务而获得的利益时,须将其利益偿还于债权人(参见《日本民法典》第536条)。与此同时,物的买卖合同中所确立的损害扩大防止义务也同样可以适用于服务合同。

第六,就服务合同重新审视我国《合同法》总则中有关损害赔偿的规定。由于服务的瑕疵所引起的损失的特殊性,相较于物的交易,在损害赔偿责任上更容易面临合同责任和侵权责任的竞合问题。对此,依我国《合同法》第122条、《最高人民法院关于适用〈中华人民共和国合同法〉若干问题的解释(一)》第30条以及部分学者对此所作的学理解释,受损害方只能选择违约责任或侵权责任请求赔偿,两者只能择其一,而不能同时依据两者请求损害赔偿。然而,依该解释,受损害方所享有的不是基于二者的竞合而拥有的损害赔偿请求权,而只是二者择其一的选择权。但就服务合同来说,仅仅赋予其选择权可能会影响因服务瑕疵引起的精神损害、瑕疵的服务本身的损害等的赔偿,至少会陷入依违约责任是否应当赔偿精神损害、依侵权责任是否应当返还部分合同价款等的理论纷争。从《合同法》第122条的规定来看,应该说其并没有明确限制当事人同时选择违约责任和侵权责任进行请求。因此,笔者认为,服务存在瑕疵时承认两者之间的实质竞合,不是简单地采取"二者择其一"的方式,而是应该采纳两个不同的责任基础构成了一个统一的损害赔偿请求权这一规范构造、在损害赔偿的总的范围上做出调整这种方法更为合适,更有利于当事人利益之间的调整。不仅如此,基于债务不履行责任的损害赔偿请求中,是否应包括精神损害的赔偿等,是债务不履行理论及其实践中经常面临的问题之一。而服务合同,特别是旅游等闲暇服务,其服务的瑕疵往往伴随着精神上的损失,对此应当加以赔偿。而且,在接受服务过程中发生的服务受领人的身体、时间、劳力等方面的损失,作为非财产性损失,也可以参照精神损害赔偿的规则予以赔偿。

第七,服务合同规则的准用问题。作为类合同,服务合同规则与各类服务之间的关系类似于合同法总则与分则之间的关系,参照两者的关系作出处理即可。问题是服务合同的规则,是否可以准用于其他合同类型。一般来说,在服务合同与其他合同之间,存在一些性质认定上有困难的领域,例如,银行或超市的物品保管箱的使用,属于租赁合同还是服务合同,本身就很难认定;在某些物型合同中,也会伴随着服务的提供。因此,笔者认为,可以考虑设置如同我国《合同法》中规范买卖合同的第174条那样的准用规定,但为了避免其过于宽泛,可以考虑加上限制性条件,即对于服务合同以外的合同,若其合同性质允许其准用,可予以准用。

(2008年第1期)

“买卖不破租赁”规则的立法技术分析

徐澜波*

1999年施行的我国《合同法》第229条规定:“租赁物在租赁期间发生所有权变动的,不影响租赁合同的效力。”该条文一般被认为是我国《合同法》对“买卖不破租赁”规则的规定。由于该法条的规定过于简约,加之“在《合同法》之前,就‘买卖不破租赁’制度,学界鲜有详细探讨”,①因而其所要规范的内涵难以清晰地表达出来,特别是租赁物所有权(在所有权以外的物权发生变动应当也有此类法律效果,在此不作专门探讨)发生变动后租赁合同的效力如何,即“买卖是否破租赁”问题表达得不够明确。此外,一些相关的问题,如该制度的适用范围、“租赁合同的效力不受影响”的具体含义等问题也不明确,值得深入探讨。

一、我国《合同法》第229条的立法旨趣

我国《合同法》第229条的规定仅有26个字,而且《合同法》中又没有与其相配套的其他法条,所以,在探究该法条所规范的具体内容时,首先遇到的问题就是其在《合同法》上确立了什么基本制度。具体而言,那就是“第229条确立的是‘买卖不破租赁’规则还是‘买卖破租赁’规则”。对此,各方有不同的见解。从数量上看,主张《合同法》第229条确立的是“买卖不破租赁”规则的占了绝大多数;②另有人认为,“就语句的规范意义而论,第229条似乎反而更接近于买卖‘破除’租赁之立场”;③还有人认为,“动产租赁权的性质设计上,惟债权一途,若使其物权化,则与动产租赁之性格,抵牾颇多……动产租赁不能破除‘买

* 作者单位:上海社会科学院法学研究所。

① 张双根:“谈‘买卖不破租赁’规则的客体适用范围问题”,载《中德私法研究》(2006年第1卷),北京大学出版社2006年版,第4页。

② 在此仅提供若干可供参考的文献,如王利明、房绍坤、王轶著:《合同法》,中国人民大学出版社2002年版,第382页;马俊驹、余延满著:《民法原论》,法律出版社2005年版,第690~691页;隋彭生著:《合同法要义》,中国政法大学出版社2005年版,第503页;胡康生主编:《〈中华人民共和国合同法〉释义》,法律出版社1999年版,第338页;江平主编:《中华人民共和国合同法精解》,中国政法大学出版社1999年版,第176页。

③ 朱育庆:“‘买卖不破租赁’规则的正当性”,载《中德私法研究》(2006年第1卷),北京大学出版社2006年版,第54页。

卖'";"买卖不破租赁规则之适用客体,应仅限于不动产租赁。《合同法》第229条对此不作区分,实乃对买卖不破租赁规则之误解"。[①]

客观地看,诚如朱育庆教授所言,许多论者在解释《合同法》第229条时,"往往先在地认为,它确立了'买卖不破租赁'规则,然后据此对其适用范围等问题展开批评"。[②] 的确,主张该条文确立的就是"买卖不破租赁"规则的论者并未论及作此判断的依据和理由。其中的主要原因大概是由于我国历来的相关法律、司法解释、最高人民法院的批复等均认可"买卖不破租赁"规则,虽然它们对"买卖不破租赁"适用范围的表述各有不同,而《合同法》中有关租赁物所有权发生转移与租赁合同效力之关系的规定仅此一条,加之该条文表述中尚有"不影响租赁合同的效力"的文字,其论者认为对此问题已成共识,再加以解释和论证纯属多余。

主张《合同法》第229条确立的是"买卖破租赁"规则的理由,经笔者概括,主要有:(1)从语句规范意义理解,该条所指的"租赁合同"就是出租人与承租人之间的租赁合同,因为该条文表述中并无"租赁合同对该租赁物新的所有人继续有效"或"租赁合同的效力从出租人与承租人之间转承到承租人与买受人(租赁物新的所有人)之间"的文字。(2)"只有德国式立法才需要在'不破'的原则下寻求合理的适用范围。以'破除'为出发点的瑞士式立法,其问题解决方式则是,通过登记技术来划定'不破'之例外。虽然在表现为结果的适用范围上,德国与瑞士也许没有实质差别,但于规范的正当性基础以及法律关系的简化等方面,瑞士法当较德国为优。"[③]承租人的"弱者"地位、"承租人的生存利益"均无充分理由支持租赁合同法定化由出租人与承租人之间转承至买受人与承租人之间而与债的相对性相悖之必要性。而持"破除"为原则、"不破"为例外的规则就无此弊端。(3)租赁物在租赁期间发生所有权变动而破除租赁合同,出租人无权对抗买受人行使占有租赁物的权利,出租人与承租人之间的租赁合同的效力当然不受其影响。在租赁期间租赁物所有权发生变动,"对于订有租期的租赁契约,租赁虽被'破除',承租人仍然拥有对抗买受人返还请求权之法律手段"。[④]换句话说,此种情形下,出租人仍有实际交付租赁物并不干预承租人对该物占

① 张双根:"谈'买卖不破租赁'规则的客体适用范围问题",载《中德私法研究》(2006年第1卷),北京大学出版社2006年版,第18页。

② 朱育庆:"'买卖不破租赁'规则的正当性",载《中德私法研究》(2006年第1卷),北京大学出版社2006年版,第54页。

③ 同上,第55页。

④ 同上,第48页。

有、使用的义务，在出租人违反或不履行此义务时，只不过该租赁合同中出租人的此义务转化为损害之债了，这绝对不会影响到租赁的效力。(4)在“买卖破租赁”为原则、“买卖不破租赁”为例外的制度下，“承租人并不当然对买受人取得权利，它必须以预告登记为条件，而是否登记又完全取决于租赁契约之当事人。如果承租人没有要求预告登记，也就表示，他未选择接受‘买卖不破租赁’规则之保护……如果说强制的法定契约承担是‘立法者’越俎代庖地替当事人判断的结果，显然，将租赁契约的物权效力系于登记则更多地体现了自治理念”。①

至于持动产之物的买卖“破租赁”与不动产之物的买卖“不破租赁”二分法②之观点，主要是以租赁物买卖实行“破”或“不破”租赁规则的制度目的为论证依据和基础的。即除了“动产租赁权的性质设计上，惟债权一途，若使其物权化，则与动产租赁之性格，抵牾颇多”之外，“就买卖不破租赁规则之缘起言，其旨在于保护不动产尤其住房承租人阶层之生存利益而动产能关乎承租人之生存利益者，殊难想象，盖动产多具可替代性，承租人纵因出租人让与其物而不能维持对物之使用，转而求诸市场，多能满足其使用利益”。③ 从中可以看出，持该观点的论者不仅肯定《合同法》第229条是“买卖不破租赁”规则极简约之规定，而且，其认为第229条之“租赁合同”不仅包括不动产租赁，亦包括动产租赁。就对《合同法》第229条确立的是什么基本制度的认识而言，“二分法”与“买卖不破租赁”并无本质区别。当然，对此观点中涉及的“买卖不破租赁”是仅适用于不动产租赁还是不区分动产与不动产的问题，其属于“买卖不破租赁”适用范围问题，容下文专门讨论。

就上述对《合同法》第229条解释持“买卖破租赁”判断之依据来看，其并无充分的法理、立法原则和立法技术上的理由。

第一，《合同法》第229条中的确没有“租赁合同对该租赁物新的所有人继续有效”或者“租赁合同的效力从出租人与承租人之间转承到承租人与买受人（租赁物新的所有人）之间”的表述，不过，如果从我国立法体系以及民法、合同法渊源来解析该条的内涵，就不能脱离我国相关法律以及司法解释的规定而作任意解释。从现行有效的法律规范来看，最高人民法院《关于贯彻执行〈中华人

---

① 朱育庆：“‘买卖不破租赁’规则的正当性”，载《中德私法研究》(2006年第1卷)，北京大学出版社2006年版，第48页。

② 此“二分法”纯属笔者为方便论述而概括之说法，持该观点者本无此表述。

③ 张双根：“谈‘买卖不破租赁’规则的客体适用范围问题”，载《中德私法研究》(2006年第1卷)，北京大学出版社2006年版，第16页。

民共和国民法通则〉若干问题的意见(试行)》第119条第2款规定:“私有房屋在租赁期内,因买卖、赠与或者继承发生房屋产权转移的,原租赁合同对承租人和新房主继续有效。”效力已为《合同法》取代的原《经济合同法》第23条第2款规定:“如果出租方将财产所有权转移给第三方时,租赁合同对财产新的所有方继续有效。”《最高人民法院关于适用〈担保法〉若干问题的解释》第65条规定:“抵押人将已出租的财产抵押的,抵押权实现后,租赁合同在有效期内对抵押物的受让人继续有效。”所以,从法律的系统解释论和历史解释论来看,尽管上述文字表述有所不同,但是我国相关法律以及司法解释对租赁物在租赁有效期内权利归属发生变动的规定,并无租赁物新的权利人(买受人)有权决定是否向承租人请求返还租赁物,以及有权决定是否承受原租赁合同的权利义务的含义。

第二,虽然在物权法定化的原则下,对承租人是否可基于租赁权而对抗第三人还存有争议,但是租赁权、租赁合同具有物权化特征和因素已得到我国法律界许多人的认同,①在具有物权化效力的租赁合同效力中,有一项就是对第三人(包括租赁物新的权利人)的对抗力,即具体表现为“在租赁关系存续期间,承租人对于取得租赁物所有权或其他物权的人,亦得主张其租赁权”。② 所以,我国《合同法》第229条的“租赁物在租赁期间发生所有权变动的,不影响租赁合同的效力”这一规定,可以被解释为是对租赁合同具有物权化特性的具体肯定,而且“买卖不破租赁”就是租赁关系的应有之义。

第三,如果将“租赁物在租赁期间发生所有权变动的,不影响租赁合同的效力”解释为“租赁物权利归属发生变动,租赁合同在出租人与承租人之间仍然有效”,从而“出租人仍应承担合同履行义务或损害赔偿义务,租赁物新的权利人不必受原租赁合同的约束而向承租人承担在租赁期内不得请求返还租赁物之义务”的话,无异于没有解释。如果立法者要规定具有这样含义的法条,说与不说、规定与不规定则都是一个样。因为,按照法理,租赁物所有权变动后,不管按照“买卖破租赁”还是“买卖不破租赁”,绝对不会影响租赁合同和买卖合同这两个合同的各自效力,即使“买卖破租赁”,租赁合同可以转化为损害赔偿之债,但不会影响到租赁合同的效力。再者,租赁合同在出租人与承租人之间本属债权契约,其效力原本就不受出租人有无所有权以及所有权是否变动的影响。③ 由

---

① 杨立新著:《合同法专论》,高等教育出版社2006年版,第409页;王利明、房绍坤、王轶书著:《合同法》,中国人民大学出版社2002年版,第382页。

② 王泽鉴著:《民法概要》,中国政法大学出版社2003年版,第367页。

③ 张双根:“谈‘买卖不破租赁’规则的客体适用范围问题”,载《中德私法研究》(2006年第1卷),北京大学出版社2006年版,第4页。

此可见，解释《合同法》第229条含义的重点在于揭示租赁合同对第三人的对抗性和承租人对新的所有人的对抗性，因此，在此前提下，将该条解释为确立了"买卖不破租赁"规则顺理成章。

第四，关于规范租赁物所有权变动与租赁合同效力的立法模式，是采德国民法的以"买卖不破租赁"为原则之模式，还是采瑞士债法的以"买卖破租赁"为原则之模式，本无法理上、立法技术上的优劣之分，更多的是对该国实际情况之考察。我国法律对包括不动产在内的租赁合同的生效并不以登记为要件，另外，我国在租赁物所有权变动与租赁合同效力的立法渊源上一贯采取"买卖不破租赁"规则，所以，我国《合同法》对此采上述德国民法上之相关模式更适合我国的实际情况。

第五，将《合同法》第229条解释为确立了"买卖不破租赁"规则，这与"破坏私法自治"并不相关。在坚持"买卖破租赁"为原则的前提下，"私法自治"体现为承租人有可以选择对租赁合同的预告登记而接受"买卖不破租赁"规则保护的自由，出租人也有这种自由。这样，出租人与承租人的意思自治有了充分实施的余地。从立法目的看，这种意思自治无非是既要保护出租人对其物的处分（让与）的自由和利益，也要保护承租人对承租物的实际利用的自由和利益。在坚持"买卖不破租赁"的前提下，这种目的同样可以达到。由此可见，坚持"买卖破租赁"为原则的制度安排仅仅在形式上更具有"私法自治"的意义；"买卖不破租赁"虽然在形式上缺乏这种"私法自治"，但是其中并不存在国家对租赁合同和对租赁物处分的干预。

二、关于"买卖不破租赁"规则的适用范围

由于我国《合同法》第229条规定并未对"租赁物"作具体的区分，因此，在肯定该条确立的是"买卖不破租赁"规则的论者中，对该规则是仅适用于"不动产"，还是既适用于"不动产"也适用于"动产"，即在"买卖不破租赁"适用范围上仍存在争议。绝大多数论者主张"买卖不破租赁"规则应适用于不动产租赁，动产租赁不适用"买卖不破租赁"规则。在肯定《合同法》第229条确立了"买卖不破租赁"规则的论者中，绝大多数也都认为该规则之适用客体，应仅限于不动产租赁。

主张"买卖不破租赁"规则应适用于不动产租赁的主要理由在于：（1）对动产实行"买卖不破租赁"不利于财产的流通。① （2）"无论何种标的物的租赁权

---

① 郭明瑞、王轶著：《合同法论·分则》，中国政法大学出版社1997年版，第102页。

均可物权化，如此一来，反倒模糊了‘买卖不破租赁’的政策定位，因为与住房等不动产租赁相比，动产租赁并不包含保障承租人安身立命的价值，让它与不动产一样被物权化，难言合理。”①(3)动产租赁契约或者动产租赁权难以被物权化，有人认为“租赁权在性质上为债权，租赁权物权化可向物权性异化的空间仅存于不动产租赁领域”。有观点进一步认为，动产租赁关系中的承租人对租赁物使用利益之保护“因其占有地位而获得针对受让人所有物返还请求权的抗辩，承租契约仍存续于出租人(出让人)与承租人间，不发生法定的契约概括承受效果”。② 反对将“买卖不破租赁”规则适用于动产租赁的论者在阐述上述三类理由时只是分而取其一，笔者以为，不管是将上述理由合而为一还是分而论之，都难以在法理和客观立法实际上有充分的说服力。

首先，如果脱离“要对承租人特别保护”而单独强调“要有利于财产的流通”，从而就不主张对动产适用“买卖不破租赁”规则，这不仅在逻辑上不尽合理，而且在实际生活中的意义也不大。因为对不动产适用“买卖不破租赁”规则不会影响财产流通，同样地，对动产适用“买卖不破租赁”规则于财产的流通也并无阻碍。从实际生活看，如果买受人的主要目的是欲取得租赁物，在“买卖不破租赁”规则下自然不会影响其对该物的所有权；如果买受人的主要目的不但是要取得租赁物的所有权，还要对该物实际占有和使用，其便可以舍弃租赁物而选择其他的同类物，而在一般情形下，动产以种类物居多，对种类物的选择是十分便捷的。

其次，如果以“是否涉及承租人安身立命”这一立法政策考量因素作为是否适用“买卖不破租赁”规则的标准，则需要考察这一立法政策得以产生的历史环境以及现实中是否要继续予以适用的客观环境。如果肯定对不动产适用“买卖不破租赁”规则在于体现保障“承租人安身立命”或“生存利益”的价值取向，那么，该立法政策理应在不动产租赁市场中可供出租的不动产(在我国，目前的不动产租赁主要是城镇房屋租赁)短缺和出租人处于强势地位时才有实际意义。随着我国经济的不断发展和社会保障政策的不断完善，当下这一社会现象已经大为改观，不仅房屋租赁市场的供应十分充沛、供求关系比较平稳，而且承租人

① 常鹏翱：“物权法上的权利冲突规则”，载《政治与法律》2007年第5期。

② 张双根：“谈‘买卖不破租赁’规则的客体适用范围问题”，载《中德私法研究》(2006年第1卷)，北京大学出版社2006年版，第16～18页；申卫星：“对《谈‘买卖不破租赁’规则的客体适用范围问题》的评论”，载《中德私法研究》(2006年第1卷)，北京大学出版社2006年版，第23～24页。需要特别指出的是，申卫星教授在此文中主张“不动产租赁是可以物权化的”。

的经济弱者地位也难以一概而论，①所以，“买卖不破租赁”规则乃为对不动产承租人的特殊保护之立法政策已无多大的实际意义。既然如此，再以“动产租赁不涉及承租人安身立命与生存利益”来作为否定将动产纳入“买卖不破租赁”规则适用范围的理由，其推理的前提也是没有实际意义的。从平等保护民事法律关系当事人的合法权益的角度来看，不管是不动产租赁还是动产租赁，当租赁物在租赁期间权利归属发生变动时，对承租人“安身立命”和“生存利益”的保障，完全也可以通过由出租人承担违约责任和赔偿责任来实现。

再次，从租赁权的产生和取得层面来看，承租人完全要依赖于出租人的配合与作为，所以，在此意义上，租赁权的本质就是承租人与出租人之间特定的关系规范，“租赁权在性质上为债权”的判断和结论无疑是正确的。从租赁权的内容和实现层面来看，承租人不仅可以对租赁物使用、收益，可以其租赁权对抗取得租赁物所有权或其他物权的人，还可以对侵害租赁权的第三人请求排除妨害和损害赔偿等。所以，在此意义上，租赁权的特征表现为极强的对租赁物的支配性质，租赁合同的物权化需求十分显著。从现实生活看，这些要求和特征不仅存在于不动产租赁关系中，也存在于动产租赁关系中，两者并无本质区别。

最后，承租人可以其租赁权对抗取得租赁物所有权或其他物权的人，以及有权对侵害租赁权的第三人请求排除妨害和损害赔偿，这主要是源于方便承租人对租赁物的支配、使用、收益以及既要方便租赁物权利的流转，又要维持承租人对租赁物的租赁支配地位。不管租赁合同的客体是动产还是不动产，这种立法需求都是客观存在的。从实际生活看，期限较长的动产租赁的客体大多为交通运输工具、工程设备、大型机械等，承租人的这种需求丝毫不亚于不动产租赁。当然，对于期限较短的动产租赁，由于承租人对租赁物的支配、使用、收益的时间不长，就没有必要将该类租赁权物权化，②不过，这并未能从根本上否定可以将动产租赁权的对抗力予以强化，继而对抗租赁物新权利人对租赁物的返还请求。在此意义上，动产租赁权可以强化乃至物权化与上述否定动产租赁适用“买卖不破租赁”但又肯定法律对于承租人对租赁物使用利益之保护，可以基于“因其占有地位而获得针对受让人所有物返还请求权的抗辩，承租契约仍存续于出租人（出让人）与承租人间，不发生法定的契约概括承受效果”而实现的观点，并无本质差异。如果因租赁物权利归属发生变动而使租赁合同效力归于终止，那么，

① 苏永钦著：《走入新世纪的私法自治》，中国政法大学出版社2002年版，第338～339页。

② 申卫星：“对《谈‘买卖不破租赁’规则的客体适用范围问题》的评论”，载《中德私法研究》（2006年第1卷），北京大学出版社2006年版，第24页。

承租人占有租赁物的合法依据不也因此而丧失了吗？那样，按照占有法律制度，就不应该保护承租人对租赁物的占有，其也无法对抗租赁物新权利人之返还原物请求权。

除了从法理、实际生活需求、立法政策等方面做出的分析之外，还可以从解释论方面来分析我国《合同法》第229条确立的"买卖不破租赁"规则的适用范围。从法律文义解释论的角度来看，首先，《合同法》第229条仅此一款，其中又无对"租赁物"作具体表述；其次，《合同法》第十三章对"租赁合同"所作的定义（《合同法》第213条）也是将"租赁物"不作区分的；最后，《合同法》第十三章的具体条款中除了出现"租赁物"概念外，还有"房屋租赁"这种不动产租赁，特别是其第230条对承租人优先购买权的规定中特别明确了"租赁房屋"的适用范围，所以，《合同法》第229条中的"租赁物"可以解释为是对租赁合同标的物的概括性提示，"买卖不破租赁"适用于包括"动产"和"不动产"在内的概括的"物"。在民法理论和立法上，作为民事法律关系或民事权利客体之一的物可分为动产和不动产，其已是基本事实和规律。在我国《物权法》的立法中也体现了这一事实和规律。所以，从民法理论和立法事实的角度来看，《合同法》第229条的"买卖不破租赁"规则的适用范围是包括动产和不动产在内的。

仅从法律解释论分析《合同法》第229条和从民法理论、立法事实论证"物"的属性与分类，从而解释"买卖不破租赁"规则的适用范围，并不能证明该条的规定符合民法、债法、物权法的基本原理和实际需求。

三、租赁物所有权发生变动后"租赁合同的效力不受影响"的含义

从"买卖不破租赁"的本质含义分析，我国《合同法》第229条规定的"租赁物在租赁期间所有权发生变动的，不影响租赁合同的效力"清晰地揭示了其内涵，即承租人与出租人之间的租赁合同的效力并不因租赁物的权利归属的变动而终止或变动。所以，租赁合同的效力与租赁物权利归属的变动无关，这是从文义上所作的直接解释。对此，应该是没有疑问的。接着产生的问题是，如果仅仅作这种理解，如前所述，那么在《合同法》上有此规定与没有则是一个样。因此，这样的理解和解释没有实际意义。结合"买卖不破租赁"的目的、意义或者我国《合同法》第229条的立法政策，对该条的解释和理解应该能回答下列问题：租赁物权利归属在租赁期间发生变动后，租赁合同的效力是在出租人与承租人之间仍得以维持呢，还是在承租人与买受人之间得以维持？如果租赁物所有权在

租赁期间发生变动，不管租赁合同的效力是在何方当事人之间得以维持，那么，它的法律效果是指整个租赁合同关系的法定转承呢，还是指承租人对租赁物之占有和请求权的维持呢？

国内的学界通说认为，租赁物所有权在租赁期间发生变动后，租赁合同的效力是在承租人与买受人之间得以维持。这是因为买受人与承租人之间本无合同关系，欲使其双方之间维持出租人与承租人之间的租赁关系，必须在其之间创设合同意思，又因为双方在此类买卖和租赁活动中并无意思协商，故“就受让人与承租人之间关系而言，租赁合同对受让人继续存在，即受让人取代了原出租人，而与原承租人继续发生租赁关系，租赁合同转而存在于受让人与承租人之间。此为一种法定债的转移”。① 此“法定债的转移”与“法定契约承担”类似，即受让人自动取代原出租人的地位，承担原出租人的整体权利义务。② 这种法定债的转承使租赁合同关系于租赁物权利归属发生变动后仍然得以维持，只是租赁合同关系的主体（出租人）已经发生了变更。当然，这种主体的变更是法定化的，并且合同的内容，如“租赁标的物、租金标准和数额、租期等均不变，受让人与承租人自亦无须另定租约”。③ 其有利之处在于既保全了承租人继续租赁的实际需要，也解决了对承租人无法予以直接的保护，以及在法律保护的程序上徒增环节和法律关系的弊端。

与“法定债的转移”的观点相反，若认为租赁物在租赁期间发生权利归属变动后，租赁合同的效力是在出租人与承租人之间仍得以维持，如果买受人向承租人主张（租赁）物的返还请求权，或者干涉承租人继续占有租赁物，那么，承租人只能直接向出租人主张请求排除返还租赁物、交付租赁物或者请求赔偿损失。如果出租人无法通过先前的买卖合同将此出租义务设定给买受人，则承租人的实际租赁需求既无法得到直接的保护，在法律保护的程序上也徒增环节和法律关系，所以，这种解释既不合理也不科学。

笔者认为，我国《合同法》第229条所规定的“租赁物在租赁期间所有权发生变动的，不影响租赁合同的效力”的本意，就是要通过维持原租赁合同的效力来保证承租人对租赁物的实际租赁控制和使用。因对租赁物的权利已不属于出租人所有，所以，通过租赁合同效力的维持来保证承租人对租赁物实际占有的合法性具有重要作用和意义。其在实现保护承租人的实际租赁需求、实现对物的

---

① 马俊驹、余延满著：《民法原论》，法律出版社2005年版，第691页。

② 朱育庆：“‘买卖不破租赁’规则的正当性”，载《中德私法研究》（2006年第1卷），北京大学出版社2006年版，第42页。

③ 马俊驹、余延满著：《民法原论》，法律出版社2005年版，第691页。

价值的充分利用、促进物的流转等目的方面，比通过维持承租人、出租人之间的租赁合同关系得以实现上述目的，具有简洁和直接的优势。与此同时，将承租人与租赁物新的权利人（买受人）之间的关系设定为“法定债的转移”、“法定契约承担”，让买受人取代原出租人地位，成为原租赁合同的一方当事人，按照租赁合同和法律规定承受出租人的权利和义务，进而达到“出租人不得在租赁期内请求返还租赁物”，以及租赁物权利归属变动后承租人对租赁物的继续占有、使用与收益之目的的途径，与我国《合同法》的立法原意和法理并不吻合，于实践也并非没有弊端。

首先，我国《合同法》第229条只规定了“租赁物在租赁期间所有权发生变动的，不影响租赁合同的效力”，并不像《德国民法典》和我国台湾地区“民法”那样明白无误地确定了法定“租赁契约承担”（债的法定转移）制度。《德国民法典》第571条规定：“出租的土地，在交付于承租人后，由出租人让与第三人时，受让人代替出租人而取得在其所有期间因租赁关系所生的权利和义务。”依我国台湾地区“民法”，“出租人于租赁物交付后，承租人占有中，纵将其所有权让与第三人，其租赁契约，对于受让人仍继续存在”。[①] 虽然我国最高人民法院《关于贯彻执行〈中华人民共和国民法通则〉若干问题的意见（试行）》第119条第2款和原《经济合同法》第23条第2款的规定中具有租赁合同法定转移的含义，但是，制定、实施于其后的我国《合同法》并没有采取类似的文字表述，这难道是立法者的疏忽或者立法技术的倒退吗？回答当然是否定的，合理的解释是《合同法》在保持我国既有法律、司法解释所肯定的“租赁物权利归属在租赁期内发生变动不应影响承租人对租赁物的实际租赁支配”这一原则的前提下（此前提在《合同法》中被表述为“不影响租赁合同的效力”），其并不采“债的法定转移”这一途径；而在大陆法的物权与债权两分法的体系下，比“债的法定转移”更为便捷、合理的途径就是承租人对租赁物合法占有制度。《合同法》意在通过对租赁期内租赁物权利归属变动后承租人对租赁物继续合法占有的特别规定，实现“不应影响承租人对租赁物的实际租赁支配”之目的，只是因为合同法为民法体系内契约制度的缘故，《合同法》回避了“占有”、“支配”、“租赁物占有”、“租赁物支配”等物权概念和术语，转而采用“不影响租赁合同的效力”之表述作为替代。

其次，这种法定债的转移是将整个租赁合同关系移转给买受人，不仅将连带引起承租人与买受人之间的利益权衡问题，如租押金、租赁期限、损害赔偿债权

① 转引自王泽鉴著：《民法概要》，中国政法大学出版社2003年版，第367页。

如何行使等，还会使承租人与买受人同样面对变更合同当事人后的不确定因素，双方面临的交易风险、履约风险大增。

最后，这种法定债的转移规则不仅无须租赁物新权利人与承租人之间的合意，而且为了保证承租人的实际利益，在租赁物新的权利人对承租人不履行义务时，原出租人须对损害承担无先诉抗辩权之保证人责任，原出租人并未彻底从租赁关系中摆脱出来。另外，这种债的法定转移在保全承租人继续租赁的需要和保证承租人对租赁物的实际租赁控制和使用的同时，要清除或变更承租人与买受人之间的租赁关系，仍然需要出租人的介入与配合。这样，只解决了承租人向买受人（租赁物新的权利人）请求排除返还租赁物的直接保护问题，而没有彻底解决法律关系的简约化问题。

其实，我国合同法之所以只规定"租赁合同不受影响"，就是在于重申租赁合同不因租赁物权利归属的变动而变动其效力，这样就使承租人在租赁物权利归属变动后可以继续依租赁合同占有租赁物，并以这样的有权占有来对抗租赁物新权利人的返还原物请求权，从而保护承租人对租赁物的支配、使用、收益状态的维持。虽然我国《物权法》第243条规定"不动产或者动产被占有人占有的，权利人可以请求返还原物及其孳息"，但是，"一般而言，有权占有不仅受占有制度保护，还受物权、债权等制度保护，而无权占有仅作为一种事实状态受占有制度的适当保护，无权占有人在本权人请求返还原物时，原则上负有返还义务。"①显然，我国《物权法》第243条规定的被占有物之权利人请求返还原物的权利应当是针对无权占有的占有人的。租赁物在租赁期间权利归属发生变动的，我国《合同法》之"不影响租赁合同的效力"的规定使得承租人占有租赁物的合法原因、占有本权得以维持，因此，租赁物在租赁期间权利归属发生变动的，承租人对租赁物的占有性质没有变化，仍为有权占有，从而承租人得以对抗租赁物新的权利人（买受人）的返还原物请求权。

按照"租赁合同不受影响——维持承租人对租赁物的有权占有——对抗第三人（租赁物新的权利人）请求返还原物"规则来实现"买卖不破租赁"的科学之处在于以下三个方面。

第一，避免法律关系复杂化。这种规则既不必在租赁物新的权利人与承租人之间建立租赁合同关系，也不必求助于租赁登记制度就能使承租人在租赁物权利归属发生变动后，享有对抗租赁物新权利人返还请求权的权利。承租人对

---

① 吴道霞编著：《物权法比较研究》，中国人民公安大学出版社2004年版，第255页；王泽鉴著：《民法概要》，中国政法大学出版社2003年版，第579页。

租赁物新权利人的对抗力来自于其合法占有租赁物的法律效力，出租人不必在租赁物新的权利人对承租人不履行义务时对损害承担无先诉抗辩权之保证人责任，租赁物新权利人妨害承租人占有租赁物的，由承租人向租赁物新权利人请求排除妨害。与此同时，租赁合同关系的履行、变更、终止等只需在承租人与出租人之间进行，出租人对租赁物新的权利人承担物上保证责任，出租人让与租赁物权利上存有瑕疵的，由出租人向租赁物新权利人承担违约和赔偿责任。

第二，在维持租赁合同、租赁权的债权性质与保持物权体系稳定的同时，强化了占有制度的功能。这样，也顺理成章地将动产也纳入"买卖不破租赁"的范围。在"法定债的转移"之规则下，债的相对性一再被突破，虽然有的观点认为法定契约承担制度的法律特性与"租赁权物权化"是不同的，如果一定要将法定契约承担制度归入"租赁权物权化"之内，则该"租赁权"亦应指向承租人的整体法律地位，即"租赁契约物权化"；[①]但是，债的相对性被突破，租赁合同、租赁权的绝对性、对世性就凸显出来，这种绝对性和对世性不管是针对承租人的整体法律地位还是针对租赁权，其物权特性在客观上就是存在的。对承租人而言，此处其享有的无疑也是租赁合同关系中的物权化的权利。

第三，更有利于平衡租赁物新权利人与承租人之间的利益。物的有效占有的连续性、持续性要件使得承租人在相当时期内不再实际占有租赁物的条件下，失去占有效力，租赁物新的权利人得向租赁人请求返还租赁物。"占有"既是"买卖不破租赁"的生效要件，也是衡量承租人是否失去对抗"租赁物新权利人请求返还原物"的要件。"买卖不破租赁，系以承租人受让租赁物的占有为要件，租赁权因占有而强化，具有对抗第三人的效力。"[②]这样，更符合"买卖不破租赁"的制度本质，既保护了承租人的实际租赁需求和对租赁物的实际控制与使用，也平衡了租赁物新权利人的利益。如果按照"法定债权转移"规则，则原租赁合同约定的期限未到，或约定的终止条件或者事由没有出现，租赁物新的权利人（新出租人）就不得向承租人请求返还租赁物。这样一来，对租赁物新的权利人而言是不公平的，也不符合通行的"买卖不破租赁"生效要件所确立的"实际占有、现实租赁"规则。

（2008年第3期）

---

① 朱育庆："'买卖不破租赁'规则的正当性"，载《中德私法研究》（2006年第1卷），北京大学出版社2006年版，第42～43页。

② 王泽鉴著：《民法概要》，中国政法大学出版社2003年版，第581页。

我国合同法上减价制度的不足与完善

杜景林*

一、问题的提出

减价是罗马法上采用的一种诉讼救济手段,至今已有十分悠久的发展历史。尽管如此,在对减价制度的认识上,[①]法学者和立法者并没有表现出相应的成熟思考。这具体表现在对减价的构成要件和法律效果的规定上。例如,减价应被设计成为请求权还是形成权?减价应采用绝对方法还是相对方法计算?减价的数额可否由法院做出估定?减价应以订约时间还是以交付时间作为计算的准据时点?减价是否可以扩张适用于权利瑕疵?减价与损害赔偿具有何种关系?出卖人是否享有救治权?减价是否可以作为一般性法律救济而适用于承揽、租赁和旅游等其他的合同类型?在所有这些问题上,都存在很大的探讨余地和空间。

对于减价这一重大的法律制度,我国1999年施行的《合同法》仅在总则第111条做出了如下规定:"质量不符合约定的,应当按照当事人的约定承担违约责任。对违约责任没有约定或者约定不明确,依照本法第61条的规定仍不能确定的,受损害方根据标的的性质以及损失的大小,可以合理选择要求对方承担修理、更换、重作、退货、减少价款或者报酬等违约责任。"在我国《合同法》分则中虽然也有关于减价的规定,但严格地讲,都不是设权性质的规定,而只是简单的引用性规定。例如,对于买卖合同,我国《合同法》在第155条规定:"出卖人交

---

* 作者单位:对外经济贸易大学。

① 韩世远教授主张将减价区分为过程和结果,主旨似为将减价纳入到合同法总则的违约责任范畴之内,如果意图果真如此,那么这一做法并不可取,因为减价之作为减价,更多地表现为买受人的一种权利,或者称为买受人的一种法律救济,而不表现为(或者不主要表现为)出卖人的责任视角。要从根本上解决减价之对于违约责任的归宿问题,路径或许有两个:一是改变违约责任本身的范畴,即不采用违约责任的讲法,而采用涵摄范围宽泛一些并且亦中性一些的概念范畴,如违约及其法律救济、义务侵害及其法律救济,或者不履行及其法律救济等;二是将减价制度放置到债法分则的具体债务关系之内,也就是放置到买卖合同、承揽合同、租赁合同和旅游合同等之内,如此不仅可以消除区分之必要,而且更为重要和关键的是,可以对减价作出较为详尽的规制和安排,此为合理并更优的立法技术设置。关于减价之过程和结果区分,详见韩世远著:《履行障碍法的体系》,法律出版社2006年版,第352~353页。

付的标的物不符合质量要求的,买受人可以按照本法第 111 条的规定要求承担违约责任。”对于承揽合同,我国《合同法》在第 262 条规定:“承揽人交付的工作成果不符合质量要求的,定作人可以要求承揽人承担修理、重作、减少报酬、赔偿损失等违约责任。”无论《合同法》总则中一般性提及的“减少价款或者报酬”,还是分则中单独提到的“减少报酬”,都特别清楚地彰示出我国法律在减价制度规制上的单薄和不足之处,即对于上述的诸多重要问题,其几乎无一例外地都没有能够给予一个完整的回答。这种情况不符合社会经济和技术的发展要求,当为重大的规制不足和漏洞。鉴于此,有必要对减价问题展开深入的探讨和研究。

在买卖合同中,如果出卖人交付的标的物存在瑕疵,那么买受人可以享有多种权利:如可以要求再履行(后续履行),即要求出卖人修复瑕疵标的物,或要求出卖人另外交付一个无瑕疵的标的物;或者主张解除合同、减少合同价款;而在引起损害并可以归责的情形,还可以向出卖人要求赔偿损害。在由这些权利构成的权利体系之中,减价与解除之间具有择一性的关系,并且相对于再履行请求权而言,其属于第二顺位的权利。认为减价与解除具有择一性关系,是因为在合同出现障碍的情形中,解除是将合同债务关系转变成为返还性的债务关系,也就是消灭给付与对待给付之间的交换关系,而作为结果,买受人必须将合同的特征性给付(买卖物)返还给出卖人;减价是将脱离均衡状态的债务关系重新调整到一个新的均衡位置,具体是通过调整价款来矫正给付与对待给付之间的等价关系,而作为矫正的结果,买受人无须将合同的特征性给付(买卖物)返还给出卖人。认为减价系属于第二顺位的权利,是因为减价旨在重新形成合同给付与对待给付之间的等价关系,也就是对失去均衡的给付与对待给付之间的关系做出重新调整,而不像再履行请求权之作为原级履行请求权的延伸,旨在修复合同给付与对待给付之间原本应存在的均衡关系,也就是要将出现障碍的债务关系重新修复到当事人通过合同所要达到的合约状态。这两个看待视角决定了减价作为法律救济手段所具有的制度作用和意义。

二、减价的构成要件

为使买受人能够保留瑕疵标的物,并相应地减少合同价款,必须要满足一定的条件,也就是要具备减价的要件。在买卖合同上,我国《合同法》第 155 条规定,如果出卖人交付的标的物不符合质量要求,买受人可以按照该法第 111 条的规定要求承担违约责任。而依据《合同法》第 111 条,在标的物质量不符合约定的场合,债权人可以要求债务人承担减少价款或者报酬等的违约责任。这里并没有明确提及减价的全部适用要件，但在解释上应认为减价必须具备如下几个条件：

（一）积极要件之一：标的物存在瑕疵

买受人主张减价首先必须满足的条件是，出卖人交付的标的物具有瑕疵。对此我国《合同法》做出了明确的要求（第155条、第111条）。这是减价之作为瑕疵权利的固有意义：设若标的物没有瑕疵，即当事人在合同中所要实现的给付与对待给付在等价关系上没有受到任何妨碍，那么理所当然就不存在合同价款的调整问题，因此也就不存在买受人主张减价的问题。在这一要件上，《德国民法典》第437条、第441条和《联合国统一买卖法》第50条提出了同样的要求。

规定减价以瑕疵作为连结点，必然涉及瑕疵概念的适用范围问题。我国《合同法》第111条要求以质量不符合约定作为瑕疵的评价标准，第61条要求以协议补充当事人约定的欠缺，第62条要求以国家标准、行业标准、通常标准或者合同目的作为瑕疵的评价基础。这表明我国法上适用主观的瑕疵概念。我国法虽然在条文字义上只包括标的物的质量，使得适用范围偏于狭窄，但在解释上应将异类物交付和数量不足等情形一并涵盖在内，以满足法律适用上的需要。在采取主观瑕疵概念的情况下，瑕疵指标的物在实际性能上偏离应有性能，即出卖人实际交付的标的物在性能上偏离合同规定的性能。这与传统合同法上实行的客观瑕疵概念并不相同，因为客观上不存在瑕疵的标的物在主观上可能会有瑕疵，而主观上不存在瑕疵的标的物在客观上同样可能会有瑕疵：设若为熏人的目的而购买一定数量的臭鸡蛋，如果出卖人交付的是完好的鸡蛋而不是发臭的鸡蛋，那么按照主观的瑕疵概念，鸡蛋具有瑕疵；而依照客观上的瑕疵概念，鸡蛋品质完好，并不存在任何瑕疵。无论质量问题，还是在此之外的数量和规格等问题，甚至异类物方面的问题，都应在瑕疵概念的涵盖范围之内。在瑕疵概念的"射程"问题上，《德国民法典》第434条第1款、3款和《联合国统一买卖法》第35条第1款同样采取了主观主义的理解态度。《欧盟消费品买卖指令》第2条第2款第4项以及与之相应的《德国民法典》第434条第1款，甚至还将出卖人、生产者或者其辅助人的特别是在广告宣传或者产品标示中对商品性能所做出的公开性说明，一并涵摄到了瑕疵概念的适用范围之下。从现时的社会发展看，这一规制做法具有范式作用。

（二）积极要件之二：用尽前顺位的法律救济

在买受人所享有的法律救济问题上，我国《合同法》只在第111条做出了一般性的列举，即债权人可以合理选择要求对方承担修理、更换、重作、退货、减少价款或者报酬等违约责任。然而这种单纯性的列举不应构成法律救济的顺位规定，而应属于是对债权人所能享有的法律救济的规定。在买卖标的物存在瑕疵的情形中，首先应当适用前一顺位的法律救济，也就是首先应当适用修复性的法律救济，只有在此种手段被用尽之后，才能够考虑减价和解除这些后顺位的法律救济；当然，在瑕疵性质十分严重的场合，或者在其他的正当化场合，如在出卖人明确表示拒绝再履行的情况下，买受人不再需要采取前顺位的救济手段，而可以径行采取后顺位的法律救济。如此，在《合同法》的解释上应认为再履行请求权具有优先地位，也就是应承认在减价之前，买受人首先应用尽前一顺位的法律救济。[①] 德国法上所称的再履行请求权应具有优先地位，[②]《联合国统一买卖法》（第50条第2句）以及国际和区域统一法项目上所称的救治权[③]（《国际商事合同原则》第7.1.4条、《欧洲合同法原则》第8:104条），都应在这一意义上理解。至于说在立法上具体应如何考量救济手段用尽的问题，则可以采取设置适当期间（合理期限）的做法，更为进一步地说，是采取设置指定期间的做法，因为这样可以在最大程度上保障法律安全。[④]

（三）消极要件之一：不要求瑕疵具有显著性

在瑕疵显著性的问题上，我国《合同法》未作规定，是为不足，但在解释上应认为瑕疵的显著性构成减价的消极要件。减价虽然与解除存在择一性质的关系，但二者的适用条件并不完全相同，具体表现在：解除要求瑕疵具有显著性，也就是要求达到一定的程度，反之，如果瑕疵并不显著，则买受人不得解除合同；而减价则不要求具备这一条件，即无论瑕疵显著还是不显著，买受人都可以主张减价，这是因为与合同解除不同，减价只引起合同等价关系的调整，而不引起合同给付最终性的清算了结。有学者从减价不要求瑕疵具有显著性的角度出发，将这视做在解除和减价之间达成的一种妥协。[⑤] 无论看待角度如何，无非是要表明减价与解除之间存在一个界限，即在一切轻微瑕疵的情形，虽然不能够主张解除和请求替代性的损害赔偿，但都可以主张减价和请求其他的损害赔偿，因为买受人并没有得到自己按照合同要求而有权得到的给付利益。

---

① 在首先应当用尽前顺位法律救济的问题上，韩世远教授持有相同见解。韩世远著：《履行障碍法的体系》，法律出版社2006年版，第357页。

② 德国法上再履行请求权的优先地位没有被直接规定，而由其他法律救济需要指定期间得出，即解除、减价和替代给付的损害赔偿都需要指定期间，而再履行则不需要指定期间。

③ 关于救治权的概念，韩世远著：《履行障碍法的体系》，法律出版社2006年版，第357页。

④ 与此相关的诸多问题，如买受人法律救济的体系问题、相应的子体系设置问题、子体系之内的权利顺位和选择权归属问题、子体系之间的转换问题等，已经不在本文的讨论范围之内。

⑤ Vgl. MuenchKommBGB/H. P. Westermann, Band 3, 2004, S. 242, Rn. 1.

（四）消极要件之二：不要求存在过错

在过错问题上，我国《合同法》未作规定，是为不足，但在解释上应认为过错构成减价的消极要件。与合同解除一样，减价也不要求出卖人具有过错，这是由减价的制度意义所决定的：在合同等价关系因瑕疵而失去均衡的情形中，首先应当适用再履行的法律救济，因为这是原级层面上的履行请求权在次级之瑕疵担保层面的进一步延伸，故不应要求存在归责事由；而在再履行不能够引起给付结果的情形中，自然应当对失衡的等价关系作出相应的调整。

三、减价权的行使

在减价权应该如何行使的问题上，我国《合同法》并未作规定。现代立法例一般不再将减价设计成为请求权，而将其设计成为形成权，这具体表明：减价是单方需受领的意思表示，需要由买受人向出卖人做出；减价的意思表示随到达而发生效力；减价的意思表示一经做出，即对买受人具有约束力，买受人不得再行撤回；作为形成权，减价不得附带任何的条件。按照一般的原则，减价也可以以默示的方式做出，即买受人可以留置部分价款，或者要求付还已经支付的部分价款；但由于减价与损害赔偿两种法律救济可以并行存在，故在此种场合，应对买受人的行为给予进一步的认定，即买受人此举真的是要减少价款，抑或要请求损害赔偿。[①] 减价以买受人做出减价的表示为已足，而不需要给出具体的减价数额，[②]之所以这样，是因为减价的标准应由法律以任意法的形式做出规定，而不应由买受人来决定。在这一问题上，《德国民法典》第441条第3款和《联合国统一买卖法》第50条具有范式作用。

考虑到请求权需要得到出卖人的同意，无形中增加了买受人实现减价之法律救济的难度，故形成权的方案明显要优越于请求权的方案，这也是现代立法例通常将减价权设计成为形成权的重要且根本的原因。

四、减价的法律效果

在减价所应发生的法律效果的问题上，我国《合同法》未作规定。然而应认

---

① Vgl. MuenchKommBGB/H. P. Westermann, Band 3, 2004, S. 243f., Rn. 4.

② Vgl. Bamberger/Roth/Faust, BGB, Band I, 2. Auflage, 2007, S. 1952, Rn. 6.

识到,随着减价表示发生效力,合同价款的数额发生变动,变动的幅度应由具体适用的减价标准决定,与之相应,买卖合同本身亦随减价而得以重新形成。

(一)减价的计算

减价在计算方面主要存在两个问题:一是减价的方法问题;二是减价的准据时点问题。这两个问题之所以重要,是因为其直接影响到减价数额的多少以及当事人合同利益的实现,因此始终构成减价制度的重点问题。在这两个问题上,我国《合同法》均未有规定,是为重大不足。然而在这一方面,并不缺乏立法例。

1. 减价的方法。从功能上看,减价是指对因有瑕疵而失去均衡的合同等价关系做出相应的调整,这一认识决定了减价应在价款的基础上相对地进行,而不应按照减值损害或者修理费用绝对地进行,具体言之,价款应按照瑕疵给付与无瑕疵给付之间的比例关系减少。如果用 x 表示减价之后的价款,用 a 表示无瑕疵给付的价值,用 b 表示有瑕疵给付的价值,用 p 表示当事人约定的合同价款,则可以将减价的计算公式表示如下:$x = (b \times p)/a$。设若在一个具体的情况之下,如买卖一个花瓶,或者买卖采暖用油,或者买卖一辆汽车,$a = 100$,$b = 50$,$p = 120$,那么通过计算可以得出 $x = (50 \times 120)/100 = 60$;又假设 $a = 100$,$b = 50$,而价款 p 仅为 80,那么 $x = (50 \times 80)/100 = 40$。通过这两个计算示例可以得出如下结论:在第一种情况下,买卖对买受人不利,因为买受人是用 120 个货币单位买受了一个价值仅为 100 个货币单位的标的物;而在第二种情况下,买卖则对买受人有利,因为买受人是用 80 个货币单位买受了一个价值为 100 个货币单位的标的物。这种相对计算方法或者称比例计算方法的优点在于,可以使买卖合同当事人以私法自治方式确立的给付与对待给付之间的比例关系得以继续维持,[①]也就是这种比例关系不会因减价而受到任何的影响和妨碍。这意味着当事人在合同上做出的价款安排,无论是利益还是不利益,都将会继续地得以保持:对自己有利的合同在减价之后仍然对自己有利,而对自己不利的合同在减价之后仍然对自己不利。而维系主观等价原则,从而维系私法自治,正是当事人所希望达到和实现的。[②]

相对计算方法同时也清楚地表明,[③]减价并非是买受人在减轻条件之下所实现的损害赔偿;[④]即使标的物因不可抗力而受到毁损,并因此而不再能满足合

① Vgl. Staudinger - BGB: Eckpfeiler des Zivilrechts, 2005, S. 544.

② 韩世远教授亦主张以比例计算方法为减价的计算标准。韩世远著:《履行障碍法的体系》,法律出版社 2006 年版,第 361 页。

③ Vgl. P. Schlechtriem, Internationales UN - Kaufrecht, 4. Auflage, 2007, S. 146f., Rn. 203.

④ 杜景林、卢谌著:《债权总则给付障碍法的体系建构》,法律出版社 2007 年版,第 235 页。

同要求,买受人仍然可以主张减价,然而却不能向出卖人请求损害赔偿,这是因为不可抗力构成相应的免责事由,可以使出卖人从损害赔偿的义务中解脱出来。①

在上述计算公式中,还存在一个值得进一步探讨的特殊情况,即 $a = p$ 的情况,也就是标的物的无瑕疵给付的价值等于合同价款的情况: $x = (b \times p)/a = (b \times p)/p = b$。这具体意味着在此种情形,即在交易对于买受人而言为中性的情形中,减值之后的价款就是有瑕疵标的物的价值。这进一步意味着在法律实践中,可以简单地将瑕疵减值从价款中直接扣除,以此计算减价之后的价款。这虽然属于"事实上的推定",然而却是以真正的法律推定作为出发点的:这种实质性等价关系的推定基础是实质性等价原则,即合同上的给付与对待给付不仅应在主观上,而且也应在客观上处于均衡状态的原则,也就是无论按照当事人的主观观念,还是按照标的物的实际价值,给付与对待给付都应处在一个均衡的状态之下,这既是实质性合同正义的一个基础要求,也应被视作为任意法的一个不成文规则。② 这是上述计算公式的一个特殊表现形态,虽为特例或者称例外,其仍然能够为法律实务中用修理费用计算减值的做法提供学理依据。

2. 减价的估定。在计算公式 $x = (b \times p)/a$ 中, a 与 b 的确定常常会很困难,在标的物不存在相应市场的情形下尤为如此。为消除这一障碍,应赋予法院以价值估定的可能性;在这一问题上,《德国民法典》第 441 条第 3 款具有范式作用:"以有此必要为限,可以采取估定方式确定减价。"在减价的估定上,原则上也应采取比例计算的方法,③以维持合同上反映出来的主观等价关系。作为诉讼性质的法律规范,纵使在适用统一法的情形下,估定方法也应有适用的余地。④ 在减价的估定上,我国《合同法》未见规定,是为不足;在解释上应认为可以采取估定的方式实行减价。

3. 减价的准据时点。在这一问题上,我国《合同法》未有规定。考察各立法例,计算减价有两个不同的准据时点:一是以当事人订约之时作为计算的准据时点,《德国民法典》(第 441 条第 3 款第 1 句)采此立法例;二是以出卖人向买受

---

① 除留置权、履行请求权和解除权之外,作为第四项法律救济,减价在 1998 年的《欧洲合同法原则》第 9:401 条得以规定。然而受英美法减价系买受人在减轻条件之下所实现的损害赔偿之影响,1994 年的《国际商事合同原则》没有对减价问题作出明确的规定,这是因为在此框架之下,对于标的物所具有的瑕疵,希望落空的买受人如欲保留标的物,可以主张损害赔偿的请求权,并且可以以之与出卖人针对自己所享有的支付价款请求权进行结算。

② Vgl. C. – W. Canaris, Schuldrechtsmodernisierung 2002, XXVI.

③ Vgl. Staudinger – BGB: Eckpfeiler des Zivilrechts, 2005, S. 544.

④ Vgl. P. Schlechtriem, Internationales UN – Kaufrecht, 4. Auflage, 2007, S. 146f., Rn. 203.

人交付标的物之时作为计算的准据时点,《联合国统一买卖法》(第 50 条第 1 句)和《欧洲合同法原则》(第 9:401 条)采此立法例。如果采用后者作为减价的准据时点,即以交付时点作为减价的准据时点,那么毫无疑问,有瑕疵的给付和无瑕疵的给付在订约与交付之间所发生的变动,就将不会被考虑在内,①这具体意味着,如果买卖原本对于买受人而言是有利的,那么买受人将会因减价而丧失自己理应获得的利益,这样一种结果显然不是买受人所希望看到的,也不应构成合同的订立目的。故此,在减价的计算上,应以当事人的订约时点为准据时点,而不应以出卖人的交付时点为准据时点。② 就此而论,《联合国统一买卖法》和《欧洲合同法原则》的相关规制做法,并不妥适,因而不应具有范式作用;而《德国民法典》(第 441 条第 3 款第 1 句)的规制做法,即"在减价时,应按订约时物在无瑕疵状态所具有的价值与真实价值所处的关系减少价金",则具有不可辩驳的范式作用,应当予以采纳和实行。

(二)买卖合同的重新形成

自减价表示发生效力之时起,价款减少相应的数额。如果价款尚未支付,则价款债权于相应数额之内归于消灭;买受人的再履行请求权和出卖人的救治权同样归于消灭。在此之外,合同以其全部的权利和义务继续存在。③

(三)多余价款的返还

在多余支付价款的返还问题上,我国《合同法》未予规定,是为不足。在价款尚未完全支付的场合,买受人自当享有减价的抗辩权,可以拒绝支付减少的价款数额。然而在买受人已经支付全部价款,并且成立减价权的情形中,情况又当如何? 答案很清楚:多出的价款应由出卖人返还给买受人。但在买受人请求权法律基础的问题上,尚存疑问。在《联合国统一买卖法》(第 50 条第 1 句)的框架下,如果货物与合同要求不相符合,那么无论价款是否已经支付,买受人都可以减低价款。这应当是在表明,无论价款是否已经支付,都不妨碍减价权的成立,④而不应涉及请求权的基础问题,因此如果认为买受人请求权的基础乃在于

---

① Vgl. P. Schlechtriem, Schuldrecht Besonderer Teil, 6. Auflage, 2003, S. 35f., Rn. 80.

② 韩世远教授认为,在国内法的解释上,应当采取统一法的立场,以实际交付的时点作为计算减价的准据时点。这一观点并不妥当,理由是统一法和非统一法是两个不同的法律适用层面,因此应当区别对待,除非牵涉统一法的适用范围,否则无理由将统一法的规则转移适用于作为非统一法的内国法。韩世远著:《履行障碍法的体系》,法律出版社 2006 年版,第 361 页。

③ Vgl. Bamberger/Roth/Faust, BGB, Band I, 2. Auflage, 2007, S. 1953, Rn. 14.

④ 在这一问题上,韩世远教授持有相同见解。韩世远著:《履行障碍法的体系》,法律出版社 2006 年版,第 358 页。

该规定本身,那么这并不具有妥适性,依照正确的观点,[1]返还请求权的法律基础在于《联合国统一买卖法》第81条第2款的解除规定。在《德国民法典》的框架下,返还请求权的基础直接由规定得出(第441条第4款第2句),即在此限度之内,相应地适用解除权法的清算了结规定(第346条第1款、第347条第1款),而不再像旧法框架下那样适用不当得利法的规定,也就是出卖人不再能够援用自己的得利已经不复存在这样的主张(第818条第3款)。适用解除权法的规定,这意味着出卖人不仅应返还多余支付的价款,而且应返还自己所收取的收益;对于自己因违反通常的经营规则而未收取的收益,出卖人应补偿其价值。在时效问题上,对返还请求权应适用普通时效,而不应适用买卖法的特别时效。

(四)减价对其他瑕疵权利的影响

减价权的行使使买受人的再履行请求权归于消灭,解除权也因减价而被排除,这是因为二者之间存在排斥性的择一关系:解除意味着无法再行减价,而减价则意味着不再能够解除。损害赔偿与减价具有累积性,可以并行于减价而请求;[2]由于替代性损害赔偿(不履行的损害赔偿)乃代之以给付而请求,而减价则要求保留合同给付,故此二者之间存在排除性的关系。

(五)减价权的排除

如果对于标的物的瑕疵,买受人应单独负责任,或者应负根本性的责任,则排除买受人的减价权。《德国民法典》第323条第6款采此做法:债权人对于将使自己享有解除权的事由负单独或主要责任的,或不可归责于债务人的事由是在债权人陷于受领迟延时发生的,排除解除权。而在买受人负有共同责任的情形中,首先应按通常的方法计算减价,然后再按照有过错的原则予以减除。对于这一问题,我国《合同法》第120条[3]和《德国民法典》第254条均设有规定。

五、减价的特殊问题

除上述各个问题之外,还有一些问题与减价直接相关联,因此需要一并做出

① Vgl. P. Schlechtriem, Internationales UN – Kaufrecht, 4. Auflage, 2007, S. 147f., Rn. 204.

② 在此问题上,韩世远教授持有相同见解。韩世远著:《履行障碍法的体系》,法律出版社2006年版,第362页。

③ 关于我国《合同法》第120条与第119条之间的关系问题,参见崔建远:“物的瑕疵担保责任的定性与定位”,载《中国法学》2006年第6期。

探讨,至少应当给予必要的说明。而这些特殊问题并不完全是法律规制上的问题,也有一些是理论认识上的问题,或者说是学理上的问题。由于我国《合同法》(第111条、第155条、第262条等)仅对减价进行了一般性的提及,故在一些特殊问题上并不存在相应的法律规定,是为不足和漏洞。

(一)关于瑕疵检查和通知的问题

在瑕疵检查和通知的问题上,我国《合同法》第157条、第158条做出了明确规定。在这一框架下,对于出卖人完成的给付,买受人负有检查和通知的义务,即应在适当的期间之内进行检查,在适当的期间之内进行通知,并且至迟应在一定的除斥期间之内进行通知,否则即丧失自己享有的瑕疵担保权利。① 如此,作为一种对己义务,如果买受人没有及时做出瑕疵检查和通知,即当丧失自己的减价权利。在这一问题上,《联合国统一买卖法》第38条、第39条给出了明确的规定,并且是范式性质的规定。《德国民法典》新债法未对这一问题作出相应规制,当为重大立法漏洞;②依学者见解,在具体情况之下,可以考虑适用认为清偿而受领的法律制度(《德国民法典》第363条)予以救济;在必要时,也可以通过适用诚信原则给予救济(《德国民法典》第242条)。③

(二)关于权利瑕疵的减价问题

从传统角度看待,物的瑕疵与权利瑕疵通常是被分别处理的,并且通常所称的标的物合约还是不合约,也都是只涉及物的瑕疵,而不涉及权利瑕疵。对于这一问题,我国《合同法》第150条、第153条采取了这一做法;《联合国统一买卖法》第35条第1款、第41条,以及债法现代化之前的旧文本《德国民法典》第434条、459条以下,也都采取了这一规制理念。然而从法律政策的视角看待,应当将减价制度扩张适用于权利瑕疵,④因为这样不仅可以消除物的瑕疵与权利瑕疵之间的界定困难,而且在买受人不因权利瑕疵而丧失买受利益的场合,将权利瑕疵折抵为价款也符合目的要求:设若在土地买卖中,如果在土地上设有一项权利,如设有管道敷设权,其虽然对买受人构成烦扰,然而并不妨害买受人的合

---

① 关于瑕疵检查和通知的问题,参见崔建远:"物的瑕疵担保责任的定性与定位",载《中国法学》2006年第6期。

② 《德国商法典》第377条规定了买受人之瑕疵检查和通知义务,要求买受人应当对出卖人所交付的货物"不迟延地"进行检查,并且应当"不迟延地"进行通知。

③ Vgl. P. Schlechtriem, Schuldrecht Besonderer Teil, 6. Auflage, 2003, S. 31, Rn. 70.

④ Vgl. P. Schlechtriem, Internationales UN – Kaufrecht, 4. Auflage, 2007, S. 145f., Rn. 202.

同利益，那么买受人完全可以主张减少价款，即主张将权利瑕疵折抵为合同价款。① 我国现行《合同法》在解释上应将减价制度扩张适用于权利瑕疵，在这一内容上，现代化文本的《德国民法典》第435条、第437条第2项、第441条具有最大的范式作用；②而在我国将来的合同法乃至民法典的立法中，则应对这一问题作出明确的规制。

（三）关于数个当事人的问题

在这一问题上，我国《合同法》未有规定。在一方当事人有数人的情形中，也就是在买受人一方有数人或者出卖人一方有数人的情形，本着形成权的形成效力应具有统一性的原则，减价只能够由数个人统一地行使，或者应向数个人统一地行使。我国《合同法》在解释上应参考《德国民法典》第441条第2款的规制做法：买受人一方或出卖人一方有数人的，只能由全体或对全体表示减价。而在将减价设计成为请求权的情形中，减价则可以由数个人中的任何人向数个人中的任何人行使；在此问题上，可以参考旧文本《德国民法典》第474条的立法例：一方或另一方有数人的，可以由其中的任何一人向其中的任何一人请求减价。

（四）关于数个物出卖的问题

关于出卖数物情形的减价问题，我国《合同法》未见规定，是为不足。如果不以一个总价款出卖数个物，则应适用分别减价的原则。然而在以一个总价款出卖数个物的情形，如果其中的个别物存在瑕疵，那么又当如何减价？在这里应考虑到，既然当事人就数个物约定了一个总的价款，那么就应该尊重当事人的这种私法意志，即应以总价款为基础而实行减价。③ 为此，首先应计算出数个物整体无瑕疵情形的总价值，再计算出数个物在部分有瑕疵情形的总价值，然后按照比例计算方法计算出减价之后的价款。如果采用个别减价的方法实行减价，则首先应由总价款计算出个别瑕疵物的价款，然后再对其进行减价计算，但这已经

---

① 在权利瑕疵之减价问题上，韩世远教授以《联合国统一买卖法》为思考出发点而持有较为谨慎的态度。然而应当指出的是，在这一问题上，《联合国统一买卖法》之对于内国法，并不具有范式作用。这是因为一方面，从制度发生史的视角看待，英美法国家倾向于将减价视作为损害赔偿，故对统一法上的减价持否定态度，如此将减价制度再行扩张于权利瑕疵，几乎就是不可能的；而另一方面，考虑到统一法的国际性质和促进其适用的统一以及在国际贸易上遵守诚信的需要（《联合国统一买卖法》第7条第1款），更加要求以条文字义为取向而对统一法作出解释，这意味着如果以字义解释为出发点，那么这在起点上即已经将权利瑕疵排除于减价制度的适用范围之外。韩世远著：《履行障碍法的体系》，法律出版社2006年版，第355～356页。

② 依《德国民法典》第437条第2项，在标的物存在瑕疵的情形，买受人可以减少合同价款。这里所称的瑕疵，是指物的瑕疵和权利瑕疵，而非单指物的瑕疵。

③ Vgl. MuenchKommBGB/H. P. Westermann, Band 3, 2004, S. 245, Rn. 7.

不再符合当事人约定总价款的意志。关于这一问题,我国《合同法》在解释上可以参考旧文本《德国民法典》第472条第2款的规制做法:在数物以总价金出卖的情形,只因个别的物进行减价的,在减价时应以全部物的总价值为依据。《德国债法现代化法》的制定者虽然在债法现代化的进程中废止了这一规定,但应该承认,此类问题在法律实践中还是会出现的,故应给予必要的重视。

(五)关于瑕疵物完全无价值的问题

在瑕疵物完全无价值的问题上,我国《合同法》未有规定。如果标的物的瑕疵十分严重,致使标的物已经完全丧失价值,那么减价将使出卖人的价款请求权完全归于消灭,也就是使价款请求权被减少至零,从结果上看,这相当于合同解除。如此,为避免与解除权制度发生矛盾,买受人应将无价值的标的物返还给出卖人;①当然,如果出卖人的返还请求可以构成恶意刁难,或者说可以构成权利滥用,则不应再予以考虑。在此问题上虽未见立法例,但在解释上应认为在瑕疵给付已经完全不具有价值的情形中,应当将给付返还给出卖人。我国《合同法》也应做出此种解释。

(六)关于价款未完全支付情形的减价问题

在价款未完全支付情形的减价问题上,我国《合同法》未有规定。在约定分期付款的情形中,或者在仅支付部分价款的情形中,应按比例对尚未支付的部分价款实行减价,而不应对全部的部分价款(已经支付的和尚未支付的部分价款)同等地实行减价,因为后一种做法涉及已支付价款的返还问题,而这只有在买受人支付过多价款的情况下才是可能的,否则出卖人可以援用下述理由,即买受人不得要求返还不久之后又需要重新再履行的给付。② 在此问题上虽未见立法例,但在解释上应认为可以按比例对尚未支付的部分价款实行减价。我国《合同法》应做出此种解释。

(七)关于数重减价的问题

我国《合同法》并未规定数重减价的问题。数重减价是指如果买受人已经因一个瑕疵而实行了减价,那么这并不排除买受人因另外一个瑕疵再行主张减价的权利。学说上有观点认为,在数重减价的情形中,因单个瑕疵而分别主张减价与因全部瑕疵而同时主张减价,在结果上不应该存在不同,故新一次主张的减价应使前一次实行的减价归于消灭,也就是应在原来价款的基础上,并且是在考

---

① Vgl. Bamberger/Roth/Faust, BGB, Band I, 2. Auflage, 2007, S. 1955, Rn. 26.

② Vgl. B. Grunewald, Kaufrecht, 2006, S. 207, Rn. 73.

虑全部瑕疵的情况下,对减价实行计算。[1] 然而较为妥适的做法应当是,在上一次减价的基础上再行减价,即应将上一次减价得到的价值作为无瑕疵状态的价值,而将本次瑕疵状态的价值作为原本意义上的有瑕疵状态的价值,按照该二者价值的比例再行减少价款。[2] 此种做法虽然烦琐复杂,但却最能够满足减价的制度意义。在此问题上虽未见立法例,但在解释上应认为以在上一次减价基础上再行做出减价为宜。

(八)关于再履行之后的减价问题

对于再履行之后的减价问题,也就是对于再履行与减价之间的法律关系问题,我国《合同法》未作规定。如果再履行已经完全地得到完成,那么买受人是否还可以因再履行过程中所引起的延迟或者不便而主张减价?在《欧盟消费品买卖指令》上,这是得到肯定的。根据《欧盟消费品买卖指令》第3条第5款的规定,在出卖人没有于适当期间内为消费者提供救济的情况下,或者在出卖人虽然已经为消费者提供救济但却给消费者造成显著不便的情况下,消费者可以请求适当地减少价款。[3] 然而必须认识到,如果将减价用于解决此类问题,那么这实际上相当于是对减价权实施功能性转换,也就是改变减价的制度意义,故《欧盟消费品买卖指令》的做法并不可取。如此,认为对于给买受人造成的诸多迟误或者不便而应通过减价予以适当补偿的观念,[4]殊为不适。在这一问题上,《德国民法典》第440条的做法具有范式意义,即为解除和损害赔偿设置一个特殊规定,也就是对于出卖人造成的延迟和显著不便,买受人可以径行主张债务关系次级层面上的权利,而无须再行等待用尽前一顺位的法律救济,采用德国法的概念表达,这是免予指定宽限期间。此举既符合买卖法之作为具体债务关系的特点,又能够满足学理的分析和要求。[5] 关于这一问题,我国《合同法》在解释上应以德国法的范式为指导。

(九)关于减价规范的排除适用问题

减价规范应属于任意性规范的范畴,因此具有可更易性,可以被合同当事人排除于适用范围之外,这也是债法更多地为任意法的一个当然的表现。既然附

---

① Vgl. Bamberger/Roth/Faust, BGB, Band I, 2. Auflage, 2007, S. 1955, Rn. 27.

② Vgl. MuenchKommBGB/H. P. Westermann, Band 3, 2004, S. 246, Rn. 10.

③ 在欧盟指令法上,减价权为请求权,而非形成权。参见吴越、李兆玉、李立宏译:《欧盟债法条例与指令全集》,法律出版社2004年版,第115页。

④ Vgl. Bamberger/Roth/Faust, BGB, Band I, 2. Auflage, 2007, S. 1955, Rn. 30.

⑤ 关于延迟履行应当被排除于减价之外的见解,韩世远著:《履行障碍法的体系》,法律出版社2006年版,第355页。

属于以当事人自治为导向的债法,自然不需要在法律上做出明确的规定。

(十)关于减价对其他类型合同的适用问题

在规制位置上,我国《合同法》第111条将减价作为一般性的法律制度安排到了总则的范畴之内。然而这样的一种规制理念和做法并不妥适。应当认识到,作为因发生给付障碍而减少对待给付的制度,减价不构成适用于全部合同债务关系的一般性法律救济,而是更多地适用于买卖、承揽、租赁和旅游合同的一种法律制度。如果将减价作为一般性法律救济而引入到债法总则的一般给付障碍法之内,那么至少对于雇佣合同而言,特别是对于劳动合同而言,这是不适用的。其理由是雇佣合同乃系指向一定的活动,而不是指向一定的结果;虽然在独立性的雇佣合同中,也就是在非依存性的雇佣合同(如律师合同)中,减价具有一定程度的可适用性,但这要求债务人的给付能够被区分为不同的部分给付,然而作为一般性的法律救济,减价尚为不足。考察其他的可适用减价的典型债务关系,特别是考察承揽合同、租赁合同和旅游合同的债务关系,同样能够得出减价不构成一般性法律救济的结论。其实,就是将买卖、承揽、租赁和旅游这四种典型债务关系中的减价集中在一起加以规定,也是没有任何实益的,因为在后二者的场合之下,也就是在租赁合同和旅游合同的情形中,规定减价依法当然地发生,并且规定怠于告知具有排除性的效力,①将会使法律更加具有妥适性。如此,将减价规制于债法总则一般给付障碍法的做法,如我国《合同法》第111条和《欧洲合同法原则》第9:401条的规制做法,以及认为减价应普遍适用于各种合同类型的学说观点,②都是很不妥当的。

作为法律救济体系中的一个组成部分,减价不是单独存在的一项制度,因此在规制之时,还应考虑到其与不同顺位之其他法律救济的关系,以及考虑到其与相同顺位之其他法律救济的关系,特别是与同一顺位之解除的关系。但这已经不是设置减价制度条文本身的问题,而更多的是买卖法律制度甚或合同法律制度乃至整个债法制度之体系思考的问题。

(2008年第4期)

---

① 《德国民法典》第536条第1款、第651d条第1款以及第536c条第1款、第651d条第2款。

② 韩世远著:《履行障碍法的体系》,法律出版社2006年版,第348页、第362页。

信息网络传播权合理使用的立法完善

梅术文*

著作权合理使用是重要的著作权限制机制,它是指在特定的条件下,法律允许他人自由使用享有著作权的作品,而不必征得权利人的许可,不向其支付报酬的合法行为。“著作权法中的合理使用,从著作权人方面来看,是对其著作权范围的限定;从著作权人以外的人(即使用者)来看,则是使用他人作品而享有利益的一项权利。”①

网络环境下的著作权合理使用制度发生了许多深刻变化,2006 年生效的我国《信息网络传播权保护条例》(以下简称《条例》)第 6 条和第 7 条对此做出了立法上的回应。上述两个条文总体上因循了我国《著作权法》的传统路径,对网络环境下的合理使用情形进行了梳理,反映了我国网络版权立法的进步。但毋庸讳言,这些规定更多地沿袭了模拟环境下的合理使用规制思维,存有进一步完善的空间。

一、信息网络传播权合理使用立法的主要不足

《条例》是我国规范信息网络传播权合理使用的主要法律依据。该法第 6 条将模拟环境下的合理使用具体情形运用至网络传播环境,第 7 条则针对图书馆、档案馆、纪念馆、博物馆、美术馆(以下没有特别指明时,简称为图书馆等机构)在馆内范围基于特定原因的合理使用进行了规定。虽然两个条文从内容上和形式上均已经达到了 1996 年世界知识产权组织通过的《互联网公约》的一般要求,对于保障权利人合法利益、维护社会公共利益以及促进信息文化自由传播均起到了积极的作用。但是,通过比照国际代表性立法例和我国《条例》的内容,借助信息网络传播权合理使用的基本特征以及我国公共文化事业发展的实践进行考察,《条例》第 6 条和第 7 条仍然存在以下不足:

---

* 作者单位:中南财经政法大学知识产权研究中心。

本文为国家社科基金重大招标项目“科学发展观统领下的知识产权战略实施研究”的阶段性研究成果。

① 吴汉东著:《著作权合理使用制度研究》,中国政法大学出版社 1996 年版,第 132 页。

(一)《条例》的相关规定没有体现出针对性

世界上各国著作权法对合理使用基本上都有规定,但是立法例上就合理使用所指涉的著作权权能选择存有差异。有的立法例笼统地对所有的著作权权能规范了合理使用的情形,有的立法例则在特定的情形下针对某个或某类著作权权能设置合理使用条款。我国《著作权法》第22条对所有的著作权权能泛泛规定了合理使用制度。《条例》第6条特别为信息网络传播权规定合理使用,虽不同于《著作权法》,但不违背我国固有的版权保护框架。实际上,我国《计算机软件保护条例》中也已有了可资借鉴的先例。① 而且,这种立法模式也为网络传播权设置新的合理使用情形预留了空间,应为合适之立法选择。然而,我国立法在贯彻这一立法体例的精神上不够彻底,与其所参照的欧盟立法存在同样的缺陷。《欧盟版权指令》(2001年)在第5条列举了适用于公共传播权的13种情形和适用于数字复制权的18种情形,然后规定复制权使用例外的做法也适用于发行权。② 欧盟的立法虽然条文详细,但是多数内容依旧是将模拟环境下的著作权合理使用情形延伸到网络空间,对网络环境下的特殊情况关照不充分,因此而饱受批评。遗憾的是,这样的问题也出现在《条例》中,本应按照网络技术发展的要求予以个别规范的合理使用情形,在《条例》中被淡化成为与其他模拟环境等同的状态。

由于信息网络传播权是综合性的权利,在该权利的行使中常常伴随复制权、精神权利、文化权利等一系列权利,涉及多种利益群体,因此,信息网络传播权的合理使用更多地从利益分享政策考量的角度维护多元主体的利益均衡。就此而言,《条例》第6条、第7条虽然涉及公众、学校、国家机关、盲人、少数民族、图书馆等利益主体,但仍是按照模拟环境的要求将这些主体整齐划一地定位为"使用者",缺少对其中个性因素和特殊地位的考量,导致该两条规定与《著作权法》第22条的规定几乎无出入。③ 显然,这样的规定即使没有,也可以通过解释《著作权法》直接得来,根本无须浪费立法资源另行规定。实际上,套用模拟环境下的合理使用这一做法本身,违反了为信息网络传播权单独规定合理使用的初衷。

---

① 例如,我国《计算机软件保护条例》中专门针对计算机软件的使用规定了反向工程等合理使用规则等。

② 金武卫:"《信息网络传播权保护条例》评述",载吴汉东主编:《中国知识产权蓝皮书》,北京大学出版社2007年版,第353页。

③ 当然,在诸如盲人使用等规定上还是存在区别,但总体上看并无实质不同。

(二)《条例》的相关规定没有关照政策选择性

网络技术的发展在某种意义上为反思传统的利益平衡理论提供了契机。使用者本身的分化表明著作权制度的价值取向正在发生转向,即以政策考量为工具实现多元利益主体的价值分享。信息网络传播权合理使用旨在通过制度建设促进网络公共文化传播事业的发展,实现对弱者权益的特殊保护,消解愈益严重的数字鸿沟。数字鸿沟是指基于掌握和运用网络信息技术的差别而催生的、横亘于信息富有者和信息贫困者之间的客观差距,它是由传统工业社会向现代网络社会转型过程中出现的特有现象,并且随着网络的急速扩张不断被拉大。人们曾经希望计算机网络的发展能带来更合理的资源分配、更公平的获取信息的途径。但实际上,人们在接触和掌握信息技术从而获取信息方面已经形成了很大的机会不平等。① 信息网络传播权合理使用的主体是普通消费者、盲人、教育机构以及图书馆等机构,其中教育机构和图书馆等机构在我国社会主义公共文化建设事业中具有举足轻重的地位,只有在制度层面体现出政策考量和价值选择,才可算切中了网络公共文化建设的"主动脉"。虽然《条例》意识到了这一点,专门设计两个法律条文予以规制,但是却没有能够深入展开,也没有根据政策评判进行更为大胆的规则创新,以至于网络上公益主体和弱势群体的活动边界依然不明确,尤其是图书馆等机构利用网络从事文化传播活动和开展公共文化建设受到影响。

(三)《条例》的相关规定没有突出立法的重点

详细梳理信息网络传播权合理使用的具体情形并不是一件简单的事情。信息网络传播权合理使用制度是一种著作权权利限制制度。从一般法理上看,"权利例外与限制"或出于实际需要或经济上的理由,或出于总体利益或基本权利和自由的要求。胡根霍尔茨教授的三种区别法很有代表性,他界定了对版权独占性予以限制的三种类型:(1)有些例外通过版权来表达对保证某些自由(例如言论自由)的关切;(2)有些例外是出于公共利益(例如图书馆和公共教育)的需要;(3)有些例外被引入版权的立法中,以补偿作者的市场损失,即补偿作者不能有效地控制市场和阻止某些使用而遭受的损失。② 第一种限制是最基本的限制,无论在模拟社会还是在数字社会都应该保留这些限制。对于第二种限制在数字环境下的命运,M. 比伊当和 S. 迪索利耶认为:"尽管在新的数字环境下

---

① 肖峰编著:《现代科技与社会》,经济管理出版社 2003 年版,第 229 页。

② [荷]胡根霍尔茨著:《数字环境下版权的未来》,克吕韦国际法律出版社 1996 年版,第 94 页。转引自[法]安娜·勒帕热:"数字环境下版权例外和限制概况",刘板盛译,载《版权公报》2003 年第 1 期。

只能继续维持已有的例外，但同样可以肯定的是，不能忽视这种维持对图书馆和网上教育的影响和作用，也不能忽视这种维持给作者和作品的使用可能造成的损害。”①可见，合理评估这种“双刃剑”功能并做出立法决断是网络版权立法领域的关键问题。关于第三种例外，实际上它是对无力实施版权的一种让步。今后，技术的发展将使这种无能为力的状况不复存在，作者能够通过技术机制阻止他人进行数字复制。因此，它们的存在直接受到威胁。② 鉴于此，信息网络传播权合理使用法律规制的重心，应该放在第二种例外情形，亦即以调整图书馆等机构、教育机构等特定利益相关者的合理使用为重点。至于第一种例外情形，通过适用概括性条款比照模拟环境执行即可；第三种例外情形，则应留待技术本身解决，同时辅之以技术措施的保护和限制机制。

《条例》第6条仅仅简要规范了教育机构适用合理使用的条件，重点可谓不突出。③ 第7条旨在规范图书馆等机构的合理使用，思路还算正确，但依然存在四个主要问题：其一，规定合理使用的范围仅限于规范本馆收藏的数字化作品，而将营利性和非营利性图书馆等机构在互联网上提供其他数字作品一律认定为需要借助授权许可，这可能影响公益性图书馆等机构的公共文化服务功能的实现。其二，没有规定非营利性图书馆等机构通过本馆的网络阅览系统供馆外注册读者阅览本馆收藏的数字作品的合理使用，而这恰恰是未来利用网络发展公共文化建设、缩小城乡“数字鸿沟”的制度依据。2005年国家版权局公布的《条例》（草案）第6条规定，除著作权人事先声明不许使用的外，公共图书馆符合下列条件时可以适用法定许可：(1)提供网络阅览的图书已经合法出版3年以上；(2)阅览系统不提供复制功能；(3)阅览系统能够准确记录作品的阅览次数，并且能够有效防止提供网络阅览的作品通过信息网络进一步传播。这一妥协性的法定许可而不是合理使用的限制虽然最终由于著作权人和出版业界的反对最终没有确定下来，但是其关注图书馆向馆外读者提供作品的初衷值得肯定。事实上，只要为该种馆外传播的形式和内容增加适当的限制条件，并辅之以制度的创新和政策的平衡，著作权人和出版者的利益均可得到保障。其三，没有区分公益图书馆等机构与当前日益增多的私人图书馆等机构，并进而将某些本应强调的

① [法]安娜·勒帕热：“数字环境下版权例外和限制概况”，刘板盛译，载《版权公报》2003年第1期。

② [比利时]M. 比伊当、塞弗里纳·迪索利耶等：“数字环境下的版权和信息的获取”，载《版权公报》2000年第4期。

③ 教育机构在网络环境下的权利限制机制不仅包括合理使用，而且包括法定许可，限于主题和篇幅，笔者将另外撰文，专门探讨针对教育机构的权利限制。

合理使用情况忽略掉,制约了公益文化事业的发展。其四,没有规定图书馆等机构传播特定类型作品,例如学位论文、学术论文摘要等的合理使用情形,既导致当前日益增多的侵权行为没有据以制裁的法律依据,也影响图书馆等机构适度传播特定类型作品的积极性。

(四)《条例》的相关规定没有照应数字化复制权的合理使用

《条例》第6条规定,通过信息网络提供他人作品,属于法定情形的,可以不经著作权人许可,不向其支付报酬。该条规定成为信息网络传播权合理使用的依据。但是在实际操作中,如果没有规定相应的数字化复制权的合理使用,上述规则根本没有适用的空间。例如,如果网络服务提供者服务器的暂时性复制不被认定为合理使用,就很难有信息网络传播权的合理使用。同样,《条例》第7条的规定也是不完整的,因为图书馆馆藏作品可能就需要进行数字化复制后才能进行信息网络传播,如果立法上不明确规定图书馆等机构是否可以或者在何种情况下可以进行数字化复制,那么信息网络传播权合理使用的规定也将不全面。因此,考虑到信息网络传播权与数字化复制的密切关联,信息网络传播权行使中的合理使用,应该包括在上载、下载和转载受著作权法保护的作品的过程中出现的对复制权的合理使用。

二、信息网络传播权合理使用规则体系的完善

从以上的分析可以看出,当前信息网络传播权立法中的最根本的问题,就是没有划定好模拟环境与数字环境下合理使用规则之间的联系与区别,没有从体系上把握制度设计的前后照应,没有真正明晰信息网络传播权合理使用规则在整个制度设计中的地位和意义。有鉴于此,笔者建议结合我国《著作权法》第二次修改的情势,从体系上澄清信息网络传播权合理使用的基本架构,通过修改《著作权法》和《条例》,促使合理使用的一般制度规则和信息网络传播权的合理使用规则,既做到法律理念上的互通,又显现具体规则上的重点与差异。具体说来,可以从以下六个方面完善信息网络传播权合理使用的规则体系:

1. 合理使用一般条款的规范和网络环境的沿用。合理使用一般条款的规范在“开放式”立法与“封闭式”立法中的地位本不相同:“开放式”立法例以美国1976年《版权法》的合理使用为代表,它规定了合理使用判断标准的一个“总条款”,而没有列举合理使用的具体情形;“封闭式”立法例在大陆法国家得到采用,它建立在对合法行为的详尽列举的基础上。但是,在现代信息技术的冲击和著作权制度国际化的影响下,两种立法例正走向融合,其基本的趋势就是在规定

原则性的“总条款”之后再列举合理使用的具体情形。美国的《数字千年版权法案》(DMCA)对例外和限制情形采取了列举的方式,《世界知识产权组织版权条约》(WCT)重申了《伯尔尼公约》中的一般条款,《欧盟版权指令》在详细列举合理使用的清单时,对WCT的一般条款给予了肯定。这表明兼顾一般条款和具体情形的立法模式,应为妥当的立法考虑。

信息网络传播权的合理使用虽然是针对特定的著作权权能而言,但是并不能脱离合理使用的体系而存在。网络环境并没有改变合理使用的制度前提,所以将模拟环境下的合理使用一般条款和相应规则有条件地延及数字环境具有可行性,这不仅节约立法成本,还体现制度的连续性。依照笔者的主张,可以考虑在未来我国《著作权法》修订时增加规定一般条款,作为合理使用制度建构的指导思想,同时将《伯尔尼公约》中的一般条款“三步检验法”在我国《著作权法》中进行规定,亦即在权利的限制中增加一条规定:“本法对著作权权利的限制,只适用特定情形,不能与本法所保护信息的正常使用相冲突,并不能不合理地损害权利人的合法利益。”①

2. 增加比照援引条款。为此,将模拟环境下的合理使用与网络环境下的合理使用进行对接,在节约立法成本的同时,体现制度的连贯性。建议修改我国《著作权法》第22条,增加一款规定:“上述第(一)项至第(八)项、第(十二)项适用于网络环境下的复制权和信息网络传播权。其他特别情形、具体条件由法律法规另行规定。”由此将前述胡根霍尔茨教授所界定的第一种权利限制情形,在一个法律条款下整合规定。

3. 规范盲人和学校等的合理使用。建议在《条例》中单列两条,专门规定盲人等弱势群体和学校等公益性机构在利用作品时对权利人信息网络传播权进行限制的具体条件。关于盲人对信息网络传播权的合理使用,可以继续沿用《条例》的规定,即“不以营利为目的,以盲人能够感知的独特方式通过网络向盲人提供已经发表的文字作品的,不需要权利人的同意,也无须向其支付报酬”。关于学校等公益机构的合理使用,可以规定为:“为教学、科研目的,学校等公益机构通过内部网络向少量的学生以及教学人员传播用于教学的作品、表演和录音录像制品的,不需要权利人的同意,也无须向其支付报酬。但以学生、教学人员所需的程度为限。”

4. 数字化复制权的合理使用。在《著作权法》和《条例》将复制权的外延拓展至数字化复制的前提下,规定与网络传播有关的数字化复制权的特定限制情

---

① 梅术文:“信息网络传播权的法律规制与制度完善”,载《时代法学》2007年第2期。

形。具体而言,下列信息网络传播中的复制行为无须权利人同意,也不需支付报酬:(1)信息网络传输过程中附带产生的信息浏览中出现的暂时性复制;(2)网络服务提供者的计算机系统在信息传输过程中所必需的复制;(3)其他纯技术性而没有独立经济价值的数字化复制。

5. 技术措施、网络版权许可合同与合理使用规则。从著作权法上看,数字技术带来了复杂的影响:一方面,数字技术使得作品的复制和传播都变得非常容易,较少的时间、精力、费用的投入就能产生高保真的复制件,而网络传输的快捷、便利、无中心性的特征与此相结合,使用者能在实际上更方便地使用他人作品;另一方面,权利人获得了新的权利,同时各种技术措施的采纳,使得作者花很少的费用就可以监控其独占权,技术保护措施和网络合同的出现大大挤压了合理使用的空间,数字传输还模糊了营利性使用的界限,权利人甚至可以对非营利性的使用收取费用。在这样的博弈过程中,合理使用制度面临危机。① 因此,建议在技术措施的保护和版权许可合同中,通过对反规避技术措施条款和格式合同条款的限制,为合理使用规则留下适用的空间。

6. 图书馆等机构的合理使用。考虑到网络环境下和信息时代中图书馆等机构具有特殊性,因此《条例》应重点规范图书馆等机构的合理使用,对此将详细予以讨论。

三、图书馆等机构在网络环境下的合理使用

如前所述,当前信息网络传播权合理使用立法中的主要问题,就在于没有体现制度设计的针对性和评判功能,没有凸显科学技术发展所带来的价值影响,没有从制度创新和政策考量的角度突出立法的重点。由于图书馆、档案馆、纪念馆、博物馆、美术馆等机构在国家文化发展中起着非常重要的作用,其是广大社会公众廉价获取知识的最佳途径,图书馆等机构的合理使用应该成为当前信息网络传播权合理使用立法的重点。

(一)图书馆等机构合理使用之立法完善的基本思路

现代信息技术为图书馆等机构的发展开辟了广阔空间,但是我国经济、文化发展的地区差异导致各地的图书馆建设水平良莠不齐,并且受制于网络作品保护的制度环境。图书馆等机构能否以及在何种条件下适用信息网络传播权的合

---

① John Perry Barlow, The Economy of Ideas, http:/www. wired. com/wired. 03/features/economy. ideas. html.

理使用,在《条例》制定前就存在广泛争议。一种观点认为,图书馆等机构是以公益事业为目的的单位,将图书上载到网络向公众传输也是非营利的,因此图书馆等机构使用作品应属于合理使用。另一种观点认为,图书馆等机构一旦将作品上载到网络,就会有很多人浏览该作品,这对作品的销售会产生影响,侵害了著作权人的合法权利。①

笔者认为,应该着重从图书馆等机构的特殊性和类型多元化角度来为其设计制度规则,促进其在网络环境下分享作品利益,实现公共利益的增长。党的十七大报告将发展公益性文化事业作为保障人民基本文化权益的主要途径,而且还重申进一步"加大投入力度,加强社区和乡村文化设施建设",这应该成为图书馆等机构大力发展公共文化事业的政策依据。来自国家文物局的消息也表明,在"十一五"期间全国将力争新建重点博物馆 300 座以上,使地级以上中心城市都拥有一座功能齐全的博物馆,每个少数民族拥有一座以上的民族、民俗博物馆。② 在这样的背景下,图书馆等机构的数字化建设工程就显得尤为重要。

数字图书馆、博物馆等较之传统图书馆、博物馆具有资源丰富、资料更新及时、传输速度快、储存方便、建设成本低等诸多优势,已经成为城乡公众接受最新文化观念和改善知识结构的最重要途径之一。据报道,上海市图书馆讲座实现了网上"你点我播",可以在线点播的讲座约有 250 个。③ 显然,相对宽松的制度环境,包括尽量为其提供合理使用作品的渠道,不仅能够在某种意义上减轻图书馆等机构的经营压力,而且也有助于培育全社会重视文化建设、注重文化底蕴的时代精神。

与此同时,数字网络环境下的图书馆等机构正在发生重要的变化,其法律地位也正在发生裂变。具体说来,数字环境下的图书馆等机构包括两种:(1)传统的图书馆等机构,在继续经营、传播传统作品样态的同时,以内部网络或在线系统的形式在一定范围内传播数字化作品。在模拟环境下,我国的图书馆等机构基本上是通过政府的财政支持而建立起来的,公益色彩浓厚,性质上更多的是公益事业单位而不是营利机构。特别是基于政府公共财政扶持力度的增加和公共文化服务体系构建的要求,不少传统的图书馆、博物馆等免费开放已经成为趋势。非营利性的图书馆等机构如果承担了较大的责任风险和经济压力,不仅不利于自身的发展,而且还会损害广大读者的利益,制约新兴的网络服务产业的发

① 屈茂辉、凌立志著:《网络侵权行为法》,湖南大学出版社 2002 年版,第 152 页。
② "神州涌动八大文化热潮",载《半月谈》2007 年第 22 期。
③ 同上。

展。(2)专门在网络上经营的数字图书馆等机构,或者将模拟状态的作品通过数字化形式转化为数字作品并向用户有偿提供的图书馆等机构。这种类型的经济实体已经开始进入市场运行中,成为营利性的机构。营利性的数字图书馆等机构虽然在文化建设中也发挥着不可替代的作用,而且有些营利性的图书馆等机构本身并不直接或间接获得经济利益,它们的营利来自于社会的捐赠或其他事业,但是毕竟要通过市场竞争来促成自身的强大和进步,所以,运用市场机制解决其发展中的困难更为可行。相应地,合理使用的范围就不可与非营利性的图书馆等机构相提并论。鉴于此,传统著作权法"一锅端"的立法模式难以适应信息时代图书馆等机构的发展与变革,区分营利性和非营利性是规制图书馆等机构的必由之路。① 在2002年"陈兴良诉中国数字图书馆有限责任公司案"中,被告一直辩称该公司基本上属于公益性事业,建立数字图书馆的目的是为适应信息时代广大公众的要求。对此,北京市海淀区人民法院在判决书中回应道:图书馆的功能在于保存作品并向社会公众提供接触作品的机会。图书馆向社会公众提供作品,对传播知识和促进社会文明进步具有非常重要的意义。只有特定的社会公众(有阅览资格的读者),在特定的时间以特定的方式(借阅),才能接触到图书馆向社会公众提供的作品。这种接触对作者行使著作权的影响是有限的。而被告虽以数字图书馆的形式出现,但却扩大了作品传播的时间和空间,扩大了接触作品的人数,改变了接触作品的方式,同时没有采取有效的手段保证作者获得合理的报酬,因此侵权成立。② 该案的启示正在于:规制图书馆等机构对信息网络传播权的合理使用,必须区分它们的实际性质,而图书馆等机构性质判定的关键,在于其是否为真正意义上的非营利性机构。对于那些徒有其名的"数字图书馆",应适用授权许可的规则;只有那些以"公益性"与"非营利性"为取向的图书馆等机构,才可以适用合理使用豁免。而即便是适用合理使用免责,也不是没有限度的。换言之,所谓的非营利性图书馆等机构不仅不应从作品的数字化传播中获取利润,而且也必须采取相应的措施保证接触作品的时间、空间和人数被控制在一定的范围,并且不得提供作品的下载和复制功能。

以上论述表明,图书馆等机构在数字环境下的技术潜力有别于传统情势,它既为实现图书馆等机构的"借阅"、"传播"和"展览"等功能提供了便利,也为合理使用的有效控制提供了技术条件。图书馆数字化建设中可采用设置口令、客

① 为区分营利性或非营利性,可以在文化管理规定中明确图书馆非营利性的具体条件和备案程序。

② "陈兴良诉数字图书馆著作权侵权纠纷案",载《中华人民共和国最高人民法院公报》2003年第2期。

户认证等加密措施，它们的实施使读者不再可能出于学习、研究目的而进行作品的复制。[①]

数字化技术完全可以做到将阅读者的范围控制在特定的时间和空间，并保障著作权人的其他权益不受到实质性的损害。但是，由于图书馆等机构的信息内容“一旦在互联网上传播，它将摆脱任何束缚，任何人都可以很容易地获得”，[②]所以，在图书馆等机构的数字化建设中，必须以相应的技术措施保证它们的服务不溢出公益范围。

（二）代表性立法及其启示

各国关于图书馆等机构在网络传播中能否适用合理使用的规定，有两类立法例：第一类立法例是从维护权利人利益的角度出发，对合理使用进行严格的限制，仅仅规定图书馆等机构为保存版本的需要制作数字复制本的合理使用，基本没有规定网络传播的合理使用，如美国、日本；第二类立法例既规定了图书馆等机构为了保存版本的需要制作数字复制本的合理使用，又规定了一定情形下的网络传播的合理使用，如欧盟、澳大利亚和加拿大。鉴于图书馆等机构的特定文化功能和我国的实际情况，根据前述立法调整思路，详细规划我国图书馆等机构在网络环境下的合理使用，应该是可行的选择。

有关图书馆等机构数字化复制的合理使用，美国有详细的规范。美国1995年发布的《知识产权和国家信息基础设施白皮书》允许图书馆对作品制作三个数字化形式的复制品。[③] 该建议得到了1998年美国《数字千年版权法案》的认可。应该指出的是，美国的立法在数字化复制方面着力很多，内容规定得非常详细。[④] 鉴于当前理论界对数字化复制的性质存在广泛争议，加之信息网络传播权合理使用所指涉的数字化复制主要是与网络传播有关的数字化复制行为，所以，规定图书馆等机构将普通馆藏作品数字化复制的豁免条件，应该是我国《著作权法》修改时的任务。至于《条例》，可以对与信息网络传播有关的数字化复制行为进行规范。关于图书馆等机构在网络中下载、复制作品行为的性质，1997年年底生效的美国《网络反盗版法案》中规定：从网络上下载、拷贝未经版权人授权的文字、音乐和软件等数字文件的行为为非法。因此图书馆未经版权人许

① 胡开忠：“入世后中国版权国际化的战略调整”，载《法商研究》2004年第4期。

② 宋慧献：“超星：执着与求索——访超星公司董事长兼总裁史超”，载《中国版权》2004年第4期。

③ Information Infrastructure Task Force, The Report of the Working Group on Intellectual Property and the National Information Infrastructure, Sept. , 1995.

④ 可参考《美国版权法》第108条，共计规定了9个方面的内容。

可,不得擅自在对有关作品破解后进行下载和拷贝。但是,美国《数字千年版权法案》第1203条、第1204条规定,非营利性的图书馆、档案馆、教育或公共广播机构在符合一定的条件下可以就其侵权行为免责,条件是:(1)图书馆等机构的侵权行为须具有非营利性;(2)经法院认定图书馆等机构是"无知违法",即图书馆要证明自己未意识到其侵权行为构成违法,且没有理由认为自己的行为构成违法。如此规定有助于图书馆利用存在于网络空间的资讯为读者提供服务,减少了图书馆数字化复制或传播的风险,应该是可以借鉴的立法规定。

在我国台湾地区的"著作权法"中,还允许图书馆得复制硕博士论文摘要、期刊学术论文摘要、研讨会论文或研究报告摘要,以供图书馆制作书目、摘要检索系统。该制度的实施对于优化学术研究环境产生了非常正面的影响。有学者建议将其拓展到网络传播过程,认为这"对于利用人而言,增加搜寻文献的便利性与完整性。对于著作权人而言,则增加著作被利用的机会"。①

这是使图书馆、利用人和著作权人三方都获益的制度设计。这样的建议具有启发意义。当下,我国的一些非营利性图书馆尤其是大学的图书馆通过网络随意提供硕博士论文全文,一些营利性图书馆在网络上提供论文摘要的同时,以付费系统收取利用者使用费后未经授权即提供论文全文。它们以公告形式要求著作权人与其联系订立授权合同,并错误地将权利人的无异议行为认定为默示许可,严重侵害了著作权人的权益。以上种种违法行为需要法律规制。

(三)完善图书馆等机构合理使用立法的具体建议

基于以上分析,笔者建议修改《条例》第7条,在图书馆等机构的合理使用规则方面做出以下的法律应对:

其一,图书馆等机构一概适用的信息网络传播权合理使用情形。图书馆等机构通过本馆的网络阅览系统供馆内读者阅览本馆收藏的合法出版的数字作品和依法为陈列或者保存版本的需要以数字化形式复制的作品,满足以下条件的,可以不经权利人同意,也无须支付报酬:(1)主体要件。该图书馆不管是私人经营还是公共性质,只要它不以直接获取经济利益为目的即可。(2)技术要求。图书馆采取了相应的技术措施,例如阅读系统不得提供复制功能,并能有效防止该作品通过信息网络进一步传播等。(3)作品要件。即本馆收藏的合法出版的数字作品和依法为陈列或者保存版本的需要以数字化形式复制的作品。(4)利益分享限度。即不得实质性地损害著作权人权益,必须是出于公共文化事业目的。

① 赖文智著:《图书馆与著作权法》,益思科技法律事务所2002年版,第198页。

其二，对于非营利性图书馆等机构利用本馆收藏的作品制作数字化复制件的规定。非营利性图书馆等机构为了保存版本或者是馆际交流等目的，有时也需要对有关作品进行数字化复制，而这些行为都是非营利性的，不会影响作者的经济利益和其他权益，所以应当纳入合理使用的范围。但是为保护著作权人的利益，必须增加限定条件，包括：(1)作品数字化的不可避免性，也就是说，如果市场上存在相应的数字化作品，则图书馆等机构不得进行数字化复制；(2)目的限制，应该为保存版本或馆际交流目的；(3)主体限制，仅限于非营利性图书馆；(4)数量限制，这样的数字化复制件应该在3份以内为妥。

其三，为非营利性图书馆等机构利用网络上已经传播的、可自由下载的作品提供豁免条件。非营利性图书馆等机构在网络上下载、复制未经版权人授权的文字、音乐和软件等数字化作品时，如果并非直接故意导致侵权行为的发生，则不应承担赔偿损失的责任。该规定的要件包括：(1)必须是非营利性图书馆等机构的下载和复制行为，因为对于非营利性图书馆而言，其下载和复制的主要目的在于保存相应文档并提供检索服务，非营利性决定这种下载、复制行为类似于“基于教学研究目的的复制”；(2)该种豁免只适用于网络上已经传播并且可以自由下载的数字化作品，它排除了图书馆等机构直接将馆藏的作品数字化的行为；(3)图书馆等机构必须是非直接故意，如果有意将下载后的作品提供给其他网络或者将复制品有偿提供给其他用户，则构成侵权；(4)如果权利人在发现图书馆等机构的下载、复制行为后认为这会损害自己的利益，可以要求图书馆等机构停止下载、复制行为，但不得要求赔偿损失。

其四，非营利性图书馆等机构向馆外读者提供数字化作品的合理使用。除著作权人事先声明不许使用的外，非营利性图书馆等机构在符合条件的情况下，可以不经其许可，通过本馆的网络阅览系统向馆外注册读者提供本馆收藏的合法出版的数字作品和依法为陈列或者保存版本的需要以数字化形式复制的作品。该规则的基本要求是：(1)提供网络阅览的数字化作品已经合法出版3年以上；(2)阅览系统不提供复制功能；(3)阅览系统能够准确记录作品的阅览次数，并且能够有效防止该作品通过信息网络进一步传播，同时防止终端用户的下载或复制；(4)向馆外读者提供的数字化作品在类型上受到限制，一般不适用于音乐作品、图形作品和电影类作品。

其五，图书馆向读者提供学位论文摘要、期刊学术论文摘要、研讨会论文或研究报告摘要，以供图书馆制作书目、摘要检索系统，可以不经权利人许可，不向其支付报酬。该规则的基本要求是：(1)主体方面，公益性或营利性图书馆均可通过信息网络提供特定类型作品的摘要，用以建立全文检索资料库。(2)客体方面,仅限于学位论文摘要、期刊学术论文摘要、研讨会论文或研究报告摘要。(3)合理使用的限度方面,只能是提供论文摘要,而且应该采取措施避免利用者接触到论文全文。质言之,任何图书馆要想在网络上提供学术论文的全文,都必须通过著作权集体管理组织或者是主动与著作权人联系,取得合法授权。那种以公告形式单方面要求著作权人与其联系订立授权契约的经营模式,将被认定为非法。

四、结　　论

近年来,随着我国互联网的迅速发展,我国网络用户迅猛增长,互联网已经成为获取信息的重要途径。如何调整权利人、网络服务提供者和作品使用者之间的关系,是互联网发展必须认真加以解决的问题。[①] 本文以信息网络传播权合理使用为探讨的主题,旨在实现网络环境下的利益平衡。尽管信息网络传播权合理使用的一般原理与传统版权并无不同,但是,针对某一个权能设置的合理使用机制,绝不可完全套用传统的思考路径和规制方法。从这个意义上讲,《条例》第6条和第7条仍然存在很大的完善空间。具体言之,至少以下方面值得特别重视:

首先,信息网络传播权的权利限制面临复杂的利益格局。传统使用者的一般抽象的规定在某种程度上很难完全适用。无论是图书馆、博物馆等公共文化机构,还是在线教育机构、网络服务提供商等网络新型媒介,都不再可以完全等同于文学、艺术和科学作品的普通使用者。它们不仅具有多重的身份和角色,而且具有更强的利益指向。所以必须通过“区分”原则,实现创造者、传播者和公共文化机构、使用者之间的利益分享。正如有学者指出的,在高新技术的环境下寻求合理使用制度的重整,应当从以下几个基本点出发:(1)高科技扩充了著作权保护的客体,也必然相应地带来对其合理使用的限制;(2)高新技术的发展扩大了作品使用的方式和途径,同时也带来了一定范围内合理使用向许可使用转变的结果;(3)高新技术带来了简单而有效的复制手段,也模糊了合理使用与侵权的界限;(4)高新技术造成合理性判断的困难,同时也将促使合理使用规则由传统走向现代化。[②] 由此必须进行制度创新,适度打破旧有规则设定的条条框

① 金武卫:“《信息网络传播权保护条例》评述”,载吴汉东主编:《中国知识产权蓝皮书》,北京大学出版社2007年版,第351页。

② 吴汉东主编:《高科技发展与民法制度创新》,中国人民大学出版社2003年版,第229~231页。

框，在不违背信息网络传播权基本法理的前提下，实现各利益相关者的利益和谐。

其次，信息网络传播权的权利限制担负着与以往不同的使命。在网络时代，权利的限制是消解数字化鸿沟的必由之路，也是繁荣网络文化的重要考量。有学者指出："与计算机有关的接口和互联网就像医疗保险。几乎每个人都需要它，但是大多数穷人没有它。已经上网的人，浏览万维网并在互联网上进行日常生活和商业活动的人，有着极大的经济和社会优势……没有上网的人就有成为新的仆人阶层的危险。然而网络的作用又并不是纯粹悲观的。实际上，在向普遍的不平等机遇问题开战时，计算机接口问题正是开始的好地方……提供与互联网接口的平等在技术上要比提供获得住房和医疗卫生的平等容易。"①如果在互联网上没有为消费者提供与模拟环境相比更为便捷、保真的作品，或者仅仅只有作者的创作而没有消费的话，网络的价值就难以体现，网络文化和网络技术所能产生的广泛辐射效应就得不到实现。所以，必须建立起与传统合理使用不完全相同的制度规则，用以推进网络上作品创作和传播的繁荣。

最后，信息网络传播权的合理使用规则需要随着技术的进步不断调整。技术的进步必将带来新的组织机构、新的利益相关者和新的作品利用模式。由于在不同的技术前提下会产生不同的作品控制手段和权利许可模式，所以信息网络传播权的权利限制已经与技术措施保护、权利利用方式紧密结合在一起。在某种意义上看，如果技术发展越来越有利于权利人，那么权利限制的幅度应该更加宽泛；反之，如果技术发展对网络经营者、公共文化机构和使用者更为有利，那么权利限制的范围就应该收缩。与此同时，如果技术支持下的权利许可非常便捷和便宜，那么权利限制的幅度应该减小；反之，如果技术支持下的权利许可非常困难和昂贵，那么权利限制的幅度就应该增大。考虑到这种技术的变化常新，所以，设计原则性的一般规范以及针对特定主体的特别规则均不可阙如，应成为信息网络传播权合理使用规范的最主要组成部分。

（2008 年第 6 期）

① ［美］弗里曼·戴森著：《太阳、基因组与互联网》，覃方明译，三联书店 2000 年版，第 78～79 页。

缔约过失责任之独立性质疑

李中原*

一、问题的提出:我国民法上的缔约过失责任是否应为独立的责任类型

我国《合同法》第42条①和第43条②确立了所谓的"缔约过失责任"。据此,缔约过失责任一般被定义为:"在合同缔结过程中,一方当事人违反了以诚实信用原则为基础的先契约义务,造成另一方当事人的损害,因此应承担的法律后果。"③当前我国主要的民法和合同法著作几乎都将缔约过失责任作为一种独立的责任类型。④ 在由王利明教授主持的《中国民法典学者建议稿》中,缔约过失甚至被从合同法中分离出来而与合同、侵权行为、无因管理、不当得利、悬赏广告一起并列规定为债的发生依据。⑤

作为缔约过失责任之独立性的理论依据,国内学者多从其与违约责任和侵权责任的区别入手,在观点上也大同小异,但基本出发点在于:缔约过失责任的基础是依诚实信用原则而产生的先契约义务,此种先契约义务以维护信赖利益为中心。因此,缔约过失责任与违约责任的根本区别是:违约责任以有效成立的合同为前提,责任人所违反的是合同义务;而缔约过失责任的当事人之间则不存

---

* 作者单位:苏州大学法学院。

① 我国《合同法》第42条规定:"当事人在订立合同过程中有下列情形之一,给对方造成损失的,应当承担损害赔偿责任:(1)假借订立合同,恶意进行磋商;(2)故意隐瞒与订立合同有关的重要事实或者提供虚假情况;(3)有其他违背诚实信用原则的行为。"

② 我国《合同法》第43条规定:"当事人在订立合同过程中知悉的商业秘密,无论合同是否成立,不得泄露或者不正当地使用。泄露或者不正当地使用该商业秘密给对方造成损失的,应当承担损害赔偿责任。"

③ 魏振瀛主编:《民法》,北京大学出版社、高等教育出版社2000年版,第418页。

④ 同上,第417~421页;韩世远著:《合同法总论》,法律出版社2004年版,第138页以下;李永军著:《合同法》,法律出版社2005年版,第167页以下。

⑤ 王利明主编:《中国民法典学者建议稿及立法理由·债法总则编·合同编》,法律出版社2005年版,第六编第二章"债的发生"第1153条。此外,中国社科院的张广兴研究员也主张将缔约过失单独作为债的发生原因之一,因缔约过失所发生的债也应成为一种法定债。参见张广兴著:《债法总论》,法律出版社1997年版,第54页。

在有效成立的合同,责任人所违反的先契约义务不是合同义务,而是法定的义务。[①] 另外,缔约过失责任与侵权责任的根本区别则体现为:缔约过失责任发生于为缔约而进行接触的当事人之间,双方在以缔约为目的的活动中产生了特定的信赖关系,其内容就是一种依诚实信用原则而产生的先契约义务或信赖义务,比如通知、保护、协助、保密等义务;而侵权责任的发生却不需要当事人之间存在着这样的信赖关系,侵权行为所违反的只是不得侵犯他人的人身和财产的一般义务。从内容上来看,先契约义务所课以的注意要求要高于侵权法上的一般义务。[②]

对于缔约过失责任与违约责任之间的区分,国内民法学界不存在争议;但是对于缔约过失责任与侵权责任之间的区分,学界则存在一些零星的异议。持异议的学者一般认为,先契约义务也是法定义务,因此,缔约过失责任只不过是侵权责任的一种形态;[③]从实践来看,"现代侵权行为法也开始承认,在特殊场合,加重行为人的注意义务,缔约过失场合也可构成侵权责任"。[④] 比如,消费者在商店购物时滑倒受伤所产生的赔偿诉讼,作为传统上缔约过失责任的一种典型案件,依据我国2004年施行的《最高人民法院关于审理人身损害赔偿案件适用法律若干问题的解释》第6条的规定,则被归入了侵权责任的范畴。此外,针对《合同法》第42条和第43条所规定的恶意磋商、隐瞒重要事实或提供虚假情况,以及泄露或不正当使用商业秘密的行为,即使没有缔约过失理论,我们在司法实践中也完全可以通过侵权法来寻求损害赔偿。因为根据我国的侵权法理论和实践的一般认识,侵权责任的一般依据在于《民法通则》第106条第2款的规定:"公民、法人由于过错侵害国家的、集体的财产,侵害他人财产、人身的,应当承担民事责任。"上述三类行为完全可以包含在其中。因此单凭先契约义务的特殊性并不足以将缔约过失责任从侵权责任中独立出来。由此可见,在目前国内的民法理论上,所谓缔约过失责任独立性的观点并不具有足够的说服力。既然如此,为什么这种观点仍然能够主导国内的民法学说呢?

究其根源,国内学者对于缔约过失责任的认识完全来自我国台湾地区和德

---

① 魏振瀛主编:《民法》,北京大学出版社、高等教育出版社2000年版,第420页;崔建远主编:《合同法》,法律出版社2003年版,第86页。

② 同上。

③ 学者刘汉霞明确否定缔约过失责任是独立于违约责任和侵权责任之外的责任类型,其主张:"先合同义务在本质上是一种法定义务,根据违反法定义务构成侵权责任的一般理论,缔约上的过失责任只能是侵权责任。"参见张民安、王红一主编:《合同法》,中山大学出版社2003年版,第66~67页。

④ 崔建远主编:《合同法》,法律出版社2003年版,第86页。

国的民法理论，[①]而在我国台湾地区和德国，缔约过失责任的独立性是毋庸置疑的，甚至被奉为“法学上之发现”。[②] 我国大多数学者所论述的缔约过失责任之独立性的依据也基本上是对德国和我国台湾地区的相关民法理论的简单照搬，比如，缔约过失责任只存在于建立了特定的信赖关系的当事人之间，侵权法无法保护由于缔约过失所导致的特殊损害等。但是，问题在于，这些来自德国和我国台湾地区的理论是否完全成立呢？此外，即便这些理论成立，它们能否直接嫁接到我国现有的民法体制中来呢？换句话说，缔约过失责任在我国台湾地区和德国是独立于违约责任与侵权责任之外的责任形态，这是否就意味着它在我国的民法体制下也当然是一种独立的责任形态呢？显然，这是问题的根源，也是上述异议的症结所在。

要回答这些问题，我们必须首先弄清楚缔约过失理论在其发源地德国以及我国台湾地区的“生存土壤”，准确把握缔约过失责任在其本土法学环境中获得独立地位的基本依据，进而结合我国法学理论和实践的环境以及国际上更为广泛之国家的做法，对缔约过失责任的独立性理论做出准确的评判。

二、缔约过失责任之独立性的本土依据：弥补侵权法的局限

缔约过失责任源自德国，国内对其缘起之过程已有翔实介绍，本文在此不予涉及。根据德国的相关民法理论，当事人在进入缔约阶段后即依诚信原则而相互负担一定之义务（包括通知、协助、保护义务等），此即所谓的“先契约义务”。任何一方违反这一义务而致他方身体或所有权受到损害或致他方遭受财产损失的，应当对他方承担赔偿责任，此即“缔约过失责任”。根据这一理论，缔约过失责任所要赔偿的范围由两个部分组成：一为受害人身体或所有权受到的损害；二

---

① 国内最初能接触到的有关缔约过失责任研究的中文资料都来自我国台湾地区学者对德国相关学说的评价，主要包括王泽鉴、刘得宽和林诚二等人的著作。就国内的研究而言，除了前注 4 中提到的一些当前的代表著作外，以国内较早涉及这一问题的权威民法学理论著作为例，其中关于缔约过失责任的介绍基本上都是以上述我国台湾地区学者的著作为依据的。参见王家福主编：《民法债权》，法律出版社 1991 年版，第 37 ~ 39 页；王利明著：《违约责任论》，中国政法大学出版社 1996 年版，第 594 页以下；王利明、崔建远著：《合同法新论 · 总则》，中国政法大学出版社 1996 年版，第313 ~ 316 页。

② 此语出自德国法学家的一份同名演讲报告，译文载王泽鉴著：《民法学说与判例研究》（第 4 册），中国政法大学出版社 1998 年版，第 1 页以下。

为受害人的财产损害。[①] 前者主要是指诸如商店这样的服务企业未尽到必要的安全保障义务而导致顾客受伤或财物损失的情况；后者所谓"财产损害"是指所有权以外的利益损失，也就是德国民法理论上所谓的信赖利益或消极利益的损失，它包括受害人因相信合同的有效成立（但合同最终并未成立，以及被撤销或归于无效）而支出的缔约费用和因此丧失其他缔约机会而蒙受的利益损失。[②]

从《德国民法典》的相关规定来看，缔约过失责任最初并未被作为一般规则得到确认，它仅仅是在民法的学说和判例中得到了广泛的承认。《德国民法典》上有关错误的意思表示被撤销后的赔偿（第122条第2项）、无权代理人的赔偿（第179条）、给付自始不能的赔偿（第307条，该条现已被废除）以及违法合同的赔偿（第309条，该条现已被废除）等在解释学上一般被认为是缔约过失责任的具体形式。此外，更多的缔约过失责任形态则是在判例中出现的。[③]

但是，2002年施行的《德国债法现代化法》则对传统民法典的规定进行了大幅度的修改。该次修改的重大成果之一就是作为缔约过失责任之理论前提的先契约义务关系在民法典上得到了一般性确认。根据修改后的《德国民法典》第311(2)、(3)条之规定，先契约义务被视为一种"准法律行为上的债务关系"，其内容是第241(2)条所规定的基于债的关系而发生的两项义务中的第2项，在《德国民法典》上被表述为"一方对另一方的权利、法益和利益的顾及义务"，即理论上所谓"附随义务"的内容；该种"准法律行为上的债务关系"因下列情形之一而发生：合同磋商的开始，合同的准备（在准备合同时，鉴于可能的法律行为上的关系，一方将影响自己的权利、法益和利益的可能性给予另一方或将自己的法益和利益托付给另一方）或类似的交易上的接触；该种"准法律行为上的债务关系"也可以对不应成为合同当事人的第三人而发生，这类第三人主要包括代理人、投资顾问、管理人和鉴定人等受到当事人特殊信赖而大大影响合同缔结过程的人员。[④]

由于上述先契约义务或准法律行为上的债务并非以合同为依据，所以在德

---

① 关于德国民法理论上"财产损害型"缔约过失责任和"所有权和身体损害型"缔约过失责任的区分，参见[德]梅迪库斯著：《德国债法总论》，杜景林、卢谌译，法律出版社2004年版，第96～97页。

② 关于信赖利益或消极利益的概念，参见梅仲协著：《民法要义》，中国政法大学出版社1998年版，第214页；王泽鉴："信赖利益之损害赔偿"，载王泽鉴著：《民法学说与判例研究》（第5册），中国政法大学出版社1998年版，第212页以下；[德]梅迪库斯著：《德国债法总论》，杜景林、卢谌译，法律出版社2004年版，第506～507页。

③ [德]梅迪库斯著：《德国债法总论》，杜景林、卢谌译，法律出版社2004年版，第92页以下。

④ 陈卫佐译注：《德国民法典》，法律出版社2006年版，第109～110页。

国,对于缔约过失责任与违约责任的区分争议不大;争议的焦点在缔约过失责任与侵权责任的区别上:由于二者都属于违反法定义务的责任类型,所以它们之间的界限不像缔约过失责任与违约责任之间的界限那么明显。在德国的主流学说中,缔约过失责任相对于侵权责任之独立性的理论依据主要来自以下两个方面:

1. 调整范围上的依据。缔约过失责任与侵权责任乃适用于不同的社会关系领域。王泽鉴先生对德国相关理论做出了如下评介:“侵权行为法仅适用于尚未因频繁社会接触而结合之当事人间所生的摩擦冲突;倘若当事人因其社会接触,自置于一个具体的生活关系中,并负有互相照顾的具体义务时,则法律应使此种生活关系成为法律关系,使当事人互负具体的债务。”①也就是说,当事人在为缔结契约而接触磋商之际,已由“一般普通关系”进入“特殊联系关系”,互相之间建立了一种“特殊的信赖关系”,这种关系以依据诚实信用原则而产生的通知、协助、保护、忠实等附随义务为内容,其性质及强度上超过一般侵权行为法上的注意义务,而与契约关系较为接近。② 对此,德国学者梅迪库斯也有类似的表述:“对于当事人而言,开始合同磋商即已经设定增强的注意义务,即已经设定特别结合关系。”③王泽鉴先生此处所谓的“具体的生活关系”、“特殊联系关系”或“特殊的信赖关系”就是德国学者梅迪库斯所谓的“特别结合关系”,这正是缔约过失责任适用的领域。在这种“特别结合关系”中,缔约当事人所承担的在性质及强度上超过一般侵权行为法之要求的所谓“增强的注意义务”即为“先契约义务”。

据此可以发现,在被称为“德国法学上之一大发现”的缔约过失理论中,实际上还潜藏着一个新颖的侵权法理论:侵权法的调整范围限于在损害发生前未发生直接的社会接触的当事人之间的“一般普通关系”,而不包括因当事人之间直接的社会接触而产生的“特别结合关系”。2002 年修改后的《德国民法典》第311(2)条将“交易上的接触”作为“准法律行为上的债务关系”发生的依据,显然就是对这一理论的确认。这一理论也明显影响到了我国学者对于缔约过失责任与侵权责任的理论基础的看法。④

---

① 王泽鉴:“法学上之发现”,载王泽鉴著:《民法学说与判例研究》(第 4 册),中国政法大学出版社 1998 年版,第 11 页。

② 王泽鉴:“缔约上之过失”,载王泽鉴著:《民法学说与判例研究》(第 1 册),中国政法大学出版社 1998 年版,第 96 页。

③ [德]梅迪库斯著:《德国债法总论》,杜景林、卢谌译,法律出版社 2004 年版,第 95 页。

④ 魏振瀛主编:《民法》,北京大学出版社、高等教育出版社 2000 年版,第 421 页;王利明主编:《中国民法典学者建议稿及立法理由 · 债法总则编 · 合同编》,法律出版社 2005 年版,第 65 ~ 66 页;崔建远主编:《合同法》,法律出版社 2003 年版。

2. 法律技术上的依据。在德国民法典的体制下,依据侵权法来处理缔约过失纠纷存在明显的缺陷。从目前德国和我国台湾地区的学者所举出的例证来看,这些局限之处主要表现在以下几个方面:

首先,雇主责任上的局限。根据《德国民法典》第831条的规定,如果雇员在工作中致人损害的,雇主只要能够证明其在选任、监督雇员上已尽到必要之注意义务或即使尽到必要之注意仍不免发生损害的,可以免责。据此,当商店售货员在销售过程中因过失损害客户利益时,店主便可以此为由而不承担赔偿责任。

其次,诉讼时效上的局限。在2002年《德国债法现代化法》施行之前,《德国民法典》上规定的普通诉讼时效期间为30年(第852条),而适用于侵权的诉讼时效期间则为3年(第195条)。这样一来,依据侵权法来保护缔约过失的受害人,其请求权的诉讼时效期间要远远短于普通诉讼时效期间。①

最后,侵权法在保护范围上的局限。由于《德国民法典》关于侵权行为的保护采取的是一种"相对分散的概括模式",德国学者称为"小的一般条款",②而非统一抽象的"一般条款模式",该种保护模式的一大特点就在于谨慎地限制侵权法的保护范围。德国侵权法所规定的一般侵权行为(即过错责任形态)总体上包括三类:权利侵犯型(《德国民法典》第823条第1款、第824条和第825条)、违反保护性法律型(《德国民法典》第823条第2款)和违反善良风俗型(《德国民法典》第826条)。

权利侵犯规则所保护的是生命、身体、健康、自由、所有权、声誉、性权利③及其他权利,而缔约过失除了造成受害人身体和所有权的损害外,在多数情况下则造成的是受害人财产利益上的损失(比如支出的费用),而后者并不在以上所列举的权利范围之内。即使是《德国民法典》第823条第1款所谓的"其他权利",在德国的理论和实践中也仅仅限于他物权、一般人格权、知识产权、营业权等绝对权利类型;根据德国民法解释学上的一致看法,该款关于"其他权利"的规定并非意味着将一切权利都置于侵权法的保护之下,而恰恰相反,立法者的真实意图是将债权和由侵权带来的一些间接利益的损失(比如,打伤雇工而给雇主带来的停工损失或者给其他雇工带来的工作量的增加,或者打死了某个商店的重要客户而给该商店所带来的潜在营业利益上的损失等)排除于侵权法保护之

---

① 在《德国债法现代化法》施行以后,德国民法上的普通诉讼时效期间缩短为3年,侵权的诉讼时效期间则延长为10年,其效果与修改前恰恰相反。

② [德]梅迪库斯著:《德国债法分论》,杜景林、卢谌译,法律出版社2007年版,第616页。

③ 《德国民法典》第823条在2002年被修改,其保护范围扩张至一切受"诱使性行为"侵害之利益,从这一意义上讲,该种侵权实属违反善良风俗(《德国民法典》第826条)之具体形态。

外。正是基于此,德国民法学者一再强调,侵权法所保护的财产权利并非“总括财产(das Vermogen)”,即一切具有金钱价值的财产利益,而仅仅限于所有权和与所有权类似的绝对权利。① 这一限定是德国侵权法保护范围之局限性的根源,也是缔约过失责任之独立性的根源所在。

此外,缔约过失在多数场合并非故意,因此不属于《德国民法典》第 826 条所谓的违反善良风俗;而且,在缔约过失的场合,受害人往往无法找到保护自己利益的具体明确的法律规范,因而也不属于《德国民法典》第 823 条第 2 款的范围。所以,德国的侵权法并不足以实现对缔约过失问题的全面规范。

基于此,缔约过失责任规则的提出在德国的法学理论上被看做对侵权法的不公平和保护范围上的局限性的补充,因而其在德国现代民法的理论和实践中具有无可替代的重要性。我国台湾地区“侵权法”的规定也存在与德国类似的局限,②加之我国台湾地区民法与德国民法之间的师承关系,德国的缔约过失责任理论在我国台湾地区“民法”上基本得到了移植。

首先,就缔约过失责任的保护范围来看,与德国有所不同的是,我国台湾地区的民法学者之间明显存在两种对立的观点。其中,以王泽鉴先生为代表的一些学者,主张将缔约过失责任的形态仅仅局限于信赖利益的损害赔偿责任(即信赖责任),而将缔约过程中的所有权和身体损害排除在外;根据王泽鉴先生的观点,后者在我国台湾地区和其他国家多依侵权法处理。③ 相反,林诚二和邱聪智先生则主张将二者都纳入缔约过失责任的保护范围。④

其次,就缔约过失责任的保护模式来看,与《德国民法典》一样,我国台湾地区“民法”也经历了一个由具体规定向一般规则转变的过程。在 2000 年之前,我国台湾地区“民法”保持了《德国民法典》的传统做法,即不设一般规则,仅就

① [德]梅迪库斯著:《德国债法分论》,杜景林、卢谌译,法律出版社 2007 年版,第 613 ~ 672 页;[德]马克西米利安·福克斯著:《侵权行为法》,齐晓琨译,法律出版社 2006 年版,第 40 页。

② 参见我国台湾地区“民法”第 184 条(侵权法保护的仅为权利而非财产)、第 188 条(雇主责任上的局限)的规定;王泽鉴著:《民法学说与判例研究》(第 4 册),中国政法大学出版社 1998 年版,第 95 页。

③ 王泽鉴著:《民法学说与判例研究》(第 1 册),中国政法大学出版社 1998 年版,第 101 页。在继受缔约过失理论之意大利,其民法理论也将缔约过失责任限于信赖利益(消极利益)的损害赔偿(See Maria Cristina Diener, Il Contratto in Generale, Giuffrè, Milano, 2002, p. 145)。克雷斯蒂安·冯·巴尔教授也证实,在欧洲各国的理论上,缔约过失的赔偿请求权也通常限于信赖利益的损失。参见[德]克雷斯蒂安·冯·巴尔著:《欧洲比较侵权行为法》(上卷),张新宝译,法律出版社 2001 年版,第 576 页。

④ 林诚二著:《民法债编总论——体系化解说》,中国人民大学出版社 2003 年版,第 425 页;邱聪智著:《新订民法债编通则》(下册),中国人民大学出版社 2004 年版,第 329 页。

特殊情况设具体规定。比如,我国台湾地区"民法"规定了意思表示被撤销后的赔偿责任(第91条)、无权代理人的赔偿责任(第110条)、无效法律行为之当事人的赔偿责任(第113条),以及给付自始不能的赔偿责任(第247条)。但是,2000年修订后之我国台湾地区"民法"第245-1条则增设了一般规则条款:"契约未成立时,当事人为准备或商议订立契约而有下列情形之一者,对于非因过失而信契约能成立致受损害之他方当事人,负赔偿责任:(1)就订约有重要关系之事项,对他方之询问,恶意隐匿或为不实之说明者。(2)知悉或持有他方之秘密,经他方明示应予保密,而因故意或重大过失泄露之者。(3)其他显然违反诚实及信用方法者。前项损害赔偿请求权,因二年间不行使而消灭。"该条款第3项之用语明显体现出了立法者对先契约义务和缔约过失责任的一般性确认。①

在我国台湾地区"民法"上,作为缔约过失责任之独立性的依据,除了与德国侵权法类似的法律技术上的依据外,②最主要的论理依据就是所谓的"信赖利益和信赖责任说",即缔约过失责任所保护的是一方当事人因信赖合同有效成立,但合同最终并未成立,以及被撤销或归于无效时,③所遭受的利益损失,包括支出的费用和失去其他缔约机会的利益。这种信赖利益非为侵权法所保护之"权利"的范畴(我国台湾地区"民法"第184条)。

三、缔约过失责任之独立性的依据在我国侵权法体制下不能成立

从上述分析中可以发现,缔约过失责任的出现与德国的民法体制,尤其是侵权法的特有体制有着密切的关系。现在的问题在于,在我国的侵权法体制下,上述适用于德国或我国台湾地区的有关缔约过失责任之独立性的依据是否还能够成立呢?答案当然是否定的。

---

① 对此,林诚二先生则有不同看法。参见林诚二著:《民法债编总论——体系化解说》,中国人民大学出版社2003年版,第426页。

② 王泽鉴著:《民法学说与判例研究》(第4册),中国政法大学出版社1998年版。

③ 在德国法系(包括我国台湾地区、意大利)的传统理论中,信赖利益或消极利益一定与法律行为的不成立、无效、撤销相联系。因此,仅对信赖利益进行赔偿的缔约过失责任,在德国、我国台湾地区和意大利,都只适用于合同不成立、无效、撤销的场合,而在合同有效成立时则一般不予认可(虽然在理论上有一定探讨)。[德]梅迪库斯著:《德国债法总论》,杜景林、卢谌译,法律出版社2004年版,第102~104页;王泽鉴著:《民法学说与判例研究》(第1册),中国政法大学出版社1998年版,第98~99页;See Maria Cristina Diener, Il Contratto in Generale, Giuffrè, Milano, 2002, p. 145。

(一)法律技术层面的国情考察

就法律技术而言,在德国和我国台湾地区"侵权法"上所存在的不公平和保护范围上的局限性在我国并不存在。

首先,在雇主责任上,《德国民法典》和我国台湾地区"民法"所规定的雇主免责事由在我国侵权法上不适用。我国《民法通则》第 43 条规定:"企业法人对它的法定代表人和其他工作人员的经营活动,承担民事责任。"2004 年施行的《最高人民法院关于审理人身损害赔偿案件适用法律若干问题的解释》第 9 条进一步规定:"雇员在从事雇佣活动中致人损害的,雇主应当承担赔偿责任;雇员因故意或者重大过失致人损害的,应当与雇主承担连带赔偿责任。雇主承担连带赔偿责任的,可以向雇员追偿。"在以上规定中并不存在雇主(包括企业法人)无过错免责的条款。从性质上讲,在我国侵权法体制下,雇主对雇员行为承担的是一种无过错责任:对于雇员在从事雇佣活动中所导致的损害,雇主不得以其在选任、监督雇员上已尽到必要之注意义务或即使尽到必要之注意仍不免发生损害为理由而主张免责。据此,对于店员销售过程中的过失损害问题在我国可以直接适用侵权规则来解决,而无适用缔约过失责任的必要。

其次,由于我国实行统一的诉讼时效制度,诉讼时效期间的长短与责任类型无关:无论是违约责任、侵权责任抑或是缔约过失责任,在诉讼时效期间上并无差异。因此,不存在依据侵权法来保护缔约过失的受害人,其请求权的诉讼时效期间要远远短于普通诉讼时效期间的问题。

最后,德国和我国台湾地区"侵权法"在保护范围上的局限性在我国也不存在。我国在侵权法的理论和实践中一直采取的是一种较为宽泛的保护模式。除违约责任以外,凡是违反法定义务侵害国家的、集体的财产或侵害他人财产、人身所应当承担的民事责任都属于侵权责任的范畴;这里的"财产"包括了在德国和我国台湾地区"侵权法"上不受保护的诸如信赖利益等纯粹的"财产"利益。①由于在缔约阶段的先契约义务也属于法定义务的范畴,作为违反这一义务的后果,即所谓的"信赖责任"或"缔约过失责任",当然应归入侵权责任的范畴。

正因为如此,将缔约过失责任排除于侵权责任类型以外的实践依据在我国是不成立的。

(二)调整范围层面的论理批判

另外一个问题是,缔约过失责任独立性的理论依据,即所谓调整范围上的独

---

① 参见我国《民法通则》第 106 条;王利明、杨立新编著:《侵权行为法》,法律出版社 1996 年版,第 1 页、第 6 ~ 8 页;魏振瀛主编:《民法》,北京大学出版社、高等教育出版社 2000 年版,第 675 页。

特性，在我国是否能够成立呢？

对此，笔者以为，即使在德国和我国台湾地区的"侵权法"理论上，这种将侵权法的调整范围限制于"一般普通关系"的理论也是片面的。依据王泽鉴先生的描述，在损害发生前未发生直接的社会接触的当事人之间的"一般普通关系"由侵权法调整，而因当事人之间直接的社会接触而产生的除契约关系以外的"特别结合关系"则应当比照契约关系予以处理（即所谓的缔约过失责任规则）。但问题在于，这种"特别结合关系"在法律上并非仅仅局限于缔约领域。关于这一点，德国学者豪普特、多尔以及施密第斯也已指出："纵无缔约行为及契约上之意思，亦得直接由客观的社会关联产生法律关系及债之关系。"①比如，发生在亲权或监护当事人之间的关系，发生在无因管理过程中的管理人与被管理人之间的关系等。因为父母与未成年子女之间或者监护人与被监护人之间早已存在直接而密切的社会接触，他们之间所存在的法律上的利益关系或信任关系也超过"一般普通关系"的程度，而在无因管理过程中，管理人依法须对被管理人的事务尽到善良管理人的注意义务，这也超越了一般普通关系当事人之间的注意程度。那么，是否在这些领域因为上述义务的违反而导致的损害赔偿后果也应当如缔约过失责任那样独立于侵权法之外呢？除此之外，人际关系中的直接接触也绝非仅仅限于缔约以及上述之亲权、监护和管理他人事务的场合，人们在各种讨论、做节目以及聚会等场合都会发生不同程度的直接接触，在此过程中当事人相互之间的信赖程度或注意义务也多有不同，那么，是否在这些领域发生的损害赔偿应当根据人们之间所处的"接触关系"的直接程度（或亲密程度）的不同，或者说根据人们之间的信任程度或注意义务的大小，而做出不同类型的划分呢？

显然，目前我们所了解的包括德国和我国台湾地区在内的主要国家和地区都没有采纳这一做法。除了缔约过失责任的争议以外，上述损害赔偿问题在大多数国家和地区都归属于侵权的范畴；即使是在合同磋商或准备过程中发生的过失损害，如果损害的客体是人身或所有权，在大多数国家和地区——包括采纳缔约过失责任理论的国家和地区——仍被归入侵权法的范畴。对此，我国学者王利明教授提出，在合同成立前发生的信赖利益的损害与所有权或身体的损害是不同的，因为前者发生在为缔约而磋商的场合，在此种场合，当事人之间已经发生了"实际的接触（如发生要约或要约邀请）"，产生了"法律上的联系"或"缔约关系"，只有具有了这样的联系，当事人之间才能产生信赖关系，由此产生的

① 转引自王泽鉴著：《民法学说与判例研究》（第4册），中国政法大学出版社1998年版，第11页。

责任属于缔约过失责任；而在诸如消费者在商场中被玻璃或悬挂物砸伤或在商场中滑倒摔伤的场合，双方（消费者与商场）并没有发生实际的接触，甚至很难确定受害人具有购货的意思或订约的意图，因此，不存在缔约关系，由此产生的责任不属于缔约过失责任，而属于侵权责任。①

笔者以为，王利明教授强调缔约行为的特殊性是有道理的，但就此认为，在合同成立前发生所有权或身体损害的场合当事人之间尚未进入缔约状态（即"实际的接触"或"缔约关系"），显然是对缔约状态或缔约过程的狭隘理解，同时也不符合德国相关传统理论和最新立法的精神。

首先，在合同订立的理论上，商店开门营业的行为就已经构成了对于广大消费者的要约或要约邀请，消费者进入商店后即使没有明确的购买意图，也已经进入到《德国民法典》第311(2)条所谓的"合同的准备"阶段——这就是缔约状态或缔约过程的开始。他们当然有理由相信商场应为他们提供安全的购物环境，而无须等到交易磋商或谈判正式开始后才发生此信赖；如果硬要当事人之间开始了磋商或谈判方才算是有了购货的意思或订约的意图，那么我们又怎么看待某些消费者只问价而不购买或者纯粹凑热闹的磋商行为呢？显然，我们不能够过于苛求缔约行为状态的开始条件。

其次，就在商场所发生的所有权或身体损害而言，也有发生在磋商正式开始以后的。比如，准备购买地毯的顾客在试验地毯的防滑性时摔伤，此时在顾客和商家之间已经开始磋商了。显然，即使我们对缔约行为状态的开始条件作严格的限制，我们也不能一概地说，在合同成立前发生所有权或身体损害的场合，当事人之间没有发生"实际的接触"，没有产生"法律上的联系"或"缔约关系"。

在我国的民法理论和实践中，上述发生在"特别结合关系"领域的损害赔偿，除信赖利益的损害赔偿责任（信赖责任）存在争议外，一般都被列入侵权法保护的范围。

以上论述起码说明，在实证法的层面上，侵权法所调整或保护的范围除了包括在损害发生前未发生直接的社会接触的当事人之间的"一般普通关系"之外，还包括某些因当事人之间直接的社会接触而产生的"特别结合关系"类型。所以，以侵权法的调整范围仅限于"一般普通关系"为由将缔约过失责任排除于侵权责任类型之外的理论依据是不成立的。

总而言之，无论在法律技术的层面，还是在调整范围的层面，缔约过失

① 王利明主编：《中国民法典学者建议稿及立法理由·债法总则编·合同编》，法律出版社2005年版，第65～66页。

责任与侵权法相分离的理论都是德国法学特有的理论和实践的产物，其根源在于德国侵权法保护范围的限定性：由于侵权法保护范围的限定，缔约过失责任无法为侵权法所涵盖，这就为对缔约过失责任适用不同于侵权的诉讼时效和责任条件提供了依据，也促使了在调整范围问题上的新的解释理论的出现。

四、将缔约过失责任作为侵权责任的一种类型是国际上更为普遍的做法

从比较法的角度来看，缔约过失责任及其独立性的理论在除德国和我国台湾地区以外的其他国家和地区的立法和理论上是何处境呢？

在英美法系，缔约过失责任的概念是不存在的。根据英美合同法的传统观点，在合同成立以前，处于缔约阶段的当事人之间，除了禁止欺诈和虚假陈述以外，没有任何责任。但是现代英美法已经逐渐超越了这一传统，它们的判例和制定法也确认了处于缔约阶段的当事人之间也存在除禁止欺诈和虚假陈述以外的其他义务，违反这些义务给对方造成损害的，须承担损害赔偿责任。但对于此类责任的性质，英美法系则没有集中统一的解释，在相关的合同法著作中一般也未有提及。①

根据英国合同法专家阿狄亚对于英美法上相关救济手段的介绍，我们发现，在英美法上，缔约阶段的当事人在缔约失败（或谈判破裂）的情况下所要承担的责任包括返还财物、强制履行和损害赔偿。返还财物责任的法律依据来自返还法（也称偿还法），而强制履行则主要针对的是由于缔约一方的陈述使得对方产生了合理的信赖并依此行事的场合，在这种场合，法院可以强制陈述方兑现自己的陈述，而其依据则是英美合同法上传统的“允诺禁止反言”的规则，有时法官也援用“单务合同”规则。至于我们关心的缔约失败后的损害赔偿责任，其法律依据则涉及普通法、衡平法和制定法三个方面。

在普通法上，法院往往直接依据侵权或所谓的“法院制造合同”来追究缔约一方的损害赔偿责任：诸如欺诈、虚假陈述以及过失性的不当表述，在普通法上本身就是侵权行为；②而在缔约一方未尽到必要的注意义务（或诚信义务）从而导致缔

① ［英］P. S. 阿狄亚著：《合同法导论》，赵旭东等译，法律出版社2002年版，第103～112页。

② 同上，第471页；另参见《美国第二次侵权法重述》第四编“不当表述”（Misrepresentation）的规定。

约失败的场合，法院则推定缔约当事人之间存在以这些必要的义务为内容的“默示预备性合同”，以此来强制违反这一义务的缔约人承担损害赔偿责任。

在衡平法上，法院往往也将缔约过错的一方作为侵权人来对待。在阿狄亚所举到的判例中，对在缔约中获取的技术秘密加以保密被认为是一项衡平法上的“默示义务”，而泄密行为则被作为衡平法上的侵权来看待。

有关制定法中所确立的规则也被法院援引来作为追究缔约方损害赔偿责任的依据，比如，有关“反歧视法”的规定被法院作为判决雇主向求职者承担损害赔偿责任的法律依据，因为该雇主违背这一规定拒绝雇佣某个求职者；另外，依据有关“公平招标”的欧盟指令，[①]招标人应当根据招标条件公平地对待所有的投标人，因为招标人违背这一规定被错误拒绝的投标人，有权依据该规定要求损害赔偿。当然，从这些法律规定的性质上来分析，背离规定的违法行为应当属于侵权行为的范畴。

总体来看，在德国法系被称为“缔约过失责任”的法律范畴，在英美法系并没有独立的地位：一方面，英美法系根本没有“缔约过失责任”的概念；另一方面，发生在缔约领域的损害赔偿纠纷，在英美法系乃是侵权法和合同法共同保护的领域，但从英美法律界的倾向来看，侵权法保护则更受青睐，因为所谓的“法院制造合同”被认为是对自由市场理念和合同自由传统原则的过度干涉。[②]

缔约过失责任理论在大陆法系的影响比较广泛。根据有关介绍，[③]采纳德国的缔约过失责任理论的国家和地区主要包括瑞士、奥地利、希腊、法国、比利时、意大利、葡萄牙、日本和我国台湾地区等。综观这些继受缔约过失责任理论的国家或地区，直接在立法上将缔约过失责任作为一般性规则加以规定的除了我国台湾地区外，还有希腊、意大利和葡萄牙，而其他国家或地区则是在学说和判例上将缔约过失责任作为一般性规则，在立法上仅仅针对诸如合同不成立、无效、撤销等特殊情况分别规定相应的赔偿责任。笔者在这里仅对希腊、意大利、葡萄牙和法国的相关立法和理论进行考察。

希腊 1940 年的新《民法典》对缔约过失责任做出了一般性的规定。其第 197 条规定：“从事缔结契约磋商行为之际，当事人应负遵循依诚实信用及交易惯例所要求的行为义务。”其第 198 条规定：“于为缔结契约磋商行为之际，因过

---

① Statutory Instrument 1991 Nos. 2679,2680; Statutory Instrument 1992 No. 3279.

② [英]P. S. 阿狄亚著：《合同法导论》，赵旭东等译，法律出版社 2002 年版，第 111 ~ 112 页。

③ 王泽鉴著：《民法学说与判例研究》(第 1 册)，中国政法大学出版社 1998 年版，第 87 页；[德]克雷斯蒂安·冯·巴尔著：《欧洲比较侵权行为法》(上卷)，张新宝译，法律出版社 2001 年版，第 575 ~ 581 页。

失致相对人遭受损害时,应负损害赔偿责任,纵契约未能成立亦然,关于此项请求权之时效,准用基于侵权行为请求权时效之规定。”①《葡萄牙民法典》第227条作出了类似的规定:“以缔约为目的与对方进行谈判时,必须遵循诚实信用原则准备合同和缔结合同;否则他要对因过错给对方造成的损害承担责任。”②《意大利民法典》的相关规定也是一般性的,但较之于希腊仍略显“保守”。其第1337条规定:“在谈判和缔结契约的过程中,各方当事人应当遵守诚实信用原则。”其第1338条则规定:“知道或者应当知道存在契约无效原因的一方,未将该原因通知他方的,应当为此就他方在契约有效期内基于信赖而无过失遭受的损失承担赔偿责任。”

显然,希腊、葡萄牙和意大利的民法典的相关规定都包含两个层面:一是对“先契约义务”的一般性规定;二是对违反先契约义务的“缔约过失责任”的规定。对于前者,三个国家都予以了全面的肯定(《希腊民法典》第197条、《葡萄牙民法典》第227条、《意大利民法典》第1337条),但对于后者,其立法态度则明显不同:《希腊民法典》第198条和《葡萄牙民法典》第227条的规定是一种宽泛的一般性规则,它将所有违反先契约义务的“缔约过失责任”都涵盖在内;而《意大利民法典》第1338条则仅仅对“缔约过失责任”的一种形态——违背无效事实的通知义务——予以了规定。因此,从严格意义上讲,在《意大利民法典》中,只存在先契约义务的一般性规则,而无缔约过失责任的一般性规则。

深究其中原因,可以发现,意大利的民法学虽然接受了来自德国的缔约过失责任的概念,但并没有将缔约过失责任作为一种独立的责任类型。在意大利民法学界,关于缔约过失责任的性质存在“违约责任说”和“侵权责任说”两种观点:前者以先契约义务的相对性为依据,强调该种责任在内容上与合同责任的一致性;③后者则以缔约过失责任的“非契约性”或法定性为依据,强调该种责任在来源上的不法行为(即侵权行为)④属性。但在意大利的民法理论和实践上,“侵

① 王泽鉴著:《民法学说与判例研究》(第1册),中国政法大学出版社1998年版,第102页。

② [德]克雷斯蒂安·冯·巴尔著:《欧洲比较侵权行为法》(上卷),张新宝译,法律出版社2001年版,第576页。

③ 二者都以诚实信用为依据。因此,《意大利民法典》第1337条规定的诚信义务被认为是该法第1375条规定的合同诚信的衍生。

④ 在意大利民法理论上,侵权被表述为不法行为(fatti illeciti)。参见《意大利民法典》第2043~2059条。

权责任说”乃是主流观点。① 作为该学说最为权威的代表，意大利最高法院的态度是：缔约过失责任作为一种非契约责任，它在实质上并非来自当事人之间尚未达成的合同或者已经存在的协议，而是来自缔约一方的不法行为，因为该行为导致他方对未来合同的达成产生了信赖。② 意大利合同法学者玛利亚·迪艾内对于缔约过失责任在《意大利民法典》上的地位作出了这样的评价：“很明显，如果按照合同责任的理论，似乎意味着现行法典增设了当事人在合同缔结阶段的新的责任类型；然而这是不准确的，因为更准确地说，我们应当看到，随着社会观念的改进，不法行为所包含的范围已经扩张到了违背缔约过程中的正确义务的行为。”③

正因为如此，缔约阶段当事人所负有的法定的诚信义务或信赖义务有必要在立法上予以明确，而违反这一义务的后果则属于一般侵权的范畴，除了法律已有明确规定的具体情况外［比如违背无效事实的通知义务（《意大利民法典》第1338条）、无权代理的损害赔偿（《意大利民法典》第1398条）等］，可以适用《意大利民法典》第2043条关于“不法行为的损害赔偿”的一般规定。

当然，这只是对《意大利民法典》上只设先契约义务的一般性规则，但未设缔约过失责任之一般性规则的一种解释，而并非全部的原因所在。在葡萄牙的判例法上，缔约过失责任也被作为侵权责任来对待，④但我们知道它的《民法典》仍旧设立了缔约过失责任之一般性规则；而当代之德国的理论和司法判例则视缔约过失责任为独立责任类型，但《德国债法现代化法》所确立的最新模式则只设立了先契约义务的一般性规则，而没有设立缔约过失责任的一般性规则；《希腊民法典》虽然对先契约义务和缔约过失责任都做出了一般性规定，其国内的主流观点也倾向于将缔约过失归入合同或准合同（即德国最新模式之“准法律行为”）的类别，⑤但其“准用基于侵权行为请求权时效之规定”的表述也间接说明了缔约过失责任与侵权责任的亲缘性。

法国虽然也引进了缔约过失责任理论，但根据我国学者尹田的介绍，法国传统理论则将合同无效（包括不成立）时当事人所应承担的赔偿责任当做侵权责

① Maria Cristina Diener, Il Contratto in Generale, Giuffrè, Milano, 2002, pp. 139 – 141; E. Russo, G. Doria, G. Lener, Istituzioni delle Leggi Civili, Cedam, 2005, p. 587; Pietro Trimarchi, Istituzioni di Diritto Privato, Giuffrè, Milano, 2005, p. 270.

② Maria Cristina Diener, Il Contratto in Generale, Giuffrè, Milano, 2002, p. 141.

③ See Maria Cristina Diener, Il Contratto in Generale, Giuffrè, Milano, 2002, p. 141.

④ ［德］克雷斯蒂安·冯·巴尔著：《欧洲比较侵权行为法》（上卷），张新宝译，法律出版社2001年版，第579页。

⑤ 同上，第580页。

任,认为其应适用《法国民法典》第1382条所规定的过错责任原则。[①] 就此分析,法国的情况与意大利是相似的,即一方面承认缔约过失责任理论,而另一方面仍坚持其侵权的属性。这在克雷斯蒂安·冯·巴尔教授的著作中也得到了证实。[②]

基于以上比较法的分析,我们可以得出这样的结论:缔约过失责任的理论在两大法系都产生了不同程度的影响,对强化缔约阶段的诚信义务或信赖义务起到了积极的作用,但大多数国家还是将其作为传统侵权责任的衍生,并不承认其作为独立责任类型的地位。

五、关于我国《合同法》上缔约过失责任之立法模式的调整建议

从我国《合同法》第42条和第43条的规定来看,我国所确立的缔约过失责任制度具有以下两个方面的特点:

其一,缔约过失责任在我国《合同法》上是一项一般性规则。

其二,缔约过失责任在我国《合同法》上限于信赖责任。显然,我国《合同法》追随了大多数继受法国家的做法:将缔约过失责任仅仅限于信赖责任(信赖利益的损害赔偿责任),即因缔约过程中的欺诈、泄密等不诚信的行为所产生的赔偿责任,而将缔约过程中的所有权和身体损害排除在外。在我国的民法理论界,主流观点认为,诸如商店的地毯打滑、电梯安全性上的缺陷或销售人员的过失致使消费者在商店购物过程中受伤或遭受财物损失的情况,完全属于侵权法保护的范围。[③] 2004年施行的《最高人民法院关于审理人身损害赔偿案件适用法律若干问题的解释》第6条就明确将此作为服务业的安全保障责任而归入侵权责任的范畴。

由此推理,先契约义务也被划分为两类:一类是安全保障义务;另一类则是信赖义务。违反前者属于侵权责任,违反后者则属于缔约过失责任(信赖责任)。换句话说,在德国民法理论上作为违反先契约义务之统一后果的缔约过失责任,在我国的一般理论上被肢解为缔约过失责任和侵权责任两个

---

① 尹田著:《法国现代合同法》,法律出版社1995年版,第238页。

② [德]克雷斯蒂安·冯·巴尔著:《欧洲比较侵权行为法》(上卷),张新宝译,法律出版社2001年版,第577页。

③ 王利明主编:《中国民法典学者建议稿及立法理由·债法总则编·合同编》,法律出版社2005年版,第65~66页。但梁慧星先生主持的学者建议稿则将其归入缔约过失责任,参见梁慧星主编:《中国民法典草案建议稿》,法律出版社2003年版,第871条。

部分。

但问题在于,由于我国民法理论和民事立法对于一般侵权所采取的是宽泛保护的立场,这种"肢解式"的解释理论是多余的:它不仅与我国的现有体制冲突,而且使得现有之责任理论被不合理、不必要地复杂化了,这是科学的理论所不允许的。

通过以上的理论和实务分析,笔者得出的结论是:缔约过失责任的独立性在其起源地得以成立的理由在我国是不成立的,也是不必要的;从世界范围来看,将缔约阶段的责任作为侵权责任的一种类型则是更为普遍的做法;从我国民法理论和实践的情况来看,将缔约过失责任归属于一般侵权责任类型也是切实可行的。所以,将缔约过失责任作为独立的责任类型实为我国民法理论上的一个误区。

基于此,笔者主张,我国立法在保留缔约过失责任以明确当事人在缔约阶段的诚信义务的同时,对于缔约过失责任的规定应当予以精简。

从缔约过失责任的理论构成来看,它由三个部分组成:先契约义务、缔约过失行为、缔约过失责任。先契约义务是将当事人在缔约阶段的诚信义务法定化的关键,因此必须予以保留;缔约过失行为既然已被定性为一般侵权行为,因此其构成完全可以适用一般侵权行为的条件,对于其具体形式的列举不仅有挂一漏万之虞,而且导致条文臃肿,因此完全可以概括规定的方式予以取代;既然缔约过失行为的两种类型(即违反信赖义务与违反安全保障义务)都属于一般侵权行为的范畴,那么,将缔约过失行为限定在违反信赖义务的范围内已失去了必要;缔约过失责任作为侵权损害赔偿的类型,只需作"准用"侵权法的规定即可,而其所谓信赖利益的损失实为侵权法上的实际损失和预期利益的损失所包含,它们彼此之间的区别应属于法解释理论和司法裁量的范畴。

针对我国《合同法》第42条、第43条之规定以及目前由我国学者主持起草的两部《中国民法典草案建议稿》的相关规定,①笔者认为,它们相对于上述要求都存在不同程度的缺陷:我国《合同法》和王利明先生所主持的《中国民法典学者建议稿》均缺乏对先契约义务的明确统一规定;②梁慧星先生所主持的《中国民法典学者建议稿》对缔约过失责任的赔偿范围和诉讼时效做出了规定,而这

---

① 王利明主编:《中国民法典学者建议稿及立法理由·债法总则编·合同编》,法律出版社2005年版,第1182~1183条;梁慧星主编:《中国民法典草案建议稿》,法律出版社2003年版,第870~873条。

② 梁慧星先生主持的中国民法典草案建议稿在第870条规定了先契约义务。梁慧星主编:《中国民法典草案建议稿》,法律出版社2003年版,第870条。

与侵权法和民法总则的相关规定是重复的;此外,三者都对缔约过失行为的具体形式进行了不必要的列举。

从国际上来看,大凡采用一般规则模式的国家或地区(比如希腊、意大利、葡萄牙,以及德国的最新模式),都强调对先契约义务或信赖义务的规定,而将缔约过失责任作为违反先契约义务或信赖义务的当然结果,因此一般并不对缔约过失行为的具体形式加以列举(我国台湾地区例外)。作为细节上的差别,意大利和德国都只规定先契约义务,而对作为违反后果的缔约过失责任不设统一规定;希腊和葡萄牙则对两者都做出了一般规定。

综合上述分析,笔者以为,《希腊民法典》和《葡萄牙民法典》中有关缔约过失责任之立法模式可以作为我们效法的蓝本。据此,缔约过失责任的具体条款应设定为:"在缔结合同的过程中,当事人应负遵循依诚实信用及交易惯例所要求的行为义务。在缔结合同的过程中,当事人一方因过失致使相对人遭受损害时,应负赔偿责任。关于此项责任,准用侵权责任的一般规定。"相对于我国现行立法和《中国民法典学者建议稿》,上述新设计的条款不但内容精简、定性明确,而且更有利于从根本上实现对先契约义务的全面保护。

(2008年第7期)

不足额保险比例赔付的逻辑误区及其校正

韩长印*

一、问题的提出

2008年8月25日至29日在北京召开的十一届全国人大常委会第四次会议,初次审议了2008年《保险法修订草案》,并在中国人大网上全文公布了修订草案和公开征求意见的启事的内容。①

应当说,保险法的规范体系除了保险组织法规范之外,还包括保险合同法规范和保险监管法规范。如果说保险组织法的法规范本位在于确立保险业的准入门槛,而保险监管法的法规范本位在于保障保险业的稳健经营的话,那么,保险合同法的法规范本位无疑应当落脚在保险合同当事人利益的平衡上来,相应地,保险合同法规范的立法目标、司法适用导向乃至于对保险合同法规范的研习本身,都应当贯彻"如何实现保险合同当事人利益的平衡"这一指导思想,并以此作为检视保险合同法条款是否合理的重要标尺。② 当我们以"保险合同当事人的利益平衡"这一重要标尺来对《保险法修订草案》的相关内容进行评判的时候,可以比较容易地发现其中的诸多条文仍然若隐若现地存在向保险人一方的利益倾斜的现象。不足额保险的比例赔偿方式可谓其中的典型一例。

《保险法修订草案》第41条规定:"保险金额不得超过保险价值。超过保险

* 作者单位:上海交通大学凯原法学院。

① 这是继2002年我国第一次对1995年《保险法》进行修改之后的第二次修改,第一次修改没有涉及保险合同法的内容,本次修改是一次全面的修改。本次公开征求意见的截止日期为2008年10月10日。

② 由于保险合同当事人利益的平衡问题本身就属于保险业诚信经营的范畴,而保险业能否做到诚信经营又直接影响着保险业能否稳健经营和保险风险的大小,因而,实现保险合同当事人之间的利益平衡,也可同时算做保险监管法的立法和司法目的之一。据2005年3月26日《中国保险报》头版头条报道:"毕加索"珍品画展(主要是版画)的保险金额达1亿元以上,保险费200多万元,画展主办方最终选择向国外的保险公司投保,而不是向国内保险公司投保,因为主办方不相信国内保险公司的理赔效果和业务素质。此前主办方曾与国内保险公司有过合作,在一次瓷器展览中,某件瓷器出现一条裂纹,应当属于赔偿范围,但索赔中费了不少力气,最终只获赔一瓶万能胶。

价值的，超过的部分无效；保险人应当退还相应的保险费。保险金额低于保险价值的，除合同另有约定外，保险人按照保险金额与保险价值的比例承担赔偿责任。"①

《保险法修订草案》第41条规定是关于超额保险和不足额保险赔付方法的规定。② 理论上讲，关于不足额保险的赔偿，主要有比例赔偿和第一危险赔偿两种方式。比例赔偿又可称为不足额保险的比例分摊，是按照保险金额与保险财产实际价值之间的比例来计算赔偿的数额，其赔偿金额的计算公式为：赔偿金额＝损失额×保险金额与保险价值之比率。③ 第一危险赔偿又称第一损失赔偿，它是把保险财产的价值分为两部分，第一部分价值是与保险金额相等的部分，称其为第一危险责任，发生的损失称为第一损失；第二部分价值是超过保险金额的部分，称其为第二危险责任，发生的损失称为第二损失。所谓第一危险赔偿是指不考虑保险金额与保险价值的比例，在保险金额限度内，按照损失多少赔偿多少的原则进行赔偿，也即保险人只对第一危险责任负责，只赔偿第一损失，对于超过保险金额的部分，视为被保险人的自保部分不能由保险人承担赔偿责任。对比起来，在保险金额和保险费率固定的前提下，较之于比例赔偿，"第一危险赔偿方式对被保险人更为有利"，④因为它给被保险人的赔偿金额往往高于比例赔偿的数额。然而，我国现行《保险法》第40条及2008年《保险法修订草案》第41条对不足额保险的赔付方式都选择了以比例赔付为原则、以第一危险

---

① 2002年《保险法》第40条规定："保险金额不得超过保险价值；超过保险价值的，超过的部分无效。保险金额低于保险价值的，除合同另有约定外，保险人按照保险金额与保险价值的比例承担赔偿责任。"2008年《保险法修订草案》第41条与现行《保险法》的上述对应条文相比较，其增加了构成超额保险时"保险人应当退还相应的保险费"的规定，但对超额保险和不足额保险的赔偿方式并没有作出任何修改。

② 一般认为，价值补偿性保险在我国主要采用比例赔偿、第一危险赔偿和限额赔偿三种方式。除了后文将要讨论的比例赔偿和第一危险赔偿之外，限额赔偿方式包括限额责任赔偿方法和免责限度赔偿方法两种。限额责任赔偿方法，是指保险人只承担事先约定的损失额以内的赔偿，超过损失限额部分，保险人不负赔偿责任，该赔偿方法多应用于农业保险中的种植业与养殖业保险。免责限度赔偿方法，是指损失在限度内时保险人不负赔偿责任，损失超过限度时保险人才承担赔偿或给付责任。免责限度又可分为相对免责限度和绝对免责限度两种。相对免责限度，是指保险人规定一个免赔额或免赔率，当保险财产受损程度超过免赔限度时，保险人对全部损失作出赔付，不作任何扣除。绝对免责限度，是指保险人规定一个免赔额或免赔率，当保险财产受损程度超过免赔限度时，保险人扣除免赔额（率）后，只对超过部分负赔偿责任。

③ 国外保险立法和司法中允许按照投保方选定的保险金额与保险人限定的合同最低保险金额（而不是保险财产的全部价值）之间的比率来计算保险损失的赔偿数额。

④ 孙积禄著：《保险法论》，中国法制出版社1997年版，第85页。

赔偿为例外的赔偿方式。[①] 笔者以为上述条款的立法导向多有不妥,且不曾见到国内有论著对此提出过疑问,故拟对此问题从逻辑和法理层面作一些初步的探讨。

二、不足额保险的比例赔偿原则违背了保险法立法的一般逻辑

按照财产保险合同的一般原理,投保人或者被保险人可以根据保险标的的价值大小、保险危险发生的概率大小、发生保险危险可能遭受的损失多少等因素,自主地在保险价值之内选择保险金额的多少。不论被保险人选择的保险金额相当于保险价值的多大比例,保险人均应当在保险金额范围内根据保险财产的损失情况作出赔偿,并且赔偿数额应当与保险金额以及被保险人为之支付的保险费数额相适应。

基于保险合同大多是在保险公司提供的格式合同文本基础上签订的事实,保险公司应当根据财产保险标的的类别、不同赔偿方式下保险费率的高低、保险公司向全体投保人收取的费率与其承担的风险之间的对应关系、个别投保人与全体投保人保险费负担与保险保障的平衡关系等因素,对具体的保险合同的赔偿方式作出明确的约定。比如,对家庭财产的保险、企业库存财产的保险、仓储物资的保险乃至整个企业财产损失的保险等,保险合同可以在合同中明确约定采用第一危险的赔偿方式,并按照第一危险的赔偿方式厘定相应的保险费率。而对于其他财产的保险,则可以根据财产发生损失的概率、损失发生的数额、保险公司应当支付的赔偿金数额、投保人最终选择足额保险以及不足额保险的比例、投保人选择不足额保险时保险金额占保险价值的通常比例、足额保险和不足额保险之间保险人收取保险费率的差额以及对应的保险赔偿金额的对比关系等因素,设计出对应不足额保险比例赔偿的保险费率,并对是否采用比例赔偿作出明确的约定。

---

① 我国台湾地区"保险法"第77条关于"一部保险"的规定与我国《保险法》的相关规定相同。依照此规定,"保险金额不及保险标的物之价值者,除契约另有订定外,保险人之负担,以保险金额对于保险标的物之价值比例定之"。由此可见,我国《保险法》的相关规定并非立法之独创,同时也可看出该制度运作的惯常性和普遍性。但需要指出的是,我国台湾地区"保险法"在该条文之前专门对所谓"共保条款"作了如下提示性规定:"保险人得约定保险标的物之一部分,应由要保人自行负担由危险而生之损失。有前项约定时,要保人不得将未经保险之部分,另向他保险人订立保险契约。"

不足额保险的比例分担规则，在英美国家又被称为“共同保险”(coinsurance)，①保险公司可以在保险合同中载入“共保条款”。设立共保条款的基本目的是达到公平费率的负担，由于不少财产保险的损失大多是部分损失而不是全部损失，所以如果每个投保人都只为局部损失而不是全部损失进行投保，并允许一概采用第一危险的赔偿方式，则同一保险金额范围内保险费的总收入与保险赔偿的数额之间比较起来就会减少，相应地就会加重保险公司的赔偿负担，并同时产生鼓励投保人倾向于选择不足额保险的效果。本来，作为共保的替代方式，保险实务中“可以使用级差费率来满足不同层次的不足额保险的保费负担和赔偿要求，即随着保险金额的不断增加，相应给出一定的费率折扣。但是，这一方法需要对每项财产进行精确估价，以便确定所需的保险金额，这对保险公司来说成本也许是非常高的。此外，如果财产价值在保单有效期内发生大幅度的波动，估价方法也是无法令人满意的”。② 出于这些原因，保险实务中才使用共保方式而不是“一揽子”级差费率来达到公平费率的目的。

从制度层面上讲，不足额保险的比例分担与第一危险赔偿方式各有自己的长短之处。不足额保险的比例分担至少会产生如下问题：(1)如果保险金不经常随通货膨胀而周期性增长的话，那么通货膨胀将会给被保险人带来不利影响。当保单最初开始生效时，共保要求能够得到满足。但是，物价上涨会提高财产的重置成本。相应的结果就是被保险人可能在损失发生时拿不到所需要的保险金来弥补损失，如果损失发生，他将不能恢复到以前的财务水平。因此，一旦在保险合同中运用了共保条款，就应当对投保的保险金数额进行定期评估，以确定共保条件是否满足。(2)如果财产价值在保单有效期内大幅度波动，可能会对被保险人带来不利影响。比如，存货价值可能会因为一批货物的意外到达而大幅提高。此时如果损失发生，被保险人就可能得不到足够的保险金来避免共保带

① 英美所谓共同保险或者共保条款的含义，并不等同于我国国内教科书中讲到的多家保险公司对同一保险标的共同承保的“共保”，也不等同于投保人将同一保险标的、同一保险危险分别向多家保险公司分别投保的“复合保险”。这或许是对“coinsurance”这一用语的翻译问题。我国保险法语境下的“共保”是指两家以上保险公司对同一保险标的共同承保。比如，根据2006年6月27日《东方早报》的报道，我国风云二号D气象卫星的保额为3.95亿元人民币，太平洋财险公司获得了首席承保资格，承保比例达81.4%，除太保外，中再集团、平安财险、太平保险、中银保险、大地产险、中华联合财险、渤海财险等国内14家保险公司参与了该项目的共保。

② [美]乔治·E. 瑞达著：《风险管理与保险原理》，申曙光主译，中国人民大学出版社2006年版，第134页。

来的不利影响。[①] 而第一危险赔付的问题则在于,它通常难以提高保险客户的投保金额,反而激励投保人在较低的保险金额范围内投保,最终导致保险人在无形中丧失了一部分保险市场,[②]并进而导致保险费总额的萎缩和保险公司赔偿负担的加重。

或许正是由于不足额保险的比例分担和第一危险赔偿方式对投保人和保险人来说互有长短,国外相关立法大多允许保险人将第一危险赔偿方式与比例赔偿方式相结合,以求促使保险客户提高自己的投保金额。

分析至此,我们不难得出这样的判断,不足额保险究竟采用比例赔偿方式还是第一危险赔偿方式,应当根据财产保险的类别、保险费率的高低等诸多因素加以确定,或者由当事人在合同中作出明确的约定。如果立法没有根据财产保险类别等因素对不足额保险的赔付方式作出明确规定,而当事人又没有约定的,基于保险合同的定型化特征,立法应当作出对被保险人有利的规定。前文的分析已经表明,在保险金额和保险费率相同的情况下,第一危险赔付较之于比例赔付能够使被保险人获得更大程度的保险保障,因此,立法应当于此时选择"以第一危险赔偿方式为原则,以比例赔偿为例外"来确立不足额保险的赔偿方式。但遗憾的是,我国现行《保险法》和《保险法修订草案》正好与之相反,作出了不利于被保险人的规定,这不能不说是对保险法立法一般逻辑原理的违背。

三、不足额保险的形成原因并不能得出比例赔偿的立法推断

可以说,我国现有论著对不足额保险的形成原因的描述并不多见。笔者所见的论著是把不足额保险的形成原因总结为如下三个方面[③]:(1)由于保险人的规定,借以促使被保险人注意防范危险,如国外火灾保险中常有"四分之三损失条款",规定保险人的责任以每次损失的四分之三为限。(2)基于被保险人的原因,借以节省部分保险费。(3)由于财产价值的上涨,从而使财产的实际价值高于保险金额。但在笔者看来,从上述三种不足额保险的形成原因均不能当然得

① [美]乔治·E. 瑞达著:《风险管理与保险原理》,申曙光主译,中国人民大学出版社2006年版,第134页。

② 郑功成、许飞琼主编:《财产保险》,中国金融出版社2005年版,第40页。

③ 孙积禄著:《保险法论》,中国法制出版社1997年版,第84~85页。

出以比例赔付为原则的结论。

首先,上述“四分之三损失条款”实际上是免赔条款,并非不足额保险的比例赔付。财产损失险中免赔额或者免赔比例条款的存在是很常见的,它不仅仅适用于不足额保险,而且也适用于足额保险。免赔条款的设置目的在于加强被保险人的防灾减损意识,减少保险危险发生的概率,同时也在于减低保险人的赔偿数额。然而,不足额保险的存在原因主要是投保方对保险价值的估价、保险事故发生的概率、保险费的负担能力、保险赔偿的限度等方面进行权衡取舍的结果。可见,免赔比例条款并不等同于比例赔付。从被保险人角度而言,即便其与保险人签订了免赔比例条款,并选择投保不足额保险,也可以是希望保险人能够在保险金额范围内,有多少损失就赔多少损失(也即第一危险赔偿),以满足其分散危险、消化损失的保险需求。正如有学者指出的,保险单“即使包含免赔额,则免赔额也不会改变保险单确定的第一危险赔付方式”。① 所以,我们应当清醒地认识到,比例赔偿和免赔额的设定仅仅是减轻保险人赔偿责任的两种并用的方式而已。② 何况,在笔者看来,国外保险实务中所谓的“四分之三损失条款”实际上是将保险金额达到保险价值四分之三(75%)的保险当做“足额保险”对待而实行保险金额范围内的全额赔偿,目的在于限制保险人过当减轻自己的赔偿责任。

其次,被保险人基于节省保费而选择投保不足额保险,与立法上强制性地确定比例赔付方式之间并不存在逻辑上的必然关联。被保险人选择节约保费是无可厚非的,因为有些财产的保险价值或许非常高昂(足额保险需要支付的保险费也当非常昂贵),③而被保险人自认为其发生保险事故的概率或许不高,抑或虽然发生保险事故的概率较高但每次事故的损失数额相对较小。然而被保险人在保险价值之内确定一个低于保险价值的保险金额,并不意味着其选择自留一定比例的风险从而获得比例赔付,因为选择第一危险赔付同样能够达到节省保费的目的,在被保险人无法判断保险费率与赔偿方式的对应关系的情况下更是如此。相反,在两种赔偿方式所对应的保险费率没有被明确告知的情况下,被保

---

① Irish National Insurance Co. Ltd. and Sedgwick Ltd. v. Oman Insurance Co. ,(1983) 2 Lloyd's Rep. 453,461.

② 而且,在立法或者实务操作中尚需进一步明确:究竟是先扣除免赔额而后实行比例赔偿,还是先实行比例赔偿而后从应当给付的赔偿额中扣除免赔额。显然,先扣除免赔额而后实行比例分摊对被保险人来说更为有利。

③ 纽约世贸中心大楼(双子塔)的保险价值之高即为一例,故而其采用了第一危险赔偿的方式,保险金额高达35.5亿美元。

险人如果可以在足额保险和不足额保险之间自由作出选择，其倾向于选择的赔偿方式无疑是保险金额范围内对保险损失的全额赔付，即第一危险赔付。退一步讲，即使推定被保险人自己宁愿选择不足额保险便应当自担一定比例的风险，此种推定也应该是以全损为基础，因为不足额保险乃是保险金额低于全部保险价值的保险。只有在保险标的全损的情况下，方可按照被保险人选择的不足额保险金额与全部保险价值之比例予以赔付。但在保险标的并非全损之情形，仍然按照此种比例进行赔付，便缺乏逻辑和法理上的充分理由。在这种情形下，所谓被保险人自留风险，应该是指对超过保险金额的那部分损失之自留，相应地，符合法律逻辑的赔偿方式应该是第一危险赔付方式，也即对不超过保险金额的损失予以完全赔偿。

因而，所谓保险比例赔偿的法理基础在于不足额保险中被保险人自留一定比例风险的主张，其理由是不充分的，其所谓被保险人自愿选择"自留"一部分风险的解释，也不过是基于保险人一方的立场所作出的欠缺逻辑合理性的主观推断而已。①

最后，因客观原因所形成的不足额保险中采用的比例赔付方式，有悖于被保险人试图获得充分保险保障的意愿。比如，投保时价值为 2 万元的某项财产，被保险人投保时选择足额保险，即保险金额为 2 万元，但如果采用不定值保险，并假定发生保险事故时损失数额是 1.6 万元，再假定发生保险事故时该财产增值为 4 万元，那么，按照第一危险赔偿方式应当赔偿 1.6 万元，而按照比例赔偿方式，赔偿金额 = 1.6 万元损失额 × 2 万元保险金额/4 万元保险价值，即 0.8 万元。从这一实例中，我们可以看出，被保险人选择足额保险本来应当是希望在发生保险事故产生损失时能够获得足额赔付，以获得保险的最大化保障，但由于客观上财产增值这一难以预料且完全不能归咎于被保险人的原因，投保时意欲采用的足额保险在保险事故发生时变成了不足额保险，倘若此时采用比例赔付的方式，被保险人试图通过保险消化损失（甚至抵御一定程度的通货膨胀）的目的都将全部落空。而如果采用第一危险赔付方式，则能够实现被保险人获得全额赔付的保险初衷，进而保全被保险人对保险的信赖与期待。

简言之，不足额保险事实的形成，除了投保人出于节约保费的目的之外，要

---

① 应当看到，在财产保险中，之所以产生比例赔付和第一危险赔付这两种不同的赔付方式，更为主要的原因在于财产的种类、价值额的变动情况等因素的不同，对于某些市场价值波动较大或者不易于确定市场价值的财产，比如企业原材料和库存成品、半成品等，则适宜于采用第一危险赔付方式。

么是投保人无法预期(比如保险价值的升值,毕竟不足额保险这一事实的形成,是通过保险事故发生时对保险价值进行回溯性评估来确定的),要么是虽然能够预期但不能确定保险价值的变动幅度从而确保选择相应的足额保险。对于前者,即使投保人自主投保不足额保险也不能作出其自担一定比例风险的意图推定(除非保险合同条款中明确约定有不足额保险的分摊比例条款);而对于后者,所谓投保人选择自留一定比例风险的假定更是无从谈起,采用比例赔付方式对投保方来讲显然是事与愿违,其不合理性至为明显。

四、对第一危险赔偿原则可能遇到的诘问的回应

如果按照笔者的主张,关于不足额保险的赔偿方式,在保险合同没有约定的情况下,改采"以第一危险赔偿为原则、以比例赔偿为例外"的赔付方式,可能会遇到来自如下几个方面的诘问。但仔细推敲起来,笔者认为这些诘问在某种程度上都是站不住脚的。

诘问一:"现行保险合同条款中关于不足额保险的保险费或许是按照比例赔付的方式加以计算收取的,如果立法选择第一危险赔付方式,不足额保险的保费水平将会提高。"笔者认为,看待此问题的关键在于,我们不能事先一概确立一种错误赔付的方法而后按照错误的赔偿方法计算收取相应的保险费,而是应当在选择正确赔偿方法的前提下确立相应的保险费计算方式;何况,有关资料显示,我国财产险中保险费率确定的考虑因素中,第一危险赔偿和比例赔偿的方式并未明示其为厘定保险费率的主要因素,实践中也未必能看到保险人对合同条款中不同保险费标准的明确说明。①

诘问二:"足额保险中,部分损失是按实际损失赔偿的;而如果不足额保险的赔偿也采用第一危险赔付方式,等于是按照足额保险的赔偿方法来对不足额保险进行赔偿。"但是,笔者认为,如果以保险金额作为判断保险人赔偿数额的标准的话,超额赔偿、足额赔偿、第一危险赔偿是遵循同一逻辑理路而得出的推演结果,对应超额保险的保险赔偿方式是第一危险赔偿而不是比例赔偿,比例赔偿则恰恰是违反了这一逻辑理路的。《保险法修订草案》第41条关于"保险金

① 比如火灾险保险费率的确定所考虑的因素主要包括:保险标的抗御风险的能力、占用的性质、环境及地点、该类保险中费率积累时间的长短等参见孙积禄著:《保险法论》,中国法制出版社1997年版,第164页。从保险费率厘定时应当考虑的因素来讲,似乎并没有把赔偿方式列入其中,这样的话,即便实际上把赔偿方式考虑在内了,也难谓构成其中的重要因素。

额超过保险价值的,超过部分无效”的规定显然存在这样的逻辑矛盾,它是以保险金额作为承担赔偿责任的标准,相应地,当保险金额低于保险价值而形成不足额保险时,符合逻辑推断的做法应当也是以保险金额为判断标尺,在保险金额限度内赔付实际损失,即采用第一危险赔付方式,而不是比例赔偿方式。此外,如果说比例赔付的法理根据还在于与超额保险无效一样,防止被保险人获得不当利益的话,那么,保险法通过超额保险制度本身即可达到此种目的。如果是为了防止被保险人获得不当得利就对不足额保险原则上实行比例赔付,反倒明显带有矫枉过正和偏颇的逻辑嫌疑。①

诘问三:“第一危险赔偿是不足额赔偿中的例外做法,比例赔偿则是不足额赔偿的常态。”如果照此说法,则这些极个别的例外应当属于重要的例外,那么,对这些重要的例外,立法为何不作出明文列举,而是委之于保险人通过合同在另行约定或不约定之间任意选择呢?另外,面对企财险等不同类别的财产保险,不足额保险的比例赔偿已经在较大范围内得到了推行,并形成了一套定型化的计算方法和赔偿方式,保险法却不对上述赔偿方法和计算方法作出具体的承认和规定,而是对不足额保险确立了比例赔偿这个基本的规则,因而,前文的讨论也是从基本规则的层面上(不针对个案)展开的,不排除比例赔偿在特定范围内的继续推行和适用。

五、英美保险法实践中一些可供借鉴的做法

前文已经述及,在保险法理论和实践比较发达的英国和美国,不足额保险的比例赔付方式也是普遍存在和适用的,保险公司可以在合同中拟定相应的比例赔付条款;当然,法律也允许保险公司提供相应的第一危险赔付保单。

然而,一方面,英美国家的保险立法并没有在比例赔付与第一危险赔付这两种赔偿方式之间确定以某种方式为原则、某种方式为例外的立法条款;另一方

① 换个角度分析足额保险、超额保险(无论是定值保险还是不定值保险、全损还是部分损失)下的保险赔偿规则,我们还可以发现这些规则都蕴涵着两个限定的条件:其一是赔偿金额不超过实际损失,其二是赔偿金额不能超过保险金额。因为被保险人支付的保险费总是与特定的保险金额相对应的,被保险人不能以较少的保险费获得较多的风险转移之利益。这样说来,保险金额与保险价值之比例,并非确定保险赔偿金额的标尺。这也是为什么保险法上普遍规定保险金额超过保险价值的部分无效的原因,因为这种情形下适用比例赔付,就可能导致赔偿金额大于实际损失。在不考虑免赔额等因素的情况下,最佳的赔付结果是赔偿金额等于实际损失,使被保险人就遭受的损失得到完全补偿。然而,比例赔付原则正好与此背道而驰。

面，立法充分尊重当事人之间在这两种赔偿方式之间作出的选择或者另外设计出的带有折中性质的赔偿方式。比如，“在英国火灾保险中，最常见的一种承保方式被称为75%分摊或特别分摊，即保险金额低于投保财产实际价值的75%时，发生保险损失时适用比例赔偿方式。当保险金额达到投保财产实际价值的75%时，发生保险损失时则适用第一危险赔偿方式。这种方式既较好地维护了被保险人的权益，也促使保险客户考虑适度提高投保金额以求获得第一危险赔偿方式的待遇，从而值得我国财产保险界借鉴”。①

美国的做法与英国大致相当。保险人在采用不足额比例分摊的条件下，会在保险合同中规定出保险金额的最低数额，这个数额是以财产价值的百分比形式确定的，它是保险人希望被保险人或财产所有权人应为财产投保的最低数额。但在大多数情况下，要么保险公司会提出要求，要么被保险人自己会选择按照财产价值的一个较低比例为财产投保，通常是80%或90%。要求这样的比例是为了在一定程度上实现对被保险人的公平，当然，就同一项财产而言，如果被保险人选择了100%的共同保险条款，保险公司收取的费率比80%的共同保险条款收取的费率低。② 80%共同保险条款并不意味着保险公司对任何损失都只承担80%的赔偿责任，也不意味着被保险人不能购买超过财产价值的80%以上的保险金额，被保险人可以按财产的全部价值（100%）投保，只要被保险人购买的保险金额达到了财产价值的80%或者超过了80%，保险公司就会全额赔付被保险人的损失，一如保单中不含有共同保险条款的情况。③ 只有在被保险人购买的保险金额未能达到财产价值的80%时，被保险人才被看成是二者之间的差额的共同保险人，才适用共同保险的比例分摊规则。④

可见，按照英美国家的做法，被保险人在满足保险人确定的最低比例共保条款情形下，只要保险金额达到了保险价值的一定比例（比如80%或者75%），即便没有完全达到保险标的的全部价值，也采用第一危险赔偿方式。

---

① 郑功成、许飞琼主编：《财产保险》，中国金融出版社2005年版，第171页。

② ［美］所罗门·许布纳等著：《财产与责任保险》，陈欣等译，中国人民大学出版社2002年版，第97～98页。

③ 同上，第99页。

④ 比如，假如80%的共同保险条款对某项保险价值为2万元的保险财产所要求的保险金额是1.6万元，而被保险人仅仅投保了0.8万元，则被保险人被视为对该财产持有两张保单：一是保险公司签发的金额为0.8万元的保单；二是被保险人自己为自己承保相同金额的保单。相应地，如发生0.2万元的财产损失，保险公司仅按照金额为0.8万元的保单与保险合同要求的1.6万元的保险金额之间的比例承担1/2的赔偿责任，即赔偿0.1万元。参见［美］所罗门·许布纳等著：《财产与责任保险》，陈欣等译，中国人民大学出版社2002年版，第99页。

对比起来,我国国内保险法理论的通说大多是将所谓的足额保险严格地确定为按保险标的财产价值的100%确定的保险金额,一旦低于100%则毫无疑问不被当做足额保险加以对待;另外,有关资料也没有显示保险人在其设计的保险条款中对100%足额保险和80%或者75% 左右的“准足额保险”的保险费率采用不同的收取标准。此外,我国的保险立法却有意无意地将比例赔偿这种不合理的赔付方式确认为一项原则,而将较为合理的第一危险赔付方式确认为例外。此种将比例分摊确定为一项原则的做法,无疑不利于保护实际上处于弱势地位的被保险人的利益。①

六、结　　语

的确,我们应当承认,“包括法国、意大利、西班牙、比利时和日本在内的许多国家都认识到了共同保险在制定公平费率的过程中所体现出来的公正性,因此这些国家都以法律的形式规定了强制性的共同保险”。②

然而,问题的关键在于,不足额保险的比例分担原则是不是建立在有别于第一危险赔偿以及维持当事人利益平衡的基础之上。我们固然不能废除所谓共同保险的比例分摊规则,这是维持保险合同的对价平衡、鼓励人们尽可能选择足额保险所必需的。因为在保险费率和损失发生的概率确定的情况下,对不足额保险一概采用第一危险的赔偿方式,保险公司赔偿的数额就会增加,相应地会使保险公司针对不足额保险的“逆向选择”行为提高不足额保险不同保险金额层级上的“级差”保险费率,最后形成不足额保险保险费率调整上的恶性循环。但在保险费率与赔偿方式没有完全区分的情况下,通过立法的方式强制采用比例赔偿的原则,则无疑会给保险公司任意加重不足额保险的保费负担、减低被保险人

① 保险合同按照被保险人的身份和经济地位,可以大致分为磋商合同和格式合同。磋商合同中双方当事人的地位大致相当,甚至被保险人的地位可能处于强势一方,比如“世博会”的保险等;而格式合同中当事人地位可能存在一定悬殊,被保险人往往处于不得不接受保险格式条款的弱势一方。值得注意的是,拥有近150年历史的牙买加全球保险公司(Globe Insurance Company of Jamaica,该国最大的保险公司)于2008年摒弃了已经采用了20多年的财产保险比例赔付方式,其目的在于减轻比例赔付方式的不确定性和被保险人的担忧。牙买加保险业协会也对此举措深表赞同。载 http://www. jamaica - gleaner. com/gleaner/20080504/business/business1. html。

② 但在美国,直到1890年左右共同保险条款才开始在火灾保险中广泛使用,直到今天人们还没有认识到共同保险的极端重要性及这个做法的内在公平性,以至于该条款使用中遇到的最重要的问题是,被保险人常常不理解共同保险的含义,一旦发生损失后遭到共同保险的惩罚,就有一种上当受骗和被难懂的条文剥夺了保障的感觉。参见[美]所罗门 · 许布纳等著:《财产与责任保险》,陈欣等译,中国人民大学出版社2002年版,第104页。

的保障程度留下为所欲为的空间和余地。[①] 何况,不足额保险赔偿方式的适用并不局限于保险标的本身的赔偿,还同时适用于施救费用的赔偿,[②]这在某种程度上看也是不妥当的。尽管不足额保险中发生危险事故时,对全部财产施救而支出的超过保险金额的施救费用,要求全部由保险人承担或许是不合适的,但对施救费用一概比照保险标的的不足额保险而采用比例赔偿的方式,却有违鼓励投保方防灾减损的基本理念,因而,对施救费用的赔偿除另有约定外,原则上也应当遵循第一危险赔偿的原则。

总之,《保险法修订草案》第 41 条可以修改为:财产保险的“保险金额不得超过保险价值。超过保险价值的,超过的部分无效;保险人应当退还相应的保险费。保险金额低于保险价值的,当事人双方可以根据财产保险的种类等因素在保险合同中约定具体的赔偿方式,没有约定的,保险人应当按照第一危险赔偿方式承担赔偿责任”。

(2008 年第 11 期)

① 在笔者看来,只要立法在当事人之间的利益平衡方面留下不应有的疏漏和缝隙,保险公司大多都会基于其唯利是图的本性而通过保险合同条款的设计来限制被保险人的权利,并扩张其自身的利益。比如,当被保险人的保险标的遭受第三人损害时,保险人履行赔偿义务之后对责任第三人享有追偿权。对此,我国现行《保险法》(2002 年)第 46 条规定:“保险事故发生后,保险人未赔偿保险金之前,被保险人放弃对第三者的请求赔偿的权利的,保险人不承担赔偿保险金的责任。保险人向被保险人赔偿保险金后,被保险人未经保险人同意放弃对第三者请求赔偿的权利的,该行为无效。由于被保险人的过错致使保险人不能行使代位请求赔偿的权利的,保险人可以相应扣减保险赔偿金。”而当第三人的身份等方面的信息不为被保险人所知悉时,保险人是否可以扣减保险赔偿金,保险法并没有作出明确规定。然而,以机动车辆损失险为例,当保险车辆发生基本险条款所列明的保险责任范围内的损失应当由第三方负责赔偿的,确实无法找到第三方的,保险人应予以赔偿,但在符合赔偿规定的范围内实行绝对免赔率。笔者注意到,《华泰机动车辆综合险条款》规定的绝对免赔率为 5%;《中国平安机动车辆保险条款(2007 版)》规定的绝对免赔率则为 30%。该两项数据分别载 http://www.ehuatai.com/huatai/about_bjhfile_zhxtk.shtml; http://www.pingan.com/clause/clause_car2007.jsp。对此,笔者拟另行撰文展开讨论。

② 按照不足额保险中比例赔偿的规定,保险财产发生损害后,财产损失连同施救、保护、整理费用等也要实行比例分摊而得不到足额赔偿。

2009 年

医疗损害责任的因果关系证明及举证责任

杨立新*

在医疗损害责任的理论研究和司法实践中,医疗损害责任构成中因果关系要件的证明及举证责任,是一个重要问题,学术界的学说以及司法实践中的做法多有不同。鉴于这个问题对于医疗损害责任构成的重要性,以及为了科学地平衡受害患者、医疗机构以及全体患者的利益关系,对此问题应当进行深入研究。

一、医疗损害责任因果关系要件的重要性及实行全面因果关系推定的缺陷

(一)医疗损害责任因果关系要件的重要地位

构成医疗损害责任,要求医疗违法行为与患者人身损害后果之间必须具有因果关系。现代法制的基本原则是责任自负,要求每个人对自己的行为所造成的损害后果负责。因果关系是任何一种法律责任的基本构成要件,它要求行为人的不法行为与损害结果之间具有因果关系,唯有此,行为人才对损害结果负责。在医疗损害责任中,医疗机构只有在具有违法性的医疗行为与患者人身损害后果之间具有因果关系的情况下,才就其医疗违法行为负损害赔偿之责。

在医疗损害责任的构成中,医疗违法行为与医疗损害事实之间的因果关系要件具有非常重要的地位。在实行过错责任的医疗技术损害责任和实行过错推定责任的医疗伦理损害责任中,因果关系是连接医疗违法行为和医疗损害事实的客观要件,是判断受害患者一方医疗损害事实与医疗违法行为之间是否存在引起与被引起的逻辑联系的客观依据,以及确定实施医疗违法行为的医疗机构对受害患者诉求所依据的损害事实是否承担责任的基本依据之一。在医疗产品损害责任中,因果关系不仅是判断医疗机构、医疗产品生产者及销售者的违法行为与受害人损害事实之间是否具有引起与被引起的逻辑联系的客观依据,更是

---

* 作者单位:中国人民大学民商事法律科学研究中心。

本文是“医疗侵权责任问题研究”部级科研成果的阶段成果之一。

判断医疗机构、医疗产品生产者及销售者是否因违法行为为受害患者的损害承担侵权责任的唯一的客观依据。

同时,由于因果关系要件在医疗损害责任中具有这样的法律作用,因此,对受害患者的赔偿责任的确定,就必须有准确的尺度,不能过宽,也不能过严。尺度过宽,必然会使受害患者得不到合理的赔偿,损害不能得到合理填补;尺度过严,则不仅会使受害患者一方得到不应有的赔偿,甚至使本不应得到赔偿的患者得到赔偿,使医疗机构的合法利益受到损害,削弱医疗机构救死扶伤的社会职能,伤害医疗机构进行医学探索和研究的积极性,更会使作为全体患者的人民群众的利益受到损害,不仅是支出高额的医疗费用,而且会使更多的患者无法得到合理的医疗保健。

所以,在医疗损害责任构成要件中,因果关系要件具有举足轻重的作用和地位,必须处理妥当。

(二)关于证明医疗损害责任因果关系要件的不同主张

应当指出的是,因果关系指的是违法行为与损害后果之间的引起与被引起的关系,这是一种事物与事物之间的客观联系,而不是指主观上的因素与客观上的结果的因果联系。[①] 人民法院对医疗损害责任纠纷进行审理时,在认定是否构成医疗损害责任上,都必须确定医疗机构及医务人员的医疗违法行为与患者所遭受的人身损害结果之间是否具有因果关系。

在理论上和实务上,关于医疗损害责任的因果关系要件如何证明,历来有不同的主张。归纳起来,主要有证明说、完全推定说和有条件推定说三种。证明说认为,医疗损害责任的因果关系要件应当由原告证明,原告负担举证责任,不能证明的,因果关系要件不成立,不能构成侵权责任。[②] 完全推定说认为,由受害患者一方承担因果关系要件的举证责任是不公平的,因为医疗合同在履行中存在严重的信息不对称的状况,受害患者往往不能掌握医疗的专业知识和信息,甚至受害患者已经死亡,自己无法承担举证责任,其近亲属负担举证责任有重大困难,因此应当实行因果关系推定规则,举证责任应当倒置,由医疗机构承担因果关系要件的举证责任,受害患者一方不承担举证责任。[③] 有条件推定说认为,在

---

① 张新宝著:《侵权责任法原理》,中国人民大学出版社 2005 年版,第 60 页;杨立新著:《侵权法论》(第 3 版),人民法院出版社 2005 年版,第 177 页。

② 张新宝著:《侵权责任法原理》,中国人民大学出版社 2005 年版,第 226 页。

③ 这种观点是最高人民法院在《关于民事诉讼证据的若干规定》中采取的立场,学者也有类似观点。汪涛等:“医疗损害的性质、构成要件与认定损害参与度的意义”,载 http://www.tongchenglawfirm.com/ReadNews.asp? NewsID = 510。

医疗损害责任诉讼中,确实存在医疗信息不对称的问题,但完全将因果关系要件的证明责任推给医疗机构,就会使医疗机构陷入较为不利的诉讼地位之中,甚至会形成防御性医疗行为,最终还是要将风险转嫁给全体患者负担,对全体人民不利,因而应当实行有条件的推定,即举证责任缓和,在受害患者一方对因果关系的证明达到一定的程度时,推定因果关系,由医疗机构一方负责举证,推翻因果关系推定。[1]

(三)实行因果关系完全推定的不正确性

按照最高人民法院《关于民事诉讼证据的若干规定》第4条第8款的规定,对医疗事故侵权纠纷的因果关系要件实行举证责任倒置,由医疗机构承担医疗行为与损害后果之间没有因果关系的举证责任。实行这种因果关系举证责任倒置的前提,是对医疗事故侵权责任构成实行完全的因果关系推定,采纳的是完全推定说的理论主张。[2]

按照这一司法解释,对医疗损害责任的因果关系实行完全推定,对于保护受害患者一方的利益显然是有利的。因为实行因果关系推定,就意味着受害人在因果关系要件的证明上减少了诉讼负担。侵权法实行因果关系推定的根本宗旨也就在于此。

但是,对医疗侵权纠纷的因果关系要件实行完全的因果关系推定,受害患者一方对因果关系要件证明不负任何举证责任,完全免除其因果关系的举证责任,对医疗机构一方的诉讼压力过大,使医疗机构处于无法防范的劣势诉讼地位,造成医疗损害责任纠纷诉讼中双方当事人诉讼地位的完全不平等,尤其是与过错推定结合在一起,构成了医疗机构在诉讼中的双重压力,即使是医疗机构自身的行为与损害结果没有因果关系,主观上没有医疗过失,也几乎无法摆脱败诉的后果。这种结果违反了必须保障两造地位平等、机会平等,以及风险平等的“武器平等原则”,[3]因而是不正确的。

在最高人民法院《关于民事诉讼证据的若干规定》刚刚开始实施的时候,笔者就写了一篇题为“医疗侵权举证责任倒置:看看再说”的文章。笔者认为,在过去的很长时间里,将医疗损害责任的举证责任归之于受害患者一方,受害患者一方必须举证证明因果关系和过错,而能够证明这些要件的最好证据就是医疗事故鉴定结论。但是,医疗事故鉴定的权力掌握在卫生部门手里。医疗事故鉴

① 杨立新著:《医疗侵权法律与适用》,法律出版社2008年版,第66页。

② 最高人民法院《关于民事诉讼证据的若干规定》第4条第8款规定:“下列侵权诉讼,按照以下规定承担举证责任……(八)因医疗行为引起的侵权诉讼,由医疗机构就医疗行为与损害结果之间不存在因果关系及不存在医疗过错承担举证责任。”

③ 沈冠伶著:《民事证据法与武器平等原则》,台湾元照出版有限公司2007年版,第92页。

定委员会鉴定认为构成医疗事故,医院就承担赔偿责任,认为不是医疗事故,医院就不承担赔偿责任。因此,医疗事故鉴定就成了患者在医疗活动中所受到的损害能不能得到赔偿的关键。对此进行改革,是完全必要的。最高司法机关对医疗行为而引起的侵权诉讼,规定在因果关系和医疗过错问题上都实行举证责任倒置,应当给予积极肯定。但是,这个举证责任倒置的范围是不是有些宽泛,值得研究。从法理上说,因果关系推定规则的适用应当是十分谨慎的,一般是在公害案件中才实行因果关系推定,不宜作更大的扩展。现在将因果关系推定直接应用到医疗侵权纠纷中,会大大地加强医院一方的责任,同时,对受害患者的赔偿实际上是建立在全体患者承担责任的基础上的,因为医院的赔偿最终还是要分担到全体患者身上,就必然增加全体患者的医疗费用,不然医院就无法承担巨额赔偿金。这样一来,最终受到损害的还是全体患者。因此,这种方法究竟是好还是不好,究竟是利多还是弊多,需要认真予以权衡。先不要着急下结论,实践一段时间以后,看看再说。①

经过几年的司法实践,问题已经充分显露出来。给予医疗机构过重的举证责任负担,必然会形成医疗机构的严重诉讼压力,以及过重的赔偿责任压力;继之而来的,就是医疗机构不可避免地进行消极应对,实行防御性医疗。因此,可以说,现在实行的医疗损害责任因果关系要件的完全推定,是不正确的,应当改进。在诉讼中认定医疗损害责任的因果关系要件,可以适用因果关系推定规则,但并不是完全的因果关系推定,而是有条件的因果关系推定,即举证责任缓和。

二、对因果关系推定的不同学说和规则的比较分析

(一)适用推定因果关系的必要性

在医疗损害责任的因果关系要件中,一般情况下,应当适用相当因果关系规则确定因果关系的证明规则。只有在必要时,在受害患者一方无法举证证明因果关系的时候,可以采用举证责任缓和规则,在必要的证明前提下,实行因果关系推定以及举证责任倒置。在因果关系推定的规则上,由于相当因果关系学说不能充分运用,各国法律界开始重新检讨因果关系理论。如何减轻原告方的举证责任,降低因果关系的证明标准,成为研究的重点问题。② 于是,推定因果关系的各种学说和规则不断出现,并被应用于司法实践。因果关系推定规则产生

① 杨立新著:《闲话民法》,人民法院出版社2000年版,第427~428页。

② 曾淑瑜著:《医疗过失与因果关系》,台湾翰芦图书出版有限公司2007年版,第540页。

于公害案件，后来有向其他领域扩展的趋向。我国台湾地区的判例也适用这样的规则判决医疗侵权案件。

（二）大陆法系三种主要的因果关系推定学说和规则

在大陆法系侵权法中，关于因果关系推定，主要有三种理论：一是盖然性因果关系说；二是疫学因果关系说；三是概率因果关系说。

盖然性因果关系说也叫做推定因果关系说，是在原告和被告之间分配证明因果关系的举证责任的学说，是日本学者德本镇教授在研究德国法中，针对矿业损害事件诉讼而提出的一种见解。在矿业损害诉讼中，由于存在被告企业是从地下采取矿物这一特殊情况，加害行为和损害之间的因果法则常常不明确，而且受害人证明这一因果关系在技术上和经济上存在较大困难，所以，如果对受害人课以严格的对因果关系的证明责任，则日本矿业法对企业采取无过失责任的意义将会付诸东流。针对这种情况，德本镇教授指出，德国矿业损害赔偿制度为了实现公平赔偿，对因果关系的证明程度已经从确定地证明放宽为盖然地证明，参照这一情况，日本也应当在解释论上放宽事实因果关系的证明程度。同时，这一规则也可以适用于大气污染、水质污染等公害案件。①

德本镇教授对盖然性因果关系规则的阐述是：第一，事实因果关系的举证责任在形式上仍然由原告承担。第二，原告对事实因果关系的证明程度只需达到"相当程度的盖然性"即可，而被告必须对"事实因果关系不存在"提出证明，其证明程度必须达到"高度盖然性"，否则法庭就可以认定事实因果关系成立，这一处理实际上使事实因果关系的证明责任从原告转换到被告方。第三，所谓"相当程度的盖然性"，是指"超过了'疏于明确'程度，但未达到证明程度的立论"。②

因此，盖然性因果关系说的基本规则是，盖然性就是可能性。例如，在公害案件的诉讼中，由原告证明公害案件中的侵权行为与损害后果之间存在因果关联的"相当程度的"可能性，原告就完成了自己的举证责任，法官实行因果关系推定；然后由被告举反证，以证明其行为与原告损害之间无因果关系。这种证明的标准是高度盖然性，即极大可能性。不能反证或者反证不成立，即可确认因果关系成立。日本学者将这种学说称为"优势证据"，在民事案件中，心证的判断只要达到因果关系存在的盖然性大于因果关系不存在的高度盖然性这一程度，

---

① 夏芸著：《医疗事故赔偿法》，法律出版社 2007 年版，第 181 页。

② ［日］德本镇著：《企业的不法行为责任之研究》，一粒社 1974 年版，第 130 页以下，转引自夏芸著：《医疗事故赔偿法》，法律出版社 2007 年版，第 181 页。

便可认定因果关系的存在。[①]

可见,盖然性因果关系规则并不是完全的因果关系推定,而是有条件的推定,是在原告首先承担举证责任,证明事实的相当程度的盖然性的基础上才能实行的因果关系推定。

疫学因果关系说是用医学中流行病学的原理来推定因果关系的理论。在日本,在公害案件诉讼、药物受害案件诉讼中,对大面积人群受害的、多数受害人提起集团诉讼的案件,裁判所在事实因果关系认定上采取这种因果关系推定规则。具体方法是,当以下四个条件充足时,认定诉讼中请求的某因素与流行病发生之间存在事实因果关系:第一,该因素在某流行病发生的一定期间前就已经存在。第二,由于该因素的作用使该流行病的罹患率显著增高。第三,当去除该因素时,该流行病的罹患率下降,或者在不存在该因素的人群中该流行病的罹患率非常低,即该因素的作用的程度越高,相应地,患该病的罹患率就越高。换言之,该因素作用提高,病患就增多或病情加重;该因素作用降低,病患随之减少或降低。第四,生物学已经对该因素作为该流行病发病原因的发病机制作出了明确的说明。[②] 这种因果关系推定理论和规则改变了以往由诉讼中具体个体对因果关系证明的方法,而转向以民众的罹患率为参照系,即只要原告证明被告的行为与罹患率之间的随动关系,即为完成了证明责任。法官基于这种程度的证明,就可以推定因果关系存在。被告认为自己的行为与损害事实之间没有因果关系的,须自己举证证明,推翻推定,才能够免除自己的责任,否则即可确认因果关系要件成立。

概率因果关系说认为,在个别人或者少数人主张受到公害或者药害致病请求损害赔偿的诉讼中,由于不是大量人群集体发病,原告根本无法提出能够证明自己的疾病与公害或者药害的致病因素之间具有"高度盖然性"的科学数据。但是,如果根据疫学因果关系验证的危险相对发生概率方法,能够证明公害或者药害的加害因素与受害人的疾病的发生具有一定概率的因果关系,则可以考虑只限于这种特定情况下放弃传统的事实因果关系判断的高度盖然性的标准,认定加害因素与受害人的疾病发生之间存在事实因果关系,并且在计算损害额时考虑因果关系的概率。[③] 上述规则,在医院大面积感染事故诉讼等特定的医疗过失侵权事件的因果关系认定中,比较经常地得以运用。[④]

---

① [日]加藤一郎著:《公害法的生成与发展》,岩波书店 1968 年版,第 29 页。

② 夏芸著:《医疗事故赔偿法》,法律出版社 2007 年版,第 203~204 页。

③ 同上,第 208 页。

④ 同上,第 210 页。

(三)英美法系的"事实本身证明"规则

事实本身证明规则也称为事实说明自己规则。该规则源于19世纪英国的Byrne v. Boadle案件,该案的原告主张,在其路过被告建筑物时,一个面粉桶自被告建筑物的窗户掉落,砸伤原告。被告是面粉经销商,其辩称面粉桶可能系因面粉买受人或者其他第三人的行为而掉落,非可归责于其本身,因而原告必须举证证明其受雇人有过失,否则不应令其负责。法官认为,本案应当适用事实说明自己规则,盖任何人对于自己仓储中保管的木桶,必须注意避免其掉落。被告使用该建筑物,木桶在其管理之中,且被告对于其受雇人具有监督责任,因此,木桶掉落的事实即足以为过失的表面证据,据此可以进行推定。被告可以举证证明与过失不相符合的其他事实,以免除责任。[①] 此后,英美法的事实本身证明规则不断完善,在诉讼中发挥重要作用。

在美国的医疗损害诉讼实务中,由于因果关系认定困难,可以采取事实本身证明规则,即没有任何事情基于事件本身说明自己,作为情况证据的一种,使法院可以基于所产生的损害合理地假定过失与因果关系。所谓情况证据,如一匹飞奔之马出现在街道上,即应推定马的所有人欠缺注意,其未加适当管束的行为与损害后果之间有因果关系,而飞马奔于街道上,就是情况证据。在医疗损害诉讼中适用事实本身证明规则,其前提是:(1)事实本身系一种欠缺过失通常就不会发生的损害。(2)证据不能显示其他人的行为介入,包括受害人或者第三人。(3)过失必须在被告对原告的职责范围内发生。(4)一般人以通常知识、经验观察即知其有因果关系。例如,医疗行为人明知自己的行为不符合医事科学要求,为之将使患者受到损害而仍然为之者,即可进行过失与因果关系的推定。[②]

在我国香港地区,对于医疗损害责任的因果关系证明,必要时也适用这一规则,称为"事实自证法则"。在医疗损害责任案件中,对医学知之甚少的患者通常并不清楚事故的具体细节,例如事故为何发生、怎样发生。相反,在绝大多数情况下,医疗机构或医务人员都掌握事故的关键信息。所以,承担举证责任的原告往往面临相当大的举证难度,而可能明知自己具有过失的被告则能因此避免承担赔偿责任。事实自证法则在医疗损害责任案件中的适用,在很大程度上减轻了原告的证明压力,并促使掌握事故细节的被告提供必要的证据,从而有助于法院做适当的判断。至于事实自证法则是否产生举证责任转移的效果,始则肯

---

① 陈聪富:"美国医疗过失举证责任之研究",载朱柏松等编:《医疗过失举证责任之比较》,台湾元照出版有限公司2008年版,第162页。

② 曾淑瑜著:《医疗过失与因果关系》,台湾翰芦图书出版有限公司2007年版,第440页。

定说占主流，继之否定说被采用，但仍然承认假设被告的证据合理地反驳了推论，那么原告必须提供确定的正面证据来证明被告具有过失。①

在上述四种主要的因果关系推定学说和规则中，不论采取盖然性证明，还是疫学统计方法、概率方法等进行因果关系推定，都必须具备一个必要的前提，就是原告对于因果关系的存在进行必要的证明，例如证明的程度，可以是符合优势证据规则或者表现证据规则要求的事实，也可以是作为疫学统计和概率分析基础的必要事实。没有因果关系存在的必要证明，就不存在因果关系推定的前提。如果不论在何种情况下，或者原告只要提出损害赔偿主张，在证明了违法行为与损害事实之后，就直接推定二者之间存在因果关系，就责令被告承担举证责任，是武断的，也是不公平的，在诉讼利益的天平上就会失去平衡，必然损害被告一方的诉讼利益和合法权益。

正因为如此，全国人大常委会 2008 年 12 月 22 日开始审议的《侵权责任法草案》第 59 条规定的内容是："患者的损害可能是由医务人员的诊疗行为造成的，除医务人员提供相反证据外，推定该诊疗行为与患者损害之间存在因果关系。"这个条文所确定的就是有条件的因果关系推定规则，而不是完全的因果关系推定规则。

之所以在医疗损害责任诉讼中实行有条件的因果关系推定，主要原因是：第一，医疗行为并不是治疗的担保者，医疗合同是方法之债，而不是结果之债，②不能因有损害结果发生就进行全面推定。第二，经验医学的领域相当广泛，且医学高度科学化，全面实行因果关系推定，无法概括医疗损害责任的全面情况。第三，全面的因果关系推定将使医疗机构一方陷入全面的诉讼被动，双方诉讼地位和诉讼利益不均衡，必须设置一定的前提条件才可以适用。所以，在医疗损害责任诉讼中，对于因果关系的证明采取直接的、全面的推定，不符合因果关系推定各种学说和规则的要求，也必然出现损害医疗机构一方利益的后果。我们主张的因果关系证明中的推定不是完全推定，不是全面的举证责任倒置，而是举证责任缓和，即医疗损害诉讼的受害患者一方在完成了一定的因果关系证明之后的举证责任倒置。只有这样，才能够更好地平衡受害患者、医疗机构以及全体患者的利益关系。

---

① 丁春艳："香港法律中医疗事故过失判定问题研究"，载《法律与医学杂志》2007 年第 2 期。

② 陈忠五："法国法上医疗过错的举证责任"，载朱柏松等编：《医疗过失举证责任之比较》，台湾元照出版有限公司 2008 年版，第 126 页以下。

三、医疗损害责任因果关系要件的证明规则和举证责任缓和

(一)一般情况下应由原告自己举证证明

在医疗损害责任纠纷诉讼中,一般情况下,因果关系要件的证明应当实行举证责任的一般规则,即“谁主张,谁举证”,受害患者一方主张医疗行为与自己的损害后果之间具有因果关系,应当承担举证责任,提供充分的证据证明因果关系要件成立。凡是能够提供证据证明因果关系的,不应也不必实行举证责任缓和,受害患者一方不能提供证据证明因果关系的,应当承担败诉的结果,医疗损害责任不成立,医疗机构不承担侵权责任。

不过,通常情况下,在医疗损害责任中,由于信息不对称以及患者所处的地位,患者能够证明自己的损害与诊疗行为有因果关系的,多数不是那些医疗技术损害责任,而是医疗伦理损害责任。例如,医疗机构一方对患者未尽告知义务、保密义务,或其他未尽医疗伦理和医疗良知的医疗过失行为,以及患者的自我决定权、知情同意权、隐私权等民事权利受损害的,患者都应当能够证明其中的因果关系,并不需要举证责任的缓和。在这些情况下,如果患者不能证明因果关系的,不构成医疗损害责任。

(二)在特殊情况下实行举证责任缓和

在医疗损害责任纠纷诉讼中,若受害患者一方符合必要条件,可以实行因果关系举证责任缓和,即有条件地进行因果关系推定。

因果关系的举证责任缓和与因果关系完全推定的举证责任倒置不同。举证责任缓和与举证责任倒置的基本区别是:(1)实行条件的区别。举证责任缓和并不是完全的举证责任倒置,而是有条件的举证责任倒置,或者就是举证责任转移、转换。作为原告的受害患者一方必须首先承担举证责任,证明因果关系的盖然性,或者证明疫学因果关系推定的基础,或者证明公害、药害以及医院大面积感染等诉讼中的因果关系的概率达到相当水平,或者证明情况证据;而完全的因果关系举证责任倒置是无条件的,符合条件就应当推定有因果关系,原告不承担举证责任。(2)完全推定和不完全推定的区别。在举证责任缓和,对因果关系是不完全推定,受害患者一方不能就因果关系存在的事实毫无证明,就直接由法官推定因果关系存在,而由医疗机构承担没有因果关系的举证责任;而在举证责任倒置,因果关系是完全推定,原告完全无须证明即可推定。(3)原告先证明还是被告先证明的区别。举证责任缓和,是由原告先举证证明一定的事实存在,之后才能进行推定;而举证责任倒置是被告先证明,即在推定之后,被告承担举证

责任,并且免除原告的先证明的责任。

在一般情况下,对于医疗技术损害责任应当实行举证责任缓和。医疗技术损害责任的范围,包括医疗机构及医务人员在从事病情的检验、诊断、治疗方法的选择,治疗措施的执行以及病情发展过程的追踪、术后照护等医疗行为中,因不符合当时的医疗专业知识或技术水平的疏忽或者懈怠所造成的患者的人身损害。在这些范围内,参照德国和日本相关司法实务的经验,可以确定,患者是在医疗机构及医务人员所控制的人员、机器设备、地点或者其他风险范围内受到损害,①且其损害的发生有违经验法则者,②以及受害患者一方举证证明因果关系极为困难者,法官即可认为具备举证责任缓和的条件,受害患者的因果关系举证责任即可减轻或者转换,实行有条件的因果关系推定。其必要条件,其实就是《侵权责任法草案》第59条中所说的"患者的损害可能是由医务人员的诊疗行为造成的"。

因此,在举证责任缓和规则下的因果关系推定规则,盖然性因果关系规则和事实本身证明规则具有实行的借鉴意义。在我国的医疗损害责任因果关系要件的证明中,应当主要采用盖然性因果关系规则或者事实本身证明规则,在特定的情况下,也可以采用疫学因果关系规则或者概率因果关系规则。受害人只要证明自己在医院就医期间受到损害,并且医疗机构的医疗行为与其损害结果之间具有因果关系的相当程度的可能性,就可以向法院起诉,不必证明医院的医疗行为与损害后果之间因果关系的高度盖然性,更不是必然性。法官在受害患者及其近亲属对因果关系的证明达到了可能性的标准之后,即对因果关系实行推定。

(三)因果关系证明的举证责任缓和的具体证明规则

1. 受害患者证明存在因果关系的相当程度的可能性。受害患者一方在诉讼中,应当首先证明因果关系具有相当程度的盖然性,即医疗行为与损害事实之间存在因果关系的可能性。相当程度的盖然性就是很大的可能性,其标准是,一般人以通常的知识、经验观察即可知道二者之间具有因果关系。例如,病患在接受肘部手术时,其腿部和生殖器却因手术而损伤,根据一般的知识、经验,病患于手术房中,处于昏迷状态,纵使原告未证明被告的过失和因果关系,也可以推知其有因果关系。③ 受害患者证明自己在手术房进行手术,并且在从手术房出来

---

① 詹森林:"德国医疗过失举证责任之研究",载朱柏松等编:《医疗过失举证责任之研究》,台湾元照出版有限公司2008年版,第69页。

② 朱柏松:"论日本医疗过失之举证责任",载朱柏松等编:《医疗过失举证责任之研究》,台湾元照出版有限公司2008年版,第3页。

③ 陈聪富:"美国医疗过失举证责任之研究",载朱柏松等编:《医疗过失举证责任之比较》,台湾元照出版有限公司2008年版,第180页。

的时候，就存在这样的损伤，即为存在相当程度的盖然性。受害患者一方没有相当程度盖然性的证明，就不能直接推定因果关系。

原告证明盖然性的标准是，受害患者提供的证据，使法官能够形成医疗违法行为与患者人身损害事实之间具有因果关系的可能性的确信，其范围为相当程度的可能性，而不是高度盖然性。原告的证明如果能够使法官建立相当程度的可能性，或者较大的可能性的确信，原告的举证责任即告完成。

2. 法官对因果关系实行推定。法官在原告作出上述证明的基础上，可以作出因果关系推定。推定的基础条件如下：

首先，如果无此行为发生，通常不会有这种后果的发生。要得到这个结论，最初应当确定事实因素，确认医疗违法行为与损害事实之间是否存在客观的、合乎规律的联系。然后是顺序因素，即分清医疗违法行为与损害事实的时间顺序。作为原因的医疗违法行为必定在前，作为结果的患者人身损害事实必须在后。医疗机构一方如果否认因果关系要件，直接举证证明违法医疗行为和损害结果之间的时间顺序不符合要求，即可推翻这个推定。

其次，不存在其他可能原因，包括原告或者第三人行为或者其他因素的介入。应当在损害事实与医疗行为之间排除其他可能性。当确定这种损害事实没有任何其他原因所致损害的可能时，包括受害患者一方自己的原因，以及第三人的原因，即可推定该种医疗行为是损害事实发生的原因，才可以推定因果关系。

再次，所发生的医疗损害结果是在医疗机构对患者的义务范围之内。对此，应当确定三个"发生"：一是损害结果确实是在医疗机构的医务人员的参加下发生；二是损害结果是在医疗机构的职责范围内发生；三是损害结果是在医疗机构救治受害患者的过程中发生。符合这样的要求才能够实行因果关系推定。

最后，判断有因果关系的可能性的标准是一般的社会知识、经验。基于健全的市民经验上直观的判断，其因果关系存在的疑点显著存在，且此疑点于事实上得为合理说明，有科学上假说存在者，则法律上即可推定因果关系的存在。[①] 推定的标准，并不是科学技术证明，而是通常标准，即按照一般的社会知识、经验判断为可能，在解释上与有关科学结论无矛盾，即可进行推定。

实行因果关系推定，就意味着受害人在因果关系要件的证明上不必举证证明医疗损害因果关系的高度盖然性，而是在原告证明了因果关系盖然性标准的基础上，由法官实行推定。

---

① 这一规则借鉴的是台北文化大学副教授曾淑瑜的观点。参见曾淑瑜著：《医疗过失与因果关系》，台湾翰芦图书出版有限公司2007年版，第350页。

3. 实行举证责任倒置，由医疗机构证明医疗行为与损害没有因果关系。在法官推定因果关系之后，医疗机构一方认为自己的医疗行为与损害结果之间没有因果关系，则须自己举证证明。只要医疗机构举证证明医疗行为与损害事实之间无因果关系，就可以推翻因果关系推定，能够免除自己的责任。

医疗机构一方证明自己的医疗行为与损害结果之间没有因果关系，证明标准应当采取高度盖然性的标准，即极大可能性。对此，被告认为自己的行为与损害结果之间没有因果关系，应当证明到法官确信的程度。对此，医疗机构一方否认因果关系要件，应当针对上述四点进行：第一，无医疗行为，损害也会发生。第二，有他人或者受害患者一方的过错存在，并且是其发生的原因。医疗机构一方如果能够证明在医疗行为和损害事实之间存在其他可能造成损害的原因，例如受害患者自己的行为或者第三人的行为是造成损害的原因，就可以否认自己的侵权责任或者减轻自己的侵权责任。第三，自己的医疗行为不是造成损害发生的原因。第四，具有科学上的矛盾，不可能存在这样的结果时，按照这个推定形式无法得出这样的结论，就可以推翻因果关系推定。

4. 医疗机构举证的不同后果。实行因果关系推定，要给医疗机构举证的机会，使其能够举出证据证明自己的医疗行为与损害后果之间不存在因果关系，以保护自己不受推定的限制。如果医疗机构无因果关系的证明是成立的，则推翻因果关系推定，不构成侵权责任；医疗机构不能证明或者证明不足的，因果关系推定成立，具备因果关系要件。其证明的标准，一般认为应当是高度盖然性，据此才能够推翻因果关系推定。① 但是按照我国香港地区的法律，则假设被告的证明与法院的推定在可能性上程度相当，那么由于原告承担举证责任，原告将会面临败诉的结果。② 由于我国在医疗损害责任的因果关系证明上实行举证责任缓和，当实行因果关系推定后，举证责任转移到医疗机构一方，因此，应当依照前一种意见处理，即医疗机构证明因果关系的不存在达到高度盖然性的时候，才能够推翻因果关系推定。

（四）对因果关系中原因力的证明

在已经确定医疗机构及医务人员的医疗行为与损害结果有因果关系，并且存在医疗过失，构成医疗损害责任的时候，应当适用原因力规则，以更准确地确定医疗机构的赔偿责任。其原因在于，医疗过失行为在一般情况下，并不是医疗

---

① ［日］德本镇著：《企业的不法行为责任之研究》，一粒社 1974 年版，第 130 页以下，转引自夏芸著：《医疗事故赔偿法》，法律出版社 2007 年版，第 181 页。

② 丁春艳："香港法律中医疗事故过失判定问题研究"，载《法律与医学杂志》2007 年第 2 期。

损害后果发生的全部原因。例如不当医疗行为、落后医疗设备、就医者特异体质以及第三人行为等，都有可能成为医疗损害结果的原因。因此，在医疗损害中可能存在复数原因，并且复数原因与其产生的结果可能存在多种组合关系，诸如连锁因果关系、递进因果关系、异步因果关系和助成因果关系。[①] 当医疗损害责任纠纷存在这种情况时，应当适用原因力规则，减轻医疗机构的赔偿责任。

医疗损害责任中的原因力，在医疗领域通常被称作医疗过错参与度或者损害参与度、医疗参与度或者疾病参与度。事实上，这些概念都是指医疗过失赔偿责任的原因力程度，通常是指医疗事故造成的损害后果与患者自身疾病共同存在的情况下，前者在患者目前疾病状态中的介入程度。[②] 在侵权责任法中，原因力的基本规则是，在数个原因引起同一个损害结果的侵权行为案件中，各个原因构成共同原因，每一个原因对于损害结果具有不同的作用力；不论共同原因中的每一个原因是违法行为还是其他因素，行为人只对自己的违法行为所引起的损害承担与其违法行为的原因力相适应的赔偿责任份额，不是由自己的违法行为所引起的损害结果，行为人不承担赔偿责任。因此，所谓的医疗过错参与度等概念，就是侵权法中的原因力规则。在医疗过失赔偿责任中，医疗过失行为与其他因素例如患者自身的疾病原因共同结合，造成了同一个医疗损害后果，那么，医疗过失行为与其他因素各有其不同的原因力，医疗机构仅对自己的过失医疗行为所引起的那一部分损害承担赔偿责任，对于患者自身原因等引起的损害部分不承担赔偿责任。

对于医疗过失行为在患者损害中的原因力的证明，一般不是由受害患者证明的，而应当由医疗机构承担举证责任。其理由是，患者一方已经证明因果关系并被法官所确认，或者法官根据患者一方的证明进行推定且医疗机构没有提供证据推翻因果关系推定，那么，医疗机构一方如果想减轻自己的责任，就必须证明自己的医疗行为对损害发生的原因力，能够证明自己的医疗行为不具有100%的原因力的，当然可以按照原因力的规则减轻其责任，反之，当然按照全部赔偿原则对患者的损失予以100%的赔偿。

(五)医疗损害责任鉴定

在因果关系的证明中，医疗损害责任鉴定具有重要的价值。如果是受害患者一方证明因果关系，如果能够提供医疗损害责任鉴定确认因果关系的，就是最

---

① 余湛、冯伟："论医疗损害侵权责任中的因果关系"，载《中南大学学报》(社会科学版)2006年第12期。

② "医疗事故赔偿项目及计算方法"，载 http://topic. xywy. com/wenzhang/20031022/471925. html。

好的证明。如果实行举证责任缓和,则受害患者一方不一定要提供医疗损害责任鉴定作为证据。如果证明了或者推定了因果关系存在,则医疗机构主张自己的医疗行为不是造成损害的全部原因而减轻责任的,则必须提供医疗损害责任鉴定,以证明原因力的大小。在这种情况下,医疗机构往往由于拒绝承认自己的医疗行为构成医疗损害责任,因而拒绝提供这类的鉴定结论作为证据,其后果可能是不仅要确定其承担医疗事故责任,而且还由于无法确认原因力而不能根据原因力规则减轻自己的责任。

(2009 年第 1 期)

破产法基本原则再认识

许德风*

法律中的基本原则反映了成语“纲举目张”所描述的智慧:用简明的词句将复杂规则中的共通原理一般化,以辅助理解和补充疏漏。从分类上看,有写入法律的与学理上的两种基本原则。前者与一般条款同义,如民法上的诚实信用原则,除了辅助理解外,还承担着将新价值判断引入法律论理的功能。① 相比而言,学理上的基本原则的主要功能在于辅助理解,在法律有疏漏时,须通过相应的法律解释方法将原则的意旨纳入法律论理之中。本文所研究的主要是后者,目的是归纳一般原理,希望基本原则相对超脱的属性有助于解决破产法具体规则间的冲突,有助于更好地理解破产法律制度。实践中,对于破产法具体包含哪些基本原则,学者们见仁见智。② 本文在取舍上主要着眼于内容上的根本性这一标准,即有关基本原则应全面反映破产法律关系的本质规律及立法者在这一领域的价值判断,贯穿破产法始终,构成破产法各项具体制度的内核,是用以制

---

* 作者单位:北京大学法学院。

本文是北京大学法学院“青年教师科研基金”资助课题“破产制度的固有本质与时代属性:破产法立法史比较研究”的阶段性成果。

① 有关详细分析,参见许德风:“论法教义学与价值判断”,载《中外法学》2008年第2期。

② 德国有学者将一些具体的破产法程序性规则纳入到“基本原则”的框架内,因此列出了数量众多的基本原则,如单一程序原则(与我国法不同,德国法上重整与清算均在同一程序内完成)、债权平等原则、债权人自治原则、清算与重整等值原则(不优先追求重整)、通盘解决原则、金钱清偿原则、形式审查原则(如债权的审核采形式审查原则)、友好约定优先原则、剩余债务免除原则(Vgl. Pape et al., *Insolvenzrecht*, Verlag C. H. Beck, 2002, SS. 109 - 125)。英国破产法学者古德(Goode)所总结的企业破产法的基本原则也有十余项,包括尊重实体规范原则、破产财产限于债务人财产原则、担保物权受尊重原则、破产财产上原有限制与抗辩不变原则、债权与物权性权利区分原则、公司对公司财产的信托所有人资格因破产而丧失原则、债权及于一般财产原则、未到期债权提前到期原则、普通债权人平等受偿原则、公司股东对公司债务无个人责任原则等(See Roy Goode, *Principles of Corporate Insolvency Law*, Sweet & Maxwell, 2005, pp. 69 - 81)。我国学者对此的研究尚少。提及该问题的著作认为其包括债权人公平受偿原则、破产债权保障原则、破产与拯救相结合原则、破产救济原则、破产的程序保障原则、破产的司法干预原则、破产豁免原则(参见齐树洁著:《破产法研究》,厦门大学出版社2005年版,第62~91页)。从列举与论述内容上看,上述三种概括都失之零散,很难胜任基本原则贯通全法,辅助理解适用法律的功能。

定、解释与适用具体规则的基础。[①]

一、尊重非破产法规范原则

在美国法上，尊重非破产法规范原则又称布特纳原则[②]，源于美国最高法院在布特纳诉美国案[③]中的判决。在该案中，抵押权人在就抵押物获得部分清偿后，主张对破产程序期间抵押物的孳息（租金）享有优先受偿权，破产法院拒绝了该项请求，理由是抵押权人没有遵循实体法的要求行使其权利。美国最高法院作了与破产法院内容上相一致的裁判。[④] 这项原则可以从以下三个方面加以论证。其一，在民法"债务人之一般财产为债权人之一般担保"[⑤]的原理下，无论债之标的是否特定，[⑥]债权人基本的期待都是其可以以债务人的全部财产为基础而受清偿。[⑦] 而债务人财产的范围和内容只能以破产法外的规则如公司法、债法、物权法等为基准加以确定。其二，作为法人，其之所以能以独立主体的身份在社会经济中展开活动，一方面是因为关于其组织、机构的（内部）规则使其实体化；另一方面也是由于（外部）市场规则将其作为独立的主体对待。前者如公司法上的相关规则，后者如关于企业生产经营应遵守的卫生、环境、劳动保护等法律。这些规则是企业之所以能够成为民事主体并参与市场活动的基本前提，只要未被注销，无论是否破产，都应遵守。[⑧] 其三，从经济效果上看，由于企业之间是以非破产法规范为基础展开竞争的，如果破产的事实可以改变这些竞争规则，会促使债务人基于不当动机申请破产，并通过破产程序获取在正常竞争

---

① 当然，必须注意法律原则的局限。原则总伴生例外，过分强调其普遍性容易引人误解，甚至徒增法律学习和法律适用的困难。破产法内容横跨程序法与实体法，主旨上同时包含追求财富最大化的经济考量与促进实质公平的社会关怀，条文的异质性高，因此适当弱化原则的普遍适用更是必要的。

② 其英文表述为"Butner Principle"。See Douglas G. Baird, *The Elements of Bankruptcy*, 4th ed., New York, Foundation Press, 2006, p. 87.

③ Butner v. United States, 440 U. S. 48, 55, 59 (1979).

④ 此判决主旨在以后美国最高法院的类似判例中被多次确认。See Raleigh v. Illinois Department of Revenue, 530 U. S. 15, 20 (2000).

⑤ 参见史尚宽著：《债法总论》，中国政法大学出版社 2000 年版，第 462 页；*Larenz*, *Lehrbuch des Schuldrechts*, Band I, Verlag C. H. Beck, 1986, S. 22.

⑥ 若标的物特定，债权人可以请求实际履行，主张就该标的物实现其债权，但若债务人拒绝或不能实际履行，债权人只能请求通过损害赔偿寻求救济，而这是以债务人一般财产为基础的。

⑦ 在没有特殊理由或预先公示的情况下（如设置担保物权），如果因破产而否定以债务人的全部财产作为债权人受偿的基础（一般担保），就会在根本上有悖于"债"这一制度的要求。

⑧ 28 USCS § 959(b).

中本不该获得的额外利益，从而无法真正地实现优胜劣汰。例如，如果破产法允许房屋租赁合同中的出租人在破产时自由解除租赁合同，就可能促使出租人在房屋价格上涨时通过主动申请破产而摆脱原租赁合同的束缚，以便在新租赁合同中谋求高额租金。① 总之，正如美国学者托马斯·H. 杰克逊所言，破产法是以责任承担或权利实现为目的的规则集合，责任或权利的基础只能在非破产法规范中寻找，破产法不应当、事实上也不可能自行创设。② 担保物权和其他优先权在破产程序中继续有效就是例证。③

尊重实体规范原则贯穿于破产法的各项制度中，以下例示之。

1. 在破产开始程序中，债务人是否具有破产开始的原因，如是否有资不抵债的情形，是否不能清偿到期债务或是否丧失清偿能力等，须依非破产法规则加以认定。

2. 在破产程序开始后，破产债务人和全体债权人要受到"自动中止"制度的限制。但各国破产法通常都会将政府的行政管制的行为排除在自动中止的约束之外。④ 如根据我国《企业破产法》第19条和第20条的规定，人民法院受理破产申请后，有关债务人财产的保全措施应当解除，执行程序、民事诉讼或仲裁应当中止。其在效力上仅及于自力救济和司法措施，行政规制行为并不在限制之列。

3. 在未破产时，根据我国《担保法》第18条第2款的规定，连带责任保证的债务人在主合同规定的债务履行期届满没有履行债务的，债权人可以要求债务人履行债务，也可以要求保证人在其保证范围内承担保证责任。该规则在破产程序之内仍然有效，根据我国《企业破产法》第92条第3款的规定，甚至在债权人接受债务人重整计划的情况下，债权人对债务人的保证人和其他连带债务人所享有的权利也不受影响。⑤

---

① 关于禁止出租人在破产时随意解除房屋租赁合同的规定，参见《德国破产法》第108条第1款；11USC § 365(h)(1)(2)。

② Thomas H. Jackson, Bankruptcy, Non – Bankruptcy Entitlements, and the Creditors' Bargain, 91 *Yale L. J.* 857(1982).

③ 我国《企业破产法》第109条、第87条第2款第1项、第96条第2款。

④ 当然，实践中如何区别行政规制(如金融监管、环境监管)与政府债权是一个需深入研究的问题。See Douglas G. Baird, *The Elements of Bankruptcy*, 4th ed., New York, Foundation Press, 2006, pp. 213 – 216, 11 USC § 362(b)(4).

⑤ 我国《企业破产法》第101条、第124条等规定在原理上与该法第92条第3款的规定是相同的。类似地，我国《企业破产法》第51条关于保证人追偿权的规定，该法第50条和第52条关于连带债权与连带债务在破产程序中处置的规定，也完全遵守了实体性规则在破产程序中继续有效的原则。

4. 在债务人持有的资格或权利转让的法律关系中,若法律或合同对转让的前提、方式有所限制,该限制在破产程序内也应被遵守。在美国最高法院审理的芝加哥交易所诉约翰逊一案[①]中,破产债务人汉德森拥有芝加哥交易所的会员资格,根据交易所的有关规则,会员只有在履行了对交易所其他会员的全部债务并缴纳 250 美元费用后始得转让其资格。另外,交易所的规则还规定,必须在有关转让经交易所董事会批准并经 10 日的公示没有其他会员的异议之后,受让人才能有效取得会员席位。在破产程序中,破产管理人主张债务人在交易所的席位是破产财产的一部分,应毫无负担地为破产管理人取得并自由变卖,对于出售所得,交易所以及交易所的其他会员只能行使作为普通债权人的权利。汉德森的债权人对此提出异议,要求汉德森在转让席位前先清偿有关债务。美国最高法院支持了该异议。[②] 其基本结论是认可交易所的相关规则及破产法外合同约定的限制,认为债务人持有的交易所会员资格只有在按交易所的相关规则履行了特定义务后才是一个完整的财产权,才能够成为债务人财产。其推理的思路是:如果债务人没有破产,其只有在履行了所负担的全部义务后才有权转让交易所的席位,否则其所享有的会员资格是不完全的,在价值上是减损的。因此,破产管理人的主张违背了破产债务人不得享有比未破产时更多权利的原则。[③]

5. 在破产抵消的问题上,多数国家通常坚持"破产法之外的抵消权在破产法内继续有效"的规则。[④]

---

① See Chicago Board of Trade v. Johnson, 264 U. S. 1(1924).

② See 264 U. S. 1, 16(1924).

③ 该案可能存在的问题是,对于交易所其他会员的清偿是否会损害第三人的利益?应当说,这样的问题并不存在。因为交易所会员席位上负担的各种约束在实际交易前通常都能够根据交易所的资格转让程序被检索出来,如交易所规则规定的公示异议制度就是为了便于转让人的债权人及时提出清偿要求而设计的。在这一程序中,只要受让人遵循相应程序取得了席位,通常就能保证该席位是无负担的。若交易所规则中的相关权利人在特定公示期内没有主张自己的权利,允许交易席位进行转让,就应当认为受让人无负担地善意取得该会员席位,其他权利人只能向转让人而不是受让人主张权利。另外,值得思量的是,假设在前述案例中,有关席位属于某公司所有,同时交易所的规则规定,公司会员不得将席位转让给他人,现公司破产,破产管理人可否将该席位单独变现?按照实体性约定在破产程序中应受遵守的规则,答案也是否定的,除非管理人将公司股权整体出让。类似地,并购实践中资产转让中的受让人在某些情况下会被要求承担资产上的劳动关系,这一类限制在破产法中也应当继续有效,破产管理人不得将有关资产单独出让。欧盟最高法院在 1996 年的一个案件中专门明确了资产与劳动关系一并转让的基本原则。Vgl. EuGH von 21. 3. 1996 – Rs. C – 171/94 und C172/94 BB 1996, 1065.

④ 如《德国破产法》第 94 条规定:"破产债权人在破产程序开始时依法或依约定有权抵销的,此权利不因破产程序而受影响。"英国法上也持同样的见解,参见 Roy Goode, *Principles of Corporate Insolvency Law*, Sweet & Maxwell, 2005, p. 214。

我国《企业破产法》第 40 条也基本采取这种立场。[①] 这无疑是妥当的：一方面，如果法律禁止破产中的抵消，本质上就相当于强制剥夺了抵消的担保功能，只会促使交易当事人另谋其他形式的担保，从而无端地增加交易成本；另一方面，若法律不保护破产中的抵消权，抵消权人就会尽力寻求在破产程序正式开始前行使其权利——抵销权通过单方意思表示即可行使，无须采取特定的形式，也无须征得消销相对方同意——从而增加抵消权人监督债务人的成本。[②]

6. 作为应尊重非破产法规范原则的一部分，还需要强调的一个限制性规则是，那些仅在债务人破产时发生适用的条款无效。以一般民法术语表述，可称为“债务人破产这一法律事实不得作为合同的附加条件”或“实体性约定不得以破产为内容”。[③] 表面上看，以破产作为附条件合同中的条件似乎无违意思自治原则，但仔细考量后会发现，这种条款的存在会严重损害债务人的其他债权人的利益：若企业不破产，这种条款不能发挥作用；若企业破产，股东将丧失其对企业的全部权益，因此在企业与债权人签订合同时，股东及其代理人均无拒绝的动力。承认此种条款的效力，受损的是债务人的其他债权人，而其他债权人在订立合同时审查这种条款的动力亦不充分。对这种人们都没有动力加以注意或拒绝的条款，法律进行适当管制是符合效率要求的。[④] 在英国早年的一个典型案件中，[⑤] 定作人向承揽人支付了预付款，为了保障其权利，约定定作物的所有权归定作人，同时还约定若承揽人破产，则定作人可以继续使用承揽人的设备设施直至工作完成。该案的审理法院认为，前者属于设定担保的安排，应为有效，而后者属于以破产作为使用权取得的条件，因而无效。[⑥]

总之，尊重非破产法规范的原则对于理解与适用破产法具有重要的意义，它

---

① 该条规定后半句的三项但书不过是在协调抵消与撤销制度的关系时作出的特殊规定而已。需要说明的是，仅从文义上看，我国《企业破产法》第 40 条第 1 句“债权人在破产申请受理前对债务人负有债务的，可以向管理人主张抵销”的规定甚至允许在破产之外本不能抵消的情形在破产开始后抵消，如破产受理前主动债权未到期的情形（对此我国有人主张借助该法第 46 条第 1 款拟制主动债权到期，参见安建著：《中华人民共和国企业破产法释义》，法律出版社 2006 年版，第 64 页），相比而言，《德国破产法》第 95 条明确地将为债权申报方便而规定的“未到期的债权在破产开始后视为到期”条款排除在抵消制度之外，更为合理，可资借鉴。

② Vgl. Pape et al. , *Insolvenzrecht*, Verlag C. H. Beck, 2002, S. 471.

③ Ex parte Mackay, (1873) 8 Ch. App. 643, 648. 当然，为了限制债务人借款后的机会主义行为，实践中银行会在合同中规定限制性条款，以确保其债权实现。如规定若债务人财务状况恶化，则借款提前到期等。这类规定仍属未直接与破产“挂钩”，因此是允许的。

④ 这也是为什么法律要规制格式条款的原因，即个别的消费者不会在意印在购物单据背面的一般条款，也不会因为有这些条款的存在而与出卖人进行协商，以及因此而不购买商品。

⑤ Ex parte Barter; Ex parte Black, (1884) 26 Ch. D 510.

⑥ Mokal, *Corporate Insolvency Law*, Oxford University Press, 2005, p. 112.

意味着在适用或制定破产法规则之前，必须首先澄清非破产法规则下的法律关系。除非基于特殊的政策考量，原则上不应对非破产法规范进行变动；除非法律作了特殊规定，原则上应遵守实体法上的有关规范。例如，债务人在投了责任保险后，因侵权行为造成第三人损害，同时又陷入破产境地，债务人的其他债权人可否就该保险金受偿？在实体法上，对于保险公司按照责任保险合同支付的保险金，无论是法律规定或合同约定应直接向受害人支付，还是首先向债务人（被保险人）支付，都是债务人的财产。按照这样的逻辑，在债务人破产时，似乎应认为债务人的其他债权人亦有权就责任保险金获得按比例进行的清偿。[①] 当然，这个符合法教义学的解释显然不符合保险制度分担风险、责任保险制度保护侵权受害人的本意。在这样的背景下，美国以判例法的形式规定，责任保险中的保险金是为了让受害人得到充分的补偿，被保险人对于保险金没有任何实质性的利益，因此破产债务人的其他债权人无权分享。另外，即使被保险人根据《美国破产法》第7章或者第13章的规定获得剩余债务免除，保险人作为破产法外的责任主体也不能因此免除责任。[②] 德国则在其《保险合同法》上作了相同的规定。[③] 对上述规定，我国未来立法宜加以借鉴，否则在现行法下只能得出被保险人的其他债权人有权分享保险金的结论。

正如前文所述，任何基本原则都不是绝对的，实体权利不变原则也具有这种相对性。就企业破产而言，如果不进行重整，破产程序的终结必然导致企业的注销，[④]而企业的注销及其主体资格的消灭自然便意味着未获清偿的债权这一实体权利的消灭。就个人破产而言，破产程序的终结通常伴随着对个人剩余债务的免除。这些都是对实体权利最彻底的改变。下文所述的债权平等原则、集体清偿原则或多或少都要对权利的实现加以限制，其在某种程度上就属于这种改变。

二、破产债权平等原则

破产债权平等原则被认为是破产法的“起始规则”或“任何破产法都必须遵

① 我国《保险法》第65条虽然规定保险人对责任保险的被保险人给第三者造成的损害，可以依照法律的规定或者合同的约定，直接向该第三者赔偿保险金，也规定在被保险人怠于请求时，第三者有权就其应获赔偿部分直接向保险人请求赔偿保险金。但其只是规定了第三人的请求权，而没有对该赔偿金的归属作出明确规定。

② Houston v. Edgeworth, 993 F. 2 d 51(5th Cir. 1993); First Fidelity Bank v. McAteer, 985 F. 2d 114(3d Cir. 1993).

③ 该法第110条规定，若被保险人破产，受害人对保险金享有别除权。

④ 我国《企业破产法》第121条。

守的最高准则”。①

在破产法外，债权具有相对性，只在债权人和债务人之间发生效力，除了要求对方为相应履行外，债之关系的当事人各方不得干涉他方对财产的利用或处分。② “在存在数个债权时，不论其发生先后，均以同等地位并存。”③若债务人在未破产时拒绝履行债务，债权人可以用个别强制执行的方式实现其权利。在有两个以上债权人申请强制执行时，基本上是遵循所谓的一般优先原则，简单说就是“先来后到”：若“先来”的债权人“抢先”强制执行了债务人的某项财产，则“后到”的债权人只能求诸其他财产。所谓“勤受益，懒招损”，“先来后到”是一项符合常识和社会一般认知的制度，它无损（形式）公平，同时又可敦促人们积极行动，因而在多数情况下有助于效率的提高。④ 也就是说，如果债务人的财产足够清偿其所有债务，这样的原则本无不妥。只在债务人的财产不足以清偿全部债务的情况下，无排他性的“先来后到”原则所带来的成本负担才变得突出，因为无论人们多么勤勉，可用来清偿债务的财产总是有限的。此时债权平等原则的意义才真正地彰显。当然，强调破产债权平等也不仅仅是出于效率的计算，还包含保护社会公平的考量，即把破产看做每个交易当事人都要承受的后果，各债权人应平等承受，防止资力或能力强大者以损害弱小者为代价获取额外优势。⑤

破产债权平等原则的内容主要有以下三个方面。其一，排除单个债权人谋求个别强制执行的权利，强调同类债权人的受偿比例应相同。前者如我国《企业破产法》第16条禁止债务人在破产受理后清偿个别债权的规定，以及该法第19条禁止个别债权人在破产受理后单独申请强制执行的规定；后者如我国《企业破产法》第113条第1款第3项、第2款关于普通债权平等、按比例受偿的规定。其二，破产债权平等原则并不意味着所有破产债权都应受到平等对待，实际

---

① Roy Goode, *Principles of Corporate Insolvency Law*, Sweet & Maxwell, 2005, p. 175；英国1986年破产法对此的明文规定（Insolvency Act 1986, S. 107）；德国联邦最高法院的判决 BGHZ 41, 101。

② Vgl. Fikentscher, et al., *Schuldrecht*, De Gruyter, 2006, S. 2.

③ 王泽鉴著：《债法原理》（第1册），中国政法大学出版社2001年版，第10~11页。

④ 例如着眼于鼓励创新的专利制度就是一个典型的“先来后到”的制度。又如英国法没有关于当事人有告知义务的规定，也是同样的道理：“应当允许那些在智力或经验上有优势的人在合同协商时获益，从而鼓励人们去努力获取知识和技能。” See J. Beatson, *Anson's Law of Contract*, 1998, Oxford, p. 257; Atiyah, *An Introduction to the Law of Contract*, Clarendon Press, 1995, pp. 246 – 247; Ward v. Hobbs (1878) 4 App. Cas. 13.

⑤ Keay et. al., The Preferential Debts Regime in Liquidation Law: In the Public Interest?, *Company Financial and Insolvency Law Review* 84, 95 (1999).

上平等的本意就在于"相同的相同对待,不同的不同对待"。[①] 这里的"相同"或"不同"取决于权利本身所包含的顺序性特征,取决于破产法外的实体规范或当事人的特殊约定。我国《企业破产法》第82条要求在对破产计划进行表决时应根据债权人的不同类型分组,该法第113条区别不同债权人类型规定了清偿的顺序,便是此理。现实中,对债权何为相同,何为不同,常有不同见解。各国法在处理此项问题时,并无统一根据。例如,原则上数额并非区别对待各种债权的依据,但我国《企业破产法》第82条第2款却规定重整表决时可将小债权人单独编组。又如,我国《企业破产法》第82条第1款第1项规定所有担保权人被编在一组,但德国或美国的破产法都允许基于担保物的性质将担保债权人分别编组。[②] 再如,我国《企业破产法》第113条将职工债权、税收债权列为优先受偿债权,而有些国家则将其规定为普通债权。[③] 其三,破产债权平等原则不得通过合同加以排除。对此,英国法上的经典案例早有说明:"当事人所订立的阻止有关财产在破产时依破产法平等、按比例分配并借此谋求非法利益的合同无效。"[④]

破产债权平等原则也存在例外。在某些时候,法律允许债权人利用其债权的特殊性(而非优先性)谋求更大的利益。例如,在债务人是一家生产型企业时,其能否继续生存往往取决于供货商的配合,对于供货商就破产以前的货款债权要求得到更高比例清偿的主张,如果法律不予支持,则供货商将可能选择终止供货,从而导致债务人彻底丧失生存能力并损害全体债权人的利益,因此一些国家的破产法对供货商债权持相对宽松的态度。[⑤] 总体而言,在改变破产债权平等原则,对破产程序中债权的清偿顺序进行特别规定时,必须采取谨慎的态度。这样做的出发点可能是好的,而且对公开的法律而言,只要其不具有溯及力就不会改变人们的预期,但从实际效果上看,这类规定很可能发生以下两种不良后果:其一,违背一般经济规律,迫使当事人全部或部分地放弃交易;其二,企业破产时,其所余破产财产价值通常很有限,在实现了某些法定在先权利(如担保物权)后常所剩无几,此时再规定复杂的递进顺序,客观上也并无实际意义。以德国破产法为例,债权平等原则经历了一个从弱到强的发展过程。其于1877年制

---

① 如果所有债权在破产之中同等对待,必须首先彻底否定担保制度,而至少就目前而言,这样做的理由尚不充分。参见许德风:"论担保物权的经济意义及我国破产法的缺失",载《清华法学》2007年第3期。

② 《德国破产法》第222条;11 USC § 1102(a)。

③ 《德国破产法》第38条。

④ Ex parte Mackay (1873) 8 Ch. App. 643.

⑤ 11 US C § 547(c)(4).

定、1994年失效的《破产法》(Konkursordnung)中规定了数量繁多的优先权,以至于审查与确认优先权成为破产程序的主要工作,而事实上由于担保物权的大量存在,无担保的债权,无论优先与否,通常只能得到名义上的清偿,使债权确认与排序工作都成为徒劳。[①]

基于这一原因,德国在1994年进行破产法改革时,将其1877年《破产法》第61条第1款中规定的劳动债权、税收债权等优先权取消,使其与普通债权处于同样的顺位(而通过破产法外的其他制度安排保护劳动债权)。[②]

三、债权人自治原则

在谈及债权人自治原则时,学者常引用1990年诺贝尔经济学奖获得者米勒的领奖致辞。在米勒看来,严格按照金融学原理,在企业无力还债时,应当认为企业股东已经丧失了对企业的权益,从而其所有者资格也失去了存在的基础,取而代之,企业的债权人应成为新的企业控制人。他认为这样的安排既符合公司制度原理,又更具效率,因为相比而言,债权人比股东有更大动力选择最有助于实现企业价值的破产解决方案。[③] 尤其在公司的净资产低于零后,有限责任制度下的股东并不对公司债务承担个人责任,往往会选择风险大但收益高,而不是风险小但收益低的投资,如无限制,很容易损害债权人的利益。[④]

进一步讲,一个有利于效率提高的破产规则,不仅应当能在企业陷入困境时处理好后续事宜,使债权人获得最大限度的清偿,还应具有预防即避免或减少破产或破产损失的作用。在破产法上,预防的功能很大限度上通过对企业所有者及其所选任的管理者的惩罚或威慑来实现,即让企业所有者和管理者了解,若企业破产,其将丧失对企业的控制,以促使其尽职与勤勉经营。[⑤]

各国破产法大都规定,除非采用债务人自我管理,否则破产程序一经开始,原(企业所有者选任的)管理层即被剥夺对企业的控制权。如我国《企业破产

---

① Gessner et al. ,Three Functions of Bankruptcy Law:The West German Case,12 *Law & Society Review* 499,506 - 515(1978);Vgl. Pape et al. , *Insolvenzrecht*,Verlag C. H. Beck,2002,SS. 109 - 125.

② Vgl. Günther,Der Concurs der Gla? ubiger nach gemeinem deutschen Rechte,1852,S. 67.

③ Merton H. Miller,Leverage,46 *The Journal of Finance* 479,484(1991).

④ 持相同观点的学者,如 Thomas H. Jackson,*The Logic and Limits of Bankruptcy Law Beard Books*,1986,p. 205。

⑤ 当然,债务人的破产常出于多种原因。对那些因天灾人祸导致的破产,自然也不能过多苛责企业的所有者和管理者。

法》第 15 条、第 25 条规定,破产程序开始后,企业的有关人员即应按照人民法院的指令工作,并向破产管理人移交有关企业管理的资料、文件和相应证明。[①]

需要特别强调的是,债权人自治原则乃至上述米勒的理论并不能被绝对化。其主要原因是,债权人并不是“铁板一块”。相比作为出资人的股东而言,债权人之间的差异巨大:担保债权人往往希望破产程序尽早结束,以尽快实现其债权;职工债权人往往希望企业能够继续存续,以保住自己的工作岗位;普通债权人则往往希望能够获得尽可能高的清偿比例。甚至这些债权人内部仍有差别:同是担保债权人,有的担保物价值大、稳定性好,如不动产抵押权人,有的担保物则价值有限,且容易变动,如动产抵押权或浮动担保,其取向自然就有差异;同是职工债权人,有的年老体衰,长期重复在一条生产线上的单调动作而缺乏其他的谋生技艺,通常希望企业(或至少生产线)能够继续存在下去,有的则年富力强,善于调整适应,很容易改变工作,因而并不需要对企业的存续寄予不切实际的期望;同是普通债权人,有的债权额较大,是债务人的长期合作伙伴,有的则数额不大,与债务人只有一次性的往来。在这样的格局下,完全的债权人自治的集体决策成本[②]将很高昂,难以形成有效的合力,亦有不妥。从实证法的角度来看,目前各国法大多基本承认债权人在破产案件中的主导地位,同时也通过破产法院、破产管理人对债权人自治进行必要的限制。

具体而言,债权人自治原则及其限制主要体现在以下几个方面。

其一,影响破产管理人的选任。在现代各国的破产法中,破产程序的进展通常并不是由某个行政机构或法院主持,而是由破产管理人主导。破产中收集、管理、变卖和分配破产财产的职责都由其承担。在资格上,虽然各国都强调破产管理人相对于债权人和债务人的独立性,但毕竟债权人对破产有更大的利益,因此大都允许债权人对其选任施加影响。我国《企业破产法》第 22 条第 2 款也允许债权人会议申请法院更换管理人,但是更换的理由仅限于“不能依法、公正执行职务或者有其他不能胜任职务情形”,[③]客观上禁止债权人基于个人喜好或信任等考量无因地更换破产管理人。相比而言,国外的破产法院往往赋予债权人较

---

① 根据《德国破产法》第 21 条第 2 款第 2 项,破产法院甚至可以在破产程序正式开始前的破产开始程序中,通过禁令限制或排除经理人对企业的控制权。在破产程序正式开始后,根据该法第 80 条的规定,企业的管理和支配权都转由破产管理人行使。

② [美]亨利·汉斯曼著:《企业所有权论》,于静译,中国政法大学出版社 2001 年版,第 54 ~ 57 页。

③ 其具体是指:执业资格被取消、吊销;与本案有利害关系;履行职务时,因故意或者重大过失导致债权人利益受到损害;失踪、死亡或者丧失民事行为能力;因健康原因无法履行职务;执业责任保险失效等。参见《最高人民法院关于审理企业破产案件指定管理人的规定》第 34 条。

大的选任权，如德国破产法允许债权人在第一次债权人大会上无因地罢免由法院预先指定的临时破产管理人，[①]英国法甚至允许浮动担保权人自行指定破产管理人。[②]

其二，决定破产进程中的重大事项。在破产开始后，债权的实现有三种选择：清算、和解和重整（包括一般重整和转让型重整）。若遵循权利人是自己权利最好守护者的假定，对于这些不同形式的破产方案，破产法乃至破产法院只应持中立的态度，选择哪一个，由当事人——主要是债权人——自己决定。在具体程序上，我国《企业破产法》第7条第2款允许债权人在提出破产申请时就在重整、清算和和解之间对破产程序进行选择。根据我国《企业破产法》第70条第2款，在债权人提出清算申请时，债务人或出资人可以提出重整申请，但根据同法第84条，是否通过重整计划仍主要由债权人自行决定，[③]仅在债权人无理拒绝一项有利于债权人整体利益的重整计划时，法院才可以强制批准重整计划。[④]在实行单一破产程序的国家（如德国），破产程序开始时并不对清算或重整作出最终决定，而是交由破产债权人在第一次债权人大会上完成。除破产程序的选择外，债权人还可对破产中的其他重大事项发挥影响。如我国《企业破产法》兜底性地规定，对将给债权人利益造成重大影响的决定，应获得债权人大会或债权人委员会的同意。[⑤]

其三，参与破产债权确认与决定破产财产的分配。就破产债权的确认而言，债务人存在两种倾向：一种是持放任态度，拒绝对任何债权提出异议；另一种是持恶意干扰态度，拒绝承认所有债权。与此相区别，让债权人参与债权确认，既有助于发挥债权人期望获得最大清偿的动力，也让债权人保留了经过利弊权衡后（如诉讼成本的考量），放弃对一些数额较小的存疑债权提出异议的权利。如《德国破产法》规定，若破产管理人或债权人不对其他债权提出异议，有关债权即被视为确认，破产债务人的异议不影响债权的确定。[⑥] 该规则最大限度地强调了债权人自治，排除了债务人的异议权，能有效防止债务人恶意干扰破产程序

---

① 表决要求参见《德国破产法》第57条（投赞成票的债权人人数占出席债权人大会债权人总数的半数以上，债权额占参加债权人大会的债权总额的一半以上）。

② Insolvency Act 1986, Sch. B1, paras. 14 – 15.

③ 当然，为了限制债权人集体选择的困境，在不损害债权人利益的前提下，法院有时也会强制通过破产重整计划（我国《企业破产法》第87条）。

④ 我国《企业破产法》第87条；11 USC §1129(b).

⑤ 我国《企业破产法》第61条第1款第3项、第68条第1款第1项。此外，还可参见《德国破产法》第160条。

⑥ 《德国破产法》第178条第1款第1句。

的进行。相比而言,除债权人的异议权外,我国《企业破产法》第58条还规定了债务人的审查异议权,不必要地增加了破产债权确认环节,容易使破产程序的进展横生枝节。

四、集体清偿原则

企业破产时的状态与"公共池塘问题"①极为类似:破产财产相当于鱼池,债权人相当于渔夫,在与其他债权人交往的策略中,每位债权人有合作与不合作两个选项。合作意味着在处置企业财产和是否继续维持企业经营(重整或和解)方面持积极的态度,如选择整体变卖而不是拆分变现;不合作意味着各方参与者都竭力抢夺企业财产而不顾整体价值,形成"所有人对所有人的战争",最终损害全部债权人乃至整个社会的福利。② 在破产情形下,多人重复博弈的可能通常并不存在,因为债权人、债务人、债权人相互之间很难有重复交易的机会。因此,多人重复博弈的模型——每个人自私博弈的结果不是整体利益最大,而是整体皆输,只有平等合作才能实现共赢,才是理性人的选择③——在破产中并无应用空间,于是对债权实现加以限制便成为法律的唯一选择。

支持集体清偿原则的另一理由是,由于破产企业中利益主体和利益内容极具多样性,破产开始后,完全的自愿合作是很难实现的。④ 其一,实践中,除了关乎普通债权人的利益外,破产还同时受到担保债权人、职工、企业经理人、企业所有者、企业所在的社区、当地政府等多方主体的影响。让这些主体以自愿协商的形式达成交易的谈判成本非常高。如每个债权人都试图追求比例高一些的清偿甚至完全受偿,往往不肯让步。其二,主体间信息不对称的状态严重影响协商的公平。例如,同样是债权人,破产债务人的开户银行一般比破产债务人的供应商更了解企业的状态;破产债务人的长期顾问律师也不会等到债务人破产时再去

---

① 简言之,可作如下描述:两渔民在同一池塘打鱼,如果相互合作,每年各得200斤;如果一方持合作的态度,另一方不合作(过度捕捞),不合作方得300斤,合作方得100斤;如果都不合作(过度捕捞),则长久下去最终每人每年只能得100斤或更少。See Randal C. Picker, Security Interests, Misbehavior, and Common Pools, 59 *U. Chi. L. Rev.* 645(1992).

② Thomas H. Jackson, *The Logic and Limits of Bankruptcy Law*, Beard Books, 1986, p. 10.

③ Baird et al., *Game Theory and the Law, 1994*, Harvard University Press, 1994, pp. 31 - 45.

④ 可以预见的是,如果债务人与所有债权人事先(债务发生前)就未来破产时的财产处置问题进行协商,他们是会自愿达成类似于破产法规则的协议的。从这个意义上看,破产法不过是顺应了当事人的自由选择而作出的规定。Thomas H. Jackson, Bankruptcy, Non - Bankruptcy Entitlements, and the Creditors' Bargain, 91 *Yale L. J*, 857(1982).

讨律师费。而作为债权人的消费者、小供应商、普通职工、侵权受害人等一般对企业的财务状况了解不多,在协商中处于不利的地位。其三,现实世界中有追求利益最大化的"理性人",也存在一些"损人利己"甚至"损人不利己"的看似"非理性"的行为主体,例如有人想通过申请他人破产来破坏其声誉,有人想自己申请破产以逃避债务等,都需要通过"外力"加以规制。其四,我国现有经济、法律体制的不完善也是破产中当事人充分合作的障碍。

在讨论集体清偿时,同时必须考虑的是该原则的强制程度问题。这需要通过衡量强制的成本与收益加以判断。强制性破产程序的成本包括破产管理人的报酬、诉讼费用、其他专业人士的佣金和破产程序本身所引起的拖延成本等,其收益则是破产财产整体性能得以保护,债权能得到较大比例清偿。在某些情形下,若债权人数量有限、类型单一,无须外来强制也能够以最大化破产财产的态度行事,便无采取强制的必要,而应适当地允许当事人通过自由协商(即所谓"合同破产")来处理破产问题。为此,有学者建议对破产法作出适当的调整,即破产法也不应完全是强行性规范,还应包括相当的推定性规范,以提供多种不同的破产制度供选择适用。① 这种观点不无道理。

集体清偿原则在破产法上主要体现在以下两个方面。

其一,在重整程序中常见的情况是,尽管企业有继续盈利的前景,并且为债权人提供了比较好的还款条件,但债权人仍选择拒绝接受破产重整计划,如担保债权人本不需要通过重整程序即可获得完全的清偿。鉴于此,破产法允许法院在条件具备时强制债权人接受重整计划,以达到增进企业整体价值的效果。②

其二,为了保护债务人财产的整体价值和债权人的整体受偿,对债权人的自力救济和强制执行权以及债务人优先清偿个别债权人的行为加以限制。前者体现为破产中止制度,后者体现为破产撤销制度。破产中止制度对所有债权人普遍有效。当然,破产中止制度的存在理由因债权人种类不同而有所差别。对普通债权人而言,破产中止制度存在的必要性在于,普通债权人能够在破产程序中得到的清偿数额在破产开始之初并不确定,因此有必要给债务人或破产管理人

---

① Alan Schwartz, A Contract Theory Approach to Business Bankruptcy, 107 *Yale L. J.* ,1807, 1850 - 1851(1998). 也有学者提醒应注意合同破产中的成本问题,See Susan Block - Lieb, The Logic and Limits of Contract Bankruptcy, *U. Ill. L. Rev.* 503,559 - 560(2001). 另外,实践中很多债权人是"被迫"成为债权人的,没有选择的余地,更谈不上协商的机会,比如侵权受害人、税收债权人等,因此集体清偿原则仍有存在必要。See Elizabeth Warren, Jay Lawrence Westbrook, Contracting out of Bankruptcy:An Empirical Intervention,118 *Harv. L. Rev* 1197,1223 - 1245(2005).

② 如我国《企业破产法》第 87 条第 2 款。比较法上类似的制度,参见《德国破产法》第 245 条;11 USC §1129(b)。

一定的时间,以便厘清债务人的财产总量,确定向普通债务人清偿的比例。实践中破产程序不可能一蹴而就,即使最简单的破产清算也需要3~6个月的时间,全部普通债权人只能等到破产程序终结,所有破产财产得到清理后获得清偿。担保债权人受破产中止制度约束的理由和普通债权人不同。一方面,就企业财产的处置而言,在破产程序进行到一定程度之前,往往很难确定有关的担保物是否将被用于企业未来的重整或清算。因此,有必要让担保债权人等候适当的时间,以便确定对担保物的使用与处置方案。另一方面,通常只有在担保物的价值小于所担保的债权额时,才能允许担保权人自行行使其担保权将担保物变现,因为若担保物的价值远大于担保债权的数额,允许担保权人自行变价将不利于实现担保物的最大价值,而担保权与担保物的数额或价值确定都需要时间。破产撤销是指破产法允许破产管理人在符合特定条件时将债务人已转让出去的物或其他财产追回,作为实现全体债权人债权的财产基础。债务人财产原则上指的是在破产程序开始时债务人所享有的全部财产,这是债务人对债权人承担责任的基础。在这个意义上说,那些债务人已经在破产程序开始前转让出去的财产,在破产程序开始时已不属于债务人而属于第三人所有,因而就不再是破产财产。允许通过破产撤销的方式取回破产财产主要是基于集体清偿的考虑:一方面,如果债务人财产的转移距离破产开始的时间很近,截然以破产的开始区别对待(破产前)已受偿的债权人和未受偿的债权人不甚公平;另一方面,必须防止破产债务人在破产程序开始前紧急地将破产财产转移出去,或防止特定的与债务人有特殊关系或熟悉债务人的债权人(与债务人串通)违反债权平等原则在破产开始前优先受偿。

五、结语:破产法的价值选择

在价值选择层面,破产法学界一直有社会公平与经济效率的争论。[①] 其在规则选择上的具体体现,一是破产法是否应完全(或多大程度地)遵循实体性规范,对此本文在尊重非破产法规范原则、破产债权平等原则中进行了讨论;二是破产法在保护债权人利益之外是否应当考虑其他相关者的利益,本文在债权人自治原则与集体清偿原则的论述部分间接地触及了这个问题。总体而言,必须承认破产法并不是纯技术性的程序性规范,实践中相当多的实体性事项,如债权

---

① 有关详细介绍,参见韩长印:“企业破产立法目标的争议及其评价”,载《中国法学》2004年第5期。

的顺序、债权是否可撤销、是否允许抵消、担保物权是否受限制等，实体法上并未给出具体的答案，因此单纯强调“尊重实体法规范”并不充分，必须要通过破产法确立相应的处置规则，而这就是一个价值选择层面的问题了。破产法是否应保护利益相关者的问题在性质上同样如此。就这一问题，笔者不认为“破产目标多元化”[①]的判断恰当。在笔者看来，这甚至是一个伪命题：从目标上看，破产法的立法者与司法者从来就不拥有一元与多元之间的选择权。和企业经营本身相同，破产自始就是一个复杂的过程，不独涉及企业债权人的利益，因此原本就应全局考虑。这也是破产本质所要求的，即作为集体的而不是个别的强制执行，必须以最大化企业的整体价值为主要着眼点。正如前文所述，鉴于债权人利益的分散性，关照其他利害关系人并不必然意味着损害债权人的利益。相反，正如2009年通用汽车破产案[②]、绍兴华联三鑫破产案[③]所显示的，恰恰基于保护利益相关者的考虑，外部力量（如政府）才有动力协助破产债务人渡过难关。这也正是适当通过集体清偿原则限制债权人自治的依据。

（2009年第8期）

---

① 有关详细介绍，参见韩长印：“企业破产立法目标的争议及其评价”，载《中国法学》2004年第5期。

② 在此案中，政府投入资金拯救企业摆脱困境，以稳定就业及保护美国的制造产业。See A Giant Falls, *The Economist*(*print edition*), Jun. 4th, 2009.

③ 在此案中，政府介入私营企业的破产事项，通过各方协调，避免一个企业的破产经由企业间的连环保证引发区域性金融危机。参见余力：“26天：绍兴拆除金融炸弹”，载《南方周末》2009年5月28日第C13版。

货币所有权归属及其流转规则

——对“占有即所有”原则的质疑

其木提*

一、问题的提出

在现实生活中,货币现金因人们的买卖、投资、储蓄等事由而发生流转,或在违反当事人本意的情况下因丧失货币之占有而发生流转,如不慎丢失或者被盗抢。货币所有人因这些事实行为丧失货币之占有或者在法律行为无效或者被撤销时,是否享有所有物返还请求权或占有回复请求权?若允许请求回复,则势必使货币的流通功能丧失殆尽,危及社会经济的正常交往;若只允许主张债法上的请求权,由于债权为相对权,其将罹于诉讼时效,且在债务人另有若干债务而无力全额偿还时,债权人的权利将不能得到完全实现。在债务人破产时,债权人也不享有取回权,其结果是货币所有人难免遭受不测之损害。可见,货币所有权问题不仅涉及民法上财产所有权的静的安全与财产交易的动的安全保护问题,也涉及商法、信托法、经济法、刑法等诸多法律门类,是一个跨学科、多门类、综合性极强的课题。但我国现行立法尚无关于货币所有权的明确而统一的规定,《物权法》对货币所有权问题也只字未提,殊值遗憾。

我国民商法学界对货币所有权问题的重视和研究也明显不够。例如,有关民法学论著通常只是在总论部分将其作为一种特殊的物作简单介绍;在物权法原理的论述中一般只是在动产所有权部分对货币流转的特殊规则略有提示;在合同法以及商法学的研究中通常也只关注票据制度及其流转规则问题。而在这些有限的研究中,通说采货币“占有即所有”原则,①即货币之占有与所有合二为一,对于货币不发生所有物返还请求权与占有之回复诉权问题,仅发生债法上的请求权,故货币不会发生善意取得的问题。至于为何采“占有即所有”原则,国

---

* 作者单位:上海交通大学凯原法学院。

① 梁慧星、陈华彬著:《物权法》,法律出版社1997年版,第213~214页;梁慧星主编:《中国物权法研究》(上册),法律出版社1998年版,第547~548页;梁慧星主编:《中国物权法草案建议稿》,社会科学文献出版社2000年版,第37页;王利明主编:《中国物权法草案建议稿及说明》,中国法制出版社2001年版,第4页;张庆麟:“论货币的物权特征”,载《法学评论》2004年第5期。

内学说均依我国台湾地区学者郑玉波的分析强调如下三点理由：其一，货币贵乎流通，并于流通过程中，全湮灭其个性，因而于现实支配（占有）之外，若谓尚有法律的可能支配（所有权），实属不可想象。其二，货币之购买力，并非基于作为货币之物质素材的价值，实因国家的强制通用力及社会的信赖。因而对于货币的现实占有人，即不问其取得原因如何，有无正当权利，而径认其为货币价值之归属者。其三，于交易上，如货币之占有与所有可以分离，则于接受货币之际，势必逐一调查交付货币之人是否具有所有权，如此则人人惮于接受货币，货币的流通机能将丧失殆尽，有碍交易甚巨。[①]

但近年来，学说多主张该"占有即所有"原则应存在一些例外，且其例外情形越来越多，主要包括以下几种情况：(1)"占有即所有"原则不适用于占有辅助的情形，如职工、受雇人占有、管领单位或雇主的货币现金，属于持有而非占有。(2)对于个性大于共性的特殊货币，如货币收藏者基于研究、爱好原因而收藏的号码特殊的货币、印制有误的纸币等，虽有货币之名，但注重的是其单独特征而非其流通性，在占有之外可以有独立的所有权存在。(3)以封金的形式特定化的货币，如甲将货币包上封好，寄存于乙处之情形，货币实已不能发挥其流通手段的职能，货币之所有权与占有可同时成立。[②] (4)"占有即所有"原则也不应适用于某些专用资金账户中的钱款，这些特殊的商业账户规则已经使受托人、行纪人等自身的财产和由其管理的委托人的货币相区分，且当事人双方均无转移货币所有权的意思。因此，对于这些专用账户中的钱款没有必要适用"占有即所有"原则。[③]

货币是民法上的特殊动产，既是一种有形之物，又是一种具有高度替代性的种类物和消费物。依民法原理，无论特定物抑或种类物，均可成为物权的标的。我国《物权法》第2条第3款规定："本法所称物权，是指权利人依法对特定的物享有直接支配和排他的权利。"这对物的特定性提出了要求。特定性不能被理解为实物性，标的物有无特定性取决于法律上有无相应的识别方法，只要法律上有得当的识别方法，如通过特殊账户方式予以特定化，即可使之成为具有可支配性的物或客体。因此，笔者认为，货币之特殊性并不表明在货币的占有与所有问题上法律必须采所谓"占有即所有"原则。依物权变动的法律规则规范货币所有权的归属问题，不仅不会妨害交易之安全，也能兼顾所有之安全。此外，从比较法上看，虽然法谚有谓"占有即所有"原则，但除了日本民法和我国台湾地区

---

① 郑玉波著：《民法物权》，台湾三民书局股份有限公司1986年版，第417～418页。

② 钱明星著：《物权法原理》，北京大学出版社1994年版，第235页。

③ 王利明："货币所有权"，载王利明：《物权法研究》，中国人民大学出版社2002年版，第37～40页；周显志、张健："论货币所有权"，载《河北法学》2005年第9期。

"民法"以外,无论是在大陆法系抑或英美法系,其并非是公认的原则。

二、大陆法系上货币返还请求权的实质

在古罗马时代,法律就已将物分为动产与不动产。货币为有形之动产,属于消费物之列,被称为法定消费物。①

大陆法系民法继承并发展了罗马法的传统,对财产的分类标准基本上也是物理性的。如《德国民法典》第90条规定,物为有形之客体。依德国学界通说,不动产以外的一切物都是动产,它主要是指消费资料、货币等。② 货币作为民法上之动产,居于权利客体的地位,除了可以成立所有权外,也可以为占有的标的。③ 当然,此所谓占有,不包括辅助占有。④

《德国民法典》第929条规定,动产所有权的移转须同时具备合意与交付两个条件。货币及有价证券的流通,也应遵循该物权变动的原则。⑤ 在该法律行为被宣告无效或被撤销,或者所有人因违反其本意而丧失占有时,即可主张《德国民法典》第985条规定的所有物返还请求权。但依据《德国民法典》第985条的规定,所有物返还请求权只能针对具体的某物,而不能针对已经替代了原物的某物提出。因此,德国学界通说认为,金钱亦得为所有物返还请求权之标的,⑥ 但仅以金钱在占有人处,且已特定化时为限。⑦ 仍存续之金钱价值,不得根据

---

① 周鳃著:《罗马法原论》,商务印书馆1994年版,第285页。

② 孙宪忠著:《德国当代物权法》,法律出版社1997年版,第9页、第24页。

③ 法国最高法院第一民事法庭1987年3月3日判决的一起案件中,死者女婿根据死者生前给予其的代理权,将死者银行存折上的钱取走。由于死者女婿没有出示死者自书遗赠的证据,其被认为系为他人占有该笔款项。该判决指出:"根据《法国民法典》第2231条规定的推定,除非有相反证据,受托人及其配偶总是被认为以同样的名义(为他人占有)而持有该笔款项。"转引自尹田著:《法国物权法》,法律出版社1998年版,第169页。

④ 没有人会说,女佣是住宅的占有人,即使在主人外出旅游时也不会这么说。同样,工人之于机器与工具、银行出纳员之于钱箱中的钱等,也没有人会说这些人就是这些物的占有人。转引自[德]鲍尔、[德]施蒂尔纳著:《德国物权法》(上册),张双根译,法律出版社2004年版,第134页。

⑤ [德]曼弗雷德·沃尔夫著:《物权法》,吴越、李大雪译,法律出版社2004年版,第236页。

⑥ [德]鲍尔、[德]施蒂尔纳著:《德国物权法》(上册),张双根译,法律出版社2004年版,第210页。

⑦ 法国民法也认为,如果占有人不是所有人,则真正的所有人可要求返还,只要真正的所有人能够证明其权利。在法国最高法院民事法庭1929年7月17日判决的一起案件中,一家保险公司要求被责令破产的经纪人返还为其收取的保险费,但原告最后败诉。该判决指出:"依《法国民法典》第2279条的规定,如果不是针对特定物,当事人要求返还的主张不得支持:当涉及可替代物如金钱时,返还原物原则上是不可能的,除非其在物质上得以特定化及要求返还的是与债务人所取得的财产完全同一的财产。"转引自尹田著:《法国物权法》,法律出版社1998年版,第94页。

《德国民法典》第985条之规定请求返还,就此只能成立债法上的请求权。例如,丧失的金钱被占有人存入其银行账户时,所有物返还请求权即因此而消灭;[①]拾得一张50马克的钞票者,将该款用以支付其30马克的债务并得到找零20马克时,遗失人既不能请求返还这张20马克的钞票,也不能主张返还其50马克的价值,只能主张债法上的请求权。但在标的物因《德国民法典》第948条的规定而发生混合时,所有人则不丧失其货币的所有权,可按照混合时各物在新物中的价值比例取得共有权。[②]

《德国民法典》第935条第1款规定,从所有人处盗窃的物、所有人遗失或因其他原因丢失的物,不得适用善意取得制度。但该条第2款又规定,盗窃物、遗失物为金钱、无记名证券以及公开拍卖物时,适用善意取得制度。[③] 这一复归于善意受让的"例外之例外"规定,一方面表明恶意受让人不能取得所有权,另一方面也表明该规定旨在促进金钱及无记名有价证券的流通,维护交易安全。[④]

对于金钱及有价证券而言,流通性系其生命,且其本身又存在辨识困难的问题,对脱离物的占有若不能依善意取得,将严重影响交易的顺畅。所以,需要赋予对金钱及有价证券之占有以绝对公信力。[⑤]

除上述通说外,德国民法上还有"占有即所有"说和物权性价值返还请求权说。前者主张"占有即所有"原则,但承认存在例外,如对于占有辅助人、合伙执行人、信托财产之受托人、破产清算人占有的货币,不适用"占有即所有"原则。[⑥]后者则认为,货币返还请求权的标的并非有体之货币本身而是金钱之价值,即使价值载体已丧失特定性,所有人作为"价值所有权"的保持者,仍然可以提起价值返还请求权而享有优先受偿权及取回权。但物权性价值返还请求权,以占有人仍然保有价值的同一性为成立要件。在所丧失的金钱被兑换、混合或被存入银行账户时,其并不丧失金钱价值的同一性;但在占有人以所有人所丧失的金钱或经混合后的金钱取得代位物或消费寄托上的金钱债权等情形,则丧失价值的

---

① 《法国民法典》第1892条、《德国民法典》第700条规定,消费借贷为金钱或其他消耗物的借贷,借用人负返还同等数额金钱或同等质量、数量的物的义务。

② [德]曼弗雷德·沃尔夫著:《物权法》,吴越、李大雪译,法律出版社2004年版,第90页、第92页、第272页。

③ 《瑞士民法典》第935条也规定,金钱及无记名证券,即使是违反其所有人意思而丧失,其所有人也不得对善意受领人请求返还。

④ 王泽鉴著:《民法物权(2)用益物权·占有》,中国政法大学出版社2001年版,第293页。

⑤ 叶金强著:《公信力的法律构造》,北京大学出版社2004年版,第154页。

⑥ [日]能见善久:"金钱之法律属性",载[日]星野英一主编:《民法讲座》(别卷1),有斐阁1984年版,第111~112页。

同一性。[①] 然而，无论是“占有即所有”说抑或物权性价值返还请求权说，显然都违背了《德国民法典》第929条规定的金钱所有物返还请求及其物权标的的特定性原则，因此并未得到学界的支持。[②]

在日本，关于货币的财产属性，立法上的依据为《日本民法典》第86条的规定：“土地及其定着物为不动产；此外的物皆为动产；无记名债权视为动产。”日本早期的通说和判例均认为货币为动产，亦适用动产物权变动的法律规则，如甲欺诈或盗取乙之货币时，货币所有权不发生移转的效力。[③] 即使在法律行为被确认无效或被撤销时，货币所有权原则上不发生移转的效力，学说称为物权说。但物权说认为，货币所有物返还请求权应以占有人仍保有该特定货币为成立要件。因此，在所丧失的金钱与侵占人的金钱相混合而不能辨别，或者第三人善意取得该金钱时，原所有人即丧失其货币所有权。[④] 事实上，因货币以流通性为其本质，其本身又存在辨识的困难，故所有物返还请求权在一般情况下是很难有效成立的。[⑤]

但自学说借鉴德国法所主张的“占有即所有”原则后，该理论不仅占据了通说之地位，也改变了判例所持立场，学说称为价值说。价值说可以分为四种不同的观点：(1)不承认存在任何例外的“占有即所有”理论。[⑥] (2)采“占有即所有”原则，但承认该原则存在例外。此说为通说，其理由与前文所述郑玉波先生所持观点完全相同。[⑦] 监护人、财产代管人、法人代表、合伙执行人、信托财产之受托人、破产清算人等为他人利益而占有货币者，若未将该货币作为充当商品交换的媒介而为占有，且该货币具有一定的可识别性，占有人为直接占有人，委托人为间接占有人即所有人。[⑧] 相反，货币在发挥其流通手段的机能时，如占有辅助人

---

① [日]四宫和夫：“物权性价值返还请求权”，载[日]我妻荣先生追悼论文集：《私法学的新展开》，有斐阁1975年版，第183页。

② [德]曼弗雷德·沃尔夫著：《物权法》，吴越、李大雪译，法律出版社2004年版，第92页。

③ 参见日本最高法院1911年5月24日判决，《日本民事裁判所判决录》第17辑第330页；日本最高法院1912年10月2日判决，《日本民事裁判所判决录》第18辑第772页。

④ 参见日本最高法院1921年5月12日判决，《日本民事裁判所判决录》第26辑第652页。

⑤ [日]能见善久：“金钱之法律属性”，载[日]星野英一主编：《民法讲座》(别卷1)，有斐阁1984年版，第106页。

⑥ [日]川岛武宜著：《所有权法的理论》，岩波书店1950年版，第197页。

⑦ [日]末川博：“货币及其所有权”，载《经济学杂志》1937年第1卷第2号；[日]金山正信：“货币所有权”，载[日]柚木馨等编：《判例演习》，有斐阁1968年版，第103页；[日]田中整尔：“货币所有权的特殊性”，载[日]加藤一郎编：《民法争点Ⅰ》，有斐阁1985年版，第28页。

⑧ 日本最高法院1993年4月10日判决也认为，包括货币在内的遗产为继承人共同共有的财产，在遗产分割前，共同继承人不得向占有该遗产的继承人请求支付应继份额。换言之，遗产为货币时，并不适用占有与所有一致的规则，其他共同继承人对该遗产仍应享有共有权 。

或占有人侵占、挪用其占有之钱款或者与其金钱相混合而不能辨别时，占有人取得该货币的所有权，原所有人只能对其享有债法上的请求权。(3)“占有即所有”原则限制说。[①] 该说认为，“占有即所有”原则仅适用于货币充当商品交换媒介的情形，在不涉及货币流通手段机能的情形，则不应适用该原则。例如，甲盗取乙之货币，且该货币在甲处具有可识别性时，乙不丧失其货币所有权；若该货币无可识别性，或者甲以该货币作为交易媒介时，乙即丧失其货币所有权。(4)物权性价值请求权说。[②] 该说认为，货币作为权利客体，具有双重性，它是一种价值符号，但其载体又是有形之物。货币的权利变动不能脱离其载体而存在，但其实质仍然表现为价值，故货币所有权实质上是价值所有权。价值返还请求权的标的，并非货币载体本身而是其彰显之价值，请求权人无须举证说明货币在物理上的同一性，只要能够举证说明其金钱价值的同一性，即应享有价值回复请求权。例如，所丧失的金钱被兑换或发生混合时，丧失金钱并不丧失其价值的同一性，但在占有人将所有人丧失的金钱用于清偿自身债务或者以该金钱或将其混合后的金钱取得代位物或者消费寄托上的金钱债权时，所丧失的金钱则丧失其价值的同一性，货币所有权即无追及的效力。该说虽然没有得到学界的广泛认同，但随着对英美法以及信托法的深入研究，其实际效果引起了学界的关注。

三、英美法系中的货币返还请求权分析

(一)衡平法上的追及法理

在英美法系国家，除了普通法规则以外，还有衡平法上的救济制度，两者具有同等效力。依普通法原则，动产所有权的取得包括原始取得和继受取得。[③] 一般而言，未经动产所有人的同意，其所有权不能被剥夺。在所有人非基于其意思而丧失财产权时，所有人可提起动产占有回复之诉。但是，在被侵占财产为货币时，普通法上的追及效力则是有限的。货币为一般等价物，本身不具个性，故所丧失的金钱与侵占人的金钱相混合或已转让给第三人时，原则上仅发生债权性请求权。[④]

---

① [日]好美清光：“赃物之善意取得与货币所有权”，载《金融商事判例》1967年第73号。

② [日]四宫和夫：“物权性价值返还请求权”，载[日]我妻荣先生追悼论文集：《私法学的新展开》，有斐阁1975年版，第183页。

③ 马新彦著：《美国财产法与判例研究》，法律出版社2001年版，第5页。

④ [日]植田淳著：《英美法中的信任关系法理》，晃洋书房1997年版，第224页；[日]木下毅著：《美国私法》，有斐阁1988年版，第213页以下。

衡平法则不然，衡平法不拘泥于形式上的所有权。当被告盗抢或违反受信义务而侵占金钱时，除非第三人善意取得，否则受损人有权追回被告获取的利益，并享有优先于无担保的债权人的优先受偿权。最为典型的是拟制信托和优先权制度。① 拟制信托是法院为实现公平正义而通过判决方式强制设立的信托。依其法理，非法侵夺他人财产者被视为信托财产的受托人，在受益人和受损人之间成立信托关系，受损人作为受益人，可以请求受托人返还信托财产。例如，拾得他人之物者为受托人，遗失者则是受益人，遗失物即信托财产，拾得人应将拾得物交还遗失者。② 所谓优先权，则是不以返还原物为目的的优先受偿权，相当于大陆法系中的法定优先权。衡平法之所以优先保护受损人，主要基于如下理由：任何人都不得从其不法行为中获利；受托人有义务将其所获利益上缴受益人，因为受益人与一般债权人不同，不应承受债务人无资力之风险。③

（二）对丧失的金钱及其代位物的追及力

依衡平法规则，对于所丧失金钱的代位物，如兑换金、购置物或消费借贷上的金钱债权，受损人均享有衡平法上的权利。④

例如，拾得金钱者以其购得股票时，拾得人负有将该股票交还遗失人的义务。即使代位物发生流转，除非受让人为善意第三人，否则受损人有权要求返还代位物。例如，甲的钱款被乙侵占，乙用该款从丙处购得股票后，将该股票转卖于丁之情形，因货币不具个性，故甲难以举证说明丙为恶意受让人。但若丁属于恶意买受人，甲有权追回该股票。当然，甲也可以主张衡平法上的优先权，不仅可以对该股票之代位物即买卖价金债权主张优先权，即使该价金已支付给乙，只要该金钱具有可识别性，对于该价金及其代为物，也享有优先权。⑤

如前所述，受损人可在拟制信托或优先权之间作出选择，因此在所丧失金钱之代位物价值低于原财产价值时，受损人必定主张衡平法上的优先权。当然，在

---

① 马继军："论不当得利"，载梁慧星主编：《民商法论丛》（第12卷），法律出版社1999年版，第129页。

② ［日］中野正俊、张军建著：《信托法》，中国方正出版社2004年版，第29页。

③ ［日］松岗久和："美国法中的追及法理与特定性"，载［日］林良平先生献呈论文集：《现代物权法与债权法的交叉》，有斐阁1988年版，第366页。

④ 英美法系的判例和学说均认为存款所有权属于银行。在英国，早在1884年的Foley. v. Hill一案中法院即已认为，存款人既然将钱存入银行，他必然应当知道钱将处于银行的控制之中，银行可以根据其意愿使用存款并保留赚得的利润，而非管理存款人货币的受托者（参见沈达明著：《英国银行业务法》，北京大学出版社1995年版，第2页）。美国银行法也认为，银行不是存款人金钱的被寄托人，银行没有义务将存款人的金钱与另一存款人的金钱隔离保管，银行与存款人的关系是债权债务关系（参见沈达明著：《美国银行业务法》，对外经济贸易大学出版社1992年版，第80页）。

⑤ ［日］道亘内弘人著：《信托法理与私法体系》，有斐阁1996年版，第61页以下。

所丧失金钱之代位物价值及其利润不能满足数个受害人的优先权的情形下，受害人也只能平等地享有优先权。相反，在代位物之价值远远超过原财产价值的情形，如将所丧失金钱用于支付保险费后获得巨额保险金时，受损人当然会要求返还原物及其所生利益。于此情形，则会涉及受害人对占有人付出劳动而获得的利益是否享有权利的问题。对此，大多数判例认为，任何人不能因其不法行为而获利，在非法占有人以丧失金钱取得代位物或以经营取得巨额利润时，占有人负有将代位物及其利润交还受损人的义务。①

(三)对混合金钱及其代位物的追及力

依衡平法规则，侵占人将其所侵占的金钱存入其银行账户，从而使其与侵占人自己的原有金钱发生混合时，受害人在其所丧失金钱的范围内，对该混合物享有优先受偿的权利。问题是，侵占人以该混合资金取得代位物时，受害人是否享有请求返还该物之权利？如是，则不仅会使受害人不当得利，也会损害侵占人之一般债权人的利益。大多数判例对此均认为，受害人在其丧失金钱的范围内，对该代位物享有所有权。例如，甲贪污乙的3000美元，并将该款存入其尚有余额2000美元的银行账户后，以该存款之全部资金购得财产时，乙在其3000美元的范围内，对该财产享有共有权或担保其3000美元的优先权。

那么，在侵占人使用混合资金之一部分而取得代位物，如在上例中，甲从存款中支取2000美元而购得股票的情形下，乙对于该股票和存款余额，在何种范围内如何主张权利？严格地说，货币是一种具有高度替代性的种类物，本身不具个性，故不能轻易认定甲所丧失金钱与存款余额和股票之间具有同一性。但大多数判例仍然通过以下两种推定方式赋予受害人优先权：(1)在受害人选择追及混合资金之余额时，推定侵占人使用的是其固有财产。但是，若该存款余额的一部分被取出使用，此后又补充若干金钱的，除非侵占人具有明示或默示的填补意思，否则受害人优先权不及于补充的金钱。(2)在受害人选择追及代位物时，则推定侵占人使用的是受害人丧失的金钱，受害人可将代位物视为信托财产而主张衡平法上的权利。②

① [日]松岗久和："美国法中的追及法理与特定性"，载[日]林良平先生献呈论文集：《现代物权法与债权法的交叉》，有斐阁1988年版，第369页以下。

② 同上。

四、货币的物权特征及其流转规则

通过前文的梳理可知，我国民法学深受日本民法及我国台湾地区"民法"影响，在货币所有与占有问题上，采"占有即所有"原则。但是，除了日本民法和我国台湾地区"民法"以外，无论是在大陆法系抑或英美法系，该原则并非普遍适用。相反，大陆法系和英美法系仍坚持适用物权变动的原则，并鉴于货币的特殊性，最大限度地保护货币交易的安全。尽管大陆法系和英美法系之间有很多差异，但其法律形式和法律实质的关系值得我们参考。庆幸的是，我国《物权法》尚未明确规定货币"占有即所有"原则。因此，笔者依据我国《物权法》规定的动产物权变动规则，通过区分货币流转的不同方式，即基于法律行为的移转和非基于法律行为的移转，对货币所有权的归属及其流转规则进行探讨。

（一）基于法律行为的流转

1. 移转货币所有权的法律行为。我国《物权法》第23条规定："动产物权的设立和转让，自交付时发生效力。"简言之，动产物权的变动，原则上采"合意+公示（交付）"的方式完成。当该法律行为被确认无效或者被撤销时，权利人可以请求返还原物。但依物权特定性原则，所有物返还请求权须以原物的存在为前提，否则权利人只能主张债权请求权。货币为有体物之动产，货币所有权的变动当然可以适用动产物权变动的规则。因此，在日常生活中，人们为购买他人之物或劳务，为赠与他人货币或者将货币作为资金而向他人经营的事业为投资入股时，只要达成协议并移转货币之占有，即发生货币所有权移转的效力。当该法律行为无效或者被撤销时，货币亦得为所有物返还请求权之标的。但在交易上，货币实质上是一种价值符号，流通性系其生命，其本身又存在辨识的困难。因此，除特殊货币外，原权利人只能因此而受到债权法上的救济。可见，即使依动产物权变动之规则，在货币发挥其流通手段功能的情形下，仍然可以达到与"占有即所有"原则相同的法律效果。

在涉及货币所有权问题时，不得不论及存款所有权归属的问题。我国《宪法》、《民法通则》以及《继承法》等均规定，存款人对其银行存款享有所有权。如我国《民法通则》第75条规定，公民个人拥有所有权的生活资料范围包括合法储蓄。不过，我国《商业银行法》第71条规定："商业银行破产清算时，在支付清算费用、所欠职工工资和劳动保险费用后，应当优先支付个人储蓄存款的本金和利息。”我国学界大都认为，一旦存款合同有效成立，存款即归银行所有，[①]即使依“占有即所有”理论，存款也应归银行所有。[②] 我国司法实务也认为，存款人与银行之间是债权债务关系，存款归银行所有。[③] 但也有学说认为，存款是存款人在保留所有权的条件下，将货币所有权的占有、使用权能暂时让渡给银行的信用行为，因此存款归存款人所有。[④]

笔者认为，依动产物权变动规则，存款应归银行所有。首先，银行向存款人吸收存款的目的，就是利用原始存款发放贷款，发挥银行沟通资金供需、融通整个经济的金融中介作用。存款人将现金存入银行，其必然应当知道钱款将处于银行的控制之中，银行可以任意使用存款并保留赚得的利润，而不是仅仅替存款人保管存款。其次，存款合同是以现金货币的交付为其生效要件的实践性合同。因此，存款以及借贷或借用关系是移转货币所有权的合同，存款人以及出借人请求相对人偿还本息之权利，在性质上无疑是一种债权，只不过可以享有优于国家税款和其他破产债权的优先偿付地位。

2. 移转货币占有的法律行为。首先来看货币现金的占有问题。对于某些个性大于共性的货币，如特殊货币、封金，虽有货币之名，但注重的是其单独特征而非其流通性，在占有之外当然可以有独立的所有权存在。即便是一般通用货币，若当事人约定禁止占有人使用，且该货币被分别管理从而具有可识别性时，亦可为占有之标的。例如，所有人将其货币存放于银行保险箱，定金当事人约定将定金或押金等单独放置以免被挪用时，货币返还请求权应为物权请求权。[⑤]

最高人民法院《关于适用〈中华人民共和国担保法〉若干问题的解释》第85条规定，债务人或第三人可以将其金钱以封金、保证金等形式特定化后移交债权人而设定质押担保。可见，只要货币尚未发挥其流通手段的机能，并有可识别性时，也可以成立占有。当然，此所谓占有包括直接占有和间接占有，但不包括辅

---

① 曹新友：“论存款所有权的归属”，载《现代法学》2000年第2期；刘丹冰：“银行存款所有权的归属与行使”，载《法学评论》2003年第1期。

② 刘保玉：“论货币所有权流转的一般规则及其例外”，载《山东审判》2007年第3期。

③ 参见广东国际信托投资公司破产案，载《最高人民法院公报》2003年第3期。

④ 公孙致远编：《中国金融法律实务全书》，中国经济出版社1994年版，第582页；孟勤国著：《物权二元结构论——中国物权制度的理论重构》，人民法院出版社2002年版，第40页；徐志珍、黄莹：“论银行存款的所有权归属”，载黄莹、孟勤国主编：《中国物权法的理论探索》，武汉大学出版社2004年版，第187页。

⑤ 侯利宏：“论物上请求权制度”，载梁慧星主编：《民商法论丛》（第6卷），法律出版社1997年版，第697页。

助占有。

当所有人所丧失的金钱与占有人的金钱相混合时,所有人是否丧失其货币所有权? 所谓混合,即所有人各异的动产混杂合并,不能识别或分割不符合经济原则。混合的物权效果主要是:原则上由各动产所有人按其混合时的价值共有混合物;其中一物为主物或价值较高的物时,则由该主物或价值较高的物的所有人取得混合物的所有权。货币是一种价值符号,不发生分割不能的问题。因此,应依混合原理按混合时的价值成立共有。①

当然,于交易上货币贵乎流通,一旦货币发挥其流通手段的机能,所有人将会因物权特定性原则而丧失其货币的所有权。因此,包括占有辅助人在内,占有人将其占有之货币作为支付手段,如以该金钱取得代位物,或者将混合金钱中的一部分取出使用后又补充若干金钱的,依我国物权标的的特定性原则,货币所有人不应享有所谓"物权性价值返还请求权"。②

其次来看特定账户资金的占有问题。在委托、信托、行纪等商事关系中,受托人须设立特定账户,使其本身的财产和由其管理的委托人的财产严格分离。③依我国《信托法》及最高人民法院的有关司法解释,某些专用资金账户中的钱款,其所有权不属于占有该资金的银行等受托人,最为典型的是行纪和信托资金账户中的钱款问题。④

我国《信托法》规定,信托是指委托人基于对受托人的信任,将其财产权委托给受托人,由受托人按委托人的意愿以自己的名义,为受益人的利益或者特定目的进行管理或者处分的行为。信托财产(金钱)与受托人的固有财产相区别,委托人(受益人)或者受托人死亡、依法解散、被宣告破产而终止信托时,信托财产作为委托人(受益人)的遗产或者清算财产。⑤

可见,信托财产具有独立性,既不能混同于委托人未设立信托的其他财产,也不能混同于受托人的固有财产。史尚宽先生也认为:"然在银行之信托存款不仅以保管为目的,而并有为其运用资金供给劳务之义务,不得称为消费寄托,

---

① 王泽鉴著:《民法物权(1)通则·所有权》,中国政法大学出版社2001年版,第176页。

② 史尚宽著:《物权法论》,荣泰印书馆1979年版,第133~134页。

③ 王利明著:《物权法研究》,中国人民大学出版社2002年版,第37页。

④ 刘保玉:"论货币所有权流转的一般规则及其例外",载《山东审判》2007年第3期。

⑤ 我国《信托法》第13条还规定了遗嘱信托制度。遗嘱信托,即立遗嘱人将其死后财产(金钱)信托于受托人,使受托人依信托本旨,为遗嘱中所定受益人或其他特定目的,管理及处分信托财产。遗嘱信托实际上是一种能够确保被继承人在自己死后财产仍能够按照其生前意愿运用而不会因继承人缺乏管理能力而使财产缩水的制度。

可认为是委任的一种。”①

在受托人破产之时，只要有可识别性，包括货币在内的信托财产不属于破产财产，委托人享有取回权。②

我国《合同法》规定，行纪合同是行纪人为委托人从事贸易活动，委托人支付报酬的合同。在行纪人接受委托后，尚未将委托物交付给第三人以前，被宣告破产或者其债权人申请执行该委托物时，涉及委托人对委托物是否享有所有权的问题。例如，甲公司与具有外贸代理权的乙公司签订《代理协议书》，委托乙公司办理甲公司的设备进口手续。在甲依约将采购合同的信用证开证保证金汇给乙后，法院能否应乙之债权人的申请，冻结该保证金账户上的设备款？从法理上说，甲乙之间是一种间接代理或行纪合同关系，甲乙之间并无移转货币所有权之合意，且该笔款项被存放在特定账户上，资金来源和用途明确，与乙自身的财产是严格分离的。③ 因此，在乙移转该委托物之前，甲享有提出异议和取回委托物的权利。④

可见，上述商事法律关系，实际上是所有权人将其所有的货币从实物性财产利益转化为价值性财产利益，并通过特定账户予以特定，从而否定货币所有权移转的法律关系。对于货币适用动产物权变动之一般规则，不仅没有损害交易的安全，反而有利于保护所有之安全。事实上，货币的占有与所有相分离的情形还很多。例如，甲委托乙证券公司代理买卖股票后，乙被宣告破产时，甲对交付给乙的保证金是否享有取回权？我国审判实务认为，股民在证券机构缴存保证金的行为属于委托行为，并不能改变保证金的所有权和使用权的属性，保证金所有权属于股民所有。因此，证券公司破产后，只要保证金没有被挪用，股票所有人享有依法取回保证金的权利。⑤ 与此相同，在建设工程合同当事人设特定账户并约定该工程预付款不得挪作他用后，承包人被宣告破产时，发包人应享有所有物返还请求权；保险公司代理人将收取的保险费存入其银行账户后，被宣告破产时，若该账户是为专供收取保险费而设，则该存款财产也应归保险公司享有。⑥

---

① 史尚宽著：《债权各论》，中国政法大学出版社2000年版，第535页以下。

② 周显志、张健著：“论货币所有权”，载《河北法学》2005年第9期。

③ 王利明著：《物权法研究》，中国人民大学出版社2002年版，第37～40页。

④ 其木提：“论行纪合同委托人的取回权”，载《环球法律评论》2005年第1期。

⑤ 参见广东国际信托投资公司破产案，载《最高人民法院公报》2003年第3期。

⑥ ［日］濑川信久：“物权债权区分论之意义及其适用范围”，其木提译，载《中日民商法研究》（第2卷），法律出版社2004年版，第188页。

(二)非基于法律行为的流转

1. 基于事件和法院裁判而发生的流转。非基于法律行为的物权变动,是指因法律规定的原因,如继承、法院生效判决、征收等事实导致物权的产生、变更和消灭。货币基于法律规定而发生移转的情形主要有二:(1)基于事件而发生的货币之流转,如自然人死亡时,货币等遗产由继承人继承。(2)基于公法上的行为而发生的货币流转,如法院执行生效判决而将被执行人的现金交付给申请执行人。而在法院为执行生效判决而提取被执行人的现金后尚未交付给申请执行人时,该货币应归谁所有?于共同继承情况下,若货币等遗产由某一继承人保管或者该保管人在保管期间死亡时,其他继承人对该货币是否享有所有权?依我国民法上的占有与所有一致理论,申请执行人或其他共同继承人不应享有所有权。这一结果不仅不利于保护所有之安全,也不符合我国相关法律的规定。

就法院与债权人之间的法律关系而言,法院执行机关强制执行行为既不代表申请执行的债权人,亦不代表被执行的债务人,而属于国家机构与公民之间的公法关系。法院执行生效判决而提取被执行人的财产,其目的并非取得该财产之所有权,而是代表国家强制债务人履行法律文书所确定的债务,实现债权人的债权。我国《民事诉讼法》规定,人民法院扣留、提取的存款和收入,拍卖、变卖被执行人财产所得的金钱,应及时交付申请执行人。法院应将执行到的钱款以特定账户形式予以保管,而不应将该财产作为流通手段而为占有。我国《合同法》及《提存公证规则》也规定,提存机关接受提存物并为保管以及将提存物发还债权人,系为公法上的义务。作为提存机关的公证机关和法院不享有货币、有价证券等提存物的所有权,提存部门不得挪用提存标的。因此,法院执行生效判决而提取的被执行人的货币现金应归申请执行人所有。

我国《继承法》第 2 条规定,继承从被继承人死亡时开始。《物权法》第 29 条规定,因继承取得物权的,自继承开始时发生效力。若继承人为数人,发生共同继承,遗产为继承人共同共有的财产。遗产分割是继承人将其应继份额转化为个人单独所有财产的必经程序。《继承法》第 24 条规定,在遗产分割前,存有遗产的人,应当妥善保管遗产,任何人不得侵吞或者争抢。换言之,遗产是继承人共同共有的财产,对遗产的使用、收益或处分须由全体继承人共同决定。任何一个继承人未经其他继承人的同意,不得处分遗产。最高人民法院《关于贯彻执行〈中华人民共和国继承法〉若干问题的意见》第 59 条规定,人民法院对故意隐匿、侵吞或者争抢遗产的继承人,可以酌情减少其应继承的遗产。可见,在共同继承包括货币在内的遗产时,发生遗产共有。若该遗产由他人保管占有,只要该货币未进入流通领域，共同继承人对该遗产仍应享有共有权。

2. 因事实行为而发生的流转。我国《物权法》第7条规定，财产所有权的取得必须是合法的，否则不受法律保护。《物权法》第107条明确规定，所有人有权追回遗失物，遗失物、赃物等占有脱离物，原则上不适用善意取得制度。那么，所占有的脱离物如系货币，货币所有权是否具有追及的效力，是否也不发生善意取得的问题？如前文所述，我国学界通说认为，即使是偷窃他人货币之人或拾得他人遗失货币之人，皆为货币的所有人，因此不发生善意取得的问题。笔者认为，货币是民法上之动产，同时也是一种价值符号。货币的物权属性是对价值载体的支配，货币的价值属性则体现于其流通手段机能。因此，在不涉及货币交易之安全时，也应注重保护所有之安全。

个性大于共性的特殊货币以及以封金形式特定化的货币，虽有货币之名，但实已不能发挥其流通手段的机能。此类货币被他人侵占时，只要该货币未发挥其流通手段的机能，所有人得对占有人提起所有物返还请求权。即使是一般通用货币，其被侵夺或者遗失后，若能识别，如装在钱包里的钱连同钱包被盗，丧失金钱占有的人在请求返还该金钱时，若该金钱仍存在于钱袋之中，应解为丧失金钱占有的人并未丧失其货币所有权。[①] 如果依“占有即所有”原则，货币所有权归窃贼，假设窃贼另有若干债务，该赃款将被用于其债务清偿，受害人只能向窃贼主张基于侵权行为的损害赔偿请求，并与窃贼的其他债权人按比例受偿——这种眼睁睁地看着自己的钱款被用于替窃贼还债的情形岂不荒唐？又如，在明明知道某人的存款是贪污所得，却要承认其拥有赃款的所有权，这又有何意义？[②] 因此，即使所丧失的金钱与侵占人的金钱相混合，且混入金钱的数额能够确定时，也应适用法律关于混合的规定，按混合时的价值成立共有。若无法确定混入金钱的数额或者所丧失的货币发挥其流通手段的机能时（如侵占人已以该金钱清偿其债务），依我国物权标的的特定原则，货币所有权即应丧失追及的效力，以维护交易的安全。

我国《物权法》第107条没有规定所占有的脱离物为货币及有价证券时，能否适用善意取得制度的问题。如前文所述，国外立法则规定有“例外之例外”，

① 侯利宏：“论物上请求权制度”，载梁慧星主编：《民商法论丛》（第6卷），法律出版社1997年版，第696页。

② 孟勤国著：《物权二元结构论——中国物权制度的理论重构》，人民法院出版社2002年版，第190页。

即货币适用善意取得的制度。该“例外之例外”明确表明,①恶意之第三人不能取得所占有之脱离物的所有权,所有人仍然享有所有物返还请求权。因此,若占有的脱离物系个性大于共性的特殊货币或封金,应适用善意取得制度。即使是一般的通用货币,如盗取他人装有现金的钱包者,将该现金连同钱包作为支付手段而交付于恶意受让人,在丧失金钱占有之人请求返还金钱时,若该金钱仍存在于钱袋之中而具有可识别性,应解为受让人不能取得该货币所有权。但是,除了上述特定的情形,由于货币本身不具个性,事实上,无论货币取得人是善意或者恶意,都不影响其取得所有权,故不发生所有物返还请求权与占有回复之诉的问题,也不发生善意取得的问题。

五、结　　语

尽管“占有即所有”理论已成为法学界的共识,但其理论仍显粗陋,不仅难以适应解决复杂法律问题的需要,也不利于保护财产所有之静的安全。笔者依据物权法原理,针对货币的不同表现形态及其流转方式,论证了动产物权变动的规则仍然可以规范货币所有权的归属问题。这一结论,不仅能够贯彻“占有即所有”理论所强调的维护货币交易安全之宗旨,也可以最大限度地保护财产所有的静的安全。因此,我国未来民法典根本没有必要特设“占有即所有”这一特别原则。

货币所有权问题是一个跨学科、多门类、综合性极强的课题。仅从民法角度而言,根据我国《物权法》第2条第3款规定,“本法所称物权,是指权利人依法对特定的物享有直接支配和排他的权利”,货币所有权是一种典型的价值权,若允许以特别账户、专款、信托财产权等形式使货币价值特定化,则需进一步思考如何借鉴他国或地区的相关经验,以规范和完善我国的商业账户规则问题。此外,货币所有权问题也涉及不当得利、侵权法律制度等问题。例如,甲为清偿对乙的债务,诈骗丙的金钱并支付于乙,从而陷于无资力状态时,恶意之乙取得的利益和丙所受损失之间是否有因果关系?包括国外学说在内,理论上有直接因果关系说和非直接因果关系说两种观点。依非直接因果关系说,乙之受益和丙

① 我国台湾地区“民法”第951条也规定:盗藏或遗失物,如系金钱或无记名证券,不得向其善意占有人请求回复。

之损失之间存在因果关系，丙可向甲请求返还不当得利。[①]

这一问题虽然没有涉及货币所有权的归属问题，但实际上以不当得利的形式肯定了丙对甲的债权优先于乙对甲的债权，从而间接否定了货币"占有即所有"原则。[②] 因此，对于如何协调货币所有权归属规则与不当得利制度的问题，值得我们进一步的思考。

（2009年第11期）

---

① 邹海林："我国民法上的不当得利"，载梁慧星主编：《民商法论丛》（第5卷），法律出版社1996年版，第20页。

② ［日］加藤雅信著：《财产法体系与不当得利法之构造》，有斐阁1986年版，第670页。

我国票据制度未赋予交付转让的效力

傅鼎生[*]

一、问题的提出

票据交付转让,又称票据单纯交付转让,即仅仅以直接交付票据,而不在票据上作任何记载的方式转让票据权利的行为。票据交付转让的形式和效力,我国《票据法》未作规定,最高人民法院也没有相应的司法解释,中国人民银行制定并公布的有关行政规章也未涉及此方面。我国现有法律中,交付转让见诸提单转让制度,[①]在票据制度中则属空白。然而,在我国现实票据交易活动中,以交付票据方式转让票据权利或者设定票据质权的现象却屡见不鲜。于是,关于票据交付转让是否有效,发生何等效力,便成为现实问题。以下列举数案说明之。

案例一:B单位持A单位签发的一张票载金额为人民币5万元,未记载收款人名称的号码为AA459104的画线空白支票来到C单位,将该支票交付给C单位用以支付拖欠C单位的租金。之后,C单位在该支票收款人一栏中补记了C单位的名称后向支票付款人(A单位的开户行)提示付款。支票付款人付款一个月后A单位发现AA459104画线空白支票遗失,向付款人发出止付通知,付款银行告知A单位该支票已经付款。于是,A单位状告C单位,以其与C单位没有交易关系请求返还人民币5万元。本案中,C单位是否享有票据权利?A单位是否有权要求C单位返还被支付的票款?是否承认交付转让的效力,所得结论截然不同。

案例二:原告从案外人处接受经第二被告空白背书的商业承兑汇票一张,在被背书人一栏中补记自己的名称后向汇票付款人提示承兑。汇票付款人拒绝承兑后,原告以出票人为第一被告,以空白背书人为第二被告提起诉讼,行使追索权。作为出票人的第一被告辩称,其将票据签发给作为空白背书人的第二被告,

---

* 作者单位:华东政法大学。

① 我国《海商法》第79条规定:"提单的转让,依照下列规定执行:(一)记名提单:不得转让;(二)指示提单:经过记名背书或者空白背书转让;(三)不记名提单:无需背书,即可转让。"该条中"无需背书,即可转让"便为交付转让。

但第二被告未将票据移转给原告,故原告不是票据权利人;第二被告则以自己与原告没有债权债务关系为由进行抗辩。原告则认为案外人为支付货款而将票据交付于己,自己为票据的取得支付了合理的对价。本案中,原告的诉讼请求能否得到支持,也取决于票据交付转让效力的认定。

案例三:甲公司与乙公司订立远期货物买卖合同一份,为此,甲公司向乙公司签发商业汇票一张。乙公司将该票据背书给丙公司。后乙公司发现自己与丙公司之间没有债权债务关系,背书转让票据行为纯属非债清偿。经乙公司请求,丙公司将该票据还给了乙公司。此后,乙公司又以单纯交付票据的方式将票据转让给丁公司,以交付租金。丁公司在该汇票不获承兑或不获付款后能否向出票人追索?记名票据或背书齐全的票据能否交付转让?效力如何?

上述三种案件是实务中常见的案件,各法院所作判决结果不一,其关键在于对票据交付转让行为效力之认定。

二、关于我国票据交付转让效力的审判实践和理论界的观点

由于我国没有票据交付转让的明文规定,审判部门因认识不一以致判决各异。不少法院判决认为票据单纯交付发生票据权利转让效力。例如,“重庆海来科贸有限公司与沙坪坝区五金交电化工商行票据付款请求权纠纷二审案”,①“北京盛业广泽投资顾问有限公司诉北京文博装饰工程有限公司案”。② 也有法院判决认为票据单纯交付不发生票据法上的效力。就笔者所收集、了解的信息中,一审法院判决认为交付转让有效的,二审法院予以维持;一审法院判决认为交付转让无效的,二审法院也予以维持。究其原因,认定有效、无效似乎都正确,二审没有足够的理由推翻一审判决。

理论界对票据交付转让效力的认定见仁见智,观点主要有如下三种。

其一,否定交付转让的效力。此观点认为:“我国票据法没有将单纯交付规定为一种票据转让的法定方式,所以,依单纯交付而取得票据的受让人不能享有票据法的特别保护。”③

其二,肯定支票交付转让的效力。具体地说,交付转让支票有效,交付转让

---

① 重庆市第一中级人民法院〔2006〕渝一中民终字第243号民事判决书。

② “空白支票引发的票据追索权纠纷案”,载 http://www.110.com/ziliao/article-148801.html。

③ 于莹著:《票据法》,高等教育出版社2004年版,第75页。

本票或汇票无效。易言之,我国《票据法》只认可支票交付转让而不认可汇票、本票的交付转让。谢怀栻先生认为:“由于我国《票据法》既不承认无记名汇票,又不承认空白背书票据,因此也就不允许以单纯交付的方式转让汇票。对于本票也只是承认记名本票,所以本票只能通过背书交付的方式转让。至于支票,尽管承认不记名支票,从理论上说当然可以通过单纯交付的方式转让不记名支票,但是由于我国目前对支票的付款提示期间规定得很短,且均为即期支票,加之支票转让限于同城或同一票据交换区域,因此无论交付转让还是背书转让支票都无甚意义。”①尽管谢怀栻先生没有直白地说单纯交付转让票据权利行为适用于我国支票制度,但是其认为我国支票交付转让的障碍在于支票提示付款期间短和同城交易的特点,而不是法律,因此可以认为谢先生持我国允许支票单纯交付转让的观点。一些学者在其论著中明确表示单纯交付支票发生票据权利转让的后果。“持票人以转让票据为目的而将票据占有移转给受让人的行为,是票据交付。无记名式票据,适用这种转让方式。我国《票据法》仅规定支票可为无记名,因此,只有无记名的支票才能适用这种转让。”②“我国《票据法》和《日内瓦统一汇票本票法》均不承认无记名票据,并且我国只有限地承认空白支票的存在(我国《票据法》第 87 条),所以在我国,票据在票据法上的转让方式仅指背书转让和空白支票的交付。只有依据票据转让方式受让票据,转让人的前手能对抗转让人的抗辩,对受让人行使时才受限制。也就是说,只有这两种情形下的票据转让,才有适用票据抗辩限制的余地。”③以上观点都认为我国《票据法》确认票据交付转让行为适用于空白支票的转让。

时下审判实践多数认为支票当事人有权以单纯交付方式转让票据权利。例如,“李云锦诉北京比林兴盛商贸有限公司票据追索权案”的一审、二审法院都认为单纯交付票据行为发生转让票据权利的后果。④

法院的判决理由包括:(1)《票据法》第 31 条规定了“‘以其他合法方式’取得票据的途径”。⑤ (2)符合交易习惯,因为《票据法》第 31 条“制订的初衷即在于方便商业交往中的票据流通,减少背书次数和被追索的程序和次数,也符合商

---

① 谢怀栻著:《票据法概论》(增订版),法律出版社 2006 年版,第 76 页。

② 刘心稳著:《票据法》,中国政法大学出版社 2002 年版,第 88 页。

③ 董惠江:“转让方法与票据抗辩限制”,载《人民法院报》2002 年 7 月 10 日。

④ 北京市丰台区人民法院〔2008〕丰民初字第 02553 号民事判决书、北京市第二中级人民法院(2009)二中民终字第 06381 号民事判决书。

⑤ 参见重庆市第一中级人民法院〔2006〕渝一中民终字第 243 号民事判决书。

业交易的惯例”。[①] (3)只要持票人不是恶意或重大过失取得票据,出票人都应当对自己的票据行为负责。例如,北京市丰台区人民法院在审理“王世车诉派萌恒源(北京)工贸有限责任公司票据纠纷案”时认为:“票据为无因证券,票据出票人制作票据,应按照所记载的事项承担票据责任。持票人仅依票据上所载文义就可请求给付一定的金额。票据债务人如果认为持票人是由于欺诈、恶意或重大过失等不正当原因取得票据,应当对此承担据证责任。”[②]这表明,若无非正当原因而取得票据之情形,票据债务人都应对自己的签章负责。

其三,否定发生《票据法》上的效力,但强调发生一般债法上的效力。个别学者认为纵然记名票据也可以通过单纯交付的方式转让票据权利,只是该转让行为不发生票据法上的效力,仅发生债法上的效力。“单纯交付转让记名票据或完全背书票据,可以产生票据权利转让的效力,只是不受票据法的保护,而产生一般债权转让的效力,其理论依据是,在通常情况下采取票据法规定的背书转让方式,对当事人来说是一种便捷,对持票人来说是一种有利的方式,但不能由此对票据法规定的转让方式以外的其他票据转让方式一概加以否定,在票据权利发生转移时,是依据票据法转让方式进行的,还是依据非票据法转让方式进行的,在法律效果上存在差异,依票据法转让方式将票据权利移转,可以得到票据法的特别保护,依非票据法上转让方式进行的票据权利移转,是依普通债权的转让方法转让票据,则不能得到票据法的特别保护,只能得到民法的一般保护。”[③]

三、关于我国票据交付转让效力的分析

依各国票据法的立法例,以单纯交付票据的方式转让票据权利,是票据权利的转让方式之一。票据权利转让方式有两种,一是以背书方式转让票据权利,二是以单纯交付票据的方式转让票据。例如,《日内瓦汇票本票统一公约》第11条第1款规定,即使未表明开立给指定人的汇票亦得以背书方式转让。该公约第14条规定,如背书为空白背书,持票人可不填载空白及不作背书而将汇票转让于第三人。《日内瓦支票统一公约》第14条第1款规定,付给确定的人的支票,不论是否载有“可付指定人”字样,得以背书方式转让。该公约第17条规定,如背书为空白背书,持票人得不填载空白及不作背书而将支票转让于第三

① 参见重庆市第一中级人民法院〔2006〕渝一中民终字第243号民事判决书。

② 北京市丰台区人民法院〔2009〕丰民初字第16436号民事判决书。

③ 吕来明著:《票据法基本制度评判》,中国法制出版社2003年版,第230页。

人。《法国商法典》、《法国支票法》、《德国票据法》、《德国支票法》、《日本票据法》、《日本支票法》、《英国票据法》、《美国统一商法典》都有相同的规定。①

以单纯交付票据转让票据权利的方式具有如下特点:(1)票据权利的转让仅仅以交付票据的方式进行。(2)票据权利转让方未在票据上签章,也未在票据上记载受让方的姓名或名称。(3)票据上没有任何转让票据权利、质押票据权利或将票据权利授予他人行使的记载。(4)票据权利转让方不承担票据责任。例如,某甲签发一张汇票给某乙,某乙将该汇票空白背书给某丙(即仅仅在票据背面为背书人签章而不为被背书人记载),某丙持票后不作任何记载将该票据交付给某丁,以此方式转让票据权利。本案中,某乙是最初的票据债权人,其将票据权利以空白背书的方式转让给某丙,某丙又将票据权利以交付票据的方式,转让给某丁而不在票据上留任何痕迹。该票据权利人若不获承兑或不获付款,某丙将不承担票据责任,因为他虽然将票据权利转让给后手但是没有在票据上签章,故不承担票据责任。

我国《票据法》没有以单纯交付票据方式而转让票据权利的规定。然而,现实交易中经常出现以单纯交付票据的方式转让票据权利,或为票据权利质押。一旦发生纠纷,就须对该转让票据权利的行为效力予以认定。笔者认为,尽管世界各国大都赋予单纯交付票据的效力,但是我国票据制度否认该行为的效力。理由如下。

(一)商事交易行为应被纳入商事交易规则之中

票据权利虽为债权,但是它不同于一般债权,属于商事权利的一种。票据债权主要因票据行为而发生。②

各国商法无论采主观主义还是采客观主义,都将票据行为作为商行为。商人从事商事活动以营利为目的。营利并实现利益最大化是商的本质。商事行为与民事行为的根本区别在于前者具有营利性。经济学告诉我们,单位时间交易量越大效益越高,单位时间单位货币周转频率越高效益越高。为追求高效益,商人们在商事交易中讲究交易的迅捷和确定性,从而确定了商法交易迅捷原则。为实现交易迅捷,必须做到交易的定型化。

---

① 《德国票据法》第 11 条、第 14 条,《德国支票法》第 14 条、第 17 条,《日本票据法》第 11 条、第 14 条,《日本支票法》第 14 条、第 17 条,《法国商法典》第 117 条、第 118 条,《法国支票法》第 13 条、第 17 条,《美国统一商法典》第 3 – 202 条、第 3 – 204 条,《英国票据法》第 31 条。

② 票据权利基于以下原因而取得:(1)票据签发或背书等票据行为。(2)票据的善意取得。(3)持票人之前手背书人或出票人等,因被追索履行票据债务而取得。(4)票据保证人因承担保证责任而取得。(5)因企业的合并、继承而取得。在前述诸原因中,最常见且最重要的原因是票据行为。

交易的定型化包括交易形态的定型化和交易方式的定型化。商事交易的客体如果是权利,则该权利将被定型为证券。权利证券化就是交易形态定型的一个例证,交易双方通过交付证券来移转权利以实现交易的便捷,进而助长权利进入市场流通。权利的流通又促进了权利设定和发行。例如,"国债"、"公司债"本属无形财产,财产的无形性障碍了该财产的流转。为了促进该无形财产进入流通领域,必须改造该财产的形态,将该财产的内容(债权)记载在券体上使之有形,并规范一定的记载内容和记载格式使之统一,赋予识别力,成为便于流通的有价证券。"国债"、"公司债"经形式改造后便进入市场,有利于交易和流通,从而有利于"国债"、"公司债"的发行。因为没有"国债"、"公司债"的二级市场,也没有"国债"、"公司债"的一级市场。同理,公司股权也是一种无形财产,经证券化(股票)后,促进了股权交易,使股权进入二级市场,进而促进股票的发行。股票的市场流通使股份制的作用发挥得淋漓尽致。

商事交易方式的定型化,即商事交易模式被法律限定在一定范围内。在民事领域,法律若无强制性规定,民事主体可以充分发挥自己的想象力创造任何一种交易模式,俗称"法不禁止即可为"。"契约自由"充分说明了这一点。与民事领域中的交换不同的是,商事交易不能像民事合同那样以何种方式订立合同完全依据当事人的意志而不受限制。为了使交易迅捷,商法将交易模式确定在一定范围内以供选择。若允许当事人采用任何一种方式进行商事交易,则必将造成交易模式的生疏和不可识别,从而影响交易。再则,商事交易的迅捷必然带来交易的风险,为确保交易安全,商事交易规则要求交易活动定型在一定的方式中。其原理与商事交易采纳外观主义、文义主义的原理相同。例如,我国《证券法》第39条规定:"依法发行的股票、公司债券及其他证券,应当在依法设立的证券交易所上市交易或者在国务院批准的其他证券交易场所转让。"又如,在将来某个确定的时间节点按照确定的价格买入或卖出某一项资产的行为属于远期资产买卖,该买卖如果在交易所场内依法依交易规则进行,则为"期货交易",发生期货交易的法律后果;该买卖如果在场外进行,则为"远期合约",不受期货交易规则约束,也不发生期货交易法上的后果,只发生民法上的效力。法律之所以如此规定,是为了将特定的商事交易纳入特定的交易规则轨道,便于监管和规避风险。票据法明确规定了一定的票据交易方式,行为人以票据法规定外的方式进行票据交易的,不发生票据法上的后果。因而,票据法没有规定单纯交付作为转让票据权利方式,依据该方式转让票据权利的,不发生票据法上的效力。

(二)票据权利的法定性

权利法定性是绝对权的本质性特征。无论物权、人身权、知识产权,其权利的内容、种类、变动都为法定，当事人不能通过约定改变绝对权的权能，不能创设新的权利类型，也不能通过约定创造权利变动方式。尽管绝对权法定性的理论依据和立法理由有多个，其根本在于绝对权的义务主体为不特定人。让权利人与不特定的义务人约定绝对权的权利义务内容，为客观不能。由此，绝对权的法定性是绝对权的支配性、义务主体的不特定性的必然推论。票据权利属于债权，以特定义务人的积极行为保障权利的实现，票据债权的法定性之科学基础和理论根据又是什么？

票据债权的法定性为票据本质所决定。票据的本质是信用工具。早期的票据本质并非如此，那时，囿于简单商品交换的局限，票据的本质为银钱输送工具。随着商品交换的发展，远期货物买卖成为交易常态。商品的现实取得和未来对价给付成为常态。财产的付出与取得出现了时间差。商品交换者以信用保障交换利益时间差造就了期待利益的实现。当这种信用可以像动产一样转让，则将极大促进商事交易，增加交易量，繁荣经济。票据充任了这一角色，成为信用工具。作为信用工具的票据制度为第三人而设。在债权债务人之间，信用可以使可期待利益实现，但是作为工具的信用没有实际意义。信用工具只有成为流通工具时方显“英雄本色”。作为信用工具的票据应当在流通中发挥其信用功能。票据的信用功能在流通中发挥得淋漓尽致。为鼓励票据交易，助长票据流通，将票据确定为一种创设新权利的证券，而不是证明已经存在的民事权利，尽管该新权利为债权，但是为流通而设，因此权利的内容、种类、变动应当法定，以保障交易第三人不受不测风险之损害。

票据权利的法定性首先表现为票据权利内容①的法定性和票据种类②的法定性。票据权利的内容与票据种类彼此关联，相互作用。不同的票据种类具有不同的票据权利内容，票据权利的不同内容决定了票据的不同种类。票据种类

---

① 此处所指权利内容主要在于票据必要记载事项，各国票据制度都将必要记载事项法定。票据权利的内容决定于票据记载事项。票据记载事项包括：绝对必要记载事项、相对必要记载事项、任意记载事项。绝对必要记载事项不记载或未按照规定要求记载的，该票据无效。相对必要记载事项不记载的按照法律推定存在。因此，绝对必要与相对必要记载事项成为票据的基本记载事项，票据基本内容一致。由于任意记载事项可以记载也可以不记载，所以记载任意记载事项的该事项作为票据权利的内容发生效力，否则无此内容。与绝对权（如物权）内容法定性不同的是，票据权利的内容中还包括纯属由当事人约定的任意记载事项所确定的内容，而物权等绝对权内容全由法律规定。但是，这并不影响票据权利内容法定性的认识，因为，在票据的权利内容中，基本内容由绝对记载事项和相对记载事项决定，而这两个绝对事项则是法定必须记载的，换言之，只要是有效票据，必定有这两方面的内容。

② 各国票据制度均不允许当事人单独创设或通过约定创设票据种类。例如，法国、德国、日本的汇票本票法规定的票据种类仅仅是汇票与本票，法国、德国、日本的支票法规定的票据种类仅仅是支票。

的法定反映了票据权利内容的法定。例如,汇票持票人有权向付款人提示承兑、提示付款,不获承兑或付款的,有权向前手追索;本票持票人有权向出票人提示付款,不获付款的,有权向前手追索;支票持票人有权向付款人提示付款,不获付款的,有权向前手追索。票据种类和票据权利的内容之所以不能由当事人自由确定,是因为票据的流通性。商事交易要求交易客体必须具有可识别性。票据交易的客体是票据权利。其可识别性在于权利内容的确定性、外观性、文义性和法定性。只有如此,才能使权利定型,才能使权利证券化、证券动产化,以便于流转,同时确保交易安全。票据种类和票据权利内容的法定性排除通过约定产生票据种类和权利的内容。[①] 一般债权则不然,债权的内容可由当事人的意志确定,例如,合同债权的内容完全取决于合同的内容,而合同的内容完全取决于当事人的约定,纵然同一种类的合同,因当事人约定的内容不同而差别甚大。

票据权利人对不同的票据义务人的权利内容是有区别的,这种区别也是来自法律的直接规定。汇票出票人、背书人、保证人、承兑人对于持票人的义务不同。出票人、背书人的票据责任是担保承兑、担保付款;保证人的票据责任与被保证人的票据责任相同;承兑人的票据责任是付款。票据债权人对于出票人、背书人的票据债权是追索权,对于承兑人的票据债权是付款请求权。行使追索权的,须提供拒绝证明,行使付款请求权的,无须提供拒绝证明。这些责任的区别也是法律规定的,当事人不能通过特约减免或加重票据责任。基于上述理由,各国票据制度都明确规定票据的种类,从而确定票据的内容。我国《票据法》亦然。我国《票据法》第2条第2款明定:“本法所称票据,是指汇票、本票和支票。”同法第19条第2款又规定:“汇票分为银行汇票和商业汇票。”而其他任何国家的票据中都未曾见银行汇票的签发,究其原因,在于票据种类的法定性。

票据权利的法定性,必然表现为票据权利变动的法定性。票据权利变动表现为票据的签发取得、票据的背书转让或质押、票据的更改、票据的承兑、票据的保证,是票据权利创设、转让、变更、设定、消灭的总称。票据权利的变动有依据票据行为而为,也有依据票据行为以外之事由(如继承、法人的合并)。票据权利依票据行为而变动的,必须依照法律规定的方式进行,当事人不能约定创造新的方式,更不能通过特约改变法定方式。例如,各国都存在自然人或法人签发本票的现象,而我国却未见此情形。究其原因,我国《票据法》第73条第2款明定:“本法所称本

① 纵然票据出票人可以记载任意事项,然而可记载的内容是有限的。例如,我国《票据法》第24条规定:“汇票上可以记载本法规定事项以外的其他出票事项,但是该记载事项不具有汇票上的效力。”而此处所谓“本法规定的其他出票事项”仅仅是第27条第2款中所规定的“不得转让”的记载事项。因此,在我国可允许记载的任意事项只有一项。

票，是指银行本票。”再如，日内瓦统一公约参加国的票据制度中都允许签发定日付款的本票，我国则不允许，因为我国票据制度规定本票为见票即付的票据。

审判实务中应依据交易习惯认定票据单纯交付有效的观点值得商榷。交易习惯可以是其他民事或商事权利变动的规则，但不能是票据权利变动的规则。其理由如前所述，票据交易应被纳入法律确定的规则轨道。不能否认，大量的票据规则来源于票据交易习惯，如空白票据制度、空白背书制度等，但是票据交易习惯只有被上升为可适用之规范，才能作为票据法的渊源。《最高人民法院关于审理票据纠纷案件若干问题的规定》第49条关于持票人记载被背书人名称视同被背书人之记载的规定，充分说明了这一点。在该司法解释出台以前，我国票据制度中没有明确规定票据权利人可以通过空白背书的方式转让票据，而现实票据交易中出现大量的空白背书行为，发生纠纷时一些法院认定空白背书因违反我国《票据法》第30条关于“汇票以背书转让或者以背书将一定的汇票权利授予他人行使时，必须记载被背书人名称”之规定而无效。而最高人民法院充分尊重交易习惯，结合实际作了上述空白背书行为有效的司法解释。随着这一司法解释的出台，空白背书的交易习惯被上升为具有法律效力的规则。如果认为交易习惯可以作为票据法的渊源，则最高人民法院的上述规定无疑是蛇足之举。

《最高人民法院关于审理票据纠纷案件若干问题的规定》第63条第1款规定：“人民法院审理票据纠纷案件，适用票据法的规定，票据法没有规定的，适用《中华人民共和国民法通则》、《中华人民共和国合同法》、《中华人民共和国担保法》等民商事法律以及国务院制定的行政法规。”该条第2款还规定：“中国人民银行制定并公开实施的有关行政规章与法律、行政法规不抵触的，可以参照适用。”这一规定限定了可适用规范的范围。由于现行的一切关于规范票据运作行为的可适用文件中都没有单纯交付的规定，因此尽管实践中存在以单纯交付票据的方式转让票据权利的习惯，也不能据此认定单纯交付的效力。

（三）认定单纯交付的效力，有悖《票据法》及其司法解释的规定

首先，如果认为我国《票据法》肯定了以单纯交付票据方式转让票据权利，则该结论与《票据法》各项规则存在矛盾。其一，与《票据法》第27条第3款的规定相矛盾。该条款明文规定，票据权利的转让应当背书。法律条文中使用“应当”词语则表明该规定是义务性规定、强制性规定。如果认为还可以用其他方式转让票据权利，则法定义务可以不履行，强制性规定不具有拘束力，使该法律条文成为具文，有失法律之尊严。故此，“应当”一词意味着我国票据制度不允许以交付票据方式转让票据权利。其二，与《票据法》第32条的规定相矛盾。该条第1款规定：“以背书转让的汇票，后手应当对其直接前手背书的真实性负责。”第2款规定:“后手是指在票据签章人之后签章的其他票据债务人。”此处所谓对“直接前手背书的真实性负责”当然包括对直接前手的签章之真实性负责,签章不得伪造。对直接前手签章之真实性负责,亦即对直接前手身份的真实性负责,身份不容假冒。《票据法》的该项规定,要求任何一个票据权利受让人都应当对票据权利转让人的真实性负责。法律如此加重受让人注意义务,目的在于使票据交易实现“动之安全”与“静之安全”的平衡。例如,无权处分人假冒他人身份而转让他人票据权利的,依据该规定受让人无善意可言,不能取得票据权利。如果认定单纯交付的效力,则将得出矛盾结论:一方面,依据背书方式转让票据的,受让人应当对转让人的真实性负责。这是因为,此时转让人属于背书转让票据中受让人之前手;另一方面,依据单纯交付票据的方式转让票据的,受让人可以不对转让人的真实性负责。这是因为,此时转让人不属于背书转让票据中受让人之前手。同一性质之行为(转让行为),仅仅因行为形式不同而导致行为人责任的不同,不可思议。其三,与《票据法》第13条第1款规定相矛盾。该条款是关于票据抗辩限制的规定。依据该条款,票据债务人不得以自己与持票人前手的抗辩事由对抗持票人。所谓“前手”,依据《票据法》第32条第2款的规定,应当是在票据上签章的票据债务人。然而,单纯交付票据的人不在票据上签章,因而也不可能成为“前手”。由此,依据单纯交付而获得票据权利的持票人便不享有抗辩切断的利益,票据债务人对该持票人的抗辩也不受限制。例如,某甲签发一张空白支票给某乙,授权某乙在预先留白的收款人一栏中补记,某乙将该支票以单纯交付的方式转让给某丙,授权某丙在空白处补记,某丙依据授权在收款人一栏中记载自己的名字成为票据收款人。依据我国《票据法》的上述规定,某乙不是某丙的前手,因而,某丙不享有抗辩切断的利益。票据债务人某甲也不受抗辩的限制。建立票据抗辩限制制度的目的是“保护持票人之利益,以策票据交易之安全”。[①] 仅仅维护背书交易的安全,而不维护单纯交付交易票据的安全,这不是立法者的目的。因此,我国《票据法》的立法者根本没有考虑将单纯交付作为转让票据的一种形式。其四,与《票据法》第13条第2款规定矛盾。该款规定,票据债务人可以对不履行约定义务的与自己有直接债权债务关系的持票人进行抗辩。当票据被单纯交付转让后,受让人虽与票据债务人构成形式上的直接债权债务关系,但是彼此之间不存在任何基础关系,更无所谓“约定义务”。如果认定票据单纯交付的效力,在单纯交付票据的情况下适用《票据法》第13条第2款将损害持票人的权利,从而有损交易安全,影响票据以

① 刘甲一著:《票据法新论》,作者1978年台湾自版,第128页。

单纯交付形式交易。例如,某甲签发一张支票给某乙,未记载收款人名称,某乙将该支票以单纯交付的方式转让给某丙。某丙因提示付款遭拒绝后向某甲追索,某甲则以未获得某乙的对价给付为由抗辩。本案无从适用《票据法》第13条第2款之规定,因为某丙属于与某甲有直接债权债务关系的持票人,但是某丙与某甲没有票据原因关系,彼此不存在约定,“不履行约定义务”也无从谈起。可见,立法者在制定这一条款时未曾考虑给予单纯交付票据行为的效力。

其次,如果认为我国《票据法》肯定了以单纯交付票据方式转让票据权利,则该规则与《最高人民法院关于审理票据纠纷案件若干问题的规定》第14条关于票据无因性的规定矛盾。我国《票据法》第10条规定,票据权利的取得应当具有真实的交易关系和债权债务关系,应当给付票据双方当事人认可的相对应的代价。此处所谓“双方”既是票据原因关系当事人,又是票据签发或转让、质押关系中的当事人。易言之,特定当事人之间存在双重法律关系,即票据关系和票据原因关系。如果当事人之间只有“票据关系”而没有原因关系或原因关系被认定无效、被撤销、被解除,则所谓的票据关系也不成立或不生效。为了维护票据交易安全,鼓励票据交易,助长票据流通,《最高人民法院关于审理票据纠纷案件若干问题的规定》第14条规定:“票据债务人以票据法第十条、第二十一条的规定为由,对业经背书转让票据的持票人进行抗辩的,人民法院不予支持。”例如,甲公司以乙公司为收款人向乙公司签发支票一张,用以履行对乙公司的借款承诺,由于该票据关系所依赖的基础关系因违法而无效,①故当乙公司向甲公司追索时,甲公司可基于基础关系无效而拒绝承担付款责任,如果当乙公司将该票据背书转让给丙公司,用以支付欠丙公司的运费,则丙公司向甲公司追索时,甲公司不得以自己签发票据所依赖的基础关系无效而对抗丙公司。然而,《最高人民法院关于审理票据纠纷案件若干问题的规定》第14条仅仅适用“业经背书转让”而取得票据的持票人,如果认定以单纯交付票据方法转让票据的行为有效,则没有理由将“业经单纯交付转让票据的持票人”排斥于第14条规定的适用范围。显然,最高人民法院制定此司法解释并没有考虑赋予单纯交付票据行为的效力。如果考虑这一点,且又赋予其效力,则《最高人民法院关于审理票据纠纷案件若干问题的规定》第14条不能仅仅适用背书转让票据的情形,而不适用单纯交付转让票据的情形。因为单纯交付票据的行为一旦被认定有效,其性质为转让票据的行为。受让人基于法律行为而取得票据,而不是基于法律行为以外的原因(如继承、企业的合并)取得票据。不能将单纯交付票据混同

---

① 依据现行规定,企业之间的借款合同无效。

于继承、合并等取得票据的法律事实。

(四)主张我国现行规定认定票据单纯交付有效的观点依据不足

首先,《票据法》第31条第1款的规定不能成为单纯交付转让票据的有效性依据。该款规定:“以背书转让的汇票,背书应当连续。持票人以背书的连续,证明其汇票权利;非经背书转让,而以其他合法方式取得汇票的,依法举证,证明其汇票权利。”主张单纯交付票据发生票据转让效力的观点,都以该条来说明其效力依据。笔者认为该条不能作为票据单纯交付的效力依据,理由如下:其一,此条所谓“非经背书转让,而以其他合法方式取得汇票”之情形,并不包括票据单纯交付,否则与《票据法》第27条第3款关于票据权利转让应当背书的规定相矛盾。主张票据单纯交付有效,是解释《票据法》第31条中“以其他合法方式取得票据”之文义而得出的结论。对于法律的解释应采取整体解释原则,顾及各个客观存在的条款,不能作出矛盾解释。法条经解释后发生矛盾,必然废除其中一个法条或者同时废除互相矛盾的数个法条。《票据法》第27条第3款的条文规定明确,语义清晰,除依立法政策和立法意图必须作出限制性解释或扩大性解释以外,无须作任何解释,而对《票据法》第31条中的“其他”则应作出解释,该解释的结果不能与同法条文明示之文义矛盾。其二,此处所谓“其他合法方式”应当是法人的合并、遗产的继承等法律行为以外的方式。其三,该条文中“依法举证”一词说明“其他合法方式”并不包括单纯交付。该条规定,以其他合法方式取得票据权利的,应当依法举证。此处所指证据应当是票据以外的其他证据,因为基于票据的完全证券性,无论以何种方式取得票据权利,权利人行使权利时必须提供票据。① 如果认定单纯交付票据的效力,则不能要求因单纯交付而取得票据的持票人在主张票据权利时除提供票据外,还得提供其他证据。因为基于有价证券的便捷性,无记名之证券和空白背书之证券持有人,被推定为证券权利人。只有依据法律行为以外的事由取得票据的,才须依法举证。如证明继承关系的发生、继承权的取得等方面的证据,证明企业合并等方面的证据。可见,“应当依法举证的规定”将单纯交付排除在“以其他合法方式取得票据”范围之外,立法者在制定这一规定时没有考虑给予单纯交付票据的票据法之效力。

其次,空白票据只是单纯交付成立的必要前提而非必然推论。不能否认,空白票据制度的形成为单纯交付票据提供了前提条件;也不能否认,各国票据制度中都有空白票据制度,以及由此衍生的单纯交付制度;更不能否认我国票据交易

---

① 最高人民法院《关于审理票据纠纷案件若干问题的规定》规定,当事人向人民法院起诉主张票据权利的,有责任提供票据。

实践中有因基于空白票据而进行单纯交付的行为。值得一提的是,1988 年上海市人民政府为规范票据交易,制定了《上海市票据暂行规定》,该文件第 66 条第 2 款规定:"不记名本票在转让时,持票人可以在背书中记明被背书人名称,也可以在背书中不记明被背书人名称,也可以不作背书仅交付票据。"该文件第 76 条第 2 款还规定:"支票在转让时,其背书应当按照下列方式作成:(一)记名支票的背书,必须记明被背书人的名称;(二)不记名支票的背书,可以记明被背书人的名称,也可以不记明被背书人的名称;或者不作背书,仅交付票据。"这些规定表明,本票和支票都可以进行空白背书,空白背书之受让人可以继续以空白背书的方式转让票据,也可以以单纯交付票据的方式转让票据。《票据法》生效后,《上海市票据暂行规定》因此而失效,但是,由此而形成的单纯交付票据的交易习惯并没有因此而消失。尽管如此,单纯交付票据是否发生票据权利变动效力仍应当遵循法律的规定,不能认为存在技术上的运作前提和空间就应当运用单纯交付的方法。票据权利的变动,不仅属于技术问题,而且还属于法律问题。

不少学者认为,单纯交付票据仅适用于支票,理由是支票存在空白票据现象,而汇票、本票不存在空白票据的签发,因而也并不存在单纯交付票据的现象。此种由此及彼的推论缺乏法理依据。如果这种推论成立,则汇票、本票制度也应当有单纯交付票据规则的余地。这是因为,为单纯交付票据提供技术前提的不仅仅是空白票据,还包括空白背书。我国《票据法》虽将空白票据局限于支票中,但是,空白背书之情形可适用于汇票、本票、支票。《最高人民法院关于审理票据纠纷案件若干问题的规定》第 49 条规定:"依照票据法第二十七条和第三十条的规定,背书人未记载被背书人的名称即将票据交付他人的,持票人在票据被背书人栏内记载自己的名称与背书人记载具有同等法律效力。"这一规定表明,在我国可以进行空白背书。空白背书的票据同样为单纯交付票据提供了技术支撑。持票人接受经空白背书的票据在技术上可以通过单纯交付的方式转让。"依空白背书受让票据者,不须记载背书文句,亦不须签名或盖章,得仅将其所持有票据交付受让人,该受让人,则仅依单纯交付,即继受取得票据权利。而后该票据亦得依空白背书或记名背书转让。"①既然空白背书给单纯交付票据提供了技术前提,那么为何仅仅认为支票可以单纯交付而汇票、本票不能单纯交付呢? 因此,以存在单纯交付的技术条件来证明单纯交付的效力没有依据,也违背形式逻辑。

最后,以单纯交付方式转让的票据权利不受票据法保护而受民法保护的观点不能成立。有学者认为:"单纯交付转让记名票据或完全背书票据,可以产生

---

① 刘甲一著:《票据法新论》,作者 1978 年台湾自版,第 128 页。

票据权利转让的效力，只是不受票据法的保护，而产生一般债权转让的效力，其理论依据是，在通常情况下采取票据法规定的背书转让方式，对当事人来说是一种便捷，对持票人来说是一种有利的方式，但不能由此对票据法规定的转让方式以外的其他票据转让方式一概加以否定，在票据权利发生转移时，是依据票据法转让方式进行的，还是依据非票据法转让方式进行的，在法律效果上存在差异。”前者“得到票据法的特别保护”，后者“只能得到民法的一般保护”。①

以一般债权转让之方法实现票据权利之转让不合法理。票据虽为债权，但是属于新创设之债权，决非票据原因关系之债权。以纳税人缴纳税款为例，可以充分说明这一点。某纳税企业应当缴纳税款100万元，据此而向税务机关签发票载金额为100万元的支票一张。税务机关与某纳税企业于票据签发前不存在任何私法上的债权债务关系，票据签发后，便形成票据关系。可见，票据关系是基于票据行为新创设的关系，而不是再现业已存在的债权债务关系。由于调整票据关系的法律是票据法，因此，票据权利的取得、转让、变更、消灭，在票据权利上设定负担（质押），票据权利的行使和保全等，都得依据票据法。离开了票据法，票据权利将不复存在。因此，不存在由民法调整的票据权利，也不存在由民法保护的票据权利。票据的定义、种类，票据权利的内容、消灭时效等均源自于票据法。假设票据法被废止，票据以及票据权利、票据义务还能存在吗？据此，脱离了票据法调整的票据，不再是原来意义上的票据，本质上不是票据。同理，“只能得到民法的一般保护”之票据权利，也不是原来意义上的票据权利，本质上不是票据权利。

能否认为，单纯交付票据方式转让票据权利的，不发生票据权利转让的效力而发生一般债权转让的效力？回答是否定的。票据债权通过转让行为（无论该转让行为是否符合票据法的规定）而转化成一般债权违反逻辑。首先，票据债权因何而消灭，一般债权因何而发生，不能回答；其次，基于义务自主或法定的债务发生原理，让原票据债务人在非自愿的情况下由票据债务变更为一般债务，由经提示才承担票据责任改变为不经提示也得承担债务，由短期时效改变为非短期时效，由可预测之责任（票据债务不履行的将被追索，追索的客体是票载金额加固定利息以及追索费用，追索的数额可以预测，这符合票据交易确定性原则）改变为不可预测之责任（债务不履行的，应承担赔偿损失的责任，损失的多少是不确定的），违反了意思自治原则。

也许，持上述观点的人是受《日内瓦汇票本票统一公约》第20条的影响。该条第1款规定：“汇票到期后的背书与到期前的背书有同等效力。但因拒付而

① 吕来明著：《票据法基本制度评判》，中国法制出版社2003年版，第229页。

作成拒绝证书后，或规定作成拒绝证书的期限届满后的背书，只具有通常债权转让的效力。"德国、日本等国的票据法都有相同的规定。学理上称此情形为"到期后背书的效力"（到期后背书与期后背书不同）。依据日内瓦公约成员国票据法的规定，"到期后背书"的，依然发生票据权利转让的效力，票据债务人仍得承担票据责任。所不同的是，由于"到期后背书"的票据已经不具有流通性，已经不再是信用工具，无流通保护之必要，因而发生一般债权转让的效力。即转让后不发生抗辩切断的后果，转让人也不承担担保承兑、担保付款的责任，无善意取得之适用余地等，票据债务人与票据债权人互有债权且具备法定抵消条件的有权抵消。尽管就"只具有通常债权转让的效力"之效力范围和程度，学界认识不一，各国也各自定义（分歧主要表现为"通常债权转让的效力"是否及于"到期后背书"行为之前），但是，行使票据权利应提示票据要求不变，票据转让时无须通知票据债务人的转让规则不变，票据权利的行使与保全仍应适用票据法。故此，转让的权利性质上仍属于票据权利，而不是一般债权，仍然得到票据法的保护。

必须说明的是，所谓票据权利的转让只发生一般债权转让的效力，不发生票据转让的效力，必须在票据法中作明文规定，不能在无法律依据的情形下适用。这是因为，转让的权利为票据权利，转让后的权利也是票据权利。

四、结　　语

尽管各国票据法都规定单纯交付转让票据制度，尽管我国票据交易实践中单纯交付转让票据的情形并不鲜见，尽管已经执行数年现已失效的《上海市票据暂行规定》曾规定本票、汇票单纯交付转让制度，但是，依据我国现行《票据法》及其司法解释的规定，以及中国人民银行的相关规定，我国票据法律制度不认可单纯交付转让票据。以这种方式转让票据权利的，不发生票据法上的效力，也不发生一般债权转让的效力，即无效。不能因存在票据交易习惯而认定该转让行为的效力，因为票据规则为技术规范，逻辑严密，丝丝入扣，牵一发而动全局，确立票据单纯交付转让制度，必须修改相关条款。① 否则，顾此失彼。

（2009 年第 12 期）

---

① 如果认定单纯交付的效力，则我国《票据法》第 27 条第 3 款、第 32 条第 1 款和第 2 款、第 13 条第 1 款和第 2 款，以及《最高人民法院关于审理票据纠纷案件若干问题的规定》第 14 条和第 15 条的相关规定都要修改。

2010 年

我国驰名商标反淡化制度应当缓行

邓宏光*

最高人民法院在反复调研、广泛征求意见并多次修改的基础上,于2009年4月23日公布了《关于审理涉及驰名商标保护的民事纠纷案件应用法律若干问题的解释》(以下简称《解释》)。该司法解释作为我国驰名商标保护理论之集大成者,作为人民法院认定和保护驰名商标最重要的依据之一,受到理论界和实务界的一致好评。尽管如此,笔者认为《解释》仍然存在重大缺陷,即其第9条以《商标法》第13条为基础引入商标反淡化制度,虽然顺应了国际发展趋势,但在理论上难以自圆其说,在实践中还可能加剧驰名商标权人的利益与社会公共利益之间的失衡状态,因此,《解释》第9条所规定的商标反淡化制度应当缓行。

一、《解释》引入商标反淡化制度顺应了国际发展趋势

《解释》第9条第2款规定:"减弱驰名商标的显著性、贬损驰名商标的市场声誉,或者不正当利用驰名商标的市场声誉的,属于《商标法》第13条第2款规定的'误导公众,致使该驰名商标注册人的利益可能受到损害'。"最高人民法院知识产权庭负责人在答记者问时称:"商标法第13条第2款规定的'误导公众,致使该驰名商标注册人的利益可能受到损害',不应简单地从一般商标侵权的市场混淆意义上进行理解,通常都涉及因误导相关公众而减弱驰名商标的显著性或者贬损其声誉,因而第9条第2款对此进行了界定。这种界定更符合此类驰名商标的司法保护实际,更利于加强驰名商标的保护。"①有学者认为,该规定将驰名商标保护的条件区分为出现混淆和出现混淆以外的其他损害两种情况,是我国驰名商标保护的重大突破。② 笔者认为,这种"重大突破"就是通过对《商

---

* 作者单位:西南政法大学博士后流动站、西南政法大学民商法学院。

本文系国家社科基金重点项目"科学发展观统领下的知识产权战略实施研究"(07&ZD006)和国家社科基金项目"网络环境下商标侵权问题研究"(09XFX014)的阶段性成果。

① "最高人民法院知识产权庭负责人就公布《最高人民法院关于审理涉及驰名商标保护的民事纠纷案件应用法律若干问题的解释》答记者问",载 http://ipr.chinacourt.org/public/detail.php?id=864。

② 黄晖:"驰名商标认定标准与保护条件",载《电子知识产权》2009年第8期。

标法》第13条进行扩张解释，进而引入了商标反淡化制度。

商标淡化不同于商标混淆，商标混淆是传统的商标侵权行为，是指他人通过使用相同或近似的标识而让消费者误以为该商品或服务是由商标权人提供的。商标淡化是指减少或削弱驰名商标对其商品或服务的识别性和显著性的行为，而不论驰名商标所有人与其他当事人之间是否存在竞争关系，也不论是否存在混淆、误导和欺骗的可能性。[①]《解释》第9条第2款规定中的“减弱驰名商标的显著性、贬损驰名商标的市场声誉，或者不正当利用驰名商标的市场声誉”，是典型的商标淡化情形，该规定可以在WIPO《有关驰名商标保护条款的联合建议》（以下简称《联合建议》）和《欧共体商标条例》中找到制度原型。

在1999年世界知识产权组织第34届成员国大会上，保护工业产权巴黎联盟和世界知识产权组织联合推荐了《联合建议》，以指导巴黎联盟和世界知识产权组织成员国国内立法的制定和修改，使驰名商标在更大范围内获得保护。《联合建议》第4条对“驰名商标的冲突商标”作出了界定：“1. 如果一个商标或其主要部分是复制、模仿、翻译或音译驰名商标或驰名商标的主要部分，并使用或注册在与驰名商标相同或类似的商品和（或）服务上，该商标应当被视为与驰名商标相冲突。2. 一个商标或其主要部分是复制、模仿、翻译或音译驰名商标或驰名商标的主要部分，即便不考虑商标使用或注册或准备注册的商品和（或）服务时，只要满足下列情形之一，该商标都应当被视为与驰名商标相冲突：(1)该商标的使用表明该商标所使用、所注册或已经注册的商品和（或）服务与驰名商标所有人之间存在联系，并很可能损害驰名商标所有人的利益；(2)该商标的使用极有可能不合理地损害或冲淡驰名商标显著特征；(3)该商标的使用极有可能不公平地利用驰名商标的显著特征。”由此可见，《联合建议》对驰名商标的特殊保护包含了防止混淆和防止淡化。其中，淡化包括了三种情形：不合理地损害驰名商标的显著特征；不合理地冲淡驰名商标的显著特征；不公平地利用驰名商标的显著特征。

欧盟为统一和协调各成员国的商标立法，通过了《欧共体商标条例》，其中对驰名商标的保护也包括了防止混淆和防止淡化两种。《欧共体商标条例》第9条规定：“共同体商标应赋予商标所有人专用权，商标所有人有权禁止任何第三方未经许可在贸易过程中实施以下行为：(a)将任何与共同体商标相同的标志使用在与共同体商标注册的商品或服务相同的商品或服务上；(b)将任何与共同体商标相同或近似的标志使用在与共同体商标注册的商品或服务相同或类似

① 15 U. S. C. 1127.

的商品或服务上，如果由于该使用行为可能导致公众产生混淆的可能，这种混淆的可能性包括该标志与该商标联系的可能性；(c)将任何与共同体商标相同或近似的标志使用在与共同体商标注册的商品或服务不类似的商品或服务上，如果共同体商标在共同体内享有声誉，且该标志的使用将无正当理由地利用或损害该共同体商标的显著特征或声誉。”该条例将商标淡化作为一种独立于商标混淆的侵权行为，其包括了不正当地利用在先商标、不正当地损害在先商标的显著特征以及不正当地损害在先商标的声誉三种情形。[①]

美国对驰名商标反淡化的规定不同于欧盟。美国《联邦商标反淡化法》界定了商标淡化的两种类型，即弱化和丑化，规定了不视为商标淡化的例外情形。美国在1995年通过《联邦商标反淡化法》以后，先后于1999年和2006年进行修正，商标反淡化的救济力度得到了加强，商标淡化的证明标准得以澄清，商标淡化的免责事由进一步完善，美国《联邦商标反淡化法》日臻完善。[②]

商标反淡化，不仅成为驰名商标保护的国际发展趋势，在理论上也能够找到相应的支撑。在1924年德国判定“Odol”漱口水商标案后，美国有学者认为：“现代商标的价值在于其销售力……而这种销售力又取决于商标的独特性……这种独特性将由于被使用在相关或不相关的商品上而受到损害或削弱。”[③]在他看来，即使不存在混淆的可能性，将驰名商标使用在不相同的商品上，公众在看到后一种商品上使用的商标时会想起前一种商品，在后使用人将因此而获得利益，在先使用人的商标则可能减损其销售力，在先使用人的利益将因此而受到损害。的确，将驰名商标使用在根本无关的商品或服务上，消费者不可能相信该商标的使用行为与驰名商标所有人有任何经济上的关系，但由于过滥地使用该驰名商标，将会导致消费者的“审美疲劳”，驰名商标在消费者心目中的地位越来越低，其吸引力也越来越小。如果将他人驰名商标使用在色情淫秽等让人产生不良印象的产品或服务上，将直接降低该商标的形象。为了保护商标的吸引力，在防止商标混淆外再规定商标反淡化条款，具有其合理性。

因此，《解释》第9条引入商标反淡化制度，在很大程度上顺应了驰名商标保护的国际发展趋势。问题的关键是，《解释》通过对《商标法》第13条规定的扩张解释引入了商标反淡化规定，而我国《商标法》第13条是否有商标反淡化

---

① L. Bently and B. Sherman, *Intellectual Property Law*, Oxford University Press, 2004, pp. 867-877.

② 邓宏光：“美国联邦商标反淡化法的制定与修正”，载《电子知识产权》2007年第5期。

③ Frank Schechter, The Rational Basis of Trademark Protection, 40 *Harv. L. Rev.* 813, 831 (1927).

的因子,殊值探讨。

二、《解释》引入商标反淡化制度缺乏法律基础

笔者认为,我国《商标法》第13条并未包含商标反淡化的内容,《解释》第9条以《商标法》第13条规定为基础引入商标反淡化制度,显得无根无据。

我国《商标法》第13条规定:"就相同或者类似商品申请注册的商标是复制、摹仿或者翻译他人未在中国注册的驰名商标,容易导致混淆的,不予注册并禁止使用。就不相同或者不相类似商品申请注册的商标是复制、摹仿或者翻译他人已经在中国注册的驰名商标,误导公众,致使该驰名商标注册人的利益可能受到损害的,不予注册并禁止使用。"有学者据此认为我国已采纳了商标淡化理论。① 还有学者提出,该条规定实现了驰名商标在非类似商品(服务)上获得保护,由相同或者类似的商品扩大保护到了不相同也不类似的商品上,已经不再是混淆理论所及的范围,只能建立在淡化理论的基础上。② 也有观点认为,"误导公众,致使该驰名商标注册人的利益可能受到损害"表现在不相同或者不相类似的商品或者服务上,更多是导致驰名商标的显著性受到削弱,使驰名商标在公众心目中代表唯一、独特的商标形象降低,这就是"淡化"的本质。③ 笔者认为,这些解读值得商榷。

从2001年我国商标法的修法背景来看,其增加第13条关于驰名商标特殊保护的规定,完全是为了满足入世的需要,是为了履行《巴黎公约》第6条之二和TRIPs协定中对驰名商标给予保护的义务,使我国驰名商标保护制度与世贸规则和《巴黎公约》的保护形式和原则相一致。④ 事实上,我国《商标法》第13条的两个款项也是与《巴黎公约》和TRIPs协定相对应的。我国《商标法》第13条第1款关于"就相同或者类似商品申请注册的商标是复制、摹仿或者翻译他人未在中国注册的驰名商标,容易导致混淆的,不予注册并禁止使用"的规定,完全是《巴黎公约》第6条之二第1项的翻版,都是以防止驰名商标被抢注和禁止使用驰名商标为立法目的。我国《商标法》第13条第2款规定中的"误导公众,致使该驰名商标注册人的利益可能受到损害",其原型是TRIPs协定第16条第3

---

① 李明德:"中日驰名商标比较研究",载《环球法律评论》2007年第5期。

② 杨柳、郑友德:"从美国Moseley案看商标淡化的界定",载《知识产权》2005年第1期。

③ 夏君丽:"关于驰名商标司法保护价值取向及制度设置的思考",载《法律适用》2007年第12期。

④ 董葆霖著:《商标法律详解》,中国工商出版社2004年版,第66页、第279页。

款规定:“《巴黎公约》(1967)第6条之二应基本上适用于与已获得商标注册的货物或服务不相似的货物或服务,只要该商标在那些货物或服务上的使用会表明那些货物或服务与该注册商标所有人之间存在着联系,且这种使用有可能损害该注册商标所有人的利益。”因此,对我国《商标法》第13条第2款的解读应当追溯到TRIPs协定第16条第3款的解释上。

根据TRIPs协定第16条第3款的规定,驰名商标在非类似商品(服务)上予以保护有两个条件:第一,商标的使用将表明商标使用人与驰名商标所有人之间存在联系;第二,这种使用可能损害注册商标所有人的利益。笔者认为,这里使用“存在联系”之表述,表明了它采纳了间接混淆理论。间接混淆是相对于直接混淆而言的,所谓直接混淆,是指消费者对产品或服务来源发生的混淆,即消费者以为该商品或服务来源于某个经营者,而事实上它们来源于另一个不同的经营者。直接混淆中的混淆,不包括纯粹的“联想”,如果仅仅是公众由于两个商标的符号内容相似而产生联想,这种联想本身是不足以认定具有了混淆可能性。[①] 间接混淆是指消费者对产品或服务的来源并未产生混淆,但误以为提供商品或服务的经营者与商标权人之间存在经济上的联系,[②]这种经济上的联系包括了从属、赞助或关联等经济联系上的混淆。因此,从TRIPs协定的上述用语表述可以看出,它对驰名商标的保护,已经从传统的直接混淆扩张到了间接混淆。

美国也有学者主张TRIPs协定第16条第3款具有反淡化含义,他们认为因为弱化或丑化而丧失商誉,显然属于该款所谓的“损害”,而它们又属于商标淡化的典型类型,因此该款规定包含了商标反淡化的精神。[③] 这种观点显然经不起推敲,因为弱化也好,丑化也罢,这些损害要获得救济都必须以“存在联系”为前提。为了克服“联系”这一要件对商标淡化的限制,美国最高法院提出,该规定中的“联系”包括了相关公众认为在后使用人与驰名商标所有人之间存在“精神上的联系”。[④] 但事实上商标法强调的是“经济上的联系”,而不关注“精神上的联系”。即便是商标淡化理论,其着眼点也在于商标标识所具有的区别力和

---

① Wagamama v. City Centre Restaurants [1995] F. S. R. 713; Sabel BV v. Puma AG Rudolf Dassler Sport [1997] E. C. R. I-6191; [1998] R. P. C. 199.

② Sabel BV v. Puma AG Rudolf Dassler Sport [1997] E. C. R. I-6191; [1998] R. P. C. 199 (para. 18, 30).

③ Matthew C. Oesterle, It's as Clear as Mud: A Call to Amend the Federal Trademark Dilution, *Chi. -Kent L. Rev.*, note 142(2006).

④ Moseley v. Secret Catalogue, Inc., 537 U. S. 418, 433 (2003).

标识力是否减弱,商标所代表的商誉是否被不正当利用或者被损害,也与"精神上的联系"无涉。正因为如此,有学者一针见血地指出,美国学者和美国最高法院对TRIPs协定的解释,并不代表对该协定的权威解释,从某种程度上来说,是基于寻找各种证明反淡化规定之合理依据而作出的推测,甚至可以说是一种曲解,TRIPs协定没有采纳淡化理论,它与美国《联邦商标反淡化法》不要求存在混淆可能之规定完全不符。①

由于《巴黎公约》和TRIPs协定都没有采纳商标淡化理论,我国为达到TRIPs协定保护驰名商标的水平而制定的《商标法》第13条,当然也不可能采纳商标淡化理论,这一点也已经为我国许多学者所论及。② 所谓"皮之不存,毛将焉附",《解释》第9条以解释《商标法》第13条为使命,《商标法》第13条完全是以混淆理论为基础而构建,《解释》第9条不可能空穴来风地构建出独立的商标淡化条款。对《解释》第9条的解读,只能认为它将商标淡化降格为商标混淆的分支,也就是说,在我国商标淡化是以存在混淆可能性为前提。但问题是,商标淡化能否以商标混淆为基础,这不无疑问。

三、《解释》错误地将商标混淆作为构成商标淡化的前提

《解释》第9条将商标淡化和商标混淆糅合在一起:一方面,规定"减弱驰名商标的显著性、贬损驰名商标的市场声誉,或者不正当利用驰名商标的市场声誉"这种典型的商标淡化情形是一种损害;另一方面,又拘于《商标法》第13条的限制,该损害获得救济还需要以"误导公众"为前提,而"误导公众"又贯穿和体现了商标混淆理论。因此,根据《解释》第9条的规定,我国商标淡化的成立以存在"误导公众"(即商标混淆)为前提。那么,淡化的成立是否需要以存在混淆的可能性为前提?笔者认为,不管从理论上、立法上还是国际司法实践的角度来说,该问题的答案都是否定的。

从理论上来说,淡化理论与混淆理论是两种相互联系而又相互区别的商标保护理论。防止混淆与防止淡化,最终的目的都是保护商标的显著性,防止商标权人的商誉被他人不正当地利用。然而,两者对商标显著性的保护角度

---

① David S. Welkowitz, *Trademark Dilution: Federal, State, and International Law*, The Bureau of National Affairs, Washington DC, 2002, pp. 160 – 161.

② 李友根:"'淡化理论'在商标案件裁判中的影响分析——对100份驰名商标案件判决书的整理与研究",载《法商研究》2008年第3期;杜颖:"商标淡化理论及其应用",载《法学研究》2007年第6期;邓宏光:"我国商标反淡化的现实与理想",载《电子知识产权》2007年第5期。

不相同。[①] 商标混淆是通过将不同的标识指向同一个来源出处，而使得商标权人遭受损害，商标淡化则是将同一个或近似标识指向不同的来源出处，从而降低商标的显著性，因此，反混淆是为了保护商标具备标示特定出处的能力，而反淡化则旨在强化商标与其他商标之间的区别。[②] 如果将商标混淆比喻为“同义词”（不同的词含义相同或近似，不同的商标标识只与商标权人相联系），那么商标淡化则类似于“多义词”（一个词具有多种含义，一个商标标识与多个不同的经营者相联系）。[③] 另外，两种理论的立论基础也不相同。商标混淆理论以保护消费者利益为基点，从消费者是否可能产生混淆的角度判断是否构成商标侵权，而商标淡化理论则是从商标权人的利益出发，看对方的商标标识使用行为是否导致其利益受到损害。商标混淆理论将商标视为一种交流的工具，而商标淡化理论则将商标作为财产对待。[④] 反混淆和反淡化制度的目标一致而路径不同，两者存在重合之处，但绝不可能完全相同，不可能用一种来取代另一种，它们共同构成了商标保护制度这辆马车上并行不悖的双轮。

从立法的角度来看，不管是美国的《兰哈姆法》还是欧盟的《欧共体商标条例》，抑或是保护工业产权巴黎联盟和世界知识产权组织联合推荐的《联合建议》，只要是承认商标反淡化制度的国家和地区，都将商标淡化作为独立于商标混淆之外的商标侵害行为。美国《兰哈姆法》甚至旗帜鲜明地指出，不论驰名商标所有人与其他当事人之间是否存在竞争关系，也不论是否存在混淆、误导和欺骗的可能性，只要减少或削弱驰名商标对其商品或服务的识别力和显著性，就构成淡化。因此，从各国商标立法的角度而言，淡化的成立绝对无须以混淆为前提。

从司法实践的角度来看，英国早期曾有判例错误地认为，商标淡化的成立需以商标混淆为前提，此后英国和欧盟法院通过一系列判例纠正了该错误观点。英国米尔特法官在 Harrods Ltd. v. Harrodian School Ltd. 商标纠纷案中指出，除非对商誉的损害是作为混淆的充分证据，否则将损害的观念延伸到假冒侵权中是不可接受的。其认为，原告坚持认为同时存在混淆和损害，但又认为这种损害是

---

① 邓宏光著：《商标法的理论基础》，法律出版社 2008 年版，第 165 页。

② 彭学龙著：《商标法的符号学分析》，法律出版社 2007 年版，第 351 页。

③ Barton Beebe, The Semiotic Analysis of Trademark Law, 51 *UCLA L. Rev.* 677 (2004).

④ L. Bently, *From Communication to Thing: When Were Trademarks First Conceptualized and Treated as Property*, Edited by Professor Hugh C. Hansen, Intellectual Property Law and Policy, Oxford and Portland, Oregon, 2008, pp. 915 – 945.

一种不依赖于混淆的损害，这种观念是令人难以接受的。[①] 在 Baywatch Production Co. Inc. v. The Home Video Channel 商标纠纷案[②]中，法院从两方面论证适用商标淡化条款需以存在混淆的可能性为前提：首先，商标混淆条款仅仅适用于双方当事人使用的商品是相同或者类似的情形，商标淡化条款仅适用于侵权商品与“注册商标核准注册的商品或服务不类似的”情形，对不类似的商品给予的保护力度反而比对类似商品的保护力度更大，从逻辑上来说是完全不合理的。其次，法院引用先例进一步论证，不可能存在没有混淆而“利用了商标的显著特征”或对该商标的声誉造成损害的情形。[③] 英国法院的这种观点，受到了理论界和实务界的强烈批评，其中最典型的就是 Audi – Med 商标异议案。[④] 在该案中，一位助听器和相关产品的制造者想注册 Audi – Med 商标，德国奥迪(Audi)轿车制造商提出异议，双方争议的焦点在于能否以商标淡化为由驳回商标注册申请。该案主审法官暗示了前述 Baywatch 案判决思路的错误。商标审查员认为，《英国 1994 年商标法》允许在不存在混淆的情形下以淡化为由对商标注册提出异议。此外，欧洲法院先后多次重申混淆的可能性不是认定淡化的前提条件。[⑤] 因此，到目前为止，欧洲的态度非常明确，商标淡化条款的适用，不需要以存在混淆的可能性为前提。

从以上的分析可以看出，反淡化本与反混淆平起平坐，《解释》第 9 条将它屈身于反混淆条款之下，规定淡化的成立需以混淆为前提，从而违反了商标法理论，也与国际商标反淡化法的立法趋势相悖，难谓妥当。

四、《解释》未合理限制商标反淡化的适用范围

商标权人的利益和社会公共利益，都是商标法立法应当考量的因素，任何一方的正当利益，都不应当忽视。我们无法抗拒商标权扩张保护的潮流，同时也应清晰地认识到，以维护市场公平竞争为核心的社会公共利益缺乏代言人，因此，我们对社会公共利益应当倍加呵护，悉心照顾。例如，美国国会在制定《兰哈姆

① Harrods Ltd. v. Harrodian School Ltd. [1996] R. P. C. 697 (Court of Appeal).

② Baywatch Production Co. Inc. v. The Home Video Channel [1997] F. S. R. 22 (Ch. 1996).

③ BASF PLC. v. CEP (UK) PLC (unreported 1995) (Knox, J.).

④ Audi – Med Trade Mark [1998] R. P. D. & T. M. 863.

⑤ Sabel v. Puma [1997] E. C. R. I – 6191, I – 6223 (para. 20 – 1, 48); Marca Mode CV v. Adidas AG, Case C – 425/98 [2000] 2 CMLR 1061, 1083 (para. 36); General Motors Corporation v. Yplon, Case C – 375/97 [1999] 3 CMLR 427.

法》时就提出,即使以牺牲商标所有人在特定市场上的控制力为代价,商标保护也需要为公平竞争预留足够的空间。[①] 美国国会在1988年审议《商标反淡化法修正案》时就是由于其未规定不视为淡化的例外情形,因而否决了该修正案。[②] 欧盟更是在《欧共体商标指令》和《欧共体商标条例》的开篇中提出,建立统一的市场,消除阻碍商品和服务自由流通的障碍,建立一种使竞争不被扭曲的秩序,是推动欧盟通过《欧共体商标指令》和《欧共体商标条例》的主要动因。欧洲法院也多次强调,保护社会公共利益,建立一种不被扭曲的竞争秩序,是《欧共体商标条例》的重要目标。[③] 因此,任何制度的构建或完善,都应分析它是否有助于更好地实现利益平衡。对于淡化制度来说,它提升了对商标权人利益的保护,为了平衡社会公共利益,应当作出适当的限制。商标反淡化制度的限制体现在两个方面:第一,限定反淡化的适用对象;第二,规定不视为淡化的例外情形。

商标反淡化制度第一个方面的限制是限定该制度的适用对象。商标反淡化制度适用于驰名商标,但并非所有的驰名商标都可以适用该制度,还需要考虑该商标的知名度和显著性。从驰名商标的知名度而言,并非普通的驰名商标(即某个行业相关公众所知晓的商标),而是为大多数普通公众所熟知的驰名商标才有资格适用反淡化。这一点在前述《联合建议》和美国《兰哈姆法》中都有明确的规定。例如,《联合建议》一方面肯定了商标反淡化制度的合理性和必要性,另一方面在其第4条中特别规定,成员国可要求驰名商标应当为大多数公众所熟知才能获得反淡化救济,并以此降低商标反淡化制度对社会公共利益的冲击。美国在2006年修改《联邦商标反淡化法》时,将商标淡化的对象限定为驰名商标,这里所谓的驰名商标,是指被美国普通消费大众广为知晓并视为指示商品或服务唯一来源的商标。可见这种要求是非常高的。美国在2006年之所以明确提高这种适用条件,起草者的解释是"淡化是对极其少的驰名商标的特别损害,反淡化也仅仅为了防止可能导致损害驰名商标显著性或声誉即降低品牌力的行为"。[④] 如果没有对适用反淡化制度的商标作出这种近乎苛刻的限制,商标反淡化法将成为乖戾无常的法律,因为任何商标,不管其知名度多低,也不管

---

① S. Rep. No. 79 – 1333, at 1274 – 75.

② H. R. Rep. No. 100 – 1028, at 5 – 7 (1988).

③ Bristol – Myers Squibb v. Paranova A/C Joined Cases C – 427/93/C – 429 /93 and C – 436/93 [1996] E. C. R. 13457, at 2913.

④ J. Thomas McCarthy, McCarthy on Trademarks & Unfair Competition (4th ed.), Clark Boardman Callaghan, 2008 § 24:104.

其固有的显著性有多弱，权利人都可以拿起反淡化这种武器。① 如果任何人都可以将商标反淡化作为常规武器使用，并以此禁止在所有商品上使用相同或近似的商标，它将打破商标法本身已经建立的公平竞争与自由竞争之间的传统平衡。②

即便是为大多数普通公众所熟知的驰名商标，在适用商标反淡化制度时，还需要考量该商标的显著性。最初商标淡化理论的适用，不仅要求商标非常知名，而且还应当是臆造商标。臆造商标是完全为了作为商标使用而杜撰或挑选的单词，臆造商标的数量在理论上可以无穷无尽，对竞争者选取商标和在商业上使用该文字进行表述所造成的不利影响几乎可以忽略不计，因此对臆造商标的保护不会阻碍他人的有效竞争。③ 此后，虽然反淡化条款的适用扩大到了像“可口可乐”等全球知名的描述性商标，但对于固有显著性不强的描述性商标和暗示性商标，法院在适用反淡化条款时都特别谨慎。例如，在欧盟，要证明申请注册的商标构成了不正当地利用了在先商标声誉或显著性之淡化行为，必须证明在先商标与申请注册的商标指定使用的商品或服务之间存在某种特定的观念联系，如果在先商标或在后商标是描述性商标或暗示性商标，那么就不应当假定这种联系将价值或商誉从异议人处转移到申请人处。④ 例如，在 Audi - Med 商标异议案中，奥迪公司对申请注册在助听器上的 Audi - Med 商标提出异议，认为它将不正当地利用 Audi 商标的显著特征或声誉，认为这种利用源于 Audi 与高科技之间的联系。商标审查员认为，由于两个商标都使用普通文字而不是臆造词汇，要证明存在“不正当地利用”是非常困难的，因为在这种情况下，与其说申请人利用了异议人商标的显著特征，不如说申请人和异议人一样都是利用处于公有领域的文字。⑤ 如果像我国法院在“舒肤佳”商标纠纷案中将“safeguard”认定为“驰名商标”，根本不顾及该词是一个普通词汇，具有“保安”、“安防”或类似的含义，而将“safeguard”商标的保护范围扩张到防止专门从事安防工作的公司

---

① Handler, Are the State Antidilution Laws Compatible with the National Protection of Trademarks?, 75 *Trademark Rep.* 269, 280 (1985).

② Mattel, Inc. v. MCA Records, Inc., 296 F. 3d 894, 63 U. S. P. Q. 2d 17 15 (9th Cir. 2002).

③ [美]威廉·M. 兰德斯、[美]查理德·A. 波斯纳著:《知识产权法的经济结构》，金海军译，北京大学出版社 2005 年版，第 240 页。

④ Souza Cruz SA v. Hollywood SAS (Hollywood/ Hollywood), R283/1999 -3 [2002] ETMR (64) 705 (para. 126).

⑤ Audt - Med Trade Mark [1998] R. P. O & T. M. 863; Oasis Stores' Trade Mark Application [1998] RPC 631, 649.

将"safeguard"注册为域名,[①]那么所有被认定的驰名商标,都可以漫无边际地得到保护,商标权人利益与社会公共利益之间将严重失衡。

商标反淡化制度第二个方面的限制,是规定不视为商标淡化的例外情形。例如,美国《兰哈姆法》第43条c款第3项规定:"下列情形不可依据本条规定以弱化或丑化为由提起诉讼:(1)由其他人对驰名商标所作的不是将它作为他自己商品或服务来源的指示,而是作为包括指示性合理使用或描述性合理使用在内的合理使用,或者为了便于作出这些合理使用而实施的行为,包括下列相关使用行为:①为消费者提供比较产品或服务机会的广告或促销;②验证和滑稽模仿、讽刺或评论驰名商标所有人或驰名商标所有人的商品或服务的行为。(2)所有新闻报道和新闻评论的形式。(3)所有对商标的非商业性使用。"对商标反淡化的适用条件和不视为商标淡化的例外情形作出规定,犹如两道保险,很好地预防了商标反淡化救济泛滥,避免了可能对社会公共利益造成的不当冲击。

我国最高人民法院的《解释》,引入了淡化理论,却没有对商标淡化的适用对象作出明确的严格限制,也没有规定商标淡化或商标侵权的例外情形,这很可能加剧我国驰名商标保护的混乱局面。我国由于种种原因,每年通过不同的渠道批量生产成百上千个驰名商标,成为世界上驰名商标数量最多最滥的国家。[②]目前驰名商标的认定方式和集中公布的做法,已经使驰名商标制度声名狼藉,《解释》引入商标反淡化制度后,如果不合理限定其适用范围,将不仅使被认定的驰名商标头顶光环,让商标权人不正当地获取"强势广告资源",更为重要的是商标反淡化制度将极大拓展驰名商标的保护范围,从而让驰名商标权人获得实质性的利益。由此,不法经营者通过钻营获得驰名商标认定的动力将更大,驰名商标制度将更加积重难返。这将与《解释》旨在"消除驰名商标的'神化'和'异化'","完善人民法院对驰名商标的司法保护制度,增强司法保护的

---

① "上海晨铉智能科技发展有限公司诉普罗克特和甘布尔公司不正当竞争纠纷案",上海市高级人民法院〔2001〕沪高知终字第4号民事判决书。唐广良先生对该案有深入而精彩的剖析,参见唐广良:"关于域名争议是与非的反思——兼评'safeguard'域名争议一审判决",载 http://www.cass.net.cn/file/2005101847698.html。

② 2009年4月,在国家工商总局集中宣布认定驰名商标390件后,我国行政认定的驰名商标共计为1624件,另外,我国司法认定驰名商标累计400多件,因此,我国驰名商标已经认定2000多件。我国除了国家认定"驰名商标"外,还形成了省级认定"著名商标"和市级认定"知名商标"的泛驰名商标体系。参见陶鑫良:"我国驰名商标认定与保护的现状分析及其对策研究",载《郑成思教授逝世三周年纪念会暨商标法修改研讨会论文集》,中国社科院知识产权中心2009年9月10日,第147页。据《2008中国商标战略年度发展报告》统计,我国29省市2008年认定驰名商标6871件,累计21111件。

权威性和公信力，维护公平竞争的市场经济秩序，积极服务国家经济发展大局”①之初衷相背离，《解释》未合理限制商标反淡化制度之消极效应不可不察。

五、结　语

虽然商标反淡化制度已经成为驰名商标保护的国际发展趋势，而且我国司法实践也有不少案件依照商标淡化理论作出裁判，②但整体而言，我国尚不具备实施该制度的基础：在理论上缺乏对该制度必要的深入研究，在现实生活中缺乏能够真正适用该制度的本土化品牌。

首先，我国理论界对商标反淡化制度的研究还相当欠缺，现有的少量研究也大多停留在对国外相关制度的简单评介层面，对国外大量质疑该制度的相关观点甚至没有介绍和评析过，对于该制度可能与商标反混淆制度之间的重叠与冲突，该制度对我国经济文化发展的潜在风险，尚未充分认识，对于我国引入该制度的必要性、合理性和可行性也都没有进行深入论证。因此，商标反淡化制度于我国理论研究而言，仍然是一片荒芜之地。理论积淀之薄弱，难以保证匆忙出台的商标反淡化制度之科学性与合理性。

其次，我国根本不具有引入商标反淡化制度的现实基础。我国驰名商标的认定已经蜕变成为一种荣誉称号，驰名商标的数量也已经泛滥成灾，而且我国国内的驰名商标远未达到可以适用反淡化制度的程度。如果作出商标反淡化规

---

① “最高人民法院知识产权庭负责人就公布《最高人民法院关于审理涉及驰名商标保护的民事纠纷案件应用法律若干问题的解释》答记者问”，载 http://ipr. chinacourt. org/public/detail. php? id = 864。

② 李友根先生曾对各级人民法院认定驰名商标案件的100份判决书进行分析，发现涉及“淡化”一词的共有38份，法院在31份判决书中运用淡化理论作为论证判决结论的理由之一，其中有21份判决书将淡化理论作为混淆理论的补充，即以混淆理论判定被告行为构成商标侵权或不正当竞争行为后，才论证被告行为及其后果具有淡化驰名商标的性质与危害，以进一步强化其判决的合理性。有10份判决书将淡化作为独立于混淆之情形，甚至有判决书明确提出，“对普通商标的侵权以引起商品来源的混淆为原则，对驰名商标的侵权则不以混淆为前提，其可以是对驰名商标的淡化、模糊等”。参见“广东雅洁五金有限公司诉深圳市雅饰达五金 塑胶有限公司等案”，广东省佛山市中级人民法院〔2006〕佛中法民三终字第5号民事判决书。李友根先生认为，淡化理论尚停留在理论阶段而未被法律所引入时，裁判文书引入法学理论作为论证的依据，会影响判决的公信力、权威性与可接受性，有可能改造、歪曲甚至瓦解现行法律制度，有悖于法制统一的基本要求。参见李友根：“‘淡化理论’在商标案件裁判中的影响分析——对100份驰名商标案件判决书的整理与研究”，载《法商研究》2008年第3期。对此，笔者深表赞同。

定,要么因为不具有真正够格的驰名商标而使得该制度处于闲置状态,要么使不适格的商标获得过度保护,进一步加剧商标权人利益与社会公共利益之间的失衡。正如美国法官霍姆斯所说的,“除非从调整现状中能够获得明显的利益,否则立法这种笨重而昂贵的机器就不应当开动。如果不能取得良好的效果,法律的干涉就是一种罪过”。① 在没有充分证据表明适用商标反淡化制度的效益远远大于其潜在成本之前,我国的商标反淡化制度应当缓行。

(2010 年第 2 期)

① Oliver Wendell Holmes, Jr. , *The Common Law*, Mark DeWolf ed. , 1963, p. 77.

商事留置权的法律构造

曾大鹏*

留置权主要是指在债务人不履行到期债务时,债权人可以留置已经合法占有的他人之动产并优先受偿的权利。在民商法中,素有民事留置权与商事留置权之分,但一般认为,现代各国规定的民事留置权是受商事留置权影响之结果,①并且二者在价值目标、规范配置方面亦有差别。我国《物权法》第231条规定:"债权人留置的动产,应当与债权属于同一法律关系,但企业之间的留置除外。"然而,对于商事留置权所孜孜以求的维护商人信用、确保交易安全的价值目标及其客观上需要的精巧配套规范而言,我国《物权法》第231条之简陋但书,恐为不能承受之重。② 换言之,对于商事留置权与民事留置权的诸多差异,《物权法》采取民商合一的立法表达是否精准,尚待考量。有鉴于此,本文将围绕《物权法》第231条,解释商事留置权在主体、客体和内容等法律构造方面的特殊情况,③以回应理论和实践中所遭遇的各种难题。

一、商事留置权的主体类型

在比较法上,商事留置权通常仅在"商人"之间存在,如《德国商法典》第369

---

* 作者单位:华东政法大学经济法学院。

本文系上海市第三期重点学科——经济法学(S30902)的建设成果。

① 梁慧星、陈华彬著:《物权法》,法律出版社2007年版,第370页。

② 我国商事留置权的规范体系,主要包括《担保法》第84条,《海商法》第25条、第87条、第142条、第161条,《信托法》第57条,《物权法》第231条以及《合同法》第286条、第315条、第380条、第422条,其中《物权法》第231条是一般性条款。在我国留置权是法定担保物权,这与国外的债权性留置权或无优先受偿权的留置权有所不同。

③ 有必要说明的是,广义的法律解释涵盖文义解释、比较法解释、法意解释、体系解释、当然解释、限缩解释、目的解释和目的性限缩等方法。虽然文中的不少观点是参酌多种解释方法的结果,并且各种解释方法之间不存在位阶或顺位之分,但为突出主题,下文只将涉及的最主要的解释方法列入其中。

条第1款、[1]《瑞士民法典》第895条第2款、[2]《日本商法典》第521条，[3]以及我国台湾地区“民法”第929条均属此列。而商人一般是指以营利为目的，持续地从事营业的组织或个人。将商事留置权的主体界定为“商人”，有利于促使商事交易关系中的债务人及时履行其债务，维护债权人的经济利益。尽管在我国物权立法过程中，有人提出对商事留置权的主体采用“经营者”一词，[4]但法律文本最终将商事留置权的主体限定为“企业”。由此值得思考的是，我国限制商事留置权主体的独特做法是否妥当？在我国现行法律体系之下，企业的类型有个人独资企业、合伙企业、中外合资经营企业、中外合作经营企业、外商独资企业、国有企业（即全民所有制工业企业）、集体企业（包括城镇集体所有制企业和乡村集体所有制企业）。另外，根据我国《农民专业合作社法》第2条和第4条，农民专业合作社在性质上是一种企业法人，它也具有企业性质。无疑，我国上述诸种企业均属商人之列。但关键的问题是，企业不能涵盖所有的商人类型，排除企业以外的商人享有商事留置权，诚非所宜。

（一）农村承包经营户与法意解释

我国一般将农村承包经营户界定为民法上的自然人，1986年通过的《民法通则》的立法安排也是契合这种共识的。但共识的存在，并不意味着这就是唯一的、正确的认识。有学者认为，《民法通则》中的“两户”应解释为家庭合伙。[5]还有学者将农村承包经营户归为商个人。[6] 与《民法通则》不同的是，1993年通过并于2002年修改的《农业法》，以及2002年通过的《农村土地承包法》，在立法领域使用了“农民”这一俗称。在人们的传统观念中，由于我国城乡二元体制的客观存在，“农村承包经营户”即为带有符号学意蕴或身份印记的“农民”。虽然现代的商事主体与传统商法中的商人有所不同，但“农民”与“商人”之间的差异远非一步之遥所能比拟，能否将农村承包经营户界定为商人，这有待进一步的论证。

《民法通则》第27条允许农村承包经营户从事的是“商业经营”，这并不准确。其实，农村承包经营户主要从事“农业生产经营”，即其可以从事农产品收

---

① 《德国商法典》，杜景林、卢谌译，中国政法大学出版社2000年版，第174页。另外，本文所涉法典条文，均源自同一版本，为行文简便，只注释一次。

② 《瑞士民法典》，殷生根、王燕译，中国政法大学出版社1999年版，第249页。

③ 《日本商法典》，王书江、殷正平译，中国法制出版社2000年版，第156页。

④ 全国人大法工委民法室编著：《物权法立法背景与观点全集》，法律出版社2007年版，第184页。

⑤ 徐国栋著：《民法总论》，高等教育出版社2007年版，第293页。

⑥ 苗延波著：《中国商法体系研究》，法律出版社2007年版，第308页。

购、批发、贮藏、运输、零售和中介活动，也可以从事跨地区、跨行业的农产品生产、加工、销售联合经营活动。此外，农村承包经营户可以成立个人独资企业、合伙企业、乡村集体所有制企业或者农民专业合作社，但其与企业之间的法律人格存在相对的独立性。从农村承包经营户广阔的经营范围和多元的组织形式来看，将农村承包经营户一概排除在商人之外，并无正当之理由。不过，将农村承包经营户，即使是未采取企业形式者，一律认定为商人，也不科学。因为我国绝大多数农民是"靠天吃饭"，农业收益严重依赖自然条件，生产技术落后，经营方式陈旧，并且其主要是为了解决生计问题而劳作，不符合商人的营利性及营业性的应有之义。[①] 这也似乎提醒我们，认定农村承包经营户为商人，还需适当引入数量标准。

我国《物权法》第181条规定动产浮动抵押的主体之一是"农业生产经营者"，而在立法过程中，"农业生产经营者"这一用语曾经是"农村承包经营户"和"农户"。[②] 依据法意解释（又称立法解释、历史解释）的方法，"农村承包经营户"可为浮动抵押权人，且其语义属于"农业生产经营者"范畴之内。由于浮动抵押可以设定于将来的动产之上，而商事留置权只能以现有的动产设定，所以前者的权利实现风险更大。既然法律允许农业生产经营者享有浮动抵押权，根据"举重以明轻"的当然解释方法，应该承认农业生产经营者享有商事留置权，否则《物权法》第231条与第181条将无法维系轻重关系之均衡。

接下来的问题是，如何具体认定农业生产经营者？依《第二次全国农业普查方案》，农村和城镇农业生产经营者、农业生产经营单位统称为农业生产经营者，是指在农业用地和单独的设施中经营农作物种植业、林业、畜牧业、渔业以及农林牧渔服务业，并达到以下标准之一的单位和个人：(1)年末经营耕地、园地、养殖水面面积在0.1亩及以上。(2)年末经营林地、牧草地面积在1亩以上。(3)年末饲养牛、马、猪、羊等大中型牲畜1头及以上。(4)年末饲养兔等小动物以及家禽共计20只及以上。(5)2006年全年出售和自产自用的农产品收入超过500元以上。(6)对本户或本单位以外提供农林牧渔服务的经营性收入在500元以上，或者行政事业性农林牧渔服务业单位的服务事业费支出在500元以上。虽然上述标准专为第二次全国农业普查而设置，但最高人民法院的法官

① 王保树著：《商法总论》，清华大学出版社2007年版，第232～233页。

② 全国人大法工委民法室编著：《物权法立法背景与观点全集》，法律出版社2007年版，第27页、第39页。

认为可以参照适用,作为界定《物权法》上农业生产经营者的标准。[①] 不过,从实际情况来看,上述标准明显偏低,会导致“农民普遍商化”的过度泛化局面,从法律规制的角度而言并无实益,故应适时提升认定农村承包经营户的数量标准或规模标准。同时,在法律技术上,我国不妨借鉴国外的自由登记商人制度作如下要求:如果农村承包经营户需要以商人的方式来开展经营活动,其可以选择是否进行注册登记,从而成为自由登记商人,其中登记者才享有商事留置权。[②]

(二)个体工商户与体系解释

个体工商户不一定采取企业的经济实体形式,由个人或者家庭进行经营,可以有1~2个帮手或3~5个学徒,但必须登记并持有营业执照。同时,依《城乡个体工商户管理条例》第3条、7条、26条规定,个体工商户可以经营工业、手工业、建筑业、交通运输业、商业、饮食业、服务业、修理业及其他行业,甚至可以经营营利性的文化教育、体育娱乐、信息传播、科技交流、咨询服务以及各种技术培训等项业务,但经营旅店业、刻字业、信托寄卖业和印刷业,应当经所在地公安机关审查同意。因此,个体工商户的经营范围相当广泛,其他类型的商人可能介入的非农业性的生产经营领域,都可能会出现个体工商户灵活的身影,法律没有必要厚此薄彼而将个体工商户排除在商人之外。事实上,作为商个人的个体工商户,与企业法人或合伙企业相比,其经济实力一般较为薄弱,更需要商事留置权之保护。

个体工商户也可以申请开办私营企业,成立独资企业、[③]合伙企业或有限责任公司(《私营企业暂行条例》第6条、第11条)。而私营企业作为“雇工8人以上的营利性的经济组织”,雇工人数竟成为区分私营企业与非企业形式的个体工商户的唯一标准,显然,无论是基于企业经营规模的考虑还是基于企业剩余劳动占有量的考虑,该标准都过于简单、机械。虽然个体工商户与个人独资企业或私营企业是交叉关系,但这是人为割裂的结果,“取消个体工商户和独资企业的

① 最高人民法院物权法研究小组编著:《〈中华人民共和国物权法〉条文理解与适用》,人民法院出版社2007年版,第544~546页。

② 《俄罗斯联邦民法典》第23条第2款规定:“不组成法人而从事经营活动的农场(畜牧场)主,自农场(畜牧场)进行国家注册之时起被认为是经营者。”参见《俄罗斯联邦民法典》,黄道秀译,北京大学出版社2007年版,第42页。

③ 《上海市工商行政管理局关于个人独资企业登记管理的实施意见》(沪工商注〔2005〕11号)第9条规定:“个体工商户利用原注册的经营场地作为企业住所申办个人独资企业的,应先对原个体工商户作注销登记,再作个人独资企业开业登记。个体工商户利用原注册经营场地以外的场地申办个人独资企业的,原个体工商户可保留,凭《个体工商户营业执照》及其他有关材料作个人独资企业开业登记。”这表明个体工商户与个人独资企业并无本质上的不同。

划分，使所谓的个体工商户回复其独资企业的性质并由统一的独资企业法一并调整，已是目前企业改革和企业立法的大势所趋”。① 在个体工商户这个法律概念及相关法律现象尚未消失之前，允许个人独资企业或私营企业成为商事留置权主体，则也应承认个体工商户的商事留置权主体资格。

如前所述，我国《物权法》第181条允许个体工商户享有浮动抵押权，根据“举重以明轻”的当然解释，个体工商户也可依《物权法》第231条享有商事留置权，否则将与该法第181条失衡。同时，《深圳经济特区商事条例》第63条规定：“本条例关于字号、经理、商事登记的公告和商业账簿的规定不适用于个体工商户。”依体系解释，除此之外的其他规定仍然适用于个体工商户，故个体工商户可以享有该条例第62条所确立的商事留置权。所以，综观全国性适用的《城乡个体工商户管理条例》、《私营企业暂行条例》、《物权法》以及地方性适用的《上海市工商行政管理局关于个人独资企业登记管理的实施意见》、《深圳经济特区商事条例》相关法条在法律体系上的关联性，承认个体工商户享有商事留置权，不违反其规范意旨。

由上可知，《物权法》第231条所指商事留置权的主体范围过于狭窄，应将其扩及一切的商人，包括个体工商户、达到一定规模或经登记的农村承包经营户，而不限于企业。关于商事留置权主体，立法上“商人”、“经营者”抑或“企业”的语词选择，重点不在于宏大的理论叙事潮流中，商人比企业更具有中国社会结构认识论上的宪政意义，②而在于具体的实践操作层面上，在适当的范围内实事求是地承认更多的主体类型享有商事留置权，更具有实用价值和现实意义。

二、商事留置权的客体范围

商事留置权的客体，即商事留置权的标的物、商事留置物。依《德国商法典》第369条第1款，商事留置权的客体是动产和有价证券；依《日本商法典》第521条和《韩国商法》第58条，③商事留置权的客体是物或有价证券；依《瑞士民法典》第895条第1款，商事留置权的客体是财产或有价证券。故以动产为商事

① 赵旭东著：《企业与公司法纵论》，法律出版社2003年版，第357～358页。

② 蒋大兴：“商人，抑或企业？——制定〈商法通则〉的前提性疑问”，载《清华法学》2008年第4期。

③ 《韩国商法》，吴日焕译，中国政法大学出版社1999年版，第14页。另外，《韩国民法典》第320条第1款规定的留置权客体亦为物或有价证券，参见《韩国民法典》，金玉珍译，载易继明主编：《私法》（第3辑第2卷），北京大学出版社2004年版，第167页。

留置权的客体,是各国立法的共性,我国《物权法》第231条亦同,[①]但理解中尚存疑义,有待澄清。

(一)有价证券与当然解释

上述国外立法例明定有价证券为商事留置权客体,但我国《物权法》第231条和我国台湾地区"民法"第928条只涉及了"动产",对"有价证券"未有明文规定。[②] 从动产与不动产的二元区分来看,动产是在一定空间中进行物理移动,而无损于其用途和价值的财产。有价证券代表一定的金钱债权,并且可以任意移动,不致损害其用途或价值,它无疑应属动产范畴。我国台湾地区"民法物权编修正案"(2007年3月5日)关于第928条的立法理由指出,该条"所称'动产',解释上当然包括有价证券在内,不待明文"。

但有学者认为,留置证券与债权很难成立牵连关系,也可能不符合比例原则,构成留置权的滥用,并且债权人此时只能通过民事自助制度获得救济,故对证券不得适用留置。[③] 暂且不说有的国家对商事留置权没有课以牵连关系和比例原则之限制,在权利证券化相当普遍、使用票据进行支付或融资日益频繁的现代社会,对成立牵连关系且符合比例原则的证券留置行为,一律否认其正当性,将极大程度地限制商事留置权的适用范围。而自助行为只是暂时保全债权,不能产生某种担保物权以使自助行为人的债权获得优先受偿,[④]商事留置权的本质属性即为法定担保物权,非自助行为所能替代,二者并行不悖。上述完全禁止留置有价证券的观点难以成立。

另有不少学者在明确承认有价证券是商事留置权的客体之时,旋即改变立场,又一致否定记名有价证券能被留置。此种部分禁止留置有价证券的观点的理由在于:首先,仅无记名证券、指示证券与物具有同等地位,而记名证券适用规制权利的条款,故存折、抵押证书或土地债权证书(但无记名土地债权证书除外),不能成为商事留置权的客体。[⑤] 其次,得为留置权标的物的有价证券,仍以

---

① 在我国理论上有人认为《合同法》第286条规定的是不动产留置权,但通常认为不动产不是留置权的客体。

② 《深圳经济特区商事条例》第62条规定"货物或有价证券"为代理商商事留置权的客体,此应值赞同。

③ Philippe Simler et Philippe Delebeque, *Droit civil*, *Les sûretés*, *La publicité foncière*, *Dalloz*, 2000, p. 440;王利明著:《物权法研究》(下卷),中国人民大学出版社2007年版,第649页。

④ [德]迪特尔·梅迪库斯著:《德国民法总论》,邵建东译,法律出版社2000年版,第133页。

⑤ 但德国也有学者认为,记名有价证券能被留置。参见[德]C. W. 卡纳里斯著:《德国商法》,杨继译,法律出版社2006年版,第666~667页。

无记名有价证券为限，盖记名有价证券的转让，需以背书为之。[①] 再次，以记名证券为留置物仅能发挥留置作用，债权人实际上难以行使优先受偿权。最后，将记名证券作为商事留置权的标的物，容易引起纷争，因为债务人可能通过其他的方式恶意行使该记名证券上的权利。[②] 对于上述理由，笔者不敢苟同。

其一，无论记名有价证券，抑或无记名有价证券，均属动产范畴。一方面声称有价证券可以被留置，另一方面又否定记名有价证券能被留置，有违整体与部分之间的基本逻辑关系。不过，有价证券毕竟只是一种彰显财产权利的凭证，而不同于财产本身，它是特殊的动产，所以在法律适用上，除了一般性地适用民法中的动产所有权制度，还需要适用《证券法》或《票据法》中关于权利设定、变更和转让的特别法规则。[③]

其二，如前所述，我国台湾地区"民法物权编修正案"将包括记名证券在内的有价证券整体地解释为商事留置权的客体。而我国台湾地区"票据法"第30条规定："汇票依背书及交付而转让。无记名汇票得仅依交付转让之。"本票和支票准用此条规定。从该条文出发，证券能否被留置与证券应否背书转让，这完全是两个不同的问题，不可混为一谈。[④] 留置权的主要作用在于留置标的物，以迫使债务人清偿债务；就留置物的交换价值"直接"受偿，仅为其次要作用，所以留置记名证券也足以发挥留置的威慑功效，"间接"达到债务清偿的目的。此外，留置权属于法定担保物权，权利人一般没有在事前为成立留置权而选择留置物的可能性，所以物权法上一般不要求留置物必须具有可让与性，[⑤]即使留置的是记名证券，也不违反商事留置权的客体要求。[⑥] 正是在这个意义上，史尚宽先生认为，"无记名证券及处分证券（提单、仓单、载货证券）以外的有价证券，其证券的材料之纸片，为一个物，得成立留置权"，只不过这种"纸片留置权"仅能发挥留置的权能而已，权利人就"纸片"本身无法优先受偿。[⑦]

---

① 谢在全著：《民法物权论》（下册），台湾三民书局股份有限公司2004年版，第403页。

② 李赛敏："论商事留置权——兼评《物权法》第231条"，载王保树主编：《商事法论集》（第14卷），法律出版社2008年版，第209~210页。

③ 刘心稳著：《票据法》，中国政法大学出版社2007年版，第23页。

④ 赖源河主编：《商事法争议问题研究》，台湾五南图书出版有限公司2000年版，第200~204页。

⑤ 《瑞士民法典》第896条第1款规定："对性质上不能变卖的物，不得行使留置权。"其他国家没有类似的禁止性规定。不过，无论如何，在认同留置物无须具有可让与性这一通说的同时，又提出作为留置物的有价证券必须能够背书转让，从而否定记名有价证券得为留置权的客体，这种解释逻辑无疑是自相矛盾的。

⑥ 谢在全著：《民法物权论》（下册），台湾三民书局股份有限公司2004年版，第393~394页。

⑦ 史尚宽著：《物权法论》，中国政法大学出版社2000年版，第495页。

其三,我国要求以背书转让票据,但《票据法》第31条、《支付结算办法》第33条和《最高人民法院关于审理票据纠纷案件若干问题的规定》第49条都认可以背书以外的方式转让票据,非经背书转让票据而持票人确为合法持票人的,应由持票人提供有效证据来证明其票据权利。背书不连续仅使票据不具有权利证明效力,对此需要其他证据来补证,但权利转移效力仍可发生。对合法持票人而言,不连续背书的后果仅限于影响持票人在形式上的合法资格,但不会影响其实质上的票据权利。[①] 所以,在留置记名有价证券的场合,如果留置权人能证明其拥有实体权利,则可以无障碍地享有优先受偿权,只是相较于留置无记名有价证券而言,多了一个证明的环节而已。事实上,承认对记名有价证券的商事留置权,是源于商事交易的现实需求。因为通过不背书而转让票据的现象,在市场交易领域屡见不鲜;要求票据一概必须背书转让,这过于形式化,反而会戕害实质正义并影响交易安全。

其四,任何法律权利的行使,都容易引起纠纷,但不能因噎废食不承认该项权利。况且证券是相关权利的凭证,较之于无记名证券,记名证券对权利人予以特定化的功能更强,债权人仅留置了记名证券的纸片而债务人早已通过其他方式行使了该证券上的权利,这纯属理论上的想象,恐无现实基础。总之,动产当然包括有价证券,有价证券当然包括记名有价证券,它们都是商事留置权的客体。

(二)留置物和被担保债权之间的牵连性与限缩解释

民事留置权和商事留置权均为担保债权的实现而设,但民事留置权基于公平原则,强调留置物和被担保债权的个别关联性,它们之间需要具有直接的牵连关系,如《德国民法典》第273条第1款要求二者处于同一法律关系,[②]《日本民法典》第295条限制留置物只能担保该物之上所生的债权。[③] 商事留置权基于商事交易快捷和安全之要求,仅强调留置物和被担保债权的一般关联性,它们之间具有间接的牵连关系即可。[④] 这一点为大陆法系的立法所公认。譬如,《德国商法典》第369条第1款只要求留置物是以债务人的意思依商行为已归于债权人占有,《日本商法典》第521条、《瑞士民法典》第895条以及《韩国商法》第58条的规定也大致相同。概言之,商事留置旨在保全根据双方商行为产生的债权,因此留置物和被担保债权的牵连性本质上体现为商人之间"商行为"的牵连关

---

① 吕来明主编:《票据法前沿问题案例研究》,中国经济出版社2001年版,第258~259页。

② 《德国民法典》,陈卫佐译,法律出版社2006年版,第91页。

③ 《最新日本民法》,渠涛编译,法律出版社2006年版,第63页。

④ 王保树著:《商法总论》,清华大学出版社2007年版,第251页。

系,商行为概念是认定留置物和被担保债权的牵连性的重要标准。

我国最高人民法院《关于适用〈中华人民共和国担保法〉若干问题的解释》(以下简称《担保法解释》)第109条曾要求"债权人对动产的占有与其债权的发生有牵连关系",而未区分商事留置权和民事留置权作不同的规定。但是,反观《物权法》第231条,由于采用但书的立法技术,致使商事留置物免受"应该与债权属于同一法律关系"之限制。① 在实然法层面,我国现行法改而采取了无因性的立场,即不要求商事留置物和被担保债权具有任何关系。由此产生的问题是,在应然法层面,舍牵连性而取无因性,这是否合适?

有学者认为,商事留置权不受"同一法律关系"限制的意义在于:扩大留置权的适用范围,从而有助于保障企业之间债权的实现;促进资金的快速流转,有利于债务的及时清结,因为企业之间的相互交易非常频繁且常常维持相当长的一段时间,债权人其实难以逐一证明留置物与债权之间的法律关系;②加强商业交易中的信用,确保交易的安全。③ 但与此同时引发出来的问题是:首先,由于留置权人对留置物享有优先受偿权,过分扩大留置权适用范围的直接后果,其实是以牺牲普通债权人的利益来优先保障留置权人的债权,这有违债权平等的基本要求。其次,逐一证明法律关系,确实在操作上较为困难,而且徒增当事人的经营成本。尤其是在采取交互计算(或称"往来账")的情况下,商人之间原有的债权债务的独立性丧失了,其中差额之承认,是一种抽象的(无因的)债权契约。④ 这种解释固然着眼于商人间的继续交易,⑤但问题在于,难道个别交易中的商事留置权就不应肯定吗?显然,各国立法和法学理论都认可个别交易中的商事留置权,此时的法律关系是不难证明的。所以,简单、个别的交易关系中不宜采取无因性的立场。最后,一旦取消商事留置权中法律关系的限制,将加剧债权人对留置物的资源争夺;而扩大留置权的适用范围,由于《物权法》第239条规定留置权优先于抵押权或质权,这将增加留置物上形成权利冲突的可能性。

① 理论上认为,"同一法律关系"与"牵连关系"相比范围较窄,前者必须是留置物与产生的债权完全属于同一个法律关系,而后者只需要具有一定的牵连性即可。另外,"牵连关系"的概念比较模糊,法官难以确定裁判的标准,以"同一法律关系"取代"牵连关系"有助于司法的统一和法的安定性。参见王利明著:《物权法研究》(下卷),中国人民大学出版社2007年版,第655~656页;王胜明主编:《中华人民共和国物权法解读》,中国法制出版社2007年版,第497页。

② 王利明著:《物权法研究》(下卷),中国人民大学出版社2007年版,第674页;刘智慧主编:《中国物权法释解与应用》,人民法院出版社2007年版,第666页。

③ 胡康生主编:《中华人民共和国物权法释义》,法律出版社2007年版,第499页。

④ 张谷:"商法,这只寄居蟹——兼论商法的独立性及其特点",载高鸿钧主编:《清华法治论衡》(第6辑),清华大学出版社2005年版,第47页。

⑤ [日]近江幸治著:《担保物权法》,祝娅等译,法律出版社2000年版,第19页。

可见,商事留置的无因性在维护当事人“此笔”交易的安全之际,却破坏了债务人与其他债权人之间“他笔”交易的安全。①

如此看来,我国对于商事留置权中留置物和被担保债权的牵连性一无所求,反而不利于当事人之间的利益平衡,②故应要求留置物和被担保债权之间具有微弱的、最低限度的牵连性,就无因性立场作必要限制。对此,有法官赞同上述各国的通行做法,采取“商行为”的认定标准,认为商事留置权只存在于商事主体从事双方商事行为的场合。③ 但多数学者认为,商事留置必须是基于营业关系而占有他人动产,留置物和被担保债权的牵连性体现为“营业关系”。④ 其实,我国多数学者的观点源于我国台湾地区“民法”第 929 条:“商人间因营业关系而占有之动产,与其因营业关系所生之债权,视为有牵连关系。”虽然营业关系本身也是从商行为的角度来认定的,⑤营业行为即商行为,上述两种观点没有本质差异,但我国由于采取民商合一的立法体制,商法的规范配置严重不足,致使商人和商行为概念及其规范体系尚付阙如。在现阶段采用商行为标准来确定留置物和被担保债权的牵连性,对于法官而言,这实际上未提供任何可资操作的裁判标准,会导致司法的任意;对于当事人而言则无法可依,容易引发纠纷,不利于交易安全和商业诚信。不过,我国长期以来惯于采用“营业”的立法表达,如“营业执照”;《企业破产法》中 14 次使用“营业”的概念;我国《营业税暂行条例》第 1 条、第 6 条还率先对营业的内涵及营业范围作了规定,并通过《营业税暂行条例实施细则》第 2 条、第 3 条、第 4 条对应税营业进行了补充解释。故我国现行法律体系中不乏规制营业的规定,⑥可以参照适用,进而有效认定“营业关系”。

上述分析表明,由法律明确规定商行为的概念及其具体类型,据此认定商事留置权中留置物和被担保债权的牵连性,这是最为理想的方案。但从我国立法及司法现状出发,以营业关系限制留置物和被担保债权之间的无因性,不失为一种切实可行的方案。

---

① 董学立:“形在而神移——论〈物权法〉担保物权编的新发展”,载梁慧星主编:《民商法论丛》(第 41 卷),法律出版社 2008 年版,第 176 页。

② 刘保玉:“留置权成立要件规定中的三个争议问题解析”,载《法学》2009 年第 5 期。

③ 最高人民法院物权法研究小组编著:《〈中华人民共和国物权法〉条文理解与适用》,人民法院出版社 2007 年版,第 678 页。

④ 梁慧星主编:《中国民法典草案建议稿附理由 · 物权编》,法律出版社 2004 年版,第 402 ~ 403 页;王利明著:《物权法研究》(下卷),中国人民大学出版社 2007 年版,第 675 页;李赛敏著:“论商事留置权——兼评《物权法》第 231 条”,载王保树主编:《商事法论集》(第 14 卷),法律出版社 2008 年版,第 222 页;孟强:“论我国《物权法》上的商事留置权”,载《政治与法律》2008 年第 10 期。

⑤ 刘智慧主编:《中国物权法解释与应用》,人民法院出版社 2007 年版,第 668 页。

⑥ 朱慈蕴:“营业规制在商法中的地位”,载《清华法学》2008 年第 4 期。

三、商事留置权的内容限度

(一)商事留置权的不可分性与目的性限缩

商事留置权作为一种担保物权,应具有担保物权的代位性、不可分性等共性,所以,无论留置物的分割、部分灭失或毁损,抑或债权的分割、转让或部分清偿,对商事留置权的行使都不发生影响。换言之,商事留置权的不可分性,与留置物是否可分及其所担保债权价值的高低无关,只要债权尚未获得完全清偿,商事留置权人就可以对全部留置物行使权利。比较《日本民法典》第 296 条的规定:"留置权人,在其债权得到全部清偿以前,可以就留置物的全部行使其权利。"由于《日本商法典》对此没有不同规定,故商事留置权一般适用、补充适用民法上的留置权不可分性原则。在韩国,商事留置权也是一般适用、补充适用《韩国民法典》第 321 条的不可分性原则。

我国《担保法》第 85 条规定"留置的财产为可分物的,留置物的价值应当相当于债务的金额",从而确立了留置物与债务的比例原则。虽然《担保法解释》第 110 条作了补充性解释,对不可分的留置物,允许"留置权人可以就其留置物的全部行使留置权",但由于此时留置物事实上不可分,所以没有从根本上缓和比例原则,只是对现实的屈从与认可。《物权法》第 233 条则基本上照搬了《担保法》第 85 条的规定,再次重申了比例原则,而放弃实行不可分性原则。

在承认留置权的不可分性理论的同时,又对留置权的比例原则进行普法式的宣传,这显然自相矛盾。① 有的学者则化解留置权的不可分性与比例原则之间的矛盾,②认为留置权的不可分性,相对于抵押权、质权而言,效力较弱,主要表现在留置物为可分物时,实行比例原则;留置物为不可分物时,依反面解释,实行不可分性原则。如前所述,这种"不可分性"其实源于留置物而非留置权。或者说是留置物的不可分性决定了留置权的不可分性,这与留置权原本意义上的、无条件的不可分性相去甚远。但前述我国规定的比例原则,仍是受到了学者高度的评价,认为这有利于债权人和债务人之间的利益平衡,防止出现债务和留置物的价值畸轻畸重的情况,同时也有利于促进物尽其用。③ 于立法目的上,实行

① 最高人民法院物权法研究小组编著:《〈中华人民共和国物权法〉条文理解与适用》,人民法院出版社 2007 年版,第 676 页、第 680 页。

② 高圣平著:《物权法担保物权编》,中国人民大学出版社 2007 年版,第 420 页。

③ 王利明著:《物权法研究》(下卷),中国人民大学出版社 2007 年版,第 663 页。

比例原则旨在贯彻公平原则,兼顾债务人或第三人(留置物所有人、普通债权人或其他担保物权人)的权益,避免因过度的担保反失公允。如果说对民事留置权实行比例原则有一定的道理,①那么对商事留置权也实行比例原则,恐为不妥,主要理由如下。

其一,民法首重公平原则,而商法更重效益、便捷,返还超额留置物将不胜其烦,增加了返还的手续及其费用成本,会影响交易的效益与便捷。因为民事交易多为个别交易,而商事交易具有持续性,多为继续交易,商人之间债权债务的发生绵延不绝,尤其是采取交互计算的商人之间,其债权债务日新月异,每时每刻要求留置物价值与债务金额相当,既无必要,也不可行。

其二,作为理性的经济人,商人是自身利益的最佳判断者,纵使是个别的商事交易,对价也一般相当,所以留置物价值过分高于债务金额的情形较少。即便是超额留置,债务人也并非无计可施,依我国《物权法》第237条,他可以请求留置权人及时行使留置权,以免遭受经济利益损失。

其三,如何准确判断留置物价值是否"相当于"债务金额,这在实践操作中有一定的难度。因为留置物的市场价值虽然相对客观,但其本身也是变动不居的;若对留置物进行主观估价,更容易引起当事人的争端。可见,依据目的性限缩的法律解释方法,比例原则只限适用于民事留置权,而商事留置权的行使应贯彻不可分性原则。

(二)商事留置权的紧急行使与目的解释

一般而言,债权已届清偿期,始成立留置权。债权未届清偿期的,债务人能否履行义务不得而知,若此时承认债权人有留置权,无异于认可占有动产的债权人可以迟延履行其返还义务,并且可以强制债务人提前履行债务,这不可取。但是,不应以债权已届清偿期作为留置权成立的绝对条件。对于债务人受破产宣告时没有到期的债权,视为债权已届清偿期,可以成立留置权。在破产程序之外,债务人无支付能力的,"若仅仅因为债权未届期而否认债权人可以对其占有的债务人的财产行使留置权,不仅有悖于留置权担保债权受偿的立法宗旨,而且使债权人承担已经不能受完全清偿的确定风险,显失公平"。② 此时所成立的留置权,在学说上称为"紧急留置权",而"所谓无支付能力者,系依债务人之财产状况,包括其信用能力,已达不能清偿债务之情形而言,如仅一时之周转困难者,

① 谢在全著:《民法物权论》(下册),台湾三民书局股份有限公司2004年版,第426~427页。

② 梁慧星主编:《中国民法典草案建议稿附理由·物权编》,法律出版社2004年版,第410页。

尚不包括在内”。[1] 立法上承认紧急留置权的，有《英国货物买卖法》第41条、我国台湾地区“民法”第931条、《瑞士民法典》第897条以及《德国商法典》第370条。[2] 我国《民法通则》和《担保法》未规定紧急留置权，但《担保法解释》第112条首次引进了该项权利。

遗憾的是，目前在我国紧急留置权仅停留于司法解释的层面上，《物权法》中尚无明文规定。对此，学者形成了两种不同的观点。一种观点认为，作为原则的例外，如债务人无支付能力，即便债权未届清偿期，债权人也可享有紧急留置权，否则对于债权人的保护有失周到。[3] 另一种观点认为，《物权法》没有对此加以规定，有其合理性，理由有二：一是对于紧急留置权中的无支付能力问题，债权人难以作出准确的判断；二是我国《合同法》规定的不安抗辩权和预期违约制度等救济手段，足以保护债权人的债权在未来得到清偿。[4]

其实，“无支付能力”难以认定，并不等于我们就有充分的理由放弃该项证明责任，进而取消紧急留置权。即使适用不安抗辩权或预期违约制度，也要依我国《合同法》第68条证明债务人丧失或者可能丧失履行债务能力，或者是依《合同法》第108条证明债务人已明确表示或者以其行为表明不履行债务，此时债权人仍然无法免除对方无支付能力的证明责任。此外，留置权具有优先受偿的效力，而不安抗辩权和预期违约制度无此效力，[5]后二者根本不足以周全保护债权人的债权。更重要的是，无支付能力问题，主要发生于商人之间的商事经营活动之中，所以紧急留置权多表现为商事留置权，而非民事留置权。基于确保债权人利益，更好地维护商事交易安全之目的，我国应肯定《担保法解释》第112条但书所体现出来的司法经验和智慧，并在立法的层面上承认商事留置权可以紧急行使。

四、结　　论

从立法技术方面来观察，我们难以对采取民商合一立法形式的商事留置权欢呼鼓舞，它被笼罩、掩盖在民事留置权的巨大光辉之下，致使其自身的独特价

---

① 谢在全著：《民法物权论》（下册），台湾三民书局股份有限公司2004年版，第400页。

② 蒋新苗等著：《留置权制度比较研究》，知识产权出版社2007年版，第86页。

③ 梁慧星、陈华彬著：《物权法》，法律出版社2007年版，第375页。

④ 王利明著：《物权法研究》（下卷），中国人民大学出版社2007年版，第657页。

⑤ 李赛敏：“论商事留置权——兼评《物权法》第231条”，载王保树主编：《商事法论集》（第14卷），法律出版社2008年版，第218页。

值难以彰显,规范体系也极不周全。如果说我国《物权法》第231条未要求商事留置物和被担保债权之间存在牵连性,这是"商法化过度"的表现,那么,该法限制了商事留置权的主体,未明确有价证券得否为商事留置权的客体,也未规定商事留置权的不可分性和紧急行使,则均为"商法化不足"的表现。为此,依法意解释、当然解释以及体系解释,商事留置权的主体可以是个体工商户、农村承包经营户;依当然解释,记名和不记名有价证券均为商事留置权的客体;依限缩解释,商事留置物和被担保债权须具有营业关系的牵连性;依目的性限缩,应贯彻商事留置权的不可分性原则;依目的解释,商事留置权可以紧急行使。[①] 我国商事留置权的主体、客体和内容都有赖于辗转复杂的解释论作业,才能予以理解和适用,可见我国尚未构造出规则明晰、法理顺畅、功能健全的商事留置权制度。产生此种窘境的根源在于,立法者对于商事留置权与民事留置权在立法理念、价值目标上的差别未有妥当的区隔,致使相应的制度定位不准确,而实际上,对此二者采取民商分立的立法表达既有必要也可行。[②] 透过商事留置权这扇窗口可以发现,无原则地实行民商合一是有害的,容易导致以民法规范代替商法规范,以民法思维代替商法思维。我们应站在相对独立的商法原理层面,扬弃物权法条文的字面含义,综合运用多种法律解释方法,合理阐释商事留置权的基本构造,以满足丰富多彩的商事实践之需求。

(2010年第2期)

---

① 法意解释与目的解释,均旨在阐明规范意旨,但前者是从历史沿革出发探求个别规定之法意,后者则着眼于整体的法律目的进行阐释。限缩解释,系因法律文义过于广泛,消极地将文义局限于其核心部分,以期正确适用法律;而目的性限缩,系将法律文义所涵盖的不合规范意旨的部分积极地予以剔除,使之不在法律适用范围之列。参见杨仁寿著:《法学方法论》,中国政法大学出版社1999年版,第128页、第152页。

② 现代的"民商分立",不是传统形式意义上的民法典与商法典分立,而是指通过任何形式得以区分民法与商法即可。据此,为商事留置权设置但书,这也是民商分立的一种表现,或者说是实质意义上的民商分立。不过,作为商事留置权基石的商人概念、商行为概念及其规范体系,却是无法借助但书的立法技术予以充分表达的,我国于此尚任重道远。

《信息网络传播权保护条例》中“避风港”规则的效力

王　迁*

我国2006年颁布的《信息网络传播权保护条例》（以下简称《条例》）借鉴了美国1998年《千禧年数字版权法》（以下简称DMCA）的立法模式，为四类网络服务的提供者规定了免于承担赔偿责任的情形，又称“避风港”规则。① 这四类“避风港”规则主要是以“免责条件”的形式出现的，即规定在符合法定条件的情况下，网络服务提供者不承担赔偿责任。② 但我国以往的民事立法采用的形式却是规定归责要件。如《民法通则》第六章第三节“侵权的民事责任”的各条款基本上都采用了“实施了某行为，应承担某责任”的结构，③即使有“免责”的情形，也是作为上述规定的但书出现。④ 即先规定何种行为构成侵权，应承担责任，再说明何种例外情形下不承担责任。

正是由于以“免责条件”形式出现的“避风港”规则对我国而言相对陌生，对其效力也出现了诸多误解。具有代表性的观点是：既然“免责”免除的是侵权责

---

* 作者单位：华东政法大学知识产权学院。

① 《条例》第20～23条规定了四类网络服务的提供者免于承担赔偿责任的情形。以使用最多、争议最大的第三、四类“避风港”规则为例。《条例》第22条规定：“网络服务提供者为服务对象提供信息存储空间，供服务对象通过信息网络向公众提供作品、表演、录音录像制品，并具备下列条件的，不承担赔偿责任：（一）明确标示该信息存储空间是为服务对象所提供，并公开网络服务提供者的名称、联系人、网络地址；（二）未改变服务对象所提供的作品、表演、录音录像制品；（三）不知道也没有合理的理由应当知道服务对象提供的作品、表演、录音录像制品侵权；（四）未从服务对象提供作品、表演、录音录像制品中直接获得经济利益；（五）在接到权利人的通知书后，根据本条例规定删除权利人认为侵权的作品、表演、录音录像制品。”《条例》第23条规定：“网络服务提供者为服务对象提供搜索或者链接服务，在接到权利人的通知书后，根据本条例规定断开与侵权的作品、表演、录音录像制品的链接的，不承担赔偿责任；但是，明知或者应知所链接的作品、表演、录音录像制品侵权的，应当承担共同侵权责任。”

② 《条例》对前三类网络服务提供者完全以“免责条件”的形式规定“避风港”规则，但对第四类网络服务提供者同时规定了“免责条件”与“但书”（即“归责条件”）。下文将对此进行说明。

③ 再如我国《著作权法》第46条、第47条规定：“有下列侵权行为的，应当根据情况，承担停止侵害、消除影响、赔礼道歉、赔偿损失等民事责任……”

④ 如我国《民法通则》第126条规定：“建筑物或者其他设施以及建筑物上的搁置物、悬挂物发生倒塌、脱落、坠落造成他人损害的，它的所有人或者管理人应当承担民事责任，但能够证明自己没有过错的除外。”

任,因此"避风港"规则能够使那些根据传统侵权法已构成侵权的网络服务提供者免于承担责任。① 与此相适应,有学者还以 DMCA 中"避风港"一章的标题——"在线版权侵权责任限制"为依据,强调"避风港"规则就是要限制、减轻网络服务提供者本应承担的侵权责任。②

本文试从回顾 DMCA 规定"避风港"规则的背景入手,分析 DMCA 与我国民事立法在责任基础上的巨大差异,澄清对"避风港"规则效力的误解,并提出在我国《民法通则》和新颁布的《侵权责任法》的基础上重新解读"避风港"规则效力的方法。

一、DMCA 规定"避风港"规则的背景:网络服务提供者承担严格责任之争

在网络出现之前,《美国版权法》虽然没有明确规定"间接侵权"及其构成要件,③但法院却在长期的司法实践中逐渐确立了直接侵权与间接侵权的界限:未经版权人许可而直接实施受专有权利控制的行为构成的是直接侵权。主观过错并非直接侵权的构成要件,其只影响直接侵权人承担的赔偿数额。④ 而在知晓一种行为构成版权侵权的情况下,引诱、促成或实质性地帮助他人进行侵权行为构成间接侵权(包括"帮助侵权"和"引诱侵权"),⑤主观过错显然是间接侵权的构成要件。同时,有关判例还确立了"替代责任":如果对他人的直接侵权行为具有监督的权利和能力,而且又从侵权行为中获得了直接经济利益,即使其不知

---

① 下文会引用这一观点的具体表述。

② 这是 2009 年 11 月 19 日在中南财经政法大学举办的"著作权保护发展趋势国际研讨会"中,与会者提出的观点。

③ 这种情况容易使人误以为美国版权法中根本不存在"间接责任",为此美国著名版权法专家 Nimmer 在论及间接责任时,首先强调那种认为美国版权法中不存在间接责任的观点是错误的。See *Nimmer on Copyright*, Matthew Bender & Company, Inc., § 12.04 [A] (2003). 美国最高法院在 1976 年美国重新制定版权法后第一个涉及间接责任的案例"索尼案"中也指出:"版权法中缺乏(对间接责任)明确的规定并没有排除对自己没有从事侵权行为的特定第三方施加版权侵权责任的可能性。因为替代责任在几乎所有的法律领域都适用;而帮助侵权的概念只是在某些情况下一个人要为他人行为负责这一更广泛问题的一个方面。" See Sony Corp. v. Universal City Studios, Inc., 464 U. S. 417, 435 (1984).

④ 17 USC 501.

⑤ Gershwin Publishing Corp. v. Columbia Artists Management, Inc., 44 3 F. 2d 1159, at 1162 (2nd Cir. 1971).

道他人的侵权行为，也应当为他人的直接侵权行为承担责任。[①]“替代责任”和基于间接侵权承担的责任被统称为“间接责任”，也被称为“第三人责任”。[②]

但是，在互联网产生之初，美国一些法院在审理涉及网络服务提供者的侵权诉讼时，没有正确地区分直接侵权和间接侵权，一概以直接侵权的构成要件去认定网络服务提供者的责任。其既不考虑侵权内容是否由网络服务提供者上传，也不考虑网络服务提供者对于用户的侵权行为是否有主观过错，从而可能对网络服务业的发展产生严重影响。

在1993年判决的“花花公子公司诉Frena案”（以下简称Frena案）中，被告设立了一个收费的BBS。该BBS中存有用户未经许可上传的“花花公子”成人照片。花花公子公司起诉Frena直接侵犯了其对照片享有的发行权和展示权。被告抗辩称，自己从未实施过上传行为，涉案照片均为用户所上传。[③] 美国佛罗里达中区联邦地区法院认为：只要能够认定被告接触过原告的作品，同时涉案作品又与原告的作品存在实质性相似，就可以认定被告使用了原告的作品。而本案中，“接触”和“实质性相似”这两个要件都满足，因此被告直接侵犯了原告对照片享有的发行权和展示权。[④] 需要特别注意的是，法院还强调：“并无争议的事实是，被告Frena提供的产品存储有未经许可制作的版权作品复制件。至于被告Frena声称自己没有制作这些复制件，对于本案而言是无关紧要的。”[⑤]

此处法院所称的Frena“提供的产品”就是指BBS服务本身。法院的判决相当于宣称，只要BBS等信息存储空间中存在侵权作品，提供信息存储空间的行为本身就构成侵权，而无须查明该侵权作品是否由服务提供者自己上传，并且由于法院认为此行为属于直接侵权，也无须查明服务提供者是否有主观过错。对此，法院还特别指出：“本案中有关被告直接侵权的证据是无可辩驳的。被告Frena是否意识到了侵权行为是无关紧要的。侵权的意图并不是认定侵权的前提。侵权意图或知晓（侵权行为）并非侵权的构成要件，因此即使是无过错的侵权者也要承担侵权责任。相反，有无过错对于法院而言只在确定法定赔偿数额

---

① Buck v. Jewell - LaSalle Realty Co., 283 U. S. 191, 198 - 199, 75 L. Ed. 971, 51 S. Ct. 410 (1931); Dreamland Ball Room, Inc. v. Shapiro, Bernstein & Co., 36 F. 2d 354 (7th Cir. 1929); Shapiro Bernstein and Co. v. H. L. Green Co., 316 F. 2d 304 (2nd Cir. 1963); Fonovisa, Inc. v. Cherry Auction, Inc., 76 F. 3d 259, at 264 (9th Cir. 1996).

② Eric J. Schwartz, David Nimmer, *US International Copyright Law and Practice Scope*, Matthew Bender & Company, Inc., 2008, § 11[1][a][ii][A].

③ Playboy Enterprises v. George Frena, 839 F. Supp. 1552, at 1554 (M. D. Fla, 1993).

④ Ibid, at 1556.

⑤ Ibid, at 1554.

时才有意义。”①

法院的这一判决完全混淆了美国版权法中直接侵权与间接侵权的界限。法院提到的“接触 + 实质性相似”公式，以及无过错侵权的论述均只适用于直接侵权。而法院将其用于信息存储空间服务提供者，无疑将使此类网络服务遭受灭顶之灾。因为即使运用大量人力和技术手段，也无法100%确保用户上传的所有内容均不侵权。由于Frena案是美国法院最早针对信息存储空间服务提供者作出的判决，②所以对适用于网络服务提供者的责任规则产生了巨大影响。

在案情类似的“花花公子公司诉Webbworld案”（以下简称Webbworld案）中，美国得克萨斯北区地方法院以类似的逻辑认定BBS服务提供者Webbworld侵权。在该案中，被告抗辩称，自己对于那些上传照片的用户没有控制能力。法院则认为，即使被告确实没有控制能力，也不能成为免除责任的理由。“如果一个企业无法在版权法划定的界限之内运作，则其生存的合法性就值得考虑了。”③这等于是要求服务提供者确保自己经营的信息存储空间中没有任何侵权作品，否则就会危及其“生存的合法性”。

这些判决的出现，与美国一些法院认同权利人要求网络服务提供者承担严格责任的观点有关。如花花公子公司就提出：“让那些提供系统、便利版权侵权的一方承担防止版权侵权的责任，比让无辜的版权人承担这一责任更为合理……如果被告不能想出一种有效的经营方式，使其BBS系统中不存在侵犯版权的内容，则被告可以选择退出这一行业。”④

根据这一逻辑，只要BBS等信息存储空间中出现了用户上传的侵权内容，服务提供者就应当承担赔偿责任。而在美国版权法中，只有认定服务提供者构成直接侵权才能实现这一效果，因为认定直接侵权无须考虑主观过错。这是上述判决产生的深层原因。

美国法院对网络服务提供者不分青红皂白地施加严格责任的做法，在当时曾得到了一些政府部门的支持。1995年，美国政府“信息基础设施专门工作组”下属的知识产权工作组公布了题为《知识产权和国家信息基础设施》的报告（又称“白皮书”），其虽也主张对网络服务提供者施加严格责任，但仍然没有对直接侵权和间接侵权加以正确区分。针对网络服务提供者提出的其无法审查海量信息的主张，白皮书认为，允许其用户上传内容的网络服务提供者本质上就是一个

① Playboy Enterprises v. George Frena, 839 F. Supp. 1552, at 1559 (M. D. Fla, 1993).

② 该判决书甚至用专门的注释解释了什么叫“上传”和“下载”。

③ Playboy Enterprises v. Webbworld, 968 F. Supp. 1171, at 1175 (D. Tex. 1997).

④ Sega Enterprises v. Hardenburgh, 982 F. Supp. 503, at 510－511 (N. D. Oh, 1997).

"电子出版者",[①]并认为尽管书店、音像店、书报亭和软件店实际上都无法对其出售的所有作品进行审查,但其都会因出售盗版商品而承担严格责任。[②] 实际上,这一比拟是完全无法成立的:出售盗版作品是对发行权的直接侵权,而类似 BBS 的网络服务提供者没有实施上传作品等受专有权利控制的任何行为,根本不是一个"出版者",不可能构成直接侵权。两者承担责任的条件应当是存在明显区别的。

从"网络服务提供者是电子出版者"这一错误前提出发,白皮书认为,若不让网络服务提供者承担严格责任,就会鼓励网络服务提供者对侵权行为视而不见,有意不行使控制侵权行为的权利,而且不利于促使网络服务提供者采取减少侵权行为的措施,包括购买保险、要求侵权用户补偿其损失、教育用户、获得集体管理组织的许可和使用技术保护措施。[③] 因此,白皮书明确反对以网络服务提供者知晓侵权行为和具有制止侵权行为的能力作为其承担侵权责任的前提。[④] 其认为:"改变认定侵权责任的标准将显著背离现行版权法的原则,将导致对版权人权利的极大损害。"[⑤]

版权人运用"网络服务提供者是电子出版者"这一逻辑的极致,体现为对 DMCA 的诞生具有重大影响的"宗教技术中心诉 Netcom 在线通讯公司案"(以下简称 Netcom 案)。在该案中,一名牧师的布道被上传到了一个 BBS 上,该 BBS 是通过 Netcom 公司提供的接入服务才连接到互联网上的。宗教技术中心要求该 BBS 经营者和 Netcom 公司禁止该名牧师使用其服务。BBS 经营者要求宗教技术中心先提供其享有版权的证明,却遭到了拒绝。Netcom 公司则提出,自己向该 BBS 提供的仅是接入服务,不可能为了不让其传播特定牧师的布道,就断开对整个 BBS 的网络连接,因为这将导致该 BBS 的所有用户都无法使用 BBS。尽管 Netcom 公司是一个纯粹的接入服务提供者,既不主动提供也不控制任何信息,但由于牧师的布道通过其系统传递时,会自动在其服务器中形成"临时复制",宗教技术中心仍然同时起诉了 BBS 经营者和 Netcom 公司侵犯其复制权、发行权和展示权。[⑥]

---

① Information Infrastructure Task Force, Intellectual Property and the National Information Infrastructure - The Report of the Working Group on Intellectual Property Rights, 1995, p. 123.

② Ibid, p. 117.

③ Ibid, p. 124.

④ Ibid, p. 115.

⑤ Ibid.

⑥ Religious Technology Center v. Netcom On - Line Communication Services, 907 F. Supp. 1361, at 1366, 1371 - 1372 (N. D. Ca, 1995).

在起诉 Netcom 时，原告声称，虽然 Netcom 本身不是任何侵权内容的来源，但其仍然要为侵权承担责任，而无论这种责任是直接侵权责任、间接侵权责任还是替代责任。① 原告还搬出了 Frena 案的判决作为依据。对此，法院明确表示没有被 Frena 案的判决所说服。法院指出："Netcom 设计和运营一个自动对所有经其传递的信息进行临时复制的系统，与一个复印机的所有人让公众使用复印机进行复制并无二致。虽然有人会使用复印机直接侵犯版权，但法院是从帮助侵权的角度来分析复印机所有人的责任的，而不是将其归于直接侵权……根据原告的理论，即使服务器只是在没有任何人工干预的情况下向其他服务器转发牧师发布的信息，其经营者也要承担责任。这将导致在向其他计算机传送信息过程中涉及的每一台服务器（的经营者）都要承担责任……不能将版权法解释为使所有这些服务器经营者都成为侵权者。虽然版权法规定了严格责任，但在本案中，被告的系统只是被第三方用于制作复制件，（为认定版权侵权所需的）意志要件和因果关系要件并未得到满足。"②同时，针对 BBS 经营者的责任问题，法院不但以同样的理由认定 BBS 经营者没有直接侵犯复制权、发行权和展示权，还指出 BBS 经营者是否在收到通知后删除侵权内容与直接侵权无关，只与帮助侵权有关，因为只有帮助侵权的构成要件是知晓侵权，也即具有主观过错。③

由此可见，在 Netcom 案中法院正确地认定：网络服务提供者在没有基于自己的意志实施复制、发行、展示等行为的情况下，不可能构成直接侵权，只可能在知晓侵权内容而不及时删除时构成帮助侵权。这一判决澄清了网络环境中直接侵权和间接侵权的区分标准，对于在网络环境中确保利益平衡具有重要意义。

Netcom 案认定直接侵权的标准，得到了一些法院的支持。在"花花公子公司诉 Hardenburgh 案"（以下简称 Hardenburgh 案）中，法院认同 Netcom 案的判决，不愿认定 BBS 仅因用户上传侵权内容就构成直接侵权。法院指出："要构成直接侵权，被告就必须有直接的行为或直接参与了该行为。版权法是以规定受控行为的方式界定版权人独享的权利的，因此要构成对版权法的直接违反（直接侵权），必须实际实施了受控行为，而创建一个 BBS 并不属于任何受控行为。仅仅鼓励他人侵权或提供便利条件属于帮助侵权责任的范畴，而帮助侵权责任是对那些本身没有实施侵权行为的人施加的责任。如果与版权侵权并不存在密

① Religious Technology Center v. Netcom On – Line Communication Services, 907 F. Supp. 1361, at 1367.

② Ibid, at 1368 – 1370.

③ Ibid, at 1371 – 1372 (N. D. Ca, 1995).

切关系的行为也要根据直接侵权理论加以定性,就没有必要将版权侵权责任区分为直接侵权责任和间接侵权责任了。"①

Hardenburgh 案在区分直接侵权与间接侵权方面显然是正确的。但是,Netcom 案和该案毕竟是由地区法院作出的判决,其他法院完全可以选择不接受。认定 BBS 服务提供者构成直接侵权的 Webbworld 案就是在 Netcom 案之后判决的,该法院显然并未接受 Netcom 案运用的规则。

综上所述,在 DMCA 之前,美国部分法院由于错误地解释了直接侵权的构成要件,混淆了直接侵权与间接侵权之间的界限,其向网络服务提供者施加的责任,根本不是网络服务提供者根据传统的直接侵权和间接侵权理论本应承担的责任。DMCA 规定"避风港"规则的目的之一,就是避免法院不加区分地让网络服务提供者承担严格责任。了解 DMCA"避风港"规则出台的这一背景,是正确认定"避风港"规则效力的关键。

二、DMCA 中的"避风港"规则:糅合 Netcom 案与 Frena 案的结果

《条例》主要采用"免责条件"的形式规定了"避风港"规则,显然是移植 DMCA 的结果。例如,DMCA 针对 BBS 等信息存储空间服务规定,服务提供者因执行用户的指令在其经营的网络系统中存储内容而侵犯版权的,在符合以下条件时不承担赔偿责任:(1)服务提供者并不实际知晓存储在其网络系统中的内容是侵权的;在缺乏该实际知晓状态时,没有意识到能够从中得知明显侵权行为的事实或情况;在得以知晓或意识到侵权内容之后,迅速移除侵权内容或屏蔽对其访问。(2)在服务提供商具有控制侵权行为的权利和能力的情况下,没有从侵权行为中直接获得经济利益。(3)服务提供商在得到侵权通知后,做出迅速反应,移除被指称侵权的内容,或屏蔽对其访问。②

问题在于,为什么 DMCA 要用这种特定的立法方式。回顾 DMCA 之前美国法院的判决和白皮书的建议,不难发现当时争论的焦点之一在于对网络服务提供者行为性质的评价:没有实施上传作品行为的网络服务提供者,能否因为用户利用其网络服务传播侵权作品而构成直接侵权?对此,Frena 案等判决和白皮书的回答是肯定的,而 Netcom 案和 Hardenburgh 案等判决的回答则是否定的。

① Playboy Enterprises v. Hardenburgh, 982 F. Supp. 503, at 512 - 513 (N. D. Oh, 1997).

② 17 USC 512(c).

DMCA 虽然规定了各类网络服务提供者免责的具体条件,但没有正面解释“免责”的逻辑:究竟是提供网络服务的行为首先构成了侵权,但因符合法定条件而免除其本应承担的责任,还是网络服务提供者在符合法定条件时根本不构成侵权,因此当然不承担责任呢?

美国国会众议院的报告就此认为:“新增加的(DMCA)第 512 条并不意图暗示在服务提供者的行为满足免责条件或不满足免责条件时,其是否要作为侵权者承担责任。相反,免责条款是在服务提供者根据现行法律原则被认定为需承担责任时才适用的。”①

从该条解释中不难看出,虽然美国国会报告认同 Netcom 案的结果,即网络服务提供者不能无条件地为用户实施的侵权行为承担责任,但在理论依据上,即在对网络服务提供者行为的定性上,国会报告却并未明确赞同 Netcom 案中最为重要的结论——网络接入服务提供者和 BBS 类的信息存储空间服务提供者不能仅仅因为向用户提供网络服务而构成直接侵权。美国国会报告指出,对于网络服务提供者满足或不满足免责条件时,其行为是否构成“侵权”这一问题,DMCA 第 512 条(即“避风港”条款)本身不作评价。同时,虽然美国国会不认同 Frena 案的结果,但并未明确否认 Frena 案的核心观点,即根据现行版权法,网络服务提供者要为用户实施的侵权行为承担严格责任。这突出表现在美国国会报告为免责条款的适用所提出的前提,即“服务提供者根据现行法律原则被认定为需承担责任”。

美国著名版权法学者 Nimmer 也指出:“新法(DMCA)并未推翻之前的一系列判决,只是提供了避免受这些判决约束的途径。因此,符合新法中免责条件的服务提供者将不承担责任,而无论其行为在这些判例中原本会有怎样的定性。”②

由此可见,DMCA 之所以采取“免责条件”的立法方式,实际上是糅合 Netcom 案与 Frena 案这两种观点截然对立的判决的结果。它列举了免责条件,但对于免除的是否为“侵权”责任这一关键问题却未置可否,体现了英美法系典型的实用主义立法思路。

---

① House Report 105 - 551, part 2, 105th Congress, 2nd Session, p. 50.

② Melvile B. Nimmer & David Nimmer, *Nimmer on Copyright*, Matthew Bender & Company, Inc., 2009, § 12B. 01[B][3].

三、《条例》中的“避风港”规则并非是对“侵权者”的“免责”

与DMCA的立法背景不同,在《条例》出台前的司法实践中,我国法院并未在仅提供接入服务、BBS服务、搜索和链接服务本身是否构成“侵权”这一问题上发生过争议。

在同样是涉及信息存储空间的早期案例“《大学生》杂志社与北京京讯公众技术信息有限公司、李翔案”中,个人用户李翔未经许可将《大学生》杂志社出版的增刊内容上传至其在263网站的“免费空间”中,《大学生》杂志社同时起诉李翔和263网站的经营者京讯公司。一审法院在2000年作出的判决中指出:“京讯公司本身并未向这个免费的个人空间提供任何信息……该个人网站中的内容完全由该网站所有人李翔制作。根据互联网技术的特点及应由行为人对自己的行为后果承担责任的法律原则,仅提供网络技术和设施的网络服务商,一般不应对网络使用者的侵权行为承担法律责任……但是,(网络服务商)在权利人提出合理请求时,应当及时采取技术措施消除侵权信息,否则,将因此承担相应的侵权赔偿责任。”①

在该案中,法院清楚地认定提供信息存储空间并非侵权行为,因此服务提供者无须为该行为承担责任。只有当其知晓用户上传的内容侵权而不及时消除时,才会对网络使用者的侵权行为承担法律责任。这正是对直接侵权与间接侵权的正确划分。

在“刘京胜诉搜狐案”中,搜狐公司提供了指向其他网站中《堂吉诃德》中译本的链接服务,译者刘京胜起诉搜狐侵权。法院认定:“被告提供链接服务并不是将原告作品直接上载的复制的行为,也不是传播……因此,本案被告设置链接的行为不侵害原告人的著作权……在原告提出其链接的网页上有未经权利人许可上载的作品的指控时,被告有责任及时地采取技术措施,停止链接,抑止侵权。”②此案中法院显然也正确地认定提供链接服务行为本身并非直接侵权行为,链接服务提供者承担责任的前提是其在知晓被链接内容侵权后,没有及时断开链接。这种责任显然是帮助侵权责任。

---

① 北京市第二中级人民法院〔2000〕二中知初字第18号民事判决书。二审虽然进行了部分改判,但对一审法院阐述的法律原则是认同的,参见北京市高级人民法院〔2001〕高知终字第51号民事判决书。

② 北京市第二中级人民法院〔2000〕二中知初字第128号民事判决书。类似的判决参见北京市海淀区人民法院〔2001〕海知初字第16号民事判决书。

由此可见,从我国法院最早的案例开始,就未认同过网络服务提供者仅因用户的侵权行为就要"根据现行法律原则被认定为需承担责任"的观点。网络服务提供者不能仅因提供信息存储空间和链接服务的行为而承担责任的法理基础,就在于该行为本身不是侵权行为。

不但中美两国有关早期司法实践完全不同,而且两国的立法风格也有很大差异。在民事侵权方面继承大陆法系国家传统的我国,历来重视严密的抽象逻辑推理:对责任的承担必须以对法定义务的违反或法律的特殊规定为基础。那种只重视"免责"的最终结果,不问被"免"的"责任"从何而来的实用主义思维,在我国民事立法传统中缺乏基础。因此,《条例》对 DMCA 中"免责"的术语和立法形式的移植导致了一种对"避风港"规则效力的典型误解——"免责"就是对本已构成侵权、本应承担侵权责任者的"免责"。

从这一误解出发,有学者提出,"避风港"规则中与主观过错有关的"免责条件":"服务提供者不明知也不应知用户上传的内容或被链接的内容侵权",[①]不能被反过来表述为"归责条件"——"服务提供者明知或应知用户上传的内容或被链接的内容侵权,是承担侵权责任的条件"。换言之,持这一观点的学者认为,网络服务提供者"没有过错"只能成其免责的依据,网络服务提供者"有过错"却不能成为其行为构成侵权,并承担法律责任的依据。[②]

持这一观点的学者进一步认为,只有对"避风港"规则的效力作上述解读,才能使"避风港"规则具有存在的意义。因为如果将服务提供者"明知或应知"用户上传的内容或被链接的内容侵权视为服务提供者构成帮助侵权的主观要件,将使网络服务提供者在构成帮助侵权时必然无法获得免责,这将使"避风港"不能发挥为网络服务提供者"避风"的作用而成为"风暴角"。[③]

根据这种观点,对"避风港"规则的解读不应导致网络服务商在构成侵权的时候就必然无法获得免责,只能是使网络服务商在构成侵权后还能获得免责。

---

① DMCA 将"不实际知晓侵权行为,也没有意识到能从中得知明显侵权行为的事实或情况"作为信息存储空间和搜索与链接服务提供者的免责条件之一。See 17 USC 512(c)(1)(A)(ii), 17 USC 512(d)(1)(B).《条例》第 22 条将"不知道也没有合理的理由应当知道服务对象提供的作品、表演、录音录像制品侵权"作为信息存储空间服务提供者的免责条件之一。《条例》第 23 条则将"但是,明知或者应知所链接的作品、表演、录音录像制品侵权的,应当承担共同侵权责任"作为搜索与链接服务"免责条件"的"但书"。

② 谢冠斌、史学清:"网络搜索服务商过错责任的合理界定——再评'雅虎案'与'百度案'一审判决",载《知识产权》2008 年第 1 期。

③ 史学清、汪涌:"避风港还是风暴角——解读《信息网络传播权保护条例》第 23 条",载《知识产权》2009 年第 2 期。

然而,这一观点完全忽略了DMCA所以采用“免责”式立法的背景,即Frena案等判决和白皮书认为网络服务提供者即使没有上传作品,而是仅提供技术服务,也应当承担严格责任,而美国国会对此并不否认。在这一背景下,DMCA规定“避风港”规则的确“免除”了网络服务提供者根据Frena案等判决和白皮书原本应当承担的严格责任。

需要指出的是,在DMCA的早期草案中,针对信息存储空间及搜索与链接服务提供者的“避风港”规则被简单地表述为:服务提供者“不为帮助侵权责任或替代责任承担赔偿责任”,其中不为帮助侵权责任承担赔偿责任的条件是其“不实际知晓侵权行为”及“没有意识到能从中得知明显侵权行为的事实或情况”。[①] 美国国会众议院对该草案的报告指出:“该免责修正并澄清了帮助侵权中的‘知道’要件。”[②]由此可见,即使在美国,“不实际知晓侵权行为”、“没有意识到能从中得知明显侵权行为的事实或情况”的反面表述即“实际知晓侵权行为”和“意识到能从中得知明显侵权行为的事实或情况”也仍然是帮助侵权在主观方面的构成要件。DMCA的早期草案正是以这种方式重申了网络环境中直接侵权与间接侵权之间的必要界限。虽然美国国会众议院在对DMCA最终版本的报告中并未出现同样的表述,但由于DMCA最终版本仍然将“不实际知晓侵权行为”及“没有意识到能从中得知明显侵权行为的事实或情况”规定为一项免责条件,美国国会的上述解释仍然成立。

换言之,在DMCA中,当信息存储空间及搜索与链接服务提供者不符合“不实际知晓侵权行为”及“没有意识到能从中得知明显侵权行为的事实或情况”这一与主观过错有关的免责条件时,其承担的将是帮助侵权责任。由此可见,DMCA并不是去“限制、减轻”网络服务提供者根据认定帮助侵权的正确规则应当承担的责任,而是避免让其无条件承担严格责任。

与之形成鲜明对比的是,我国的民事立法和判例从未要求网络服务提供者对用户的侵权行为承担严格责任。即使我国没有制定《条例》并规定“避风港”规则,我国法院一方面也不会认为没有上传作品,仅仅为作品传输提供技术支持的服务提供者构成侵权并承担责任(如“《大学生》杂志社与北京京讯公众技术信息有限公司、李翔案”的判决);另一方面仍然会认定知道他人上传了侵权作

---

① 史学清、汪涌:“避风港还是风暴角——解读《信息网络传播权保护条例》第23条”,载《知识产权》2009年第2期。

② House Report 105－551, part 1, 105th Congress, 2nd Session, p. 25. 所谓“修正”是指这一条款中有关认定主观过错的标准“没有意识到能从中得知明显侵权行为的事实或情况”,要低于传统侵权法中的“应知”标准。下文对此还有详细讨论。

品却提供帮助的网络服务提供者构成侵权并承担责任（如"刘京胜诉搜狐案"的判决），这种侵权责任不会因《条例》的颁布得以免除。因此，"避风港"规则在我国免除的既不是原本就不存在的严格责任，也不是根据正确的侵权认定规则已经构成侵权者本应承担的责任。

四、正确地解读"免责条件"的效力

鉴于中美两国在认定网络服务提供者责任基础方面的巨大差异，在《条例》移植 DMCA"避风港"规则的情况下，必须在我国民事责任立法的框架之中对"免责条件"作出合乎逻辑的解读。在适用于信息存储空间及搜索与链接服务提供者的"避风港"规则中，"免责条件"可以分为与归责条件对应的"免责条件"和与归责条件无关的"免责条件"这两类。

（一）与归责条件对应的"免责条件"

这一类"免责条件"与"归责条件"实际上是一个硬币的两面。其又可以细分为以下两种：

1. 与帮助侵权责任对应的免责条件。如《条例》第 22 条为信息存储空间服务提供者规定的第 3 项免责条件，即"不知道也没有合理的理由应当知道服务对象提供的作品、表演、录音录像制品侵权"。将其反过来进行表述，就是帮助侵权的构成条件——"知道或者有合理的理由应当知道服务对象提供的作品、表演、录音录像制品侵权"。同样，《条例》第 22 条和第 23 条（第 23 条适用于搜索与链接服务提供者）均规定的一项免责条件——在接到权利人的通知书后，删除权利人认为侵权的内容或断开链接，也正是帮助侵权构成条件的反面表述——在接到权利人的通知书后，没有删除权利人认为侵权的内容或断开链接。在这种情况下，只要符合其他侵权构成要件，包括直接侵权行为确实存在，以及权利人的通知准确无误，而且缺乏合理使用等传统抗辩事由，即可认定网络服务提供者构成帮助侵权并承担责任。换言之，信息存储空间和搜索与链接服务提供者不符合这类免责条件，不但不能"免责"，而且其行为必然被同时认定为构成帮助侵权。

2. 与直接侵权责任对应的免责条件。《条例》第 22 条规定，信息存储空间服务提供者免责条件之一是"未改变服务对象所提供的作品、表演、录音录像制品"。如果服务提供者名义上提供信息存储空间，但却像报刊编辑部那样对用户上传的内容进行审查、选择和修改，则其实际上对作品实施了信息网络传播行为,其行为应当构成直接侵权。① 因此,对这一免责条件的反面表述,仍然是直接侵权行为的构成要件。

由此可见,在信息存储空间和搜索与链接服务提供者不能满足第一类免责条件的情况下,其行为必然被认定为构成侵权。而以正面方式表述为侵权责任的归责条件,还是以反面方式表述为不承担责任的条件,在理论上的唯一区别在于举证责任的承担。即如果表述为归责条件,则权利人应证明被控侵权人满足该条件;如果表述为免责条件,则由被控侵权人证明自己满足该条件。《条例》第23条"但书"规定采用的就是归责条件的表述方式,而非免责条件的表述方式。这并非有学者指出的《条例》存在的缺陷,相反,这种正面规定归责要件的立法模式更适合我国。新颁布的《侵权责任法》第36条规定:"网络服务提供者接到通知后未及时采取必要措施的,对损害的扩大部分与该网络用户承担连带责任。网络服务提供者知道网络用户利用其网络服务侵害他人民事权益,未采取必要措施的,与该网络用户承担连带责任。"这正是规定了帮助侵权构成中的主观过错要件,即自行知道或经通知知道用户侵权行为后不加制止。如果不将《条例》"避风港"规则中上述与主观过错有关的"免责条件"解释为侵权构成要件的反面表述,则将导致《条例》与《侵权责任法》之间的直接冲突。

(二)与归责条件无关的"免责条件"

这一类"免责条件"就是指"明确标示该信息存储空间是为服务对象所提供"(以下简称"标示")、"未从服务对象提供作品、表演、录音录像制品中直接获得经济利益"(以下简称"未获利")。这是因为"标示"与"未获利"均不直接涉及利用作品的行为以及主观过错。

1."标示"和"未获利"与侵权责任的归责条件无关。对于"标示"而言,根据《民法通则》和《侵权责任法》,不能仅仅因网络服务提供者未公布联系方式,就要求其为用户的侵权行为承担责任。"标示"作为一项免责条件,并非移植自DMCA,而是《条例》的自创。《条例》的制定者对此作了如下解释:"这样规定的目的是为了避免权利人产生疑虑,以为该服务中存储的作品、表演、录音录像制品是网络服务提供者提供的,避免在涉嫌侵权时权利人将该网络服务提供者告上法庭,增加社会成本。"②

显然,立法者自己也不认为只要网络服务提供者没有进行"标示",就应当

---

① 对如何正确理解"改变"的问题,参见王迁:"视频分享网站著作权侵权问题再研究",载《法商研究》2010年第1期。

② 张建华主编:《信息网络传播权保护条例释义》,中国法制出版社2006年版,第85页。

构成侵权并承担赔偿责任,而是认为没有"标示"会使"权利人产生疑虑",以至于将网络服务提供者作为侵权内容的直接提供者加以起诉。问题在于:既然不"标示"不会直接导致赔偿责任,那么"标示"之后的免责又从何谈起呢?

对于"未获利"而言,DMCA 确实将"在服务提供商具有控制侵权行为的权利和能力的情况下,没有从侵权行为中直接获得经济利益"作为信息存储空间及搜索与链接服务提供者免责的条件之一。① 但这一免责条件的反面表述,就是美国版权判例法中"替代责任"的构成要件——"在具有控制侵权行为的权利和能力的情况下,从侵权行为中直接获得了经济利益。"②网络服务提供者不符合此项免责条件,承担的自然是"替代责任"。③ 从中可以看出,美国版权法中的"替代责任"是无过错责任。

相比之下,我国民事责任立法坚持将过错作为认定侵权与承担赔偿责任的必要条件。无过错的行为只有在法律有明确规定的情况下才导致赔偿责任。而《民法通则》中的"替代责任"仅仅是指企业法人对其工作人员侵权行为所承担的责任。④ 除此之外,无论是《著作权法》还是新颁布的《侵权责任法》均未规定,在具有控制他人侵权行为的权利和能力的情况下,如果从他人侵权行为中直接获得了经济利益,应为他人的侵权行为承担责任。这说明我国民事责任立法中并不存在美国式的"替代责任"。因此,"未获利"这项免责条件无法与我国民事立法中任何一种法定责任的构成要件相对应。更何况美国版权法中的"替代责任"的构成要件不仅有"从侵权行为中直接获得了经济利益",还有"具有控制侵权行为的权利和能力"。如果将《条例》中的"未获利"这项免责条件解释为信息存储空间服务提供者"只要从服务对象提供作品、表演、录音录像制品中直接获得经济利益"就应承担赔偿责任,将使网络服务提供者在我国承担远比美国同行更严格的责任。

同时需要指出的是,DMCA 中的"避风港"规则是建立在网络服务提供者应对利用其服务或系统传播侵权内容的行为承担严格责任的基础之上的。换言之,根据制定 DMCA 之前 Frena 案的判决和白皮书的观点,即使网络服务提供者

---

① 17 USC 512(c)(1)(B),(d)(2).

② 对于美国版权法中"替代责任"的来源与演变,参见王迁:"论版权法中的'间接责任'",载《科技与法律》2005 年第 2 期。

③ 这一结论也可从 DMCA 的早期草案中得出。该草案明确规定,信息存储空间及搜索与链接服务提供者"不为替代责任承担赔偿责任"的条件是其"在服务提供者具有控制侵权行为的权利和能力的情况下,没有获得直接来源于侵权行为的经济利益"。参见史学清、汪涌:"避风港还是风暴角——解读《信息网络传播权保护条例》第 23 条",载《知识产权》2009 年第 2 期。

④ 我国《民法通则》第 43 条。

仅提供了信息存储空间，不知道也无理由知道用户上传了侵权内容，其仍应为提供信息存储空间的行为承担赔偿责任。在这种情况下，如果 DMCA 中一项免责条件与以过错为基础的帮助侵权责任和以对侵权行为的控制能力及获利为基础的替代责任无关，则该项免责条件免除的是网络服务提供者本应承担的严格责任。实际上，DMCA 还将“在适当情况下终止反复侵权者的账户”以及“适应及不干涉版权人为识别或保护作品而采取的标准技术性措施”作为所有网络服务提供者适用“避风港”规则的两项前提条件。① 这两项条件与帮助侵权责任及替代责任的构成无关，如果网络服务提供者不符合这两项条件，则其不能适用 DMCA 的“避风港”规则。当用户实施了直接侵权行为时，网络服务提供者除非能提出合理使用或时效等传统抗辩，否则支持 Frena 案判决和白皮书观点的法院也将要求其承担严格责任。

以下两个图示分别反映了 DMCA 和《条例》中适用于信息存储空间服务提供者的免责条件与其责任之间的对应关系。从中可以清楚地看出，在美国，如果服务提供者不符合 DMCA 规定的任何一项免责条件，法院将认定其承担相应的责任。② 因此，DMCA 规定的免责条件是免责的“充分且必要条件”，即满足全部免责条件必然能够免责，而不满足任何一项免责条件，除非能够提出合理使用等传统抗辩，否则必然承担责任。

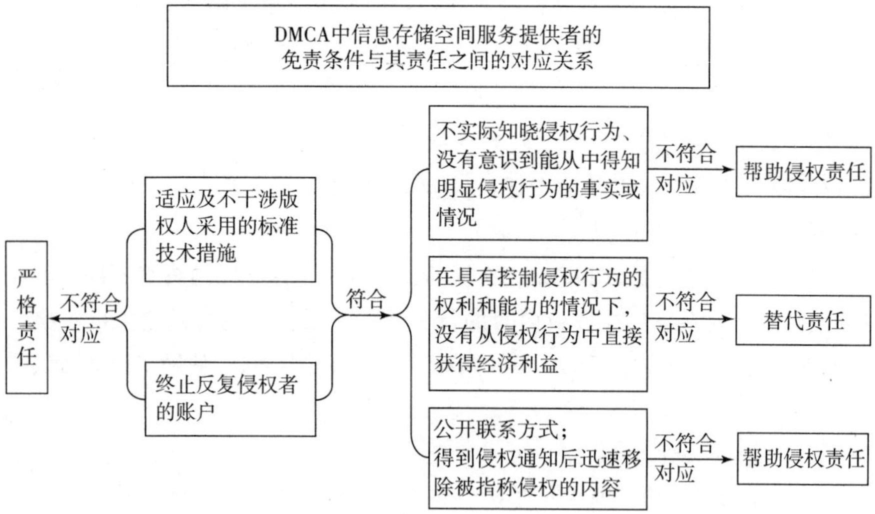

---

① 17 USC 512 (h)(m).

② 当然，法院认定网络服务提供者承担严格责任的前提是其支持 Frena 案判决与白皮书的观点。

《条例》中信息存储空间服务提供者的
免责条件与其责任之间的对应关系

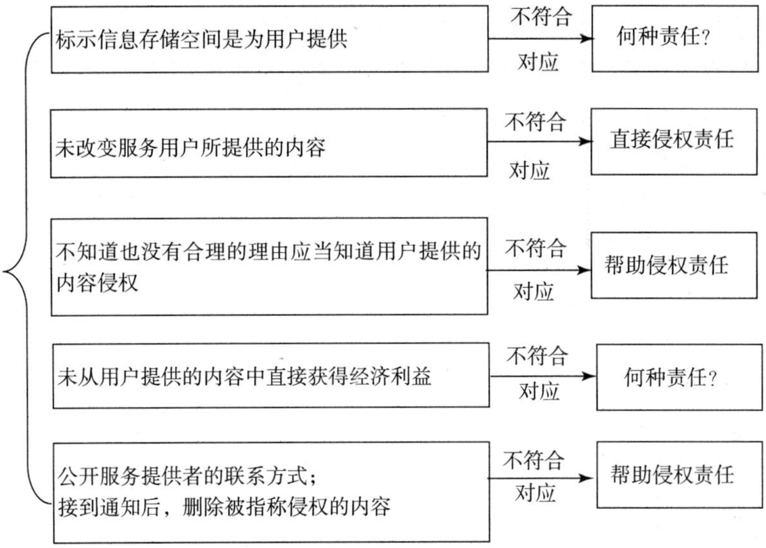

2."标示"与"未获利"是免责的"充分但非必要条件"。与DMCA中的各项免责条件不同,"标示"和"未获利"在我国《民法通则》和《侵权责任法》中与归责条件并不对应。试举一例,某BBS上出现了未经许可上传的一篇文章。只要BBS经营者能举证证明该文章确为用户上传,而非其自行上传,其不知道也没有合理的理由应当知道该文章侵犯他人著作权,则无论按照《民法通则》对侵权构成和责任承担的一般规定,还是按照《侵权责任法》对网络服务提供者与侵权用户承担连带责任的规定,都不能仅仅因为BBS经营者没有明确"标示"其提供的是BBS服务,或从该文章中获得了直接经济利益,就认定BBS经营者构成侵权并承担责任。①

但是,按照《条例》第22条之"具备下列条件的,不承担赔偿责任"的字面意思,当用户向信息存储空间上传了侵权内容时,服务提供者要免于承担赔偿责

① 正如陈锦川法官所指出的:"在审理著作权侵权纠纷时,不论在哪种情况下,判断行为人是否侵犯著作权,都应坚持民法通则关于侵权构成及责任承担的规定,不能因为案件所涉及专业的特殊性而忽视这一判断标准。"陈锦川:"审理网络环境下著作权纠纷案件的几个问题的探讨",载http://www.bjiplawyer.cn/fxyj/333.html。

任，必须同时符合《条例》第22条规定的全部5项免责条件，包括"标示"和"未获利"。换言之，如果信息存储空间服务提供者完全满足了全部免责条件，则其必然免责；如果不满足任何1项免责条件就必然承担责任。这实际上是将5项免责条件作为免责的"充分且必要条件"。有判决书就据此认为："只有满足以上条件（即《条例》第22条规定的5项免责条件），才不承担赔偿责任，否则，应承担赔偿责任。"[①]按照这种解读《条例》第22条的方式，将导致在上述假想例中，法院适用《民法通则》和《侵权责任法》的结果与适用《条例》的结果相反，从而导致立法之间的根本冲突。

对此，笔者认为，由于"标示"和"未获利"与归责条件无法形成对应关系，不能将《条例》第22条规定的5项免责条件解释为免责的"充分且必要条件"，只能将其解释为"充分但非必要条件"。换言之，信息存储空间服务提供者完全符合《条例》规定的全部免责条件将必然免责，但仅仅不符合"标示"和"未获利"这两项条件却不必然承担责任。此时服务提供者只是无法适用《条例》的"避风港"规则免责，其是否承担责任则转而依据《民法通则》和《侵权责任法》加以判断。[②] 当然，由于《条例》第22条中其他3项免责条件与归责条件均有对应关系，网络服务提供者不满足其他3项免责条件中的任何1项时，只要其无法提出其他法定抗辩理由（如用户未经许可的上传并不侵权、已过诉讼时效等），就必然承担责任。

将《条例》第22条规定的免责条件解读为免责的"充分但非必要条件"，可以避免《条例》与其他民事立法，特别是新颁布的《侵权责任法》之间的冲突，但也将使《条例》规定的"标示"和"未获利"这两项免责条件在很大程度上失去意义。因为根据《侵权责任法》，信息服务提供者只在两种情况下与用户承担连带责任：一是"接到通知后未及时采取必要措施"；二是"知道网络用户利用其网络服务侵害他人民事权益，未采取必要措施"。[③] 服务提供者只要确保自己在接到通知或知道用户侵权事实后及时采取必要措施，即无须承担责任。这样一来，其完全没有动力去"标示"，也不会尽力避免从用户上传的侵权内容中直接获得经济利益。

摆脱这种困境较为可行的方式，是在将免责条件解读为免责的"充分但非必要条件"的前提下，将"标示"和"未获利"纳入侵权认定的逻辑框架之内，分别

① 北京市海淀区人民法院〔2008〕海民初字第9200号民事判决书。

② 对"充分但非必要条件"的进一步论述，王迁："视频分享网站著作权侵权问题再研究"，载《法商研究》2010年第1期。

③ 我国《侵权责任法》第36条。

作为考虑服务提供者承担举证责任和其履行注意义务情况的因素。如果服务提供者未明确标示自己仅为用户提供信息存储空间，则当其网络中出现侵权内容时，服务提供者必须举出较强证据证明其提供的仅为信息存储空间，且侵权内容确为用户上传。如果举证不能，则可推定侵权内容由服务提供者自行上传，此时服务提供者应承担直接侵权责任。同时，如果信息存储空间的商业模式使服务提供者从用户上传的侵权内容中直接获得了经济利益，则法院可将服务提供者有无履行与其商业盈利模式相应的注意义务，作为认定其主观过错的因素之一。[①] 如果能够综合其他因素认定服务提供者有主观过错，则可推定服务提供者"知道"用户上传了侵权内容。这种解读可促使信息存储空间服务提供者正确地"标示"其服务性质，并履行与其商业盈利模式相应的注意义务。

总之，鉴于中美两国"避风港"规则在法律基础方面的巨大差异，不能望文生义地理解"避风港"规则。只有在过错责任的框架中正确地解读"避风港"规则，才能避免《条例》与《侵权责任法》等其他民事立法发生冲突，实现网络世界中的利益平衡，并且在充分保护著作权的同时，促进网络产业的健康发展。

（2010年第6期）

---

① 《北京市高级人民法院关于审理涉及网络环境下著作权纠纷案件若干问题的指导意见（一）》（试行）第25条第2款规定："网络服务提供者因提供信息存储空间服务而收取的广告费，一般不应认定为直接获得的经济利益；网络服务提供者针对特定作品、表演、录音录像制品而投放的广告，可以根据案件的具体情况，在认定网络服务提供者是否存在过错时酌情予以综合考虑。"

我国未成年人侵权责任承担制度之合理构建

胡雪梅*

未成年人侵权责任承担制度是侵权责任法的重要组成部分,其合理构建既关系到受害人合法权益的合理保护,也关涉未成年人自身的健康成长和发展,并涉及未成年人的父母(亲权人)与监护人、幼儿园、学校等之间的权利义务分配等一系列重要问题。尽管我国1986年颁布的《民法通则》第133条①对此作了规定,但法律界的相关激烈争论一直没有停止过,以致在2008年9月全国人大法工委主持召开的"侵权责任法草案研讨会"上,该问题仍是与会代表之间争论最为激烈的问题之一。"专家和法官分成了两种立场,一种是肯定立场,一种是反对立场。肯定派主要是年龄较大的学者以及全体参加讨论的法官,都一致赞成这样的做法,认为《民法通则》第133条的规定经过二十几年的司法实践检验,是好用的,是应当肯定的,尽管其没有太多的理论可说。反对派主要是年轻学者,强烈反对这样规定,都说这个规则没有深刻的理论基础,是不对的。而在主要国家的侵权法中,都不这样规定。而是用未成年人过失理论、识别能力理论以及责任能力理论作为这个责任的理论根据。"②

由于2010年7月1日起施行的我国《侵权责任法》在该问题上总体继承了《民法通则》第133条的规定,未作大的改动,故我国法律界关于未成年人侵权责任承担问题的激烈争论并不会随着《侵权责任法》的施行而自然平息和消除。有鉴于此,必须更进一步深入探讨和研究未成年人侵权责任承担制度所涉及的

* 作者单位:上海对外贸易学院法学院。

本文系司法部2009年度国家法治与法学理论研究项目《我国人身损害综合性救济法律机制的合理构建》(项目编号:09SFB5021)、2010年上海市社科规划课题《国家末位补偿机制的构建研究——人身伤害救济的一种模式探索》的阶段性成果,并受上海市教育委员会科研(创新)项目资助。

① 我国《民法通则》第133条规定:"无民事行为能力人、限制民事行为能力人造成他人损害的,由监护人承担民事责任。监护人尽了监护责任的,可以适当减轻他的民事责任。有财产的无民事行为能力人、限制民事行为能力人造成他人损害的,从本人财产中支付赔偿费用。不足部分,由监护人适当赔偿,但单位担任监护人的除外。"

② 杨立新:"侵权责任法草案应当重点研究的20个问题",载《河北法学》2009年第2期。

诸多问题,客观全面评价从总体上继承了我国《民法通则》第 133 条的《侵权责任法》第 32 条的价值和意义,并分析其存在的缺陷和问题。在此基础上,本文提出合理构建我国未成年人侵权责任承担制度的建议,以期对我国《侵权责任法》的完善和未来民法典的制定有所裨益。

一、未成年人的侵权责任能力不应存在特殊性

在未成年人侵权责任承担制度中,最关键的问题便是未成年人的侵权责任能力问题。"自然人的侵权责任能力,即自然人对自己的侵权行为承担民事责任的能力。"[①]对完全行为能力人均具有侵权责任能力,需自行承担侵权责任这一点,世界各国的做法是完全一致的,但对无行为能力人、限制行为能力人是否全部具备侵权责任能力这一点,世界各国的立法例存在很大差异:有的肯定和规定这些人的侵权责任能力不具有特殊性,其侵权本人仍应承担责任,有的则认为和规定应根据辨识或判断能力一分为二,即其中有辨识能力或判断能力的具有侵权责任能力;反之则无。因此,在未成年人侵权责任承担制度中,最关键的问题也就是未成年人的侵权责任能力是否具有特殊性的问题。具言之,到底是肯定所有的未成年人均具有侵权责任能力,必须对自己的侵权行为承担责任,还是应将未成年人根据所谓辨识能力或判断能力而一分为二:有辨识能力或判断能力的未成年人是具有侵权责任能力的,应该承担自己侵权行为之责任,而无辨识能力或判断能力的未成年人则是无侵权责任能力的,无须自行承担侵权责任。我国法律界关于未成年人侵权责任承担制度的根本分歧也正是围绕该问题而展开。为全面准确回答该问题,有必要对两大法系国家或地区的相关法律规定和做法予以比较研究和分析。

纵观大陆法系国家或地区的民法典,在未成年人侵权责任能力问题上,也即在是否承认未成年人的侵权责任能力具有特殊性的问题上,有两大立法例:一是以《法国民法典》为代表,可谓之法国模式;二是以《德国民法典》为代表,可谓之德国模式。

法国模式的民法典均否定未成年人在侵权责任能力问题上具有特殊性,故规定未成年人侵权的,其本人必须承担责任。如《法国民法典》第 1382 条规定:"任何行为致他人受到损害时,因其过错致行为发生之人,应对该他人负赔偿之

---

① 王利明主编:《民法》,中国人民大学出版社 2008 年版,第 59 页。

责任。"[①]而法国的相关司法实践对过错的判断采用的是统一的"善良家父"的客观行为标准,并不会为未成年人设定特殊的标准。《巴西民法典》第186条以及美国《路易斯安那民法典》第2315条也都有相同的规定。而《埃塞俄比亚民法典》第2030条则直截了当地规定:"除非法律另有规定,过错的估计不得考虑有关人的年龄和精神状态。"[②]而且,鉴于未成年人多无财产或无足够财产之客观情况,为合理保护受害人合法权益,这些属于法国模式的民法典还进一步规定,未成年人侵权,其父母或其他监管人应依法承担连带责任。

德国模式的立法例均肯定未成年人在侵权责任能力问题上存在特殊性,认为应对未成年人作一分为二的划分,一部分未成年人因不具有相应的辨识能力或判断能力,故无侵权责任能力,由此规定该部分未成年人侵权,其本人无须承担责任,由其父母或其他监管人依法承担。而另一部分具有足够辨识能力或判断能力的未成年人才具有侵权责任能力,其本人须承担责任。意大利、荷兰、俄罗斯、日本、蒙古、埃及、阿尔及利亚、智利、我国台湾地区、我国澳门特别行政区等国家和地区的相关民法规定均属德国模式。在此情况下,为保护受害人的合法权益,该立法例大都规定由未成年人与其父母或其他监管人一道依法负连带责任。[③]

由于德国模式的立法例在侵权责任能力上对未成年人作了一分为二的划分,故其均对判断未成年人侵权责任能力的标准作了规定,根据其不同做法,可分为以下三大类:(1)由立法直接划定年龄标准,在某个年龄之下的未成年人均为无侵权责任能力人,其他则为有侵权责任能力人,如荷兰、俄罗斯、蒙古、埃及、阿根廷、我国澳门特别行政区等国家或地区的民法典即是如此。但这类民法典对该年龄标准本身的规定并不完全一样,如荷兰、俄罗斯、蒙古等国民法典规定的年龄标准为14岁,埃及民法典规定的年龄标准为7岁,阿根廷民法典规定的年龄标准为10岁。(2)立法既设定年龄标准又同时设定意思能力或曰判断能力或辨识能力标准,如《德国民法典》第828条规定,7岁以下的未成年人为无侵权责任能力人,已满7岁但未满18岁的未成年人,如在实施加害行为时"不具备识别责任所必要的判断力的,不就其所加给他人的损害负责"。[④] 因此,这些未

---

① 《法国民法典》,罗结珍译,中国法制出版社1999年版,第330页。

② 徐国栋主编:《埃塞俄比亚民法典》,薛军译,中国法制出版社、金桥文化出版(香港)有限公司2002年版,第371页。

③ 但《日本民法典》、《澳门民法典》规定由未成年人单独承担责任,《蒙古国民法典》则规定由未成年人本人负首要责任,父母或其他监管人负补充责任。

④ 《德国民法典》(第2版),陈卫佐译注,法律出版社2006年版,第308页。

成年人是没有侵权责任能力的，而其他未成年人则均有侵权责任能力。《智利共和国民法典》第2319条也有类似规定。(3)立法既不设定年龄标准，也不设定"年龄+意思能力"标准，而是将该问题交给法官自由裁量。例如，《意大利民法典》第2048条规定："在实施致损行为时，无判断能力和意思能力的人不承担致损行为的后果。"[①]《日本民法典》第712条规定："未成年人给他人造成损害的，如果是因为不具备足以辨识自己行为责任的智能，则不对其行为负赔偿责任。"[②]我国台湾地区"民法"第187条也有类似规定。

在英美法系国家，未成年人从来都是要对自己的侵权行为承担责任的。[③]因此，用大陆法系的侵权责任能力理论来概括或评说，则英美法系与大陆法系法国模式在该问题上的态度是一致的，即否定未成年人的侵权责任能力具有特殊性，任何人包括未成年人均应对自己的侵权行为承担责任。

由上可以看出，无论是我国还是大陆法系其他国家或地区，对未成年人的侵权责任能力是否存在特殊性的问题均存在分歧。笔者认为，法国模式的民法典以及英美法系否定未成年人的侵权责任能力存在特殊性的观点和做法是正确的，而德国模式的民法典肯定未成年人之侵权责任能力具有特殊性的观点和做法是不可取的，其理由表现在如下几个方面。

1. 所有人具有平等的侵权责任能力是民事权利能力人人平等的应有之义。"民事权利能力人人平等，始于出生、终于死亡"是现代民法的基础和基本理念，也是各国或地区民法典均明确规定的，而民事权利能力的含义便是指赋予人们作为民事主体的法律资格，其包括两方面的必然内容：其一，民事权利能力是人们享有民事权利的法律资格；其二，民事权利能力是人们承担民事义务的法律资格。故无任何人对"自然人的民事权利能力，是指法律赋予自然人得享有民事权利、承担民事义务的资格"[④]之类的定义提出异议。既然任何人均具有平等的民事权利能力，其自然也就平等地具有享有民事权利的主体资格，平等地具有承担民事义务的主体资格。这就意味着任何人都应平等地具有承担合同义务、违约责任和侵权责任的主体资格。我国法律界对未成年人有权成为合同的当事人，并应承担其为当事人的合同项下的民事义务和责任这一点是没有争议的，甚

① 《意大利民法典(2004年)》，费安玲等译，中国政法大学出版社2004年版，第480页。

② 《最新日本民法(2006最新版)》，渠涛译，法律出版社2006年版，第151页。

③ 胡雪梅著：《英国侵权法》，中国政法大学出版社2008年版，第72页；姜战军著：《未成年人致人损害责任承担研究》，中国人民大学出版社2008年版，第92~93页；《美国侵权法重述》(第2版)第283A条、第316条。

④ 王利明主编：《民法》，中国人民大学出版社2008年版，第53页。

至对未成年人应该承担停止侵害、排除妨害、消除危险、返还财产等侵权责任也无争议,[1]唯独对未成年人是否应平等具有承担侵权责任中的赔偿责任的能力存在争议,即相当部分的学者否定未成年人与正常成年人一样具有平等的侵权责任能力,认为未成年人中那部分没有辨识能力者应该是没有侵权责任能力的,不能自行承担其侵权行为的赔偿责任。[2] 显然,这样的主张是违背民事权利能力人人平等的基本民法理念的,将这样的主张入法,是与民事权利能力人人平等的基本立法原则相矛盾的。总之,含侵权责任能力在内的所有民事责任能力人人平等是民事权利能力人人平等之应有之义。

2. 各国侵权法对客观过错说的普遍采用,从理论基础的角度宣告了未成年人之侵权责任能力存在特殊性的观点和做法不可取。认为未成年人的侵权责任能力具有特殊性的观点之所以得到一些大陆法系国家和地区学者和立法的肯定和认可,乃是因为大陆法系的传统理论坚持过错归责原则而且是主观过错归责原则,即所谓主观过错说。根据主观过错说,只有行为人对自己行为的性质及后果具有认识能力,才能对此后果承担法律责任。因此,一部分未成年人由于年幼或其他原因不具有形成主观过错的能力,故不能承担侵权责任。显然,主观过错说构成了未成年人侵权责任能力具有特殊性的主张和立法的理论基础。但从现在各国侵权法的普遍趋势和状况来看,主观过错说已趋式微,绝大部分国家或地区的立法和司法实践采取的是客观过错说,即判断行为人是否具有过错是从某一客观行为标准出发。这一标准在不同国家或地区尽管有不同的称谓,如法国、意大利、埃塞俄比亚、路易斯安那州等国家或地区谓之"善良家父的行为标准",英美法系的国家或地区则谓之"合理人行为标准",但都坚持对过错的判断不能依所谓的主观可归责性而为,而应是同样的行为适用同一行为标准。只有这样,对受害人而言才是公平、合理的。在这样的现实状况下,坚持未成年人的侵权责任能力具有特殊性,即有的未成年人具有侵权责任能力,有的又没有侵权责任能力的观点或做法也就失去了其应有的理论基础。

3. 法国模式的民法典与英美法系国家之做法,从实在法的角度宣告了未成年人之侵权责任能力存在特殊性的观点或做法不可取。如上所述,大陆法系以法国民法典为代表的一批国家或地区的民法典是否定未成年人的侵权责任能力

---

① 王利明主编:《民法》,中国人民大学出版社 2008 年版,第 60 页。

② 王利明主编:《中国民法典学者建议稿及立法理由 · 侵权行为法编》,法律出版社 2005 年版,第 164 页;徐国栋主编:《绿色民法典草案》,社会科学文献出版社 2004 年版,第 707 页;[德]布吕格迈耶尔编:《中国侵权责任法学者建议稿及立法理由》,朱岩译,北京大学出版社 2009 年版,第 6 页。

具有特殊性的观点的，并规定所有人（包括未成年人及精神病患者）均应对自己的侵权行为承担责任。无独有偶，英美法系也持相同的立场。这就从实在法的角度宣告了未成年人的侵权责任能力存在特殊性的观点和做法并不可取。

4. 德国模式的民法典本身大量自相矛盾的规定也说明了未成年人之侵权责任能力存在特殊性的观点是不可取的。毋庸讳言，大陆法系大部分民法典在未成年人侵权责任能力问题上是属于德国模式的，即认为和规定未成年人中不具备足够的辨识能力或判断能力的那一部分人不具有侵权责任能力，无须承担侵权责任。但深入分析这些国家或地区的相关民法规定则不难发现，其在具体制度设计上，均在不同程度上对该理念进行了反证，不妨略举数端。

其一，关于公平补救原则的设立。由于德国模式立法例认为不具有相应辨识能力或判断能力的未成年人是不具有侵权责任能力的，故其侵权无须自行承担责任，而由其父母或其他监管人依法承担。如严格彻底贯彻这样的理念必然会导致对受害人的不公平。因为在此情况下，完全可能出现父母或其他监管人因无财产（或无过错）而不能（或不需）承担责任的情况，而此时如果未成年人即使有财产也可以不承担责任的话，对受害人而言无论如何是不公平的，故德国模式的立法例大部分[①]都设置了所谓公平原则对此予以补救。其具体做法是赋予法官自由裁量权，由其根据案件的客观情况判定由未成年人本人承担全部或部分赔偿责任。故实际上在这些国家或地区即使是无侵权责任能力的未成年人也是要对自己的侵权行为承担责任的，前提只不过是要符合其公平补救原则的相应条件罢了。

其二，关于过错问题的种种规定。从德国模式立法例关于未成年人之过错问题的种种规定也不难看出其相关主张或做法的自相矛盾或"尴尬"之处。例如，《荷兰民法典》肯定不具有侵权责任能力的未成年人是不需要承担侵权责任的，且将判断侵权责任能力的年龄标准设定为14岁，故其第164条规定："不满14岁的儿童所实施的行为，不得作为侵权行为由其承担责任。"[②]但其第165条第1款的规定则令人不禁疑窦丛生了。"14岁或者14岁以上的人的行为被认为是在智力障碍或者身体残疾影响下实施的，不妨碍作为侵权行为由其承担责任。"[③]根据该条款的规定，已满14岁的未成年人具有侵权责任能力，一律要承担责任，即使行为完全是由于该未成年人存在智力障碍或身体残疾的情况而实

① 德国、意大利、俄罗斯、阿尔及利亚、埃及、我国台湾地区、我国澳门特别行政区均属此列。

② 《荷兰民法典》（第3编、5编、6编），王卫国主译，中国政法大学出版社2006年版，第203页。

③ 同上。

施的也不例外。这显然与“具有侵权责任能力的人应该具有形成主观过错的能力”的理念相矛盾。再如,《俄罗斯联邦民法典》也是将未成年人侵权责任能力有无的年龄标准设定为14岁,故不满14岁的未成年人因不具有侵权责任能力而对其侵权行为不承担侵权责任,但该法典第1073条第2款又规定:“如果需要监护的幼年人处于教育、医疗、居民社会保障机构以及依法作为幼年人监护人的其他类似机构(第35条),而该机构又不能证明损害非幼年人的过错所致,则应对幼年人所致损害承担赔偿责任。”①

这也令人不禁纳闷:幼年人(不满14岁者)之所以无须承担责任乃在于其年幼而无形成过错的能力,何以法典又规定相关当事人如要免责则需证明幼年人“无过错”呢?②

其三,关于侵权责任能力年龄标准的规定。从德国模式的立法例关于未成年人无侵权责任能力年龄标准的极为悬殊、五花八门的规定上,也不难看出问题的端倪。如《德国民法典》、《埃及民法典》、《澳门民法典》将未成年人无侵权责任能力的年龄标准设定为7岁,《阿根廷共和国民法典》将其设定为10岁,《荷兰民法典》将其设定为14岁,不一而足。人们不禁要问:同为地球村上的未成年人,不同国家或地区未成年人的智力会有这么大的差异吗?难道有的聪明到只要满7岁就有法律所要求的辨识能力或判断能力,而有的则要到14岁或更大?

综上所述,不难得出结论,在侵权责任能力问题上,所有人都应该是平等的,即人人均具有侵权责任能力,都必须承担自己的侵权行为所引发的责任。而且,为合理保障受害人权益,立法还应规定父母或其他有过错的监管人应依法承担连带责任。确实,在未成年人侵权责任承担的具体制度设计中,应该充分考虑如何合理保障未成年人健康成长和发展的问题,但这一目标的达成并非一定要以肯定或承认“未成年人之侵权责任能力具有特殊性”为条件或前提,而是完全可以通过合理的保护规则的设计而实现。例如,在责任最终只能由未成年人承担时,可以对其责任加以必要或合理的限制,不少国家的民法典就是这样做的,《巴西民法典》第928条第2款即规定:“若将剥夺无行为能力之人或依靠他生活的人的必需品,此等赔偿不发生。”③又如,在共同侵权和混合过错制度的设计中,可以对相关正常成年人设定更高的行为标准。再如,在容易产生未成年人侵权责任的场合实行责任保险制度等。这些制度设计都可以起到合理保障未成年

---

① 《俄罗斯联邦民法典》(全译本),黄道秀译,北京大学出版社2007年版,第369页。

② 《俄罗斯联邦民法典》第1073条第1款也有类似的规定。

③ 《巴西新民法典》,齐云译,徐国栋审校,中国法制出版社2009年版,第129页。

人健康成长和发展的积极作用，但均与是否认可未成年人之侵权责任能力具有特殊性的命题无关。

二、父母与其他监管人在未成年人侵权时的责任性质与形式[①]

如上所述，未成年人侵权，其本人必须对受害人承担责任，但毋庸讳言，现实生活中大部分未成年人并没有相应的财产能用以全部或足额支付对受害人的赔偿，故为合理保护受害人利益，在未成年人侵权责任承担制度的合理构建中，父母和其他监管人也应承担相应的责任，而其责任的性质与形式如何确定对合理平衡各方当事人的利益具有重要意义。

从大陆法系民法典的相关规定来看，对父母责任的性质存在两种不同的选择：(1)将父母责任定位为无过错责任，如埃塞俄比亚、巴西、越南、蒙古、俄罗斯、路易斯安那州等国家或地区的民法典即是如此。(2)将父母责任定位为推定过错责任，如法国、德国、意大利、日本、埃及、智利、我国台湾地区、我国澳门特别行政区等国家或地区的立法例即是如此。从英美法系国家或地区的情况来看，传统做法是只在父母有过失的情况下，其才承担责任，但已经有不少地方开始对父母实行无过错责任，尽管一般都附带有赔偿数额的限制。[②] 那么，我国侵权责任法在此问题上应持何立场？笔者认为，应该将父母责任定位为无过错责任，理由如下。

在未成年人侵权案件中，父母承担责任只可能处于下述两种情况之一：(1)父母本身对子女存在监管教育上的过错，如能够制止子女的行为而没有制止；平时对子女不加妥当管教甚至纵容子女养成顽劣害人恶习等。(2)父母并无监管教育上的过错，如已依法律规定或约定将子女托付他人直接管理，而他人

① 可能因未成年人之侵权行为而承担责任的主体除未成年人本人外，还会有哪些？纵观大陆法系相关民法规定可以发现，除父母外，责任主体还包括监护人、托儿所、幼儿园、学校、医院、其他承担管理照料义务的自然人或法人、组织等。对这些责任主体应如何称谓，各国或地区的相关规定不尽相同，如德国民法典统一称为负有监督义务的人；日本民法典统一称为监督人或监督义务人；澳门民法典统一称为负有管束义务的人；我国台湾地区“民法”统一称为法定代理人；意大利民法典既统一称为负有监督义务的人，又将其细分为父母、监护人、家庭教师和师傅四类；荷兰民法典将该责任主体规定为亲权人、监护权人；埃及民法典将其规定为亲权人、非亲权人。而本文则统一用“监管人”概括所有可能的责任主体，再细分为父母、其他监管人，而其他监管人则包括：监护人、学校、幼儿园等教育、管理机构，以及受父母或监护人委托照看、照料未成年人者。

② 姜战军著：《未成年人致人损害责任承担研究》，中国人民大学出版社 2008 年版，第 98 页以下。

存在过错却无法（如无足够财产）承担责任。对前一种情况，父母应该承担责任自是没有疑问的，这时父母责任的性质可以说是为自己的过错行为负责。但在第二种情况下，父母究竟要不要承担责任本身也构成了问题。对父母责任持推定过错责任原则的民法典对此的回答显然是否定的，而对父母责任持无过错责任原则的民法典对此的回答则是肯定的。两者哪个更合理呢？笔者认为，后者更合理，理由主要是：其一，是父母将孩子带到这个世界上来的，他们自当负责到底。对不愿负责的父母法律就必须强制其承担相应的后果。其二，父母是孩子的法定受益人，或表现为物质上的受益，或表现为精神上的受益，故理应承担与此相适应的义务。否则，没有过错的受害人将得不到任何救济，这无论如何是不公平的。因此，父母在未成年子女侵权时，其所承担的责任既可能是过错责任，也可能是无过错责任。故在法律设计上，将父母责任定性为无过错责任显然更为合理。[①] 这就意味着在未成年人行为构成侵权时，父母有过错自然应该承担责任，而父母如无过错或当事人难以证明其过错，但又无其他责任人可以承担责任时，父母仍然应当承担责任。[②]

正是由于父母与未成年人存在上述特殊关系，而这种特殊关系是其他监管人甚至是监护人也难以比拟的，故其他监管人责任与父母责任在性质上显然应有所区别。而大陆法系国家或地区的通行做法是将其他监管人责任定位为推定过错责任而非一般过错责任，[③]因为这样可以更有效、合理地保护受害人的合法权益。所以我国立法也宜将包括监护人在内的其他监管人的责任定位为推定过错责任而非一般过错责任。

父母或其他监管人为未成年人承担侵权责任应选择连带责任形式。关于父母或其他监管人的责任形式，大陆法系中法国模式民法典规定其为连带责任；而大部分德国模式民法典则规定，未成年人中有侵权责任能力者侵权，父母或其他监管人的责任也是连带责任；无侵权责任能力的未成年人侵权，父母或其他监管人依法单独承担责任，但在此情况下，如父母或其他监管人无法承担责任，未成年人须根据公平原则承担责任，这实际上也非常接近于连带责任。在英美法系

---

① 理论界有学者呼吁对无过错责任实行限额赔偿原则。参见杨立新："规定无过错责任应当着重解决限额赔偿问题"，载《绍兴文理学院学报》（哲学社会科学版）2009 年第 3 期。笔者认为，该主张具有合理性，如能确立，则对承担无过错责任的父母自然也是适用的，但这与本文主旨并非同一范畴的问题，故本文不予赘述。

② 基于此，立法也不应否定丧失亲权或没有与子女一起共同生活的父母一方（或双方）对未成年子女侵权的责任，但在父母相互之间可根据是否行使监管职责的实际情况合理划定责任份额。

③ 英美法系国家可通过事实自证规则达到大陆法系民法典之推定过错责任的类似效果。

国家或地区，一旦认定父母或其他监管人具有监管上的过失，其责任形式也是连带责任。故对父母或其他监管人的责任采连带责任的形式既是当今世界的通行做法，也是合理保护受害人合法权益的客观所需，我国立法宜予选择。

三、未成年人承担侵权责任的合理限制

未成年人是国家、社会乃至人类的未来，而其成长与成熟客观上需要一个较长的时间过程。在此过程中，不仅需要得到父母、学校等个人或组织的悉心教育和爱护，实际上，全社会每个成员都有义务尽力帮助和爱护未成年人。因此，在未成年人侵权责任承担制度的构建中，确实有必要在不影响前述基本责任原理和规则的前提下，通过合理的保护规则的设计，保障未成年人能够健康成长和发展。许多国家或地区的民法典对此都有不同程度的反映，我国立法也不应例外。

（一）合理限制未成年人侵权责任的一般规则

在现实生活中，由于种种原因，可能出现侵权责任最终只能由未成年人承担的情况。例如，根据法国模式的民法典，未成年人侵权时其本人均应依法与父母或其他监管人负连带责任，此时如果父母、其他监管人无财产，责任最终只能由未成年人承担。又如，德国模式的民法典大部分是规定有侵权责任能力的未成年人侵权时其本人应与父母或其他监管人一起负推定过错的连带责任，此时如父母或其他监管人无足够财产或过错的，未成年人本人也应承担责任。而即使是无侵权责任能力的未成年人，法官也可对其适用公平责任。属于德国模式的《日本民法典》、《澳门民法典》则规定有侵权责任能力的未成年人侵权需自己独立承担责任。在英美法系国家，未成年人则始终是承担责任的主体，甚至可以说是主要主体。因此，在侵权赔偿责任最终或客观上只能由未成年人承担的情况下，如何合理限制未成年人的责任，以保障其健康成长和发展便成为立法者必须解决的问题。不少国家的民法典对此有具体规定，例如，《德国民法典》第829条规定，如要判定未成年人承担责任，不得剥夺其维持适当的生计以及履行法定扶养义务之所需；《巴西民法典》第928条规定，损害赔偿不得剥夺不满16岁的未成年人[①]本人或依靠他生活的人的必需品；《俄罗斯联邦民法典》第1073条则规定，未成年人仅有义务对其侵权造成受害人生命健康权之损害承担相应的赔偿责任。

---

① 根据《巴西民法典》的规定，18岁以下的人均为未成年人。

我国立法对此也应有合理的体现，而在具体规则的设计上，笔者认为，立法上不宜对此规定得太具体，而宜原则性地规定法院可在考虑受害人所受损害的性质、赔偿费用的性质以及双方当事人经济状况的前提下，适当减少未成年人应予承担的赔偿数额。问题是对该“适当”作何理解，这就需要综合考虑受害人所受损害是健康损害还是财产损害，赔偿费用是实际损失费用如医疗费、交通费、丧葬费、受害人本人及其所供养者①的基本生活费等，还是期待利益性的财产损失如死亡赔偿金或残疾赔偿金，乃至精神损害赔偿费等。此外，还应考虑未成年人与受害人双方的经济或财产状况。原则上，法院可根据上述客观情况适当减少精神损失费、死亡赔偿金或残疾赔偿金的赔偿数额，对实际损害费用一般不得减少。② 必须说明的是，由于该“适当”减少并不考虑未成年人的辨识能力或判断能力，故此处对未成年人责任的合理限制与未成年人侵权责任能力之有无或大小等命题无任何关系，而只是体现了立法对未成年人健康成长和发展的特别关切。

（二）共同侵权与混合过错制度的特殊设计问题

由于未成年人的健康成长不仅关系到其本人，实际也关系到国家和社会甚至人类的未来，故不仅未成年人之父母、监护人、学校等监管人应善尽法定教育、监管义务，其他社会成员尤其是正常成年人也应尽最低限度的关照和爱护义务。体现在侵权法上，就意味着有必要对共同侵权与混合过错制度作合理的调整或特殊的设计。当然，这种特殊设计只有在其中一方当事人为未成年人、另一方为正常成年人时才有存在之必要和空间，如当事人均为未成年人或正常成年人时自无必要和余地。

在共同侵权中，如有的侵权人为未成年人，其他为正常成年人，则正常成年人负有更为谨慎行为的义务。这也就意味着在同样的情况下，其应该承担更大的责任份额。在混合过错中，如侵权人为未成年人，受害人为正常成年人，则该成年人一方负有更为谨慎行为的义务。这就意味着较之通常的情形，该受害人更容易被认定为要自担部分或主要责任。但对于混合过错中的受害人与共同侵权人，立法在规则设计上还是应该有所区别，具体可将对正常成年的受害人适用上述更严格行为标准的前提设定为“明知或应知侵权人为未成年人”，而对共同

---

① 其含抚养、扶养和赡养三种情况。

② 《德国民法典》、《巴西民法典》相关规定所体现的不得剥夺未成年人维持基本生计及履行扶养义务之所需的旨意，在我国完全可以通过民事执行程序的相关规定解决，不必在实体法中作具体规定。实际上，在执行过程中，保障被执行人的基本生存所需一直是我国民事执行制度所肯定的，不论被执行者为谁。

侵权人则没有必要给予如此的“优待”。

与共同侵权有关的值得特别探讨的是所谓教唆或帮助未成年人侵权的问题。对此,最高人民法院《关于贯彻执行〈中华人民共和国民法通则〉若干问题的意见(试行)》第148条规定:“教唆、帮助他人实施侵权行为的人,为共同侵权人,应当承担连带民事责任。教唆、帮助无民事行为能力人实施侵权行为的人,为侵权人,应当承担民事责任。教唆、帮助限制民事行为能力人实施侵权行为的人,为共同侵权人,应当承担主要民事责任。”这一规定所体现的对正常成年人教唆、帮助未成年人侵权采取更严格的责任认定标准的精神是值得肯定的,但该规定对教唆、帮助无民事行为能力的未成年人之情形完全否定监管人之责任的做法受到我国学者的诟病。① 但在笔者看来,该规定最大的问题则是完全排除了无民事行为能力的未成年人对自己侵权行为所应承担的责任,在教唆、帮助者没有财产或财产不足的情况下,这对受害人是十分不利的。而《侵权责任法》第9条规定:“教唆、帮助他人实施侵权行为的,应当与行为人承担连带责任。教唆、帮助无民事行为能力人、限制民事行为能力人实施侵权行为的,应当承担侵权责任;该无民事行为能力人、限制民事行为能力人的监护人未尽到监护责任的,应当承担相应的责任。”该规定克服了上述最高人民法院司法解释关于教唆、帮助无民事行为能力的未成年人侵权,其监护人完全不承担责任的不当做法,但排除了未成年人对自己的侵权行为应该承担的责任,也未明确父母与其他监管人责任的性质与形式。笔者认为,因所有人的侵权责任能力一律平等,教唆、帮助未成年人侵权的,教唆、帮助者与被教唆、被帮助者同样构成共同侵权,父母或其他有过错的监管人仍应对未成年人之责任承担连带责任,但在确定教唆、帮助者与被教唆、被帮助的未成年人之间的责任份额时,完全可以根据合理保护未成年人利益的精神,对正常成年人适用更严格的行为标准,由其承担主要或全部责任。例如,教唆不满10岁的未成年人侵权的,法院完全可以根据具体情况,在责任人内部确定由教唆人负全部责任。而教唆其他未成年人的,法院可确定教唆人负主要责任。

与混合过错有关的一个特殊问题是,加害人一方为正常成年人,而受害人一方为未成年人时,应如何合理保护未成年的受害人利益。严格地说,该问题并非未成年人侵权责任承担制度构建中的问题,但由于其也属混合过错中的问题,并且与合理保护未成年人利益有紧密关系,故有必要在此一并探讨解决。对此问题,法律界目前争议的焦点主要集中于:在未成年受害人的父母或其他监管人存

① 杨立新主编:《类型侵权行为法研究》,人民法院出版社2006年版,第620页。

在一般性监管过错的情形下，是否应该减轻加害人的责任。法院现行的做法是，只要监管人有过错即相应减轻加害人的责任，而理论界则多认为，如果受害人是不满10岁的未成年人，其监管人仅有一般过错，则不能减轻加害人一方之责任，以合理保护未成年人之利益。[①] 对此，笔者认为，目前法院完全不考虑未成年人成长特殊性的简单做法固然不妥，而理论界主张的对未成年人予以合理保护之“法律阳光”仅照耀于不满10岁的未成年人之观点也未必值得赞同。故我国立法宜规定：加害人一方为正常成年人而受害人一方为未成年人的，前者负有更为谨慎行为的义务。如此，不仅受害人不满10岁而其监管人仅有一般过失之情况可以达到不减轻加害人责任之实效，即使在受害未成年人超过10岁时，法院也可根据实际情形不予减轻加害人责任，或减轻的幅度可相应地小些，甚至在监管人存在严重过错之情形下，也可对加害人责任减轻的幅度作合理的控制。

四、未成年人侵权责任承担规则的适用

由于未成年人侵权责任承担问题涉及受害人、未成年人及其父母或其他监管人等多方利益的合理平衡问题，故无论一国对该问题采用何种理论基础及制度规则，但无例外的是，其都会成为侵权法中的一个需要特殊对待的问题。故此，就该问题的解决而设计的侵权责任承担规则体系也就成为一国侵权法上的一项特殊制度。而在何种情况下该特殊责任制度可予适用，就构成了未成年人侵权责任承担制度的适用前提。然而，从大陆法系国家或地区民法的规定来看，大多对此没有明确，但《荷兰民法典》却是例外，该法典第169条第1款明确规定：“不满14岁的儿童致第三人损害的，如果其行为在不考虑其年龄的情况下构成侵权，对该儿童行使亲权或者监护权的人应当就此损害向该他人承担责任。”这就明确表明，如果未成年人的行为在不考虑其年龄的情况下构成侵权，即适用未成年人侵权责任承担之特殊规则。简言之，只要成年人为某行为构成侵权，未成年人为之即发生未成年人侵权责任承担规则之启动或适用问题。换言之，如果成年人为某行为不构成侵权或无须承担侵权责任，未成年人侵权责任承担规则自不应启用或适用。这也进一步明确了无论是在实行过错责任原则的领域，还是在实行无过错责任原则的领域，凡未成年人所为的某行为如成年人为之构成侵权，则未成年人侵权责任承担规则即予适用。

---

① 杨立新：“侵权责任法草案应当重点研究的20个问题”，载《河北法学》2009年第2期。

我国《民法通则》及相关司法解释没有对此问题作出明确规定，而《侵权责任法》仍然没有予以明确规定。但我国理论界已有学者注意到该问题并提出了相应的建议，例如，梁慧星教授主持起草的《中国民法典草案建议稿》第1588条第1款规定："无民事行为能力人造成他人损害或者限制民事行为能力人在自己的辨别能力之外造成他人损害的，由监护人承担民事责任。监护人尽到了监护职责的，可以适当减轻其民事责任。"而其第2款即规定："在当时情形即使是具有完全民事行为能力的人也不对损害承担民事责任的，监护人不承担民事责任。"①又如，王利明教授主持起草的《中国民法典学者建议稿及立法理由·侵权行为法编》第1898条第1款规定："无民事行为能力人或者限制民事行为能力人造成他人损害的，应当由负有监护责任的人承担民事责任，但即便行为人有完全行为能力仍不能避免损害发生的除外。"②可以看出，我国学者的相关建议在实质意义上与《荷兰民法典》第169条第1款的规定是一致的，但比较而言，《荷兰民法典》的规定更简洁明了，故笔者建议我国未来修改《侵权责任法》或制定民法典时，应明确规定未成年人侵权责任承担规则适用的前提，并在具体规定上借鉴《荷兰民法典》第169条第1款的规定，即规定未成年人侵权责任承担规则适用的前提是，未成年人的行为在不考虑其年龄的情况下构成侵权。

与未成年人侵权责任承担规则的适用紧密相关的两个问题也有必要予以探讨和明确。

1. 关于经济上未独立之成年子女侵权的责任承担问题。就一般意义而言，已成年之子女侵权，父母并无义务为其承担责任，这也是各国立法之通例。但现实的客观情况是，有一部分子女虽然成年，但由于就学、暂无法就业或不愿就业等原因而在经济上尚未完全独立，在这部分人侵权时若机械坚守"自己责任"原则将使受害人无法得到救济，从受害人角度而言这并不公平。因为在此情况下，父母与子女之间存在特殊关系的客观事实并没有因子女之成年而自然消失，如父母永远是子女生命之赋予者，仍然享受子女现实给予或未来可能带来的利益，如现实的天伦之乐、未来的赡养利益等，而且子女之侵权也未必与其对子女原先所实施的教育或不教育毫无关系，故在此情况下简单规定父母无须承担任何责任难谓妥当或公平。因此，美国《路易斯安那民法典》第2318条规定，父母应就经济上未自立的成年子女的侵权行为承担责任。笔者认为，这样的规定是值得

① 中国民法典立法研究课题组（课题负责人梁慧星）主编：《中国民法典草案建议稿》，法律出版社2003年版，第316页。

② 王利明主编：《中国民法典学者建议稿及立法理由·侵权行为法编》，法律出版社2005年版，第164页。

借鉴的。实际上，我国最高人民法院《关于贯彻执行〈中华人民共和国民法通则〉若干问题的意见（试行）》第 161 条第 2 款就规定："行为人致人损害时年满十八周岁的，应当由本人承担民事责任；没有经济收入的，由扶养人垫付，垫付有困难的，也可以判决或者调解延期给付。"该规定所体现的应合理保护受害人合法权益的基本精神是值得肯定的，但在规则设计上还有可优化的空间：(1)抚养人的范围似太宽泛，可限定为父母。(2)为合理平衡各方当事人利益，父母之责任尽管为垫付性质，但仍有加以合理限制的必要，原则上宜限定于受害人遭受生命健康权损害而发生的必要和实际的费用，如治疗费、受害人自身及受其供养者的生活费、基本教育费，以及丧葬费、交通费等，一般不宜包括残疾赔偿金、死亡赔偿金及精神损失费。但根据侵权人父母及受害人双方的经济状况，可予相应增减。①

2. 关于责任保险问题。由于未成年人之成长和成熟客观上存在一个较长的过程，在此过程中，未成年人往往容易因为认识能力或成熟度的局限而侵犯他人的权益，这在某种程度上甚至可以认为是难以避免的。因为有些损害事件的发生恐怕父母或其他监管人再善尽教育监管之义务或职责也难以避免，尤其是在幼儿园或小学乃至初中阶段的未成年人中。如下课期间相互追逐、嬉闹既属儿童天性，也为其健全人格发展之必需，实难也不应禁止，但由此往往发生不幸而生损害。为免承担责任，有的学校甚至采取下课后不让学生出教室玩耍、一放学立即将学生赶回家，甚至取消体育课等做法，这对未成年人之健康成长是十分不利的。因此，既要保障未成年人健康成长所必需的行为自由度，又要减轻父母、幼儿园、学校等监管人的责任压力，同时又要让受害人得到合理的救济，这就需要考虑针对未成年人设置责任保险，尤其是对年龄较小的未成年人如 10 ~ 12 岁以下的小学生、幼儿园孩童等更应如此。如时机成熟，可实行强制责任保险制度。②《阿根廷共和国民法典》第 1117 条就明确规定除大学外的教育机构"应成立民事责任的保险，管辖机构应为此目的采取履行前项义务的措施"。③

这样的规定很值得我国立法借鉴，故在我国未成年人侵权责任承担制度的立法构建中，宜为此留下必要的空间，而在具体规则设计上仅作原则性或宏观性规定即可，其目的是为该领域的责任保险之推广起到促进作用，并为侵权法与未来该责任保险机制的合理衔接留下余地，而其他更具体或细节性的问题可由保

---

① 受害人其他未能由未自立成年子女之父母垫付的损害自然可以在日后该子女有财产能力后继续追偿。

② 王利明："建立和完善多元化的受害人救济机制"，载《中国法学》2009 年第 4 期。

③ 《最新阿根廷共和国民法典》，徐涤宇译，法律出版社 2007 年版，第 275 页。

险法和其他专门性法律、法规解决。

五、完善我国未成年人侵权责任承担制度的建议

在2010年7月1日《侵权责任法》生效之前，我国立法关于未成年人侵权责任承担制度的基本规则是《民法通则》第133条，而自2010年7月1日起，我国立法关于未成年人侵权责任承担制度的基本规则是《侵权责任法》第32条，前者规定："无民事行为能力人、限制民事行为能力人造成他人损害的，由监护人承担民事责任。监护人尽了监护责任的，可以适当减轻他的民事责任。监护人尽到监护责任的，可以减轻其侵权责任。有财产的无民事行为能力人、限制民事行为能力人造成他人损害的，从本人财产中支付赔偿费用。不足部分，由监护人适当赔偿，但单位担任监护人的除外。"后者规定："无民事行为能力人、限制民事行为能力人造成他人损害的，由监护人承担侵权责任。监护人尽到监护责任的，可以减轻其侵权责任。有财产的无民事行为能力人、限制民事行为能力人造成他人损害的，从本人财产中支付赔偿费用。不足部分，由监护人赔偿。"可以明显看出，《侵权责任法》第32条在总体精神上基本继承了《民法通则》第133条的规定，故此，有必要首先对我国《民法通则》第133条的利弊予以分析。

1. 我国《民法通则》第133条之利弊分析。如前所述，自《民法通则》颁布以来，我国法律界对该第133条之规定积极赞成者有之，强烈反对者也有之，究竟应该如何评说该条规定的"是非功过"呢？笔者认为，全面赞成与全面否定的态度都是不对的，因为该条规定既有不容抹杀的价值和意义，但也同样有着不可忽视的缺陷和问题。

《民法通则》第133条规定的价值和意义在于，从实际效果来看，该条对受害人的保护是较为有利的。因为根据该条的规定，在未成年人侵权时，如未成年人有财产则需用自己的财产承担责任，如无财产则由监护人承担责任，但法官可根据情况适当减轻监护人责任。从处理的实际效果来看，尽管《民法通则》没有明文否定未成年人具有特殊侵权责任能力的理念或命题，但实际上是用具体规则的设计达到了该效果。故就对受害人合法权益的保护力度而言，尽管比起法国模式民法典之未成年人与父母或其他监管人负连带责任的规定逊色不少，但相较于德国模式民法典肯定未成年人在侵权责任能力上具有特殊性的相关规定却要强得多。实际上，也正因为如此，该规定的基本精神不仅为我国法律实务界人士所一致赞同，也得到了相当部分理论工作者的高度肯定，同时也为《越南社会主义共和国民法典》第606条所借鉴。

尽管存在上述价值和意义,《民法通则》第 133 条也存在不少不可忽视的缺陷和问题,主要体现在以下几个方面。

第一,根据该规定,很容易使人得出结论:我国是以有无财产来划分未成年人是否具有侵权责任能力的,而这样做是缺乏合理的理论支撑与说服力的,故对一些由此而产生的不正常现象或问题无法予以合理解答。例如,成年人中也有无财产而无法实际承担侵权责任的人,是否这些人也可称为"无侵权责任能力的人"?再如,根据此种划分,已满 14 岁却无财产的未成年人因严重犯罪行为而侵权,则该未成年人是具有刑事责任能力的但却不具有侵权责任能力,从简单之事理性质出发这种现象岂非难以令人理解和接受?

第二,根据该规定,尽管监护人对未成年人造成的损害有过错,但只要未成年人有财产,则监护人也无须承担任何责任,这对未成年人而言是极不公平的。同时,也不利于督促监护人善尽其监护责任。

第三,根据该规定,由于要以未成年人是否有财产来决定监护人到底要不要负责任,而未成年人是否有财产往往要到开庭调查甚至判决执行时才能真正弄清楚,这就造成了受害人在决定起诉时面临不知以谁为被告的尴尬局面。

第四,根据该规定,在未成年人有财产时,监护人无须承担责任,在未成年人无财产时,监护人应该承担责任,但同时又规定此时监护人如尽了监护责任的,可以"适当"减轻其责任,这使理论界对监护人到底是承担一般过错责任、推定过错责任、无过错责任抑或公平责任而争论不休。①

第五,该规定未区分亲权人与其他监管人,而是统一以"监护人"的称谓对之按同一的责任规则处理,这忽视了作为未成年人父母的亲权人与其他监管人在性质上的根本区别,因而是不合理的。

第六,根据该规定,单位作监护人的不需要承担责任;在未成年人有财产但财产不足时,监护人要承担责任却只承担"适当"责任,这些规定既看不出其理论依据何在,也不合理地损害了受害人的合法权益。

2. 我国《侵权责任法》第 32 条的利弊分析。如上所述,我国《侵权责任法》第 32 条从总体精神上看基本继承了《民法通则》第 133 条的规定,但有两点小的变化:(1)删除了《民法通则》第 133 条关于单位担任监护人不承担责任的规定。(2)删除了《民法通则》第 133 条关于未成年人财产不足时,监护人只是"适当"

① 姜战军著:《未成年人致人损害责任承担研究》,中国人民大学出版社 2008 年版,第 124 页以下。

承担责任的“适当”两字。[①] 从《侵权责任法》第32条的这两点修改来看，应该说是向着更有利于受害人救济的方向又迈了两大步。但应该看到的是，尽管《侵权责任法》第32条较之《民法通则》第133条更进一步关注到了对受害人的合理救济问题，并做出了改进的努力，因此克服了《民法通则》第133条上述六大缺陷或问题中的最后一点，但由于从总体精神上看，《侵权责任法》第32条基本继承了《民法通则》第133条的规定，故《民法通则》所存在的上述其他五大方面的缺陷或问题，《侵权责任法》均未予解决而是继续存在。

我国《民法通则》第133条以及取而代之的《侵权责任法》第32条之所以存在上述种种问题或弊端，究其实质乃在于：尽管两者均自觉或不自觉地意识到了德国模式民法典在未成年人侵权责任能力问题上的观点和做法存在不利于受害人保护的弊端，但囿于传统或惯性，却未能或未敢如法国模式民法典那样直接否定未成年人的侵权责任能力具有特殊性之传统观点或理念，并明确彻底地规定未成年人侵权时其本人应与父母或其他监管人一道负连带责任，而是以未成年人是否有财产来分别决定到底是未成年人本人承担责任还是监护人承担责任。这造成了因思路不明、逻辑不清而产生种种弊端的不利局面。故此，要改进和完善我国未成年人侵权责任承担制度，最根本的途径和做法是，勇敢放弃在未成年人侵权责任能力问题上的遮遮掩掩的态度和做法，旗帜鲜明地采法国模式立法例，明确肯定所有人均平等地具有侵权责任能力，并规定未成年人侵权时应由其本人与父母或其他监管人负连带责任，并将父母责任定位为无过错责任，将其他监管人责任定位为推定过错责任。

值得说明的是，未成年人侵权责任承担制度还涉及前文论述到的该制度规则的适用前提、对未成年人合理保护的特殊规则设计等方面，而我国现行有关未成年人侵权责任承担的立法在这些方面也存在一些疏漏和不足，但由于前文的相关分析和后文的相关建议对此均有论及和体现，故此处不多赘述。

综合全文，以下对我国未成年人侵权责任承担制度之合理构建提出8条立法建议，希望能对我国《侵权责任法》的完善和未来民法典的制定有所裨益。[②]

第一条 【未成年人侵权】

未成年人侵权系指未成年人的行为在不考虑其年龄的情况下构成侵权。

---

① 严格地说还有一点修改，那就是《民法通则》第133条规定，在未成年人无财产而由监护人承担责任时，如监护人尽了监护责任的，则可以适当减轻其民事责任，而《侵权责任法》第32条将该“适当”两字删除，但这样的删除并无多大实际意义，故本文对此修改忽略不论。

② 由于这些建议实际上是前文论述和观点水到渠成的结果，故此部分不再赘述其理由。

第二条 【未成年人与父母的连带责任】

未成年人侵权应由其本人与父母对受害人负连带责任。

父母中未与未成年人共同生活的一方可酌情减轻责任。

第三条 【监护人、幼儿园、学校等监管人的责任】

未成年人侵权如系发生于其处于监护人或托儿所、幼儿园、学校、医院、社会福利机构等自然人、法人或组织的监管之下时，该等监管人如不能证明自己对侵权行为的发生不存在监管过错的，应与未成年人一道对受害人负连带责任。受委托承担临时监管义务的人负同样的责任。

监管人与未成年人按各自行为与损害之间的因果关系的比例确定责任，难以划分确切比例的，平均承担。

父母始终对未成年子女所应承担的侵权责任负连带责任。

第四条 【未成年人责任的限制】

在责任客观上只能由未成年人承担时，法院可在考虑损害及赔偿费用的性质、双方当事人的经济状况等因素的前提下，适当减少未成年人应承担的赔偿数额。

第五条 【共同侵权中正常成年人的注意义务】

共同侵权人中既有未成年人，也有正常成年人的，后者负有更为谨慎行为的义务。

正常成年人教唆、帮助未成年人侵权，由教唆、帮助者与未成年人及其父母负连带责任。在责任人相互之间，由教唆、帮助者负主要或全部责任。

未成年人的监护人或其他监管人如不能证明其不存在监管过错的，与父母承担同样的责任。

第六条 【混合过错中正常成年人的注意义务】

加害人一方为未成年人，受害人一方为正常成年人，如后者明知或应知前者为未成年人的，负有更为谨慎行为的义务。

受害人一方为未成年人，加害人一方为正常成年人的，后者负有更为谨慎行为的义务。

第七条 【未自立成年子女侵权】

已成年但经济上尚未自立的子女侵权，如受害人所受损害为生命健康权损害，父母应代为垫付受害人之必需治疗费、受害人本人及其所供养者的基本生活费、教育费、丧葬费、交通费等实际损害费用。

法院可根据侵权人父母及受害人双方的经济状况适当增加或减少前者应垫付的赔偿费用。

第八条 【责任保险】

在针对未成年人存在责任保险的情况下，针对该未成年人侵权所产生的赔偿费用应首先由保险费支付。

如针对未成年人存在强制责任保险，则违反保险义务者，应对本可由保险费支付的损害赔偿费用承担责任。

（2010年第11期）

我国股票善意取得制度的立法缺失与完善

崔香梅*

我国2007年3月颁布的《物权法》对物权的善意取得作了明确规定。而对股票是否可以善意取得的问题,我国《物权法》与2005年修订的《公司法》均无明确规定。学界普遍认为,因无记名股票被视为特殊动产,可以适用动产的善意取得制度;但记名股票不能适用动产的善意取得制度。① 相比之下,作为大陆法系国家的日本在其公司法中明确规定股票可以发生善意取得。日本的股票善意取得制度在1990年《日本商法典》修订前同时适用于无记名股票和记名股票;在1990年《日本商法典》修订后,由于无记名股票的发行被取消,现行《日本公司法》(2005年其从《日本商法典》中独立出来)关于股票善意取得的规定只适用于记名股票。

在股份有限公司,股东原则上只能通过转让股份取得对价的方式收回其投下的资本。因此,必须在制度上确保股份转让的顺利进行。股票的善意取得制度在促进股份流通、保护交易安全方面发挥着重要作用。然而,与日本等国相比,我国在股票善意取得制度的理论研究与立法方面存在着明显缺失。为此,本文在梳理我国有关股份转让法律规定的基础上,通过考察我国《物权法》与《票据法》中的善意取得制度对股票适用与否的问题,探讨完善我国股票善意取得制度的合理路径。

---

* 作者单位:上海交通大学凯原法学院。

本文为上海市浦江人才计划2008年课题“投资者权益保护视角下的中日韩有价证券无纸化制度比较研究”的阶段性成果。

① 货币和无记名证券是一种特殊的动产,谁持有货币或无记名证券,即成为货币或无记名证券上所记载的权利的所有人,因此亦可适用善意取得制度;但记名证券所记载的财产属于特定的人,不适用善意取得制度。参见王利明著:《物权法研究》,中国人民大学出版社2002年版,第276页;马俊驹、余延满著:《民法原论》,法律出版社2007年版,第333页。“记名有价证券的转让须依背书或办理过户手续,不会发生误认占有人为所有人的情形,因此不适用善意取得。”参见梁慧星主编:《中国民法典草案建议稿附理由(物权编)》,法律出版社2004年版,第157页。由于无记名股票为无记名证券的一种,上述观点表明,在我国无记名股票可以适用动产的善意取得制度,但记名股票不能适用动产的善意取得制度。

一、我国股票善意取得制度的立法缺失

股票的善意取得只发生在通过转让股份占有股票的情形。不同股票的股份转让方式存在差异。通过中日两国股票发行状况与股份转让规定的对比，可以明显看出我国《公司法》中股票善意取得制度的立法缺失。

我国《公司法》第129条规定，股票采用纸面形式或者国务院证券监督管理机构规定的其他形式。目前，在我国只有非上市股份有限公司发行股票，我国上市公司的股票已实现了全面无纸化发行。根据我国《公司法》第130条第1款的规定，在我国非上市股份有限公司既可以发行记名股票，也可以发行无记名股票。同时，我国《公司法》第131条还规定，公司发行记名股票的，应当备置股东名册，记载股东姓名或者名称及住所、各股东所持股份数、各股东所持股票的编号、各股东取得股份的日期；发行无记名股票的，公司只要记载其股票数量、编号及发行日期即可。根据该条规定，记名股东应将其姓名或者名称及住所等记载于股东名册上，而无记名股东则无须将其姓名或者名称及住所等记载于股东名册上。

现行《日本公司法》第214条规定，股份有限公司原则上不发行股票，如果发行股票，应在章程中载明。日本的上市公司于2009年一律强制实行了股票的无纸化发行。因此，日本的非上市股份有限公司只有在章程中载明发行股票时，方可发行股票。虽然1899年颁布的《日本商法典》规定了股份有限公司既可以发行记名股票也可以发行无记名股票，但事实上，除了个别的股份有限公司发行过少量的无记名股票外，绝大部分公司发行的都是记名股票。[①] 于是，《日本商法典》在1990年修订时，取消了无记名股票的发行。由此，现行《日本公司法》有关股票的转让规定是针对记名股票的。《日本公司法》第121条规定，股份有限公司应当制作股东名册，记载股东的姓名或名称、住所、股东持有的股份数(各类别股份数)、股份取得日，如果是发行股票的公司还应当记载或记录股票的编号。

从以上比较中可以看出，中日两国的上市股份有限公司均已实现了股票的

---

① 第二次世界大战前，日本只有三家公司发行过无记名股票。它们分别是日本兴业银行、山一证券股份有限公司、东京运河土地股份有限公司。参见[日]石井照久、三户冈道夫著：《股份》，青林书院1954年版，第236页。第二次世界大战后只有日东商船股份有限公司一家。参见《日东商船股份有限公司史》，Japan Line Ltd. 1966年版，第262～263页、第297～301页。

无纸化发行,在两国只有非上市股份有限公司可发行股票。在我国,非上市股份有限公司既可以发行记名股票也可以发行无记名股票;而日本的非上市股份有限公司只能发行记名股票。

至于股份转让,我国《公司法》第138条规定,股东持有的股份可以依法转让。记名股票转让时,依我国《公司法》第140条第1款的规定,由股东以背书方式或者法律、行政法规规定的其他方式转让,转让后由公司将受让人的姓名或者名称及住所记载于股东名册。股份转让规定不仅涉及股份转让在当事人之间的效力,还涉及是否可以对抗公司及公司之外第三人的问题。然而,我国《公司法》未明确规定记名股票转让的生效要件,股东名册的记载是生效要件还是对抗要件从条文上无法辨别。另外,关于无记名股票的转让,依我国《公司法》第141条的规定,由股东将该股票交付给受让人后即发生转让的效力。

笔者认为,我国《公司法》第140条第1款规定应理解为,在意思表示一致的基础上,记名股票的转让人将股票背书交付给受让人时,股份转让即在当事人之间生效,但不能直接对抗公司;受让人只有将其姓名或者名称及住所等记载于股东名册时才可以对抗公司。其理由:首先,为了确保股份的流通性,应肯定记名股票的背书转让方式在当事人之间生效。其次,由于受让人只有将其姓名等记载于股东名册,公司才会将其视为股东,对其履行发放红利、进行股东大会的通知等程序。① 另外,我国《公司法》第141条规定应理解为,无记名股票的交付转让不仅在当事人之间生效,还可以对抗公司及公司之外的第三人。其理由:首先,由于无记名股票被视为特殊动产,转让人将其交付给受让人时即发生转让的效力,受让人因占有无记名股票可以直接对抗第三人。其次,我国《公司法》第103条第1款规定,发行无记名股票的公司在召开股东大会时必须履行公告程序;同条第4款又规定,无记名股票的持有人出席股东大会时,应在会议召开5日前至股东大会闭会时将股票交存于公司。通过公司的公告程序及股票持有人向公司交存股票的方式,无记名股票的持有人即使无股东名册的记载也可以对公司行使股东权利。

相比之下,《日本公司法》第127条规定,股东可以转让其股份。该法第128条第1款规定,在发行股票的公司,股份转让时只有将股票交付给受让人方才发

① 我国《公司法》第140条第2款规定:"股东大会召开前二十日内或者公司决定分配股利的基准日前五日内,不得进行前款规定的股东名册的变更登记。但是,法律对上市公司股东名册变更登记另有规定的,从其规定。"

生转让的效力。此时,股份转让以意思表示与股票的交付为效力要件。[①] 同时,该法第130条第2款又规定,取得股份的受让人如果未将姓名或名称记载或记录于股东名册,则不得对抗公司。[②] 值得注意的是,记名股份的转让方式未采用记名股票的背书转让方式,而是采用了无记名证券的交付转让方式。日本之所以对记名股票采用了无记名证券的交付转让方式,与记名股票转让方式的历史变迁密切相关。

1950年修订的《日本商法典》(以下简称旧《日本商法典》)第205条第1款规定,记名股份以股票的背书方式或以交付股票及附加转让证明书的方式转让。在背书或转让证明书上需要转让人署名或签名盖章。[③] 但是,伴随着第二次世界大战后的证券民主化,股票的交易量迅速增加,证券公司已无法承受因记名股票的签名盖章所带来的沉重事务负担;于是,实务中广泛采用了只盖章不签名的做法。但是,这种不签名只盖章的转让方式,在法律上是否有效成了争论的焦点。日本法制审议会商法部会经反复研究后认为,旧《日本商法典》要求的"签名"自身已缺乏实质意义,且"盖章"的要求也被降低(不要求一定是在公司备案的印章)。因此,记名股票的持有人只要持有股票,就可以自由地补充"签名"和"盖章";相反,要求记名股票转让时必须进行"签名"和"盖章"的做法反而会阻碍股份的流通。[④] 于是,在1966年《日本商法典》修订时,删除了旧《日本商法典》第205条中关于股票的背书或附加转让证明书的内容。1966年修订后《日本商法典》第205条规定,记名股份转让时只需交付股票即可。

在1966年《日本商法典》修订前,日本通说认为无记名股票的交付不仅是对抗要件,而且是权利转移的生效要件。因此,1966年《日本商法典》的修订一方面使无记名股份的转让方式得以以法律明文形式确定下来;另一方面使记名股份的转让方法与无记名股份的转让方法完全相同。记名股份与无记名股份的差异只在于,公司为记名股份设置股东名册,无记名股份则无股东名册;记名股

① [日]松岗诚之助:"股份的转让方法",载[日]大森忠夫、矢泽惇编:《注释公司法(3)股份》,有斐阁1967年版,第132页。

② 《日本公司法》第214条规定,日本非上市公司可以发行股票也可以不发行股票。《日本公司法》第130条第1款规定,在不发行股票的非上市公司,股份转让在当事者之间以意思表示生效;股份受让人未将其姓名或名称及住所记载或记录于股东名册,则不得对抗公司及公司之外的第三人。

③ 旧《日本商法典》第205条第2款、《日本票据法》第13条和第82条等规定。

④ [日]田代有嗣:"商法修订经过解说(4)",载《财政经济弘报》1966年第1174号。

份的受让人要对抗公司,必须进行股东名册的变更记载。①

由于我国证券市场的发展历史较短,当记名股票的背书转让方式给证券公司等带来了沉重的事务负担时,我国通过对上市公司直接采用股票的无纸化发行解决了证券公司等的事务负担问题,但在投资者权益保护方面我国还存在很多不足。②

我国2007颁布的《物权法》对物权的善意取得作了明确规定。在此之前,《票据法》中有关于票据善意取得的规定。但无论是我国《物权法》还是2005年修订的《公司法》均未对股票是否可以发生善意取得作出明文规定。

与我国不同,日本为了促进记名股份的流通、保护交易安全,根据证券交易的实务需求简化了记名股票的善意取得要件。在1966年《日本商法典》修订时,将记名股票的背书转让方式改为采用无记名证券的交付转让方式,并推定股票的占有人为合法持有人(1966年修订后的《日本商法典》第205条)。同时在第229条中规定,股票准用《日本支票法》第21条关于善意取得的规定。③ 其结果是,如果有失去股票者,记名股票的占有人无须再依背书的连续或股东签名盖章的转让证明书等证明自己的权利,只要无恶意或重大过失地占有股票,即可准用《日本支票法》的善意取得规定。

2005年《日本公司法》从《日本商法典》中独立出来后,上述规定编入了《日本公司法》中。现行《日本公司法》第128条第1款规定,股份转让时只有将股票交付给受让人方才发生转让的效力。同法第131条第1款规定,股票的占有人被推定为合法的持有人;第131条第2款规定,受让股票者只要无恶意或重大过失即可善意取得该股票所表彰的股份权利。

股票的占有人被规定为合法持有人时,首先,在裁判上对股票占有人发生权利推定效力;其次,当有人出示股票请求名义变更时,如果公司善意且无重大过失地为其进行了名义变更,即使请求者为无权利者,公司也可以免责。公司依据变更的名义所进行的各种行为均有效;股票占有所带来的资格授予效力还包括

① 田代有嗣:“商法修订经过解说(4)”,载《财政经济弘报》1966年第1174号 。1966年修订的《日本商法典》第206条第1款规定:“记名股份的转移,如果未将取得者姓名、住所记载于股东名册,则不能对抗公司。”该法第228条规定,无记名股份的股东行使股东权利时需要供托股票。

② 崔香梅:“日本有价证券无纸化立法考察”,载《法学》2009年第4期。

③ 《日本支票法》第21条规定,不问何种事由,如果支票占有者失去了支票,而取得支票的持有人持有凭票即付的支票或是须背书支票,并能依该法第19条(背书的资格授予效力)证明自己权利时,不负有返还支票的义务;但因恶意或重大过失取得支票者除外。1966年《日本商法典》修订后,由于股票作为有价证券的种类已成为无记名证券,因此,在《日本支票法》第21条规定中,准用凭票即付支票的内容。

善意取得的效力。[1]《日本公司法》规定的股票善意取得的构成要件如下：(1)股票的善意取得以股票的有效成立为前提。股票作为证权证券，其不同于票据，股票的发行以股份的存在为前提。(2)受让人从无权利者处受让股票。通说认为，虽然转让人为无权利人，但当受让人无重大过失地相信转让人为权利人时，可以善意取得；但如果受让人相信无权代理人为代理人，只能受到民法关于表见代理等规定(《日本民法典》第109条、110条、112条)的保护。(3)股票的善意取得只发生在通过转让股份占有股票的情形，不包括因继承或合并取得股票占有的情形。(4)取得者无故意和重大过失。

二、我国《物权法》善意取得制度对无记名股票的适用与否

我国《公司法》中没有关于股票善意取得的规定，有必要对我国《物权法》关于动产善意取得的规定是否适用于无记名股票这一问题进行考察。

根据我国《物权法》第106条的规定，物权的善意取得应具备以下条件：(1)无权处分人处分他人财产。(2)受让人取得财产时出于善意。(3)以合理的价格有偿转让。(4)完成了法定的公示方法。我国《物权法》第106条对动产和不动产的善意取得一并作了规定。而《日本民法典》以及我国台湾地区“民法”都明确规定善意取得制度只适用于动产。我国《物权法》第108条规定了善意取得的效果：“善意受让人取得动产后，该动产上的原有权利消灭，但善意受让人在受让时知道或者应当知道该权利的除外。”

我国《物权法》第107条分别对遗失物的无偿与有偿回复请求作了规定。各个国家和地区民法为了保护信赖公开市场的善意买受人的利益、维护交易安全，对遗失物、偷盗物等占有脱离物实行有偿回复。例如，我国台湾地区“民法”第950条规定：“盗赃或遗失物，如占有人由拍卖或公共市场，或由贩卖与其物同种之物之商人，以善意买得者，非偿还其支付之价金，不得回复其物。”《日本民法典》第194条规定：“偷盗物与遗失物，如占有人由拍卖场所、公共市场或销售同种类的商人处善意买得时，受害人或遗失人除非向占有人清偿其支付的代价，否则不得回复其物。”我国《物权法》第107条关于遗失物有偿回复的规定，与我国台湾地区及日本的相关规定相似，但未将盗赃物与遗失物一并

---

① [日]河本一郎著：《现代公司法》，社团法人商事法务研究会2004年版，第122页以下。

加以规定。①

我国台湾地区"民法"一方面规定,对盗赃物或遗失物等占有脱离物实行有偿回复;另一方面从促进金钱、无记名证券的流通,维护交易安全的目的出发,规定金钱、无记名证券不得请求回复。② 我国台湾地区"民法"第951条规定,盗赃物或遗失物,如为金钱或无记名证券者,不得向其善意占有人请求回复。有学者认为,"此为金钱或无记名证券不得请求回复的规定,乃第949条例外规定的例外,复归于第948条善意受让的原则,立法目的在于促进金钱或无记名证券的流通,维护交易安全。"③此处所谓的无记名证券包括了无记名股票。④ 可见,我国台湾地区"民法"第948条关于动产善意取得的规定适用于无记名股票,且无记名股票的善意取得不因占有物为盗赃物或遗失物而受到限制。与我国台湾地区不同,日本则选择在作为民法的特别法《公司法》当中对股票的善意取得制度作出了明确的规定。

与我国台湾地区"民法"和《日本公司法》不同,我国《物权法》和《公司法》均未对无记名证券是否可以善意取得作出明确规定。学界普遍认为,动产若为

① "物权法没有规定盗赃物的善意取得,立法的考虑是,对被盗、被抢的财物,所有权人主要通过司法机关依照刑法、刑事诉讼法、治安管理处罚法等有关法律的规定追缴后退回。在追缴过程中,如何保护善意受让人的权益,维护交易安全和社会经济秩序,可以通过进一步完善有关法律规定解释,物权法对此可以不作规定。"参见全国人大常委会法制工作委员会民法室编著:《中华人民共和国物权法精解》,人民出版社2007年版,第190页。有学者主张,在善意取得制度对占有脱离物适用的特别规定中,不应仅限于遗失物,亦应适用于盗赃物(参见刘保玉:"刍议物权法草案中所有权取得的若干规定及其完善",载《法学论坛》2007年第1期)。

② 王泽鉴著:《王泽鉴法学全集·第16卷——民法物权②》,中国政法大学出版社2003年版,第323~327页。

③ 同上,第326页;参见1955年台上字第100号判例:"依第944条第1项之规定,占有人推定其为善意占有者,除上诉人有反证足以证明上开推定事实并非真实外,即不能空言否认被上诉人之善意占有,依同法第951条规定,盗赃或遗失物如系金钱或无记名证券,不得向其善意占有人请求回复。"另参见我国台湾地区"民法"第948条(善意受让)、第949条[善意受让之例外(一)盗赃遗失物之回复请求]、第950条[善意受让之例外(二)盗赃遗失物之回复请求之限制]。

④ 王泽鉴著:《王泽鉴法学全集·第16卷——民法物权②》,中国政法大学出版社2003年版,第327页。

货币或无记名证券时，可以发生善意取得。[①] 该通说的观点与我国台湾地区"民法"的相关规定相近。

笔者认为，一方面，无记名股票为无记名证券的一种，不具有个别性。当无记名股票遗失或被盗时，无记名股票的占有人因占有而具有权利外观，如果受让人信赖占有人所具有的权利外观，善意且无过失地受让了无记名股票，应当可以适用我国《物权法》的善意取得制度。另一方面，无记名股票作为一种资本证券，只有流通才能发挥其功能。如果否认受让人可以善意取得，不仅阻碍无记名股票的流通，也会使交易安全得不到保障。因此，在我国应以明文形式直接或间接承认无记名股票可以发生善意取得。

三、我国《票据法》善意取得制度对记名股票适用与否

记名股票是否可以善意取得，我国法律无明确规定。学界普遍认为，记名股票不适用动产的善意取得制度。理由是记名有价证券应依背书或办理过户手续予以转让，故不发生善意取得；[②]或因记名证券所记载的财产属于特定的人，故不适用善意取得制度。[③] 以上观点只能说明记名股票不能适用动产的善意取得制度，但并不能因此得出记名股票不发生善意取得的结论。我国学界未能从记名股票作为有价证券的流通性本质出发来探讨记名股票是否可以适用我国《票据法》的善意取得制度。

相比之下，虽然我国台湾地区只在其"民法"中规定，无记名证券可以适用动产的善意取得制度，但学界对于记名股票是否可以善意取得展开过较为深入

① "遗失物若是货币或者无记名有价证券，遗失人无权向善意取得人请求返还，只能向出让人请求返还同种类物或者请求其他赔偿。"参见全国人大常委会法制工作委员会民法室编著：《中华人民共和国物权法精解》，人民出版社，第190页。梁慧星教授认为，动产若系货币或无记名有价证券时，无论受让人是否善意，均不得请求返还，也肯定了无记名证券可以善意取得。参见梁慧星主编：《中国民法典草案建议稿附理由（物权编）》，法律出版社2004年版，第161页。王利明教授也认为："货币和无记名证券，由于其是一种特殊的动产，也是以证券展示其存在的债权，即谁持有货币或无记名证券，即成为货币或无记名证券上所记载的权利的所有人，因此亦可以善意取得。"参见王利明著：《物权法研究》，中国人民大学出版社2002年版，第276页。

② 梁慧星主编：《中国民法典草案建议稿附理由（物权编）》，法律出版社2004年版，第157页；梁慧星、陈华彬著：《物权法》，法律出版社2007年版，第208页；江平著：《民法学》，中国政法大学出版社2007年版，第365页。

③ 王利明著：《物权法研究》，中国人民大学出版社2002年版，第276页；马俊驹、余延满著：《民法原论》，法律出版社2007年版，第333页。

的探讨,有肯定说与否定说之争。主张否定说的理由如下:[①](1)善意取得限于动产,这里的动产,依我国台湾地区"民法"第67条之规定,是指不动产以外之物,包括有价证券在内。但一般学者认为此有价证券仅指无记名证券,指示证券及记名证券不包括在内。(2)股票为非设权证券,遗失股票可以挂失,因此,不适用善意取得制度。(3)票据为典型的有价证券,而记名股票为不完全之有价证券,且记名股票之转移,须向公司办妥变更登记始能对抗公司,与票据之性质并不相同,因此不宜类推适用我国台湾地区"票据法"之善意取得规定。而以赖源河先生为代表的肯定说则认为,记名股票应适用善意取得的规定。我国台湾地区"公司法"对股份转让的自由特以明文加以保障,该法第163条第1款规定:"公司股份之转让,不得以章程禁止或限制之。"同法第164条规定:"记名股票,由股票持有人以背书转让之。"其第165条第1款规定,股份之转让,非将受让人之姓名或名称及住所或居所记载于公司股东名册,不得以其对抗公司。但即使未变更名义,仍不影响转让人与受让人之转让效力。以上规定均在于保障股票之流通性,如不承认记名股票的善意取得,将阻碍股票的流通,反而违背上述规定的意旨,交易安全也将无法确保,故宜明文承认股票之善意取得,即使没有明文规定,也应依法理类推适用票据善意取得的规定。[②]

笔者认为,对记名股票是否可以善意取得的问题,不能简单地以记名股票并非动产而否定其可以善意取得,而应从记名股票作为有价证券所具有的流通性本质出发,探讨记名股票是否可以适用我国《票据法》的善意取得制度,同时结合《公司法》赋予的股票本质属性加以探讨。

我国《票据法》第12条规定:"以欺诈、偷盗或者胁迫等手段取得票据的,或者明知有前列情形,出于恶意取得票据的,不得享有票据权利。持票人因重大过失取得不符合本法规定的票据的,也不得享有票据权利。"该条通过规定恶意取得票据者不得享有票据权利,从反面确立了善意取得对票据权利的适用。[③]

通说认为票据权利善意取得的构成要件应包括以下内容:[④](1)须是从无权利人处取得票据。(2)须依票据法规定的转让方法取得票据。(3)须基于善意取得票据,所谓善意是指无恶意或重大过失。(4)须有相当的对价。

---

① 赖源河:"股票有无善意取得之适用",载《商事法实例问题分析》,台湾五南图书出版有限公司2000年版,第408~409页。

② 同上,第409~410页。

③ 曹艳春:"票据权利善意取得制度法律探讨",载《当代法学》2002年第8期。

④ 王保树主编:《中国商事法》,人民法院出版社2001年版,第442页。

对于记名股票是否可以适用我国《票据法》的善意取得制度，国内学者目前尚未对此展开研究。笔者认为，这与我国学者对有价证券概念的研究甚少，且对记名股票是否应被纳入有价证券范畴尚未形成一定的共识有关。日本以发行记名股票为主（1990年后只发行记名股票），通说认为，有价证券为表彰财产价值的私权，权利的转移或行使以证券为必要。与日本不同，在以发行无记名股票为主的德国，通说认为，有价证券为表彰财产价值的私权，权利行使时以证券为必要。在日本，因为对记名股票行使权利时是否需要出示股票存在争议，为了将记名股票也纳入有价证券概念之中，通说在定义有价证券概念时又增加了权利转移时以证券为必要的内容。① 记名股票为表彰包括财产权在内的股东权，至少在转让股份时，必须交付股票。为促进股份流通，在定义有价证券概念时，笔者认为，我国采用上述日本通说更为合理。

日本作为民商分立的国家，在《日本商法典》商行为篇中规定，《日本票据法》第12条至第14条第2款的背书要件、方式、空白背书的效力，及《日本支票法》第5条第2款的选择无记名支票的效力、第19条的背书的资格授予效力、第21条的善意取得规定，准用于以金钱、其他物或有价证券的给付为目的的有价证券。其立法目的在于促进有价证券的流通。此外，2005年修订前的《日本商法典》第229条规定，股票准用《日本支票法》第21条关于支票的善意取得规定。2005年《日本公司法》从《日本商法典》中独立出来后，2005年修订前的《日本商法典》第229条所规定的内容被纳入了《日本公司法》第131条之中。

票据为典型的有价证券，票据的善意取得制度对保护交易安全、促进票据流通发挥着重要的作用。记名股票作为资本证券，只有保障其流通，才能发挥其本质属性。笔者认为，在民商合一的我国，待学界普遍承认记名股票为有价证券时，可以考虑在《公司法》中直接规定记名股票可以准用票据的善意取得制度。

四、完善我国股票善意取得制度的路径选择

前文已分别对无记名股票是否适用我国《物权法》的善意取得制度、记名股票是否适用我国《票据法》的善意取得制度作了探讨，以下将之前的研究进一步细化并加以整合，探讨完善我国股票善意取得制度的合理路径。

（一）完善无记名股票善意取得制度的路径选择

完善无记名股票的善意取得制度，有以下两种方案可供选择。

---

① ［日］川村正幸著：《票据·支票法》，新世社2005年版，第19～20页。

方案一,借鉴我国台湾地区的相关做法,在我国《物权法》第107条中增加一款规定:“遗失物若系货币或无记名证券时,不适用前款的无偿或有偿回复的规定。”因无记名股票为无记名证券的一种,当然可以适用无记名证券的善意取得规定。此做法可以为无记名股票的善意取得提供间接法律依据。由于无记名股票适用的是动产善意取得制度,因此,只有当受让人不知道或不应当知道转让人为无权利人时方可适用善意取得。

方案二,借鉴《日本公司法》,在我国《公司法》中直接规定:“无记名股票准用《票据法》第12条的善意取得规定。”依我国《票据法》第12条及通说观点,无记名股票的受让人只要无恶意和重大过失即可发生善意取得,且不问是否为偷盗物或遗失物。

接下来的问题是,我国是在《物权法》中规定无记名证券可以善意取得,间接承认无记名股票的善意取得制度,还是在《公司法》中直接规定无记名股票可以发生善意取得。

当选择上述方案一时,受让人只有善意且无过失地受让无记名证券时,方可发生善意取得。而选择上述方案二时,受让人只要无恶意或重大过失,即可发生善意取得。显然,选择方案二对受让人的保护更为充分。此外,在方案一中,善意取得的对象只包括遗失物;而在方案二中,善意取得的对象不仅包括遗失物,还包括偷盗物等。可见,采用方案二时,受让人善意取得的范围更广。

无记名股票为一种有价证券,只有流通才能发挥其功能。从促进股份流通、保护交易安全的视角而论,应承认无记名股票可以发生善意取得。方案一通过将无记名证券视为动产,间接承认了无记名股票适用动产的善意取得制度,缺点是对无记名股票的有价证券属性关注不够。方案二则通过将无记名股票准用《票据法》的善意取得规定,使无记名股票善意取得的范围比动产更广,且即使受让人为轻过失也可以发生善意取得。因此,从促进无记名股票的流通性、保护交易安全的视角出发,选择方案二更为合理。

(二)完善记名股票善意取得制度的路径选择

一般认为,有价证券为表彰财产价值的私权,权利的转移或行使以证券为必要。记名股票作为一种不完全有价证券,与作为完全有价证券的票据的主要区别是,前者为证权证券,后者为设权证券。记名股票在权利发生阶段不需要证券,但至少在权利转移阶段必须交付证券;而票据无论是权利的发生、行使和转移均以证券为必要。二者的共同之处是至少在权利流通阶段均离不开证券。此外,公司法赋予了股东股份转让的自由,无论是无记名股票还是记名股票,只有保障其流通性,才能确保股份转让自由的真正实现。票据的善意取得制度对于保护交易的安全和促进票据的流通具有重要的意义。承认记名股票可以准用票据的善意取得制度,有利于促进股份的流通、保护交易安全。

鉴于我国学者对记名股票的有价证券属性尚无足够认识,现阶段应先从理论上承认记名股票为有价证券,并肯定记名股票可以准用《票据法》的善意取得制度。待理论研究有了一定的积累、立法时机成熟时,再以立法形式明确下来。例如,可在《公司法》中规定,记名股票的持有人若能依据背书的连续证明自己的权利,则可以准用《票据法》的善意取得规定。

(三)从统一非上市公司与上市公司股份的视角完善股票的善意取得制度

在我国1993年《公司法》出台之前,实务中发行的股票基本上都是记名的;1993年颁布的《公司法》虽然规定股份公司既可以发行记名股票也可以发行无记名股票,但资本市场仍然沿袭了以往的做法,以发行记名股票为主。①

之后,随着股票发行量的增加,我国对上市公司的股票全面采用了无纸化发行与交易。但对于上市公司电子登记股份的性质属于记名股份还是无记名股份,我国现行《公司法》与《证券法》均无明确规定。有学者认为,股票无纸化发行和交易使上市公司的股票都采用了记名形式,但同时又保留了无记名股份转让简便的基本特征。② 笔者基本赞成此观点,但在我国法无明文规定的情况下,不能当然得出我国上市公司的股份均为记名股份的结论,而应根据我国现有相关规定作出合理解释。

笔者认为,我国上市公司所发行的电子登记股份具有以下特征:一是发行人可根据证券持有人名册的记录,掌握类似于股东名册记载事项的信息。③ 二是在召开定期股东大会或召开临时股东大会时,只要发行人向证券登记结算机构申请,就可以定期或不定期地获得股东的信息。④ 三是在股份转让时,采用登记

① 范中超著:《证券无纸化的法律问题》,中国政法大学出版社2009年版,第86~87页。

② 周友苏著:《新公司法论》,法律出版社2006年版,第255页。

③ 我国《证券法》第160条第1款规定,证券登记结算机构应当向证券发行人提供证券持有人名册及其有关资料。中国证券登记结算公司发布的《证券登记规则》第42条规定:"本公司提供的证券持有人名册主要内容包括证券持有人姓名或名称、证券账户号码、持有证券数量、证券持有人通讯地址等。"我国《公司法》第131条规定,记名股票应备置股东名册,记载事项包括股东的姓名或者名称及住所、股东持有的股份数、各股东所持股票的编号、股东取得股份的日期等。

④ 中国证券登记结算公司发布的《证券登记规则》第41条规定:"本公司定期向证券发行人提供证券持有人名册。发生证券初始登记、召开股东大会、召开基金持有人大会、权益分派、股权结构发生重大变化、证券交易异常波动等情形时,本公司根据证券发行人的申请提供相应的证券持有人名册。"《证券登记规则》第46条规定:"上市公司监事会或股东自行召集股东大会的,召集人可以持召集股东大会通知的相关公告,向本公司申请获取其公告的股权登记日的证券持有人名册。召集人不得将所获取的证券持有人名册用于除召开股东大会以外的其他用途。"

过户方式。[1] 因此,我国上市公司发行的无纸化股份,在股东行使权利方面具有记名股份特征,同时登记过户的转让方式又类似于股票的交付转让方式。为此,可以在我国《公司法》中明确规定:“上市公司的电子登记股份为记名股份,但在转让方式上采用登记过户方式。”

另外,从上市公司股份与非上市公司股份统一的视角,可以考虑我国非上市公司也只发行记名股票,且该记名股票在转让方式上改为采用无记名股票的交付转让方式。这种做法的优点为:(1)将记名股票的背书转让方式改为采用无记名股票的交付转让方式后,记名股票的占有人无须再依背书的连续来证明自己的权利,只要占有股票即被推定为合法持有人,简化了记名股票的善意取得构成要件,促进了非上市公司记名股份的流通。(2)无论是上市公司还是非上市公司,可以利用记名股份的股东名册制度对股东实行统一的管理。(3)当非上市公司转化为上市公司时,便于衔接。但是,必须注意的是,当非上市公司的记名股票采用无记名股票的交付转让方式后,在受让人的动的安全得到极大保护的同时,记名股票所有人的静的安全却受到了威胁。因此,采用此方案的前提是必须有确保记名股票持有人静的安全的相应措施。

《日本商法典》在1966年修订时,一方面规定记名股份采用无记名证券的交付转让方式;另一方面又为记名股东设定了“不持有股票制度”。所谓“不持有股票制度”是为了保护暂时无转让意思的记名股东的静的安全,公司可以根据股东的申请,暂时不对其发行股票或将已发行给股东的股票进行托管;当股东需要转让股份时,可随时请求公司对其发行股票或返还其托管的股票。

五、结　　语

在股份有限公司,股东只能通过转让其股份收回投入的资本。简化股份转让手续与强化善意取得制度,对于促进股份流通、保护交易安全具有重要意义。以发行记名股份为主的日本,通过将记名股票的背书转让方式改为采用无记名证券的交付转让方式,简化了记名股份的转让手续,并规定股票的占有人被推定为合法持有人,股票准用支票法的善意取得规定。其结果是,记名股票的持有人

① 我国《证券法》第112条又规定:“证券公司根据投资者的委托,按照证券交易规则提出交易申报,参与证券交易所场内的集中交易,并根据成交结果承担相应的清算交收责任;证券登记结算机构根据成交结果,按照清算交收规则,与证券公司进行证券和资金的清算交收,并为证券公司客户办理证券的登记过户手续。”股份转让后,登记结算机构根据成交结果,经过证券与资金的清算交收,为客户办理证券的登记过户。这里的登记过户类似于股票的交付转让。

如果是从具有权利外观者处受让股份，即使转让人为无权利人，受让人只要无恶意或重大过失即可发生善意取得。

我国现行《物权法》和《公司法》均未对股票是否可以善意取得作出明确规定。在《物权法》中规定无记名证券适用动产善意取得制度时，虽然可以解决无记名股票适用动产善意取得制度的问题，但却未能从无记名股票的有价证券属性出发，探讨无记名股票的善意取得问题。关于记名股票的善意取得问题，应先从理论上作深入探讨，肯定其可以发生善意取得。待立法时机成熟时，可在《公司法》中分别规定，无记名股票的持有人可以直接准用《票据法》的善意取得制度；记名股票的持有人，如能依据背书的连续证明自己权利时，可以准用《票据法》的善意取得规定，从而解决二者共同适用有价证券善意取得制度的问题。

此外，在完善非上市公司股票的善意取得制度时，还应兼顾非上市公司股份与上市公司股份的统一问题。根据我国相关理论研究水平与实务需求状况，可以考虑实现以下目标：一是明确规定我国上市公司的无纸化股份为记名股份；二是规定非上市公司只发行记名股票，同时规定记名股票采用无记名股票的交付转让方式。通过对非上市公司的记名股票转让手续的简化，既可以促进记名股份的流通，也有利于非上市公司的股份与上市公司股份的衔接。采用此方案的前提是，必须有确保记名股票持有人安全的相应措施。

（2010年第11期）

消费者撤回权的正当性基础

王洪亮*

信息义务(Informationspflicht)与撤回权(Widerrufsrecht)属于消费者保护领域的两大传统法律工具。我国《消费者权益保护法》已确立了一般性的信息义务规则,但并无撤回权制度。目前,我国学界对消费者撤回权制度的研究尚处于初级阶段,多为介绍德国撤回权制度以及英美冷却期制度者,①而从消费者撤回权与合同自由关系角度论及撤回权制度正当性基础的研究成果甚为少见。② 要在既有的民法体系中加入撤回权制度,首当其冲的就是需要考量其正当性,保护消费者这一口号就足以构成撤回权的正当性理由吗?对这一问题的回答也直接决定了撤回权制度调整的范围,是建立一般性的撤回权制度,还是确立某些撤回权类型。与既有的撤销权、解除权等形成权不同,撤回权有一个特殊的撤回期间制度,如何确定撤回期间的起算点?如何保护经营者信赖合同应被遵守的利益?撤回权制度是对既有的意思表示瑕疵制度的发展,二者的关系如何,也值得研究。针对这些问题,本文首先阐明消费者撤回权制度的规范目的,其次探讨契约自由与契约严守之间的平衡,最后尝试将消费者撤回权归入既有的民法体系,以明确其特别法之地位。

一、消费者撤回权制度的规范目的

自20世纪60年代以来,欧盟、德国、英国、加拿大、澳大利亚、美国等都陆续规定了消费者撤回权制度(Widerrufsrecht)或者与其类似的冷却期制度(cooling off period),使消费者在订立合同后仍有机会修正其可能比较仓促的法律行为

---

* 作者单位:清华大学法学院。

① 迟颖:"论德国法上以保护消费者为目的之撤回权",载《政治与法律》2008年第6期;周显志、陈小龙:"试论消费信用合同'冷却期'制度",载《法商研究》2002年第5期;严欢欢:"冷却期制度研究",载《河南高等专科学校学报》2007年第4期。

② 张学哲:"消费者撤回权制度与合同自由原则——以中国民法法典化为背景",载《比较法研究》2009年第6期。

决定。[①] 在我国既有的法律法规中，亦规定有消费者撤回权制度。如2002年修订的《上海市消费者权益保护条例》即首次规定了该项制度，[②]2005年国务院颁布的《直销管理条例》第25条规定，直销经营者应当建立并实行完善的换货和退货制度，并且将无因退货期限定为30日。

这些制度的共同特点在于，在特定的事实构成被立法详细描述（类型法定）的情况下，消费者于一定期限内可以通过单方意思表示且无须给出原因地从与经营者签订的合同中摆脱出来。[③] 而值得思考的是，为什么立法者要赋予消费者以“无因”撤回权？

虽然消费者撤回权的引入深受消费者保护运动的影响，但其正当性基础并不在于保护消费者。实际上，在法律交易中不存在为了保护消费者利益而使其享有优于经营者地位的一般原则，私人与经营者同样都享有私法自治与合同自由，立法无论偏向哪一方都是违反平等原则的，故消费者保护本身并不能成为规定消费者撤回权的正当性理由。

还有学者认为，谈判地位不平等是消费者撤回权的正当性基础，撤回权之目的在于使消费者在撤回期限内有机会再次进行考虑或者自合同中脱身，从而使消费者受到妨害的谈判地位平等性（Verhandlungsgleichgewicht）得以回复。[④] 该种观点的不足之处在于，消费者不能因为其在合同中体现的意思内容少于经营者就撤回其意思表示，故该观点亦缺乏说服力。

早在1891年，德国学者Heck就建议规定分期付款买卖（Abzahlungskauf）情况下的后悔权（Reurecht）制度。[⑤] 他认为，在分期付款买卖的情况下，顾客可能被劝诱购买非必需的以及超出其财产能力的标的物，其原因在于心理上的因素，即与目前的享受相比，将来才履行的义务往往被低估。[⑥] 这一建议在当时并未

---

① Vgl. HKK zum BGB/Schmoeckel, §§ 312ff., Rn. 75; Medicus/Lorenz, Schuldrecht Ⅰ, Allgemeiner Teil, 18. Auflage, 2008, S. 282, Rn. 585.

② 《上海市消费者权益保护条例》第28条规定：“经营者以上门方式推销商品的，应当征得被访问消费者的同意。上门推销时，推销人员应当出示表明经营者授权上门推销的文件和推销人员的身份证件，并以书面方式向消费者告知推销商品的性能、特性、型号、价格、售后服务和经营地址等内容。经营者上门推销的商品，消费者可以在买受商品之日起7日内退回商品，不需要说明理由，但商品的保质期短于7日的除外。商品不污不损的，退回商品时消费者不承担任何费用。”

③ Vgl. G. Reiner, *Der verbraucherschützende Widerruf im Recht der Willenserklärung*, AcP 2003, S. 4.

④ Vgl. Wolf/Larenz, Allgemeiner Teil des BGB, 2004, § 39, Rn. 20, S. 718.

⑤ Vgl. Heck, Wie ist den Mißbräuchen, welche sich bei den Abzahlungsgeschäften herausgestellt haben, entgegenzuwirken 131, 180f., 192.

⑥ Ibid., p. 148.

被德国立法者所采纳。直到1969年,在消费者运动浪潮的影响下,德国立法者才在《外国投资份额销售法》①中规定了撤回权制度。虽然Heck的建议已经触及问题的实质,但仅有经营者的劝诱因素,尚不足以构成消费者享有撤回权之正当理由。问题的关键在于消费者的意思是否受到了影响,是否具有劝诱行为反而并非问题的关键所在。

(一)意思形成障碍

立法者一般不会在法律中规定一般性的消费者撤回权,通常只针对特定情形或者具体合同类型规定消费者撤回权制度,而每种情况下的规范目的又各不相同。

1. 上门交易情形下的消费者撤回权

在立法政策上,消费者撤回权实际上是与直销(Direktvertrieb)等特殊销售形式进行斗争的结果。② 现代社会,由于货物与服务销售形式花样翻新、层出不穷,其中直销模式以及网络交易模式颇为兴盛。欧盟于1985年针对直销模式颁布了《上门交易撤回指令》(85/577/EWG),德国于1986年制定了《上门交易法》。③ 德国立法者认为,在交易场合不适宜的情况下,如在消费者工作场合以及私人住宅订立合同的情况下,存在对消费者突袭的危险并阻碍了其决定自由。④ 在欧盟《上门交易撤回指令》的立法理由中,亦认为其基础在于"突袭之要素",该突袭使消费者丧失了比较价格与质量的机会。⑤ 因此,在此种交易情形下,消费者通常没有表示出其在适当考虑情况下本应作出的表示。

2. 特定合同类型情形下的消费者撤回权

颁布于1894年的德国《分期付款买卖法》原先并无消费者撤回权制度,1974年修改时⑥增设了分期付款买卖情况下的撤回权制度。1990年,该法为《消费者信贷法》⑦所取代,撤回权制度被扩张适用到其他类型的消费者信贷以及分期交货合同情形。立法者认为,在消费者信贷合同情况下,赋予消费者以撤回权的原因在

---

① Vgl. Gesetz über den Vertrieb ausländischer Investmentanteile und über die Besteuerung der Erträge aus ausländischen Investmentanteilen v. 28. 7. 1969, BGBl I 986.

② Vgl. Lorenz, Der Schutz vor dem unerwünschten Vertrag, 1997, S. 123.

③ Vgl. Gesetz über den Widerruf von Haustürgesch? ften und ähnlichen Geschäften v. 16. 1. 1986, BGBl I 122.

④ Vgl. Staudinger/Kaiser, BGB, Neubearbeitung 2004, §355, Rn. 6; Wolf/Larenz, Allgemeiner Teil des BGB, 2004, § 39, Rn. 11, S. 715.

⑤ Vgl. H. Eidenmüller, Die Rechtfertigung, Widerrufsrechten, AcP 210, S. 68.

⑥ Vgl. Gesetz betreffend die Abzahlungsgeschäfte v. 16. 5. 1894, geändert durch Gesetz v. 15. 5. 1974, BGB1 I 1669.

⑦ Vgl. Verbraucherkreditgesetz v. 17. 12. 1990, BGBI 2840.

于:消费者无法完全判断合同条款的整体,在谈判这一很短的时间内无法对其有充分的理解。[①] 消费者信贷合同的内容较为复杂,若无专门知识无法理解,且所贷款项金额巨大、期限较长,消费者有可能无法正确判断贷款内容及自己的贷款能力,往往会陷入到长期债务负担之中,目前的"房奴"称谓恰是这一情况的"写照"。

在德国《分期付款买卖法》之后,德国又相继于 1976 年颁布了《远程授课保护法》,[②]于 1990 年颁布了《保险合同法》,[③]于 1996 年颁布了《分时使用住宅法》,[④]于 2000 年颁布了《远程销售法》。[⑤] 这些法律均规定了消费者撤回权制度。在远程销售情形下,立法者认为,于订立合同前,消费者与供货者并无个人接触,且无法亲眼看到商品或仔细了解服务的质量,也无从向其他自然人了解相关信息。[⑥] 在远程金融服务、分时度假以及消费者信贷合同情况下,消费者无法完全判断合同条款的整体,在谈判这一很短的时间内无法对其有充分的理解。[⑦] 分时度假合同具有长期合同的性质,消费者于订立合同时可能无法理解合同的长期约束力意味着什么,故应给予消费者一定期间以更好地检查其权利与义务。[⑧]

综合而言,在前述第一种情形下,消费者处于精神上的弱势,突袭之情形导致其不能充分考虑和形成意思;在第二种情形下,消费者处于信息上的弱势,信息不完全导致其无法自由形成意思。所以,消费者撤回权的基础在于其意思形成受到了妨碍(Beeinträchtigung der Willensbildung)。[⑨] 而这种妨碍并不必真正形成,只要具有潜在的妨碍意思形成之可能性即可。[⑩] 实质上,立法者已推定在该法定情况下,消费者的意思形成受到了妨碍,而该推定是不可以被推翻的。

有争议的是,是否将撤回权的类型限定于特定的合同类型,如仅限于买卖合同类型。德国学者梅迪库斯在为债法委员会出具的鉴定中认为,不应根据合同

---

① Wolf/Larenz, Augemeiner Teil des BGB, 2004, § 39, Rn. 18, S. 717.

② Vgl. Gesetz zum Schutzder Teilnehmer am Femunterricht v. 24. 8. 1976, BGB1 12525.

③ Vgl. Gesetz über den Versichemngsvertrag v. 30. 5. 1908, geändert durch Gesetz zur Ändening versicherungsrechtlicher Vorschriften v. 17. 12. 1990, BGB1 2864.

④ Vgl. Gesetz über die Veräuβerung, Teilzeitnutzungsrechten an Wohngebäuden v. 20. 12. 1996, BGB1 I 2154.

⑤ Vgl. Fernabsatzgesetz v. 27. 6. 2000, BGB1 I 897.

⑥ Vgl. Staudinger/Kaiser, BGB, Neubearbeitung 2004, § 355, Rn. 7; Medicus/Lorenz, Schuldrecht I, Allgemeiner Teil, 18. Auflage, 2008, S. 285, Rn. 592.

⑦ Vgl. Wolf/Larenz, Allgemeiner Teil des BGB, 2004, §39, Rn. 18, S. 717.

⑧ Vgl. H. Eidenmüller, Die Rechtfertigung, Widerrufsrechten, AcP 210, S. 68.

⑨ Vgl. G. Reiner, *Der verbraucherschützende Widerruf im Recht der Willenserklärung*, AcP 2003, S. 9.

⑩ Vgl. H. Eidenmüller, Die Rechtfertigung, Widerrufsrechten, AcP 210, S. 71.

类型规定撤回权制度，而应根据交易场景以及其他不当销售形式确定撤回权制度。消费者撤回权的正当性理由与合同类型并不相关，而是在于其销售形式使消费者可能过于匆忙作出决定。如果根据合同类型确定撤回权，则如何选择合同类型往往会陷入任意性的危险。[①]

（二）意思形成障碍的救济

意思形成障碍在本质上是属于意思瑕疵的一种，但经营者妨碍消费者意思形成的情况，并不总是符合诈欺或者胁迫的构成要件，如二者均需具备主观故意之要件，但经营者妨碍消费者的意思形成在大部分情况下均非出自故意，而证明经营者具有主观故意的难度较大。根据法律上的“错误”理论，动机错误一般不构成可撤销之事由，而消费者意思形成障碍的情况大部分属于动机方面的问题，而证明动机问题亦十分困难，故不能通过错误制度解决意思形成障碍问题。在法律规定消费者撤回权之前，德国法院通常通过公序良俗条款救济消费者意思的形成障碍问题，主要涉及合同价款的合理性以及对所提供的给付是否有个人需要的问题。[②] 在消费者被迫仓促作出决定的情况下，法院还运用缔约过失制度给予救济。[③] 根据缔约过失制度，在合同谈判时，一方当事人有过错地违反咨询和解释义务的情况下，相对人可以请求损害赔偿。

通过背俗规则或者缔约过失规则对意思形成障碍固然可以部分地予以救济，但根据此两项规则无法构建“考虑期规则”，即通过赋予消费者一定的考虑期来保障法律行为上的决定自由，只有立法特别规定的消费者撤回权制度才能容纳“考虑期规则”。[④] 经过考虑期后，消费者决定是否撤回意思表示或者让意思表示有效，而不是一概否认其效力。

（三）意思真正的形成

在立法者确定的法定情形或者法定合同类型下，消费者的意思形成被推定受到了妨碍。在逻辑上，该妨碍被排除后，消费者即应受其意思表示约束，那么如何判断消费者的意思不再受到妨碍呢？在立法技术上，法律特别规定了撤回期间，以便使消费者真正地进行考虑并形成意思。

---

① Vgl. Medicus, Verschulden bei Vertragsverhandlungen, in Gutachten und Vorschläge zur Überarheitung des Schuldrechts, Band Ⅰ,2000, S. 519 ff.

② 上门与刚成年的、无收入、无财产的高中生签订“嫁妆置办合同”，价款 12000 马克，该合同被法院认定违背善良风俗（BGH NJW 1982, 1457）；诱导精神、身体残疾老人仓促决定签订超出其履行能力并无需要的房屋粉刷合同，价值 14000 马克，该合同也被宣布违背善良风俗（OLG Frankfurt NJW – RR 1988,501）。

③ Vgl. LG Oldenburg MDR 1969, 392; AG Nürtingen NJW – RR 1996,392.

④ Vgl. Begr. BR – Entwurf, BT – Drucks. 7/4078, S. 8.

在德国法上,撤回期间为两周,自经营者履行撤回权告知义务之后开始起算。只有在撤回期间起算后,消费者才能在没有精神压力的情况下思考是订立合同还是行使撤回权。①

对于告知义务,法律的要求比较严格,除要求必须以书面形式作出外,尚须明确告知撤回权的行使、行使的相对人、期限开始起算时点以及消费者的权利。② 在实践中,纠纷最多的就是经营者是否正当地履行了撤回权的告知义务问题。

根据《德国民法典》第355条第2款和第3款的规定,如果经营者事后方履行撤回权告知之义务,则撤回期限为1个月;如果经营者未履行撤回权告知义务或者货物没有到达,则撤回期限为6个月。与撤回权期间关联的并非经营者意思表示的作出,而是消费者意思表示的作出。③

撤回权期间一般都比较短,德国法上的规定为14天。对于消费者撤回权理论问题而言,如此短的期间似乎不那么具有实践意义,但如果考虑到撤回权期间的起算点是从经营者履行告知义务之后起算的,就会发现上述问题的实践意义是很大的。在经营者不履行告知义务或者告知不适当的情况下,德国的撤回权期限为6个月,而根据欧盟指令则为无期限,二者在此方面的规定发生了冲突。由于德国的这一规则被认为是违反欧洲法的,德国于2002年予以修改。④ 这一修改对于消费者撤回权而言,其实践意义就更大了。

根据《德国民法典》第312条的有关规定,在远程销售的情况下,撤回权期间的起算还与其他信息义务之履行以及货物是否到达受领人有关,期间之开始不得早于其他信息义务之履行⑤以及货物到达受领人之时。消费者即使获得了相关信息,消费者的撤回权亦不立即消失,因为消费者被告知相关信息后,仍需消化这些信息,并与同类产品进行比较。⑥

我国《消费者权益保护法》的修订应引入经营者告知撤回权之义务以及说

---

① Vgl. G. Reiner, *Der verbraucherschützende Widerruf im Recht der Willenserklärung*, AcP 2003, S. 10.

② Vgl. BGH NJW 2007, 1946; Medicus/Lorenz, Schuldrecht Ⅰ, Allgemeiner Teil, 18. Auflage, 2008, S. 288, Rn. 600.

③ Medicus/Lorenz, Schuldrecht Ⅰ, Allgemeiner Teil, 18. Auflage, 2008, S. 288, Rn. 599.

④ Vgl. EuGH NJW 2002, 281, in Brox/Walker, Allgemeines Schuldrecht, 34. Aufl., S. 192.

⑤ 针对信息不对称的情况,德国法规定了经营者的信息提供义务。经营者对于合同标的的重要细节要提供信息,如果经营者没有提供相关信息给消费者,或者导致消费者意思表示无效,或者导致撤回期间不起算。

⑥ Vgl. G. Reiner, *Der verbraucherschützende Widerruf im Recht der Willenserklärung*, AcP 2003, S. 10.

明义务的规定，使消费者清楚自己的权利状况，并区分销售合同、提供服务合同或者信贷合同等情况规定撤回权期间的起算点。

（四）撤回与退回

消费者撤回权不同于消费者退回权，德国法除了规定一般性的消费者撤回权以外，还规定了消费者退回权。在法律规定的特定情形下，如上门交易与远程交易情形，消费者撤回权可以为返还权（Rückgaberecht）所替代，实质上是对撤回权的限制，即只能通过寄回货物行使撤回权，①而且在利益衡量上作出了有利于经营者的安排。首先，其减轻了经营者的撤回权告知义务，只要消费者从出卖广告单上推断出必要的信息以及撤回权告知信息即为已足。② 减轻经营者告知义务的理由在于，在大规模交易中要求经营者履行严格的告知义务过于苛刻，也会增加交易成本，经营者也会通过提高商品价格而将风险分散给消费者。其次，消费者于此情形下负担了先履行义务，其只能通过寄回标的物行使退回权，经营者只有在标的物被寄回后才负有返还义务。③

消费者行使退回权的，其费用与风险由经营者承担，如果货物不适合寄送，则可以要求经营者取回。将撤回权行使方式限定在返还上是有利于经营者的，故要求在要约邀请性质的宣传册中必须明确告知返还权，并且必须保障消费者在经营者不在场的情况下已详细地了解了该权利。

在消费者撤回权情况下，消费者可以文本形式或寄回原物的方式作出撤回之意思表示，但在以后者方式作出意思表示时，经营者并无退回权情况下的特权。在撤回期限内，只要消费者发送货物（Absendung）于经营者，即为遵守撤回之期限，对于撤回意思表示之迟延风险以及损失风险，消费者并不承担责任。④

二、消费者撤回权与契约严守原则

（一）消费者撤回权的构成前提

是否构成消费者撤回权，通常要经过两个层次的考察，首先，须是构成消费者与经营者的关系。对于何为消费者、何为经营者，立法上有两种模式：一种是动态体系模式，即只规定若干判断因素，但并不对其进行类型化；另一种是类型

---

① Vgl. Brox/Walker, Allgemeines Schuldrecht, 34. Aufl. ,S. 192.

② Vgl. Staudinger/Kaiser, BGB, Neubearbeitung 2004, §356, Rn. 2.

③ Vgl. Staudinger/Kaiser, BGB, Neubearbeitung 2004, §355, Rn. 3.

④ Medicus/Lorenz, Schuldrecht Ⅰ, Allgemeiner Teil,18. Auflage,2008, S. 288, Rn. 598.

化模式，其或根据人的因素作出类型化规定，或根据特定情形下、基于交易目的产生的保护必要性作出类型化规定。[①]《德国民法典》第13条和第14条分别规定了消费者与经营者的定义，其模式属于基于交易目的的类型化模式。我国《消费者权益保护法》第2条规定："消费者为生活消费需要购买、使用商品或者接受服务，其权益受本法保护。"但对于何为经营者其并未作出规定。从其表述方式来看，该条规定采取的也是基于交易目的类型化之模式。即是否为消费者，关键是看其是否有生活消费之目的，至于其是否为企业或商人则非关键性要素。

其次，必须有法律规定的情况。如《德国民法典》第312条与第312a条规定的上门交易行为、第312b条以下规定的远程销售合同等。[②] 而在法定类型情况下，其又有不同的构成前提。

1. 上门交易。以上门交易情况下的撤回权为例，其构成前提首先必须是上门交易。而所谓上门交易，是指在法定情况下，消费者对于签订或者拒绝签订合同的决定自由受到妨害的情形。[③] 所谓法定情况，具体包括消费者在其工作场所或住宅范围内与经营者口头协商而订立合同的情况，在经营者或者第三人举办的、含有经营者利益的闲暇活动之际，消费者被促使订立合同的情况，在交通工具或公用交通场所突袭攀谈之后，消费者被促使订立合同的情况。在这些情况下，决定自由受到妨害主要是指使人吃惊或者遭突袭产生了心理压力，从而影响意思形成过程。[④] 在《欧洲合同法原则》以及《国际商事合同通则》中并无消费者撤回权制度，但欧洲《一般参考框架草案》(DCFR)第5:201条以及第5:202条规定其适用于所有在交易场所以外订立的合同以及分时度假合同，但并未进一步地予以类型化和给出正当性理由，其有过分保护消费者之嫌。其次，上述特定情形或场合必须被限定于作出意思表示，所谓限定于作出意思表示不等于作出意思表示，而是弱于作出意思表示，只要上门交易对于意思表示的作出构成共同原因即可。[⑤] 最后，如果在上述场合下，订立的合同是消费者事先制定的，则不存在突袭因素，故不构成撤回权；在磋商后立即给付以及给付对价，且价格不超过40欧元的情况下，亦不得撤回；在消费者意思表示为公证员公证的情况下，亦不存在意思形成被妨碍之情形，其意思表示不得撤回。

---

① Vgl. HKK zum BGB/Duve, §§1–14, Rn. 78.

② Vgl. Staudinger/Kaiser, BGB, Neubearbeitung 2004, §355, Rn. 5; Vgl. Brox/Walker, Allgemeines Schuldrecht, 34. Aufl., S. 189.

③ Vgl. Brox/Walker, Allgemeines Schuldrecht, 34. Aufl., S. 181.

④ Medicus/Lorenz, Schuldrecht Ⅰ, Allgemeiner Teil, 18. Auflage, 2008, S. 283, Rn. 586.

⑤ Medicus/Lorenz, Schuldrecht Ⅰ, Allgemeiner Teil, 18. Auflage, 2008, S. 283, Rn. 587.

2. 远程交易。在远程销售情况下，消费者撤回权的构成要件中并没有上述特定场合之要素。《德国民法典》第312b条规定，其在构成上仅要求具备“消费者与经营者仅使用远程通讯手段订立货物供应或服务（包括金融服务）合同”这一要件。货物与服务的概念甚广，货物指的是动产，而服务包括任何指向行为的合同，如劳务合同、承揽合同、游戏合同以及有偿的事务管理。① 而所谓使用远程通讯手段，是指在消费者与经营者没有同时出现的情况下谈判、签订合同之情形。②

纵观消费者撤回权的构成前提，作为撤回权人的消费者并不需要给出撤回之理由甚或证明其撤回之理由。其既不需要具有对意思决定的真实妨碍，也不需问及撤回动机，实质为任意之撤回权（willkürliches Widerrufsrecht）。在上门交易的情形下，尚需要特定场合与契约订立之间的“因果关系”这一构成要件，而在远程销售情形下则仅需一些客观的构成前提。问题是立法者赋予消费者以如此强大的撤回权，其是否构成了对契约严守原则的违反。

（二）任意撤回权与契约严守原则

为了保障契约将来产生效力，当事人须受其曾订立的合同之约束，此即契约严守原则。契约严守原则的主要目的在于保护交易以及信赖，赋予合同以将来之效力。合同当事人允诺给付，约束自己，在经济上互为“牺牲”，即使在事后利益状况发生变化的情况下也应受其约束。③

合同严守与合同自由都是个人自决（Selbstbestimmung）的表达。所谓意思自由，即个人自由的行使，也即表示人实际上的、在自由中形成以及行使的意思。④ 没有意思自由的合同拘束力是不可想象的，⑤只有在意思表示人有意识地、无瑕疵地做出允诺的情况下，严守合同才有其正当性。⑥ 在实质之意思自由无法被保障，反而为他人决定所妨害的情况下，被妨害之人存有解销利益。

但从合同对立关系来看，消费者具有解销利益，即不受约束的利益，但其相对人享有存续以及受约束的利益，并且对合同的存在与约束力存有信赖利益。⑦ 如要否认相对人的信赖利益，通常除须具备意思表示瑕疵之前提外，尚需有可归

---

① Medicus/Lorenz, Schuldrecht Ⅰ, Allgemeiner Teil, 18. Auflage, 2008, S. 283, Rn. 592.

② Vgl. Brox/Walker, Allgemeines Schuldrecht, 34. Aufl., S. 186.

③ Vgl. Lorenz, Der Schutz vor dem unerwünschten Vertrag, 1997, S. 29.

④ Vgl. Flume, Allgemeiner Teil des BGB, 3. Auflage, 1979, Ⅱ, S. 49.

⑤ Vgl. Stathopoulos, Probleme der Vertragsbindung und Vertragslösung in rechtsvergleichender Betrachtung, AcP 194, S. 543, 552.

⑥ Vgl. Lorenz, Der Schutz vor dem unerwünschten Vertrag, 1997, S. 28.

⑦ Vgl. Lorenz, Der Schutz vor dem unerwünschten Vertrag, 1997, S. 38.

责于相对人的事由,如欺诈或胁迫情况下的"故意"要素。

消除利益与意思瑕疵以及可归责事由是成正比的,意思瑕疵越严重、允诺人的表示瑕疵越可归责于允诺受领人,在利益衡量上越有利于消除利益人,如欺诈的情况;如果意思瑕疵不可归责于允诺受领人,那么就须严守契约,如立法政策上允许撤销,则应给出补偿,如错误的情况。

在上门交易场合,经营者的归责基础并不仅仅取决于特定场合对决定自由的威胁,而是取决于经营者制造、利用该场合而产生该威胁的因果关系。[①] 经营者制造和利用这些场合对消费者构成特别危险,经营者应对消费者的意思形成承担更高的责任,况且经营者具有控制意思表示瑕疵危险的能力。另外,经营者是交易的最大受益者,将行为风险分配给获利者有其正当性基础。经营者在本质上承担的是行为责任。

在消费者撤回权的情况下,经营者负有告知撤回权之义务,故亦不得对订立合同之存续产生信赖。

基于上述理由,赋予消费者任意之撤回权,有其正当性理由,并没有危及经营者的信赖利益乃至法律的安定。我国《消费者权益保护法》在修订时应设置经营者告知撤回权之义务,在利益衡量上应考虑经营者信赖严守合同的利益。

(三)法律效果上的利益平衡

在消费者合同被撤回的情况下,为平衡当事人之间的利益,德国立法者决定对消费者撤回权适用解除权之法律效果。也就是说,意思表示或合同被撤回后,合同关系转化为清算关系(Abwicklungsverhaeltnis)。当事人原则上相互返还受领之给付;在不能返还等情况下,得进行价值赔偿;在特定情况下,解除权人的价值赔偿义务得被免除;就用益以及费用通常也得返还。

由于利益状况不同,消费者撤回权的法律效果也有很多不同于解除权法律效果之处,在消费者仅负有寄回义务的情况下,其费用原则上由经营者承担。消费者行使撤回权返还自经营者处获得之物的,由经营者承担货物毁损灭失之风险。

另外还有一点与解除权的法律效果不同,即消费者对于合理使用而产生的价值减损,亦须承担赔偿责任,但经营者必须在签订合同时就以书面方式告知该法律效果,而且要明示避免价值减少之可能性。对此规则还存在一个例外,即如果价值减少是因为检验货物而造成的,消费者即不负赔偿责任。

在解除权情况下,权利人对于偶然或者尽到通常注意义务仍产生的毁损灭

① Vgl. Lorenz, Der Schutz vor dem unerwünschten Vertrag, 1997, S. 164.

失不承担价值赔偿责任,该规则不适用于撤回权之情况。其原因在于,撤回权并不以经营者客观违反义务为构成前提,而且在消费者被告知享有撤回权的情况下,并无理由信赖其可以最终保有该标的物。[1] 如果经营者没有依法告知撤回权,消费者仅就其故意或者重大过失承担损害赔偿责任。

三、消费者撤回权的体系归属

在德国,消费者撤回权制度产生于民法之外,其出现在特别立法中。而在我国,存在《消费者权益保护法》这一基本法律,有关消费者撤回权制度应在这一基本法律中予以规定。但从德国法经验来看,其采取了体系化之思路,即将特别法上的撤回权统一纳入民法典之中。2000 年,德国立法者将消费者撤回权并入民法之中,统一规定在《德国民法典》第 361a 条中,[2]并废除了《消费者信贷法》、《上门交易法》、《分时使用住宅法》以及《远程销售法》等单行法。在 2002 年 1 月 1 日德国债法现代化之后,《德国民法典》第 361a 条被扩展为 5 条,即第 355 条至第 359 条,分别规定了撤回权的构成前提、效力以及法律后果等。《德国民法典》第 312 条、第 312a 条规定了上门交易规则,第 312b 条以下规定了远程销售合同,第 495 条、第 499 条、第 503 条、第 505 条规定了消费者借贷合同、融资辅助以及分期交货合同。[3] 尽管适用撤回权的具体类型不同,但在撤回权的构成前提、行使与消灭上都是共同的,即统一适用《德国民法典》第 355 条至第 359 条之规定。

为什么要将消费者撤回权这一特别法的规定归入民法典呢? 其主要理由在于明确一般法与特别法之关系。若特别法独立于民法体系之外,在法律适用时,应多考虑特别法之适用,而不考虑一般法之适用。长此以往,一般法的规则将如同"具文",并无用处。同样是合同被解销,在合同被解除的情况下,其法律效果是合同清算关系,而在撤回权的情况下,《消费者权益保护法》若不考虑民法或合同法的一般规则而另行规定的,并不符合同样情况同样处理的一般正义之要求。消费者撤回权制度适用于所有的以消费者为一方当事人的合同,这几乎占据了合同关系的半壁江山,其适用领域日益增大,而一般法的适用范围反而有

---

① Medicus/Lorenz, Schuldrecht Ⅰ, Allgemeiner Teil, 18. Auflage, 2008, S. 290, Rn. 604.

② Vgl. Gesetz über Fernabsatzverträge und andere Fragen des Verbraucherrechts sowie zur Umstellung, Vorschriften aus Euro am 30,6,2000, BGB1 Ⅰ 897.

③ 《德国民法典》的一般性规定可以适用于远程授课之情形,但不能适用于《外国投资份额销售法》、《投资公司法》以及《保险合同法》规定之情形。

限，何为特别，何为一般，易生异议。所以，若要将消费者撤回权归入民法典，就须澄清其在民法体系中的位置。

（一）效力模式

有争议的是，在撤回期间，消费者与经营者之间的法律关系如何？合同是待定有效还是待定无效？在撤回期间，当事人是否享有合同的履行请求权？

根据撤回期间意思表示以及合同状态，法律上构建了两种效力模式的撤回权。①

1. 无效模式。消费者订立合同的意思表示甚或整个合同在撤回期限届满之前，并不具有法律效力。撤回权之行使阻止合同因沉默而产生效力。在2000年6月30日之前，即消费者撤回权没有被统一归入《德国民法典》之前，单行法中均采此效力规则。在此之后，《外国投资份额销售法》和《投资公司法》中仍规定有此种模式的撤回权。其典型表述为：指向买卖的意思表示仅在买受人未在两周内书面撤回时才具有约束力。就经营者方面而言，其受意思表示约束，并无撤回权。在撤回期间，意思表示乃至合同是待定无效的（schwebende Unwirksamkeit）。

2. 有效模式。根据《德国民法典》第355条规定（原《德国民法典》第361a条第1款规定），消费者的意思表示自始有效，即只要双方约定在合同订立时双方的履行请求权即产生，但在消费者于法定期限内撤回该意思表示，则其就不再受其意思表示约束。就经营者方面而言，其受意思表示约束，并无撤回权。在撤回期间，意思表示乃至合同是待定有效的（schwebende Wirksamkeit）。

两种模式的区别在于，根据无效模式，在撤回期间，双方是没有履行请求权以及瑕疵担保请求权的；②在有效模式下，双方享有履行请求权以及瑕疵担保请求权。在利益衡量上，后者比较有利于保护消费者。在无效模式下，撤回权具有权利阻碍功能，即阻碍意思表示具有效力；而在有效模式下，撤回权具有权利废止之功能。③

（二）法律行为效力上的体系归属

在合同法上，作为表示人法律行为约束力标准的并非实质意思（materialer

---

① Vgl. G. Reiner, *Der verbraucherschützende Widerruf im Recht der Willenserklärung*, AcP 2003, S. 4.

② Vgl. B. Boemke, Das Wiederrufsrecht in allgeminen Verbraucherschutzrecht, AcP 2003, S. 165. Certa, Widerruf und Schwebende Umwirksamkeit, 2000, 33.

③ Vgl. B. Boemke, Das Wiederrufsrecht in allgeminen Verbraucherschutzrecht, AcP 2003, S. 166. Certa, Widerruf und Schwebende Umwirksamkeit, 2000, 33.

Wille)，而是所谓的形式意思(formaler Wille)，该形式意思是向外的、自受领人角度观察的意思。而之所以形式意思对法律行为的约束力是决定性的，其原因并非在其自身，而是基于这样一种推定，即形式意思是表意人真实、实质意思的表现。所以，若形式意思偏离了实质意思，或者作为表示基础的意思不自由，法律就会阻止其效力。①

根据意思瑕疵程度以及瑕疵表示的对外效力，法律上提供了四层保障形式意思受真实意思约束的机制：(1)意思表示的主观事实构成制度，如表示意思是否是意思表示的必要构成要件，如是则不具有表示意思，意思表示即不成立。(2)无效制度，如违反法律或善良风俗而无效。(3)效力待定，如限制行为能力人所为之行为，其效力待定。(4)撤销，如欺诈或错误行为。

如上所述，消费者撤回权的效力有两种模式，在这两种效力模式下，撤回权在体系归属上各有不同。

1. 无效模式下的体系归属。无效模式可以归入效力待定类型。此时，意思瑕疵是比较重大的，故法律规定其对于表意人自始并无约束力，但事后可经过追认或其他方式而有效。

与消费者撤回权可以类比的是限制行为能力人法律行为的效力待定状态。在精神弱势与信息弱势类型中，消费者于合同订立时都出现了“无能力”的情况，这种能力是经济上的行为能力(wirtschaftliche Geschäftsfähigkeit)。②

但与限制行为能力情况下的效力待定规则不同，意思表示发生效力并不是经过第三人追认，而是在撤回期间经过后，先前的意思表示才会发生效力。时间经过的效力是通过沉默的方式表现的，而通过可推断之沉默确认负载真实意思的原始意思表示，该意思表示是立法者类型化的、不可推翻的并推迟到期间经过才发生效力的意思表示。③ 撤回期间届满时，即思考期间经过后，消费者获得了向经营者表达意思之能力。

有学者认为，该推定之沉默并非法律行为，而是法律上行为(Rechtshandlung)，并不适用法律行为制度中的行为能力以及以行为能力为前提的规则。因为即使意思表示的主观构成前提不满足，撤回亦发生法律效果，即击破沉默的权利表象，使

① Vgl. G. Reiner, *Der verbraucherschützende Widerruf im Recht der Willenserklärung*, AcP 2003, S. 15.

② Vgl. G. Reiner, *Der verbraucherschützende Widerruf im Recht der Willenserklärung*, AcP 2003, S. 19.

③ Vgl. G. Reiner, *Der verbraucherschützende Widerruf im Recht der Willenserklärung*, AcP 2003, S. 20.

合同确定无效。[①] 故并不适用法律行为制度中的行为能力以及以行为能力为前提的规则。

沉默是对原意思表示的确认，具有表示效力，具有可撤销性，如基于对沉默法律意义的错误而撤销该沉默，但由于法律规定了经营者之告知义务，故几乎不存在错误之可能。

有疑问的是，沉默是否具有溯及效力。在行为性质上，沉默是一种确认(Bestätigung)，故其并无溯及力，对于过去并无效力，因为确认在法律性质上是新的行为。[②]

在无效模式下，撤回权本身为形成权，通过单方的表示即可排除已经作出的意思表示，即变更了权利状况。在理论上，即使合同未完全有效或者待定无效，也可以具有形成权效力。比如，无效的法律行为也可以被撤销。[③]

2. 有效模式下的体系归属。有效模式可以归入可撤销类型。在立法者看来，其意思瑕疵并不十分严重，故规定其自始有效，但可以事后撤回，该撤回具有溯及力。消费者撤销权与可撤销制度类似，与解除权制度并不类似，解除权制度的规范目的并不在于保护表示人的实质意思自由。[④]

撤销权以意思瑕疵为前提，而撤回权的行使并不需要说明任何理由。这一点并不能否认撤回权类似于撤销权，因为二者在功能上是一致的，都是为了保护自由意思的形成。在撤回权情况下，虽然不需要意思瑕疵这一要件，但需要法定类型这一前提，法定类型免除了消费者证明意思形成瑕疵的义务。在法定类型情况下，意思表示瑕疵为法律所推定，且不可推翻。[⑤]

根据《德国民法典》第355条第1款第1句的表述，行使撤回权后，消费者不再受其整个意思表示的拘束，而非不再受约定的给付交换约束。故类似于撤销权的消费者撤回权，具有溯及既往地废止意思表示之效力。[⑥]

---

① Vgl. G. Reiner, *Der verbraucherschützende Widerruf im Recht der Willenserklärung*, AcP 2003, S. 21. 对于无效行为确认的理论，参见[德]迪特尔·梅迪库斯著：《德国民法总论》，邵建东译，法律出版社2000年版，第404页以下。

② [德]迪特尔·梅迪库斯著：《德国民法总论》，邵建东译，法律出版社2000年版，第405页。

③ 此即Kipp的法律上双重效果说，参见Vgl. B. Boemke, Das Wiederrufsrecht in allgeminen Verbraucherschutzrecht, AcP 2003, S. 178. Certa, Widerruf und Schwebende Umwirksamkeit, 2000,33。

④ Vgl. G. Reiner, *Der verbraucherschützende Widerruf im Recht der Willenserklärung*, AcP 2003, S. 27.

⑤ Vgl. G. Reiner, *Der verbraucherschützende Widerruf im Recht der Willenserklärung*, AcP 2003, S. 28.

⑥ Vgl. G. Reiner, *Der verbraucherschützende Widerruf im Recht der Willenserklärung*, AcP 2003, S. 30. ;Gernhuber, WM 1998, 1797,1804.

根据《德国民法典》第144条的规定，撤回权是不可被抛弃的，因为抛弃在法律性质上类似于可撤销意思表示的确认，[①]其前提是撤销权人有可能知道撤销以及作为撤销原因的错误。由此，在确认可撤回的意思表示时，其前提也是表示人有能力自己决定，但在撤回期限经过前，根据法定的评价，表示人并无自决能力，故在撤回期间届满前，不能放弃撤回权。[②]

（三）消费者撤回权并非解除权

关于撤回权的性质，在德国自20世纪90年代起，越来越多的学者主张消费者撤回权是解除权的特别类型。合同自始有效，消费者行使撤回权后，合同关系转化为类似合同的返还之债（vertragsähnliches Rückgewährschuldverhältnis）。[③]

我国有学者认为，消费者可以对已作出的要约或承诺的意思表示予以单方面撤销，即使合同已经成立，消费者也可以单方面解除合同。[④] 根据该表述，撤销权的实质是解除权。主张消费者撤回权为解除权的主要理由为，在撤回意思表示之前，双方当事人均具有合同上的履行请求权，单方的意思表示可以排除双方履行请求权，并确立返还之债的关系。在体系上，《德国民法典》将其规定在"解除权"一节，十分类似于双方合意约定解除权之情形。[⑤]

笔者认为，消费者撤回权并非解除权。解除权针对的是履行障碍之情况，而消费者撤回权针对的是合同成立阶段意思实质不自由的情况。合同解除权所针对的是合同有效成立后履行阶段出现的障碍，与合同阶段的意思表示是否具有瑕疵并无关联，而且在消费者行使撤回权前，合同效力并非确定有效，而是待定有效（schwebende Wirksamkeit），[⑥]但在解除权情况下，合同是完全和确定有效的。撤回权的行使情况不限于合同情形，在经营者没有对消费者要约进行承诺的情况下，仍然可以撤回，但此时并无解除之可能。

虽然撤销的法律效果是不当得利之返还，但规定消费者撤回权的法律效果为不当得利返还关系，却存在不合理之处。例如，在不当得利人善意的情况下，其仅负有返还既存利益之义务，在消费者撤回权情况下，通常企业须履行告知义务，并不存在善意不当得利的情况。有鉴于此，德国立法者将消费者撤回权的法

---

① 对于无效行为确认的理论，参见［德］迪特尔·梅迪库斯著：《德国民法总论》，邵建东译，法律出版社2000年版，第407页。

② Vgl. G. Reiner, *Der verbraucherschützende Widerruf im Recht der Willenserklärung*, AcP 2003, S. 36.

③ Vgl. HKK zum BGB, § 355, Rn. 46.

④ 参见金福海：《消费者法论》，北京大学出版社2005年版，第169页。

⑤ Vgl. Staudinger/Kaiser, BGB, Neubearbeitung 2004, § 355, Rn. 18.

⑥ Vgl. Mankowski, WM 2001, 793, 794.

律效果规定为解除权的法律效果。

但这里似乎存在一个矛盾,撤回权在法律性质上类似于撤销权,但在法律效果上,《德国民法典》明文规定其不适用于不当得利之规定,而同于解除权的法律效果。据此,能否认为撤回权是一种特别的解除权呢?答案是否定的。首先,德国联邦政府认为撤回权规则比较类似于效力待定法律规则,即将其规定在《德国民法典》第130条以下,但并没有将其规定在总则部分,因为其法律效果为解除权的法律效果,如果将撤回权的构成和行使规则与法律效果分别规定,会增加理解与适用的难度,故将其规定在解除权之后、债法总则之中。[①] 也就是说,德国立法者即使规定撤回权的法律效果与解除权的法律效果相同,也没有认为撤回权的法律性质就是解除权。其次,从解除权法律效果的历史发展来看,其本身不过是不当得利法律效果的特别规定,在合同标的物毁损灭失的风险分配以及在用益返还与费用返回上作了不同于不当得利法律效果的规定。在规则结构上二者是一致的,即起决定性作用的都是给付受领人与返还债权人是否已经知道具体合同失败的可能性,以及受领人是否以及在多大程度上对返还之标的物的毁损灭失有过错。[②]

四、结　　论

消费者撤回权之规范目的在于救济消费者意思形成之障碍,在其于精神上或信息上处于弱势的情况下,给予消费者一定期间予以思考,由其决定撤回意思表示还是使意思表示产生效力。

撤回期间制度为消费者撤回权制度中的核心内容,其应当以经营者告知撤回权、收到货物或者获取信息等时点开始起算,起算点之确定应以其能够真实形成意思为准。

消费者撤回权不同于消费者退回权,后者较有利于经营者,不仅告知义务有所减弱,而且消费者存在先履行之义务,故仅在特定领域中存有特别理由情况下方才应予允许,还是应以消费者撤回权为一般之原则。

在消费者撤回权的构成前提上,作为撤回权人的消费者并不需要给出撤回之理由甚或证明其撤回之理由,既不需要有对意思决定的真实妨碍,也不需要考

---

① Vgl. Lorenz, Der Schutz vor dem unerwünschten Vertrag, 1997, S. 129.

② Vgl. G. Reiner, *Der verbraucherschützende Widerruf im Recht der Willenserklärung*, Acp 2003, S. 33.

虑撤回动机,其实质为任意之撤回权。在利益衡量上,消费者解销契约的自由与经营者信赖契约严守的利益相冲突。要否认相对人的信赖利益,除了须具备意思表示瑕疵之前提外,尚需要有可归责于相对人的事由,于上门交易或远程销售情况下,可归责事由来自于经营者的行为,其为行为责任,并不根据过错归责。由于经营者负有告知撤回权以及信息提供之义务,其并无信赖契约将来有约束力之根据,故赋予消费者撤回权有其合理根据。

消费者撤回权的效力有两种模式,一种是无效模式;另一种是有效模式。无效模式下的意思表示处于待定无效状态,有效模式下的意思表示处于待定有效状态。在前者,推断之沉默具有确认待定无效意思表示有效的功能,而撤回权具有阻碍意思表示有效的功能;在后者,撤回权可以归入可撤销之类型,一旦行使撤回权,意思表示即为确定无效。

(2010 年第 12 期)

2011 年

房屋征收补偿范围与标准的思考

朱广新*

在两次广泛征求社会各界意见后制定的我国《国有土地上房屋征收与补偿条例》(以下简称《征收与补偿条例》)甫一公布施行,即获得各种好评。① 本来,无论是根据国外立法经验,还是依我国《宪法》第10条第3款与第13条以及《物权法》第42条的规定,补偿系征收制度的必备要素,而非游离于其外的事物。但凡规范征收行为的立法,要么像法国那样直接被称作"公用征收法典",要么像日本、我国台湾地区那样被命名为"土地征收法(条例)"。我国《征收与补偿条例》则不走寻常路,在法规名称上采取了将"补偿"一词独立出来与"征收"相并列的做法。此种做法绝非随意之举,其目的是凸显或强调"补偿"在房屋征收制度中的重要性。② 这种着重于补偿的征收制度,既遵循了法制发达国家征收制度的发展规律,也抓住了我国城市不动产征收纠纷的主要矛盾。

然而,依我国现行房地产法律制度,尤其是从《物权法》第148条、第149条以及《城市房地产管理法》第6条、第20条、第22条的规定看,《征收与补偿条例》关于征收补偿范围与标准的规定有如下三个问题在私法上值得深究:从受补偿财产的构成看,其果真如其名称所示,只适用于房屋的征收与补偿?作为一种他物权的建设用地使用权,应否给予独立的补偿?抽象地以类似房地产的市场价格作为房屋征收补偿标准,是否忽视了不动产的独特性、住宅用地与非住宅用地在法律地位上的显著差异?下文拟对此作出系统回答。

一、征收补偿范围的多维度分析

《征收与补偿条例》第17条第1款以穷尽列举的方式(即列举后不设概括

---

* 作者单位:《中国法学》杂志社。

① 马怀德:"征收补偿条例体现了法治政府要求",载《人民日报》2011年2月14日;刘洪玉:"拆迁变征收看社会进步",载《光明日报》2011年1月28日;程成:"《国有土地上房屋征收与补偿条例》的十个亮点",载《经济参考报》2011年1月25日。

② 《征收与补偿条例》第1条关于立法目的的宣示性规定及第三章关于补偿的集中规定,充分说明了这一点。

规定）将房屋征收补偿的范围限定为三种：房屋价值的补偿；搬迁、临时安置的补偿；停产停业损失的补偿。该规定看似清楚明了，但在我国现行“房、地一体移转”的不动产法律制度下，其实质上蕴涵着诸多需要进一步解释的问题。

由我国《物权法》第28条的规定可知，征收在物权法上具有导致物权转让的法律效果，即国家取得私人的不动产所有权或他物权。众所周知，征收不像无偿取得私人财产的税收，其在取得私人不动产物权之前，必须公平补偿被征收人因丧失不动产物权所遭受的损失。① 因此，补偿是政府强制取得私人不动产的必要代价。反过来说，私人因其不动产被征收而享有要求给予公平补偿的权利。由此决定了在征收制度中，在确定补偿的范围与标准，甚至是确定补偿的具体方式时，必须注意征收的对象。

上述论说其实预设着这样一个问题，即《征收与补偿条例》果真如其名称那样，仅仅是对国有土地上单位或个人房屋的征收吗？事实上，无论是根据《征收与补偿条例》本身的具体规定，还是联系到《物权法》、《城市房地产管理法》的相关规定，皆不难作出如下回答，即其不是或主要不是对房屋的征收，而是对土地的征收。

关于征收的对象，《征收与补偿条例》第2条虽明确规定，它仅适用于“征收国有土地上单位、个人的房屋”，但其第13条第3款也直言不讳地指出：“房屋被依法征收的，国有土地使用权同时收回。”暂且不论“国有土地使用权同时收回”这一规定是否能言之成理，《征收与补偿条例》会涉及建设用地使用权之转让，则毫无疑义。

《征收与补偿条例》并不限于房屋征收，这还可以在《征收与补偿条例》第8条关于公共利益的列举性规定中找到充分依据。原《城市房屋拆迁管理条例》多年来之所以饱受各界诟病，一个十分重要的原因在于，不管是为了社会公共利益，还是为了房地产开发企业的一己之利，房屋拆迁皆以强制手段来取得私人的不动产物权。为了保护集体所有的土地，维护公民的私有财产，2004年修正后的《宪法》第10条第3款和第13条按照为了公共利益、依照法定程序及给予补偿三项要素对征收作了明确规定。随后，《物权法》第42条和修正后的《城市房地产管理法》第6条重申并细化了《宪法》关于征收的规定。此后，征收必须是“为了公共利益的需要”的观念即深入人心，并成为社会各界要求修订《城市房屋拆迁管理条例》的重要理据。《征收与补偿条例》的制定者不负众望，其根据我国城市化发展的现状，并参酌西方发达国家征收制度的演化规律，在第8条中

① 事先补偿是征收制度的一项重要原则，如日本土地征收法、法国征收法典的规定。

以列举方式对何为“公共利益”作出了详细规定。这些规定因旨在解决征收的用途这个敏感问题，故毫无疑问可以成为审视和检验该条例适用对象（征收的客体）的重要依据，即“依其所用，验其所需”。

概括地讲，《征收与补偿条例》第8条关于征收目的——公共利益的需要——的规定，无论是为了保障性安居工程建设、旧城区改建的需要，还是为了基础设施建设、公共事业的需要，地方政府对他人房屋进行征收的真正目的并不是取得房屋的所有权，而是尽快拆除房屋和重新开发、利用土地。依此而言，征收房屋在绝大多数情况下只是地方政府达到目的的必要手段，收回建设用地使用权、消除国有土地所有权上的法律负担才是房屋征收的根本所在。原《城市房屋拆迁管理条例》所用“拆迁”一词，极其形象地揭示了此类房屋征收的主要用意，尽管《征收与补偿条例》竭力避免使用“拆迁”一词，[①]但现在每天仍然发生着的城市房屋拆迁场景，十分鲜明地说明了这一点。

其实，即使没有像《征收与补偿条例》第13条第3款那样的规定，或者即使不依赖于对其第8条的具体分析，根据《物权法》或《城市房地产管理法》，我们同样可以得出这个结论，即房屋征收的客体并非仅限于房屋而是包括建设用地使用权在内。

我国《物权法》第147条规定：“建筑物、构筑物及其附属设施转让、互换、出资或者赠与的，该建筑物、构筑物及其附属设施占用范围内的建设用地使用权一并处分。”[②]房屋属于典型的建筑物，[③]可纳入该条的规范射程自然无须多言。值得探讨的是，作为一种非依法律行为发生的物权变动，房屋征收虽然可依《物权法》第28条的规定，使房屋所有权由单位、个人向市、县级人民政府移转，但这种形式的所有权移转能否归入该法第147条规定的“转让”。按主流观点，物权转让属于物权的继受取得，即基于他人既存的权利而取得物权。[④]《物权法》第9条、第14条、第15条规定中的“转让”正是此意。依此观点，基于征收决定事实而非他人权利发生的所有权移转，显然不能以转让相称。但必须指出的是，对“转让”一词的上述理解，其实只是注意到了《物权法》所用“转让”一词的第一

① 《征收与补偿条例》只在第五章“附则”部分关于其与《城市房屋拆迁管理条例》的关系规定上，使用了“拆迁”一词。

② 1990年5月19日施行的《城镇国有土地使用权出让和转让暂行条例》第23条、1995年1月1日施行的《城市房地产管理法》第32条均有类似规定。

③ 《城市房地产管理法》第2条第2款规定：“本法所称房屋，是指土地上的房屋等建筑物及构筑物。”

④ 崔建远著：《物权法》，中国人民大学出版社2009年版，第45页。

种情形,而完全忽视了另一种情形,即《物权法》第28条明确规定人民政府的征收决定可导致物权“转让”。① 显而易见,此处所用“转让”一词应指非依法律行为发生的物权变动,具体到房屋征收,则指房屋所有权的移转。总之,系统地看,《物权法》所采“转让”一词,不仅指依法律行为发生的物权移转,而且包括依事实行为发生的物权变动。

基于此,房屋所有权因政府征收发生的移转,完全可纳入《物权法》第147条规定的“转让”。既然如此,房屋所有权因征收发生转让时,房屋占用范围内的建设用地使用权应一并移转于市、县级人民政府,即依“地随房一体移转”规则,房屋征收事实上会导致房屋占用范围内的建设用地使用权一并被处分。《征收与补偿条例》第13条第3款所用“国有土地使用权同时收回”,实质是指建设用地使用权一并被处分。

据上所述,《征收与补偿条例》并非如其名称所示,只适用于国有土地上房屋的征收,而是包括了房屋占用范围内的建设用地使用权的征收。立法者清楚地知道,只要市、县级人民政府获得了房屋的所有权,无论是根据《城市房地产管理法》第32条还是根据《物权法》第147条,即能同时消灭被征收人的建设用地使用权,从而使房屋占用范围内的土地所有权回复到圆满状态。

上述分析只是对现行法律予以文义、体系解释的结果,下文再以我国城市房地产征收的社会事实为基础,从立法论的角度简要分析《征收与补偿条例》在事实上可能发挥作用的范围。这当然也涉及征收的客体问题。

要查明《征收与补偿条例》事实上会牵涉哪些权利客体,有必要探究一下政府通过征收私人房屋究竟想实现何种目的。如果说征收集体所有的土地是适应城市建设快速发展的需要,那么征收城市房屋显然是为了按照新的规划对土地予以整理和再开发。相比于乡村,城市是人口的密集聚集地,同时也是房屋、道路、林木等各种建筑物及其他地上定着物的集中地。为生产、生活所需,城市土地上除房屋之外还存在大量满足居民通行需要的道路、桥梁,美化、调节环境的林木或花草,以及供人们娱乐、休闲的公共设施。在此情形下,房屋的征收不可避免地会造成与发挥或优化房屋功能紧密相关的道路或林木的征收。之所以如此认为,原因在于根据我国现行法,房屋、道路、林木、桥梁等皆为独立的不动产物权客体。② 房屋所有权不可能同时包括房屋周围林木的所有权,更不可能包

① 《物权法》第28条规定:“因人民法院、仲裁委员会的法律文书或者人民政府的征收决定等,导致物权设立、变更、转让或者消灭的,自法律文书或者人民政府的征收决定等生效时发生效力。”

② 《担保法》第92条第1款规定:“本法所称不动产是指土地以及房屋、林木等地上定着物。”

括小区道路的所有权。由于政府征收房屋的目的不在于取得房屋所有权,而是为了开发、利用土地,所以从实际生活看,房屋征收事实上会导致与房屋相关的道路、林木、花草等被一并征收的后果。

更值得指出的是,在有些情况下,城市不动产的征收可能完全与房屋无关。例如,地方政府为了消除城市拥堵现象,改善或完善城市公共交通,或征收居民小区的土地、林木,拓宽原有道路,或干脆将居民小区内的通道直接转变为市政公共道路。这种典型的为了公共利益强制取得私人不动产物权的行为,至少从法律名义上看很难纳入《征收与补偿条例》。

以上只是立足于法律和事实对受补偿财产的物质结构所作的全面分析。除了物质因素外,受补偿财产在构成上还存在一定的法律因素,如被征收不动产物权之上存在租赁权、地役权等,当不动产物权被征收时,承租人和地役权人同样会遭受一定的损失,①尤其是一些租期较长的商业承租人。具言之,对于承租人来说,由于政府征收行为是一种私人不能预见、不能避免且不能克服的客观情况,其因征收所造成的损失根本无法通过追究出租人的违约责任而获得赔偿。地役权是由《物权法》明确规定的一种他物权,地役权人因政府征收所遭受的损失与供役地权利人无关,只能由征收人予以补偿。

综上所述,所谓房屋征收,实质上是城市的不动产征收,征收对象不仅包括房屋、林木、道路、建设用地使用权等,或不动产所有权、共有权、他物权等,而且还涉及被征收不动产承租人的租赁权、地役权人的地役权等。在上述各种征收客体中,在法律和事实上起根本作用的是土地,即建设用地使用权,只要把它征收过来了,根据《物权法》第146条确立的"房随地一体移转"的规则,政府即可对地上物享有所有权。在同样实行房地分离制度的日本和我国台湾地区,即基于此种考虑,将适用于房屋、土地的征收立法称为"土地征收法"(条例)。我国立法所采之"房屋征收"概念明显名不副实、避重就轻。如果说原来的"房屋拆迁"异化了征收制度,那么,相对于旨在取得建设用地使用权的不动产征收而言,"房屋征收"一词并未使征收制度回归其真正面目。

二、补偿建设用地使用权的私法根据

《征收与补偿条例》既然旨在取得建设用地使用权,使国有土地所有权回复

---

① 王名扬著:《法国行政法》,中国政法大学出版社1988年版,第394页。

到圆满状态，为重新开发、利用土地消除法律障碍，那么在建设用地使用权是一种独立物权的情况下，立法者为何不名正言顺地以“建设用地使用权的征收与补偿”来命名呢？这显然是一个值得深究的重要问题。

其实，早在《征收与补偿条例》制定之前，1994 年 7 月 5 日颁布的《城市房地产管理法》第 19 条即明确规定，在特殊情况下，根据社会公共利益的需要，国家可以依照法律程序提前收回土地使用权，并根据土地使用者使用土地的实际年限和开发土地的实际情况给予相应的补偿。① 2007 年 3 月 16 日颁布的《物权法》第 148 条也明确规定：“建设用地使用权期间届满前，因公共利益需要提前收回该土地的，应当依照本法第四十二条的规定对该土地上的房屋及其他不动产给予补偿，并退还相应的出让金。”2007 年 8 月 30 日修正的《城市房地产管理法》第 20 条维持了原《城市房地产管理法》第 19 条的规定。依据上述规定，国家在收回建设用地使用权之时，必须对权利人予以补偿。这就提出了一个严肃问题，国务院依《城市房地产管理法》第 6 条的授权制定《征收与补偿条例》时，②为何仅规定“房屋被依法征收的，国有土地使用权同时收回”？在规定征收补偿范围时，为何仅仅列举了“房屋价值，房屋搬迁、临时安置，因征收房屋造成的停产停业损失”三类补偿？如果认为《征收与补偿条例》并没有滥用行政法规制定权，关于收回建设用地使用权的补偿问题应适用《物权法》或《城市房地产管理法》的规定，那么接下来的问题是，在房屋征收同时导致建设用地使用权一并被征收的情况下，对建设用地使用权的补偿到底是应按照《物权法》第 148 条规定“退还相应的出让金”，还是依据《城市房地产管理法》第 20 条规定“给予相应的补偿”？严格地讲，上述两种补偿标准对建设用地使用权人皆不合理，其原因在于：作为一种他物权，建设用地使用权具有独立的法律地位，其存在价值应依市场法则，根据土地使用权交易价格来定，不能以取得时的代价（出让金）与土地使用年限长短之间的比例关系来定。尤其应当注意的是，根据《物权法》第 149 条确立的建设用地使用权续期制度，能够“自动续期”的住宅建设用地使用权实质上具有长久性，其存在价值更不可等闲视之。下文以住宅建设用地使用权与非住宅建设用地使用权的区分为架构对上述观点予以深入阐述。

土地使用权或建设用地使用权“收回”或“提前收回”之用语，建立在《城镇国有土地使用权出让和转让暂行条例》第 12 条关于土地使用权出让最高年限的

---

① 该规定源自 1990 年 5 月 19 日施行的《城镇国有土地使用权出让和转让暂行条例》第 42 条。

② 《城市房地产管理法》第 6 条规定：“为了公共利益的需要，国家可以征收国有土地上单位和个人的房屋，并依法给予拆迁补偿，维护被征收人的合法权益；征收个人住宅的，还应当保障被征收人的居住条件。具体办法由国务院规定。”

规定上。根据该规定,作为一种在国有土地所有权之上设立的他物权,无论是住宅建设用地使用权,还是非住宅建设用地使用权,皆有明确的存在期限(70 年、50 年或 40 年)。权利使用期限一旦届满,建设用地使用权即告终止,[①]国有土地所有权即回复其圆满状态。土地使用权或建设用地使用权既然终究要终止,[②]国家在期限届满之前,为公共利益需要使用土地,自然可以土地使用权在剩余期限内的价值为基础,以一定的补偿为代价,提前终止土地使用权。因此,规范而言,"提前收回"应为"提前终止","提前收回"只是对土地使用权提前终止的一种形象描述。因为从所有权与他物权的逻辑关系上讲,作为一种他物权的土地使用权或建设用地使用权,只能为土地所有权人之外的他人享有,土地所有权人对土地享有的开发、利用权称为使用权(所有权的一种权能)。由于我国对国有土地的开发、利用采取了所有与使用相分离的原则,所以国家或市、县级人民政府自身原则上不能使用土地,只能通过出让或划拨方式将土地使用权移转于他人。在法律逻辑上,建设用地使用权根本"无家可回",一旦期限届满只能寿终正寝,国家只能提前终止建设用地使用权并收回土地。

由于建设用地使用权是一种财产权,且具有交换价值,因此即使使用期限即将届满,其仍具有独立的市场价值。由于土地使用权出让金只是获得建设用地使用权的市场买价,建设用地使用权的转让价值必须以市场价格为基础进行核定,而与当初的出让金不再相关。至于临近届期的建设用地使用权的价值如何评估,此乃另一个问题。总之,即使严格坚持《城镇国有土地使用权出让和转让暂行条例》第 41 条确立的土地使用权届满即终止的规定,土地使用权在届满之前仍然具有独立的法律地位和财产价值。

然而,随着《物权法》第 149 条规定的建设用地使用权续期制度的实施,土地使用权或建设用地使用权届期即终止的规则,在住宅建设用地使用权和非住宅建设用地使用权上皆出现重大改变,两种不同性质的建设用地使用权的法律地位和市场价值也因此发生重大差异。以下试作详细分析。

《物权法》第 149 条第 1 款规定:"住宅建设用地使用权期间届满的,自动续期。"依此规定,某人一旦取得了特定住宅的所有权,在"地随房一体移转"规则下,其实际上可以对该住宅占用范围内的土地享有长久的建设用地使用权,因为

---

① 《城镇国有土地使用权出让和转让暂行条例》第 39 条规定:"土地使用权因土地使用权出让合同规定的使用年限届满、提前收回及土地灭失等原因而终止。"

② 土地使用权者虽然可以在土地使用权期限届满时申请续期,但因续期时应当重新签订合同,支付土地使用权出让金,并办理登记,所以土地使用权续期实质上是重新设定土地使用权。参见《城镇国有土地使用权出让和转让暂行条例》第 41 条。

《物权法》并未规定自动续期的次数或最高期限。由于《城市房地产管理法》第21条只是规定土地使用权因土地灭失而终止，所以个人因住宅所有权而享有的建设用地使用权，依据该规定事实上可长久存在下去，①建设用地使用权因此具有类似所有权的法律地位。在此情况下，国家对土地享有的所有权则仅仅停留在名义上。

建设用地使用权与土地所有权之间的这种长久分离，在法律上凸显了建设用地使用权相对于土地所有权的优越地位，这无疑会大大提升建设用地使用权的市场价值。在此法律架构下，在住宅性房屋征收与补偿中，根本谈不上“收回”或“提前收回”建设用地使用权的问题，因为建设用地使用权实质上已由房屋所有权人长久享有了。至于在“收回”建设用地使用权之时，“退还相应的出让金”或“根据土地使用者使用土地的实际年限和开发土地的实际情况给予相应的补偿”更是不合常理，原因在于：虽然房地产开发企业取得建设用地使用权时必须支付土地使用权出让金，但是建设用地使用权一旦设立，即成为房地产开发企业的私产，其价格不再取决于当初的土地使用权出让金，而是由建设用地使用权交易市场所决定。房地产开发企业的建设用地使用权，如随房屋买卖由房屋所有权人共有或单独所有，②该建设用地使用权的转让价格，只能依转售之日的土地交易价格，而不是房地产开发企业从政府那里取得时的土地使用权出让价格而定，尤其在建设用地使用权为房屋所有权人长久享有的情况下，建设用地使用权绝对不能再以初始取得时的价格来定。这是市场经济体制的必然逻辑，也是政府出让土地使用权时为土地定价的基本方法。

不同于建设用地使用权，人们一旦向房地产开发企业支付了购房款，并依法办理了登记手续，即可对房屋享有所有权。比较而言，房屋所有权虽然在法律上比作为他物权的建设用地使用权效力更强，但是由于《物权法》第149条第1款事实上使住宅建设用地使用权可长久存在下去，建设用地使用权与房屋所有权在法律效力上的差异，在交易实践中并不像理论上那样大。尤其应当指出的是，土地及地上建筑物虽然依其性质皆为不动产，③但是作为由动产构筑而成的房

---

① 王利明教授认为，住宅建设用地使用权自动续期实际上暗含了自动续期的条件，即须为住宅用地，且有住宅存在。如果房屋不存在或不再用于住宅，建设用地使用权亦不复存在。但是即使房屋变成了危房，如业主对该房产进行修缮和改良，只要该房产物业存续，业主则有权延续建设用地使用权。参见王利明著：《物权法研究》（下卷），中国人民大学出版社2007年版，第170页。

② 2009年10月1日施行的《最高人民法院关于审理建筑物区分所有权纠纷案件具体应用法律若干问题的解释》（法释〔2009〕7号）第3条第2款规定：“建筑区划内的土地，依法由业主共同享有建设用地使用权，但属于业主专有的整栋建筑物的规划占地或者城镇公共道路、绿地占地除外。”

③ 《法国民法典》第518条规定：“土地及建筑物依其性质为不动产。”

屋,随着自然风化、物力耗损甚至是地质灾害会逐渐破旧、毁损、濒危,直至丧失功用,而作为一种天然的不动产,除非遇到特别异常的地质灾害,土地通常会恒久存在。土地与房屋之间的这种物理差异,导致土地所有权和房屋所有权的社会意义显著不同。如英国土地经济学家威廉·配第所言:"劳动是财富之父,土地是财富之母。"①

鉴于土地相对于地上定着物的重要性,以及地上定着物在物理上对土地的紧密依存性,古罗马法采纳了"一切建筑物从属于土地"的土地吸附地上物原则,②该原则后来完全被法国、德国及瑞士等欧陆国家的民法典所继受。③ 我国现行法受日本等国立法的影响,在规范土地与建筑物的关系上,采纳了建筑物所有权独立于土地所有权的所谓"房、地分离原则"。这种立法模式虽然凸显了房屋的法律地位和经济价值,确保了房屋作为一种独立交易对象的可能性,但从"房随地或地随房一体移转"的法律后果看,房屋相对于土地的独立性是片面的和相对的,因为在很多情况下房屋所有权仍然要随建设用地使用权一起移转。总的看来,在房屋交易数量远远大于土地交易数量的我国,这种旨在确保房屋独立地位的房、地分离模式虽然大大便利了房屋交易,但其缺陷也至为突出,即在房屋所有权的转让中遮盖、忽视了土地(建设用地使用权)的价值。在实际交易中其进而引发了另一个怪异后果,即所谓房屋价值在很多情况下不是房屋自身的价值,而是包含了地价在内的价值,而所谓房屋的价值评估实质上是对土地价值的评估。这种名不副实的房屋价值评估方法,在过去的房屋拆迁实践中,常常造成建设用地使用权的价值得不到重视、房屋价格评价过低的后果。④

对非住宅建设用地使用权而言,《物权法》第149条第2款通过援引《城市房地产管理法》第22条规定,土地使用权出让合同约定的使用年限届满,土地使用者需要继续使用土地,并于届满前一年申请续期的,除根据社会公共利益需要收回该幅土地的,应当予以批准,经批准准予续期的,应当重新签订土地使用权出让合同,依照规定支付土地使用权出让金;土地使用权出让合同约定的使用年限届满,土地使用者未申请续期或者虽申请续期但依照前款规定未获批准的,土

---

① [英]威廉·配第著:《赋税论》,陈冬野等译,商务印书馆1978年版,第66页。

② [罗马]查士丁尼著:《法学总论——法学阶梯》,张企泰译,商务印书馆1989年版,第54页。

③ 《法国民法典》第523条、《德国民法典》第94条第1款和《瑞士民法典》第655条。

④ 如有学者指出:"土地使用权能否获得补偿,没有硬性的约束,而是取决于偶然的恩赐。在房屋评估没有对于土地使用权的价值作出充分的评估的情况下,私权主体不具有获得救济的途径和依据。"参见董彪:"城市房屋拆迁中土地使用权的补偿问题研究",载《贵州大学学报》(社会科学版)2007年第1期。

地使用权由国家无偿收回。可见,除了须提出续期申请外,非住宅建设用地使用权的存续期间,在如下两方面明显不同于住宅建设用地使用权:(1)准予续期的,应重新办理建设用地使用权出让手续,这其实等于在同一宗土地上再次设立建设用地使用权。在此情况下,建设用地使用权如因地上房屋的征收而提前终止,其剩余存在期限是一个必须要考虑的重要问题。(2)未申请或未获准续期的,建设用地使用权因期限届满而终止,根据《物权法》第149条和《城镇国有土地使用权出让和转让暂行条例》第40条①的规定,除非另有约定,地上建筑物、其他附着物所有权由国家无偿取得。很显然,在未续期且对地上物无特别约定的情形下,使用期限将至时,建设用地使用权及地上物的交换价值在"无偿收回"制度下皆会急剧减少。综合上述两种情况,建设用地使用权人可能发生的理性选择是,无论将来是否提出续期申请,在设定建设用地使用权时,皆作出地上建筑物在建设用地使用权期限届满后归建设用地使用权人所有的特别约定,依此排除国家无偿取得地上物的规定,从而尽可能提高地上物的交易价值;或在申请续期未获批准时,可获得房屋的赔偿金。即使如此,非住宅建设用地使用权仍然是一种存在期限较短的他物权(40年或50年),其法律地位与经济价值远不如住宅建设用地使用权。

总之,在房、地分离的不动产法律制度下,建设用地使用权是一种具有独立法律地位和财产价值的他物权,根据《物权法》、《城市房地产管理法》及《城镇国有土地使用权出让和转让暂行条例》确立的权利续期制度,建设用地使用权的地位和价值因住宅用地与非住宅用地的不同而存在显著差异。住宅建设用地使用权是一种可长久存续的他物权,实质上享有类似所有权的地位,相对于房屋或其他地上定着物而言,其拥有更为巨大的市场价值;而非住宅建设用地使用权则是一种存在期限较短的他物权,其价值随使用期限的临近而可能急剧减少。因此在确定房屋征收补偿范围和数额时,不能仅仅立足于《征收与补偿条例》的规定,而必须充分考虑到权利续期制度下建设用地使用权的独立性。

三、征收补偿范围与标准的具体确定

通过以上系统分析可知,房屋征收补偿对象并非仅限于房屋,而是包括了建

① 《城镇国有土地使用权出让和转让暂行条例》第40条规定:"土地使用权期满,土地使用权及其地上建筑物、其他附着物的所有权由国家无偿取得。土地使用者应当交还土地使用证,并依照规定办理注销登记。"

设用地使用权、道路、林木、花草等其他地上定着物，甚至会涉及租赁权和地役权。这是我国房、地分离的不动产法律制度与不动产利用实践所决定的。因此，《物权法》第148条采纳了对房屋或土地上的其他不动产与建设用地使用权分别予以补偿的做法，修正后的《城市房地产管理法》第6条、第20条沿用了《物权法》的立法思路。

国务院在制定《征收与补偿条例》时，仅仅注意到了对《城市房地产管理法》第6条的贯彻执行，完全忽视了《物权法》第148条、《城市房地产管理法》第20条的价值与意义。另外，作为专门规范城市不动产征收行为的《征收与补偿条例》，其根本未顾及为《物权法》与《城市房地产管理法》所遗漏的问题，即对被征收房屋享有租赁权、地役权的人予以补偿的问题。从立法论的角度看，《征收与补偿条例》存在明显的瑕疵。不过，法律人当下的任务不应是单纯地评论或批判《征收与补偿条例》，而应是系统、深入地研究和理解它，以利于它的实施。首先必须指出的是，诸如像将小区业主共有的道路强制改变为市政公共道路、因拓宽市政公共道路强行占有居民区建设用地之类的仅涉及建设用地使用权征收的情形，应排除在《征收与补偿条例》之外，被征收人可根据《物权法》第148条寻求补偿。

（一）征收补偿范围的具体确定

因《征收与补偿条例》的目的是终止建设用地使用权，使国有土地所有权回复到圆满状态，所以不能像《征收与补偿条例》第15条关于房屋征收范围的规定那样，就房屋本身而狭隘地理解征收范围，或者根据《物权法》第六章关于业主的建筑物区分所有权的规定，依区分所有权的建筑物与非区分所有权的建筑物来理解房屋，而须以城乡规划法为基础，以建筑区划观念为指导，系统地理解被征收土地上包括房屋在内的一切地上定着物。这种理解方式虽然有可能偏离《征收与补偿条例》所用规范用语的文义，但非如此不能更好地确定补偿范围，实现公平补偿。

按照城乡规划法，城市房屋并不是一个孤立的地上定着物，而是以其为核心的建筑或建设系统。例如，对于区分所有权的建筑物，由《物权法》第73条可明显看出，除房屋之外，建筑区划内至少存在道路（城镇公共道路除外）、绿地（城镇公共绿地或者明示属于个人的除外）、公共场所、公用设施和物业服务用房等。非区分所有权的建筑物，在绝大多数情况下，按城市规划要求，也至少必须包含道路、公共场所或林木等。因此，房屋征收并非像法律技术上那样，征收的仅仅是区分所有权的建筑物或单独所有的建筑物，而是单位或个人的经营场所或生活空间。这决定了征收补偿不仅仅是对财产价值（房屋价值）的补偿，而包含着对生产、生活或生存条件的补偿。

应立足于被征收人生产或生活进行补偿，并不是说补偿毫无限制。为有效裁决纠纷，公平补偿只有具备切实可行的判断标准才能得到实现。[①] 为此，首先需要从法律技术上明确到底哪些损失应该得到补偿。单位（法人）或个人所有的房屋应给予补偿自不必说，建筑区划内为区分所有权的建筑物的所有业主，或为单独享有建筑物所有权者共有的公共设施、公共用房、花草、林木等地上定着物，同样应予以公平补偿。《征收与补偿条例》虽然对此未作出明确规定，[②]但可以通过类推适用方法对其予以补偿，或者干脆适用《物权法》第148条的规定，即"提前收回该土地的，应当依照本法第四十二条的规定对该土地上的房屋及其他不动产给予补偿"。

另外值得一提的是，如何补救承租人与地役权人因房屋征收所遭受的损失。由于《征收与补偿条例》第2条明确将房屋征收补偿的对象限定为被征收房屋所有权人，所以，承租人或地役权人对因房屋征收遭受的损失显然不能根据《征收与补偿条例》获得补偿，他们可以通过以下途径分别获得补偿：地役权人可以根据《物权法》第121条关于用益物权征收与补偿的一般规定获得补偿；[③]承租人可通过将政府征收行为排除在不可抗力之外从而依据违约责任从房屋所有权人那里获得赔偿的途径获得保护，而房屋所有权人再通过征收补偿弥补自己所受的损失。

（二）征收补偿标准的具体确定

《征收与补偿条例》第17条第1款虽然在集中规定征收补偿的范围时，仅仅以房屋为基础进行设计，但其第18条关于被征收个人住宅者可优先获得住房保障的规定、第21条关于可以选择房屋产权调换予以补偿的规定等，在一定程度上可能以房屋置换的方式整体补偿了被征收人所受的全部损失，尤其是第19条第1款关于"被征收房屋价值的补偿，不得低于被征收房屋类似房地产的市场价

---

① 如《法国公用征收法典》第一部分第一编中规定："补偿额必须包括由于公用征收产生的全部直接的、物质的和确定的损失在内。"王名扬著：《法国行政法》，中国政法大学出版社1988年版，第393页。

② 《征收与补偿条例》第2条仅狭隘地规定，征收国有土地上单位、个人的房屋，应当对被征收房屋所有权人给予公平补偿。

③ 《物权法》第121条规定："因不动产或者动产被征收、征用致使用益物权消灭或者影响用益物权行使的，用益物权人有权依照本法第42条、第44条的规定获得相应补偿。"

格”的规定,更是赢得专家的高度赞许。[1] 然而,如果体系地分析上述规定,《征收与补偿条例》在房屋征收补偿方式,尤其在征收补偿的核心问题即征收补偿标准的确定上,也存在亟待澄清之处。

首先,征收个人住宅时,优先给予符合住房保障条件的被征收人住房保障,这种规定旨在给予被征收人一种购买保障性住房的优先权,并非免费给予(赠与)其住房。被征收人必须按照统一购房价格向政府买房。由此,《征收与补偿条例》第18条充其量只是赋予了被征收人一种优先购买权。至于被征收人在房屋被征收之后能否买得起住房,则取决于其所能获得的征收补偿额。在此情况下,被征收房屋的补偿标准则成为被征收人能否实现优先购买权的关键。

其次,《征收与补偿条例》第21条虽然规定“被征收人可以选择货币补偿,也可以选择房屋产权调换”,但从其第2款、3款的规定看,无论是因旧城区改建征收个人住宅,还是因其他情况征收个人住宅,市、县级人民政府虽然应当提供用于产权调换的房屋,但其可与被征收人计算、结清被征收房屋价值与用于产权调换房屋价值的差价。这说明房屋产权调换作为一种征收补偿方式,同样要以被征收房屋的价值评估和补偿为基础。

最后,由以上两种补偿方式可以看出,被征收房屋价值的补偿标准是房屋征收补偿制度能否正常运转的轴心,也是《征收与补偿条例》第2条规定的“公平补偿”能否得到实现的关键。

《征收与补偿条例》的制定者也深知此点,其不仅概括规定了被征收房屋价值补偿标准的确定,而且具体规定了被征收房屋价值的评估者、评估办法、对评估结果有异议时的复核、鉴定制度。就这些规定来说,程序法上的规定固然必不可少,但被征收房屋价值的补偿标准则最为重要。然而,由其第19条第1款第1句的规定看,《征收与补偿条例》确立的补偿标准,即“不得低于房屋征收决定公告之日被征收房屋类似房地产的市场价格”,至少有如下三个问题值得反思。

第一,为何以“类似房地产的市场价格”,而不以“被征收房地产的市场价格”作为补偿标准?在不动产征收中,补偿是为了弥补被征收人因丧失不动产权利所遭受的损失,征收补偿因此应当以被征收人所失不动产价值,而不能以与其无关的其他房地产价格来决定,即使其他房地产与被征收房屋相类似。不同于动产,不动产因其区位而往往具有独一无二的特性,其价值与其所处城市区

---

① 有学者认为:“这不仅意味着被征收人所得的补偿不比在不被征收的情况下自愿进行交易所得的少,而且被征收房屋价值的补偿实际上是房地产价值的补偿,它不仅包括地上建筑物价值的补偿,还包括建筑物占用范围内的土地使用权价值的补偿以及其他不可移动的财产价值的补偿。”柴强:“房屋征收补偿将更加公平”,载《人民日报》2011年1月25日。

位、所在建筑区划(社区)、所有通风与采光状况等宏观、中观、微观的自然或人文环境密不可分。严格地讲,一幢建筑一个价格,不同房屋的价格相异。房屋所有权人购买特定房屋时是这种情况,当该特定房屋被征收时亦应如此。因此以类似房地产的市场价格作为征收补偿的标准明显于事不符,于理不通。更何况当被征收房屋有左邻右舍,且其市场价格又各不相同时,应以哪个作为参照系?很显然,这种规定把本来十分简单的问题复杂化了。也许有人会反诘说,在房地产市场价格变动不居的情况下,在确定补偿额时(时间滞后于征收决定公告),以被征收房屋的市场价格来确定征收决定公告之日的房屋价值在时间上不太可能,此时参照与被征收房屋类似不动产的市场价格,是较为合理的选择。但问题是,房地产市场是统一的,确定征收补偿额之时的类似房地产的市场价格,也不可能再是征收决定公告之日的类似房地产的市场价格。总之,征收补偿额必须以被征收房地产的市场价格来决定,而不能以类似房地产的价格来决定。

第二,即使假定以"被征收房屋类似房地产的市场价格"作为补偿标准是正确的,仍存在如下问题:是以"地"还是以"房"为基础来寻找"类似房地产",并以此作为补偿标准?根据前文对房、地关系从法律与事实层面上所作的具体分析,在房屋买卖或房屋所有权移转中,决定房屋价值的不是房屋自身,而是房屋占用范围内的规划土地。城市中心的简陋房屋甚至是危房的价格有时也远远高于城市郊区新房价格的事实,即为明证。在危房集中、基础设施落后等地段征收房屋,却要对被征收人予以优待的规定——"被征收人可选择在改建地段进行房屋产权调换"(《征收与补偿条例》第21条第3款),也是对上述结论的有力佐证。《征收与补偿条例》第三章(章名为"补偿")虽然以"房屋"或"房屋价值"为关键词予以展开,但其第19条规定房屋价值补偿标准时所采"类似房地产的市场价格"之表述,则显露了"地产"在确定征收补偿上的决定性作用。

上述观点不仅对房地产评估机构如何评估被征收房屋的价值具有重要指导意义,而且对国家有关住房城乡建设主管部门如何根据国务院的授权制定房屋征收评估办法,保证房屋征收中的公平补偿,也意义重大。

第三,既然"地产"是补偿标准的决定因素,那么,为何不对住宅性房屋与非住宅性房屋在补偿规定上作出区分?非住宅性房屋(如商厦、写字楼、娱乐场所等)虽然在造价上会高于一般住宅,但由现行建设用地使用权续期制度所决定,住宅建设用地使用权的法律地位或价值要远远优越于非住宅建设用地使用权。然而,《征收与补偿条例》除在第23条对非住宅性房屋因征收造成的停产停业损失的补偿作出特别规定外,并没有体现出住宅性房屋与非住宅性房屋在补偿标准上的不同,而只是作了像该法第19条那样的抽象规定。不管是条例制定者根本没有意识到区分不同性质房屋的必要性，还是其意识到了却有意为之，房地产评估机构却不能不考虑到这种情况，未来的房屋征收评估办法更不能对此漠然视之。

总之，《征收与补偿条例》关于征收补偿标准的规定，仅仅顾及了城市不动产征收中的突出问题，并没有在系统把握现行不动产法律制度的基础上，针对不同的征收客体在征收补偿的范围和标准上作出系统和细致的规定。为实现公平补偿，住房城乡建设主管部门如何完成受托任务，制定好房屋征收评估办法，则成为贯彻执行《征收与补偿条例》的关键。

四、结　　语

由于公共利益概念模糊、多变，公平补偿条款在征收立法与实践上皆扮演着极其重要的角色。实现公平补偿的关键在于如何确定征收补偿的范围与标准。《征收与补偿条例》虽然意识到了这一点并作出了明确规定，然而，从私法的角度看，这些规定明显存在诸多值得反思之处。概括地讲，无论从对法律、法规的具体解释，还是由征收事实看，国有土地上的房屋征收，实质上是为了终止房屋占用范围内的建设用地使用权，使国有土地所有权回复到圆满状态，以排除重新开发、利用土地的制度性障碍。建设用地使用权虽然只是一种他物权，在法律效力上弱于房屋所有权，但其仍具有独立的市场价值，尤其在《物权法》第 149 条确立住宅建设用地使用权期满自动续期制度后，可长久存在的建设用地使用权相对于房屋而言，更具有显著的市场价值。从目的论上讲，《征收与补偿条例》有避实击虚之嫌。

《征收与补偿条例》既然旨在收回土地，那么，在理解征收补偿范围与标准的规定时，不仅不能以“房”而只能以“地”为基础，而且还有必要对住宅建设用地与非住宅建设用地作出区分。从征地的角度看，受补偿财产的结构，既包括受补偿财产的事实因素，如土地（建设用地使用权）、房屋、道路、林木、花草等为单位或个人单独所有或共有的不动产；又包括受补偿财产的法律因素，如租赁权、地役权等。由此，《征收与补偿条例》关于被征收人与补偿范围的规定明显过窄。为实现公平补偿，可通过类推适用方法扩大补偿范围。在理解《征收与补偿条例》第 19 条第 1 款确立的征收补偿标准时，应以不动产之独特性、不可替代性为出发点，以地价为基础，对住宅用地与非住宅用地作出适当的区分。

（2011 年第 5 期）

单字字体和字库软件可能受著作权法保护

崔国斌*

一、单字字形设计的独创性辨析

著作权法要求作品具有独创性,[①]这通常意味着作品应当具有最低限度的创造性[②]或者能够体现作者的个性。[③] 在实践层面,最低限度的创造性与体现作者个性的标准并没有实质性的差异。[④] 作品独创性的判断既是一个法律问题,也是一个事实问题。[⑤] 在进行此类判断时,法院必须考虑作品的具体细节,并结合法律传统、相关行业习惯和产业政策。笼统地讨论某一类作品是否具有独创性,没有太大的意义。

字体作品中最基础的单元是字库的单字字形设计。单字字形设计最接近著作权法意义上的书法作品。因此,讨论单字字形的独创性,需要从书法作品的独创性开始。在我国,书法作品作为美术作品得到著作权保护并没有争议。[⑥] 在

* 作者单位:清华大学法学院。

① 我国《著作权法实施条例》第 2 条。

② 李明德、许超著:《著作权法》,法律出版社 2003 年版,第 31 ~ 32 页。中国很多学者深受美国联邦最高法院在 Feist Publications v. Rural Telephone Serv. Co. , 499 U. S. 340,341(1991)中以下这段话的影响:Original, as the term is used in copyright, means only that the work was independently created by the author... and that it possesses at least some minimal degree of creativity.

③ 韦之著:《著作权法原理》,北京大学出版社 1998 年版,第 16 页;冯小青、冯晔:"试论著作权法中作品独创性的界定",载《华东政法学院学报》1999 年第 5 期。

④ 在理论层面,受美国法影响的学者可能更容易接受"最低限度的创造性"的说法;而受欧洲大陆人格权学说影响的学者,则可能更强调作品中的个性因素。参见乔丽春:"论作品的'独创性'",北京大学 2011 年博士学位论文,第 120 页。

⑤ 比如,在美国有法院认为作品的可版权属性(copyrightability)是法律和事实的混合问题。See Matthew Bender & Co. v. West Publishing Co. ,158 F. 3d 674, 681(2d Cir. 1998). 不过也有一种意见认为,作品的可版权属性更多的是法律问题。See Yankee Candle Co. v. Bridgewater Candle Co. , 259 F. 3d 25, 34 n. 5(1st Cir. 2001). 在中国法的语境下,说独创性判断既是法律问题也是事实问题,似乎是可以接受的。

⑥ 我国《著作权法实施条例》第 4 条明确指出:"美术作品,是指绘画、书法、雕塑等以线条、色彩或者其他方式构成的有审美意义的平面或者立体的造型艺术作品。"

司法实践中,法院也多次确认书法作品具有独创性。[①] 不仅如此,对于一些由单个文字构成的书法作品,法院也同样确认其独创性。比如,猴形的单个"寿"字,[②]单个汉字"道"[③]等。由此看来,纯粹美术意义上的单字书法,在中国法上被当做有独创性的美术作品并无法律障碍。不过这并不意味着所有的个性书法的单字都会具有独创性,书法家所书写的"一"、"二"、"三"之类的简单单字,很可能无法体现书法家的个性化风格而不具独创性。

虽然我国法院在单字书法上所作的个案判决并不具有普遍的约束力,但多少反映出法院对于此类作品独创性问题的一般认识,其具有一定的参考意义。同时,著作权法上所谓最低限度的创造性要求实际上很低,[④]因此法院在一些个案判决中认定部分单字书法具有独创性,的确也是可以理解的。

既然法院认为部分单字书法可以具有独创性,那么印刷字库或电脑字库中的单字字形设计是否有可能成为具有独创性的美术作品呢?北京市的三级法院在类似案件的审理中给出了不同的答案。在北京北大方正电子有限公司诉山东潍坊文星科技开发有限公司案中,北京市第一中级人民法院在判决中直接确认单个字体受版权法保护:"该字库中的字型是方正公司独立创作完成的文字的数字化表现形式,是由线条构成的具有审美意义的平面造型艺术作品,属于我国著作权法规定的美术作品,受我国著作权法的保护……方正公司作为方正兰亭V4.0字库的作者,对字库中的每个文字的字型以及由这些文字的数据坐标和指

---

① 如牛满江诉中国食用菌技术开发有限公司案,参见北京市高级人民法院〔1998〕高知再终字第26号民事判决书;中国科学院诉北京中科弘天弘环保科技有限公司案,参见北京市海淀区人民法院〔2006〕海民初字第7073号民事判决书;都本基诉作家出版社案,参见北京市第二中级人民法院〔2003〕二中民终字第10610号民事判决书。

② 如任新昌诉李孝本案,参见陕西省西安市中级人民法院〔2007〕西民四初字第213号民事判决书。法院在判决中指出:"争诉之'猴寿'采用书法与绘画相融合的创作方法,以书写汉字的形式,将猴形象地描绘在纸上,以生动、变化、抒情、美感的表现手法将'寿'字阴阳结合、刚柔相济,一笔挥就、线条流畅,既有'寿'字,又有'猴'型,字中有画,画中显字,应属于字画结合的艺术作品。换言之,'猴寿'是作者直接借助文字的素材,利用猴的造型进行的艺术再创作,它的完成体现了作者独特的创作意图、创作构思、创作方法、创作风格和创作形式,凝聚了作者智力劳动,反映了特定的艺术形式,具有独创性、表达性、可复制性,属于美术作品中的一种创作形式,符合作品的构成要件,应受著作权法保护。"

③ 如关东升诉道琼斯公司案,参见北京市第一中级人民法院〔2003〕一中民初字第2944号民事判决书。法院在判决中指出:"道琼斯公司未经原告许可,将原告的'道'字书法作品用于其商业标识,在其广告、商业招牌、互联网网页上使用,其行为侵犯了原告对其作品享有的复制权、发行权及信息网络传播权。"

④ Feist Publications v. Rural Telephone Serv. Co., 499 U.S. 340,341(1991).

令程序构成的字库软件享有著作权。"[①]在二审判决中,北京市高级人民法院同样认为单个字体为受保护作品。[②] 在另一起案件即北京中易中标电子信息技术有限公司诉微软公司案中,北京市第一中级人民法院也确认单字字体构成美术作品。[③] 与北京市第一中级人民法院和北京市高级人民法院几乎毫无保留地承认字库单个字体的美术作品属性相比,北京市海淀区人民法院在北京北大方正电子有限公司诉广州宝洁有限公司一案的审理中则走向另一端,其在判决中完全否认了字库字体成为美术作品的可能性:"无论达到何种审美意义的高度,字库字体始终带有工业产品的属性,是执行既定设计规则的结果,受到保护的应当是其整体性的独特风格和数字化表现形式。对于字库字体,受到约束的使用方式应当是整体性的使用和相同的数据描述,其中的单字无法上升到美术作品的高度。"[④]

其实,在法院已经习惯按照美术作品对个性化书法单字的独创性进行审查的背景下,法院无条件地肯定或否认字库单字字形的作品属性都不再是合理的选择。遗憾的是,上述北京市三级人民法院在相关案件的判决中似乎分别走了这两个极端。[⑤] 判断电脑字库中单字字形是否具有独创性,应当区别对待不同类型的电脑字库和同一电脑字库中的不同单字。如果电脑字库中的单字为书法家极具个性的书法作品的数字化复制,其并没有融入太多的实用性的考虑,如前述任新昌诉李孝本案中的"猴"字,关东升诉道琼斯公司案中的"道"字等,则完全否定此类字库中单字字形设计的独创性,会直接导致不同法院之间的判决相互冲突,这显然是不合适的。北京市海淀区人民法院在否定单字字形的独创性时提到字体风格对单字字形设计的限制,其会影响单字字形的独创性:"因字库字体需要整体风格的协调统一,其中单字的独特风格更受到较大限制,与书法家单独书写的极具个人风格的单字书法作品,无法相提并论,也不同于经过单独设计的风格极为特殊的单字。"[⑥]这一分析并不可靠。如果该单字所要遵守的风格

① 如北京北大方正电子有限公司诉山东潍坊文星科技开发有限公司案,参见北京市第一中级人民法院〔2003〕一中民初字第4414号民事判决书。

② 北京市高级人民法院〔2005〕高民终字第443号民事判决书。

③ 张玉瑞:"计算机字体'商业用字收费'很荒唐",载http://www.chinanews.com/it/2011/05-04/3014410_3.shtml。

④ 北京市海淀区人民法院〔2008〕海民初字第27047号民事判决书。

⑤ 当然,本文并不因此认为北京市海淀区人民法院在北京北大方正电子有限公司诉广州宝洁有限公司一案中关于"飘柔"二字不具独创性的结论是错误的,而只是认为法院完全否定字库中每个单字字形独创性的意见可能不可靠。

⑥ 北京市海淀区人民法院〔2008〕海民初字第27047号民事判决书。

本身就具有很多的个性化特征,如每个字看起来都像一个花瓶,则该风格本身实际上会增加单字字形的独创性,而非相反。①

或许有人会引述美国否定字母字形独创性的例子来质疑单字字形的独创性,但是准确地说,美国在字体问题上的态度对于我国的参考意义要大打折扣。由于中文的字符实际上比拉丁字母要复杂很多,"汉字的书写工具和书写习惯使得中文字体的艺术成分远远高于西文字体,而这种艺术成分给计算机汉字字体注入了大量的独立性和原创性劳动,汉字字体的设计周期、设计难度等,大大超过西文及其它常用语种文字"。② 因此,拉丁字母的设计不具备独创性,并不意味着中文字符的设计也同样没有独创性。尤其是如前所述,著作权法上的独创性要求实际上很低,很难说一个复杂汉字的单字书法中所体现的个性会比一幅简单的图画要少。在中国,书法作为一门独立的审美艺术早已大行其道;而在西方,书法并没有受到如此程度的推崇。这一反差也从另一角度说明,汉字书法为书写者发挥个性提供了更为广阔的艺术空间。而即便是美国,如果字体上有纯装饰性的图案,也还是有可能导致其被视为美术作品而得到保护。③

当然,大部分电脑字库更多的是追求字体的实用性(方便印刷、便于读者辨认等),并努力接近传统的已经进入公有领域的字体,如宋体、隶书、楷体等。这导致字体中所体现的个性化特征不够突出,或者观念上无法将字形的美学设计与字形的功能性特征分离开来。法院否定此类字库中每个单字字形的独创性,不仅可以接受,甚至是必需的。在实用性导致独创性不够鲜明的情况下,给予其以著作权法上的保护会过度增加社会的成本。首先,此类作品的独创性不够鲜明,必然导致著作权的权利边界不够清楚。竞争对手和社会公众无法准确地预知著作权的保护范围,很容易在无意之中陷入侵权状态。在前述北京北大方正电子有限公司诉广州宝洁有限公司案中,法院就表达了这一关切:"从社会对于汉字使用的效果来讲,如果认定字库中的每一个单字构成美术作品,使用的单字与某个稍有特点的字库中的单字相近,就可能因为实质性相似构成侵权,必然影响汉字作为语言符号的功能性,使社会公众无从选择,难以判断和承受自己行为的后果,也对汉字这一文化符号的正常使用和发展构成障碍,不符合著作权法保

---

① 抽象的讨论风格很危险,因为很多人会认为风格本身并非著作权法上的保护对象。不过,很多字库字体的风格,实际上是具体笔画或字形结构等表达层面的"一致性",是表达性的要素,而非抽象思想层面的"风格"。

② 谯荣德、蒋南頔:"计算机汉字字体著作权保护",载《中国专利与商标》2009年第1期。

③ Jacqueline D. Lipton, To © or Not to ©?, Copyright and Innovation in the Digital Typeface Industry, *U. C. Davis L. Rev.*, Vol. 43, 2009.

护作品独创性的初衷。”[1]从诉讼的角度看,在独创性可有可无时,认定字体之间存在抄袭关系也非常困难,认定结果有很大的不确定性。[2] 其次,计算机程序字库的兼容性是软件提供商采用何种字库时的重要考虑因素。这导致字库的市场推广过程具有很大的网络效应。某一字库的使用者越多,后来者选择该字库的可能性也随之增加。字库业者的竞争自由和公众的选择自由都会受到网络效应的抑制,在这种情况下,若著作权法对独创性不高的字库提供保护,其上述负面效应将会被进一步放大。最后,国际上的经验似乎表明,拒绝对具有实用性的单字字形设计提供版权保护,并没有因此出现字库行业停滞不前的后果。1978年,美国法院明确否定字库字形的独创性。[3] 美国学者的研究表明,至今也没有迹象表明字库产品的供给受到明显的负面影响,其字库依然很多、很便宜;而同期对字形提供著作权保护的欧洲,也并没有在这一方面比美国表现得更出众。[4] 类似的,虽然日本最高法院也否定了汉字印刷字形的独创性,[5]然而其国内字库行业似乎依然认为,日本字库业要比中国健康、繁荣。[6]

因此,在单字字形的独创性处于“有无”之间的模糊地带时,法院应该尽可能地倾向于认定其没有独创性。尤其是对于那些与经典印刷字体比较接近的字体而言,法院更应如此,因为此类字形具有很强的实用性,应用范围很广,法院错误地给予其以著作权保护的后果比错误地剥夺著作权保护的后果要严重得多。

在讨论实用性单字字形的独创性时,我们不能无限制地提高字形图形识别的“精度”,将字形、笔画和结构上的任何细微差别都说成是创作者个性化的表达。因为单从技术角度来讲,只要将评估尺度精确到毫米、微米甚至纳米级别,任何风格的单字字形设计的选择余地都是无穷无尽的。即便是简单的一横或者一竖,单单长度的变化就是无穷的。法院并不能因此简单地认定每个单字字形具有独创性,否则将导致著作权法的独创性审查失去意义,并使任何简单的图形作品都能获得著作权保护。而在侵权行为的判断中,法院通常采用普通观众的

---

① 北京市海淀区人民法院〔2005〕高民经字第443号民事判决书。

② Douglas Lichtman, Copyright as a Rule of Evidence, 52 *Duke L. J* 683,705(2003).

③ 美国法院在Eltra Corp. v. Ringer案中认为,字体明显属于工业设计,其中艺术设计部分不能成为独立的艺术品。See Eltra Corp. v. Ringer, 579 F. 2d 294,296(1978).

④ Blake Fry, Why Typefaces Proliferate Without Copyright Protection, 8 *J. Telecomm. & High Tech. L.*,425,443-446(2010).

⑤ 张玉瑞:“论计算机字体的版权保护”,载《科技与法律》2011年第1期。

⑥ 陆晓辉:“字体字库知识产权保护刻不容缓”,载《中国高新技术产业导报》2011年5月9日;张伟:“盗版冲击中国字库业:字体设计师如何变身汽车销售?”,载《中国经济周刊》2009年8月10日;向阳:“字体字库知识产权保护迫在眉睫”,载《科技日报》2011年4月27日。

标准来判断两个作品之间是否实质性相似。[①] 因此，法院应当拒绝过度提高单字字形独创性的评估精度，避免通过放大镜甚至显微镜来看待单个的字体设计，进而盲目强调单字字形笔画或结构的细微差别。

二、字库字形的独创性

单字字形的独创性与整个字库字体的独创性之间的关系，是字体作品著作权保护的另一项基础问题。单字字形给人的直观印象比较简单，很难获得独创性。而整个字库中，单字数量成百上千甚至上万。这是否意味着字库字体作为一个整体，其更容易获得著作权法上的保护呢？在前述北京北大方正电子有限公司诉广州宝洁有限公司案中，法院给出了肯定的答案。法院认为，单字字形没有独创性，但是字库全部字体作为一个整体，是所谓的美术作品，具有独创性。[②]

国内也有知识产权学者持与该法院一致的意见，即明确否定单字字形具有独创性，却支持字库字形整体（成套字体）具有著作权法上的独创性。“就其中（汉字）单字来讲，很难说有版权法上的独创性高度。但是制成字体，会使整套汉字具有同一性，会产生显著性和识别力，达到版权法上的独创性高度。”[③]

区别对待单字字形与整个字库的独创性，在著作权法上有重要意义。这意味着竞争对手或终端用户复制单字字形不构成侵权，但复制整个字库中的大部分或全部字形，则会侵害他人的著作权。这一区分能够帮助法院实现此一政策性目标——排除像宝洁公司之类的字体终端用户的侵权可能性，降低社会成本。不过，这一政策性区分是否符合著作权法自身的内在逻辑则存在很大的疑问。对此，首先应分析含有全部单字字形的字库作品（字库程序除外）在著作权法上的定性。为了讨论方便，我们可以将字库中的字形设计部分想象成传统的装订成册的字帖，该字帖每页含有一个单字字符的图形设计，总计成千上万页。而字库字形整体上是否具有独创性，又大致可以转化成这样一个问题，即在单字字形不具独创性的情况下，上述抽象的“超级字帖”在整体上具有独创性吗？很显

① Laureyssens v. Idea Group, Inc., 964 F. 2d 131(1992).

② “方正倩体字库字体具有一定的独创性，符合我国著作权法规定的美术作品的要求，可以进行整体性保护；但对于字库中的单字，不能作为美术作品给予权利保护。”参见北京市海淀区人民法院(2008)海民初字第27047号民事判决书。

③ 张玉瑞：“论计算机字体的版权保护”，载《科技与法律》2011年第1期。

然,其答案应该是否定的。[①] "超级字帖"的设计者所做的贡献可以分成两部分:其一,遵照国家标准或者参考大众的使用习惯,选择和编排了成百上千个需要纳入字库中的单字;其二,为每一个单字设计具体的字形。显然,设计者在第一项工作即入库单字的选择和编排上并没有自由选择的余地。客观而言,其比单个字形的设计更缺乏独创性。而在前述北京北大方正电子有限公司诉广州宝洁有限公司案中,法院在区分单字字形与整个字库字体的情况下,否定设计者在第二项工作即单个字形设计中存在独创性的可能性,但同时却承认了字库字形整体的独创性,这是不符合著作权法的逻辑的,其结论也是错误的。

上述推理的逻辑,可以从美国版权法的实践中得到印证。在美国版权法下,单个字符(glyph)的设计不能得到版权保护,因而涵盖一整套字符在内的整体字符设计也无法得到版权保护。[②] 在美国,如果竞争对手将字库中每一单字字形打印出来再扫描进电脑,然后独立进行数字化拟合,得到字形完全相同的字库,并不侵害该字库的著作权。[③] 同理,终端用户使用字体(而不是字库软件)的行为也不会侵害他人的著作权。比如,终端用户打印了一篇很长的文章,即便涵盖了字库中的全部单字字形设计,其也不存在侵权的风险。当然,用户使用盗版字库程序是否侵害程序本身的著作权,则是另外一个问题。而如果按照前述北京北大方正电子有限公司诉广州宝洁有限公司案中法院的审判逻辑,则终端用户打印长篇文档的行为仍然有侵权的危险,因为用户可能复制了字库中全部或者大部分的字形设计。

或许有人会产生这样的疑问:普通书法作品(如一个条幅)很容易获得独创性,字库字形整体比普通书法作品的字数多得多,为什么依然没有独创性呢?其实,普通书法作品的单字字形、文字的选择以及单字之间的呼应等,都可能体现书写者的独创性。而在字库字形的设计上,设计者就不太可能在这些方面做出个性化的贡献。其中的道理就像后人在《鲁迅选集》的编辑上可能体现出独创性,而在《鲁迅全集》的编辑上却没有独创性一样。不仅如此,字库作品整体上并不能被视为由诸多局部细节(单字字形)共同组成的一个平面美术作品。正如日本法院在"设计装饰文字字体案"中所指出的那样,

---

① 当然,如果字库设计者选择了很多意想不到的字符,则字库字形整体上可能具有所谓的独创性,只是这样的可能性很小。

② The U. S. Copyright Office, Registrability of Computer Programs That Generate Typefaces, February, 1992, http://www.copyright.gov/history/mls/ML - 443.pdf.,at 1.

③ Blake Fry, Why Typefaces Proliferate Without Cepyright Proteciien, 8 *J. Zelecomm & High Tech. L*,425,442(2010).

"就本件文字组合(各一组)客观观察,为组成文书体之实用目的,各组合均按照英文字序、各种记号、数字之顺序排列",这些排列形态的组合并不能与绘画或雕刻等美术著作物等同。[1] 字库中单字之间的呼应关系,与一幅书法或图画作品中局部线条之间的呼应关系截然不同。因此,单个不具备独创性的字形简单排列在一起,多起来之后也不会产生质变,因而不会使字库字形整体上获得独创性。

三、字库程序的独创性

字库作品中的整体字形(或单字字形)与字库程序本身的独创性,是相互独立的。单字字形或整体字形,是字库程序在计算机输出设备上所描绘出或输出的对象。输出对象和描绘该对象的程序代码,在著作权法上是相互独立的两个作品。[2] 输出对象没有独创性,并不必然导致计算机程序代码没有独创性。[3] 字库软件中的字形数据大致相当于一种程序代码,只不过它是在工具软件的帮助下生成的。国内有知识产权学者强调字库程序的工具性,否认运行程序(使用工具)所显示的结果单独构成美术作品的可能性。[4] 这实际上是忽略了程序显示结果与程序自身的区别。程序所显示的结果如果能够被人感知,处于可复制状态,就没有理由否定其作品属性。

在实践中,法院将计算机字库文件当做普通的计算机程序加以保护。[5] 比

---

① 日本东京高等法院1979年(ネ)第590号判决,转引自我国台湾地区"内政部"编:《国际著作权法令及判决之研究(三)之"日本著作权法令及判决之研究判决(Ⅰ)"》,1996年版,第161页。

② Jeffrey R. Benson, Copyright Protection for Computer Screen Displays, 72 *Minn. L. Rev.*, 1123(1988).

③ Adobe Systems Inc. v. Southern Software Inc., 45 U. S. P. Q. 2d 1827, 1830 (N. D. Cal., 1998).

④ 张玉瑞:"论计算机字体的版权保护",载《科技与法律》2011年第1期。该文举例称:"控制脸盆上美术图案喷涂的X软件,其技术特性就是提供实用艺术作品,向脸盆上喷涂美术图案就是其使用的自然结果。喷涂美术图案之X软件的权利人不能对购买了脸盆的10万名使用者再主张10万份美术作品的使用费,尽管脸盆上的美术图案有很高的独创性。"这一说法实际上不能自圆其说。不论该图案是如何显示或产生的,如果自身具有独创性,并且实际上处于可复制状态,就应当作为单独的作品对待。

⑤ 有人可能会强调此类程序的实用性或工具性而质疑此类代码是否应该成为著作权法上的保护客体。这实际是从更一般意义上质疑计算机程序是否应成为著作权法的保护客体,这一问题已经超出本文关注的范围。只要计算机程序属于版权保护客体这一前提不受质疑,则没有在著作权法上歧视实现字形描述的字库程序。

如，在前述北京北大方正电子有限公司诉山东潍坊文星科技开发有限公司案中，法院就指出："由各个文字的坐标数据和指令构成的字库可以被计算机执行，属于我国《计算机软件保护条例》规定的计算机软件，受该条例的保护。"①这一做法并没有引发太多的争议。其实，从技术上讲，现在的大部分字库程序更接近数据文件。利用字库工具软件制作的字库文件，相当于存储了所有单字字形信息的一个巨大的表格或数据库，每个表格中记录的是单字字形数据。借助于特定的工具软件（如 FontCreator），我们可以浏览一个字库，能够很直观地看到庞大列表中的每一个单字字形。② 如前所述，在单字字形不具备独创性的情况下，字库中单字字形构成的抽象整体也不具备独创性。接下来的问题是，数据库中这些单字的数字化描述是否也没有独创性。

在大多数情况下，从单字字形到字库软件的单字数据信息，并非简单的数字化复制。从字库的制作过程中，我们可以很清楚地看到，将字形转化为字库数据信息时，可能有设计人员的个性化干预。即设计者在确定字形并将其扫描成数字图形之后，借助于字库工具软件对字形进行数字化的拟合——在字形图形上选定位点，勾勒字形轮廓，使之尽可能地接近字形，并且在字形之外选定一些位点，用以控制字形的形状和间距，最后由工具软件根据设计者的选择生成该字形的数字化结果。③ 数字化拟合所产生的所有字形数据都存储在计算机字库文件中，这些数据最终决定计算机输出设备如何显示特定的字形。从这一意义上讲，字形数据相当于计算机在人工干预的情况下生成的一段"程序代码"。显然，即便利用相同的字库软件工具对相同的字形进行数字化拟合，不同设计者最终所得到的"程序代码"都是不同的。在拟合过程中，文字的形状对于位点的选择有一定的影响。比如，笔画的起点或末端总是要被选为位点。但是除此之外，如何对整个图形进行分割描述，如何选择字形上和字形外的一般性位点，设计者有很

① 如北京北大方正电子有限公司诉山东潍坊文星科技开发有限公司案，参见北京市第一中级人民法院〔2003〕一中民初字第 4414 号民事判决书。

② 读者可从 High – Logic B. V. 公司的网站（www. high – logic. com）下载 FontCreator 软件的免费试用版，用该软件打开 Windows 自带的诸多字库文件，就能够获得非常直观的印象；或者直接参考 High – Logic B. V. 公司字库软件手册中的说明文字，参见 FontCreator Manual，http://www. high – logic. com/fontcreator/manual/。

③ Adobe Systems Inc. v. Southern Software Inc.，45 U. S. P. Q. 2d 1827，1830（N. D. Cal.，1998）. 进一步的了解可以参考 High – Logic B. V. 公司的字库软件手册 FontCreator Manual，载 http://www. high – logic. com/fontcreator/manual/。

大的自由度。① 设计人员在字库软件的帮助下完成的字形程序代码是否有独创性,关键在于数字化拟合过程中设计人员的个性化干预是否具有独创性。

对于数字化拟合过程的独创性,美国法上有一个逐步演进的过程。美国版权局在1988年的决定中认为,数字化拟合过程受制于不受版权保护的字形的限制,不具备独创性。字形的数字化表达并非具有独创性的计算机程序,也并非具有独创性的数据库。因此,版权局只许可将制作字库的程序作为计算机程序登记,而对于描绘特定字形的电子数据信息(字库文件)则拒绝给予版权登记。② 1992年,美国版权局改变了立场,在其政策报告中指出:在制作可扩展(Scalable)字库的过程中,需要编写很多驱使打印机的指令,这些指令和字体数据文件一起构成版权法意义上的计算机程序。③ Adobe案的审理法院直接引用版权局的这一立场变化,将它作为确认字库程序独创性的证据。④ 而且法院走得更远,其进一步确认数字化拟合过程中位点的选择具有独创性。在该案中,被告认为在拟合过程中设计者对位点的选择受制于字形(不受保护),因此拟合的结果也没有独创性。法院并没有接受这一理由,认为为了呈现相同的字形,不同设计者利用相同程序所作出的位点选择很少雷同,因此设计者的选择已经具有了最低限度的创造性。⑤ 这一判决结果,实际上使字库程序的独创性摆脱了对"编写程序指令"的依赖。只要数字化拟合过程中对位点的选择具有独创性,即便不是人工编写程序指令,字库程序代码也具有独创性。现在由于工具软件日益发达,字库设计者通常无须编写程序指令,工具软件即可以自动生成所需要的程序指令(如果有的话)。⑥ 这使得设计者在字库程序中的贡献主要是数字拟合中的个性化选择。制作字库文件更像是制作数据文件,而不像编写传统的计算机程序。在Adobe案中,被告实际上抄袭的就是原告为描述特定字形而作出的位点选择信息,而没有抄袭Adobe编写的其他程序指令。法院在判决

---

① Adobe Systems Inc. v. Southern Software Inc., 45 U. S. P. Q. 2d 1827, 1830 (N. D. Cal., 1998). 类似意见参见蒋玉宏、贾无志:"计算机字库的著作权保护及侵权判定",载《电子知识产权》2008年第9期。

② The U. S. Copyright Office, Policy Decision on Copyrightability of Digitized Typefaces, October, 1988, http://www.copyright.gov/history/mls/ML-3 93. pdf., at 4.

③ The U. S. Copyright Office, Registrability of Computer Programs That Generate Typefaces, February, 1992, http://www.copyright.gov/history/mls/ML- 443. pdf., at 1.

④ Adobe Systems Inc. v. Southern Software Inc., 45 U. S. P. Q. 2d 1827, 1830 (N. D. Cal., 1998).

⑤ Ibid.

⑥ Jacqueline D. Lipton, To © or Not to ©?, Copyright and Innovation in the Digital Typeface Industry, 43 *U. C. Davis L. Rev.* 143, 183 (2009).

中有意无意地忽略了数据信息与计算机程序之间的差异，认定被告侵害程序著作权。

以上关于数字化拟合过程的讨论，主要是针对大多数专业字库的设计过程。对于某些业余字库的设计过程而言，上述讨论可能并不适合。在业余字库的字形到字形数据的转化过程中，设计人员可能更多地依赖程序工具自动生成字形代码或自动生成点阵图信息，①很少进行个性化的干预。因此，这样的数字化过程可能只是一种复制，所得的数字文件只是相当于单字字形的"复制件"，并不具有独立于字形设计的新的独创性。如果单字字形不受版权法保护，则该单字数据信息也不受版权法保护。这一点在 1988 年美国版权局的报告中说得很清楚。②

我国法院对于字库程序独创性的解释，并没有遵循美国法上的思路。如前所述，无论是北京市海淀区人民法院、北京市第一中级人民法院还是北京市高级人民法院，都认为字库字形整体具有独创性，因此用以呈现该字库字形的程序，自然具有了独创性。国内更有学者明确指出，字库软件是整套汉字字形设计的演绎作品。③ 国内法院和部分学者的这一思路并不可取。如前所述，一旦我们将字库程序当做一种程序对待，不可避免的逻辑就是，字库程序受保护的原因与字体本身是否有独创性无必然联系。换句话说，即便字库字形整体不具独创性，字库程序本身依然可能具有独创性。相比之下，在确认字库程序的独创性上，美国法院在 Adobe 案中的解释思路更合理一些。

当然，以位点选择的独创性来解释字库程序的独创性有一定的政策性。对于专业字形设计者而言，在工具软件足够发达之后，设计特定字形与数字化特定字形所需要的个性化选择或创造性高度，并没有本质的差别。前者是直观地选择字形中的合适笔画和结构，后者是根据笔画和结构选择合适的位点。著作权法在独创性审查方面厚此薄彼，实现了一个非常重要的政策性目标，即著作权保护只停留在程序抄袭层面，而无法延伸到字形利用层面。这样，只有那些复制字库程序的用户，才会有著作权侵权的风险，而像宝洁公司这样的终端用户就不会受到影响。

---

① 早期的一些字库程序就仅仅采用点阵图来描述字形，字形显示质量较差，字号的增大也不方便。See Phillip W. Snyder, Typeface Design After the Desktop Revolution: A New Case for Legal Protection, 16 Colum. - VLA J. L. & Arts 97, 106 (1991).

② The U. S. Copyright Office, Policy Decision on Copyrightability of Digitized Typefaces, October, 1988, http://www.copyright.gov/history/mls/ML-3 93. pdf. , at 4.

③ 张玉瑞："论计算机字体的版权保护"，载《科技与法律》2011 年第 1 期。

著作权法保护字库程序之所以没有引发类似单字字形保护的担心,是因为字库程序的本质属性限制了著作权保护的力度。著作权人几乎只能限制那些代码层级的拷贝活动。而通常只有在被告对原告的数据进行简单拷贝或拷贝后利用简单的技术手段进行变换(如 Adobe 案中那样,对横向或纵向增大或缩小一定比例等)时,原告才能证明存在抄袭,这实际上大大限制了字库程序著作权的保护范围。因此,从理论上可以说,美国法院强调数字化拟合过程中的独创性,可能降低了著作权法上的独创性标准,相应地,程序代码本身也大大限制了字库作品著作权的保护范围。

四、字库作品的保护模式选择

在现有的著作权法框架下,著作权人能够利用字库程序著作权阻止任何第三方未经许可复制其字库软件,因而能够得到一定程度的保护。不过,随着信息技术的进步,制作字库软件的技术门槛越来越低,竞争对手复制字库的成本也越来越低。比如,竞争对手直接打印输出在先的字库字形、扫描该字形并重新数字化的成本,相对于创作字形的成本而言可能很快就可以忽略不计。在这种背景下,著作权法仅仅在字库程序层面提供保护,可能无法保证设计者能够有效收回投资。因此,著作权法就会面临字库设计者要求将保护延伸到单字字形或整个字库字形的压力。

如前所述,在单字字形设计具有相当个性的情况下,给予著作权保护可能是不可避免的。不过即便如此,法院也应当谨慎处理终端用户(非竞争者)侵害单字字形著作权的案件,避免错误地鼓励字库著作权人采取策略性行为,浪费社会资源。具体地说,法院应当尽可能采用合理许可费赔偿标准,将损害赔偿数额控制在合理的范围内。① 如果善意侵权者停止侵害的成本过高,法院应当拒绝提供禁令救济。此外,法院甚至可以适用合理使用原则或者拒绝认可软件许可中某些不合理的限制性条款的约束力,从而减轻或消除某些善意终端用户的责任。只有这样,著作权法才可以降低著作权人实施策略性行为的积极性。由此,法院在承认单字字形或字库字形整体的独创性时,就无须过

① 在终端用户侵权的案件中,即便用户所使用的单字字形具有独创性,法院也不应简单地统计用户所制作的复制件数量,并为每一复制件设定一定数额的赔偿额,然后计算整体的赔偿金额。这一计算方法可能过度偏离著作权人实际受到的损害。法院应该更多地考虑用户委托第三方设计诉争字体所需要的费用,在此基础上确定类似情境下事先谈判所可能确定的合理的许可费赔偿标准。

度担心字体保护的负面后果,从而避免使政策性考虑过度扭曲著作权法本身的逻辑。

著作权法将保护范围延伸到那些具有很强实用性的字体的单字字形或整个字库字形,则可能遇到前文所说的不可逾越的独创性的障碍。如果法院刻意降低著作权法上的独创性标准,对单字字形或整体字形提供保护,则会破坏著作权法围绕独创性标准所确立的利益平衡关系,威胁很多终端用户的行动自由。为了弥补著作权法的这一缺陷,法院可以在反不正当竞争法的框架下提供替代性保护。① 具体地说,我国《反不正当竞争法》第 2 条规定的原则性条款可能为禁止竞争对手抄袭字库字形的行为提供法律依据。② 此前,我国法院实际上已在很多案件中利用这一条款为那些不具备独创性的作品提供替代保护,如北京阳光数据公司诉上海霸才数据信息有限公司案,③以及北京金融城网络有限公司诉成都财智软件有限公司案。④ 在国外,也同样存在类似的替代保护机制。比如,欧盟的数据库指令就规定,即便数据库不具备独创性,只要制作者付出了实质性的投资,就能够获得一种特殊权利保护。⑤ 在美国,法院利用所谓的“盗用学说”(Misappropriation Doctrine)来保护一些具有时效性的但不具备独创性的事实消息。⑥

不过,上述反不正当竞争法上原则条款的适用应当受到严格的限制,不能将竞争者利益受损简单地理解为市场失败。否则,立法者在著作权法领域所确立的立法政策,很容易被法院以反不正当竞争的名义颠覆。⑦ 法院在认定市场失败时,至少应当考虑下列因素:首先,字库字形的设计者是否为被告所抄袭的字

① 美国版权局在 1988 年的报告中也指出,即便无法得到版权保护,设计者依然可能依据反不正当竞争法、合同法、商标法等寻求保护。See the U. S. Copyright Office, Policy Decision on Copyrightability of Digitized Typefaces, October, 1988, http://www. copyright. gov/history/mls/ML – 3 93. pdf. ,at 4.

② 我国《反不正当竞争法》第 2 条规定:“经营者在市场交易中,应当遵循自愿、平等、公平、诚实信用的原则,遵守公认的商业道德。本法所称的不正当竞争,是指经营者违反本法规定,损害其他经营者的合法权益,扰乱社会经济秩序的行为。本法所称的经营者,是指从事商品经营或者营利性服务(以下所称商品包括服务)的法人、其他经济组织和个人。”

③ 北京市高级人民法院〔1997〕高知终字第 66 号民事判决书。

④ 北京市第二中级人民法院〔2000〕二中知初字第 122 号民事判决书。

⑤ Directive 96/9/EC of the European Parliament and of the Council of 11 March 1996 on the Legal Protection of Databases, Chapter 3 Sui Generis Rights (Art. 7 – 11).

⑥ 最初确立这一学说的案例是 International News Service v. Associated Press, 248 U. S. 215 (1918)。在美国法上,这一学说受到比较严格的限制,一般不适用于抄袭没有时效性的事实消息的行为。

⑦ 更深入的讨论参见崔国斌:“知识产权法官造法批判”,载《中国法学》2005 年第 1 期。

体的设计工作付出了实质性的投入。如果相关字体的创作比较简单,人力物力的投入有限,则对其提供反不正当竞争法上的保护就没有必要。其次,著作权法对于字库程序的保护,是否足以保证字库的设计者获得足够的回报。如果禁止盗版字库程序已经能够提供足够的投资动机,则法院不应适用反不正当竞争法提供补充保护。最后,知识产权法或反不正当竞争法之外的市场机制是否可以避免市场失败。比如,文字编辑软件的提供商为保证软件销售,就可能愿意投资字库设计,即便字形设计本身得不到保护。① 如果编辑软件的销售利润为软件提供商开发字库软件提供了足够的动力,则不应通过反不正当竞争法提供补充保护。

反不正当竞争法上的替代保护机制与著作权保护机制相比,其保护范围要窄很多。在反不正当竞争法的框架下,法院可以将那些与字库业者没有直接竞争关系的终端用户排除在"竞争者"的范围之外,从而保证普通社会公众对受保护字库的自由利用。以前述北京北大方正电子有限公司诉广州宝洁有限公司一案为例,如果法院认为字库作品本身不具备独创性,无法受到著作权法的保护,但是其依然愿意适用反不正当竞争法提供替代保护,则法院可以宝洁公司并非直接竞争者,其使用个别字体的行为没有给原告方正公司的市场利益造成损害为由拒绝提供救济。从这一意义上讲,反不正当竞争法对于竞争者与非竞争者的区分,可以有效地平衡权利人和社会公众的利益。

除了反不正当竞争法的替代保护之外,另一种可能的选择是民法上的"合法利益"保护制度。即如果单字字形或整体字形不具备著作权法上的独创性,无法得到著作权保护,则依然可能将设计者对该字形设计所享有的利益解释为我国《民法通则》上的合法权益。② 比如,在"日本照相排版机用字体案"中,字体设计者就认为:"即使以上著作权之相关主张无法被认同,但如前记般投入相当劳力和资本且经长年累月制作而成之文字字体本身仍为贵重之无形资产。文

① 比如,美国的 Adobe 公司为了促进其编辑软件的销售而开发多种字体。See Blake Fry Why Typefaces Proliferate Without Cepyright Proteciien, 8 *J. Zelecomm &High Tech. L* 425,442(2010). 中国国内的方正公司开发字体,实际上很大程度上也是为了促进其印刷排版软件系统的销售。正如方正在媒体上披露的那样,方正字库的正版用户几乎全在报社;张伟:"盗版冲击中国字库业:字体设计师如何变身汽车销售?",载《中国经济周刊》2009 年 8 月 10 日。

② 我国《民法通则》第 5 条规定:"公民、法人的合法的民事权益受法律保护,任何组织和个人不得侵犯。"

字字体制作者想回授其投入之资本亦是理所当然，必须受法律保护。”①即字体应当被视为民法上受保护之利益。日本大阪地方法院承认，即便著作权属性未被确认，如果字体的确具有创作性，在遭受他人擅自直接使用时，仍然应免于遭受不法行为之损害。② 不过，在缺少有效的法定限制的情况下，民法上的“合法利益”很容易成为变相的著作权利益，有过度保护的自然倾向。因此，反不正当竞争法上的替代保护更为可取。

（2011年第7期）

① 日本大阪地方法院1983年（ワ）第4870号判决。转引自我国台湾地区“内政部”编：《国际著作权法会及判决之研究（三）之“日本著作权法会及判决之研究判决（Ⅰ）”》，1996年版，第174页。

② 同上，第192页。

论人格权法定、一般人格权与侵权责任构成

易 军*

权利设定的模式,无外乎法定主义与意定主义两种形态。在公法上,权利的设定普遍性地实行法定主义,最典型的莫过于罪刑法定、税收法定等。而在私法上,则并存着法定主义与意定主义(设权主义)两种法律调整方式,[①]两者一起构成"民法技术的典型"。[②]"全部民事法律关系从调整方法角度可分为两部分:其中一部分法律关系可直接借助法定主义确认其权利义务内容并直接得以实现,另一部分法律关系则必须通过法律行为制度才能完成其内容确定和实现过程。"[③]法定主义是指权利的类型、内容等要素由法律明确规定,当事人不得任意创设与法律规定不符的权利。[④] 私法上,一般主张实行法定主义的,如企业形态法定主义、物权法定主义、知识产权法定主义等。

虽然我国法学界对物权、知识产权的设定略有争论,但总体上而言,物权设定实行法定主义、知识产权设定实行法定主义基本上已成共识,[⑤]至少有关物权设定、知识产权设定的研究已蔚为大观,而债权的设定采意定主义毫无争议。唯对于人格权的设定是采取意定主义还是法定主义却远未形成激烈的讨论。虽有部分学者在研究其他问题时对此有附带性的说明,但大都相当简略。本文不揣浅薄,对此问题进行较为系统的梳理,以求教于学界同人。

---

* 作者单位:中国政法大学民商经济法学院。

本文为全国博士学位论文作者专项资金资助项目(FANEDD200705)、中国政法大学青年教师学术创新团队资助项目以及对外经贸大学211项目(73400030)的成果形式之一。

① 造成此种差异的最重要的理由之一就是,私法以个人自由决定为特征,公法则以强制或拘束为内容;前者强调自主决定,后者须有法律依据及一定的权限。参见王泽鉴著:《民法总则》,北京大学出版社2009年版,第12页。

② [奥]凯尔森著:《法与国家的一般理论》,沈宗灵译,中国大百科全书出版社1996年版,第94页。

③ 董安生著:《民事法律行为》,中国人民大学出版社2002年版,前言。

④ 应振芳:"司法能动、法官造法和知识产权法定主义",载《浙江社会科学》2008年第4期。

⑤ 当然,也有部分学者主张解禁物权法定,走向物权自由。参见苏永钦:"法定物权的社会成本——两岸立法政策的比较与建议",载《中国社会科学》2005年第6期;张鹏:"美国法上的物权法定原则",载《法学》2003年第10期。

一、人格权法定与人格权意定

从我国国内学者对人格权的设定所作的简略论述来看，大体上形成了两类针锋相对的观点。

第一类观点主张人格权的设定不采取法定主义模式。如江平教授主张，人格权不应该是法定主义，不能说法律规定的才加以保护。① 王涌教授主张，人身权不宜完全以具体的规则加以限定，而是应在规则规定的基础上，用“人身权”这样一个不确定的概念为人身权划一个模糊笼统的范围，却是一种最好的规范方法。这实质上就是原则设定权利的方法。② 朱庆育教授主张，对于人格权，法律不可以也不可能作穷尽列举，故绝不能如同对于物权那样采取“法定主义”的立场。③ 钟瑞栋、杨志军两位博士认为，绝对权一般实行权利法定主义，但人格权是绝对权法定主义的一个例外，不具备实行法定主义的基础。其理由谓略：第一，人格权的种类不应由法律明确限定；第二，人格权的内容也不应由法律加以限定；第三，人格权不能成为交易的对象，因而不存在与交易安全相冲突的问题。④

第二类观点则主张人格权的设定采取法定主义模式。如王利明教授主张，在人格权的设定上应采取法定主义的模式，其理由谓略：首先，权利和利益存在区别，侵权法对权利与利益的保护力度存在差异，利益不具有公开性、公示性，行为人往往事先并不知道某种行为是否会妨害他人的利益，若对利益保护太宽，会在一定程度上妨碍人们的行为自由。其次，如果实行非法定主义，人格权法就没有必要列举人格权类型，完全由法官来判断是否应保护人格利益，必将使人格权的保护存在很大的随意性。最后，实行法定主义，在法律上尽可能地规定经过我国立法经验以及判例学说认可的可以类型化的人格权，有助于人们了解他们究竟享有哪些人格权。⑤ 许中缘博士认为人格权法主要为强行性法，“人格权法的性质也决定了该法应该设计强行性规范类型。一方面，人格权法作为赋权法，人

---

① 江平：“民法的回顾与展望”，载《比较法研究》2006 年第 2 期。

② 王涌：“民法中权利设定的几个基本问题”，载《金陵法律评论》2001 年春季卷，第 144 页。

③ 朱庆育：“权利的非伦理化：客观权利理论及其在中国的命运”，载《比较法研究》2001 年第 3 期。

④ 钟瑞栋、杨志军：“论一般人格权”，载《山西大学学报》2005 年第 5 期。

⑤ 王利明、易军：“中国民法学的学术前沿问题”，载《中国社会科学学术前沿（2006～2007）》，社会科学文献出版社 2007 年版，第 314～315 页。

格权的种类与类型必须由法律明确规定。另一方面，人格权法同时也是作为规范人格权行使和解决相应冲突的法律，这种权利的边界规则以及冲突规则都应该以强行性规范的形式出现”。① 薛军博士指出，立法者能够通过法定方式来直接支配的权利往往是一些与私人主体存在事实直接联系的权利，即只要是人就可以享有的绝对权，与这些绝对权相对应的义务是权利主体之外的其他一切社会成员所承担的消极不作为义务。以法定方式来直接配置的权利，最典型的例子就是诸如生命健康权、身体自由权之类的人格权。②

主张人格权的设定采取非法定主义的模式具有相当的合理性，毕竟新兴的人格权类型总是次第产生的，裁判者也不能无视社会生活中某些合理的人格利益的吁求。实行意定主义，确实有助于保持人格权法的开放性。不过，笔者还是认为，人格权的设定必须法定化，其理由在于以下两个方面。

第一，民事权益保护与行动自由维护必须同时兼顾。

人总是处于一定的社会关系中，在法律上认许一方的利益，势必同时会对他人产生影响。只有对荒岛上的鲁滨逊授予权利时才可以肆无忌惮，不必担心权利的拘束是否会“害”及他人。毫无疑问，立法者在为制度设计时，必须公允地为利益衡量，切不可只眷顾一方，而漠视他方的利益。制度设计的精美奥秘之处就在于协调二者的关系：一方面通过禁止个人的某些行为使其不能损害他人乃至整个社会的利益；另一方面，又给追求正当个人利益的一方提供一个活动空间和保护机制，使行为者的个人利益乃至全社会的利益都可以通过个人行为得到实现。③

涂尔干曾指出：“其实，所谓个人的权利，不管是针对人的还是针对物的，都是由双方的妥协和让步决定的，因为一旦有人获得了这项权利，就意味着其他人必须把它放弃。”④在笔者看来，立法者在保护一方当事人的利益，赋予其权利特别是绝对权时，对另一方当事人的最重大的影响莫过于该方即因此负有不得侵害权利人权利的义务。质言之，行为人的行动自由在对方权利的界限内受到限制。

保障民事主体的民事权益，这是任何一个宪政国家的立法者都应履行的基本使命，否则就违反了其所承担的国家保护义务，构成立法怠惰。然而，民事主体的行动自由亦攸关其人性尊严，是其人格自由发展的核心内容，同样也是民事

① 许中缘著：《民法强行性规范研究》，法律出版社 2010 年版，第 276 页。
② 薛军：“私法立宪主义论”，载《法学研究》2008 年第 4 期。
③ 李怀、赵万里：“制度设计应遵循的原则和基本要求”，载《经济学家》2010 年第 4 期。
④ [法]埃米尔·涂尔干著：《社会分工论》，渠东译，三联书店 2001 年版，第 81 页。

立法应予以保障的内容。“在一个法治社会里，保护人们的民事权益与维护人们的行为自由，是同等重要的。侵权责任法在维护人们的行为自由与保护民事主体的权益方面发挥着同等重要的功能。尽管侵权责任法维护人们的行为自由的功能是以隐性方式发生的，保护民事主体权益的功能是以显性方式发生的，但是二者的价值没有实质的差别。”①在现代社会中，侵权行为和契约制度一样，都承担了维护自由意志和社会秩序的功能，通过适当的立法和解释，都可以使这两个目标朝相辅相成的方向发展，而不是压抑了自由意志，却仍无益于社会秩序的提升。② 因此，民事立法者在这一构成对级的二元价值之间应力图保持中道，不能厚此薄彼。事实上，近世以来，侵权行为法的相关制度设计中就秉持了兼顾民事权益保护与行动自由维护的理念。“一个宽泛的极具开放的侵权行为法体系势必给民法上的人营造一个极其危险的场域……所以侵权行为法用过错、违法性、因果关系以及可赔偿性损害等要件加以界定，对于没有过错抑或违法性，因果关系过于遥远以及不具有法律相关性的损害排除在侵权行为法之外，从法技术层面将这种缘于侵权行为法自身的固有不安全因素降至最低。”③质言之，“侵权法既是一部有关责任的法律，也是一部有关无责任的法律”。④

作为绝对权的人格权是一种制约他人行为自由的权利，它不仅攸关权益享有者的自身利益，而且与他人（社会大众）的利益息息相关。人格权的正当化理据不仅应考虑受害者的利益，而且也应充分考虑肩负不侵害潜在受害者人格权之责的社会大众的利益。详言之，在人格权的设定上，立法者一方面固然需要考虑全面保护主体的人格利益，另一方面也需要借成文法明确容留或认许他人自由行为的空间。“立法者与司法者在介入民事法律关系时，因同时兼具有限制一方权利与保护另一方权利的性质，故一方面所采取的措施须能达到足以保护被保护方之目的，禁止保护不足；另一方面所采取的措施也不能过度地造成被限制方的负担，禁止过度保护，因此立法或司法在介入民事法律关系采行相关措施时，仍须遵循‘比例原则’，衡量手段目的的关系，而为具体调和。”⑤

若对人格权的设定采取法定主义模式，由于法定权利具有公示性，且是一业已类型化的、为法律所保护的确切利益形态，此种公示性与确定性的特征不仅为

① 张新宝：“侵权责任法立法的利益衡量”，载《中国法学》2009 年第 4 期。

② 苏永钦：“再论一般侵权行为的类型——从体系功能的角度看修正后的违法侵权规定”，载张新宝主编：《侵权法评论》，人民法院出版社 2003 年版，第 1 页。

③ 刘生亮：“侵权行为法一般条款功能论”，载《浙江社会科学》2005 年第 4 期。

④ W. V. H. Rogers, *Winfield and Jolowicz on Tort*, 14th ed., Sweet & Maxwell, 1994, p. 3.

⑤ 杨宏辉：“市场经济秩序下的契约失灵调整模式”，载《法学新论》第 25 期。

权利主体自己享有权利所带来的利益界定了范围，而且也为其他民事主体不侵害该权利提供了警戒线，使民事主体能够产生一种不侵害该权利即不必担心受法律制裁的合理预期，无动辄得咎之虞，其行动自由得以确保。然而，若人格权的设定采取意定主义立场，即意味着民事主体基于己意的、只要具有一定正当性的“权利”吁求都应得到法律的支持，被作为法律意义上的权利加以保护，由于其未经法律明定既无公示性亦无确定性，相对人不免动辄得咎，进而陷入严重的不安定状态。“私人间追究责任势须从‘期待可能性’着眼，只有对加害人的结果有预见可能者要求其防免，而对未防免者课以责任才有意义。”“要让行为人对其行为负起民事上的责任，都必须以该行为涉及某种对世规范的违反为前提，其目的就在于建立此制度最起码的期待可能性，以保留合理的行为空间。”①在人格权设定的意定主义模式下，由于精神性人格利益不若物质性人格利益具有明确的外观，且其本身就具有一定程度的主观性，每一个被诉为加害人者根本无法预测诉称为受害人者会提出何种“权利”主张，更无法预测自己的行为会对所谓的受害人产生何种不利影响以致侵害了其“人格权”。日常的民事交往之于民事主体势必犹如牢笼。

第二，人格权法定主义是一种弱度的法定主义，仅斥拒当事人基于己意创设人格权，并不限制法官进行创造性司法。

确如意定主义者所言，人格权法定主义可能造成人格权法体系的僵化和封闭，使人格权法难以适应复杂的社会现实与社会发展。因为若在人格权的设定上实行法定主义，势必对立法者的立法水平提出很高要求，对立法者的理性认识能力保持很高期许，期冀立法者像全能的上帝那样将所有值得法律保护的人格权益类型化为权利，然而，立法者的理性认识能力在纷繁复杂的社会生活面前总是存在种种缺陷，难以将所有与人的人格有关的利益都类型化为权利。“人之理性的构成性限度不可能使人建构出一种确定不变或一劳永逸的‘个人权利表’以应对人类社会日益演化的各种繁复情势。”②法定主义的采行必然会使我们面临一部分人格权本应被法定而实际未被法定从而游离于法律保护范围之外的现象，进而使人格权存在漏洞。但问题的关键是，如何理解“法定”，在采行法定主义的前提下是否允许法官进行能动司法。笔者所主张的法定主义并不是将确认人格权的主体定于“立法者”一尊，而是承认司法者借能动司法亦享有确认新兴人格权的权利。罪刑法定、税收法定中的“法定”有严格的含义，皆仅指成

① 苏永钦著：《走入新世纪的私法自治》，中国政法大学出版社 2002 年版，第 304 页。

② 邓正来著：《自由与秩序》，中国社会科学出版社 2002 年版，第 35 页。

文法。若从主体的角度而言，则仅指立法者，不包括司法者。物权法定中的“法”，最初也仅指立法者，在“物权法定缓和”理论的冲击下，司法者也被允许将某些习惯“物权”认定为物权，因此法定物权的主体，除主要是立法者外，附带性地也包括司法者。人格权法定中的“法”，亦应作如此解释，即包括立法者和司法者。甚至相较于司法者在物权法定主义模式下的地位，司法者在人格权法定主义模式下的地位更为积极与能动。司法者创造新兴人格权比创造新兴物权更为常态化。人格权除由成文法确立外，司法者例外地也可将某些法律外关涉人格的利益确认为人格权，并给予私法的保障。

质言之，在人格权的设定上，法定主义者坚定反对当事人自己设定人格权，意定主义者虽未明确表示当事人能否依己意设定人格权，但无疑他们一定也会反对当事人享有此项权利；意定主义者不反对法官设定人格权，法定主义者也不反对法官设定人格权。从而人格权法定的意旨，仅仅斥拒当事人基于己意创设人格权（人格权意定），并不限制法官进行创造性司法，当然不会阻止新兴人格权的生成，民事裁判者完全可认许某些未被现行法规定的“人格权”为人格权，从而使人格权法保持开放性。

绝对权设定应实行法定主义，物权、知识产权、人格权等概莫能外，只是“法定”的强弱可能存在一定的差异而已。对人格权设定而言，也必须采取法定主义，只是此种法定主义是一种弱度的法定主义，但弱度的法定主义也是法定主义，而绝非意定主义。诚如苏永钦教授所言：“人格权是不可能自由创造的，这跟它的本质是不相符合的。……人格法益其实是非常主观的东西，它必然是经过很长的相互主观过程，在这个社会中形成的一种权利。……它是广义的法定的，应该讲不是国家的法去制定的，是社会习惯法形成的。”①

二、人格权法定与一般人格权

为了克服法定主义的僵化，保持人格权的开放性，无论人格权法定主义的赞同者还是反对者均主张在法律规定具体人格权之余，宜建立一般人格权制度。一般人格权与具体人格权是相对而言的。具体人格权，又称为特别人格权，是法律已将所要保护的人格特定化，权利内容已定型化的人格权，而一般人格权则是指法律未将所要保护的人格特定化，权利内容未定型化的人格权。

① 苏永钦教授的观点，参见江平：“民法的回顾与展望”，载《比较法研究》2006年第2期。

一般人格权滥觞于德国。1896 年《德国民法典》对人格利益仅进行了有限的列举:其第 823 条第 1 款只规定了生命、健康、身体和自由四项人格利益,第 12 条确立了姓名权。此外,1907 年生效的《艺术家和摄影作品著作权法》创设了“个人形象的权利”这一特别人格权。其他的人格利益则只能通过《德国民法典》第 823 条第 2 款获得有限的保护,如名誉仅可在他人故意且以悖于善良风俗之方法侵害时获得保护。诸此种种,使得德国民法对人格权的保护相当不完备,难以适应社会的发展对人格权保护的需求。有鉴于此,联邦德国最高法院根据《德国基本法》第 1 条和第 2 条将“个人的要求尊重其个人之尊严和要求发展其个人人格的权利”作为一项一般人格权而认可为《德国民法典》第 823 条第 1 款所指的“其他权利”,从而弥补了重大的空白。[①] 由于“一般人格权”是借权利确认的形式已被类型化的权利,因此其可以作为一项独立的请求权基础。有些学者认为,将一般人格权认可为《德国民法典》第 823 条第 1 款中的“其他权利”,是自《德国民法典》问世以来德国侵权法领域最重要的发展。在德国法上,一般人格权被称为“框架性权利”(Rahmenrecht)或“一般条款性权利”,其内容与范围不确定,有待填补。

第二次世界大战以后,希腊、奥地利等国家借鉴了德国的一般人格权理论,通过这一制度完善和扩大了“特别”人格权(如姓名权、肖像权),为公民的人格权提供有力的保护。[②]

我国多数学者主张建立一般人格权制度。理论上多认为,一般人格权是关于人之存在价值及尊严的权利,是对人格权的概括性规定,概括了人格尊严、人格自由和人格平等的完整内容的一般人格利益,是一种兜底性或弹性的权利。[③] 然而,借一般人格权制度来克服人格权设定法定主义的僵化,果真能实现其提倡者所愿的良法美意?对此,笔者持相当怀疑的态度。

第一,“一般人格权”本质上并非权利,而是法益,承认“一般人格权”将会抹杀法律权利固有的特性,混淆法定权利与法益之间的界限,使法定权利模糊化,进而导致其功能虚化。

要厘清一般人格权的本质,先要澄明权利与法益的差异。法益(das Rechtsgut)是一个社会的法观念认为应予保护的利益,对它的保护乃是对违反法

---

① [德]迪特尔·施瓦布著:《民法导论》,郑冲译,法律出版社 2006 年版,第 209 页。

② [德]克雷斯蒂安·冯·巴尔著:《欧洲比较侵权行为法》(下卷),焦美华译,法律出版社 2004 年版,第 103 页。

③ 王利明著:《人格权法研究》,中国人民大学出版社 2005 年版,第 160 页;梁慧星著:《民法总论》,法律出版社 2007 年版,第 126 ~ 127 页;尹田:“论一般人格权”,载《法律科学》2002 年第 4 期。

律基本理念行为的制止。而(法定)权利,则是通过实在法律明确规定或通过立法纲领、法律原则加以宣布、以规范形态存在的权利。一般来说,权利与法益主要具有以下区别:其一,权利具有确定性,而法益具有不确定性。(法定)权利被法律类型化而得到法律的确切保护,故权利不仅具有公开性,而且具有确定性;而法律未对法益的内涵、外延作明确规定,它仅存在于法律理论或人的观念中,常以抽象而含糊的法律原则为表现形式,缺乏明确而具体的法律外观,所以法益往往游离于具体的法律之外,在法典中难得谋求一席之位。[①] 其二,权利具有可预期性,而法益具有不可预期性。"作为一种权利,应该是具体、明确的。权利应该予人以合理的预期,确定人们行为的范围和界限";[②]而法益具有不确定性,这就导致了它的不可预期性,使人们无法根据法益来划定自己行为的范围以及他人行为的警戒线。其三,权利具有主动性,而法益具有被动性。对权利而言,权利人根据权利即可向他人主张为或不为某一或某些行为,不以权利侵害为条件;而对法益而言,只有利益被侵害后,受害人才能主张,且只有该利益获得司法保护,法益才被认可。

法律是现代社会中最为基本的社会控制手段和人们之间最普遍的行为准则。"合法律性"(legality)已成为法治的一个基本要求,[③]法官必须在具体的法律规范体系,特别是规则体系下司法。作为现代法重要特性的形式理性"就是照章办事即依规则行事。实际上,从形式理性的观点来看,唯一非理性的行为,就是打破规则,而不论这种规则从更广大的角度来看会多么非理性。"[④]就具体人格权而言,每一个具体人格权都是一项"主题词",它为法官提供了一个背景框架;它界定了案件的情景边界,边界以外的利益要求即不属于该具体人格权。具体人格权具有"权利"的典型特征自是无疑。

就一般人格权而言,其既名为"权利",则也应具备权利的基本构成要素,即事物可被称为权利所必备的那些特征。依通说,一般人格权"是一种母权,也是

① 张开泽:"法益性权利:权利认识新视域",载《法制与社会发展》2007年第2期。

② [美]贝思·J.辛格著:《可操作的权利》,邵强进、林艳译,上海人民出版社2005年版,第10页。

③ [奥]凯尔森著:《法与国家的一般理论》,沈宗灵译,中国大百科全书出版社2003年版,第14页。

④ [加]纪克之著:《现代世界之道》,刘平、谢燕译,北京大学出版社2010年版,第121页。"形式性"是现代法律体制两个非常根本的性质之一,它"告诉我们,无论我们所处理的问题为何,我们一定要将其纳入法律形式性之制度规划中,因此,即使是生命这个极为复杂多义性的概念,一旦我们要用法律来处理,就必须以权利、义务、制裁等概念来架构它,这其中所浮现的第一个重要概念就是生命权"。参见颜厥安著:《鼠肝与虫臂的管制——法理学与生命伦理探究》,北京大学出版社2006年版,第23页。

一种发展中的概念”,[①]一般人格权是一种“开放性的权利”、“框架性权利”,具有一般条款的性质,属于“开放的不确定概念”,而且兼具类型式概念和一般条款的性质,属于法内漏洞。一般人格权的具体内容是无法也不应事先确定的,而且应由被立法者授权进行价值补充的法官根据个案的具体情况自由裁量确定。[②] 在法律适用中,如特别人格权受到侵害,应优先适用特别人格权,不能援引关于一般人格权的规定。如果具体案情中未出现对特别人格权的侵犯,则尚需审查是否存在对一般人格权的侵犯,对此就须考虑特别的情节和有关人的利益。[③] 在认定非法侵害特别人格权时,在任何情况下都无须权衡财产利益,但在认定非法侵害一般人格权时,就必须权衡财产利益。[④] 由此看来,一般人格权并不具有“权利”所应有的确定性、可预测性、主动性等特征。“一般人格权就其性质而言,不过是个一般条款性质的宣告,与通常意义上的权利,区别甚大。”“一般人格权这个概念,并不具有‘权利’这一概念通常所具有的规范性的内涵,而只是一个描述性的指称:它是一个被叫作‘权利’,但实际上并不被当作‘权利’来对待的东西。”[⑤]质言之,一般人格权在本质上非属权利,而是一种法益。[⑥]

就德国而言,《德国民法典》的立法者在法典中没有规定一般人格权,就是因为难以给这种权利划界,而划界则明显地取决于具体案例中财产或利益的相

---

① 王泽鉴:《民法学说与判例研究》(第4册),中国政法大学出版社1998年版,第265页。

② 钟瑞栋、杨志军:“论一般人格权”,载《山西大学学报》2005年第5期。

③ [德]卡尔·拉伦茨著:《德国民法通论》,谢怀栻等译,法律出版社2003年版,第174页。

④ [德]霍尔斯特·埃曼:“德国民法中的一般人格权制度——从非道德行为到侵权行为的转变”,载梁慧星主编:《民商法论丛》(第23卷),法律出版社2002年版,第421页。德国联邦最高法院在一则判例中指出:“在因任何一个人的一般人格权与任何另外一个人的一般人格权具有同一位阶、并且人格的自由发展表现出超出自身范围的发展而发生冲突的情形……如若出现争议,则需要进行界定,为此必须要适用法益和利益考量原则。”参见[德]迪特尔·梅迪库斯著:《德国债法分论》,杜景林、卢谌译,法律出版社2007年版,第666页。

⑤ 薛军:“揭开‘一般人格权’的面纱——兼论比较法研究中的‘体系意识’”,载《比较法研究》2008年第5期。

⑥ 一般人格权属于“法益”、非属“权利”,亦反映在侵害一般人格权侵权责任的违法性的认定上。对侵权责任,德国法实行被尊为“经典构造”的“构成要件符合性—违法性—过错”的三阶层模式。若系具体人格权被侵害,只要侵害行为符合侵权的事实构成要件,即“推定”侵害行为的违法性。其根本原因在于,这些权利以明确的外观昭示于世,具有社会公开性,一个普通人即可轻易辨识并相应地调整自己的行为以避免害及他人,特征引推定侵权行为的违法性以资保护。此即“结果违法”(Erfolgsunrecht)。若系一般人格权被侵害,因其内容过于广泛、保护范围具不确定性,损害事实本身并不能推定行为的违法性,其违法性须根据个案具体情况就行为本身依利益衡量及价值判断来认定。此即“行为违法”(Handlungsunrecht)。参见[德]马克西米利安·福克斯著:《侵权行为法》,齐晓琨译,法律出版社2006年版,第85页;王泽鉴著:《侵权行为》,北京大学出版社2009年版,第218页;[德]迪特尔·梅迪库斯著:《德国债法分论》,杜景林、卢谌译,法律出版社2007年版,第622页、第666页。

互冲突,究竟哪一方有更大的利益。① 而在第二次世界大战以前,德国帝国法院拒绝承认一般人格权的绝对性原因就在于:应受保护的人格领域在内容与范围上具有不确定性与模糊性,它不具有客观载体。② 尽管经过半个多世纪的发展,德国理论与实务界对一般人格权制度的功能与价值均已达成了相当程度的共识,但仍然没有通过立法的方式将其上升为一种确定的权利形式。德国司法行政部1967年的《损害赔偿法修正草案》曾拟通过《德国民法典》第823条第1款将一般人格保护纳入其中,其规定:"因故意或过失,不法侵害他人之生命、身体、健康、自由或名誉,或以其他方法侵害他人人格(Persoenlichkeit)者,对该他人因此所生之损害,负赔偿责任。因故意或过失,不法侵害他人之所有权或其他权利者亦同。"③然而其最终还是没有规定"一般人格权",而且这一修正草案最终也没有真正通过并实施。

值得注意的是,1907年的《瑞士民法典》第28条规定:"(1)任何人在其人格遭受侵害时,可以诉请排除侵害;(2)诉请损害赔偿或给付一定数额的抚慰金时,只有在本法明确规定的情况下,始得允许。"瑞士民法使用了"人格"这一概念,一改先前其他法典中未出现这一概括性概念的现象。同时,《瑞士民法典》亦单设一部分并称为"人格的保护"(第一章"自然人"第一节"人格法"之"二、人格的保护")。一些学者据此认为瑞士民法旨在承认一般人格权的概念。其实,该条只是有关人格保护的一般规定,并非确立了一般人格权。两者最重要的差异在于,前者不能作为一项独立的请求权基础,而后者则否。我国台湾地区"民法"第18条规定:"人格权受侵害时,得请求法院除去侵害。前项情形,以法律有规定者为准,得请求损害赔偿或慰抚金。"有些学者认为这是关于一般人格权的规定。④ 其实,这也并非对一般人格权的规定。"'民法'第18条对人格权设一般规定,不发生《德国民法典》上所需要创设一般人格权的问题,但具有功能相当性,有将第18条称为'一般人格权'乃在强调其为一种母权,衍生出各种个别人格权,非谓人格权可分类为一般人格权及个别人格权。凡侵害个别人格

① [德]卡尔·拉伦茨著:《德国民法通论》,谢怀栻等译,法律出版社2003年版,第172页。

② [德]霍尔斯特·埃曼:"德国民法中的一般人格权制度——从非道德行为到侵权行为的转变",载梁慧星主编:《民商法论丛》(第23卷),法律出版社2002年版,第416页。"对于一般人格权,即使在德国,也因其对构成要件的规定非常含糊而受到批判,认为有损法律的安定性。"参见[日]五十岚清著:《人格权法》,铃木贤、葛敏译,北京大学出版社2009年版,第8页。

③ 邱聪智著:《民法研究》(一),中国人民大学出版社2002年版,第120页。

④ 胡长清著:《中国民法总论》,台湾"商务印书馆"股份有限公司1979年版,第92页;郑玉波著:《民法总则》,台湾三民书局股份有限公司1990年版,第102页。

权的，均同时构成对一般人格权的侵害。”①

第二，在外延上，一般人格权的概念与具体人格权、人格权等概念存在逻辑上的矛盾之处。

对一般人格权的外延，我国学者其实有两种观点：一种观点认为，一般人格权是以主体的全部人格利益为标的的总括性权利，包括生命、身体、健康、名誉、自由、姓名、贞操、肖像、隐私等全部人格利益。② 一般人格权是法律采用高度概括的方式而赋予公民和法人享有的具有权利集合性特点的人格权。③ 换言之，一般人格权与具体人格权是一种抽象与具体、一般与个别的关系。④ 另一种观点则认为，一般人格权所要保护的，是《德国民法典》所列举保护的生命、健康等人格利益之外的其他全部人格利益。因此，一般人格权与该民法典所列举保护的各种具体人格权，是两种互不相容、互不隶属的权利类型，两者之间既不存在归纳抽象关系，亦不存在创设依据关系。⑤ 但是，不论采取何种观点，一般人格权的概念与具体人格权、人格权的概念均存在扞格之处。

若采取上述第一种观点，由于一般人格权是对所有具体人格权的抽象，而人格权也是对所有具体人格权的抽象，“人格权，指关于人的价值与尊严的权利，性质上是一种母权，衍生出个别人格权”，⑥因此一般人格权就是人格权。⑦ 由于人格权这一概念本身就蕴涵着抽象、概括与提炼具体人格权的价值，因此，一般人格权并无独存价值。“人格权是具体人格权的抽象，正如财产权是物权、债权等具体财产权的抽象一样。如果‘一般人格权’也是具体人格权的抽象，那么，‘一般人格权’就是人格权。由于德国法上并不存在人格权这一概念，为了表述人格权的结构形式，创设与具体人格权相对应的一般人格权的概念，尚有存在的基础与意义。但是，在我国，作为各种具体人格权抽象的人格权早已存在而且被广泛接受。因此，在提出了人格权的概念之后，我国已没有必要再提出‘一般人格权’的概念，如同在提出了财产权的概念之后，没有必要再提出‘一般财产权’

---

① 王泽鉴著：《侵权行为》，北京大学出版社2009年版，第100页。

② 梁慧星著：《民法总论》，法律出版社2007年版，第126~127页。

③ 王利明著：《人格权法研究》，中国人民大学出版社2005年版，第160页。

④ 杨立新著：《人格权法论》，人民法院出版社2006年版，第365页；姚辉、周云涛：“人格权：何以可能”，载《法学杂志》2007年第5期。

⑤ 尹田：“论一般人格权”，载《法律科学》2002年第4期。

⑥ 王泽鉴著：《侵权行为》，北京大学出版社2009年版，第99页。

⑦ “一般人格权这一词汇，在大陆法系中，主要在德国的学说、判例上被使用，而在其他国家，人格权这一词汇的意思似乎就是德国的一般人格权的意思。”参见［日］五十岚清著：《人格权法》，铃木贤、葛敏译，北京大学出版社2009年版，第7页。

的概念一样。"①

若采取上述第二种观点,则一般人格权是与具体人格权相对应的属于同一逻辑层次的概念。它们与人格权的关系同为种属关系,即人格权是种概念,一般人格权是属概念。若如此,则既然人格权是对具体人格权的概括抽象,那么一般人格权断无作为具体人格权的概括提炼的可能,然而,上述论者虽不认为一般人格权是对《德国民法典》所列举保护的生命、健康等人格利益的抽象,却认为它是对生命、健康等人格利益之外的其他全部人格利益的归纳。

法律对具体人格权的列举总是有限的,"一般人格权"只是一个被炮制出来的使人格权制度保持开放性的机制。"一般人格权的主要功能在于对于法律没有类型化为具体人格权的人格法益进行权衡救济,适应社会经济文化的发展,充分实现现代法律以人为本的价值。"②"人格权的实际利益在于它使对需要得到保护的各个条文中没有的人格利益和伴随着社会以及技术的发展变化而出现的新的人格利益的保护成为可能。"③因此,我国学者大多主张在人格权法中建立一般人格权制度,"一般人格权具有一般条款的性质,法律对一般人格权的规定将成为一种兜底条款,使各种人格利益都能得到保护,从而具有很强的包容性。这就能够为法院处理各种新的人格权纠纷提供法律依据,使人格权制度成为一个开放的体系"。④ 这确实是一个良好的初衷。唯一般人格权并非一个成功的制度创新,其负面效果已如上述。在达致"使人格权制度成为一开放体系"目的的方案中,"一般人格权"的创立显然只是下下策而已。

在保护人格权法列举的个别人格权以外的人格利益时,其实并非只有"权利"路径之一途。立法者完全可类如《瑞士民法典》第 28 条那样设置人格权的一般规定,即"人格权"本身即为母权,得衍生出各具体人格权,以此阻绝一般人格权产生的必要性。即使不作如斯选择,"法益"的路径也是比"一般人格权"这一"权利"路径更为妥适的选择,即在列举各种具体人格权之后,并不使用"一般人格权"的概念,而使用保护"其他人格法益"之类的概括表述。如 1999 年修正后的我国台湾地区"民法"即采取了此种模式。该法第 195 条规定:"不法侵害他人之身体、健康、名誉、自由、信用、隐私、贞操,或不法侵害其他人格法益而情节重大者,被害人虽非财产上之损害,亦得请求赔偿相当之金额。其名誉被侵害

---

① 冉克平:"一般人格权理论的反思与我国人格权立法",载《法学》2009 年第 8 期。

② 熊谞龙:"权利,抑或法益——一般人格权本质的再讨论",载《比较法研究》2005 年第 2 期。

③ [日]星野英一:"私法中的人",王闯译,载梁慧星主编:《为权利而斗争》,中国法制出版社 2000 年版,第 359 页。

④ 王利明:"论人格权的新发展",载《法商研究》2006 年第 5 期。

者，并得请求恢复名誉之适当处分。”该条并未使用“一般人格权”而是使用“其他人格法益”的概念，足堪保持人格权制度开放性的大任。

因此，在人格权的设定上采取法定主义，即使认为该模式有所僵化而必须加以克服，也可诉诸“设立人格权一般规定”的方式或“保护其他人格法益”的概念表述方式，大可不必采纳“一般人格权”这一制度。

三、人格权法定与侵权责任构成

人格权的设定不仅是人格权法内部至关重要的基础性问题，而且与侵权责任法，特别是其中的侵权构成模式、侵权责任法一般条款的设计具有密切关系。

从总体上而言，在大陆法系范围内，在侵权责任的构成上存在着限定性与非限定性两种不同的立法模式。侵权构成的限定性，也称为侵权构成的封闭性，是指明确限定受侵权法保护范围的侵权构成，亦称为限定性原则下的侵权构成；①而侵权构成的非限定性，也称为侵权构成的开放性，则是指不限制侵权法保护利益范围的侵权构成。

1. 法国法。法国民法堪称实行侵权构成非限定性的典范。《法国民法典》第1382条规定：“人的任何行为给他人造成损害时，因其过错致该行为发生之人应当赔偿损害。”由此可见，该条在侵权构成上关注的只是行为人主观上是否有过错、客观上是否造成了损害（以及过错与损害之间是否存在因果关系），并不限制受侵权法保护的利益的范围。“《法国民法典》第1382条对受害人因他人行为遭受损害时的保护并未设不同之条款，无须区分受害人之损害是因权利还是因权利之外的法益遭受侵害所造成的结果，也因此，法国法的一般侵权行为法之立法模式被称为一般条款模式。”②

此种立法模式的优势在于，侵权构成具有了开放性的特征，法官对某种加害行为是否构成侵权行为具有广泛的自由裁量权，这为新兴的财产利益和人格利益的法律保护提供了契机，能够很好地适应社会发展的需要。而且，由于此种模式注重法官在司法中的积极作用，因此可以避免民主立法过程中出现的利益保护不均衡的现象，节省立法成本。

当然，此种非限定性的侵权构成也存在不足之处：首先，《法国民法典》第1382条在权衡民事权益保护与行为自由维护两级价值之间有失偏颇。该条并

① 姜战军：“侵权构成的非限定性与限定性及其价值”，载《法学研究》2006年第5期。

② 王泽鉴著：《侵权行为法》（第1册），中国政法大学出版社2001年版，第40～47页。

不强调造成损害的侵权行为侵害的是何种权利、此种权利是否有法律明文规定，只要行为人有过错，就应承担责任，因此，“法国侵权责任法的显著特点在于，非常重视保护受害人的利益，赔偿受害人的损失成为侵权责任法的主要考虑”。[①]然而，从其他方面来看，“《法国民法典》把门开得太大”，其对行为自由的维护不足，[②]法律保护的利益范围无限扩大，必定为行为人设定了过于宽泛的禁区。因此，过错责任的采行虽然旨在保护行为自由，但行为人难免还是会有动辄得咎之忧。

其次，由于立法者并没有给出解决具体问题的规则，此种一般条款难以作为可资适用的法律规则，从而较依赖于司法者来处理当事人之间的利益纠纷。这可能导致司法自由裁量权的极度膨胀，从而使侵权构成非限定性试图实现的个别正义价值化为泡影，并导致新的更大的不公正。

因此，采行侵权构成非限定性模式的立法就面临着如何找出一个适当的规则以限制过于宽泛的侵权责任的问题。诚如王泽鉴教授所言：“此项基于自然法理念而创设的一般原则，其所保护的客体不区别权利与利益，其主要问题在于如何认定其应受保护的权益，尤其是纯粹经济上的损失，系法国法院的重要任务，200 年来，长期的解释适用产生了丰富的案例，使法国侵权行为法具有浓厚的案例法的性质。”[③]

2. 德国法。德国民法则堪称实行侵权构成限定性的典范。《德国民法典》第 823 条规定：“(1)故意或有过失地不法侵害他人的生命、身体、健康、自由、所有权或其他权利的人，负有向该他人赔偿因此而发生的损害的义务。(2)违反以保护他人为目的的法律的人，负有同样的义务……”其第 826 条规定：“以违反善良风俗的方式，故意地加害于他人的人，负有向该他人赔偿损害的义务。”这两条规定列举了“故意或有过失地不法侵害他人的生命、身体、健康、自由、所有权或其他权利”(侵害权利)、“违反以保护他人为目的的法律”(违反管制规范)与“以违反善良风俗的方式，故意地加害于他人”(违反社会规范)三种不同的侵权行为类型，它们分别构成了三个独立的诉因或请求权基础。其中，第一种所保护的对象限于法律已明文规定的“绝对权利”；第二种保护的对象为受到其他法律明确保护的利益；第三种保护的对象则是被以违反善良风俗方式的行为

① 石佳友：“当代侵权责任法的挑战及其应对——‘侵权责任法改革国际论坛’综述”，载《法律适用》2008 年第 8 期。

② ［德］克雷斯蒂安·冯·巴尔著：《欧洲比较侵权行为法》(上卷)，张新宝译，法律出版社 2004 年版，第 22 页。

③ 王泽鉴著：《侵权行为》，北京大学出版社 2009 年版，第 68 页。

侵害的利益。相较于采取非限定性侵权构成的法国法,德国侵权责任法对行为的评价除了"过错"之外尚有"违法性"要件,原则上只对被过错侵权侵害的特定权利与利益加以救济,即只对受到损害的绝对权利、受到其他法律明确保护的利益和违背公序良俗受到侵害的利益认定侵权责任的存在。

此种立法固然注重对加害人行为自由的维护,但却使德国侵权法存在对潜在受害人提供的救济不充分的问题。"《德国民法典》的优点在于为法律提供较为精确的构成要件,缺点则在于其保护的权利的范围较狭。"[①]对此,德国法学系的学者也指出,其侵权责任法立法模式存在以下错误:其一,立法中遗漏了对个人的荣誉、名誉和隐私的保护;其二,没有为司法部门在纯粹经济损失领域作出独立判决划定范围;其三,德国法上关于任何侵犯绝对权的行为均应被视为侵权("行为表明了侵权性")的主张,在没有直接因果关系即不作为之情形下也遇到了困难。质言之,无论断言侵犯权利必然侵权,还是编织一张细密的保护性"规定"之网(《德国民法典》第823条第2款连同《德国民法典施行法》第2条),都是不正确的。[②] 因此,在侵权构成限定主义模式下,人们考虑的是如何找到严格恰当的标准拓宽侵权法所保护的权利范围,把更多的权利置于其保护之下的问题。[③]

正是基于这一缘由,德国在理论与实务上发明了"一般人格权",以此来治愈《德国民法典》第826条过于刚性的弊病,实现对社会生活中次第涌现的新型人格权的周全保护。

3. 日本法。在2005年《日本民法典》修改前,其第709条规定:"因故意或过失侵害他人之权利时,负因此而产生损害的赔偿责任。"该条规定明示侵权法的保护客体仅为权利,因此也是典型的采取限定性侵权构成的立法。该法典起草者通过此条将一般侵权行为法的保护客体局限于法律明文规定的权利,其目的在于保护自由竞争。

由于将侵权法的保护对象限制为"权利",使法定权利以外的利益难获救济,有失狭窄,日本司法实践中遂出现了"相关关联理论",以扩大对"权利"的解释,满足扩大侵权行为法保护客体的需要,实现"由个人人本的思想进入损害公

---

① 王泽鉴著:《侵权行为》,北京大学出版社2009年版,第68页。

② [德]克雷斯蒂安·冯·巴尔著:《欧洲比较侵权行为法》(上卷),张新宝译,法律出版社2004年版,第23页。

③ 白飞鹏:"论我国侵权法一般条款的立法模式——从一般条款对法益的保护考察",载《河南师范大学学报》2002年第1期。

平妥当的负担分配，以实现侵权构成要件上，从权利侵害到违法性的转移”。[①]随着1925年大审院“大学汤”（一个尚不能被认为是权利的老字号）事件判决的出台，通说对《日本民法典》第709条解释为，权利受侵害只是行为违法性的表现，其他具有违法性的行为造成他人损害时仍应当承担责任。[②] 在2005年《日本民法典》修改前，日本最高法院在对其第709条进行解释时就认为，该条中的“权利的侵害”与《法国民法典》第1382条一样，包括了广泛的法律上应受保护的利益，因此，不存在作为认定损害赔偿的前提而承认一般人格权的实益。[③]

2005年上述条文被修改为：“因为故意或者过失侵害他人权利或者受法律保护的利益的人，对于因此所发生的损害负赔偿责任。”日本由此开始实行侵权构成的非限定性模式。此种侵权构成模式的变动使立法上承认一般人格权的实益彻底荡然无存。

4. 荷兰法。1992年《荷兰民法典》第6:162条之一规定：“一个人对他人实施可归责于他的侵权行为，必须对该行为给他人造成的后果予以赔偿。”第6:162条之二规定：“除非有理由证明其为正当的，否则下列行为被认定为侵权：侵犯权利，或者以作为或者不作为方式违反法定义务，或者违反关于适当社会生活的不成文规则。”其在侵权责任的构成上亦采用非限定性模式。一般人格权在荷兰法上无由存在。

5. 中国法。我国《民法通则》第106条规定：“公民、法人由于过错侵害国家的、集体的财产，侵害他人财产、人身的，应当承担民事责任。没有过错，但法律规定应当承担民事责任的，应当承担民事责任。”这是我国有关一般侵权行为的概括性规定。该条将一般侵权行为法所保护的客体界定为“财产”、“人身”而非“财产权”、“人身权”。虽然这一做法似乎是有意为之，因为在1986年2月的《民法通则》草案（修订稿）第104条第2款中，原本的规定是“财产、人身权利”，最终通过时删去了“权利”二字，[④]但由于立法理由书的欠缺，难以直接断言立法者的此种做法在于强调权利和其他合法利益的不同。不过，即使立法者无意识为之，此种立法在客观上毕竟为我国侵权法既保护权利也保护利益大开方便之门。

2001年最高人民法院《关于确定民事侵权精神损害赔偿责任若干问题的解

---

① 王泽鉴著：《侵权行为法》（第1册），中国政法大学出版社2001年版，第73页。

② 于敏著：《日本侵权行为法》，法律出版社1998年版，第138～146页。

③ ［日］星野英一：“私法中的人——以民法财产法为中心”，王闯译，载梁慧星主编：《民商法论丛》（第8卷），法律出版社1997年版，第181页。

④ 王利明著：《侵权行为法归责原则研究》，中国政法大学出版社1992年版，第367页。

释》第1条规定:"自然人因下列人格权利遭受非法侵害,向人民法院起诉请求赔偿精神损害的,人民法院应当依法予以受理:(一)生命权、健康权、身体权;(二)姓名权、肖像权、名誉权、荣誉权;(三)人格尊严权、人身自由权。违反社会公共利益、社会公德侵害他人隐私或者其他人格利益,受害人以侵权为由向人民法院起诉请求赔偿精神损害的,人民法院应当依法予以受理。"在该条中,解释者明确承认对"人格权利"与"其他人格利益"均应予以保护,仅在保护的力度上有所差异,即对"其他人格利益"的保护,额外要求侵害人须以"违反社会公共利益、社会公德"的方式进行。

我国《侵权责任法》第2条第1款规定:"侵害民事权益,应当依照本法承担侵权责任。"其第6条规定:"行为人因过错侵害他人民事权益,应当承担侵权责任。根据法律规定推定行为人有过错,行为人不能证明自己没有过错的,应当承担侵权责任。"这两条都使用了"民事权益"的概念,民事立法者借此表明了保护权利与利益(法益)的意旨。该法第2条还使用了"等人身、财产权益"的表述,这被普遍认为是一个兜底条款。由此可见,《侵权责任法》第2条所作的列举只是对典型的民事权利的列举,而此外随着社会发展而不断出现的非典型的权利与利益,均可据此纳入侵权责任法的保护范围。

"只有在类型化的侵权行为法的结构之下,才存在所谓的'兜底'问题。在采取大的一般条款的侵权行为法结构中,本来就不存在'兜底'保护的必要性。"①由于我国的侵权责任法对侵权责任的构成采取了非限定性的模式,因此,即使人格权的设定是封闭的,即不仅采取法定主义,而且人格权法不设置有关人格保护的一般规定,或者在列举了诸项具体人格权后不设置有关保护"其他人格利益"的概括性规定,这也不能阻止民事法官依据侵权责任法将社会生活中一些应受保护的利益吁求确认为人格权并加以保护。②

---

① 薛军:"揭开'一般人格权'的面纱——兼论比较法研究中的'体系意识'",载《比较法研究》2008年第5期。

② 我国有学者指出,侵权法上的权利应该是外延明确的权利,排除一般人格权、营业权等框架性权利。我国法律没有采纳德国法的"三个小一般条款"的路径,也不要求对利益的侵害必须有故意,故不存在过失侵害利益情况下的法律保护空白,因而没有必要创设这种外延模糊的框架性权利。即使在德国,对于框架性权利也不适用权利侵害推定违法性的规则,框架性权利被称为"权利"实在相当勉强,完全是为了治愈《德国民法典》第826条过于刚性的弊端。因而框架性权利完全可以归入利益,不必权利化。参见龙俊:"权益侵害之要件化",载《法学研究》2010年第4期。

四、人格权法定与人格权的性质

人格权的属性为何？它究竟为自然权利抑或法定权利？对人格权属性的认识与对人格权设定模式所持立场具有密切关系。我国有学者认为人格权为自然权利，反对将人格权定性为法定权利；亦有学者认为人格权是法定权利，非属自然权利。一般而言，人格权自然权利论者在人格权的设定上采取“非”法定主义的立场，而人格权法定权利论者在人格权的设定上采取法定主义立场。

自然权利的定性当然深具重要意义。自然权利论有助于提升人格权的神圣性与尊崇性，自然权利的定性使民事法官在判断是否要将某类新兴的与人格有关的利益确认为人格权从而对其提供法律上的保护时更容易作出予以保护的裁判，进而减轻裁量中的思维负担。但是，自然权利只是为法律保护人格权提供了一种正当性理据，在人格权法定保护的其他理据不尽如人意时，承认人格权的自然权利性质为人格权法律层面的保护奠定了一个相对而言更牢固的基础，承认人格权的自然权利性质为人格权烙上了耀眼的光环。然而，断不可据此认为人格权为自然权利就万事大吉了。如同在论证物权的过程中，物权常常也被认为属于自然权利，但无人会踯躅于进一步承认物权的法定性。将人格权定性为自然权利或天赋人权后，如果完全否认其与“法”的联系，即不诉诸立法与司法，人格权在社会生活中将完全不可能获得保护。要使人格权获得确实保障，仅高调地宣扬其是人生而就具有的权利或人作为人就应享有的权利，是远远不够的。只有将伦理上的正当性已获承认的人格权进一步在民法中加以确认并予以保护，人格权才真正有价值。“如果应有权利不能转化为现有权利，缺乏制度化、规范化的形态，那么就会妨碍应有权利自身的现实化，妨碍人的价值的充分实现。”①

或许有人会认为，自然权利与法定权利并无冲突，认为人格权是自然权利，等于也认为其是法定权利。承认人格权为自然权利也就意味着法律要保护该权利。而实际上，自然权利与法定权利之间存在巨大的鸿沟。在我们的社会中，主体的某些利益吁求具有充分的正当性，甚至完全可被定位为自然权利，但它却不一定能被法律所承认，从而上升为法定权利。其原因在于：其一，法定权利的存在虽以道德、利益、义务等各种观念为基础，但并非所有得到称许的道德方面的

① 公丕祥著：《法哲学与法制现代化》，南京师范大学出版社1998年版，第248～249页。

要求都能被认定为法定权利,并非每种利益都得到法定权利的保护,也并非每一义务都有特定的法定权利与其相对应。[①] 其二,有的道德权利因不具有公开性与对抗第三人的效力,因而不具有转化为法律所保护的权利的可能性。因此,承认人格权为自然权利虽然重要,但还远远不够。

英国学者鲍桑葵认为,在权利为社会承认的基础上,主张权利还需靠法律的维护,并指出,"任何一种权利,既与法律有关又与道德有关。它是能够靠法律来维护的一种要求,而任何规范都不能这样做","权利就是道德社会承认并由国家加以维护的要求"。[②] 德沃金指出:"在建构我们的法律原则以使其反映我们的道德原则的过程中,我们创造了权利。权利即来源于政治道德原则的法律原则。"[③]总体上而言,我们社会中所存在的重要权利,同时具有道德之维与法律之维。人格权也应作如是观。人格权既是一项自然权利,也是一项法定权利,此种看似中庸的观点诚有必要。否认两者中任一属性的理论都是片面的。

在确认人格权的自然权利性质的同时承认其法定权利性的优越性还表现在:其一,仅将人格权定位为自然权利,可能会降低法官的论证义务,加剧裁判的主观性,法官可能会在民法上概括条款的名义下宽泛设定人格权,进而侵害权利相对人的行为自由。若说对人的尊严的尊重与人格自由的发展乃是建构民法体系的基本价值立足点,则人格权制度设计的首要目标就是保障人的行为自由。当由于赋予一方权利从而限制另一方行为自由时,"拥有权利就必然包含拥有对限制他人自由以及决定他人应该如何做的道德证明"。[④] 对法定权利而言,民事立法者在规定法定权利时,要对相关主体的利益进行权衡,借民主程序此种证明可谓已达充分程度。其二,自然权利不具有公开性与确定性,而当自然权利被立法承认即转化为法定权利后,由于法定权利具有公示性,社会中每一个人都可以很方便地主张自己享有此种权利,也无须到处去标榜自己拥有这样的权利,而且由于法定权利蕴涵着人们业已达成的共识,因此,主张权利者无须再征求他人意见。

(2011年第8期)

---

① [英]戴维·沃克主编:《牛津法律大辞典》,邓正来译,光明日报出版社1987年版,第774页。

② [英]鲍桑葵著:《关于国家的哲学理论》,汪淑钧译,商务印书馆1995年版,第206~207页。

③ [美]罗纳德·德沃金著:《认真对待权利》,信春鹰、吴玉章译,中国大百科全书出版社1999年版,中文版序言,第21页。

④ [美]哈特:"是否存在自然权利",张志铭译,载夏勇主编:《公法》(第1卷),法律出版社1999年版,第371页。

【栏目】 票据法修改的法律思考

【编者按】 我国《票据法》于1995年5月颁布,并于2004年8月进行了微小的修改。近年来,虽然我国的票据制度不断地得以完善,但不可否认的是,我国的票据法规范与先进国家或地区的票据法规范之间仍存在明显差距。其主要表现在以下两个方面:一是《票据法》对于票据流通性的限制,二是《票据法》的制度性规定显然多于技术性规定。究其原因在于我国票据法制定之时,市场经济尚处于初级阶段,促使票据机能多样化的基础条件尚未形成。而随着票据法实施十几年来我国经济的飞速发展、法制环境的持续改善,客观上亟待《票据法》根据实践需要进行与时俱进的修改。鉴于我国票据法修改的议题涉及面广,我刊编辑部特围绕票据法中的几个基本问题组织了一组笔谈,从票据签章、票据金额、票据无因性、票据利益返还请求权、票据付款人权利义务、空头支票的成因与防范等诸多角度对票据法的相关修改建言献策。

我国票据法签章规则的修改

董惠江*

签章作为票据行为不可或缺的要件,是在票据上表明票据行为人姓名或名称的行为。日本学者将票据之所以需要签章多表述为两个理由:第一,客观上的理由是为识别票据行为人的同一性,即通过票据上的署名确认票据行为人是谁;第二,主观上的理由是因为票据债务和其他基于一般法律行为所产生的债务相比对债务人的加重义务,使得票据行为人自觉地对署名行为要更加充分考虑和慎重行事。① 在笔者看来,票据签章的最大目的和作用是确认票据行为的主体,即通过对票据上签章所表现出来的名义人和票据行为人的同

* 作者单位:黑龙江大学民商法研究中心。

本文为人力资源和社会保障部2009年度留学人员科技优先项目的阶段成果。

① [日]田边光政著:《最新票据法支票法》(第4次修订版),中央经济社2005年版,第51页;[日]丹羽重博著:《票据·支票法概论》(第3版),法学书院2007年版,第63页。

一性确认，确定票据债务的承担者。那么，能否通过签章来判断签章名义人和票据行为人具有同一性，就是票据法选择签章形式和认定签章是否有效的核心标准。

我国《票据法》第7条第1款规定，票据上的签章为签名、盖章或者签名加盖章。签名仍是世界各国票据法上普遍采用的署名形式，但由于受汉语言文化影响的东亚国家一直保留着使用印章的习惯，所以日本在参加日内瓦统一票据法会议时，将记名捺印（记名加按捺印章）当做和签名对等的署名方法作为保留条款提出，并获得了会议的承认。[①] 由此可以看出，票据立法固然要考虑国际统一性，但关于签章的形式属于可以尊重各国习惯的内容。我国票据法的上述规定考虑了我国在各类交易中使用名章、公章的习惯，同时也考虑了票据个性的要求，比如按捺指印等民事习惯无法满足票据的文义性要求，其无法用来判断签章名义人和票据行为人具有同一性，故不再作为签章的形式。[②] 所以，我国票据法对票据签章形式的选择具有其合理性和正当性。

一、自然人签名的效力认定

签名是票据行为人（单指自然人）自己将姓名亲笔手书于票据上的行为。我国《票据法》第7条第3款规定："在票据上的签名，应当为该当事人的本名。"《票据管理实施办法》第16条把"本名"解释为"符合法律、行政法规以及国家有关规定的身份证件上的姓名"。可见我国现行票据法律法规强调票据的签名限于当事人本名。

我国现阶段将票据签名限于本名，是考虑了我国票据历史短、社会信用基础薄弱等社会现实，采用本名有利于简化票据行为和防止他人虚构签名或者冒用签名而为票据诈骗，但票据签章的功能主要是确认签章人，只承认本名的签名效力，同样会出现行为人故意不使用本名来逃避票据责任的现象，并且对于出票行为而言，即使出票人疏忽而未签本名，也会导致票据无效而使已经形成的票据流通遭到破坏。否定笔名、艺名等可以作为票据签名而坚持本名原则的主张，主要是基于自然人本名的稳定、可靠，变更有登记要求等事实而担心其他签名形式在

① ［日］田边光政著：《最新票据支票法》（第4次修订版），中央经济社2005年版，第51~52页。

② 我国台湾地区曾对在票据上按捺指印是否有效产生争议，其有效性被法院判决所否定。参见王志诚著：《票据法》，台湾元照出版有限公司2007年版，第114页。

认定签章名义人和票据行为人同一性上的难度会加大,[1]但从签名的客观功能来说,什么样的签名应被认可为具有票据上的效力,应该坚持的标准是该签名形式是否具有认定签章名义人和票据行为人同一性的效果。就票据行为而言,因为票据是流通证券,为票据流通考虑,票据行为、票据上的记载要以客观解释为原则,其解释标准应依社会的通常观念(一般交易观念、社会的习惯)作合理的判断。[2] 事实上,笔名、艺名等作为票据签名在认定签章名义人和票据行为人同一性上未必就比本名难度更大,一些著名作家、艺术家的本名较其笔名、艺名更容易被忽略而丧失了认定同一性的功能。当某本名之外的签名按通常的观念当然地被理解为与某人具有同一性时,否定这些签名效力的理由既是不切实际的想象,也是违反票据签章效力认定的本质标准的。

《美国统一商法典》甚至允许用任何字样或标志来代替签名,[3]而《联合国国际汇票与国际本票公约》作为票据法两大法系进一步融合的成果,其第5条第11项规定:"'签字'是指手书签字、其真迹电报或任何其他方式作出的相同认证。"这与美国相关规定的不同是其强调手书签字、真迹电报以外的"任何其他方式"要作出相同的认证,也视为有效签名,其意思包含了个案的认证过程,应该说代表了票据签名问题的立法趋势。这也表明在修改我国票据法相关条款的时候,不必一概地认为艺名、笔名等签名形式有无票据签名的效力,只要能够认定名义人与本人的签名形式具有同一性的即为有效,反之则无效。另外,从票据法适用或以理论解释适用的角度而言,则是将这种抽象运用于个案,具体判断检验某种签名形式是否具有法律效力。因此,根据成文法的立法规律和立法技术,票据签名采日内瓦法系国家的抽象标准即可,无须列举也不必限制自然人签名的形式,具体个案应以能够确认签章名义人和票据行为人之间具有同一性来肯定其效力。成文法立法不可能也没必要完全占据法律适用的解释空间,如是,诸如签名仅写了姓或名,或者姓名只有微不足道的误写,以及使用他人名义表示自己的签名等自然人非正常签名,都可以按照上述原则得到解决。另外,下位法如《支付结算办法》等规定开户人必须使用本名之类的限缩性规定,仍不违反立法

① 董葆莉:"中国有关票据签章形式规定中存在的问题初探",载《经济与管理》2005年第7期。

② [日]川村正幸著:《票据法·支票法》,新世社2005年版,第46页。另有日本学者将"社会的通常观念"表述为"社会通念",参见[日]河本一郎、田边光政著:《票据支票法辞典》,中央经济社1989年版,第12页。

③ 《美国统一商法典》第3-401条第2项规定:"签名得用任何名字签署,包括任何商号或化名,或用任何字样或标志以替代手签。"

规律。

二、法人或其他团体票据签章的法理

我国《票据法》第7条第2款规定:“法人和其他使用票据的单位①在票据上签章,为该法人或者该单位的盖章加其法定代表人或者其授权的代理人的签章。”据此,我国《票据管理实施办法》和《支付结算办法》又按照票据的不同类别,对法人的签章作了更详细的规定。早期的教科书大多是对这一规定的客观介绍或严格文义解释。② 即在我国,法人的签章是要求法人单位章和法定代表人或者其授权的代理人的签章同时签盖。但学者们对这种规定越来越提出质疑,主要集中在对法人签章的非规范形态的效力认定上,认为应该在最大限度上解释为有效。③

关于法人的签章,各国的规定大致可以分为两类。一类是在票据法中明确规定法人签章的具体要求,如按《美国统一商法典》第3-403条的规定,法人授权代表人签名时,适用代理人签名的法理,应显示代表人(代理人)的姓名、代表关系(代理关系)、被代表人(被代理人)的名称(姓名)三项内容,否则不成立法人签名。《英国票据法》第26条第1项、《联合国国际汇票与国际本票公约》第36条第3项的规定也是如此。另一类是在票据法上并不特别规定法人的签章方式,而交由法官去解释适用。日内瓦法系国家采此种立法。

进一步的问题是英美票据法为什么以代理人签名的法理规定法人的签名,日内瓦法系国家又如何解释法人的票据签章方式,这恐怕都与关于法人本质的“拟制说”与“实在说”密切相关。按照拟制说,由于法人不具有意思属性,因此其参与法律活动,必须由根据组织法任命的一个或数个自然人来代表。④ 而实在说认为,法人的机构不是外部陌生人,而是法人组织的本质部分,并且与法人的关系是一体的关系,而不是代表或代理的关系。⑤ 所以,一般被认为采拟制说

---

① 我国《票据法》规定的“其他票据使用单位”是指法人之外的非法人组织,包括合伙、个体户等。为行文方便,也是限于篇幅,下文只以法人为代表展开。

② 赵新华著:《票据法》,吉林大学出版社1996年版,第55页;刘家琛著:《票据法原理与法律适用》,人民法院出版社1996年版,第70页。

③ 赵燕芬:“票据签章各种形式的有效性探讨”,载《宁波大学学报》(人文科学版)2006年第2期。

④ [德]博伊庭:“德国公司法中的代表理论”,邵建东译,载梁慧星主编:《民商法论丛》(第13卷),法律出版社2000年版,第532页。

⑤ 龙卫球著:《民法总论》(第2版),中国法制出版社2002年版,第326页。

的日内瓦法学系国家认为法人票据签章同样需要满足上述三个条件，如日本早期的判例和通说即是如此。① 本文无意以大陆法系传统的法人本质理论去分析英美法上的法人签名制度，但人类文明的共通性至少可以说英美票据法上的规定与拟制说是一种暗合。

但是，我国《民法通则》第36条直接规定法人具有民事行为能力，这说明法人自身即实在体，票据上仅有法人章，没有理由否定其效力。比如根据我国《合同法》第32条的规定，只有法人的单位章合同也是成立的。在《票据法》之前，《民法通则》已实施多年，法人行为只有法人章按社会通念是被认为有效的，我国票据法关于法人签章的规定既不合于民法规定的法人本质，也是违背认定票据签章有效标准原理的。从实际效果来看，票据制度在我国本来就普及得不好，行为人习惯了民法上的思维，票据法上的现行规定只会徒增法人签章的票据效力纠纷。所以，认定法人签章的效力问题还是应该坚持同一性标准。日本后来以票据代行来解释仅有法人章的票据签章的有效性，就是重新回到了同一性标准上来。

在中国，当票据上只有法定代表人或者其授权的代理人的签章，该签章的效力又如何呢？诚如前述，此时不能像只有法人章那样简单地判断为有效无效，因为作为自然人的法定代表人和其授权的代理人，同时是作为自然人主体存在的。因此，根据《民法通则》第43条和《最高人民法院关于贯彻〈民法通则〉若干问题的意见》（试行）第58条的规定精神，法人对其法定代表人和其授权的代理人的行为负责，要求外观条件须“以法人的名义”。所以，前述学者区分能否从票据的其他记载中，确认该签章是代表法人所为来判断该签章是对行为人个人有效，还是对法人有效，不但有法律上的根据，也把握住了问题的关键。另外，坚持票据签章的同一性标准，诸如在票据上以简称表示法人名称等签章方式的法律效力问题也都可以得到解决。

（2011年第9期）

---

① ［日］川村正幸著：《票据法·支票法》，新世社2005年版，第50页；王志诚著：《票据法》，台湾元照出版有限公司2007年版，第114页。

《票据法》上票据金额记载规定的立法完善

赵新华*

票据为严格要式证券,其记载事项均由法律明确加以规定。我国《票据法》第22条第1款规定,汇票在出票时必须记载"确定的金额",此即为票据金额记载的规定。《票据法》第75条第1款、第84条第1款就本票与支票也作出了相同的规定。此外,《票据法》第8条规定:"票据金额以中文大写和数码同时记载,二者必须一致,二者不一致的,票据无效。"此应属于票据金额记载的方式及判断标准的规定。就该条前段规定来说,并无特别的问题,但该条后段规定却存在诸多问题,在《票据法》修改时,应予以特别注意与研究。

有票据的使用即有票据的记载,而有票据的记载即有票据金额的记载,因而,票据金额记载的方式及其判断标准,也有其固有习惯与立法传承。从我国票据使用的历史沿革来看,尽管在我国现行《票据法》通过并实施之前并没有典型规范的票据,但在银行结算办法中却始终存在着支票与银行汇票,而对于票据金额的记载采取以大写为准的做法乃是我国长期以来通行的习惯,无论是在银行业务处理上还是在法院审判实践中,无不遵循以大写金额为准的做法。中国人民银行1987年9月2日发出的《关于认定和兑付大小写金额不一致凭证问题的复函》中明确提出"如储户手持的银行存单上大写与小写金额不一致,经确认没有涂改,但又无法弄清事实,在此情况下,如果大写金额大于小写金额,则按大写金额兑付;如果小写金额大于大写金额,就应按小写金额兑付"的原则。尽管该复函所解决的是存单问题而不是票据问题,但可以说明有关金融凭证上金额大小写不一致即被认为无效这一做法并非我国固有的特别传统,作为一般原则仍应以大写金额为准。

票据金额以大写为准的原则,在有关票据法规范中已有明确表现。作为中国人民银行认可的、以地方政府行政规章形式先行试行的票据立法——1988年《上海市票据暂行规定》第11条规定:"票据金额应当以文字大写和阿拉伯数字同时记载。两数不符时,以文字大写金额为准。"而1994年12月全国人大法工委发出的《中华人民共和国票据法(草案)》征求意见稿第7条曾拟定:"票据金

* 作者单位:吉林大学法学院。

额以中文大写数字和阿拉伯数字同时记载；二者不一致的，以中文大写数字金额为准。”但最终审议通过的《票据法》将该草案中的第7条改为第8条，且后段内容改为现行的“二者必须一致，二者不一致的，票据无效”的规定。至于其变更之原委，在全国人大法律委员会《关于〈中华人民共和国票据法〉审议结果的报告》中并未提及，全国人大常委会法制工作委员会经济法室编著的《中华人民共和国票据法实用问答》对此也未置一词，[①]不免令人疑惑。推测立法者的意图，可能是出于力图避免当事人之间发生无谓的纷争，同时也使银行在接受票据时便于划一处理的考虑。

如前所述，在以中文大写和数码同时记载的票据金额出现差异时，存在两个不同的判断和处理原则，一个是“二者不一致时以大写为准”，另一个则是“二者不一致时票据无效”。前者是我国在处理包括票据在内的有关金融凭证上数额大小写不一致时的习惯做法，而后者则是由《票据法》第8条所确立的原则。而对于《票据法》的该条规定，国内学者有不同意见。相当一部分学者认为，我国《票据法》第8条的规定，“其目的在于要求出票人于出票时谨慎行事，以免滋生纷争”，且“就票据实践来看，当中文大写和数码表示的金额不一致时，究竟哪一个所表彰的金额才是真正票据金额，当事人难于举证证明，以法律的形式明定其中一个为票据金额，也不合情理”，因此认为规定在二者不一致时票据无效“有其积极合理的一面”。[②]

不过，也有若干学者对此持有不同意见，认为这一原则规定“对于持票人来说……无任何变通、只要两种记载不一致即认定票据无效的做法，有些过于严厉”；[③]该规定“过于笼统，无法面对纷繁复杂的票据技术发展”，因而主张在票据金额大小写不一致时，“作为一项解释原则，可以确认其中任何一项单项记载的有效”。[④] 可以说，关于票据金额大小写不一致时，究竟应该是“以大写为准”抑或是“票据无效”的争论，非自今日始。

一、各国票据法上票据金额记载规定的一般考察

纵观域外票据立法，就票据金额记载的规定来看，通常表现为以下四个主要

① 全国人大常委会法制工作委员会经济法室编著：《中华人民共和国票据法实用问答》，中国商业出版社1995年版，第172页。

② 刘家琛主编：《票据法原理与法律适用》，人民法院出版社1996年版，第243页。

③ 赵新华著：《票据法论》（修订版），吉林大学出版社2007年版，第139页。

④ 郑孟状著：《票据法研究》，北京大学出版社1999年版，第52页、第54页。

规则:(1)可以自由使用文字与数字记载。(2)可以采用任意形式重复记载。(3)文字与数字重复记载时文字记载优先。(4)同一形式重复记载时较小数额优先。

在大多数国家的票据法上,包括日内瓦统一票据法体系的国家及英美票据法体系的国家,几乎都允许出票人自由使用文字与数字进行票据金额的记载,包括单一使用文字或者单一使用数字进行票据金额的记载,而不要求必须使用文字与数字同时记载。"票据金额得以文字或者数字记载,此为出票人的自由;两个记载中只要有任何一个,对于创造有效票据而言即为充分。"①作为票据金额记载的基本要求,仅在于其须为"确定之金额",至于其是使用数字进行记载,还是为防止金额的变造而使用文字或者使用压数机压印数字进行记载,在法律上均无特别限制。②我国台湾地区"票据法"上也规定记载票据金额之方法有文字(俗称"大写")及数码(俗称"小写")两种,可以自由使用。③ 而特别规定票据金额须以文字(中文大写)和数码同时记载的,在国际上似乎仅见于我国《票据法》之规定。

不过,各国票据法均允许出票人对票据金额进行重复记载,重复记载的目的乃在于使票据金额的变造更为困难,从而减少票据金额变造的风险。但此种重复记载并非"重叠记载",即不能将两个记载金额相加的总计金额作为票据金额,④而重复记载的两个相同金额之一的记载应无特别意义。⑤ 在票据实务上,对票据金额进行重复记载已经成为一种通行的习惯做法,但与我国《票据法》的规定不同的是,国外票据法并不强制规定出票人必须对票据金额进行重复记载,且亦不强制规定必须以文字与数字同时进行重复记载,而将是否进行重复记载、采用何种方式进行重复记载均委之于出票人自由选择。

在对票据金额进行重复记载时,如果重复记载为同一数额,如前所述,乃是以其中之一作为票据金额,而另一记载不过是一种防范措施,不妨碍票据金额的确定性。但如果重复记载的数额不一致,则发生票据金额无法确定的问题。对此,我国《票据法》采取了简单的处理措施,直接规定该票据无效,亦即不承认得依其中任何一项票据金额记载行使票据上请求权。这一做法固然简便易行,也

① [德]Wolfgang Zöllner 著:《ドイツ有価証券法》,[日]泉田荣一译,千仓书房 2002 年版,第 90 页。

② [日]河本一郎、田边光政编著:《手形小切手法小辞典》,中央经济社 1989 年版,第 192 页。

③ 我国台湾地区高点法学研究室编著:《票据法保险法海商法》,高点文化事业有限公司 1998 年版,第 24 页。

④ [日]铃木竹雄、前田庸著:《手形法小切手法》,有斐阁 1992 年版,第 186 页 。

⑤ [日]高窪利一监修著:《口语手形小切手法》,自由国民社 2003 年版,第 8 页。

给付款人设置了简洁明了的拒付理由，但对于持票人来说未免过于严苛，同时也可能在多个票据关系人之间引发更为复杂的问题。国外票据法均不采取认定票据无效的做法，而是区分不同情况，分别规定在重复记载的数额中某一数额记载为票据金额。

第一种情况是票据金额同时以文字与数字重复记载，这可以说是最经常采用的一种票据金额重复记载方式。在票据金额以文字与数字重复记载、二者所记载数额不一致时，各国票据法几乎均规定应以文字记载之票据金额为准，以文字表示之大写数字的效力优于以数码表示之小写数字。《日内瓦统一汇票本票法》第6条第1款、《联合国国际汇票与国际本票公约》第8条第1款、《美国统一商法典》第3－118条、《英国票据法》第9条第2款均作如上规定。之所以规定以文字记载之票据金额为准，乃是考虑到“以文字进行的记载要更为慎重且难于变造，因而，在数字与文字同时记载的场合，应以文字优先”；[①]此外，也是考虑到出票人在记载票据金额时，“以数字书写票据金额，比以文字书写更容易犯错误。”[②]应该说，以文字记载之票据金额为准，已经形成了国际性的统一处理原则，不过在这一原则之下，也有个别例外情形。例如，《美国统一商法典》在规定大写数字的效力优于小写数字的同时，在第3－118条但书规定：“如大写数字含混不清则以小写数字为准。”我国台湾地区“票据法”也规定票据上记载金额之文字与号码不符时以文字为准，但在判例解释上则认为，“若文字表示之金额有欠确切时，应参考数字所表示者，以确定其应付金额”。[③] 此外，澳大利亚票据法先前曾采用在票据金额记载大小写不一致时以大写金额为准的做法，但在其后修改票据法时放弃了这一做法，转而规定在票据金额记载大小写不一致时，以金额较小或最小的一个记载作为票据金额。[④] 这一做法与下述的第二种情况下所采取的做法有异曲同工之妙。

第二种情况是票据金额单纯以文字重复记载或者单纯以数字重复记载，这是不太经常采用的一种票据金额重复记载方式。在票据金额单纯以文字重复记载或者单纯以数字重复记载，而重复记载的数额不一致时，各国票据法通常规定应以金额最小的记载数额为票据金额。《日内瓦统一汇票本票法》第6条第2款作如上规定，而属于该票据法体系的各国票据法当然均采用此种做法；此外，《联合国国际汇票与国际本票公约》第8条第2款亦作同样规定。之所以规定票

① ［日］田边光政著：《最新手形小切手法》，中央经济社2007年版，第37页。

② 郑孟状著：《票据法研究》，北京大学出版社1999年版，第53页。

③ 施文森著：《票据法论》，台湾三民书局股份有限公司2005年版，第129页。

④ 郑孟状著：《票据法研究》，北京大学出版社1999年版，第52页、第54页。

据金额单纯以文字或者数字重复记载，二者不一致时以金额最小的记载数额为票据金额，乃是考虑到在单纯以文字或者数字对票据金额进行重复记载时，在数额不一致的两个记载"相互之间，不可能设想变造为较小金额，因而要以较小金额一方优先"。① 不过，由于前述的票据金额重复记载方式在各国的票据实务中并不多见，因而除了《日内瓦统一汇票本票法》及《联合国国际汇票与国际本票公约》对此作出明确规定外，英美法系各国票据法以及我国台湾地区"票据法"对此均未作特别规定。我国对于票据金额的记载，习惯上长期以中文大写与阿拉伯数字同时记载，且在《票据法》上亦明确加以规定，因而在票据实务中不存在前述的重复记载方式，对此无须多加探讨。

二、在票据金额记载规定上的两种不同理念

从前述对各国票据法关于在以文字(大写)和数码同时记载的票据金额出现差异时处理办法的考察中可以看出，各国票据法的处理原则通常采取的是"二者不一致时以大写为准"，而不认定为票据无效，这几乎已成国际通例，即使偶有例外(如澳大利亚票据法规定)，其最终结论也仍然认定票据有效而不是票据无效；与此相反，我国《票据法》的处理原则与各国票据法的处理原则相悖，独自采取了"二者不一致时票据无效"的做法。这两种处理原则，实质上反映出就票据金额记载的规定问题有着两种截然不同的理念。

就票据法的基本理念而言，票据法的根本宗旨乃在于保护持票人亦即票据权利人的权利，即实行所谓"动态保护"原则，这与一般民法上对权利人所奉行的"静态保护"原则是完全不同的。因而在票据法上，对于票据无效的认定应当是极为谨慎的，不能轻易地认定票据无效，而是尽可能地对票据无效予以"挽救"，使其起死回生。② 在票据金额记载大小写有差异的情况下立即认定该票据无效，可能暂时避免了当事人之间的纷争，但对于票据权利人来说则是极为不利的。在不存在其他抗辩事由的情况下，票据付款人仅以票据金额记载大小写不符为由简单地认定票据无效从而完全否定票据权利人的权利行使，从衡平的观点来看其相当有失偏颇。因为在此种情况下，票据权利人的权利行使应当是确定的，仅仅是其行使权利的大小问题；而对于票据义务人而言，其义务的履行也

① 田边光政著:《最新手形小切手法》，中央经济社 2007 年版，第 37 页。

② [日]河本一郎、田边光政编著:《手形小切手法小辞典》，中央经济社 1989 年版，第 192 页；[日]高窪利一监修著:《口语手形小切手法》，自由国民社 2003 年版，第 33 页。

应当是确定的,也仅仅是其履行义务的大小问题。但若采取认定票据无效的原则,则票据权利人本应能够行使的权利一概均不能行使,票据义务人本应履行的义务也一概被予以免除,这显然是不公平的。在此种情况下,合理的处理方法应当是首先确认票据权利人能够行使权利,票据义务人也必须履行义务;其次则是对票据权利人所能行使的权利给出一个尽可能合理的标准。基于这样一种理念,国外票据法首先确认票据有效,亦即确认票据当事人之间的权利义务关系成立;其次则采取"以文字(大写)记载为准"以及"以最小金额为准"的标准,确定票据权利人得行使票据权利的数额。在这一理念之下,可以使票据权利人获得最大限度的票据法上的救济,同时也使票据法上的这一简单而迅速的法律救济途径之作用发挥到极致。与此不同的是,我国《票据法》现行规定所奉行的理念,既不是票据法上的动态保护,也不是一般民法上的静态保护,而带有强烈的计划经济体制下的严格管理理念,既不考虑票据权利人的权利行使,也不考虑票据义务人的义务履行,只是一味地"要求出票人于出票时谨慎行事,以免滋生纷争"。① 而为贯彻这一理念,并给认定票据无效的做法作注脚,学者还提出"当中文大写和数码表示的金额不一致时,究竟哪一个所表彰的金额才是真正的票据金额,当事人难于举证证明"这一现实可能的困扰以为佐证。② 实际上,票据法上对票据金额大小写不一致时以大写为准的规定,从票据法的外观解释原则来说,"当然为强行规定,不能举出反证进行抗争",③因而也无须当事人作任何举证证明何为"真正的票据金额"。

我国《票据法》上关于票据金额中文大写和数码二者不一致时票据无效的规定,除了在票据法的基本理念上表现出与国际上其他国家的票据法的根本不同以外,在实践中也有其现实障碍,并不一定如立法者所预想的是一个简洁、方便的处理办法,而可能是一个更为复杂的不经济的处理办法。例如,出票人 A 为支付价金而向 B 签发汇票时,大写金额记载为"一百万元",小写金额记载为"1000 万元",而 B 作为票据金额为一百万元的汇票持票人,将其背书转让给 C,C 亦如前转让给 D。在持票人 D 向出票人 A 请求付款时,根据我国《票据法》的现行规定,出票人 A 得主张票据无效而拒绝付款,而持票人 D 为获得救济,只能向其直接前手背书人 C 提起原因关系上的诉讼而不能提起票据诉讼。若要最终了结 A—B—C—D 四个关系人之间的权利义务纠纷,尚需 C—B、B—A 之间的

① 刘家琛主编:《票据法原理与法律适用》,人民法院出版社 1996 年版,第 243 页。

② 同上。

③ [日]田边光政著:《最新手形小切手法》,中央经济社 2007 年版,第 37 页。

两个原因关系诉讼，亦即总共需要三个复杂的原因关系诉讼才能最终结束这一案件。而如果采用“以大写为准”的原则，在持票人D向出票人A请求支付票款时，A则得据此而以大写记载之“一百万元”作为票据金额向C完成支付；在以大写记载之票据金额确为各当事人之间的真实请求标的时，则当然由此而简单地使各当事人之间的票据权利义务关系归于消灭。若真实票据金额应为小写记载之金额1000万元，出票人A依“以大写为准”的原则仅向D支付100万元，则持票人D先行获得了部分票款的支付而避免了更多损害的发生，其余未获支付的900万元票款，仍得依原因关系诉讼寻求救济；[①]而A—B—C—D四个关系人之间关系的最终了结，至多也还是通过前述的全部三个原因关系诉讼而实现。两相比较，在票据关系处理的妥当性与合理性方面，显然后者要优于前者。

三、我国《票据法》票据金额记载规定修改的现实选择

我国《票据法》自公布施行至今已逾十几年，其间仅有一次微乎其微的修改，而在整体上没有任何变动。世易时移，在我国市场经济已经逐步走向成熟的今天，对在市场经济运行中不可或缺的重要法律《票据法》进行修改，已经适当其时。对于《票据法》票据金额记载规定的修改，应当属于其中的一项重要内容。在考虑《票据法》票据金额记载规定的修改时，首先应当明确的是要遵循票据法的基本理念，确定修改的基本方向。如前所述，现行《票据法》中对于票据记载金额的规定，在相当程度上反映出一种严格管理的指导思想，在诸多存在类似问题的条文中颇具代表性。修法时应当遵循票据交易动态安全保护的原则，摒弃单纯的严格管理理念，以使票据权利人获得最大限度的票据法上的救济为目标来设计票据法的诸项制度。其次则应注重与国际上通行的商事习惯与立法

① 日本著名的“百元票据案件”即为此种情况之典型。出票人A于1980年签发本票，数字记载金额为“1,000,000日元”，而文字记载金额为“壹佰日元”；该票据的最后持票人D依数字记载金额向A请求支付一百万日元受到拒绝，遂起诉至法院。日本岐阜地方法院于1981年作出一审判决，依《日本票据法》第6条第1款之规定，票据金额以文字记载为准，故认定该本票金额应为一百日元，驳回D的诉讼请求。D遂上诉至名古屋高等法院，名古屋高等法院于1982年作出二审判决，依票据上所贴附的印花税票及一般常识判断，文字记载金额“壹佰日元”应属误记，其间系脱漏“万”字，故认定票据金额应为一百万日元，改判A应向D支付一百万日元票款。A不服该二审判决，再上诉至日本最高法院。日本最高法院于1986年作出终审判决，认为文字记载优先的票据法规定，乃是为确保票据交易的安全性与迅捷性而设立的强行规定，该票据法条文应原封不动地适用而不承认适用除外，二审判决有引起一般交易界混乱之虞，故撤销二审判决，改判驳回D的诉讼请求。参见“手形金额重复记载事件”，载http://ja.wikipedia.org/wiki/。

通例相衔接，着眼于国际票据法的统一化发展趋势，在票据法这一最能体现国际化与统一性的法律领域真正做到与国际接轨。基于这些考虑，建议将我国《票据法》第 8 条关于"票据金额以中文大写和数码同时记载，二者必须一致，二者不一致的，票据无效"的规定修改为"票据金额以中文大写和数码同时记载，二者应当一致；二者不一致的，以中文大写为准"。

在《票据法》作如上修改时，还有一个需要解决的认识问题，即票据法规则与银行结算规则的相互关系问题。在现代经济生活中，票据活动当然离不开银行，但在法律关系的层面上，即使在银行参与的诸多票据活动中，银行也未必始终构成票据法律关系之一方主体，更多地可能是合同法律关系、银行交易法律关系、借贷法律关系的一方主体。因而，在票据法律关系问题上，票据法规则是涵盖包括银行在内的所有票据法律关系当事人的规范，而银行结算规则则是仅限于银行与客户之间的银行交易法律关系当事人的规范。由此看来，尽管在票据法上规定以大写金额为准，但仍不妨碍银行在具体的票据处理上另行作出特别规定。例如《日本票据法》第 6 条第 1 款规定："在汇票上的金额以文字与数字记载的场合，其金额有差异时，以文字记载之金额为票据金额"；但日本银行协会制作的《活期账户规定》中关于"票 据支票金额的处理"则另行规定："在接受票据支票进行支付的场合，无论如何重复记载，均依所定的金额记载栏记载之金额进行支付"，这被称为"金额栏优先原则"，乃是"作为活期账户交易当事人之间的特约而发生效力"。① 此外，在日本的银行向客户提供票据结算服务时，通常以"汇票用法"、"本票用法"、"支票用法"的形式，与客户约定票据的记载方式，例如"支票用法"第 4 项约定："(1)在所定的金额栏进行记载；(2)金额以阿拉伯数字记载时，使用压数机……此外不使用文字重复记载；(3)金额以文字记载时，文字间隔紧密，使用壹、贰、叁、拾等不易变造的文字。"这样一来，在银行与客户之间，如果客户未遵守银行提出的使用要求，银行当然得拒绝为客户提供票据支付服务；但是，在解决票据当事人之间的权利义务关系时，仍然必须遵循票据法的规定，不受银行拒绝提供服务的影响。换言之，即使银行拒绝提供相应的票据结算服务，仍不影响票据的效力，亦即不发生票据无效的后果。实际上，就票据金额记载而言，在我国《票据法》上即使规定了以中文大写为准，仍不妨碍中国人民银行在《支付结算办法》上作出其他规定。

(2011 年第 9 期)

---

① [日]樱井隆著:《比较手形法小切手法》，成文堂 1993 年版，第 96 页。

对我国《票据法》第10条之修改建议

李伟群*

票据流通性贯穿于整个票据制度中，所以票据流通性乃是票据制度的灵魂。票据流通的基础是票据无因性，而票据流通性的实现还依赖于人的抗辩限制和票据善意取得这两大制度的有力支撑。因此，票据流通性的基本理论研究主要围绕票据无因性、人的抗辩限制以及票据善意取得这三个方面展开。这三者之间的关系恰如飞机的发动机和双翼，缺一不可，其中票据无因性犹如飞机的发动机，它解决了票据效力和原因关系之间关系的这一根本问题，从而为票据流通提供了“动力源”，推动了“物”（票据）的流通，维护了交易的安全；抗辩限制和善意取得法则如飞机的两翼，左右平衡，各施其能，其通过牺牲特定票据当事人的合法利益来实现票据流通，进而有效地维护了票据秩序的高度稳定与交易安全。

以票据流通的基础即票据无因性为例可知，在德国、日本、英国等大多数国家，其票据法都认为票据行为是无因的。可是，由于受到金融环境和票据理论研究滞后的制约，我国《票据法》在票据流通性方面有较多限制，在票据无因性方面仍未区分票据关系和原因关系。为了使票据关系建立在真实的经济关系之上，防止利用票据诈骗现金，我国《票据法》第10条第1款规定票据的签发、取得和转让，应当具有真实的交易关系和债权债务关系。正是由于我国《票据法》第10条第1款规定的存在，我国学界和司法实务界围绕票据法是否坚持了票据无因性的争论从未间断。为了防止利用票据诈骗，我国《票据法》究竟有无必要将票据原因关系纳入其中而采用无因性原则？就此问题，笔者在梳理、归纳和综合我国票据学界各项最新研究成果的基础上，针对现阶段我国商业信用环境不够乐观、利用票据诈骗财物的情形时有发生这一特殊背景和具体情况，尝试寻找一条既能坚持票据无因性，又能满足“票据授受应有真实交易关系”这种附加条件的良策，以抑制票据诈骗，促进票据市场的健康发展。

一、近年来学界对票据无因性的解析

近10年来，国内学界对票据无因性的探讨一直在持续，学者们见仁见智，不

* 作者单位：华东政法大学。

本文系上海市第三期重点学科——经济法学（S30902）建设阶段中的成果之一。

仅使理论研究的深度和广度得以拓展，也大大丰富了我国票据无因性的理论。对于我国《票据法》第10条第1款的最新讨论，其主要观点大体上可以归纳为赞成、反对和折中三类。

1. 赞成和支持现行《票据法》第10条第1款规定的立场及其理由。持这一见解者，大凡是从票据交易之安全、有序角度展开论述的。其认为票据是一种信用支付工具，它强调人们在现实的民事活动中必须遵守诚实信用原则。一个环节的债权债务关系遭到破坏往往会损害票据流通秩序并危及社会经济秩序，因此票据法要求票据的签发、取得和转让必须有真实的交易基础，以杜绝诸如商业投机、商业欺诈、恶意串通等严重破坏市场秩序的行为蔓延。① 如果票据的签发和运转没有真实交易关系作为基础，可能会对整体经济秩序造成严重危害，近年来中国经济就曾真实地面临过这样的风险。2004年前后，国内财经界的多项研究均揭示了在现实经济条件下票据业务如何导致全社会货币信贷规模虚增放大的问题，引起各界的广泛关注。因此，坚持真实的交易背景对于防范和化解社会信用恶性膨胀的风险仍然有着重要的现实意义。②

对于技术性极强的票据法来说，票据有因以及绝对无因和相对无因的理论冲突与选择，其实质在于立法价值取向上的冲突与选择。显然，票据法的制定和发展更多的是出于促进票据流通、方便商品交易的技术考虑，注重的是效率。基于这种考虑，世界上绝大多数国家及地区的票据法都将票据交易的效率价值置于票据交易的安全价值之上，进而采行票据无因性原则。但是如果一味地追求效率，却忽视对公平和诚实信用原则的追求，忽视对票据流通所需的安全保障也是不可取的。在对待票据无因性原则上，应在效率与安全之间求得平衡，这是我国票据无因性理论所首要探求的。③

此外，从票据无因性的绝对性和相对性之视角出发，一些学者认为，我国现行《票据法》第10条并未从正面规定没有真实的债权债务关系，票据的签发、取得和转让就是无效的。因此，并不能当然地从这一规定中推断出其否定了票据行为的无因性。票据行为的无因性并不是绝对的，而是相对的，其相对的程度取决于经济发展的实际情况和所处阶段。由于现阶段我国金融机构商业信誉低下且管理混乱，票据当事人商业意识薄弱且商业素质差，这导致立法者不得不强调票据行为无因性之相对性的存在，以维护交易安全，促进宏观经济健康稳定的发

---

① 于桂音："也论票据的无因性"，载《商场现代化》总第532期。

② 刘宏华："票据有因性观念的坚守与超越"，载《法学杂志》2007年第3期。

③ 于莹："论票据的无因性原则及其相对性"，载《吉林大学社会科学学报》2003年第4期。

展。[①]《票据法》司法解释起草者之一曹守晔先生，就票据无因性原则的法律适用问题有过这样的阐述："勿庸置疑，票据的无因性是票据的本质特征。但是，票据的无因性从来都不是绝对的，而是相对的。其相对的程度取决于一时、一地、一国的实际情况，取决于经济发展的阶段，取决于银行的信誉状况和其他票据当事人的信用程度。不从实际出发，盲目追求票据的绝对无因性，必然事与愿违。"[②]

可以说，随着我国《票据法》及其司法解释的制定与实施，票据无因性的绝对性原则无疑已为立法所突破，信奉和坚持票据无因性的相对性原则成为中国票据法的特色，这一突破的主要基础性条文就是《票据法》第10条的规定，即"票据的签发、取得和转让，应当遵循诚实信用的原则，具有真实的交易关系和债权债务关系"。[③]

2. 反对现行《票据法》第10条第1款规定的立场及其理由。持这一立场者都是在票据关系与票据原因关系应该分离之无因性理论基础上对该条款的规定展开层层批判。其认为，该条款采纳了"真实票据理论"作为指导原则，从而将票据关系与票据原因关系捆绑在一起，否定了票据无因性原则，使得票据关系的效力受到票据基础关系效力的影响，票据基础关系的无效很可能导致票据关系的无效。该条款制约了票据的使用和流通，建议将之删除。[④] 另有学者认为，我国《票据法》第10条第1款无视国际公认原则和票据本身性质的要求，将票据基础关系拉扯进来，否定了票据的无因性，这不仅会严重阻碍票据的流通和票据功能的发挥，损害票据当事人的利益，实践中也引发了更多的票据法律纠纷。由于《票据法》在无因性这一点上的"大步后退"，其实在是一部令人"失望的法律"。[⑤]

鉴于我国《票据法》对票据无因性的规定模糊不清，司法机关在此问题上的立场也摇摆不定，不断出现基于票据原因关系否定票据有效性的判决，而且各地法院之间也常常会出现相互矛盾的判决。2000年11月，最高人民法院出台了《关于审理票据纠纷案件若干问题的规定》，其中第14条规定在票据无因性问题上取得了一定的进步。遗憾的是，上述司法解释生效后，少数法院尤其是基层

---

① 张澄："试论票据行为的无因性及其相对性"，载《政治与法律》2006年第1期。

② 曹守晔、王小能、汪治平："统一办案标准，维护金融安全——《关于审理票据纠纷案件若干问题的规定》的理解与适用(一)"，载《人民法院报》2001年2月28日。

③ 夏林林、闫辉："票据无因性的相对性"，载《人民司法》2000年第4期。

④ 王晓方："试论票据的无因性及《票据法》的完善建议"，载《经济师》2007年第3期。

⑤ 马栋："票据无因性理论和我国《票据法》的完善"，载《律师世界》2002年第1期。

法院在审判过程中仍将票据关系和票据原因关系混为一谈，作出以票据原因关系否定票据关系的判决。①

《票据法》第10条明确了真实的交易关系和债权债务关系这些属于票据基础关系的内容可以决定票据签发、取得和转让的效力，从而使票据行为具有有因性。但是从《票据法》第13条第1款、第22条、第76条、第85条以及背书、保证等条文的规定中可以知道，票据行为是独立于票据基础关系之外的，因此我国票据法总体上是采用了无因性原则。可是《票据法》第10条的有因性规定却破坏了该法的内部统一性，进而影响了我国整个票据法体系的科学性，而且使得该条款与其他条款不易衔接，这一矛盾阻碍了票据法促进票据流通功能的正常发挥。②

效率和公平是法律价值判断领域的一个对立统一的命题，法律正是在平衡二者之间利益的过程中寻求一种相对的正义。即要维护票据流通之目的，便要求票据关系尽可能少地沾染上票据原因关系的色彩，由此达到阻却原因关系中的权利瑕疵对票据质量影响之目的。③《票据法》第10条第1款或许对遏制当事人利用票据为诈骗活动和保护金融机构与正当持票人的合法权利有一定的警示作用，但却以损害票据最基本的流通功能，阻碍商品交易的效率为代价。有人担心主张票据的无因性会引发经济领域里的通货膨胀和信用膨胀，引起货币总量的增加进而导致金融危机。事实上，信用膨胀并非伴随票据的无因性而生。为了方便结算和彼此债权债务的交割，商人们需要票据关系游离于其基础关系之外，所以这种特性（无因性）的产生源于经济发展的内部需求。④

票据无因性原则已被视为世界贸易活动中的一项普遍原则，票据的流转又与银行休戚相关。我国《票据法》第10条的规定易对我国银行的信用度造成重大影响。在涉外票据关系中，如果国内法院依照票据原因关系和资金关系向我国银行发出禁令，极易损害国外银行的利益，使国外银行对我国银行失去信任，最终损害的将是中国的外贸形象，会严重影响我国在国际贸易中的信用地位。因此，否认票据无因性应当慎之又慎，除非特殊情况，均应当遵循国际贸易的惯例，顺应世界各国的普遍做法。⑤

---

① 余保福："票据无因性与我国票据立法的完善"，载《金融与法》2003年第2期。

② 康军力："票据无因性原则研究与我国票据立法完善"，载《辽宁行政学院学报》2006年第5期。

③ 陈昊："论票据行为的无因性及其相对性"，载《法制与经济》2009年第2期。

④ 刘秀春、胡海涛："票据无因性之经济诠释"，载《河北法学》2005年第5期。

⑤ 张奇："从票据无因性看我国《票据法》的缺憾"，载《法制与经济》总第183期。

3. 折中说。持该观点者认为,一方面,票据无因性原则要坚守;另一方面,基于我国票据信用制度不够完善、融通票据容易泛滥之现状,主张依然要严格维系票据真实性,为此提出了对原条款中"票据授受必须具有真实的基础交易关系"的规定加以修改完善后继续予以保留的折中观点。其认为在立法上要明确体现票据无因性制度,对《票据法》相关条款中有关票据基础关系的强制性规定进行修改。然而,鉴于我国现阶段对融资票据的签发与转让仍应限制在一定的范围内,多数情况下仍应要求票据授受具有真实的基础交易关系,所以完全删除《票据法》第10条第1款的规定,在票据签发、转让时不加任何限制或引导也是不妥当的。总之,一方面要坚持票据的无因性,另一方面也要要求票据的真实性,但是票据的有效及票据关系的效力不以票据基础关系的存在与有效为条件。①

鉴于我国现阶段对融资票据的签发与转让实行较为严格的控制,因此目前删除《票据法》第10条第1款的规定也是不切合实际的。鉴于此可将其修改为:票据的有效及票据关系的效力不以基础交易关系的存在与有效为条件,但接受票据的直接当事人之间无真实的债权债务关系时,该持票人不能取得票据权利,法律、行政法规另有规定的除外。②

二、对《票据法》第10条的修改建议

建议之一是删除现行《票据法》第10条第1款的规定。从立法资料看,1995年2月21日,中国人民银行周正庆副行长在第八届全国人大常委会第12次会议上所作的《关于〈中华人民共和国票据法(草案)〉的说明》中指出:"票据属于无因证券。根据这一特征,草案没有沿用现行银行结算办法关于签发商业汇票必须以合法的商品交易为基础的规定。这是因为票据关系成立后,即与其原因关系相分离。票据关系与票据原因关系是两种不同的法律关系,应由不同的法律进行调整和规范……因此,签发票据是否有商品交易或者交易是否合法,不属于票据法规定的内容,应由其它有关的法律加以规范。"这段关于票据无因性的立法说明备受当时我国票据理论界和实务界的欢迎。

至于现行《票据法》第10条第1款究竟是有关票据效力的规定还是宣示性条款,笔者认为应将其理解为宣示性条款,即其仅具有引导功能而非效力性规

① 李万业、向志容:"票据无因性法律制度探析",载《海南金融》2006年第8期。

② 杨霄玉:"从票据无因性看我国《票据法》之相关规定",载《经济论坛》2006年第11期。

定,因此,即使违反它也不会影响票据本身的法律效力。而从最高人民法院的一贯立场来看,也应作如此的解读。

由上可知,正因为该条款的规定存在一定的模糊性,以致司法机关在案件审理中也经常出现左右摇摆的情形,并常常作出前后矛盾的判决。在当今我国票据专业知识的普及宣传工作做得并不充分的情况之下,要让所有普通的票据当事人将该条款内容理解为宣示性条款确非易事,相反容易引起理解上的混乱。因此,建议将该条款从《票据法》中删除,而将其纳入中国人民银行制定的《票据管理实施办法》中。这一修改结果正好也与周正庆先生当初的立法说明内容相衔接,使得早在票据法草案中已获确立的票据为无因证券的这一立法初衷在票据法中得以充分体现,以保证立法的高度连续性和一贯性。

建议之二是对现行《票据法》第 10 条第 1 款的规定进行修改与完善。1995 年《票据法》制定之时,我国由计划经济向市场经济的转向还起步不久,利用票据融资套取国家资金的事件时有发生。为了维护金融秩序、保证交易安全,票据立法将票据基础关系引入票据法律中,以限制乃至全力阻却那些没有基础关系的融资票据进入票据交易市场,这也充分体现了“立法必须与国情相结合”的基本立法原则,并无不当。虽然已历时十几年,但现阶段我国对融资票据的签发与转让仍实行严格的规制,多数情况下仍要求票据授受具有真实的基础交易关系,要删除《票据法》第 10 条第 1 款的规定确有一定难度。但是立法对于票据基础关系的严格要求如果不加任何限制和引导的话,易使票据当事人将之误读为一种强制性规定,即票据基础关系的无效会导致票据关系的无效。这一结果显为不妥。为避免产生这种理解上的混乱,建议将之修改为:票据签发、取得和转让,应当具有真实的交易关系和债权债务关系。但是,票据关系的效力不以基础交易关系的真实、有效为条件,票据债务人不得以交易关系和债权债务关系真实、有效与否为由对抗善意的第三人。这一修改的意义在于,它既能与《票据法》第 13 条第 1 款“票据债务人不得以自己与出票人或者与持票人的前手之间的抗辩事由,对抗持票人”之抗辩限制原则相对应,也能与最高人民法院《关于审理票据纠纷案件若干问题的规定》中第 14 条“票据债务人以票据法第 10 条、第 21 条的规定为由,对业已背书转让的持票人进行抗辩的,人民法院不予支持”的司法解释内容相对接。其结果是既保证了票据法律内部的统一性,又保证了票据法与司法解释的一致性,使票据法的内部之间以及内外部之间的规定都能做到统一、协调,以提高我国整个票据法体系的科学性。

(2011 年第 9 期)

完善票据利益返还请求权的思考

于永芹*

票据法上的利益返还请求权是一种比较特殊的权利,它虽由票据法规定,却同时涉及民法规范的基础关系和票据法规范的票据关系。我国《票据法》第18条设立了利益返还请求权制度,该制度的价值和意义毋庸置疑,但恰如众多学者所指出的是,该规定失之准确和全面。本文根据票据法的宏观主旨,结合民法不当得利的相关理论,从完善立法的角度对利益返还请求权进行具体分析,提出对《票据法》第18条的修改建议。

一、关于利益返还请求权的性质

我国《票据法》第18条对持票人享有的利益返还请求权使用了"民事权利"一词,学界对此普遍提出批评。但对利益返还请求权的性质学界认识并不统一,各种观点之间的分歧、争议很大,有票据权利说、民法上不当得利请求权说、损害赔偿请求权说以及票据法上的特别请求权说等不同认识。[①] 笔者认为,利益返还请求权在性质上应属于不当得利请求权。以下从其构成要件和国外相关立法例两个方面予以说明。

民法通说认为不当得利请求权须具备四个构成要件。学界对利益返还请求权符合一方受有利益、他方受有损失的这两个要件并无争议,主要争议在于利益返还请求权是否符合另两个要件,即一方受有利益与他方受有损失之间存在因果关系,受有利益无法律上或合同上的依据。笔者赞成四要件说。其中第三项要件即出票人或承兑人受有利益与持票人受有损失之间应存在因果关系的理由在于:首先,根据非直接因果关系理论,受有利益与受有损失之间的因果关系,并不限于同一原因事实造成受益与受损的情况,某些情况下尽管受益与受损是由两个原因事实引起的,但为保护当事人的合法利益,也应当认定其具有因果关系。[②] 具体到利益返还请求权来说,由于票据具有较强的流通性,通常在出票后发生背书转让行为,对于业经背书转让后的票据,出票人或承兑人的受益与持票

---

* 作者单位:烟台大学法学院。

① 梁宇贤著:《票据法新论》,中国人民大学出版社2004年版,第108页。

② 郭明瑞等著:《民商法原理》(第3册),中国人民大学出版社1999年版,第336页。

人的受损是基于两个甚至两个以上的原因事实而发生的，属于非直接因果关系。其次，根据不当得利类型划分理论，不当得利可区别为给付不当得利与非给付不当得利两个基本类型。在给付不当得利类型，一方当事人因他方当事人为给付而受利益，即为他方的损害；在非给付不当得利类型，其所谓受利益致使他人受损害，基本上系指取得依权益内容应归属于他人的利益。[①] 具体到利益返还请求权来说，出票人或承兑人应支付而未支付从而取得本应归属于持票人的利益，故出票人或承兑人受有利益致使持票人损害属于非给付不当得利类型。

至于第四项要件即出票人或承兑人受有利益无法律上的依据，笔者认为根据民法学理论，不当得利制度之目的在于使受益人返还其无法律上原因而受有的利益，其应考虑的不是不当得利过程的正当性，而是保有利益的正当性。[②] 就利益返还请求权而言，票据法并不否认出票人或承兑人因时效届满等情形而基于基础关系取得利益过程的正当性，但是票据法认为出票人或承兑人保有这种利益不具有正当性；票据法规定持票人因超过时效等原因而不能行使票据权利的，可以请求出票人或者承兑人返还其受益，该规定本身已清晰地显示出法律不欲使出票人和承兑人因诉讼时效届满等原因而终局受益的意图。

需要特别说明的是，将利益返还请求权定性为不当得利请求权，并非意味着出票人或承兑人存在过失或者曾经侵害过持票人的合法权利。出票人或承兑人因持票人不能行使票据权利而暂时获得利益，并无“不当”。利益返还请求权中的“不当”并非对受益人行为作出的否定性评价，而是从宏观角度对利益归属所作的价值判断。

德国、瑞士和日本等大陆法系国家的票据法都规定了利益返还请求权制度，一般认为利益返还请求权制度肇始于德国。尽管瑞士和日本的票据法没有明确规定利益返还请求权性质，但作为大陆法系典型代表的德国，其票据法明确将利益返还请求权定性为不当得利请求权。[③] 德国民商法向来以逻辑严谨、表述准确著称，其票据法将利益返还请求权的性质规定为不当得利请求权绝非偶然。我国在民商法方面深受大陆法系理论的影响，因此，在分析利益返还请求权的性质时也应考虑同为大陆法系的其他国家的相关规定。

---

① 王泽鉴著:《债法原理》(第 2 册),中国政法大学出版社 2002 年版,第 43 页。

② 同上,第 141 页。

③ 《德国票据法》第 89 条之规定。

二、关于利益返还请求权的适用范围

我国《票据法》第18条对利益返还请求权的适用范围规定了两种情形：一是票据权利因超过票据时效而丧失；二是票据权利因票据记载事项欠缺而丧失。学界对《票据法》第18条规定的适用情形提出多种批评意见，其中主要观点认为，利益返还请求权的适用范围应包括票据权利因超过票据时效而丧失和票据权利因保全手续欠缺而丧失两种情形。①笔者认为，利益返还请求权的适用范围应包括三种情形：一是票据权利因超过票据时效而丧失；二是票据权利因记载事项欠缺致票据无效而不能行使；三是票据权利因保全手续欠缺而丧失。其中，对于第一种情形学界基本无歧义，对存有争议的后两种情形笔者分析如下。

（一）票据权利因记载事项欠缺致票据无效而不能行使

众多学者对《票据法》第18条"因记载事项欠缺而丧失票据权利"的规定持批评意见，主要认为票据记载事项欠缺导致该票据自始无效，也就谈不上什么票据权利；既无票据权利，也就无所谓票据权利丧失，谈何利益偿还？②所以，该情形不应列入利益返还请求权的适用范围。笔者认为，上述学者的批评意见事实上揭示了该项立法规定在语言表述上存在的重大逻辑欠缺，故应将《票据法》第18条"因记载事项欠缺而丧失票据权利"的表述调整为"因记载事项欠缺致票据无效而不能行使票据权利"以解决这一逻辑矛盾，而将"票据因记载事项欠缺而无效"规定为适用利益返还请求权的情形并无不当，应予以保留。③

实际上，记载事项欠缺而导致的票据自始无效与时效届满而导致的票据权利丧失对于持票人并无本质上的不同，二者在起因上基本都是由持票人自己造成的，从后果上都是持票人无法行使票据权利，因此将二者同列为适用利益返还

① 范健著：《商法》，高等教育出版社、北京大学出版社2007年版，第399页。

② 朱羿锟著：《商法学》，北京大学出版社2007年版，第582页。

③ 学界通说认为，利益返还请求权是基于丧失票据权利的持票人与因权利丧失而无须履行义务的债务人之间的利益失衡状态而给予持票人权利损失的最后补救，所以"票据权利曾经有效存在过"是利益返还请求权的成立要件之一。笔者主张，利益返还请求权应当是基于不能行使票据权利的持票人与因权利不行使而无须履行义务的债务人之间的利益失衡状态而给予持票人利益损失的最后补救。笔者这里主张的"不能行使"票据权利，从内涵上包括票据权利曾经有效存在过而后丧失的不能行使和票据权利因记载事项欠缺致票据自始无效的不能行使。在我国目前的票据实务中，由于很多人不了解票据法的严格形式要求，票据权利因票据记载事项欠缺而不能行使的情况绝非罕见；人民法院受理的利益返还请求权案件中，持票人因记载事项欠缺而不能行使票据权利的占有较大比例。所以笔者认为，理论上不应设立"要件"限制因记载事项欠缺而不能行使票据权利的持票人适用利益返还请求权制度。

请求权的情形并无不当。试想在票据因记载事项欠缺而无效的情况下，持票人不享有票据权利，此时如果不赋予持票人利益返还请求权，那么持票人只能根据基础关系向其直接前手主张利益返还。而这样的无效票据可能在实际生活中已几经流转并完成了多笔交易，因此持票人的直接前手在向持票人为有效支付后，将会同样根据基础关系再要求其直接前手履行支付义务，以此类推，出票人或承兑人通常仍将承担最后的支付义务。如此连环诉讼的结果，不但出票人或承兑人要承担与利益返还请求权情形下相同甚至加重的支付义务，而且还将彻底推翻已经完成的多笔交易，严重影响商事交易的秩序。因此，这种情况下比较合理且可行的办法是赋予持票人利益返还请求权，使其得直接向出票人或承兑人主张利益返还。

需要特别说明的是，赋予持票人利益返还请求权并非是对该记载事项欠缺票据效力的肯定，而是考虑到其应符合票据法维护商事交易秩序、促进票据流转效率的立法主旨。基于利益返还请求权为不当得利请求权的属性，持票人向出票人或承兑人主张返还的利益范围理应与行使有效的票据权利存在差异。

（二）票据权利因保全手续欠缺而丧失

学界多认为，我国票据法应将“票据权利因保全手续欠缺而丧失”列为适用利益返还请求权的情形。① 笔者认为，首先，我国票据法应修改有关欠缺票据权利保全手续法律后果的规定。根据现行票据立法相关条文，持票人欠缺票据权利保全手续的后果是丧失对出票人之外的前手的追索权。② 也就是说，我国票据法实际上并没有因保全手续欠缺而取消持票人对出票人的追索权；③持票人没有丧失全部票据权利，从而也就没有必要行使利益返还请求权。所以，如果不修改相关规定而直接将“票据权利因保全手续欠缺而丧失”增列为适用利益返还请求权的情形，将会产生票据权利并未丧失而谈何利益偿还的问题。根据票据法的一般原理，应将持票人欠缺保全手续的法律后果修改为丧失其对所有前手的追索权。其次，我国票据法没有将“票据权利因保全手续欠缺而丧失”规定为适用利益返还请求权的情形失之全面，应将其增列为第三种情形。在修改有

① 范健著：《商法》，高等教育出版社、北京大学出版社 2007 年版，第 399 页。

② 我国《票据法》第 79 条、第 91 条第 2 款，最高人民法院《关于审理票据纠纷案件若干问题的规定》（法释〔2000〕32 号）第 19 条等规定。

③ 笔者认为，我国票据法规定持票人欠缺保全手续仍得以追索权作为请求权的基础要求出票人承担票据责任是不合理的。允许持票人欠缺保全手续后仍可以对出票人行使追索权，则持票人可依据《票据法》第 70 条将自己因怠于权利保全而造成的一些额外费用转嫁于出票人，这显然有悖于法律公平原则。

关持票人欠缺保全手续的法律后果的规定之后，票据法应赋予欠缺保全手续而丧失票据权利的持票人行使利益返还请求权的资格。

三、关于利益返还请求权的其他问题

关于利益返还请求权的规定，还涉及返还义务人、返还利益和诉讼时效等问题。

我国《票据法》第18条将利益返还义务人的范围限定于出票人及承兑人这两种债务人。笔者认为，基于利益返还请求权为不当得利请求权的属性，利益返还义务人应是实际受益人。通常情况下，因持票人不能行使票据权利而实际受益的债务人是出票人或承兑人，但在特殊情况下其他债务人也有可能成为实际受益人，从而出现出票人及承兑人之外的其他利益返还义务人。该特殊情况可试举如下：(1)背书人可能成为利益返还义务人。例如，甲因购货合同向乙签发一张票据以支付货款，乙将该票据背书至丙，丙又转让给丁，但甲、乙之间的合同因乙的过错而未履行，此票据关系中因票据权利不能行使而实际受益者无疑是乙，持票人丁若因票据时效届满而行使利益返还请求权，则应以背书人乙为返还义务人。又如，甲签发一张票面金额为5万元的票据交付给乙，乙将该票据金额变造为15万元后转让于丙，持票人丙若因票据时效届满而行使利益返还请求权时，可以就票据金额被变造前的5万元向出票人甲请求返还，但对于金额被变造后增加的10万元甲则无返还义务，应向背书人乙（也是本例的变造人）行使请求权。当然，上述特殊情况下以背书人为利益返还义务人时，须得出票人或承兑人举证说明自己并未受益，而是某背书人实际受益。(2)无权代理人可能成为利益返还义务人。依票据法规定，票据行为无权代理的后果对被代理人来说可能是全部无效，但对代理人来说依然为有效。因此，如果持票人因票据时效届满而对发生无权代理的票据不能行使票据权利，无偿得利者通常为无权代理人，此时的持票人应向无权代理人请求返还所受利益。

我国《票据法》第18条将返还利益规定为“与未支付的票据金额相当的利益”。笔者认为，基于利益返还请求权为不当得利请求权的属性，持票人可请求返还的利益范围应限于债务人的实际受益。不当得利法的规范目的在于去除受益人无法律上原因受有的利益，而非在于赔偿受损人所受的损害。[1] 在非给付

① 王泽鉴著：《债法原理》（第2册），中国政法大学出版社2002年版，第4页。

不当得利类型中,损失和受益的内容不尽相同,此时不当得利的返还范围应以受益人自受损人处的得益为准,而不能以受损人所受损失为准。① 利益返还请求权在性质上属于非给付不当得利请求权,持票人所受损失与债务人所受利益不尽相同。持票人所受损失为债务人本应支付而未支付的票面金额,但债务人所受利益并非亦为票面金额,而是其基于基础关系所受利益的数额。因此,持票人可请求返还的利益不能等同于持票人所受的损失,而只能限于债务人实际所受的利益。

我国《票据法》第 18 条对利益返还请求权的诉讼时效没有规定。笔者认为,基于利益返还请求权为不当得利请求权的属性,其时效应适用民法一般债权时效的规定。因此,利益返还请求权的诉讼时效应为 2 年。需要特别关注的问题是,实务中对利益返还请求权诉讼时效的起算点处理不一。笔者认为,应从持票人因时效届满或保全手续欠缺而导致票据权利丧失时或者持票人因票据记载事项欠缺而被付款人拒付时起算。据此,持票人有可能在实际上先后适用了两种不同的时效期间:先依照《票据法》的规定适用 2 年或 6 个月的特别票据权利时效期间,再依照民法的规定适用 2 年的一般债权诉讼时效期间。②

四、对我国《票据法》第 18 条的修改建议

综上所述,我国《票据法》第 18 条有关利益返还请求权的规定有如下缺陷,应加以修正:(1)对持票人享有的利益返还请求权使用了"民事权利"这一用语,其表述不够明确并导致理解上的歧义,建议将其修改为"不当得利请求权"。(2)利益返还请求权适用范围之"因记载事项欠缺而丧失票据权利"的表述存在逻辑矛盾,建议修改为"因记载事项欠缺致票据无效而不能行使票据权利",同时应增列"票据权利因保全手续欠缺而丧失"为利益返还请求权适用的情形。(3)将利益返还义务人限定为出票人或承兑人不够全面,建议修改为"出票人、承兑人或其他受益人"。(4)将返还利益规定为"与其未支付的票据金额相当的利益",其与权利性质不符,建议修改为"与其实际受益相当的金额"。(5)缺少

① 王泽鉴著:《债法原理》(第 2 册),中国政法大学出版社 2002 年版,第 43 ~ 44 页。

② 学界有观点认为,利益返还请求权的诉讼时效适用民法的一般规定会导致权利人适用的时效期限过长,其最长将允许权利人在 4 年之内不行使自己的权利,这加重了义务人的责任,不利于社会秩序的安定。笔者以为此观点不足取。利益返还请求权义务人所受利益皆为金钱利益,金钱是一种特别之物,占有者无须因其占有而为特别之管理,将其存于金融机构尚可获利,所以对义务人而言,时效稍长并无不利。

利益返还请求权诉讼时效的规定，建议增加有关规定作为《票据法》第 18 条第 2 款。

笔者认为我国《票据法》第 18 条应包括以下两款内容，第 1 款规定："持票人因超过票据权利时效或票据保全手续欠缺而丧失票据权利的，或者因记载事项欠缺致票据无效而不能行使票据权利的，可以请求出票人、承兑人或其他受益人返还与其实际受益相当的金额。"第 2 款规定："持票人此项不当得利请求权，从票据权利因时效届满或保全手续欠缺而丧失时或者票据因记载事项欠缺而被拒绝付款时起 2 年内行使。"

（2011 年第 9 期）

关于票据付款人的几个问题

汪世虎*

一、付款人与票据上的债务人

票据关系是一种债权债务关系，其中享有票据权利者为票据权利人，负有支付票据金额义务者为票据债务人。相对于票据债务人而言，票据债权人的确定较为简单，一般谁持有票据，谁就是债权人。出票时的收款人是最初的债权人，之后经过转让取得票据的持票人即为票据债权人。但这并不是说所有的持票人都享有票据权利，都是受法律保护的票据债权人。只有合法的持票人才能成为票据债权人，非合法的持票人，如因盗窃、恶意取得票据的持票人，由于其票据权利不受法律保护，因而也就不是票据债权人。对此，我国《票据法》第 12 条第 1 款明确规定："以欺诈、偷盗或者胁迫等手段取得票据的，或者明知有前列情形，出于恶意取得票据的，不得享有票据权利。"总之，票据上的债权人只能有一个，即持票人，不能存在两个或者两个以上的权利人。各国票据法关于"不允许票据权利分别转让和部分转让"的普遍规定充分表明，票据关系的权利主体虽然在票据存续期间会发生变动，但无论如何变动，其权利主体始终是一人。票据上

* 作者单位：西南政法大学民商法学院。

的债务人则不同,尽管出票之时票据债务人仅有出票人一人,但随着票据的流通,票据上的债务人会逐渐增多,背书人、付款人、保证人等都可能因为某种票据行为加入到票据债务人的行列中来。这就是说,票据上的债务人具有群体性、复杂性。

在众多的票据债务人中,最为特殊的当属"付款人"。如果单从字面理解,"付款人"即"应当付款之人",显然是票据债务人。从我国现行《票据法》的相关规定来看,"付款人"似乎也是票据债务人。① 但实际上,票据上记载的"付款人"并非票据债务人。根据我国现行《票据法》第22条第1款、第84条第1款的规定,汇票和支票必须记载付款人名称,否则票据无效。因此,票据上的"付款人"首先,应当理解为汇票或者支票上被记载的人,具有对汇票付款、承兑或者对支票付款的资格。就汇票而言,由于付款人具有承兑资格,有可能成为票据债务人。当汇票的付款人对提示承兑的汇票进行承兑后,其在票据关系中的身份即由"付款人"转变为"承兑人"。承兑人是票据关系中的第一债务人或主债务人。此时,付款人与承兑人虽系同一人,但也不能说付款人就是债务人,只能说承兑人是债务人。其次,付款人虽然不是票据债务人,但其以票面文义为付款行为时,会产生消灭票据债权债务关系的效力。也许有人会问,付款人为什么要付款呢?原因很简单,因为付款人与出票人之间存在资金关系,付款人为付款行为完全是为了履行与出票人之间资金关系中约定的义务。

明确付款人是票据上记载的具有付款资格的人而非票据债务人,具有重大的理论意义和实践意义。如我国《票据法》第54条规定:"持票人依照前条规定提示付款的,付款人必须在当日足额付款。"第89条第2款规定:"出票人在付款人处的存款足以支付支票金额时,付款人应当在当日足额付款。"显然,立法者是将付款人作为票据债务人对待,这无疑是错误的。笔者认为,有必要将上述条文中的"必须"和"应当"改为"可以"。

二、付款人与出票人之间的票据资金关系

付款人不是票据债务人,之所以愿意付款,是因为其与出票人之间存在一种资金关系,这种资金关系实质上是一种委托合同关系。在付款人与出票人之间的委托合同中,出票人是委托人,付款人是受托人。合同的内容是,出票人委托

① 我国《票据法》第54条、第89条第2款。

付款人按照票据所记载的金额支付款项，付款人则接受出票人的委托，对出票人签发的以其为付款人的票据在合理的时间内予以承兑或者付款。

一般认为，票据资金关系与原因关系均属票据的基础关系。笔者以为，从本质上讲，资金关系也是原因关系的一种，只不过这种原因关系存在于出票人与付款人之间，所反映的是出票人为何指示付款人付款，付款人为何会承兑和付款的缘由而已。票据资金关系与票据付款关系的关系是：前者是后者的前提，但后者并不依赖于前者的实际存在而存在。即票据资金关系与票据付款关系原则上彼此分离，但在一定条件下又彼此牵连。其分离主要表现为：(1)出票人是否提供资金对持票人的票据权利没有影响，出票人即使在没有提供资金的情况下出票，该票据仍属有效票据。至于出票人在此情况下是否应受刑事或行政上的制裁，则属另一问题。(2)出票人即使已对付款人提供了资金，也不能解除其对持票人的责任。持票人将来若不获付款或承兑，出票人仍负有偿还之责。(3)付款人虽与出票人有资金关系，但在承兑或保付前，并不负有票据上的责任。此时，付款人不按资金关系的约定而拒绝承兑或者付款，其只构成民法上的违约，出票人可要求其承担违约责任，但持票人不得对其提起票据诉讼。二者的牵连主要表现为两个方面：一方面是汇票的付款人承兑后，虽然不能以没有资金关系为由拒绝付款，但在出票人为持票人时，对其付款请求可以没有资金关系为由进行抗辩；另一方面是支票的付款人在出票人的存款或信用合同所约定的数额内，原则上应负付款之责。此种责任不是基于票据行为而产生的票据责任，而是票据法特别规定的属于票据法上的责任。①

票据是无因证券，票据关系与其基础关系（包括原因关系和资金关系）相互独立、互不影响是世界各国票据法普遍遵循的基本准则。许多学者认为，我国《票据法》对票据资金关系的规定②是对票据无因性的否定。不过，笔者认为，我国《票据法》的这些规定并未完全否定票据的无因性。这是因为：首先，票据的无因性源于票据行为的无因性，是指票据具备法定形式有效成立后，票据的原因关系或者资金关系即使存在瑕疵或者无效，对票据关系的效力均不产生影响，可见，票据的无因性并不是说票据的产生没有原因。相反，票据的产生都有一定的原因，这种原因可以是有偿的，如买卖、租赁等，也可以是无偿的，如赠与、继承等；可以是合法的，也可以是违法的。因此，从这个意义上说，票据法要求出票人和付款人之间具有资金关系并无错误。其次，票据的无

---

① 王小能主编：《中国票据法律制度研究》，北京大学出版社1999年版，第102页。

② 我国《票据法》第21条、第74条、第82条第2款。

因性重在票据关系的效力不受资金关系的影响。在票据的流通过程中，第三人在接受票据时无须过问和注重票据产生的原因及出票人与付款人之间的资金关系。也就是说，作为持票人其无须查明出票人与付款人之间是否存在资金关系，只要证明票据债务的成立与存续，即可对票据债务人行使票据权利。再者，票据的无因性并非绝对，只具有相对性。在一定条件下，票据的资金关系可以作为直接当事人之间的抗辩事由以对抗票据关系。如在汇票的付款人承兑后，虽然不能以没有资金关系为由拒绝付款，但在出票人为持票人时，对其付款请求可以没有资金关系为由进行抗辩。最后，我国司法实践从未否定票据的无因性。自 2000 年 11 月 21 日起施行的最高人民法院《关于审理票据纠纷案件若干问题的规定》第 14 条明确规定："票据债务人以票据法第十条、第二十一条的规定为由，对业经背书转让票据的持票人进行抗辩的，人民法院不予支持。"

总之，票据的无因性是一项公认的世界性法律原则，我国《票据法》将票据关系与票据原因关系和资金关系放在一起规定，虽然没有完全否定票据的无因性，但易造成理论上和法律适用上的误解，因此，必须予以修正，修正的方法可以是将这些规定予以删除，或者在这些规定后以但书规定："未依此规定而签发、取得或转让票据的，不影响票据的效力。"

三、付款人的形式审查义务

票据付款人不是票据债务人，仅具有付款的资格，也就是说，对于持票人的付款请求，付款人可以付款，也可以不付款。但是，付款人一旦付款，即产生消灭票据债权债务关系的效力。为此，票据法为保障票据流通，维护持票人的合法权益，同时兼顾付款人的利益，特规定了票据付款人付款时的形式审查义务。所谓形式审查，是指从票据的外观形式上即对票据的记载事项所进行的审查，而不涉及票据之外的其他事实或情况。形式审查是对付款人最基本的要求，同时也是保障票据流通与使用安全最必要的、最低限度的要求。票据付款人的形式审查义务主要有两项：一是对票据自身的形式审查，即审查票据在形式上是否为合法有效的票据，也就是对票据记载事项的审查；二是对持票人进行的形式审查，即审查持票人在形式上是否为合法权利人，亦称持票人形式资格的审查，通常称背书连续的审查。

除审查票据自身的形式和背书连续外，我国《票据法》第 57 条第 1 款还规定，付款人或者其委托的代理付款人应当审查持票人的合法身份证明或者有效证件。例如,查验持票人的居民身份证、护照、工作证等证明其合法身份的有效证件。提示付款人不能提供其有效证明或证件的,不能获得付款。这种审查义务,是我国票据法对付款人规定的一项特别审查义务。这种审查义务在形式上和效力上与形式审查和实质审查不同,它是付款人根据法律规定所进行的对票据以外有关事项的审查,有学者将之称为“附带审查”,①它只是一种防范措施,其目的在于预防不法分子假冒他人名义,利用票据骗取财物,从而保障票据流通安全。而形式审查则是付款人必须进行的对票据记载事项的审查,未进行或未认真进行形式审查,则可能承担票据责任。

如果付款人付款时未进行形式审查,或者虽已进行形式审查而未发现形式上所存在的问题而出现错付时,当然不能免除其向真实权利人再次付款的责任;如果经过审查确认其形式上不存在问题,即便持票人并非真实权利人而予以付款,若付款人系善意则仍为有效的支付,付款人可因此免责,真实权利人此时只能向接受支付者请求偿还。票据法将此种情形称为“付款人的善意支付”。对此,我国《支付结算办法》第 17 条规定:“银行以善意且符合规定和正常操作程序审查,对伪造、变造的票据和结算凭证上的签章以及需要交验的个人有效身份证件,未发现异常而支付金额的,对出票人或付款人不再承担受委托付款的责任,对持票人或收款人不再承担付款的责任。”

“善意支付”的构成要件必须是付款人付款时无恶意或者重大过失。所谓恶意,是指付款人明知背书或其他签名为伪造,或者明知持票人为非票据权利人仍予以付款。所谓重大过失,是指付款人通过一般的审查即可知晓持票人无受领之权而疏于审查即予以付款。例如,付款人对绝对必要记载事项未记载完全的无效票据不予审查而付款的,即为有重大过失。对于重大过失的认定标准,我国《票据法》未作具体规定。但是,依最高人民法院《关于审理票据纠纷案件若干问题的规定》第 69 条的规定,“付款人或者代理付款人未能识别出伪造、变造的票据或者身份证件而错误付款,属于票据法第五十七条规定的‘重大过失’,给持票人造成损失的,应当依法承担民事责任”。该规定对《票据法》中的“重大过失”作出了非常严格的解释,即付款人只要有未能识别出伪造、变造票据的结果存在,就应自行承担责任,而不论其在审查过程中是否已尽善良管理人的注意义务。这种立法意图在于以加重付款人责任的方式来维护票据的信用和加强对票据权利人的保护,以督促付款人改进技术设备,加强责任感和金融风险防范意识。尽管这种将未能识别出伪造、变造票据的风险责任归由付款人承担的做法

① 赵新华著:《票据法》,吉林人民出版社 1996 年版,第 209 页。

具有合理性，但将其认定为因“重大过失”所致，实属不当。因为“有重大过失付款的责任”与“善意错付的风险负担”是两个问题，不能混为一谈。当然，付款人是否有恶意或重大过失，应由真实权利人负责举证。

四、付款人的权利

关于付款人付款时的权利，各国票据法均有规定，但有所不同。一般地说，付款人在付款时享有如下权利：(1)全部付款的，付款人有请求持票人交回票据的权利。这是因为票据为交回证券，持票人受领票据金额后，付款人有权要求持票人在票据上记载“已收款”字样和签名，并交回票据以证明票据权利的消灭。法律赋予付款人此项权利的意义是，一方面用以证明付款人业已付款；另一方面，如不收回票据，持票人难免恶意利用或无意丧失，一旦票据再落入善意第三人之手，付款人仍应负责，结果使付款人遭受不测损害。(2)部分付款的，付款人有请求持票人在票据上记载所收金额，并另给收据的权利。这是因为此时票据上仍有部分权利尚未实现，持票人不能交回票据，因而应以收据代之，以证明付款人已进行部分付款的事实。至于要求持票人在票据上记载所收到的金额，目的是防止其将票据金额再全部转让而给付款人带来损失。(3)支付货币种类的权利。票据上没有记明应支付的货币种类及汇价者，付款人有权按照票据法规定的货币种类及汇价进行支付。

我国《票据法》没有规定部分付款时付款人的权利，对有关全部付款时付款人的权利也未作正面规定，而是从持票人的义务角度加以规定的。《票据法》第55条规定：“持票人获得付款的，应当在汇票上签收，并将汇票交给付款人。持票人委托银行收款的，受委托的银行将代收的汇票金额转账收入持票人账户，视同签收。”这一规定反映了我国相关立法的义务本位思想。

（2011年第9期）

论空头支票的成因与防范

董翠香*

在我国日常经济交易活动中，支票作为一种最常用的非现金支付工具，在交易结算体系中占有举足轻重的地位。2005年，中国人民银行有关负责人曾表示当时支票的使用量占同城结算笔数的70%左右。① 而有关统计数据表明，"2005年度我国共签发支票约18亿笔，金额约350万亿元"。② 特别是随着2007年6月全国支票影像交换系统的正式推广运行，支票实现了在全国范围内的流通使用，支票的使用比例与结算金额更是大幅增长，"2008年支票占全部票据业务笔数和金额的97.5%和93%"。③ 但是随着支票这一支付工具在方便商品交易、加速资金流转方面的作用日益显著，与支票结算有关的经济纠纷和经济犯罪案件也急剧增加，特别是为法律所严格禁止的空头支票签发行为屡禁不绝，并呈快速上升趋势，其不仅严重破坏了票据的信用，直接损害持票人利益，而且极大地影响了金融结算秩序的稳定，严重阻碍了票据市场的发展与金融环境的完善。

根据我国《票据法》第87条及中国人民银行《支付结算办法》第122条的规定，所谓空头支票，"是指出票人违反与付款银行(即开户银行)之间的账户资金关系，签发没有资金保证或超出其账户内资金余额的支票"。④ 实务中，判断出票人是否有足额资金支付其所签发的支票，并不以支票的签发时间为依据，而是以支票提示付款的时间为准，即"判断是否成为空头支票，应当以付款当时出票人签发的支票金额是否超过其支票存款金额为标准"。⑤ 也就是说，当持票人向银行提示支票请求付款时，出票人账户内没有足够的资金支付其所签发的支票，该支票即为空头支票。

基于各种原因，经济生活中签发空头支票的行为普遍存在。虽然我国相关法律法规及司法解释均明文禁止签发空头支票，并规定了签发空头支票者应负

---

* 作者单位：山东大学法学院。

本文为山东省社会科学规划研究项目(08CFXJ01)成果。

① 刘薇："开空头支票受行政处罚"，载 http://finance.sina.com.cn/roll/20050524/000379711.shtml。

② 郑申："票据影像化从单调走向多彩世界"，载《金融时报》2007年3月17日。

③ 《中国支付体系发展报告(2008)》，中国人民银行2009年4月3日发布。

④ 董安生主编：《票据法》，中国人民大学出版社2000年版，第208页。

⑤ 邢海宝著：《票据法》，中国人民大学出版社2003年版，第324页。

的刑事责任与民事责任,[①]中国人民银行在2005年还专门下发了《关于对签发空头支票行为实施行政处罚有关问题的通知》(以下简称《处罚通知》),但签发空头支票的行为依然没有得到有效遏制。据中国人民银行济南分行的统计,“截至2006年10月末,人民银行济南分行营业管理部共对180家签发空头支票的企业累计作出空头支票处罚决定书289份,罚款78.29万元”。[②] 2007年1月到11月,“人民银行济南分行营业管理部共受理金融机构空头支票报告623份,对签发空头支票的企业和个人进行了行政处罚。有部分被处罚人采取变更开户银行等手段拒绝缴纳罚款,甚至出现再次或者多次签发空头支票的违法行为”。[③] 2008年,人民银行系统对签发空头支票行为依法实施处罚达13.66万笔。[④] 由此可见,当事人在经济活动中签发空头支票的行为确已呈泛滥之势。而要有效遏制空头支票的签发行为,就必须深入分析并准确把握空头支票的形成原因。

一、空头支票的成因分析

空头支票的形成具有广泛而复杂的原因,有出票人自身的主观因素,也有社会信用环境欠佳的客观因素;有金融机构管理不规范的制度原因,更有法律规定欠完善的法律原因。

(一)现行法律规定存在的问题

长期以来,我国法律对空头支票的规定是十分明确的。《票据法》第87条明确规定禁止签发空头支票,其第102条还规定了对签发空头支票骗取财物的行为应当依法追究刑事责任,第106条规定给他人造成损失的应当承担民事责任。中国人民银行在《支付结算办法》和《票据管理实施办法》中对此进行了更加具体的规定。《支付结算办法》不仅在第122条明文禁止签发空头支票,更在其第125条规定了签发空头支票的法律后果:“出票人签发空头支票……银行应予以退票,并按票面金额处以百分之五但不低于1千元的罚款;持票人有权要求出票人赔偿支票金额2%的赔偿金,对屡次签发的,银行应停止其签发支票。”

① 《票据法》第87条、《支付结算办法》第122条、《票据管理实施办法》第125条及第149条、最高人民法院《关于审理票据纠纷案件若干问题的规定》第73条。

② 中国人民银行济南分行办公室主编:《信息》第446期,第1页(2006年11月)。

③ 温越:“空头支票处罚信息纳入企业征信系统效果显著”,载《齐鲁晚报》2007年12月24日。

④ 《中国支付体系发展报告(2008)》,中国人民银行2009年4月3日发布。

《票据管理实施办法》第31条进一步明确规定:“签发空头支票……不以骗取财物为目的的,由中国人民银行处以票面金额5%但不低于1000元的罚款;持票人有权要求出票人赔偿支票金额2%的赔偿金。”最高人民法院《关于审理票据纠纷案件若干问题的规定》第73条规定了签发空头支票的民事责任:“因出票人签发空头支票……给他人造成损失的,支票的出票人和背书人应当依法承担民事责任。”中国人民银行的《处罚通知》明确中国人民银行及其分支机构有权依据《票据管理实施办法》第31条规定的处罚标准对签发空头支票的行为进行处罚,并明确了处罚的程序及监督管理的相关内容。我国《刑法》第194条则规定了签发空头支票的具体刑事责任。

虽然上述法律法规和规章制度明确规定了签发空头支票行为所应负的行政责任、民事责任乃至刑事责任,但实践中签发空头支票的行为依然猖獗,无疑也与上述法律规范中存在的不足具有密切关系。

1.《票据法》有关签发空头支票行为所负法律责任的规定过于原则。虽然《票据法》明文禁止签发空头支票,并规定签发空头支票要承担民事责任直至刑事责任,但由于没有相应的法律法规与司法解释对其作进一步的具体规定,以致难以发挥对空头支票签发行为的遏制作用。而现实生活中,空头支票的签发有着极为复杂的原因,绝不是靠一两个仅具有宣示性作用的法律条款就能解决问题。

首先,票据法有关支票信用的规定不足。依据《票据法》规定,我国的支票既不允许保证也不允许保付。所谓票据保证,“是指票据债务人以外的第三人为担保票据债务的履行,以负担同一内容的汇票债务为目的而施行的一种附属票据行为”。[①] 所谓票据保付,“就是支票付款人在支票上记载‘保付’等同义字样并签名,以承担绝对付款责任的票据行为”。[②] 在我国,票据保证只存在于汇票与本票制度中,但支票上不存在保证行为;[③]《票据法》也不承认保付支票。[④] 而无论英美法系国家还是大陆法系国家均有实质意义上的支票保证,其中英美法系国家法律未专设保证条文,但均规定“凡未以发票人或承兑人地位签名者,对于善意执票人应负背书人之义务。然大陆法系各国之票据法除背书外,通常均另有保证一章,规定票据之付款,得由保证人为其担保”。[⑤] 至于支票保付制

① 柳经纬主编:《票据法》,厦门大学出版社2004年版,第166页。

② 王小能著:《票据法教程》,北京大学出版社2001年版,第362页。

③ 刘心稳著:《票据法》,中国政法大学出版社2008年版,第237页。

④ 王小能著:《票据法教程》,北京大学出版社2001年版,第353页。

⑤ 梁宇贤著:《票据法新论》,中国人民大学出版社2002年版,第172页。

度，其产生于美国，后被许多国家所采纳，“日内瓦法系和我国《票据法》对此未作规定，英美法系和我国台湾地区则承认保付支票”。[①] 可见，两大法系的票据立法或是承认支票保证，或是承认支票保付，而我国现行立法却与其他国家和地区不同，既不承认支票的保证，又不承认支票的保付，使得支票与汇票、本票相比，其信用明显存在“先天”不足，在客观上为空头支票签发行为的存在埋下了隐患。

其次，《票据法》禁止支票部分付款的规定不合理。《票据法》第54条明确规定，付款人必须在付款当日“足额”付款，这与其他国家普遍承认票据部分付款的通行做法明显不同。因其不承认支票的部分付款，客观上造成了空头支票数量的增加。实践中，付款人必须就支票全部票面金额付款，否则即为拒绝付款，即使出票人的支票账户能够支付支票金额的99%，在理论上仍然属于空头支票。这一规定使票据付款人的付款审查以及持票人对前手的追索趋于简单化，却在一定程度上阻碍了支票的流通。无论支票账户金额欠缺多少，付款人都只能选择全部付款或全部拒绝付款，导致了空头支票的增加。

2. 中国人民银行的《处罚通知》存在不足。其虽明确了对空头支票的处罚主体、处罚标准与处罚程序，在实践中起到一定的积极作用，但因自身所存在的一系列问题，导致了执行过程中的诸多难题。

首先，处罚标准欠缺灵活性。《处罚通知》规定对签发空头支票的行为不作任何区分，统一“处以票面金额5%但不低于1000元的罚款，到期不缴纳罚款的，每日按罚款数额的3%加处罚款”。如前所述，签发空头支票的原因非常复杂，如因开户行处理失误导致空头支票、因出票人账户被有权机关扣划导致空头支票、因出票人自身权利受到侵害等不可抗力因素导致空头支票、出票人因失误而导致其签发的用于实现同账户间转账的支票成为空头支票时，按人民银行规定一律不问原因加以处罚显然有失妥当。虽然被处罚的当事人可以通过复议程序寻求解决，但无疑增加了手续和成本，造成了不必要的麻烦。《处罚通知》不区分这些缘由而规定的统一处罚标准由于缺乏弹性导致其实际执行的困难；而一旦被处罚人不及时接受处罚，其所产生的高额滞纳金又使得后续执行工作变得更加困难。

其次，处罚措施难以落实。《处罚通知》规定的处罚措施有三种：罚款，加处滞纳金，以及不能及时缴纳罚款或者滞纳金时，基层人民银行停止其签发支票或者申请人民法院强制执行。实践中人民银行一般不会申请人民法院进行强制执

---

① 王小能著：《票据法教程》，北京大学出版社2001年版，第337页。

行，而是采取停止继续签发支票的方式对当事人进行处罚。但是我国现行的财务制度决定了被停止签发支票的当事人不仅可以通过银行汇票、银行本票、委托收款等其他结算方式办理支付结算业务，而且也可能另行开户继续签发支票。所以停止签发支票的处罚方式的效果同样不理想。

再次，《处罚通知》规定的行政处罚手续极为烦琐。从出票人开户银行向人民银行报送"报告书"到人民银行收到"报告书"后立案，至下发"处罚告知书"、收到"送达回证"，再到下达"处罚决定书"，加上需要听证的，正常情况下最少也要五六道手续，如果被处罚的当事人不予配合则时间会更长，基层人民银行为此要付出大量人力与物力，因而实践中普遍缺乏实施处罚的积极性。

最后，《处罚通知》缺乏对出票人开户银行的处罚规定。实践中许多商业银行为稳定存款和客户，对签发空头支票的出票人姑息迁就，对其签发的空头支票往往以其他理由作退票处理，不积极如实地向人民银行报告，纵容和包庇开户人签发空头支票。而人民银行的《处罚通知》对开户银行违规不报行为的处罚规定只是责令其纠正，"逾期不改正情节严重的，可建议出票人开户银行或其上级行按照规定对出票人开户银行的高级管理人员及直接责任人给予纪律处分"。可见，开户银行只需纠正其不报或漏报空头支票的行为，而不需为此承担任何经济责任，纠正错误行为本来就不属于承担责任的范畴。另外，有时空头支票就是因为出票人开户银行的原因导致的，如因为出票人开户银行在办理结算业务中的差错使出票人的应收款项不能及时入账或者因为开户银行账务处理错误造成出票人签发的支票成为空头支票，此时按《处罚通知》的规定，仍然只处罚出票人而不处罚其开户银行，开户银行只需纠正错误即可，这一处罚规定显然难谓公允，更难以服人。

（二）出票人自身票据业务素质不高

空头支票屡禁不止，与出票人对票据法律法规及结算知识缺乏了解、法制与信用观念淡薄具有直接的关系，特别是一些企业财务人员工作责任心不强，违反财务操作制度，对空头支票的危害性认识不足。例如企业内部支票管理制度不健全，财务人员对自己账户金额掌握不准确，不登记或不及时登记银行存款账，与银行对账不及时，不能实时掌握自己账户余额的变动情况，未根据自己账户存款余额开立支票；甚至有的企业财务人员随意将盖好章的支票交给业务人员随身携带外出采购；企事业单位多头开户或母子公司共用财务人员导致开立空头支票，多头开户导致账户较多、资金分散，财务人员将不同账户混淆等。这些都是导致空头支票的常见原因。

在现实生活中，甚至有少数出票人恶意签发空头支票，骗取销货单位发货，无偿占用他人资金，或不以付款为目的，开立空头支票只是为了暂时减缓自身还债的资金压力，如建筑企业为应付材料供应商催款而开立空头支票的情形。

（三）银行经营管理水平有待提高

如前所述，有些商业银行经营管理理念存在问题，片面强调“存款立行”，一味关注本行客户与存款的数量，对签发空头支票、套取银行信用的出票人简单退票了事，不按规定上报处罚，客观上助长了签发空头支票的行为。同时，银行在自身业务管理中还存在某些不足，导致在办理支付结算业务过程中出现差错，致使出票人应收款项不能及时入账或扣款后不能及时发送通知到开户单位，造成出票人财务无法与银行账户保持一致，导致空头支票的产生。此外，商业银行出于对人员及成本等方面的考虑，不能积极主动地协助人民银行向当事人送达相关“行政处罚意见告知书”及“行政处罚意见决定书”，大多数情况下只是电话通知其到银行领取，导致送达迟延，进而引发滞纳金的产生。

二、防范空头支票的对策建议

治理空头支票泛滥现象绝不是银行或支票出票人单方面的事情，而是一个涉及完善现行立法、优化社会信用环境、加强企业经营管理、强化公众法律意识与观念等多方面的复杂的系统工程。

（一）完善现行立法的规定

1. 增加支票保付制度的规定。如前所述，我国《票据法》既无支票保证的规定，又无支票保付的规定。中国人民银行、中国工商银行和中国农业银行在1986年曾联合发布《同城保付支票结算试行办法》，对保付支票进行了比较系统的规定，但该办法被1988年中国人民银行颁发的《银行结算办法》予以废止。究其原因，“我们始终对支票存在一个认识上的误区，总以为支票流通时间过短，保证和保付没有必要”。① 而事实上，《票据法》所规定的支票的10天付款提示期限，并不等于支票的有效期限，支票的有效期限要远远长于其10天的付款提示期限。②

两大法系票据立法或者承认支票保证，如《日内瓦统一支票法》、《日本票据法》、《英国票据法》等；或者承认支票保付，如《美国统一商法典》；当然更有同时规定支票保证与保付的情形，如我国台湾地区“票据法”。我国《票据法》应当增

① 郑孟状等著：《支票法论》，中国人民公安大学出版社2000年版，第162页。

② 《票据法》第17条规定，持票人对支票出票人的权利，自出票日起6个月内不行使而消灭。

加关于支票保付的规定，只要开户银行作为支票的付款人在支票上进行了“保付”字样的记载，支票到期时其就负有绝对的付款责任，如此可以有效避免出票人因偶尔的资金周转困难导致空头支票的产生。同时，出票人作为最终的义务主体，为避免签发空头支票给自己带来不必要的经济损失，其主观上也会注意避免签发空头支票。更重要的是，这将为一些地方商业银行签发保付支票的实践①提供直接的法律依据。

2. 承认支票部分付款制度。世界上许多国家的票据立法及有关国际公约均承认票据部分付款的效力。例如，《日内瓦统一汇票本票法》第39条第2款明确规定：“持票人不得拒绝部分付款。”《德国票据法》第39条第2款、《日本票据法》第39条第2款、《法国商法典》第136条第2款及我国台湾地区“票据法”第73条均有相同规定。因此，笔者建议对我国《票据法》第54条有关付款人必须足额付款的规定进行修改，明确票据部分付款的效力。因为付款人部分付款并不损害其他票据债务人的利益，同时又有利于持票人票据权利的实现。实践中因为出票人账户仅差几元钱而导致数十万元面额支票成为空头支票的事例并不罕见，而允许部分付款，无疑可以更有效地解决这一问题，更好地保护持票人的利益。

3. 细化和完善《处罚通知》的规定。首先，应改变现行处罚标准“一刀切”的做法。由于对空头支票签发者进行处罚并不是最终目的，重要的是通过处罚提高社会守法意识，防范金融风险，培养社会信用，维护正常的票据流通秩序。因此，应当区分空头支票签发者的不同情况，给予不同额度的处罚或减免处罚。对于出票人第一次签发空头支票、数额较小或情节轻微未造成严重后果，或出票人在银行退票后能及时补足票款尚未造成严重后果，或因出票人开户银行业务处理失误导致空头支票，或因出票人银行账户被有权机关冻结或扣划导致空头支票，或因出票人被抢、被盗、被冒领及其他不可抗力因素导致空头支票等情形，均可考虑给予口头或书面告诫，免予行政处罚。如果出票人虽不是第一次签发空头支票，但一年内不超过三次签发空头支票且在银行退票后能主动及时支付票款，则可以考虑适当减轻处罚。不同的处罚标准不仅显示了灵活与公平，而且更有利于实际执行。

其次，加大对出票人开户银行的处罚力度。目前的《处罚通知》只要求开户银行发现空头支票后如实填写“空头支票报告书”上报人民银行，并未规定其不

① 杭州、湖南、吉林、温州等多地的商业银行均可签发保付支票。参见唐智飞：“推广保付支票的难点和对策”，载《金融经济》（学术版）2008年第11期。

报或漏报的法律责任。建议增加对出票人开户银行的相应制裁措施，由人民银行对违规不报或漏报的出票人开户银行予以一定比例的罚款，以更好地维护对签发空头支票行为行政处罚的严肃性。

最后，增加对异地使用的空头支票的处罚规定。按《处罚通知》规定，出票人签发空头支票的行为，由出票人所在地人民银行实施处罚。在支票异地使用时，一方面，持票人或其开户银行发现空头支票时只能向当地人民银行报告，而当地人民银行并无权对异地出票人实施行政处罚，只能逐级上报，这不仅增加了处罚的成本和难度，而且处罚的及时性和有效性也大打折扣；另一方面，支票异地使用时，出票人所在地的人民银行也无法对空头支票实施有效的监控与处罚，因为持票人及其开户银行与出票人及其开户银行并不在同一票据交换区域，而且出票人开户银行对出票人签发的空头支票进行退票时是通过小额支付系统办理的，人民银行基本上无法对退票原因进行监控，导致出票人开户银行出于自身利益或开户人利益的考虑，以其他理由退票，而对出票人签发空头支票的行为瞒而不报，使得人民银行对空头支票签发行为无从发现和处罚。笔者建议建立人民银行各分支机构之间的信息共享机制，支票持票人及其开户银行发现异地签发空头支票的行为，只需向当地人民银行报告，当持票人所在地人民银行受理报告后，出票人所在地人民银行可以通过信息共享机制即时获悉，从而及时予以处罚。

（二）完善相关配套规定

1. 优化社会信用环境。中国人民银行的《处罚通知》中规定："中国人民银行分行、营业管理部、省会（首府）城市中心支行应建立签发空头支票'黑名单'制度，并将有关违规信息定期向同一票据交换区域内的银行进行通报。"但笔者认为这一做法在实践中的威慑力有限。根据中国人民银行济南分行 2007 年实施的《济南市存款人签发空头支票信息纳入企业信用信息基础数据库管理办法》，企业因签发空头支票而受到人民银行处罚时，其在收到人民银行下达的行政处罚决定书后逾期不缴纳罚款且超过 3 个月的行政诉讼时效期间，征信部门有权将该企业因签发空头支票受处罚的信息加载到企业信用信息数据库。这一措施无疑加强了社会对企业签发空头支票行为的监督，提高了企业签发空头支票的成本，对促进社会诚信体系建设具有重要意义，其做法值得借鉴。据报道，2007 年年底，"济南市 128 家签发空头支票的存款人信息被纳入企业信用信息基础数据库以后，部分签发空头支票并逾期不缴纳罚款的企业立即主动缴清了罚款及滞纳金”。[①] 济南市的空头支票行政处罚案件从2007年的740起下降到2009年的294起，分别比2008年和2007年下降57.87%和60%。[②] 因此，应积极加快建立全国统一的社会征信体系，对企业及个人的信用进行有序、有效的管理，并通过社会舆论的宣传和导向作用，大幅提高全民的信用意识，以真正充分体现信用的价值，促进社会信用体系的完善。

2. 提高企业的财务管理水平，改进银行的经营管理理念。从企业出票人的角度而言，应当大力提高企业财务人员的法律观念与业务素质，确保财务人员全面准确地了解我国票据法律法规及财经纪律规定，严格按照相关规程操作和办理票据业务。从金融机构角度而言，商业银行应当树立先进的经营理念和企业社会责任理念，对签发空头支票的出票人不姑息迁就，积极上报并协助人民银行进行处罚；同时更应完善银行内部管理，提高临柜人员的业务能力，认真履行各项职责，减少业务差错，杜绝因银行经营管理上存在的原因导致空头支票的出现。

综上所述，支票作为交易活动中最重要的非现金支付工具，对我国的经济生活发挥着积极的作用。不断完善现行法律规定，创建良好的信用环境，强化金融机构与企业的自律管理意识，都是杜绝空头支票、确保支票作用正常发挥的不可或缺的环节。

（2011年第9期）

① 温越：“空头支票处罚信息纳入企业征信系统效果显著”，载《齐鲁晚报》2007年12月24日。

② 周芳、李春英：“企业开空头支票将被列进征信‘黑名单’”，载《济南日报》2010年3月16日。

解释论视野下的侵害患者知情同意权侵权责任

王 竹*

《侵权责任法》在我国第一次明确规定了侵害患者知情同意权侵权责任,意义重大。该法第55条第1款就医疗机构的说明义务作了规定:“医务人员在诊疗活动中应当向患者说明病情和医疗措施。需要实施手术、特殊检查、特殊治疗的,医务人员应当及时向患者说明医疗风险、替代医疗方案等情况,并取得其书面同意;不宜向患者说明的,应当向患者的近亲属说明,并取得其书面同意。”该条第2款则就侵害患者知情同意权的侵权责任构成作了相应规定:“医务人员未尽到前款义务,造成患者损害的,医疗机构应当承担赔偿责任。”该法第56条对于紧急情况下医疗机构紧急专断治疗的例外情形作了规定:“因抢救生命垂危的患者等紧急情况,不能取得患者或者其近亲属意见的,经医疗机构负责人或者授权的负责人批准,可以立即实施相应的医疗措施。”当前民法学界对于侵害患者知情同意权侵权责任的理解存在争议,这不利于实务中对此类侵权责任的统一认定。本文从解释论出发,以《侵权责任法》第55条和第56条为中心,对侵害患者知情同意权侵权责任进行解读。

一、侵害患者知情同意权侵权责任在体系上的独立性

民法学界对于《侵权责任法》第55条规定的侵害患者知情同意权侵权责任在该法第七章“医疗损害责任”中的体系地位存有争议,其主要有以下三种典型认识。

第一种是“独立侵权责任类型说”,以杨立新教授为代表。该说认为,《侵权责任法》第54条、第57条和第58条规定的是医疗技术损害责任;第55条、第56条和第62条规定的是医疗伦理损害责任,并在违法行为中区分为违反告知义务

---

* 作者单位:四川大学法学院、中国人民大学民商事法律科学研究中心。

本文系国家社科基金青年项目“我国侵权法上公平责任适用研究”(11CFX037)的中期成果。

和违反保密义务两种类型。[①] 按照这样的认识,违反告知义务的医疗伦理损害责任是独立的侵权责任类型。

第二种是"过错表现形式说",以张新宝教授为代表。该说认为医疗损害的过错包括三种情况:(1)违反告知同意义务。(2)违反医疗机构的注意义务。(3)法定过错推定标准。[②] 按照这样的认识,违反告知同意义务是医疗损害责任过错要件的一种表现形式,不具有独立性。

第三种是"医疗损害责任类型说",以王利明教授为代表。该说认为,《侵权责任法》对医疗损害责任作出了类型化的规定:第一,规定了对药品、医疗器械、消毒药剂、血液的缺陷造成损害的责任。第二,规定了侵害隐私权的责任。第三,规定了违反知情同意义务而产生的责任。第四,规定了不必要检查的责任。[③] 按照这样的认识,"违反知情同意义务而产生的责任"具有一定的独立性,但其造成的损害仍然是医疗行为本身造成的损害,而非独立的侵害知情同意权的侵权责任。

而在全国人大常委会对《侵权责任法(草案)》进行第二次审议的过程中,全国人大法律委员会曾作出过相关说明:"关于医疗损害赔偿责任,草案区分不同情况作了三方面规定:1. 诊疗损害实行过错责任……2. 医务人员未尽告知义务的赔偿责任……3. 因药品、医疗器械的缺陷造成损害的……"[④]可见,草案起草者将"医务人员未尽告知义务的赔偿责任"作为与"诊疗损害责任"并列的独立侵权责任类型。此外,最高人民法院于2011年修改的《民事案件案由规定》新增了"医疗损害责任纠纷"的三级案由,并在其下设"侵害患者知情同意权责任纠纷"和"医疗产品责任纠纷"两个四级案由,[⑤]也明确了"侵害患者知情同意权责任纠纷"的独立性。笔者赞成这样的定位,其主要理由如下。

第一,两种侵权责任的过错所针对的行为类型有所不同。《侵权责任法》第54条规定的诊疗损害过错责任的过错,是针对"诊疗活动"的过错,而其第55条第2款规定的"医务人员未尽到前款义务"是一种未尽告知义务的过错。如果认为第55条第2款的规定是诊疗损害责任中过错要件的一种表现形式,那么由

---

① 杨立新著:《侵权责任法》,法律出版社2010年版,第419页、第428页、第441~442页。

② 张新宝著:《侵权责任法》(第2版),中国人民大学出版社2010年版,第235~237页。

③ 王利明著:《侵权责任法研究》(下册),中国人民大学出版社2011年版,第371~372页、第380~381页。

④ 全国人民代表大会法律委员会关于《中华人民共和国侵权责任法(草案)》主要问题的汇报,2008年12月22日第十一届全国人大常委会第六次会议。

⑤ 最高人民法院《关于修改〈民事案件案由规定〉的决定》(法〔2011〕41号)。

于未尽告知义务的行为并非直接构成诊疗活动的过错，就应该在同法第58条中予以列举的作为一种过错推定的情形。因为即使没有尽到告知义务，也不能认为诊疗行为本身就有过错，所以只能以推定的方式确定。立法者没有作出这样的安排，笔者认为其应该是区分了两种过错针对的不同行为类型。

第二，《侵权责任法》第58条规定的过错推定情形与该法第60条第1款规定的抗辩事由均仅适用于诊疗损害责任，而不适用于侵害患者知情同意权的侵权责任。其第58条第1项规定的实质是各种法律性文件中"有关诊疗规范的规定"，第2项规定的"隐匿或者拒绝提供与纠纷有关的病历资料"和第3项规定的"伪造、篡改或者销毁病历资料"，其主要目的也是为了判断诊疗活动中的过错，而非判断其是否尽到告知义务。① 同样，该法第60条第1款第3项规定的落脚点都是在诊疗活动上，而非围绕是否尽到告知义务 。

第三，《侵权责任法》第55条和第56条规定了侵害患者知情同意权的侵权责任构成与相应的抗辩事由并自成体系。其第55条第1款规定了与患者知情同意权相对应的医疗机构的告知义务，第2款规定了违反这种义务造成患者损害的侵权责任；第56条规定了紧急情况下医疗措施的批准程序作为未尽告知义务侵害患者知情同意权侵权责任的抗辩事由。这两个条文的适用不以同法第54条为前提。

第四，医务人员尽到说明义务并不是诊疗损害责任的抗辩事由。法案起草者曾明确指出："医务人员尽管尽到了本条第一款规定的义务……但如果在后续的诊疗活动中未尽到与当时的医疗水平相应的诊疗义务，造成患者损害的，医疗机构仍应当承担赔偿责任。"②质言之，书面同意的法律效果是允许医疗机构按照同意的内容实施"手术、特殊检查、特殊治疗"，而不是患者自甘风险。

二、医疗机构说明义务的类型与履行方式

医疗机构的说明义务与患者的知情同意权相对应，是指医疗机构为取得患

---

① 从医院自我保护的角度出发，如果患者或者近亲属签署了特殊检查同意书、手术同意书等病例资料，正常的逻辑应该是，如果同意书对医院有利，就应该保护而非隐匿或者销毁这些病历资料；如果同意书对医院不利，那么伪造、篡改同意书本身就侵害了患者的知情同意权，而不存在过错推定的适用。

② 王胜明主编：《中华人民共和国侵权责任法解读》，中国法制出版社2010年版，第277～278页。

者对医疗行为的同意而对该医疗行为的有关事项进行说明的义务。[①] 因此,《侵权责任法》第55条和第56条的规定不适用于基于社会公共利益考量对严重传染病患者、严重精神障碍者和吸毒者的强制治疗行为。[②]

《侵权责任法》第55条第1款分为两句,规定了两种告知义务,即第1句规定的适用于所有"诊疗活动"(以下简称普通诊疗活动)的普通说明义务和第2句规定的适用于"需要实施手术、特殊检查、特殊治疗"情形(以下简称"特殊诊疗活动")的特殊说明义务。从立法者有意没有在第二句中使用"等"字进行概括描述可以看出,该特殊说明义务仅限于法定的上述三种情形。卫生部《医疗机构管理条例实施细则》第88条第4款规定:"特殊检查、特殊治疗:是指具有下列情形之一的诊断、治疗活动:(一)有一定危险性,可能产生不良后果的检查和治疗;(二)由于患者体质特殊或者病情危笃,可能对患者产生不良后果和危险的检查和治疗;(三)临床试验性检查和治疗;(四)收费可能对患者造成较大经济负担的检查和治疗。"由此可知,《侵权责任法》第55条第1款第1句与第2句实际上是一般规则与特别规则的关系,第1句规定的普通说明义务应当同样适用于第2句规定的特殊说明义务中。

至于全面履行医疗机构说明义务,笔者认为其基本要求应包括如下几个方面:第一,说明义务应贯穿整个诊疗活动,包括进行各种检查,使用药物、器械以及进行手术等。[③] 第二,医疗机构的"说明"必须达到"使之明了"的程度,而非仅仅是"介绍"[④]或者"简要说明"。第三,"说明"不但要"如实告知",还要"解答其咨询"。[⑤] 医疗行为具有专业性,医务人员的说明应该尽量使用生活语言而非专业术语,尤其对于文化层次较低的病人,更应该进行通俗易懂的讲解。[⑥] 第四,鉴于我国基本医疗保险和商业医疗保险普遍不承保所谓的"自费药",对此医疗机构也应该尽到必要的说明义务。

---

① 王胜明主编:《中华人民共和国侵权责任法解读》,中国法制出版社2010年版,第275页。

② 对此问题的探讨,参见艾尔肯:"论医疗知情同意理论",载《河北法学》2008年第8期。近年来对"被精神病"的问题争议较多,更显示出此问题在我国的重要性,参见房清侠:"上访者'被精神病'现象的法社会学思考",载《河北法学》2011年第1期。

③ 卫生部《医疗机构管理条例实施细则》第88条第2款。

④ 可见,《执业医师法》第26条第1款有关"医师应当如实向患者或者其家属介绍病情"的规定有待向《侵权责任法》的规定看齐。

⑤ 国务院《医疗事故处理条例》第11条规定:"在医疗活动中,医疗机构及其医务人员应当将患者的病情、医疗措施、医疗风险等如实告知患者,及时解答其咨询……"

⑥ 是否存在所谓"对患者已知事实的告知义务豁免",从《侵权责任法》立法过程中无法判断,鉴于本文的解释论视角,笔者也不作讨论。关于该问题的详细探讨,参见王占明:"医生告知义务的三种豁免根据",载《厦门大学法律评论》第18卷。

在患者同意权的行使方式上,《侵权责任法》第55条第1款规定对特殊诊疗活动应采用书面同意的方式,但对普通说明义务并未要求患者同意。那么对普通说明义务是否需要患者作出同意的意思表示?笔者认为,对特殊诊疗活动之所以要求书面同意,是因为实施特殊诊疗活动具有一定的危险性、不确定性和高费用性,而作为普通诊疗行为,考虑到医疗行为本身的专业性特点,不宜也无法事事征求患者意见,因此无须就所有医疗措施征求患者同意,但应该允许患者提出疑问。如果患者对医疗措施表示反对,则应该尊重患者的意见。因此,患者通过享有"反对权"来实现其在普通诊疗活动中同意权的行使。而在第55条第1款第2句规定的特殊诊疗活动中,医务人员不但应当向患者说明"病情和医疗措施",还应该说明"医疗风险、替代医疗方案等情况"。因此,患者或者其近亲属的书面同意,实际上不仅仅是行使了"同意权",而且还包括了"选择权"的行使。

除了患者表示同意之外,实务中还有两种特殊的权利行使方式,应为未来的司法解释所规范和认可。第一种是授权他人行使。卫生部《病历书写基本规范》第10条第1款对此作出了规定:"对需取得患者书面同意方可进行的医疗活动,应当由患者本人签署知情同意书……患者因病无法签字时,应当由其授权的人员签字……"第二种是授权医疗机构决定。即便患者具有完全的民事行为能力,医疗机构也已充分履行了告知义务,然而由于医疗行为的高度专业性使得患者仍无法对即将实施的医疗行为予以准确认知并作出决断。此时,应允许患者在自愿的情形下授权由医疗机构依据其实际情况代为行使。其作为患方对自身权利的处置,在不违反强行法和社会基本伦理观的前提下,应当得到法律的尊重和保护,①但患者近亲属无权授权他人或者医疗机构行使。

对于"不宜向患者说明"的理解,一般认为是为避免产生不利后果。② 所谓不利后果,如将会造成患者悲观、恐惧、心理负担沉重,不利于治疗等。③ 为此,医疗机构一般会采用保护性医疗措施。④ 所谓的"保护性医疗措施",是指当医务人员在诊断和治疗过程中向患者本人履行告知义务可能妨碍治疗之效果时,

---

① 艾尔肯、秦永志:"论医疗知情同意书——兼评《侵权责任法》第55条、第56条的规定",载《东方法学》2010年第3期。

② 《执业医师法》第26条第1款、国务院《医疗事故处理条例》第11条后段。

③ 王胜明主编:《中华人民共和国侵权责任法解读》,中国法制出版社2010年版,第277页。

④ 卫生部《医疗机构管理条例实施细则》第61条和第62条、卫生部《病历书写基本规范》第10条第2款。

须依照法律的规定不履行或者不完全履行告知义务,[①]如向危重病人隐瞒病情等。此时,近亲属行使的是一种基于保护患者利益而规定的法定代理权。[②] 笔者认为,《侵权责任法》第55条第1款是以完全民事行为能力人作为立法的规范对象,却遗漏了患者不具备完全民事行为能力的情形。因此,除了避免产生不利后果之外,对于患者不具备完全民事行为能力的情形,也应视为"不宜向患者说明"的情形。但在这种情形下,监护人行使的是《民法通则》第18条规定的监护职责。因此,卫生部《病历书写基本规范》第10条对此情形的定位有误,该条第1款第1句和第2款内容对应的应该是《侵权责任法》第55条第1款的规定,该条第1款第2句的内容对应的应该是《侵权责任法》第56条的规定,而该条第1款第2句第1分句"患者不具备完全民事行为能力时,应当由其法定代理人签字"被错误地纳入了相当于《侵权责任法》第56条规定的"不能取得患者或者其近亲属意见的"情形。

需要特别指出的是,尽管最终通过的《侵权责任法》第55条第1款的规定与其在第三次审议稿[③]中的文字表述完全一致,只是将草案第1款第2句中的句号改为了分号,但这一变化却将该款第2句后段规定的患者近亲属的书面同意方式限于该款第2句前段规定的特殊诊疗活动情形,而不适用于该款第1句规定的普通诊疗活动。笔者认为,无论是保护性医疗措施,还是针对患者为非完全民事行为能力人的情形,均不以特殊诊疗活动为限,因此第三次审议稿的原有处理方案似乎更为妥当。

此外,作为未来中国民法典的重要组成部分,[④]《侵权责任法》采用了"近亲属"这一概念,从而实现了立法用语的"民法化",这在一定程度上澄清了《执业医师法》第26条使用的"家属"、国务院《医疗机构管理条例》第33条使用的"家属或者关系人"和卫生部《医疗机构管理条例实施细则》第61条使用的"家属和有关人员"所带来的混淆。但这种规定也印证了立法者未将不具备完全民事行为能力的人纳入"不宜"说明对象的猜测。《民法通则》将"关系密切的其他亲

---

① 田侃、虞凯:"试论保护性医疗措施的法律特征及行使原则",载《南京医科大学学报》(社会科学版)2006年第4期。也有学者将其称做"医疗特权",参见王泽鉴著:《侵权行为》,北京大学出版社2009年版,第235页。

② 季涛:"谁是医疗关系中知情同意权的主体",载《浙江社会科学》2010年第2期。

③ 《中华人民共和国侵权责任法(征求意见稿)》于2009年11月6日起在中国人大网公开征求社会各界的意见,载 http://www.npc.gov.cn/npc/xinwen/lfgz/flca/2009-11/06/content_1525914.htm。

④ 王竹:"《侵权责任法》立法程序的合宪性解释——兼论'民法典'起草过程中的宪法意识",载《法学》2010年第5期。

属、朋友”以及“未成年人的父、母的所在单位”均列为未成年人的可选的监护人范围，并对精神病人的监护人也作了类似规定，因此将“近亲属”的规定调整为法定代理人的表述可能更为合适。①

而当患者近亲属不止一位时，会出现近亲属的顺位问题。笔者认为，此时应该考虑两方面的因素：第一，医疗行为具有人身性，应该尽量要求近亲属作出一致意见；无法作出一致意见的，应当取得多数人的意见。第二，由于医疗行为可能导致死亡进而发生继承，因而应该参考《继承法》第10条关于继承顺位的规定。鉴于被征求意见的近亲属必须是具有完全民事行为能力的人，按照《最高人民法院关于贯彻执行〈中华人民共和国民法通则〉若干问题的意见》第12条的规定，被征求意见的近亲属包括配偶、父母、成年子女、成年兄弟姐妹、祖父母、外祖父母、成年孙子女和成年外孙子女。因此，医疗机构应该首先征求第一顺位近亲属即配偶、成年子女和父母的意见；无法取得第一顺位近亲属意见的，再征求第二顺位近亲属即成年兄弟姐妹、祖父母和外祖父母的意见；无法取得第二顺位近亲属意见的，再征求其他近亲属即成年孙子女和成年外孙子女的意见。

三、侵害患者知情同意权侵权责任的构成与赔偿范围

（一）医疗机构“未尽前款义务”的具体情形与举证责任

根据有关学者的总结，实务中医疗机构未履行说明义务的情形主要有以下七种：(1)医疗机构未就其资质向患者履行说明义务，超范围行医造成后果。(2)医疗机构术前未告知患者手术的目的或性质，以致手术目的完全背离了患者就医初衷，产生严重的损害后果。(3)医疗机构术前未告知或未充分告知患者手术的风险。(4)医疗机构术前未告知患者替代性治疗方案。(5)医疗机构术中擅自更改手术方案。(6)医疗机构未告知药品毒副作用。(7)医疗机构未及时履行转诊告知义务，致患者丧失最佳治疗时机。② 鉴于《侵权责任法》第55条第1款规定的是告知义务，就其第2款规定的“未尽到前款义务”的文义解释来看，应该认为无法包括上述“医疗机构术中擅自更改手术方案”等擅自改变治

① 卫生部《病历书写基本规范》第10条第2款第2句规定：“患者无近亲属的或者患者近亲属无法签署同意书的，由患者的法定代理人或者关系人签署同意书。”其将“法定代理人”纳入其中是合理的，但此处仍保留“关系人”的表述则显得多余而容易引起误解。如果患者既没有近亲属也没有法定代理人，此时应直接适用《侵权责任法》第56条的规定。

② 姜春玲：“论患者的知情同意权——判例调查基础上的理论与立法检讨”，载《南京大学法律评论》2006年秋季号。

疗方案的情形,而这种情形恰恰是侵害患者知情同意权的重要体现。① 笔者认为,未来有关司法解释应对“未尽到前款义务”的规定作扩大解释,以将医疗机构擅自改变治疗方案的情形纳入侵害患者知情同意权的侵权责任中来。

根据卫生部《病历书写基本规范》第10条第1款第1句的规定,医疗机构是否尽到特殊说明义务,应该由医疗机构通过提供由患者本人或者其近亲属签署的知情同意书来证明,举证责任在医疗机构一方。而对于医疗机构是否尽到普通说明义务,举证责任则在患者一方。

(二)造成患者“损害”是指人身损害或者严重精神损害

关于《侵权责任法》第55条第2款规定的“损害”的性质,主要有“实际损害说”和“知情同意权受损说”两种不同的认识。其中“实际损害说”以王利明教授为代表,认为医疗损害责任中的损害,是指人身伤亡的损害和财产损失。医疗机构在未能尽到对患者的告知义务和取得患者同意的情况下,必须是造成患者损害的结果才需要承担责任。② 最高人民法院林文学法官则明确认为这种损害不包括对知情同意权的侵害,而必须是物质损害和精神损害。③ “知情同意权受损说”以杨立新教授为代表,认为违反告知义务的医疗伦理损害责任侵害的是患者的知情权和自我决定权,损害事实主要不是人身损害事实(尽管也有人身损害事实),而是知情同意权、自我决定权等民事权利的损害。④

应当指出,《侵权责任法》第55条第2款有关“造成患者损害的”表述,与其第57条、第59条和第62条的用语相同而内涵不同。《侵权责任法》条文中一般使用“造成”表示因果关系,但在第55条第2款中,即使医务人员未尽说明义务,也不必然导致患者损害。质言之,患者的损害可能是诊疗行为造成的,也可能是自身病情的恶化,或二者兼有之,但肯定与未尽说明义务无因果关系。而从侵害患者知情同意权的角度出发,“未尽到前款义务”就已经侵害到了知情同意权,其无须再说明“造成患者损害的”。因此,在某种意义上,该法第55条第2款有关“造成患者损害的”规定容易造成误解,立法上更宜使用第54条规定的“患者在诊疗活动中受到损害”或者第58条和第60条使用的“患者有损害”用语。

笔者认为,尽管《侵权责任法》第55条第2款有关“造成患者损害的”规定

---

① “郑雪峰、陈国青诉江苏省人民医院医疗服务合同纠纷案”,载《中华人民共和国最高人民法院公报》2004年第8期。

② 王利明著:《侵权责任法研究》(下册),中国人民大学出版社2011年版,第388页、第432页。

③ 林文学:“《侵权责任法》医疗损害责任规定若干问题探析”,载《法律适用》2010年第7期。

④ 杨立新著:《侵权责任法》,法律出版社2010年版,第442页、第444页。

并不恰当，但按照该分句的规定，患者在诊疗活动中受到“损害”是“医疗机构应当承担赔偿责任”的前提。而且，这种损害的发生不以诊疗损害责任或者缺陷药品、医疗器械和不合格血液产品责任的成立为前提。也就是说，这种损害可能同时是侵权责任的构成要件，也可能是有损害但在诊疗活动中医务人员或者医疗机构没有过错，也可能是诊疗损害责任满足了该法第60条第1款规定的抗辩事由，或者缺陷药品、医疗器械和不合格血液产品责任满足了《产品质量法》规定上的抗辩事由，但必须是造成了损害，该法第55条第2款才能适用。在这样的意义上，笔者认为对于“损害”的性质认识应采行“实际损害说”为妥，即主要是指人身损害，但特殊情形下也包括诊疗行为侵害人身权益直接造成的严重精神损害。例如，患者的右乳房发现恶性肿瘤，医生在得到其同意的情况下实施了乳房切除手术。但在切除了右乳房后又对其左乳房作了病理切片检查，发现左乳房属于乳腺症，医生在没有得到本人的同意下，将其左乳房也切除了。全部切除女性乳房内部组织对于患者来说从生理机能到身体外观上影响都很大，患者因此遭受严重精神损害。①

（三）医疗机构承担的“赔偿责任”是对知情同意权的赔偿

尽管“损害”的性质是患者实际遭受的人身损害或者严重精神损害，但《侵权责任法》第55条第2款规定的“医疗机构应当承担赔偿责任”却是对知情同意权的赔偿。因此，医疗伦理损害责任的赔偿，主要是精神损害赔偿，②且医疗机构因侵害患者知情同意权承担的精神损害赔偿应当是象征性的，其赔偿数额一般不应过高。③ 至于造成的实际损失的赔偿，以及诊疗行为侵害人身权益直接造成的严重精神损害，则应当另行确定赔偿数额。

比较法上一个重要的理论争议在于是否存在单独侵害患者知情同意权的侵权法救济问题。著名案例如日本的“病人基于宗教信仰拒绝接受输血案”，该案中医院的输血行为不但未造成患者损害，而且还挽救了患者的生命。④ 按照上

---

① 该案例详见段匡、何湘渝：“医师的告知义务和患者的承诺”，载梁慧星主编：《民商法论丛》（第12卷），法律出版社1999年版，第159～160页。

② 应当指出，《侵权责任法》上的侵害患者知情同意权的医疗伦理损害责任是从法国法上借鉴而来的（参见杨立新：“中国医疗损害责任制度改革”，载《法学研究》2009年第4期）。有意思的是，2010年6月3日法国最高法院改变了原有的“生存机会丧失理论”，确定了对侵害患者知情同意权的精神损害赔偿。参见 Cass. 1e civ. , June 3, 2010, Bull. civ. I, No. 573，转引自 Florence G' Sell – Macrez, Medical Malpractice and Compensation in France, 86 *Chicago – Kent Law Review* 1103（2011）。这从一个侧面印证了笔者的主张。

③ 杨立新著：《侵权行为法》，法律出版社2010年版，第444页。

④ 关于该案的案情和详细分析，参见夏芸：“患者自己决定权和医师裁量权的冲突——评‘病人基于宗教信仰拒绝接受输血案’”，载《南京大学法律评论》2003年春季号。

文的逻辑,我国《侵权责任法》第55条第2款实际上已经对此争议作出了回答,即未造成人身损害,也未因侵害人身权益造成严重精神损害,[①]不能依据《侵权责任法》第55条第2款请求对患者知情同意权的保护。笔者认为,这种立法选择是符合我国现阶段的实际的。[②]

《侵权责任法》第54条、第55条第2款、第57条、第59条和第60条都使用了"赔偿责任"的用语,而同属医疗伦理损害责任的第62条使用了"侵权责任"的用语。对比可知,《侵权责任法》第55条第2款规定的构成要件仅限于赔偿责任,而不限制对其他侵权责任方式的适用。因此笔者认为,对于仅仅侵害了患者知情同意权,但未造成患者人身损害或者严重精神损害的情形,如果不能请求精神损害赔偿,可以适用《侵权责任法》第15条第1款规定的"赔礼道歉"这一责任方式。

四、作为知情同意原则例外的医疗机构紧急专断治疗

《侵权责任法》第56条是对作为知情同意原则例外的医疗机构紧急专断治疗的规定,也有学者将其称为"存在紧急情况时告知义务豁免"。[③] 一般而言,专断治疗应当承担侵害患者知情同意权的责任,而紧急专断治疗是指当患者处于不立即实施医疗行为其生命可能遭受重大危险的紧急状态时,医生有权在没有获得患者的知情同意的情况下按照应有的医疗方式进行治疗。[④]

(一)医疗机构紧急专断治疗的适用范围

较之国务院《医疗机构管理条例》第33条的规定,《侵权责任法》第56条将紧急情况下医疗机构紧急专断治疗的适用范围从"施行手术、特殊检查或者特殊治疗时"改为"因抢救生命垂危的患者等紧急情况",这就涉及了紧急专断治

---

① 从文义上看,《侵权责任法》第22条将精神损害赔偿的适用范围限于"侵害他人人身权益",不但排除了《最高人民法院关于确定民事侵权精神损害赔偿责任若干问题的解释》第4条规定的"具有人格象征意义的特定纪念物品",也排除了民族习惯和宗教信仰。如果未来司法解释将侵害宗教信仰纳入到精神损害赔偿的范围之内,那么与该案类似的案件则可以对侵害知情同意权适用精神损害赔偿。

② 《北京市高级人民法院关于审理医疗损害赔偿纠纷案件若干问题的指导意见(试行)》(京高法发〔2010〕第400号)第39条。

③ 王占明:"医生告知义务的三种豁免根据",载《厦门大学法律评论》第18卷。笔者之所以采纳"紧急专断治疗"而非"存在紧急情况时告知义务豁免"的术语,是因为《侵权责任法》第56条的重点不在于免责,而在于对"紧急专断治疗"批准程序的规定。

④ 满洪杰:"作为知情同意原则之例外的紧急专断治疗——'孕妇死亡'事件舆论降温后的思考",载《法学》2008年第5期。

疗是否仅适用于特殊诊疗活动的问题。笔者认为,紧急专断治疗也应该同样适用于普通诊疗活动,理由如下。

第一,自《侵权责任法》二次审议稿[①]开始,草案就包含了第55条第1款和第56条这两项内容,其表明第56条是与第55条第1款相对应的规则,而非仅仅适用于第55条第1款第2句规定的特殊诊疗活动情形。否则,立法者就应在第56条对其作出明确的限制性规定。

第二,如果《侵权责任法》第56条仅适用于第55条第1款第2句规定的特殊诊疗活动情形,立法者就应该将第55条第1款的第1句与第2句内容拆分为两款规定,即将第2句的规定内容与第56条一起另行组成一款与《医疗机构管理条例》第33条规定类似的法律条款。立法者没有采用这一模式,说明其希望对《医疗机构管理条例》第33条规定的适用范围进行修正。

第三,特殊诊疗活动的危险性、不确定性和高费用性,这与是否存在"因抢救生命垂危的患者等紧急情况"并无直接对应性。例如,患者溺水暂停呼吸,此时医务人员需要进行人工呼吸,该种治疗既无危险性和不确定性,费用也不高,却又非常紧急。

《侵权责任法》第三次审议稿第56条规定的适用前提是因抢救"危急患者"等紧急情况,最终审议通过的该条表述调整为因抢救"生命垂危的患者"等紧急情况。这一改变将紧急情况下医疗措施的批准程序的适用范围作了限缩,相应地,对于"等"紧急情况的范围也进行了缩减,仅限于涉及生命利益的情形,如即将降生的胎儿,而不包括病情可能严重恶化但不危及生命的情形。[②]

(二)医疗机构紧急专断治疗的适用前提

《侵权责任法》第二次审议稿第56条将医疗机构紧急专断治疗的适用前提规定为"难以取得患者或者其近亲属同意的",《侵权责任法》第三次审议稿将其修改为"不能取得患者或者其近亲属意见的",并最终为立法机关审议通过。其中,对于将"难以取得"改为"不能取得"的目的,草案起草者的解释是"难以"的表述易被理解为包括了患者或者其近亲属明确表示不同意的情况。[③] 因此,可以确定的是,患者或者近亲属不同意或者不表示的,应当视为"可以"取得同意但未取得同意的情形,不适用其第56条的规定。而将患者或者其近亲属的"同

---

① 《中华人民共和国侵权责任法(二次审议稿)》,全国人大常委会2008年12月21日审议。

② 该立法限缩的效果实际上回到了"家属拒绝签字导致孕妇胎儿双亡案"的情形,是否合理,还有待探讨。

③ 王胜明主编:《中华人民共和国侵权责任法解读》,中国法制出版社2010年版,第278~279页。

意”修改为“意见”的目的，草案起草者认为是不包括患者或者其近亲属明确表示拒绝采取医疗措施的情况。[①] 因此“不能取得……意见”包括不能取得同意意见，也包括不能取得反对意见，还包括患者和近亲属均不作任何表示的情形。但如果患者或者其近亲属明确表示拒绝，则应该认为是取得了意见，而不能适用其第56条的规定。

草案起草者认为该条规定的“不能取得患者或者其近亲属意见”主要是指患者不能表达意志，也无近亲属陪伴，又联系不到近亲属的情况。[②] 笔者认为，与同法第55条第1款类似，该条也是以完全民事行为能力人作为立法的规范对象，遗漏了患者不具备完全民事行为能力的情形。因此，结合其第55条第1款的规定，“不能取得”还应该区分为两类：第一类是不存在“不宜向患者说明的”情况，但患者因痛苦、麻醉或者声带无法发声等特殊原因无法表达意志。此时无须征求其近亲属意见，可以直接视为不能取得患者意见。第二类是存在“不宜向患者说明的”情况，包括可能对患者产生不利影响和患者不具备完全民事行为能力两类，此时应该向其近亲属说明。以下四种情形应该视为不能取得患者的近亲属意见：第一，近亲属具备完全民事行为能力，但不作反对表示，也不对替代医疗方案进行选择，或者是无其他任何意见；第二，患者没有近亲属，或者没有具有完全民事行为能力的近亲属；第三，近亲属无法联系到，或者能够联系到的近亲属不具备完全民事行为能力；第四，能够联系到的近亲属处于因痛苦、麻醉或者声带无法发声等特殊原因无法表达意志的，如同一事故中受重伤的患者近亲属。

（三）医疗机构紧急专断治疗的批准主体与程序

对比《医疗机构管理条例》第33条可知，尽管“经医疗机构负责人或者授权的负责人批准”这一规定表面上是对批准者的规定，实际上还隐含了申请者的问题。医疗机构紧急专断治疗的申请者应该就是经治医师而非他人。而批准者则包括医疗机构负责人和授权的负责人两类，其中后者是在《侵权责任法》第三次审议稿中新增的，并得到了立法机关的最后认可，也更符合我国医疗机构的实际运作方式。

尽管该项规定中没有明确批准者应“立即”审核，但综合该条规定的“紧急情况”和“可以立即实施相应的医疗措施”等内容来看，草案起草者希望构建的是一种快速高效的批准程序。因此，经治医师申请后，医疗机构负责人或者授权

---

① 王胜明主编：《中华人民共和国侵权责任法解读》，中国法制出版社2010年版，第278页。

② 同上。

的负责人负有立即审核的义务。对于经治医师的申请,审核人可以作出批准或者拒绝批准的决定,也可以改变医疗处置方案后批准。因未能尽到"立即"审核义务而延迟采取医疗措施导致患者损害的,受害人可以依据《侵权责任法》第54条要求医疗机构承担侵权责任。

至于批准的方式,除了正式的申请与批准程序,还可以适用简易批准程序,即医疗机构负责人或者授权的负责人在法定代理人或被授权人无法及时签字的情况下,通过代为签字的方式进行批准。①

(四)医疗机构紧急专断治疗的实施时间与措施范围

《侵权责任法》第56条规定"可以立即实施相应的医疗措施",其中"可以"并非是在经治医师的申请得到批准后,"可以"或者也"可以不"立即实施相应的医疗措施,而是表明经过法定程序批准后实施的相应医疗措施不侵害患者的知情同意权。应该指出的是,这种经过批准的诊疗行为如果符合诊疗损害责任的构成要件,医疗机构仍然可能承担侵权责任,但不会同时承担侵害患者知情同意权的侵权责任。

关于"相应的医疗措施",其到底是"抢救生命垂危的患者等紧急情况"下的必要措施,还是仅限于批准的措施,也存在疑义。笔者认为,从"申请—批准"的程序看,医疗措施的必要性应该在申请程序中体现,而批准程序则包括了对于这种必要性的审核,因此应该以最后的批准范围为限。

(2011年第11期)

① 卫生部《病历书写基本规范》第10条第1款。

编 后 记

本卷的编辑工作切实遵循客观、中立和准确的原则。在编选之初，对《法学》2005～2011年的民商法文章逐篇阅读，综合考虑当时的研究水平和现时的学术评价，兼顾作者的分布和部门法选题的平衡等因素，从层层筛选、多方评估到最科确定篇目，每个环节力求细致周合。

我们深知，校对是一件费时耗力、技术性强、永无止境的工作。因此，严格遵守校对工作规范和程序，采用电脑初校、书面校对、互校等方法，核对原文，在保持文章原意的前提下，纠正文字及标点错误，统一格式和规范注释，力求将差错降至最低。

由于编辑时间紧，工作量大和客观条件所限，疏漏和不妥之处在所难免，希望得到读者和作者的谅解和指正。

洪玉　谢青

2012年6月

领取稿费告知

尊敬的各位作者：

值华东政法大学建校60周年、《法学》创刊56周年之际，华东政法大学《法学》月刊社出版了《法学的历史》文丛，旨在以文献的方式反映新中国法制建设的进程以及法学理论的发展。为此，选萃了《法学》月刊自1956年创刊以来刊登的具有代表性的、能够反映当期现实问题和理论研究水平的文章。您的文章被我们选用，但由于各方面原因，我们无法与您直接取得联系，希望看到此通知后联系我们，以便发放您的稿费。具体事项如下：

1. 请告知您的信息，具体包括：(1)作者姓名；(2)文章名；(3)文章发表的卷名。可直接到杂志社领取稿费。如需要邮寄稿费的，为防止冒领，请将个人身份证号、收款账户、联系电话予以告知我刊。

2. 稿费的发放标准为每千字10元。

3. 杂志社地址：上海市万航渡路1575号华东政法大学六三楼《法学》月刊社。邮政编码：200042。联系电话：021－62071924。联系人：过纯益 汪池洲

感谢您的大力支持！

华东政法大学《法学》月刊社
2012年7月8日

图书在版编目(CIP)数据

法学的历史. 第9卷,民商法. 下卷:2005年~2011年/洪玉,谢青主编.—北京:法律出版社,2012.9
ISBN 978-7-5118-3705-9

Ⅰ.①法… Ⅱ.①洪… ②谢… Ⅲ.①法学史—世界—文集②民法—文集③商法—文集 Ⅳ.①D909.1-53②D913.04-53

中国版本图书馆CIP数据核字(2012)第148369号

责任编辑/陈 妮 **装帧设计**/李 瞻

出版/法律出版社 **编辑统筹**/财税出版分社
总发行/中国法律图书有限公司 **经销**/新华书店
印刷/北京中科印刷有限公司 **责任印制**/吕亚莉

开本/720毫米×960毫米 1/16 **印张**/36.5 **字数**/633千
版本/2012年9月第1版 **印次**/2012年9月第1次印刷

法律出版社/北京市丰台区莲花池西里7号(100073)
电子邮件/info@lawpress.com.cn **销售热线**/010-63939792/9779
网址/www.lawpress.com.cn **咨询电话**/010-63939796

中国法律图书有限公司/北京市丰台区莲花池西里7号(100073)
全国各地中法图分、子公司电话:
第一法律书店/010-63939781/9782 **西安分公司**/029-85388843 **重庆公司**/023-65382816/2908
上海公司/021-62071010/1636 **北京分公司**/010-62534456 **深圳公司**/0755-83072995

书号:ISBN 978-7-5118-3705-9 **定价:**136.00元